KB212219

신학의 영토들

서평으로 본 현대 신학

신학의 영토들

서평으로 본 현대 신학

김진혁 지음

비아

| 차례 |

일러두기

· 동방과 서방 교회를 아우르는 신명인 '하느님', '그리스도교'를 원칙으로 하되 한국어 번역본이 판매되고 있을 경우 제목은 번역본을 존중했습니다. 예) 『기독교 강요』, 『순전한 기독교』

· 성서 표기와 인용은 원칙적으로 『공동번역개정판』(1999)을 따랐습니다.

태양 빛을 뒤따르다 우리는 옛 세계를 떠났다.

많은 미국인이 인용하기 좋아하는, 하지만 역사적으로 사실인
지는 검증되지는 않는 크리스토퍼 콜럼버스가 했다는 명언이다.
신실한 가톨릭 신자였던 콜럼버스는 자신이 신의 섭리를 수행하고
자 신항로를 개척한다고 생각했고, 심지어 3차 항해 때는 에덴동
산의 입구를 발견했다고 믿었다. 신비주의적이다 못해 점성술적인
상상력으로 채워진 그의 세계관은 분명히 중세적이었다. 하지만
15세기 후반 콜럼버스로 대표되는 여러 모험가가 앞다투어 대항해
의 시대를 열면서 세계에 대한 이해는 급격히 변화했고, 종교개혁
과 과학혁명 등이 뒤따르며 가톨릭 교회 중심의 유럽 중세문명은
막을 내렸다. 콜럼버스는 자신이 아시아라고 굳게 믿었던 아메리
카 대륙으로만이 아니라, 탈중세화한 근대 세계라는 전혀 새로운
영토로 후손들이 들어가도록 길을 개척한 셈이다.

근대인들은 콜럼버스와 달리 태양이 아닌 인간 '이성의 빛'을 따

라 옛 세계를 떠난 사람들이다. 이성이 비추는 빛에 이끌려 그들이 발을 디딘 낯선 세계에는 이전에 없던 영토들이 펼쳐졌다. 새롭게 재편되고 확대된 세계 속에서 과학, 철학, 정치, 경제, 문화, 예술 등이 근대성이라는 합리적인 시대정신을 함께 빚어냈다. 근대성은 세계의 모습뿐만 아니라 사람들이 그 속의 모든 것을 이해하는 방식도 근본적으로 바꾸었다. 이에 발맞춰 신학자들도 동시대인들의 삶의 경험과 공명을 일으킬 주제와 방법들을 발견하며 '신학의 영토'를 확대해갔다.

근대의 새로운 지적 풍토는 기존 신학과 갈등도 많이 일으켰다. 지리상의 발견과 과학의 발전으로 일반인들마저 자신들이 경험하고 관찰한 세계가 성서가 묘사하는 바와 다르다는 것을 깨달았다. 역사학과 문헌학의 발전은 성서도 비판적 연구의 대상으로 삼으며, 그 거룩한 책의 형성과 전승 과정에 상당한 인간적 요소가 개입되었음을 알려주었다. 이런 관점에서 보자면, 적어도 16세기 종교개혁자들은 자신들이 맹렬히 비판하던 가톨릭 신학자들과 하느님 말씀으로서 성서의 권위와 중세적 세계관은 공유하는 행운을 누린 셈이다. 반면 17세기 이후 '과학적 세계관'과 '역사 비평'은 그리스도교 문명 안에서 친구와 적이 함께 발 디뎠던 공통 기반 자체를 깨부수었다. 자연과학과 비판적 역사 연구가 근대의 시대정신 자체를 형성하고 사회 전체를 변화시키던 상황이라, 중세 때 이단 재판하듯 특정 사람들만 콕 찍어 정죄하고 추방하기도 불가능했다. 그 결과 아타나시우스, 아우구스티누스, 토마스 아퀴나스, 마르틴 루터, 장 칼뱅 등 위대한 신학자들은 알 길 없던, 그래서 생각할 필요조차 없던 도전이 무차별적으로 신학자들에게 던져졌다. 예전 같으면 이런 곤란한 문제를 깔끔히 해결해줬을 교회의 권위마저 사라지고 없었다. 과거와는 전혀 다르게 신학하는 방법이 필요했고, 그 격동의 시대를 통과해야 했던 신학자들의 고민과 분투와 협력과 실험 결과 모습을 드러낸 것이 현대 신학이다.

*

현대 신학이란 무엇인가를 정의하는 방식은 다양하다. 하지만, 현대 신학을 특정 의제를 가지고 설명하거나, 이데올로기적 전제에 근거해 정당성이나 유용성을 평가하는 것은 이 책에서 지양한다. 상식적으로 말해, 현대 신학은 성서를 통해 계시된 하느님을 전통과 비판적이고 건설적으로 대화하며 현대인의 세계 경험에 맞갖게 풀어내는 이론적이면서 실천적인 활동이다. 세계를 설명하던 주도 모델의 지위를 상실한 그리스도교가 세속사회에서 여전히 '빛과 소금'일 수 있음을 여러 학문의 틈바구니에서 증언하려는 시도이기도 하다. 종교개혁 때까지는 사람들이 공유했던 세계와 역사에 대한 순진한 믿음이 자연과학과 역사 비평 때문에 깨져버린 터 위에서 신앙에 대해 유의미하게 말할 수 있는 언어와 논리를 찾으려는 고민의 결과이며, 현대인의 역사적 기억과 사회적 상상력이 어우러져 이전과 다른 기풍을 띠게 된 그리스도교 신앙에 대한 성찰이다. 약하고 가난한 자에 대한 하느님의 관심을 현대 사회에서 소외되고 핍박받으며 고통받는 자에 대한 돌봄으로 확장하려는 노력이자, 오늘 여기서 말씀하시는 하느님께 귀 기울이고 그분의 말씀에 순종하는 용기를 되찾으려는 담대한 작업이다.

이러한 현대 신학을 알아가기 위한 유용하고 꼭 필요한 길은 그 '역사'를 공부하는 일이다. 우리보다 앞선 사상가들은 어떻게 진리를 알고 그 깨달음을 전달할 수 있을까를 자신이 처한 상황에서 진지하게 고민했다. 우리는 사상의 역사를 연구함으로써 그들의 생각에 비추어 나의 견해를 성찰하고, 미처 알지 못했던 지식의 영역에 접속하며, 시야를 넓히고, 새로운 생각의 가능성을 얻는다. 생각의 틀이 유연하고 다양해지면서 사유하는 힘은 강해지고, 실재를 더 충실히 바라볼 수 있는 시선의 여유도 갖게 된다. 그런 의미에서 노르웨이 철학자 군나르 시르베크와 닐스 길리에는 철학사를 공부하는 것은 철학함의 한 방식이라고 보았다. 철학사가 단지 이차 자료로 쉽고 편하게 옛 철학자들에 대한 정보를 얻기 위한 것이 아닌 만큼 철학자들은 철학의 역사를 서술하는 작업을 반복한다.

신학도 계시와 전통을 통한 사유인 만큼 신학사를 공부하는 것은 신학함의 중요한 방식이다. 특별히 현대 신학사는 '오늘 여기'서 신학함의 의미, 교회의 사명, 그리스도인의 책임을 성찰할 때 우리가 발 디딜 수 있는 넓고 단단한 지적 배경이 되어 준다. 현대 사회가 그리스도교에 던지는 도전에 답할 통찰을 얻기 위해, 특정 신학이나 전통을 절대화하지 않기 위해, 다른 관점을 가진 이와도 진실하게 대화하기 위해, 과거의 지혜를 무시한 채 현실을 바꾸고자 분투하다 탈진하지 않기 위해, 반대로 과거가 주는 중압감에 눌려 새로움을 받아들이지 못하는 우를 범하지 않기 위해, 무엇보다 나의 고민이 나만의 것이 아님을 깨닫기 위해 우리는 현대 신학의 역사를 공부한다.

*

    지금껏 한국인 저자가 쓰거나 한국어로 번역된 현대 신학 책은 여러 권 출판되었다. 『신학의 영토들: 서평으로 본 현대 신학』은 두 가지 점에서 기존 서적과 차별화된다. 첫째, 이 책은 '서평'review의 형식으로 되어있다. 모든 글은 이전에 나온 문헌에 대한 저자의 독해와 비판적 종합의 결과물인 만큼 넓은 의미에서 서평에 해당한다. 하지만, 때로 서평은 책의 숨겨진 배경을 설명하고, 저자가 가진 생각의 심층 구조를 드러내며, 책의 내용이나 수용 방식이 독자 개인이나 지식 생태계에 끼칠 영향을 평가하는 전문적이고 기술적인 기능을 수행한다. 이러한 맥락에서 『신학의 영토들』에서는 한국어로 된 신학 서적에 대한 서평 형식을 취해 현대 신학사를 기술하고자 한다. 기존에 선보인 현대 신학 책들은 우리말로는 접할 수 없는 자료에 상당히 기대어 중요 신학자들을 소개하곤 했다. 이 경우 독자 대다수가 책에 언급된 일차 문헌을 직접 읽거나 대조할 수 없었던 만큼, 신학적 사유를 주체적으로 발전시키기 힘든 조건이 형성되었고, 신학을 보는 고유한 안목을 기를 기회도 제약받았다. 무엇보다 저자의 설명에 크게 의존하다 보니 해외 신학의 흐름과 자신이 속한 현실 사이의 접촉점을 발견하기 어려웠다.

    『신학의 영토들』은 한국에서 현대 신학이 수용되고 이에 대한 담론이 형성되고 소비되는 방식에 대한 반성에서 기획된 작품이다. 이 책을 집필하면서 한편으로 현대 신학사를 논할 때 빠질 수 없는 신학의 거장 혹은 핵심 주제를 선정하고, 다른 한편으로 한국어로 번역되어 있고 서점이나 도서관에서 구할 수 있는 책들을 기초 삼아 현대 신학의 지형도를 그리고자 했다. 그렇기에 이 책으로 독자들은 현대 신학의 역사를 소개받으면서도, 필요한 서적을 직접 찾아서 읽고 고민하며 신학적 사유의 힘을 키울 기회를 얻게 될 것이다.

둘째, 제목에서도 보이듯 이 책은 현대 신학의 '영토' 곳곳을 가능한 한 많이 둘러보는 시도이기도 하다. 보통 신학사 책은 여러 사조와 학파를 소개하면서 중요 신학자들을 시간순으로 배열하는 방법을 사용한다. 하지만, 현대 세계가 복잡한 양상으로 발전한 만큼 오늘날 신학도 다원화되어 있다. 『신학의 영토들』에서는 신학 방법론, 주제, 작가, 독자의 다양성을 가능한 한 충실하게 반영하는 구조를 만들고자 했다. 그리하여 이 책은 통시적으로는 과거로부터 내려오는 사상의 흐름을 소개하고, 공시적으로는 시대를 가로지르며 발전한 다채로운 방법론과 주제를 살펴보도록 기획되었다.

이러한 의도에 따라 이 책은 총 5부로 구성되어 있다. 1부 '신학이란 무엇인가'에서는 19세기 이후 현대까지 신학의 정의와 방법론의 발전과 변화를 추적한다. 2부 '과거를 대하는 법'은 역사를 읽는 다채로운 방법을 제시함으로써 과거와의 비판적이고 창조적인 대화로서 현대 신학의 모습을 보여준다. 3부 '현대 개신교 신학의 대가'는 지난 두 세기 동안 신학계에 큰 영향을 끼쳤던 대표적 개신교 신학자 10명을 선정해, 이들의 작품을 통해 현대 신학이 어떻게 형성되었고 그 주제가 다변화되었는지 질문한다. 4부 '한 몸 다른 전통'에서는 교회 사이의 대화와 협력이 강조되기 시작한 20세기 이후 상황을 반영해, 현대 로마 가톨릭과 동방 정교회 신학을 대표할 법한 고전적 저술이나 현재 활발히 활동 중인 신학자의 작품을 살펴본다. 5부 '신학의 새로운 흐름'은 기후변화, 자유주의 정치, 다원주의, 욕망의 치유, 과학과 종교, 트라우마, 동물권 등 현대인의 삶을 논할 때 빼놓을 수 없는 주제들을 다루는 여러 실험적시도를 소개한다. 이러한 순서를 따라 이 책은 독자들과 함께 현대 신학이라는 영토의 역사와 그 지경을 종횡으로 탐구하고자 한다.

*

『신학의 영토들』에는 총 47권의 책에 대한 서평이 들어있다. 서평을 쓸 때는 각 작품의 내용뿐만 아니라, 저자에 대한 소개와 서평하는 책이 신학사에서 차지하는 위치, 그리고 가능하다면 한국에서 저자의 신학이 어떻게 수용되었는지도 간략히 설명해 한 권의 책에 대한 입체적 조망이 가능하도록 했다. 현대 신학을 알아가는 데 중요하지만, 독자에게 무리가 되지 않도록 너무 두껍지 않은 책 위주로 서평을 작성했다. 이른바 '벽돌책'이라고 불리는 대작은 꼭 필요한 경우에만 포함시켰다. 책을 선정할 때는 대표성, 접근성, 현실성, 희귀성이라는 기준을 사용했다. 네 가지 조건을 다 만족할 수는 없겠지만, 세 개는 충족해야 『신학의 영토들』에 포함했다.

우선, '대표성'은 신학의 패러다임을 바꾸거나 이전에 없던 새로운 방법론을 개척했는지로 판단했다. 예를 들면, 칼 바르트의 『로마서』는 19세기 신학과 구분되는 20세기 신학의 시작을 알리는 대작이기에 우선으로 선정하였다. '접근성'이라 함은 아무리 좋은 책이라도 번역이 되어있어야 하고, 현시점에 서점에서 구할 수 있으며, 어느 정도 가독성이 있음을 의미한다. 예를 들면, 아돌프 폰 하르낙의 가장 유명한 작품은 『그리스도교의 본질』이지만, 그 책의 번역본은 절판되었기에 이와 유사한 후기작 『기독교 신학과 교회 교리의 형성』을 선택했다. '현실성'이란 현대 교회와 사회의 필요나 요청에 긴밀히 응답하고 있는지를 뜻한다. 예를 들면, 위르겐 몰트만을 소개하는 대부분 신학책은 그의 희망 개념에 집중하지만, 여기서는 장애에 대한 몰트만의 소책자를 다룸으로써 희망의 신학이 어떻게 현실적 문제를 해결하는 데 도움이 될지를 질문했다. 끝으로 '희귀성'이라는 기준은 기존 신학사에서 잘 다뤄지지 않거나, 출간 후 독자들의 충분한 관심을 받지 못한 양서를 재발견하기 위해 사용했다. 예를 들면, 한국의 독자들에게는 상대적으로 낯선 H. 리처드 니버의 『책임적 자아』나 고든 카우프만의 『신학 방법론』은 현대 미국 신학을 논하는 데 빠질 수 없는 만큼 이번 기회에 새롭게 소개하고자 했다.

이런 방식으로 책을 선정하다 보니 다채로운 신학자들의 다양한 저서가 『신학의 영토들』을 채워 나가게 되었다. 책에 포함된 신학자는 1766년생인 프리드리히 슐라이어마허부터 1974년생 앤드류 루트까지 총 45명이다. 소개되는 신학 사조와 주제는 이미 잘 알려진 자유주의 신학, 변증법적 신학, 구성신학, 후기 자유주의 신학, 철학적 신학, 역사신학, 해방신학뿐만 아니라 생태신학, 정치신학, 공공신학, 장애신학, 종교와 과학의 대화, 동물신학 등의 신학의 새로운 목소리까지 포괄한다. 이 책에서 다루는 신학자들을 최종적으로 선정할 때도 루터교회, 개혁교회, 장로교회, 성공회, 메노나이트, 감리교회, 침례교회, 복음주의, 로마 가톨릭 교회, 동방 정교회 등 다양한 교회 전통이 책에 반영될 수 있도록 고민하였다.

*

『런던 리뷰 오브 북스』London Review of Books에서 29년간 편집장으로 일했던 메리케이 윌머스에 따르면, 서평을 읽는 사람 대부분은 서평에서 소개된 책을 실제로는 읽지 않는다. 그렇기에 현실에서 서평은 실제 작품의 대체물로서 "서평을 읽는 이들에게 서평가의 경험이라는 또 하나의 차원"을 더하게 된다. 『신학의 영토들』을 읽는 독자들의 의식에 필자의 독서와 글쓰기 경험이 자국을 남길 수밖에 없다면, 그 자국이 필자의 머리에서 나온 고인 생각이 머무는 구덩이가 아니라 뭔가 새롭고 생산적인 사유를 계속해서 촉발하는 흔적이 되길 바란다. 아무리 서평이 원작을 대체하는 것이 대세라고 할지라도, 『신학의 영토들』은 그런 영광을 원치 않으니 이 책을 안내 삼아 현대 신학의 거장들이 직접 쓴 작품들을 읽는 기쁨과 보람을 누리기를 기대한다.

신학theology이란 무엇인가? 그리스 어원 그대로 신학은 '신'theos에 대한 '담론 혹은 이야기'logos다. 전통적으로 신학자들은 신학에는 세 요소가 있다고 말하곤 했다. 바로 하느님께 가르침 받고, 하느님을 가르치며, 하느님께로 이끄는 것이다theologia a Deo docetur, Deum docet, et ad Deum ducit. 하지만 근대세계의 등장에 따라 인간의 시선은 아득한 천상에서 내려와 자연법칙에 따라 운행하는 세계에 꽂혔고, 계몽주의의 강한 합리주의는 초자연적인 것에 대한 지식을 인간이 가질 수 있다는 가정 자체에 회의를 표했다. 앞서 언급한 신학의 전통적 요소 중에서 '하느님께 가르침 받고'부터가 불가능해진 지적 환경이 도래한 것이다. 근현대 신학은 이러한 변화된 세계에서 신학이란 무엇이고 어떻게 가능한가를 질문하면서 등장했다.

『신학의 영토들』 1부는 계몽주의의 파장이 유럽을 뒤엎은 19세기 이후 지금까지 신학의 흐름을 통시적으로 조망하고자 한다. 신학은 '교회'를 현장으로 삼지만 '학교'와 연관된 신학자들 중심으로 이뤄지는 지적 활동이다. 교회와 학교는 모두 '사회' 안에 있으며 사회 내 여러 요인과 상호작용을 펼친다. 교회와 학교와 사회 모두가 신학의 맥락이 되어 주지만 셋 중 어디에 더 귀를 기울이는지에 따라 다루는 주제와 방식에 차이가 생길 뿐만 아니라, 염두에 두는 독자층도 달라진다. 그런 만큼 신학을 더 학문적으로 갈고닦으려는 신학자, 신학을 공적 담론으로 인정받게 하려는 신학자, 교회의 학문으로서 사명에 헌신하는 신학자가 공존한다. 여기서는 지난 200여 년 동안 등장한 신학의 여러 모습을 대표적 신학자와 그의 저서를 통해 살펴보고자 한다. 이러한 작업을 통해 우리가 접할 수 있는 신학의 여러 모델이 왜 등장하게 되었고 그 방법론은 어떻게 형성되었는지도 더불어 알게 되리라 기대한다.

1장에서는 독일의 신학자 프리드리히 슐라이어마허Friedrich Daniel Ernst Schleiermacher(1768~1834)가 1799년에 출간한 『종교론』 1판을 다룬다. 18세기 후반 비판적 계몽주의 정신이 정점에 올랐을 때, 독일의 젊은 지성인들 사이에서는 이에 대한 반작용으로 상상력이나 감정, 직관 등을 강조하는 낭만주의 운동이 일어났다. 하지만 이들도 계몽주의자와 마찬가지로 종교의 본질에 대해 무지했고, 실정 종교로서 그리스도교는 시대에 뒤떨어졌다고 판단했다. 슐라이어마허는 이러한 '종교를 경멸하는 자들'을 위해, 당시 철학 사조를 창조적으로 종합하면서도 낭만주의적인 문체로 종교를 변증했다. 이때 그가 시도한 종교의 '인간학적 전환'은 이후 신학이 나아갈 방향을 예기하는 사건이었다. 『종교론』이 가진 역사적 의미를 부각하려 한 만큼, 이 장에서는 이 책이 놓인 지성사적 배경과 책을 읽을 때 주의할 점에 집중했다.

2장에서는 스위스 태생의 개혁주의 신학자 칼 바르트Karl Barth (1886~1968)가 1922년 출간한 『로마서』 2판과 에두아르트 투르나이젠Eduard Thurneysen(1888~1974)의 1921년 작 『도스토옙스키』를 소개한다. 바르트의 『로마서』는 19세기 자유주의 신학을 뒤로하고 '변증법적 신학'이라는 신학사의 새 장을 여는 작품으로 알려져 있다. 하지만, 바르트가 자유주의 신학에서 벗어나 절대타자인 하느님으로부터 신학을 하는 획기적 방법을 홀로 개척한 것은 아니다. 그의 옆에는 투르나이젠이라는 친구가 있었다. 한적한 동네에서 목회하던 두 젊은 목사는 그들에게 압도적 영향을 끼쳤던 자유주의 스승의 그늘에서 벗어나게 도와줄 강력한 사상적 자원이 필요했다. 그때 마침 그들이 함께 읽은 러시아 작가 표도르 도스토옙스키의 소설이 돌파구를 찾는 데 큰 역할을 했다. 이 장에서는 『로마서』와 『도스토옙스키』를 함께 다룸으로써, 자유주의 이후의 신학을 알리는 두 작품의 매력을 다채롭게 보여주고자 했다.

3~4장은 현대 세계에서 교리의 필요성 혹은 신학의 정체성을 다룬 획기적 제안을 소개하는데, 특별히, 20세기 중후반 이 문제와 관련된 독창적인 담론을 풍성하게 생산한 미국 예일 대학교 졸업생들의 업적에 초점을 맞춘다(흥미롭게도 1955년에 예일에서는 이 장에서 소개할 고든 카우프만Gordon D. Kaufman(1925~2011)과 조지 린드벡George A. Lindbeck(1923~2018) 외에도 이후 미국 신학에 큰 영향을 끼칠 제임스 구스타프슨James M. Gustafson(1925~2021)과 리처드 R. 니버Richard R. Niebuhr(1926~2017)가 박사 학위를 받았다. 이듬해에는 한스 프라이Hans

Wilhelm Frei(1922~1988)가 뒤를 이었다).

3장에서 다룰 고든 카우프만의 『신학 방법론』은 여러 신학 사조와 방법론이 난무하는 혼란한 상황에서 신학의 정체성과 방법을 정립하려 한 얇지만 중요한 책이다. 1979년에 초판이 출간된 이 책은 계시와 성서와 교리에서 신학을 출발하려는 '정통주의적' 입장과 인간 경험을 신학의 근원 자료로 삼는 '자유주의적' 접근 모두가 더는 호소력이 없다는 전제에서 시작된다. 임마누엘 칸트Immanuel Kant는 대상에 대한 지식이 우리에게 단순히 '주어지는' 것이 아니라 인간 정신이 '구성하는' 것으로 보았다. 칸트의 통찰을 신학적으로 전유하며 카우프만은 신에 대한 개념은 '주어진' 전통이나 경험을 통해 얻는 것이 아니라, 세계에 대한 현대적 이해로부터 상상으로 '구성된' 것이라고 주장한다. 이러한 구성신학 방법론은 이후 북미에서 다양한 신학적 담론이 등장하고 확산하게 하는 촉매가 되었다. 3장에서는 『신학 방법론』과 더불어 카우프만의 마지막 작품 『예수와 창조성』을 소개함으로써, 신학 방법론이 신학의 내용을 어떻게 새롭게 구성하는지를 보여주고자 한다.

4장은 교리에 관한 예일 대학교 스승과 제자의 상반된 입장을 다룬다. 조지 린드벡은 현대 미국 신학의 고전이자 후기 자유주의 신학의 선언문이라고 불리는 『교리의 본성』을 1984년에 출판했다. 린드벡과 카우프만 모두가 H. 리처드 니버H. Richard Niebuhr의 역사주의와 비트겐슈타인Ludwig Wittgenstein의 언어적 전환에 큰 영향을 받았지만, 린드벡은 앞장에서 살펴본 카우프만과 전혀 다른 결과물을 내어놓았다. 그것은 바로 교리란 공동체 내에서 그리스도인의 언어와 행동의 문법으로 사용된다는 교리의 '규칙 이론'이다. 이는 고대에 형성된 교리가 현대인의 신앙에 여전히 규범적 중요성을 지니는 이유를 보여줬다는 점에서 출간 이후 많은 지지를 받았다. 하지만 린드벡의 방법은 교리와 공동체의 내적 담화를 지나치게 동일시함으로써 교회의 소종파화를 낳는다는 우려를 받았다. 신학이 교리의 정합성을 따지는데 매달리다 새로운 현실에 개방적이지 못하게 한다는 반발을 낳기도 했다. 린드벡의 대표적 비판가로 예일에서 린드벡의 수업을 들었지만 린드벡의 박사 제자들이 보인 보수적 성향과 가톨릭화에 우려를 표했던 크리스틴 헬머Christine Helmer(1965~)를 꼽을 수 있다. 이 장에서는 『교리의 본성』이 나오고 30년이 지난 2014년에 헬머가 출간한 『교리의 종말』을 함께 소개함으로써 교리의 본성을 놓고 벌어지는 첨예한 논쟁지점을 확인하고자 한다.

5장은 20세기 중후반 세계 신학계에 지대한 영향을 끼쳤던 독일의 루터교 신학자 볼프하르트 판넨베르크Wolfhard Pannenberg (1928~2014)를 소개한다. 판넨베르크는 근대 과학과 철학이 바꿔놓은 세계 속에서 학문으로서 신학을 한다는 것의 무게감을 뼈저리게 느꼈던 신학자다. 그가 볼 때 신학이 교회의 학문으로만 머무르면 그리스도교는 결국 세속사회에서 고립되어 버린다. 그는 진리가 '보편적'이라면, 삼위일체 하느님에 대한 성서의 증언과 교회의 고백은 신앙인만이 아니라 모든 이에게도 진리일 수 있어야 한다고 보았다. 하지만, 그가 근본주의자처럼 오직 그리스도교만이 배타적 진리라고 무조건 우긴 것은 아니다. 역사 속에서 진리는 상호

주체적인 대화를 통한 검증과 수정 과정을 통해 드러나는 만큼, 그는 전통적인 교리의 현대적 의미를 질문하면서 타 학문과 비판적이고 합리적이고 공적인 대화를 시도했다. 특히 1991년 작『조직신학 서론』은 학문으로서 신학이 갖춰야 할 조건들을 요약하고, 삼위일체 하느님의 사역을 종교철학, 형이상학, 물리학, 성서학과 연관지어 풀어냄으로써 그의 신학의 특성과 방법을 효율적으로 보여주는 흥미로운 소책자다.

6장에서는 신학적 미학이란 어떤 학문인지를 패트릭 셰리Patrick Sherry(1938~)가 1992년에 출간한『성령과 아름다움』을 통해 살펴보고자 한다. 서방 교회는 삼위일체 하느님의 위격 중 유독 성령에 대해서는 말을 아껴왔다. 또한, 하느님의 아름다움에 대한 성서와 초기 교부들의 지대한 관심에도 불구하고, 신적 속성으로서 아름다움은 오랜 기간 외면당해 왔다. 진선미 중 아름다움이 주변화되면서, 진리를 찾는 시도는 건조한 주지주의화로 흐르고 선을 추구하는 활동은 도덕주의에 빠지곤 했다.『성령과 아름다움』은 외면받은 두 주제인 성령론과 미학을 연결함으로써 신학의 새로운 가능성을 보여주고자 한다. 특히 저자는 전통적으로 성스럽게 하시는 분sanctifier으로 불리던 성령의 호칭에 아름답게 하시는 분beautifier를 더하며, 우리의 구원을 위한 성령의 사역에 자연과 예술을 통해 세상을 아름답게 하시는 활동을 포함한다. 이로써 경이, 기쁨, 경축, 감사 등이 핵심어가 된 신학과 실천의 새로우면서 매력적인 길이 열린다.

7장에서는 최근 신학의 두드러진 흐름인 '전통으로의 회귀'를 선도한 영국의 신학자 존 웹스터John B. Webster(1955~2016)의 2003년 작품 『거룩함』을 소개한다. 21세기에 신학을 하면서 계몽주의가 교회에 던진 도전이 없었던 양 17세기 이전 신학을 단순 반복할 수는 없다. 전통적인 교의학 방식을 선호하고 첨단 신학 사조에 비판적 거리를 둔다고 하여, 신학이 학문의 왕좌에 있던 과거에 대한 향수병에 빠졌다고 속단할 수도 없다. 웹스터는 현대인이 막연하게 공유하고 있는 신학에 대한 거부감에 반대하고, 현대 신학계에 퍼져있는 전통적 교의학에 대한 천박한 반발 심리에 저항한다. 오히려 그는 현대 지성에 내포된 위험과 사악함을 성서와 전통에서 길어온 통찰을 가지고 드러내 보임과 동시에, '더욱 신학적'인 신학이 현대 사회에 필요함을 역설한다. 이러한 과업을 이루기 위해 이 책은 거룩함이라는 관점에서 삼위일체론을 성서와 신학과 교회와 신자의 삶과 연결하는 교의학적 기획을 제안한다.

8장에서는 현대 로마 가톨릭 신학에 큰 영향을 끼쳤던 '새로운 신학'nouvelle théologie을 개신교적 감각으로 다룬 한스 부어스마Hans Boersma(1961~)의 2011년 작 『천상에 참여하다』를 소개한다. 20세기 초중반 프랑스의 젊은 로마 가톨릭 신학자들을 중심으로 일어난 새로운 신학은 초기 교회가 이룩한 플라톤주의와 그리스도교의 종합을 현대 신학이 회복해야 할 '위대한 전통'으로 삼았다. 새로운 신학자들의 목소리가 제2차 바티칸 공의회 전후로 로마 가톨릭 신학의 발전을 이끌었다면, 오늘날에는 성공회 배경의 신학자들 중심으로 계승되어 개신교에도 의미심장한 파문을 불러일으키고 있다. 20세기 개신교 신학에 만연한 탈플라톤주의화 흐름에 역행하는 작업을 통해, 부어스마는 신학과 영성이 황폐해진 후기 세속사회에 대한 치유책으로 '성사적 존재론'을 제시한다. 독자들은 『천상에 참여하다』를 통해 교회와 사회의 문제를 해결할 지적 자원을 찾고자 종교개혁자가 아니라 교부로까지 돌아가는 개신교 신학의 최근 흐름을 맛보게 될 것이다.

이처럼 『신학의 영토들』 1부 '신학이란 무엇인가' 8개 장에서는 10명 저자의 저서 11권을 살펴보게 된다. 신학의 인간론적 전환, 절대타자로서 하느님의 재발견, 현대 사회를 위한 구성으로써 신학, 교리의 본성과 한계에 대한 논쟁, 공적 학문으로서 신학, 하느님의 아름다움에 대한 송영으로서 신학, 성화된 이성의 학문으로서 교의학, 플라톤주의로의 회귀로 이어지는 신학의 다채로운 발전상은 소위 세속화되었다는 근현대가 사실 신학적으로 독창적인 시대였고 그 결과물은 풍요롭기도 했음을 보여준다. 이같이 시대를 흐르며 다양하게 변이하는 신학을 봄으로써 우리는 신학이라는 학문이 가진 내적 복잡성을 구분할 수 있는 안목을 기르게 될 것이고, 이를 통해 우리가 속한 삶의 자리Sitz im Leben에서 신학함의 필요와 의미를 찾을 수 있는 상상력의 확장도 일어나게 될 것이다.

근대 세계에 일어난 신학의 인간학적 전환

『종교론: 종교를 멸시하는 교양인을 위한 강연』
프리드리히 슐라이어마허 지음, 최신한 옮김, 대한기독교서회, 2002.

프리드리히 슐라이어마허라는 이름 앞뒤로는 '현대 신학의 아버지', '19세기 신학의 교부', '낭만주의 신학의 선구자', '교회의 왕자', '(엄밀한 의미에서) 최초의 조직신학자', '자유주의 신학의 시초' 등의 화려하고 논쟁적인 수식어가 붙는다. 교회사가들도 시대를 대표하는 신학적 종합을 이뤄낸 이로 아우구스티누스Augustine of Hippo, 토마스 아퀴나스Thomas Aquinas, 장 칼뱅Jean Calvin 등과 더불어 슐라이어마허를 꼽곤 한다.[1] 신학의 역사가 상대적으로 짧은 한국에서도 신학 연구와 교육의 형태가 자리 잡던 1970년대 후반 이후, 그의 사상에 관한 연구물과 그의 저작의 번역이 많지는 않아도 계속해서 나오고 있다.

---

* 이 책은 1997년에 한들 출판사에서 나왔다가, 2002년 대한기독교서회에서 재출간되었다. 원서는 다음과 같다. Friedrich D.E.Schleiermacher, *Über die Religion: Reden an die Gebildeten unter ihren Verächtern* (Berlin: Johann Friedrich Unger, 1799).

[1] Jacqueline Mariña, 'Introduction', *The Cambridge Companion to Friedrich Schleiermacher* (Cambridge: Cambridge University Press, 2006), 1 참고.

한국의 슐라이어마허 수용사가 반백 년을 향해 가는 상황이지만, 지금도 그에 대한 강의와 책의 시작에는 '한국에서 지금껏 슐라이어마허가 제대로 알려지지 못했다'라는 자조적 평이 등장하곤 한다. 저명한 현대 신학자 중 한국의 수준 높은 독자들을 만족시킬 만큼 '충분히' 알려진 이가 누가 있으랴마는, 신학사에 차지하는 위치를 고려할 때 슐라이어마허만큼 불충분하게 소개된 이를 찾기도 힘들다. 19세기 독일 지성계에 전방위적으로 영향을 끼친 슐라이어마허의 사상이 다채로운 만큼 한국에서 그에 관한 연구와 강의가 상대적으로 빈약한 이유도 다채롭다. 몇 가지만 언급하면, 우선 슐라이어마허가 남긴 수많은 저술 중 한국어로 번역된 저술은 일부에 불과하다.[2] 또한, 슐라이어마허는 난해하고 역동적인 사유를 전개했을 뿐만 아니라 철학의 제 분야에도 정통했기에 그가 사용하는 신학적 언어와 논리를 쉽게 파악하기 힘든 면이 있다. 무엇보다도 19세기 독일 개신교 신학을 '자유주의'라는 하나의 개념으로 거칠게 묶어 버리는 잘못된 신학 풍토도 크게 한몫하고 있다.

이것이 한국의 상황만은 아닌 것이, 영어권에서도 슐라이어마허 수용은 여러 우여곡절을 겪고서야 지금의 궤도에 올라섰다. 19세기 초중반 독일 성서학이 발전하는 데 슐라이어마허가 크게 이

---

[2] 현재 한국어로 번역된 책은 다음과 같다. 『신학연구입문』(대한기독교서회, 1983), 『종교론』(한들, 1997/대한기독교서회, 2002), 『해석학과 비평』(철학과 현실사, 2000), 『성탄축제』(문학사상사, 2001), 『기독교신앙』(한길사, 2006). 그 외에 슐라이어마허가 쓴 '독일적 의미의 대학 이념'이 존 헨리 뉴먼John Henry Newman의 '대학의 이념'과 함께 묶여 『대학의 이념』(계명대학교출판부, 2000)이라는 제목의 책으로 나오기도 했다.

바지한 만큼, 영어로 번역된 그의 첫 작품은 루가 복음서 주석이었다.[3] 성서학자가 아닌 신학자 슐라이어마허가 독일어권 밖에서 알려지는 데는 더 많은 사람의 노력과 오랜 시간이 필요했다. 그가 세상을 떠나고 1850년에야 영어로 『신학연구입문』Kurze Darstellung des theologischen Studiums zum Behuf einleitender Vorlesungen(1830)이 번역되었다. 하지만, 이 저작은 신학의 각 영역의 특성과 유기적 관계를 보여주는 소책자로 그의 신학 자체를 알기에는 불충분했다.[4] 슐라이어마허의 대표작이자 교의학 저서인 『신앙론』Der christliche Glaube(1821~22) 영어판이 나온 해는 1928년이다. 독일에서 출간된 지 100여 년이 지나고 나서야 영어로 소개된 셈이다. 이후 대서양 양편에서 여러 번역서와 연구물이 뒤따라 나왔으며 영어권 학자들도 차차 신학자 슐라이어마허의 면모를 가늠할 수 있게 되었다.

슐라이어마허는 근대 유럽의 학문과 문화의 중심으로 떠오르던 19세기 베를린의 지적 생태계를 새로 형성한 공적 지성인이기도 했다. 학자로 활동한 30여 년간 그는 다방면에서 두각을 나타냈으며, 이후 다양한 학파, 다양한 나라, 다양한 전공의 학자들이 자신들의 관심사와 상황에 맞게 그의 업적을 수용하고 발전시켰다. 그런 만큼 그의 수많은 작품 중 가장 중요한 책이 무엇인지에 관해

---

[3] 독일에서 1815년에 나온 이 주석은 1825년에 번역자가 누구인지 표기 없이 영어로 출간되었다. Christine Helmer, 'Schleiermacher's Exegetical Theology and the New Testament', *The Cambridge Companion to Friedrich Schleiermacher*, 246, n. 4 참고.

[4] 한국어로 처음 번역된 슐라이어마허의 저서도 이 책이다. F. 쉴라이에르마허, 『신학연구입문』(대한기독교서회, 1983). 원서 제목을 고려하면 『신학연구개요』로 번역할 수 있다.

서도 전문가들은 의견을 달리한다. 하지만, 슐라이어마허라는 이름을 근대세계에 알리게 된 결정적 계기가 초기작 『종교론』Über die Religion(1799/1806/1831)이라는 데 이의를 제기할 이는 거의 없다. 『종교론』의 출판은 동시대 독자들에게 큰 충격을 주었다. 19세기 활동했던 독일의 목사이자 신학자, 그리고 슐라이어마허의 반대자였던 클라우스 함스마저 아직은 무명이었던 슐라이어마허가 썼던 이 책을 읽고서 자신의 '고상한' 삶이 태어난 것 같다는 느낌을 받았다. 물론 감동 이면에는 책의 내용과 난이도가 안겨준 두통도 있었다.

> 토요일 정오경이었다. 나는 하인에게 아무도 독서를 방해하지 못하도록 일러놓고, 그 책을 읽기 시작했다. 밤이 늦도록 독파했다. 그 후 몇 시간 동안 잠을 잤다. 일요일 아침 그 책을 처음부터 다시 읽기 시작하여 오후에 걸쳐서 전체를 읽었다. 그리고 저녁 식사 후, 다시 읽기 시작했다. 그때 두 개의 나사못이 관자놀이 위에 쾅쾅 박히는 듯한 감동을 느꼈다.[5]

32년에 걸쳐 세 번이나 개정한 만큼, 『종교론』 각 판에는 그의 사상의 변화가 직간접적으로 반영되어 있다. 그중 한국어로 번역된 판은 가장 낭만주의적이고 독창적인, 그렇기에 유독 시적이면서도 급진적이라고 평가받는 1판이다. 이 얇지만 심오하고, 아름답지만

---

[5] 클라우스 함스의 말은 다음 책에서 재인용했다. B.A.게리쉬, 『현대신학의 태동』(대한기독교서회, 1988), 16.

난해한 책은 이후 200년이 넘도록 신학자들 사이에서 마르지 않는 영감의 원천이 되고 있다. 조금 과장해 말하면, 어떤 이는 이 책에 매혹된 채로, 다른 이는 이 책에 반감을 품고서 슐라이어마허 이후 신학post-Schleiermacher theology을 하고 있을 뿐이다.

종교 경멸 시대에 종교를 변증하기

『종교론』의 부제는 '종교를 멸시하는 교양인을 위한 강연'Reden an die Gebildeten unter ihren Verächtern이다. 따라서, 이 책을 이해하기 위해서는 슐라이어마허가 어떤 이를 청중으로 염두에 두었는지를 알아야 한다. 『종교론』 여기저기서 '종교를 멸시하는 교양인'이 누구인지 짐작할 만한 정보가 조금씩 나오지만, 이들에 대한 입체적 이해를 위해서는 슐라이어마허와 그가 살았던 시대를 좀 더 살펴보아야 한다.[6]

슐라이어마허는 1768년 브레슬라우에서 헤른후르트 배경의 군목의 아들로 태어났다. 그는 아버지의 영향 아래 1783년 모라비안 신학교로 진학하여 경건주의 교육을 받았다. 이 시기부터 슐라이어마허의 신학의 골격을 이루는 내적 경건에 대한 강조, 그리스도 중심주의, 공동체의 중요성 등이 형성되기 시작했다. 하지만 청소년기 슐라이어마허의 내면에는 비판적 사고도 함께 형성되고 있

---

[6] 일반적으로 저자의 사상을 알기 위해 삶에 대한 이해가 필요하다고 한다. 하지만 이는 사람마다 정도의 차이는 있게 마련인데, 특별히 슐라이어마허의 경우 삶과 사상을 함께 이해해야 하는 학자로 알려져 있다. 이는 빌헬름 딜타이Wilhelm Dilthey가 슐라이어마허 전기를 쓰며 서문에서 강조한 바이기도 하다. Wilhelm Dilthey, *Leben Schleiermacher* (Berlin: G. Reimer, 1870) 참고.

었다. 이 영민한 젊은 모라비안 교도는 경건주의 훈련으로는 충족되지 않는 지식욕을 달래고자 학교에서 금서였던 임마누엘 칸트의 『학문으로 등장할 수 있는 미래의 모든 형이상학을 위한 서설』 Prolegomena zu einer jeden künftigen Metaphysik(1783) 등 철학책을 몰래 읽었다. 모라비안 신학교육에 불만족을 표한 그는 결국 1788년 독일 계몽주의의 상징이었던 할레 대학교로 갔다. 거기서 그는 신학 공부보다는 칸트로 대표되는 근대철학과 고대 그리스 고전 연구에 더 몰두했다. 그 후 드로쎈과 란츠베르크에서 교회를 위해 일했지만, 목회에서는 큰 두각을 드러내지 못했다.

1796년 슐라이어마허의 생애에 중요한 일이 일어났다. 독일 제국의 수도로 학문과 예술과 산업이 꽃피던 베를린에 있는 자선병원 원목으로 부임하게 된 것이다. 베를린의 진보적이고 세련된 공기를 깊게 들이마신 슐라이어마허의 삶과 사상에도 창조적 전환이 일어났다. 그는 젊은 문화인과 지성인들 모임에 참여했고, 특별히 프리드리히 슐레겔과 노발리스 등으로 대표되는 독일 초기 낭만주의자들과 깊이 교류했다. 18세기 후반 철학과 문학, 예술, 비평 등의 분야에서 활발히 일어난 낭만주의 운동은, 이전 세기 서유럽을 휩쓸던 계몽주의의 이성 중심주의에 대한 반발로 감정과 직관, 상상력, 신화 등의 중요성을 재발견하고자 했다. 낭만주의를 선도하는 작가로 명성을 쌓고 있던 슐레겔은 슐라이어마허의 사람됨과 재능에 곧 매혹되었고, 아직은 무명이던 슐라이어마허가 글을 쓰도록 자극을 주고 격려하였다. 결국, 슐라이어마허는 자신과 우정을 나눴지만 그다지 종교적이지 않았던 낭만주의자들, 달리 말하면 '종교를 멸시하는 이들'을 위해 약 두 달 만에 원고를 집필하고 는 익명으로 출판하였다.

『종교론』은 18세기 후반 진보의 시대에 각축하던 여러 사조를 종합함과 동시에 이후 신학의 발전 방향을 예고하는 작품이다. 이 책에서 슐라이어마허는 경건주의의 연속선상에서 종교를 교리의 체계로 보는 개신교 정통주의에 반발해 개인의 내면에서 일어나 는 절대자와의 생동적 만남을 종교의 핵심으로 재정의했다. 또 다른 한편, 그는 '인간은 무엇을 알 수 있고, 무엇을 해야 하고, 무엇을 희망할 수 있는가'라는 칸트의 물음을 숙고함과 동시에 칸트의 이성 비판으로는 포착할 수 없는 종교의 심오함을 다각도로 조명 했다. 또한, 계몽주의의 메마른 합리주의를 비판하기 위해 감정, 직관, 무한, 교제 등과 같은 낭만주의 개념을 적극적으로 활용함과 동시에 낭만주의자들이 다다르지 못한 참 종교의 영토까지 독자들 이 나아가도록 매혹적인 시적 언어를 구사했다.

이처럼 『종교론』은 경건주의와 계몽주의와 낭만주의라는 근대 사회에서 꿈틀대던 큰 사상사적 물줄기가 합쳐지며 탄생한 책이 다. 이토록 다채로운 빛깔을 지닌 책의 중요성과 가치를 제대로 평 가하려면 18세기 계몽주의자들이 교회에 퍼부은 비판과 이에 대한 교회의 반응이라는 맥락에서 슐라이어마허를 읽어야 한다.

신학에서 일어난 코페르니쿠스적 전환

계몽주의는 18세기 영국과 프랑스를 기점으로 유럽 전체에서 일어난 문화적, 철학적, 문학적 사조이다. 한 마디로 계몽주의는 삶의 모든 영역을 잠식하고 있던 전근대적 어둠을 인간 이성의 빛으로 밝히려는 운동En-lighten-ment이다. 사람마다 날카로움과 강도의 차이는 있었지만, 대다수 계몽 사상가는 로마 가톨릭과 개신교를 가리지 않고 그리스도교 전체를 철저히 비판했다. 전통에 근거한 교회의 가르침은 '이성의 계몽'에 걸림돌이며, 사회 변혁에 맞선 기득권들은 종교의 권위를 빌려 대중을 미성숙 상태에 가두고 있다고 보았기 때문이다.

하지만, 이제 이성의 빛이 세상을 비출 때가 이르렀나니, 지금껏 교회를 교회 되게 했던 성서, 전통, 직제, 교리 모두가 이성의 심판대에 올라와야 했다. 주의 깊게 볼 점은 그리스도교 문명에서 자라난 만큼 계몽주의자들은 교회를 비판하되 (19세기 후반 지성인들과는 달리) 철저한 무신론자가 되지는 못했다는 사실이다. 오히려 이들의 종교 비판 이면에는 '계시의 특수성' 대신 '이성의 보편성'에 기반한 자연종교natürliche Religion에 대한 추구가 있었다. 그들이 볼 때 초자연적인 계시에 기초한 그리스도교라는 역사적인 실정종교positive Religion는 권위에 대한 맹목적 순종을 강조함으로 이성을 억눌렀다. 그리고 계시종교로 자신의 우월성을 내세움으로써, 신자들이 다른 종교적 신념을 가진 사람들에게 폭력을 가하도록 부추겼다. 그러나 인간의 본성인 이성도 자연으로 보는 서구 합리주의 정신의 근대적 표현이기도 한 자연종교는 이와 다르다.[7] 자연종교는

---

7   라틴어 '나투라'natura는 '자연'뿐만 아니라 사물의 '본성', 인간의 본성인 '이성' 등의 뜻으로 사용된다. 고대 그리스와 로마 철학에서는 자연적으로 존재하게 된 사물에 내재하는 운동의 원리가 곧 자연이고, 그런 만큼 사물의 본성과 밀접히 관련되어 있다. 사물은 자연에 따라 움직일 때 합목적적일

이성의 빛을 받아 신이 창조한 세계에 대한 합리적 이해를 추구하고, 이성을 통해 발견할 수 있는 신에 대한 의무로서 도덕을 중시한다.[8]

계몽시대 이성의 맹렬한 공격에 대한 그리스도교의 반응은 크게 두 갈래로 나뉘었다. 한편에서는 교리라는 객관화된 지식 대신 인간 내면의 체험을 강조하는 '경건주의' 흐름이 부상했고, 다른 한편에서는 계몽주의적 이성에 교리적 이성으로 맞대응하는 '정통주의' 신학이 발전했다. 하지만 전자는 그리스도교의 의미를 근대인의 언어와 논리로 제대로 설명해내지 못했으며, 후자는 신앙을 주지주의화해 그리스도교 신앙의 본질적 생동감을 약화했다. 게다가 후자는 교권주의를 강화해 변화를 요구하는 시대의 요청에 등을 돌렸다. 이런 상황에서 슐라이어마허는 근대정신에 푹 잠긴 채 '종교를 멸시하는 이'들에게 그리스도교를 설명하려면 새로운 방법이 필요함을 깨달았다. 이성에 기초한 자연종교, 혹은 윤리로 환원된 도덕종교moralische Religion와는 다른 참 종교의 본질은 어떻게 찾을 수 있을까. 이에 대한 슐라이어마허의 답은 다음과 같다.

종교의 본질은 사유나 행위가 아니라 **직관**과 **감정**이다. 종교는 **우주**를 직관하려 하며 우주의 고유한 서술과 행위 속에서 그에

수 있고, 그러한 자연의 법칙에 따라 세계 내 사물이 움직이기에 세계도 합목적적이다.

[8] 계몽주의 시대의 종교비판과 자연신학에 대한 옹호로는 다음 연구서 2부를 참고하라. 피터 게이, 『계몽주의의 기원』(민음사, 1998).

게 경건히 귀 기울여 들으려 하고 스스로 어린아이의 **수동성**으로 우주의 직접적인 영향에 사로잡히고 충만하게 채워질 수 있으려고 한다. … 종교는 다른 모든 개별자와 유한자 가운데서 무한자를 보는 것에 못지않게 인간 속에서 무한자를 보며 그 각인된 흔적과 그 연출을 본다.[9]

이 짧은 인용문에서 종교에 있어 '코페르니쿠스적 혁명'이라고 불릴 만한 일이 일어나고 있다. 코페르니쿠스가 태양이 아닌 지구가 공전한다고 주장하며 낡은 우주관을 폐기했듯, 슐라이어마허는 종교의 본질을 인간 외부의 객관적 실재가 아니라 내부의 직관과 감정에서 찾는 '인간학적 전환'을 시도했다. 즉, 종교는 교회의 교리를 이해하거나 윤리적 명령을 따르는 것이 아니다. 종교는 인간이 온전히 포착도, 설명도 할 수 없는 무한한 대상과의 구체적이고 실제적인 만남과 이에 대한 심정의 자연스러운 반응에서 발견된다.

물론 종교의 본질에 대한 슐라이어마허의 혁명적인 재정의를 모두가 반기지는 않았다. 『종교론』은 출간되자마자 수많은 비판과 비난을 받아야 했다. 하지만 많은 경우 『종교론』에 대한 비판은 종교론에 담긴 논의를 충분히 이해하지 못한 채 나온 반응이거나, 선입견에서 나온 오독에 가깝다. 몇 가지를 교정해 보자면 분명 슐라이어마허의 언어에 낭만주의적 색채가 짙게 배어 있지만, 그가 낭만주의에 전적으로 의존하며 사상을 형성한 것은 아니다. 오히려

---

[9]   프리드리히 슐라이어마허, 『종교론』, 56(강조는 필자의 것).

그는 낭만주의자들의 기존 종교관의 한계를 드러내려 했다. 이러한 맥락에서 슐라이어마허는 낭만주의적 종교관의 한계와 모호성을 자각하며, 『종교론』을 개정하면서 일부 용어(대표적으로 감정)는 명료함을 더하기도 하고 다른 용어(이를테면 우주와 직관)는 폐기하기도 했다.[10]

또한, 슐라이어마허가 성취한 것은 종교의 인간학적 '전환'이지 인간학적 '환원'이 아니다. 그가 직관과 감정을 종교의 본질로 주저함 없이 강조할 수 있었던 것은, 종교성이 심정에서 솟아오르게 하는 '무한자가 현존'하기 때문이다. "세계 속에서 일어나는 모든 사건을 신의 행위로 생각하는 것이 종교이며, 이것은 무한한 전체에 대한 이 모든 사건의 관계를 표현한다."[11] 즉, 인간의 인식과 실천너머의 신비와 만남에 대한 반응이 직관과 감정이고, 이를 뒤따르는 언어적 반성이 신학이다. 생동적 경험이 선행하지 않는 신학은 죽은 문자에 불과하다.

끝으로, 종교의 본질을 사유와 행위와는 구분된 고유한 영역에서 찾는다고 하여 슐라이어마허가 형이상학과 도덕을 폐기한 것은 결코 아니다. 종교를 형이상학과 도덕 위에 기초하는 것은 그 본질을 왜곡시키지만, 무한자에 대한 직관과 감정은 인간을 다시 외부세계로 이끌며 이성과 의지(혹은, 형이상학과 도덕)에 경건의 풍미를 새로이 불어넣는다.

---

[10] 슐라이어마허의 초기와 후기의 신관의 차이에 관해서는 다음을 참고하라. 목창균, 『슐라이에르마허의 신학사상』(한국신학연구소, 1991), 90~140.

[11] 프리드리히 슐라이어마허, 『종교론』, 62.

종교는 풍부하게 변화하는 노련함을, 전적으로 저항해 오지 않는 모든 음색으로 동반하며 인간 삶의 단순한 노래를 완전한 화성의 장려한 조화로 변화시킨다.[12]

그렇다면 슐라이어마허는 직관과 감정 개념을 가지고 종교에 대해 어떤 새로운 이해를 도모했을까.

공동체와 역사의 매개를 통해 현실화되는 종교

『종교론』의 각 장의 내용을 요약하면 다음과 같다. 첫 강연은 일종의 도입부로 문명화된 교양인에게 종교에 관해 왜 설명해야 하는지를 이야기한다. 이어 그 유명한 둘째 강연에서는 우주에 대한 직관과 감정이라는 개념으로 종교의 본질을 설명한다. 셋째 강연은 종교가 어떻게 인간의 심정에서 형성되는지 종교 교육에 관해 다룬다. 넷째 강연은 종교의 본질로부터 종교 공동체론을 끌어낸다. 마지막 강연에서 슐라이어마허는 종교를 제대로 이해하려면 종교에 대한 추상적 이념이 아니라 역사 속에 실재하는 개별종교를 봐야 한다고 주장한다.

『종교론』을 읽고 사람들이 슐라이어마허를 오해하게 되는 이유의 상당 부분은 이 책에 실린 다섯 개의 강연 중 '종교의 본질'에 관한 둘째 강연에만 집중했기 때문이다. 실제 둘째 강연만 읽는다면 슐라이어마허가 지나치게 낭만주의에 경도되었고, 종교를 개인의

---

12 프리드리히 슐라이어마허, 『종교론』, 107.

심리 문제로 만들어버렸다는 오독이 가능할지 모른다. 그렇기에
『종교론』의 독해에서는 언제나 전체 구도 속에서 각 장의 위치와
의미를 파악하는 것이 중요하다. 『종교론』에 대한 더 깊은 이해, 특
별히 슐라이어마허가 이해한 그리스도교의 참된 모습을 알기 위해
서는 종교의 본질에 관한 둘째 강연을 다른 강연과 유기적 관계 속
에서 읽어내야 한다.

　예를 들면 둘째 강연과 넷째 강연을 연결한다면, 종교는 개인의
사적인 문제일 수 없고 오히려 본질상 공동체적임을 알게 된다. 무
한자와의 만남으로 심정에서 직관과 감정이 피어날 때, 개인은 그
자체로 만족하지 않고 이를 다른 사람에게 전달하고자 한다. 언어
를 매개로 한 관계 속에서 사람과 사람 사이에 종교적 도야가 촉발
되고, 이러한 상호성숙과 교제가 실질적으로 종교 공동체를 형성
하는 힘이 된다. 그런 의미에서 '종교'의 본질은 '공동체'의 본질과
긴밀히 결합한다.

　　종교가 일회적이라면 이것은 또한 필히 교제적gesellig이어야 한
　　다. 인간의 속성은 교제적이며, 이것은 종교적인 것에서 아주 두
　　드러지게 된다. 인간이 내적으로 산출하고 완성해 놓은 것을 자
　　기 안에 가두어 놓는다면, 이것이야말로 가장 부자연스러운 것
　　임을 여러분은 인정해야 한다.[13]

---

[13]　프리드리히 슐라이어마허, 『종교론』, 154.

교회 공동체를 형성하고 유지하는 것이 종교의 상호전달이라면, 이 공동체의 본질은 동등한 사람들 사이의 '생동적 교제'일 수밖에 없다. 여기서 슐라이어마허는 교회가 무엇이고 왜 필요한지를 형이상학이나 교리의 힘을 빌려 논증하지 않는다. 대신 그는 종교 공동체의 본질과 현존을 상호교제라는 인간학적 원리로 설명하면서 근대 교회론의 새 장을 열고 있다.

다른 예를 들자면, 『종교론』의 다섯째 강연은 고대에 만들어진 실정종교가 왜 진보하는 근대 문명에서도 중요한지, 그리스도교는 왜 다른 종교에 비해 우월한지에 관한 슐라이어마허의 답변이다. 여기서 실정종교의 핵심으로 슐라이어마허가 지목하는 것은 교리나 경전, 교단, 조직 등이 아니다. 그는 실정종교를 다음과 같이 정의한다.

> 공동체와 연관해서 볼 때 실정종교는 곧 공동체에 관여하는 모든 사람이며 더 나아가 이 종교를 **처음으로 세운 사람과 공동체가 맺는 관계**이다.[14]

달리 말하면, 창시자가 가진 무한자에 대한 근본 직관이 각 종교의 정체성과 특수성을 결정한다. 다른 종교와 차별화된 각 종교의 교제의 한 가운데는 창시자의 고유한 직관이 있다. 따라서, 특정 종교의 신자가 된다는 것은 그 종교 창시자의 직관과 감정을 중심으

---

[14] 프리드리히 슐라이어마허, 『종교론』, 215(강조는 필자의 것).

로 형성된 종교 공동체로 들어가는 일이다.

역사적으로 여러 종교의 창시자 혹은 종교적 천재가 있었다. 그 중 나자렛 예수는 신과 인간 사이의 '화해', 그리고 이를 이룩하기 위한 '중보자'의 이념이라는 고귀한 직관을 가졌다. 이로써 "그리스도교는 그 고유한 근본 직관을 통해 종교와 종교사 가운데서 우주를 가장 많이, 그리고 가장 아름답게 본 종교"가 되었다.[15] 그리스도교는 나자렛 예수 덕분에 인간의 죄에 대한 신적 '심판'과 이를 넘어서는 신의 '용납'을 함께 직관한다. 이러한 그리스도 중심성, 그리고 죄와 화해의 변증법 덕분에 그리스도교는 잘못된 경건과 도덕을 가식 없이 폭로하는 개혁적 동력을 태생적으로 내포한다. 그리스도교는 이러한 논쟁적 원리를 무엇보다도 자신에게 향해야 하고, 그렇기에 자기를 끝없이 비판하고 개혁해야 한다는 "성스러운 비애"를 지닌다.[16] 무너진 터 위에서 언제나 새롭게 일어서기. 바로 이것이 그리스도교의 특수성이고, 그리스도교가 우월한 참 이유이며, 서로 다른 종교를 가진 인류의 삶에 그리스도교가 필요한 이유다.

『종교론』 그리고 그 이후

30세를 막 넘긴 젊은 나이에 발표한 『종교론』에 대한 뜨거운 반응을 뒤로하고, 슐라이어마허는 1802년 슈톨프의 궁정 설교가로 임명되어 베를린을 떠났다. 그는 1804년에 할레 대학교 신학 교

---

[15] 프리드리히 슐라이어마허, 『종교론』, 239.

[16] 프리드리히 슐라이어마허, 『종교론』, 243.

수직에 임용되었다가, 1807년에 베를린으로 돌아와 베를린 대학교 교수와 학술원 회원과 삼위일체 교회 설교자로 활동했다. 1834년 2월에 그가 급성 폐렴으로 사망하자, 장례식과 장례행렬에 3만여 명의 베를린 시민이 모여 그를 추모했다. 이 일화는 그가 시대를 대표하는 신학자이자, 베를린의 공적 지식인이자, 대중의 사랑을 받는 설교가였음을 잘 보여준다. 슐라이어마허가 신학과 성서학, 철학, 미학 등 여러 영역을 가리지 않고 강의를 했으며 다양한 저작을 남겼지만, 그중에서도『종교론』은 그의 대표작이며 근대 신학의 '인간학적 전환'을 알리는 이정표로 남아 있다. 학자들 사이에 슐라이어마허의 전기와 후기 사상의 연속성에 대한 논쟁은 있어도, 초기작『종교론』이 그의 사상에서 차지하는 위치나 이후 신학의 발전에 끼친 영향을 부정하는 사람은 없다. 하지만 춤추는 무용수의 모든 동작을 사진찍기가 불가능한 것처럼,[17] 생애 말년까지 창조성을 계속 발휘하며 지적 세계를 확장해 간 인물의 사상을『종교론』이라는 책 하나로 규정하는 것도 경계해야 한다. 신학으로 한정해서 볼 때도 이후 슐라이어마허는 여전히 창조적이되 덜 도발적인 형식을 사용했고, 전통적 교리의 참 의미를 찾는 일에는 더 진지해졌다.

많은 비평가가 지적하듯『종교론』여기저기에 19세기에 전개될 '자유주의' 신학의 모습이 어른거리기도 한다. 하지만, 이러한 고전

---

[17] 이 표현은 슐라이어마허의 강의를 들었던 다비드 슈트라우스David Strauss가 슐라이어마허의 생동적 강의를 글로 적는 것이 불가능하다는 것을 말하고자 사용한 것으로 알려져 있다.

은 개개 사례에 지나치게 집중하기보다는, 책 전체가 말하고자 하는 바 그리고 책이 실제 이룩한 바를 통해 가치를 평가할 필요가 있다. 자유주의가 근대의 문화적 가치에 순응한 신학이라는 일반적 비판과 달리, 슐라이어마허는 그 시대의 공기를 흠뻑 들이마시면서도 반시대적 정신을 가지고 종교의 본질을 옹호했다. 종교는 인간 진보에 방해물이라 주장하는 계몽주의에 반대하며, 그는 "인간 본성은... 종교적 측면에 의해서 완성"[18]된다는 것을 보여주려 했다. 근대세계가 강조한 인간중심주의와는 달리, 그가 이룩한 '인간학적 전환'은 하느님과 창조 세계에 대한 인간의 근원적 '개방성'으로부터 시작된다. 그리고, 자연종교의 주창자들이 '오직 이성'으로 종교의 본질을 추상적으로 이해했다면, 그는 참 종교를 '역사적 종교 공동체'의 실제 현존과 생동적 교제에서 발견했다.

또한, 정통주의가 근대성의 공격으로부터 종교개혁 유산을 지키고자 신학을 체계화하고 집대성하는 데 몰두했다면, 그는 루터나 칼뱅이 아니라 나자렛 예수의 근본 직관을 통해 '개혁된 교회는 계속 개혁되어야 한다'Ecclesia reformata, semper reformanda est는 종교개혁 정신을 재발견했다. 이는 신학의 기준을 특정한 신학자나 전통이 아니라 예수 그리스도에 두게 하는 근현대 신학의 서막을 알린다. 개혁의 계속된 필요가 루터나 칼뱅에게 있다면 교회 개혁은 더 루터적이고 더 칼뱅적인 교회를 만드는 것을 목표로 하게 될지 모른다. 하지만, 슐라이어마허는 개혁의 기초를 예수 그리스도로부터

---

[18] 프리드리히 슐라이어마허, 『종교론』, 57.

찾음으로써 교파주의를 넘어설 수 있는 동력을 발굴했다.[19]

끝으로, 근대 학문의 발전과 함께 신학이라는 오래된 학문의 정체성과 존재 이유가 의심받을 때, 그는 교리나 신앙으로부터 신학을 전개하는 연역적 방법과 차별화된 '학문으로서 신학'의 가능성을 열어 보였고 이러한 가능성은 1811년 최초의 근대 대학교라 불리는 베를린 대학교의 설립에 관여함으로써, 신학부 초대 학장으로 근대적인 신학교육을 행하며 결실을 맺었다. 이처럼 『종교론』은 텍스트 자체로도 독창적이고 탁월하지만, 그 이후 슐라이어마허의 삶과 사상을 이해하고 19세기 이후 개신교 신학사를 이해하는 데도 중요한 이정표가 된다.[20] 이것이 세월이 흐르고 문화가 변해도 여전히 『종교론』이 늘 새로운 책처럼 다가오는 까닭이고, 이 책을 통해 수많은 사람이 신학의 방법을 배우고 교회의 미래를 고민하는 이유일 것이다.

---

[19] 1817년 슐라이어마허는 프로이센 왕이 주제했던 베를린 교회 통합회의의 좌장으로 선출되어, 개혁교회와 루터교회의 연합을 위해 노력했다.

[20] 신학자만이 아니라 철학자, 교회 지도자, 교육 행정가로서 슐라이어마허의 업적을 균형 있게 소개하는 책으로 다음을 참고하라. 최신한, 『슐라이어마허: 감동과 대화의 사상가』 (살림, 2003).

깨어진 삶의 자리로 찾아오는 하느님의 희망

『로마서』(제2판)
칼 바르트 지음, 손성현 옮김, 복 있는 사람, 2017.
『도스토옙스키: 지옥으로 추락하는 이들을 위한 신학』
에두아르트 투르나이젠 지음, 손성현 옮김, 포이에마, 2018.

> 누군가 요제프 K를 중상한 것이 틀림없다. 아무 잘못한 일도 없
> 는 데 어느 날 아침 그는 체포되었기 때문이다.[1]

프란츠 카프카의 소설 『소송』Der Prozess의 시작을 알리는 찜찜할
정도로 강렬한 문장이다. K는 자신의 죄목도 모른 채 무죄를 증명
해야 하는 상황에 부닥쳐 있다. 자신이 죄가 없음을 밝히고자 K는
1년간 이곳저곳 다니고 이 사람 저 사람 만난다. 그럴수록 일상의
구석구석이 그를 심판하는 법정의 연장이라는 것이 폭로된다. 하
지만, 자신이 무죄라 굳게 믿는 K는 소송이 마치 자기와는 무관한
것처럼 그 일상을 아무 일 없듯 살아간다.

K가 속한 세상처럼 우리 삶의 지평도 위기와 모순으로 가득하

---

* 원서는 다음과 같다. Karl Barth, *Der Römerbrief, Zweite Fassung* (München: Chr. Kaiser Verlag, 1922). Eduard Thurneysen, *Dostojewski* (München: Chr. Kaiser Verlag, 1921).

[1] 프란츠 카프카, 『심판』(문예출판사, 2007), 7.

고, 그 뿌리에는 심판의 도끼가 놓여있다. 그러나 K처럼 현실의 인간은 임박한 경고에 주의를 기울이지 않고 무덤덤하게 살아간다. 삶의 실상을 보지 못하게 우리 눈은 어두워졌고, '다 잘 될거야' 혹은 '정치와 경제가 해결해줄 거야'라는 근거 없는 말에 귀가 기울어져 있다. 칼 바르트의 『로마서』Der Römerbrief 제2판과 에두아르트 투르나이젠의 『도스토옙스키』Dostojewski는 이러한 삶의 태도에 경종을 울리는 책이다. 이들은 자신이 곤경에 빠져 있음을 인식하지도 못하고 자기 힘으로는 그 현실을 벗어날 수도 없는 상황이 '나'와 '너'의 실상임을 강렬한 수사학을 구사하며 적나라하게 드러내 보인다.

『로마서』와 『도스토옙스키』는 20세기 초 유럽의 복잡한 정치 · 경제적 상황에 대한 새로운 세대의 신학자들이 던진 도전이었다. 바르트와 투르나이젠은 학창 시절, 찬란히 발달한 19세기 유럽 문명의 세례를 받으며 자신들의 사상과 기백을 형성했다. 하지만, 막 30대가 되었을 때, 이들은 역사의 진보와 인류 계몽이라는 19세기 이데올로기적 낙관주의가 가져온 파국을 철저히 경험했다. 세기 전환기 유럽의 불안은 제1차 세계대전과 볼셰비키 혁명 등의 세계사적 사건으로 표출되었고, 그 이면에는 수많은 이름 모를 가난한 노동자와 이주민, 난민 등의 눈물과 피가 있었다. 특히 바르트는 1914년 독일의 황제 빌헬름 2세와 수상 베트만 홀베크가 한 전쟁 결정에 93명의 독일 지성인이 찬성하는 성명서를 내는 것을 보고 충격에 빠졌고, 그 성명서에 서명한 지성인 중 자신을 가르친 스승들이 들어있는 것에 경악했다.

"하르낙, 헤르만, 라데, 오이켄 등이 이 새로운 상황에 어떻게 반응하는지 보았을 때", 어떻게 종교와 학문이 "모조리 지성의 420mm 대포"로 둔갑하는지를 보았을 때, "나는 이른바 신들의 황혼Götterdämmerung"을 경험했다. 이로써 바르트는 "독일에 있는 나의 모든 스승, 그 위대한 신학자들의 가르침에 의심을 품게 되었다". … 그들의 "윤리적 실패"는 "그들의 성서 주석학과 교의학의 전제도 올바른 상태가 아닐 수 있다"는 사실을 암시했다.[2]

전쟁이 끝나자 사람들은 자신들의 손으로 일으킨 비극을 잊고, 힘의 추구라는 헛된 기반 위에 문명을 다시 쌓아 올리고자 했다. 역사의 폐허 위에서 새로운 진보를 일으키고자 모두가 분주할 때, 오히려 바르트는 인류 문명의 심각한 위기를 느꼈다. 그러다 문득 그는 카프카처럼 질문했다.

지금 우리는 하나의 혐의 아래 기소되어 있는 것은 아닐까? 지금 우리는 하나의 재판을 받고 있는 것 아닐까?[3]

역사의 어두운 골짜기에 비치는 은총의 빛 - 칼 바르트의 『로마서』

바르트는 19세기 유럽의 지적 유산에 매우 큰 혜택을 받은 신학자다. 1886년 스위스 바젤에서 태어난 그는 신학을 공부하면서 스위스와 독일 각지를 옮겨 다니며 신학의 대가들을 만났다. 베른,

---

[2] 에버하르트 부쉬, 『칼 바르트』(복 있는 사람, 2014), 158~159.

[3] 칼 바르트, 『로마서』, 929.

베를린, 튀빙엔, 마르부르크 대학교에서 그는 당시 최고 신학자이자 시대의 지성으로 인정받던 아돌프 폰 하르낙Adolf von Harnack (1851~1930)이나 빌헬름 헤르만Willhelm Hermann(1846~1922) 등에게 배웠고, 루돌프 불트만Rudolf Bultmann(1884~1976)과 같이 장차 20세기 신학을 선도할 젊은 신학생들과 교류했다. 하지만, 1909년 바르트가 목회자 훈련을 받고자 스위스 제네바로 돌아오게 되면서 학업은 중단되었다. 1911년 그는 작은 산업 도시 자펜빌에 목회자로 부임했고, 그곳 노동자의 열악한 생활 환경과 마주해 자신이 받은 신학적 훈련의 한계를 절감했다. 은밀히 진행 중이던 바르트 사상의 변화는 1914년 세계대전의 발발과 함께 노골화되었고, 이 무렵부터 그는 설교와 글을 통해 자신의 자유주의자 스승들과 차별화된 신학을 전개하려 했다.

19세기 유럽의 찬란한 지성이 자랑하던 학문과 종교는 문명화된 그리스도교 국가들끼리 서로를 대량 살상하는 비이성적 혼란과 광기 앞에 속수무책이었다. 1918년 수년을 끌어온 전쟁이 드디어 끝나자 '이제 어떻게 살아야 할 것인가'를 놓고 서로 다른 생각과 구호가 난무했다. 세계대전이 남긴 충격의 여파는 특별히 리츨Albrecht Ritschl, 하르낙, 트뢸치Ernst Troeltsch, 헤르만Wilhelm Herrmann 등 고전적 자유주의 신학자들이 서유럽 대학과 교회에 새겨넣은 짙은 흔적을 지워갔다. 젊은 목회자와 신학도는 이전 신학으로는 이성과 광기가 공존하는 현실을 파악하기도 설명하기도 힘들다는 것을 눈치챘다. 그렇다고 그들을 인도할 적절한 대안이 있는 것도 아니었다.

세계대전 후폭풍과 경기불황으로 혼란한 위기의 세상 한복판에서, 그리고 자신의 비전과 프로그램이 문명을 살릴 거라고 경쟁적으로 고함치던 잘난 사람들 한가운데서, 바르트는 전도서의 한 구절이야말로 인류가 들어야 할 한 마디라고 외쳤다.

하느님은 하늘에 계시고 너는 땅에 있음이니라.[4]

현실 사회를 돌아가게 하는 인간의 정의는 이 땅에 편만하나 오히려 현실을 병들게 해왔다. 하느님의 정의는 희망 없는 세상에 희망이 되나 우리의 눈에 숨겨져 있고 우리로서는 획득할 수 없다. 이러한 역설 속에서 바르트는 삶의 진정한 가능성은 인류 진보에 대한 이데올로기적 환상이 파괴되는 지점에서 발견되고, 이를 위해서는 역사가 언제나 '위기'Krisis, 즉 심판의 그림자 아래에 놓여있음을 직시해야 함을 예언자적으로 포착했다.

그렇다면 바르트가 하느님과 인간 사이의 질적 차이, 혹은 문명의 뿌리에는 인간이 해결할 수 없는 위기가 있다는 것은 어떻게 알았을까. 이러한 앎은 인간성이나 사회 현상을 분석한다고 해서 얻을 수 없다. 바르트는 독자들에게 하느님 말씀인 성서, 특별히 바울이 로마인들에게 보낸 편지에서 이러한 급진적 메시지를 들으라고 촉구했다. 이를 위해 그는 당시 서유럽 대학교에서 널리 사용되던 역사 비평 방법을 성서 해석학의 왕좌에서 퇴위시켰다. 그리고

---

[4] 칼 바르트, 『로마서』, 102.

는 '성서 영감설'의 해석학적 의미를 흥미롭게 재구성했다. 그가 보기에, 자신이 추구하는 해석학의 전례를 보여준 선구자는 종교개혁자 장 칼뱅이었다.

칼뱅은 열정적으로 자신의 일에 착수하여, "거기 있는 것"을 어느 정도 확인한 후에는 그 본문의 의미를 **숙고**한다. 그러니까, 그 본문을 최대한 붙잡고 씨름한 끝에 마침내 1세기와 16세기의 담이 **투명**해진다. 마침내 저쪽에서 바울이 **말하고** 이쪽에서 16세기의 인간이 **듣는다**. 마침내 원전과 독자의 대화가 철저하게 **핵심**에 집중하게 될 때까지(그 핵심은 저쪽이나 이쪽이나 다른 것일 수 없다!) 그렇게 한 것이다.[5]

바르트는 로마인들에게 보낸 편지의 배경 역사나 원래 본문을 재구성하는 것이 아니라, 바울이 독자에게 말하려는 바Sache에 집중하려 했다. 그 결과 그리스도의 십자가와 부활을 본문을 읽는 핵심어로 삼았다. 그에 따르면, '십자가'가 죽음으로 경계 지어진 이 세계에 대한 하느님의 부정Nein이라면, '부활'은 심판과 죽음 저편에 있는 그분의 긍정Ja이다. 현실 세계 너머 초월적인 분임에도 하느님께서는 십자가와 부활을 통해 이 세계의 운명에 마주하고 참여하신다. 이러한 "하느님은 자신과 함께 믿음의 모험을 감행하려는 사람에게 자신이 어떤 분인지를 말씀하신다".

5   칼 바르트, 『로마서』, 97.

하느님의 '아니요'를 제 어깨에 짊어지고 가려는 사람, 그 사람을 하느님의 더 크신 '예'가 안고 가신다. ... (예와 아니요 사이) 그 모순을 회피하지 않는 사람은 하느님 안에 안전히 거한다.[6]

바르트는 로마인들에게 보낸 편지 한 구절 한 구절과 씨름하며 인류의 희망과 역사의 가능성은 바로 이 역설에서 찾아 나가야 함을 보여주려 했다. 반면, 자기 힘으로 신에게 이르려는 경건이나 이상 사회를 성취하려는 노력을 향해 불순종이고 반역이라고 맹렬히 비판했다.

당시 신학계에서 무명에 가까웠던 스위스 시골의 젊은 목사가 1919년에 어렵사리 출간한 『로마서』는 다수의 호응을 끌어내지는 못했다. 하지만, 이 책은 유럽의 부르주아 문명과 근대 개신교의 불편한 결합에 대한 공격이자 종교개혁 유산에 대한 현대적 재발견으로서 주목받았다. 이후 바르트는 초판을 완전히 갈아엎으며 1922년에 2판을 내었고, 이 새로운 판을 통해 그의 이름은 독일어권을 넘어 세계 신학계에 알려졌다. 『로마서』는 인간성과 세상됨을 가식 없이 응시하는 법을 배우게 하며, 신앙을 실제 삶의 문제와 어떻게 긴장 속에서 연결할 수 있을지 도와주며, 현실의 어두움이 아무리 짙더라도 부활의 빛은 그보다 더 강렬하다는 것을 보여준다는 점에서 시대와 지역과 언어의 경계를 뛰어넘는 신학의 고전이 되었다. 또한, 바울의 편지에 대한 '신학적' 글이지만 고대 문헌

---

[6] 칼 바르트, 『로마서』, 166.

을 역사 비평이 아니라 텍스트 자체로서 읽어내는 새로운 해석학의 시발로서, 힘의 논리에 중독된 현실을 비판하는 정치신학의 대표적 사례로 자리 잡았다.

『로마서』덕분에 바르트는 문화개신교주의Kulturprotestantismus 혹은 자유주의 신학에 도전하는 앙팡 테리블Les enfants terrible의 대표자로 여겨졌고, 심지어 박사 학위도 없이 1921년 괴팅겐 대학교에 임용되었다. 이후 바르트는 뮌스터, 본, 바젤 대학교 등에서 가르쳤고, 1968년 세상을 떠날 때까지 20세기 신학을 대표하는 신학자로 인정받았다. 그러나 이러한 업적과 성취의 도약대가 된『로마서』가 바르트의 것만이 아닌 것이, 그의 초기 사상의 형성에 있어 투르나이젠의 역할을 빼놓을 수 없기 때문이다.

자펜빌에서 사회주의에 경도되었던 '목사 동지' 바르트는 노동자 편에 서 있어야 했다. 하지만, 자신의 사회적 관심을 신학과 종합하도록 이끌 지적 자극은 찾지 못한 상태였다. 이때 마침 투르나이젠이 근처로 부임하면서 쌓아간 우정은 새로운 신학 운동을 여는 기폭제가 되었고, 그 대표적 결실이 바르트에게는『로마서』를 비롯한 그의 초기 작품들이었다. 바르트가 이후 밝혔듯 투르나이젠이 없었다면 그는 사회주의에 경도된 그저 그런 시골 동네 목사로 남았을지도 모른다.[7]

---

[7] 스위스의 자펜빌과 로이트빌을 오가며 쌓았던 바르트와 투르나이젠의 우정은 바르트의 전기에 잘 요약되어 있다. 에버하르트 부쉬, 『칼 바르트』, 145~149.

20세기 초 유럽 신학을 뒤흔들 우정의 탄생

투르나이젠은 그의 업적이나 신학사적 중요성에 비해 여전히 우리에게 낯선 존재로 남아있다. 1888년 스위스 발렌슈타트의 개혁주의 목사 가정에서 태어난 투르나이젠은 바젤에서 신학을 공부하기 시작했고, 이후 독일 문화개신교주의의 중심지였던 마르부르크 대학교에서 수학했다. 그는 바르트와 바젤과 마르부르크에서 만나기는 했지만, 그때까지는 깊은 신학적 대화를 나누지는 않았다. 1911년에 투르나이젠은 취리히로 가서 약 2년간 CVJM(Christliche Verein Junger Menschen, 영어로 YMCA에 해당함)을 위해 일했고, 종교 사회주의 운동에도 열정을 가지고 관여했다.[8] 1913년 6월 그는 로이트빌에 목사로 부임했고, 옆 동네 자펜빌에서 목회 2년 차에 접어든 바르트와 본격적으로 우정을 쌓게 되었다.

고국인 스위스에서 목회하며 독일의 엘리트 신학교육 커리큘럼에서 벗어난 20대 중반의 두 목사는 함께 많은 책을 읽었고, 고민했고, 토론했다. 그러면서 자기들도 인식하지 못하는 사이 20세기 그리스도교 세계에 큰 영향을 끼치게 될 '변증법적 신학'dialektische Theologie이라 불릴 흐름을 예비하였다. 수년간 둘은 엄청난 양의 편지와 엽서를 주고받았다. 그들은 자전거나 도보로 왕래하면서 목회적 상황 이면에 놓여있는 근원적인 신학적 문제를 함께 파악하려고 하였다. 서로의 설교를 비평적으로 평가하고 각자가 공부한

---

[8] 종교 사회주의는 "그리스도교와 하느님 나라에 대한 기대를 사회주의와 연합하고자 했던 20세기의 유럽의 운동"이다. 다음을 참고하라. Donald McKim, 'religious socialism', *Westminster Dictionary of Theological Terms* (Louisville: Westminster John Knox Press, 1996), 236.

내용을 교류하며, 길고도 느린 신학적 대화를 뜨겁게 펼쳤다. 당시 이들의 사상은 어느 것이 바르트의 것이고, 어느 것이 투르나이젠의 것이라고 구분하기가 힘들 정도로 긴밀히 결합해 있었다. 대표적 예가 1917년 이후 바르트와 투르나이젠이 함께 출판한 세 편의 설교집이다. 여기에 실린 설교들은 누가 처음 쓴 것인지 표시되지 않은 채 두 명이 공동 저자로만 표기되어 있다.

1920년 투르나이젠은 브루겐으로 목회지를 옮겼고, 1921년에는 바르트가 독일 괴팅겐 대학교에 부임하며 물리적으로 멀어지게 되었다. 하지만, 둘은 계속해서 교류하며 다른 젊은 학자들과 함께 변증법적 신학을 선도했다.[9] 투르나이젠과 바르트의 우정은 공동 작업을 통해 여러 결실을 맺었다. 둘은 3권의 설교집을 함께 만들었고,[10] 변증법적 신학을 소개하는 「시간과 시간 사이」Zwichen den Zeiten(1922~1933)를 정기적으로 편집했다. 시간이 흐르며 다른 변증법적 신학자들이 말씀 외에도 '자연'을 강조하거나 민족주의적 성향을 드러냈고, 이를 계기로 바르트와 투르나이젠은 결국 둘이서 「오늘의 신학적 실존」Theologische Existenz Heute(1933~1936)을 간행했다. 두 친구가 주고받은 약 1,000편 정도의 편지를 포함한 엄청난 양의 글은 편집자들의 손길을 거쳐 출간되었고, 지금도 20세기 초중반

---

[9] 변증법적 신학은 "신적 진리의 역설적 성격을 강조하는 신학 운동이다. 따라서 하느님은 은총이자 동시에 심판이시다. 위기의 신학이라 불리기도 한다." 다음을 참고하라. Donald McKim, 'dialectical theology', *Westminster Dictionary of Theological Terms*, 76~77.

[10] 『하느님을 찾으라, 그러면 너는 살 것이다』Suchet Gott, so werdet ihr leben(1917), 『오소서 창조주 성령이여』Komm Schöpfer Geist(1924), 『큰 자비』Die Große Barmherzigkeit(1935).

신학을 파악하는 데 중요한 역사적 자료로 긴히 사용되고 있다.

투르나이젠은 1927년부터 1959년까지 스위스 바젤 교회Basler Münster의 수석 목사직을 맡게 되었고, 1929년부터 바젤 대학교에서 실천신학을 가르쳤다. 목회직과 교수직을 함께 유지하면서 투르나이젠은 현장과 교단을 부단히 연결하는 작업을 했다. 일례로 (약간의 과장을 보태어) 바르트의『교회교의학』Die Kirchliche Dogmatik(1932~1967)에 비견된다고도 평가받는 실천신학의 대작『영혼 돌봄에 관한 가르침』Die Lehre von der Seelsrge(1946)이 바로 이 시기에 집필되고 출판되었다.[11] 은퇴 후 그는 함부르크, 부퍼탈, 베를린 등에서 강의했고, 1974년 그의 생애 대부분을 지낸 바젤에서 숨을 거뒀다.

약 50년 동안 목회와 신학을 병행한 경력과 설교학에 대한 전문성을 반영하듯, 투르나이젠은 순전히 이론적인 책보다는 교회에서의 실천과 밀접히 관련된 여러 저서를 집필했다. 그중 널리 읽히는 것은 초기작『도스토옙스키』와 후기작『영혼 돌봄에 관한 가르침』이다.『도스토옙스키』를 읽고서 이후에 집필된 작품들을 접하게 되면 젊은 투르나이젠이 이 러시아 작가와의 대화를 통해 발전했던 사고가 그의 생애에 지속적인 영향을 끼치고 있음을 발견할 수 있다. 정교회 신자였던 도스토옙스키는 개혁주의 목회자 투르나이젠을 통해 자신이 상상도 하지 못했던 방식으로 현대 개신교 신학에 파문을 일으킨 셈이다.

---

[11] 한국어 번역은 다음과 같다. 에드워드 트루나이젠,『목회학원론』(성서교재 간행사, 1990).

도스토옙스키가 촉발한 신학적 전환

20세기 초 불안한 스위스의 상황에서 목회 현장으로 뛰어든 바르트와 투르나이젠은 유럽 최고 수준의 대학교에서 습득한 지성적이고 문화적인 개신교 신학으로는 자신들이 경험하는 현실에 적절히 반응할 방법을 찾지 못했다. 스위스의 종교 사회주의를 통해 19세기 유럽의 부르주아적 신학에서 벗어날 일차적인 돌파구를 찾긴 했지만, 두 젊은 목사는 자신들만의 신학적 관점을 형성하거나 허물어져 가는 옛 세계에서 벗어나도록 도와줄 변혁적 사상은 아직 발견하지 못한 상황이었다. 그때 예기치 않게 접하게 된 19세기 러시아인의 글은 이들에게 사상적 도약의 발판이 되어 주었다.

1915년 8월 18일에 투르나이젠에게 보낸 편지에서 바르트는 자기가 온종일 도스토옙스키의 『죄와 벌』을 읽었으며, 이 러시아 작가를 완전히 알고 싶다는 욕망을 비췄다. 자펜빌의 친구가 러시아 대문호에 관심을 가지도록 하는 데 성공한 투르나이젠은 이후 몇 년간 『카라마조프가의 형제들』과 『악령』을 포함한 주요 작품을 소개했다. 또한, (바르트의 기억이 맞다면) 도스토옙스키의 『죄와 벌』을 기점으로 그들은 루터와 칼뱅, 키에르케고어Søren Kierkegaard를 수년간 차례로 읽고 토론하며 이전 세대와 구별되는 신학을 발전시키게 된다. 이들의 공동 학습 과정과 결과는 1921년에 탈고한 바르트의 문제작 『로마서』 제2판에 고스란히 드러난다. 흔히들 바르트가 『로마서』를 집필하는 데 결정적인 영향을 미친 사상가는 루터와 칼뱅이라고 말하지만, 서문에서 그가 자신의 새로운 성서 해석에 지대한 영향을 끼친 사상가로 먼저 언급하는 이들은 키에르케고어와

도스토옙스키다.[12]

당시 독일어 사용권 신학에서 낯선 이름이던 도스토옙스키는 주목받는 젊은 신학자로 떠오르던 바르트의 강연과 저작 활동을 통해 목회자와 신학자에게 간접적으로 영향을 끼치게 되었다. 아직은 바르트만큼 대중의 시선을 끌지 못했지만, 투르나이젠 역시 이 시기에 자신의 신학적 사고와 언어를 형성하고 있었다. 바르트와 함께 성서로부터 시작되는 신학, 교회의 삶이 삼투된 신학, 사회경제적 문제를 가식 없이 직면하는 신학을 찾고자 분투하면서도, 투르나이젠은 도스토옙스키의 소설을 집요하게 파고들었다. 약 5년간의 연구와 토론의 결실로 투르나이젠은 1921년에 스위스 아라우 대학생 총회Aarauer Studentenkonferenz에서 도스토옙스키에 관한 강연을 했다.

당시 아라우 대학생 총회는 현대 신학의 최첨단 주제를 발표하고 토론하는 정기 행사였다. 1910년 총회에 참가하고 큰 감명을 받은 투르나이젠은 이후 바르트와 함께 아라우를 자신들의 사고를 발전시키고 인맥을 형성하는 거점으로 삼았다. 이 시기에 바르트와 투르나이젠은 여전히 자유주의 신학의 영향 아래 있었지만, 아라우에서 이후 변증법적 신학을 함께 전개할 또 다른 젊고 총명한 스위스 신학자 에밀 브루너Emil Brunner(1889~1966)를 만났다. 1912년

---

[12] 칼 바르트, 『로마서』, 90과 96~97을 비교해보라. 서문에서 칼 바르트는 투르나이젠을 통해 도스토옙스키를 소개받았음을 밝힌다. 심지어 1933년 출판된 영문판 색인에는 도스토옙스키가 19회, 키에르케고어가 12회, 루터가 9회, 칼뱅이 5회 등장한다. Karl Barth, *The Epistle to the Romans* (Oxford: Oxford University Press, 1972), 545~546 참고.

이후 아라우에서는 고전적 자유주의 신학에 비판적이었던 종교사회주의에 대한 토론이 활발히 일어났고, 투르나이젠과 바르트도 19세기 유럽 부르주아 문명을 형성한 신학 사상으로 새로운 환경에 적절히 반응할 수 있을지에 대한 의문을 키워갔다.

이후 약 10년의 세월이 흘렀다. 그동안 바르트와 투르나이젠은 강단 신학에서 벗어나 지역 교회의 목회자로 수년간 헌신하였다. 그사이 세계대전이 일어났고, 혼란스러운 유럽의 정치와 경제 속에 사람들은 현실을 새롭게 이해하게 해줄 언어와 논리를 찾아 헤맸다. 이런 상황에서 바르트와 투르나이젠은 자유주의 스승들이 강연했던 바로 그 아라우 대학생 총회에 1920년과 1921년 각각 연사로 서게 되었다. 그 자리에서 그들은 인간의 종교, 문화, 역사, 윤리가 아니라 하느님의 은총과 말씀으로부터 시작하는 신학을 열변했다. 그리고 두 친구의 기념비적 강연 이면에는 도스토옙스키가 서 있었다. 이 러시아 작가는 바르트의 원고 뒤에 은밀히, 다음 해 투르나이젠의 원고 뒤에는 노골적으로 자리 잡았다.[13]

죄와 은총의 변증법 - 에두아르트 투르나이젠의 『도스토옙스키』

제1차 세계대전은 이전 세대가 쌓아 올린 낡은 유럽 문명을 깨부수는 사건이었다. 하지만 세계대전이 만들어낸 균열 사이로 새로운 신학의 가능성이 엿보였다. 그것은 인간성의 깊은 어둠을 부

---

[13] 1927년 4월 27일에 이뤄진 바르트의 강연 제목은 '성서적 질문, 통찰, 전망'Biblische Fragen, Einsichten und Ausblicke이다. 이 강연의 역사적 배경에 관해서는 다음을 참고하라. 에버하르트 부쉬, 『칼 바르트』, 207~208.

정하는 것이 아니라, 그것을 가식 없이 응시하며 깨어지고 부서진
인간을 찾아오는 신적 자비에서 희망을 찾는 신학이었다. 이 미지
의 영역에 바르트와 투르나이젠을 필두로 젊은 신학자 무리가 발
을 내딛고자 했지만, 그 한 발짝을 위해서는 자유주의 신학의 대가
들에게 배우지 못한 통찰을 던져줄 누군가가 절실히 필요했다. 바
로 그때 바르트와 투르나이젠은 도스토옙스키를 만났다. 이후 한
강연에서 바르트는 어떤 이유로 독일어권 개신교인들이 도스토옙
스키를 읽는지 평가했다.

> 우리는 죄에 관한 슐라이어마허와 리츨의 가르침을 토론하는 것
> 을 선호해서는 안 된다. ... 죄인에 대한 값없는 용서, 심판 속의
> 은총 외에 다른 은총이 없다는 통찰이 어디에 보존되어 있던가?
> 우리가 러시아인 도스토옙스키 덕분에 이러한 진리를 다시 들어
> 야 한다는 것이 수치스럽지 않은가? 도스토옙스키보다 이 진리
> 를 더 잘 이해했던 우리의 종교개혁자들에게 듣기를 거부한다
> 면, 우리가 여전히 개신교라고 할 수 있는가?[14]

위 인용문을 통해 이 러시아 정교회 작가가 반세기 뒤 독일어권의
젊은 목회자와 신학자들에게 어떤 영향을 남겼는지를 간접적으로
추정할 수 있다. 이들은 도스토옙스키의 사상 중에서도 특별히 '인
간의 죄와 용서의 은총'의 대립이 자아내는 긴장에 집중했다. 이는

---

[14] Karl Barth, 'Roman Catholicism: A Question to the Protestant Church', *Theology and Church: Shorter Writings 1920-1928* (London, SCM, 1962), 328.

비단 바르트와 투르나이젠의 설교와 저작뿐만 아니라, 변증법적 신학 전체에 있어서도 핵심 주제였다.

그렇다면 도스토옙스키의 넓디넓은 문학 세계에서 바르트와 투르나이젠은 왜 하필 죄와 은총에 관심을 두었을까? 이들이 도스토옙스키의 작품 속으로 빨려들어 가게 된 계기는 1915년에 접했던 『죄와 벌』(1867)이었다. 오늘날 독일에서는 이 작품의 제목을 '죄와 벌'이라는 원제에 가깝게 '페어브레헨 운트 슈트라페'Verbrechen und Strafe로 번역하지만, 바르트와 투르나이젠이 읽었던 옛 독역본은 신학적 함의가 매우 강한 '죄와 속죄'라는 뜻의 '슐트 운트 쥐네'Schuld und Sühne라는 제목으로 출간되었다.[15] '죄와 속죄'라는 대립 구도는 스위스에서 이 책을 집어 든 두 목회자의 사고 방향과 글쓰기 방식에 즉각 영향을 미쳤다.[16] 이들은 도스토옙스키에게 '죄의 굴레를 벗어나지 못하는 인간'과 '인간을 용서하는 하느님의 은총' 둘 중 하나를 택하여 대립을 해소하기보다는, 둘 사이의 긴장을 사유와 언어 속에서 포착하는 '변증법적' 방식을 배웠다. 달리 표현하자면, 여기에 인간이 있고 저기에 하느님이 계시다. 여기와 저기 사이의 간격을 넘을 인간의 방법은 없다. 이 가운데 은총은 인류가 상상해 온 실재의 허상을 깨부수는 방식으로 찾아온다. 백일몽에서 벗어났을 때 비로소 드러나는 세계의 모습은 낯설고 거칠다.

---

[15] P. H. Brazier, *Barth and Dostoevsky: A Study of the Influence of the Russian Writer Fyodor Mikhailovich Dostoevsky on the Development of the Swiss Theologian Karl Barth, 1915-1922* (Eugene: Wipf & Stock, 2007), 32~33 참조.

[16] 대표적 예로 다음을 참고하라. 칼 바르트, 『로마서』, 218.

안전한 인간성의 세계, 예컨대 전쟁이라는 것을 모르는 그 평온한 바닷가의 세계에만 머무르던 사람이 도스토옙스키를 만난다면? 그는 자기가 여태껏 강아지나 고양이, 닭이나 말 같은 가축들이나 보면서 살았는데 갑자기 야생의 세계가 눈 앞에 펼쳐지는 것 같은 느낌이 들 것이다. 전혀 예상하지 못한 상태에서 전혀 길들지 않은 맹수들과 마주한 느낌이랄까?[17]

도스토옙스키는 우리가 아는 현실, 인간성, 종교성의 한계로 우리를 내몬다. 그 지점에서 보는 현실 세계는 아득하고 아찔하다. 도스토옙스키는 근대 서구 사회가 빠진 문화의 발전이나 인류의 일치, 심지어 하느님 나라에 대한 달콤한 꿈을 깨트림으로써 방어기제 없이 은총 앞에 서 있는 인간상을 드러내고자 했다. 도스토옙스키에 대한 신학적 읽기를 통해 투르나이젠은 인간의 실제 상황을 분석하고 종교와 문명을 비판함으로써, 하느님과 인간의 관계를 새롭게 이해하는 길을 제시하려 했다. 옛 시대와 새 시대 사이에 끼여 방황하던 전후의 젊은 세대들은 이러한 역동성 속에서 낡아버린 세계를 심판하면서도, 여전히 인간에게 늘 새롭게 찾아오시는 하느님을 희망할 수 있었다.

1915년 이후 파편적으로 공개되던 도스토옙스키에 관한 투르나이젠의 신학적 독해는 1921년 4월 21일 스위스 아라우 대학생 총회 강연에서 체계적인 형식과 충실한 내용으로 대중들에게 소개되

---

[17] 에두아르트 투르나이젠, 『도스토옙스키』, 11.

었다. 투르나이젠은 그해 강연 내용을 다듬어 5개의 장으로 이루어진 단행본을 『도스토옙스키』라는 제목으로 출간했다. 이 책은 도스토옙스키 문학을 신학적으로 전유하는 흥미로운 선구적 작품이자 현대 신학을 이해하는 데 있어 중요한 자료로 곧 자리 잡았다. 독일어 원서로 77쪽밖에 안 되는 얇은 책은 다음 해에 독일어로 재판에 들어갔고, 즉각적으로 독일어 사용권을 넘어 세계 곳곳에 영향을 끼쳤다.

투르나이젠과 바르트의 관계를 잘 알고 있는 사람은 투르나이젠이 없었다면 바르트의 대표작 『로마서』가 존재하지 않았을 수도 있다고 말한다. 마찬가지로 바르트 없이 투르나이젠의 『도스토옙스키』를 논하는 것도 거의 불가능하다. 둘은 두께나 각론에서는 차이가 있지만, 신학적 논조나 지향점에서는 거의 같은 이란성 쌍둥이 같은 작품이다. 흥미롭게도 우리말로는 같은 번역자가 옮겨서 1년 터울로 출간한 만큼 두 책이 더욱 닮아 보이기까지 한다.

『로마서』와 『도스토옙스키』는 20세기 새로운 밀레니엄과 함께 등장한 새로운 신학의 이정표 같은 작품이다. 오늘날에는 인류 고전에 대한 신학적 읽기라는 측면에서 두 저작을 좀 더 주목해볼 만한 가치가 있다. 바르트는 바울의 로마인들에게 보낸 편지를, 투르나이젠은 도스토옙스키의 문학 작품을 현대적으로 해석해냈다. 두 친구가 극한의 시대를 통과하며 인류의 고전을 읽었던 만큼 이들의 독해는 혼란과 좌절의 상황 속에서도 인간됨의 역설을 끌어안으면서 희망을 품는 법을 가르쳐줬고, 방향타를 잃은 듯했던 신학의 흐름을 바꾸는 데 이바지했다. 위기 상황에서 실용주의적 해결책만 쫓지 말고 고전을 진득하니 읽을 것, 이것이 『로마서』와 『도스토옙스키』가 '하느님과 인간의 질적 차이' 외에도 오늘날 독자에 선사하는 소중한 지혜가 아닌지 모르겠다.

신비로서 신, 상상으로서 신학

『신학 방법론』
고든 카우프만 지음, 기독교통합학문연구소 옮김, 한들, 1999.

『예수와 창조성』
고든 카우프만 지음, 김진혁 옮김, 한국기독교연구소, 2009.

　　신학의 중요한 역할 중 하나는 신의 의미를 시대적 환경에 맞게 비판적으로 재해석하는 것이다. 현대 사회는 급격한 변화를 이루었고 신학의 정체성과 사명에 대해 새롭게 생각하도록 계속해서 도전해왔다. 현대성의 도래를 부정하는 방식으로 반응하는 이들도 있었지만, 20세기 중반 이후 세계 교회의 신학은 어떠한 식으로든 다원화된 사회 속에서 여러 지적 담론과 대화하고 복잡한 실천적 문제를 다루는 것을 사명으로 삼았다. 그 결과 20세기에는 신학의 역할과 주제에 대해서도 다양한 이해가 등장하였다.

　　혹자는 그것을 "종교학"science of religion이라 하고, 또 혹자는 그리스도교 신앙의 해설이라 하기도 하며, 어떤 이들은 여전히, 현대 미국 문화(혹은 서구 문화 일반)의 제 조건들에 대한 예언자적 선포

---

* 원서는 다음과 같다. Gordon Kaufman, *An Essay on Theological Method*, 3rd ed. (Atlanta: Scholars Press, 1995). *Jesus and Creativity* (Minneapolis: Fortress Press, 2006).

66 | 신학의 영토들

라고 하기도 한다. 여느 위대한 역사 종교 전통들 모두를 의미론적으로 초월하는 "교파초월적"non-sectarian 신학을 시도하는 사람들이 있는가 하면, 인간 본성에 대한 보다 심오한 이해를 발전시켜 줄 수 있는 신학적 통찰들을 탐구하려는 사람들도 있다. 하지만 여전히 신학을 교회의 작업으로 이해하면서 교회 자체에 대한 보다 나은 이해를 개진시키고자 노력하는 사람들도 있다.[1]

현대 신학은 새로운 주제를 계속 발굴하며 계시신학, 경험신학, 해방신학, 과학신학, 흑인신학, 민중신학, 아시아신학, 여성신학, 생태신학, 공공신학, 동물신학 등으로 영토를 계속 확장 중이다. 이처럼 오늘날 신학의 담론이 다채로워지는 것은 불가피하고 심지어 필요한 현상이다. 하지만 그에 따라 신학의 정체성과 역할에 대한 혼란도 가중되고 있다. 그래서인지 적잖은 신학자가 자신과 다른 방법론과 목표와 배경을 가진 이를 잘못된 신학 혹은 시대에 맞지 않는 신학을 한다고 비판한다. 어떤 이는 자신의 지적 게으름과 학문성의 결핍을 '정체성 정치' 뒤에 숨어 보호받으려 한다.

　이런 혼란한 풍토 속에 1980년대 이후 북미에서 두드러진 신학 흐름을 꼽으라 한다면 구성신학constructive theology을 들 수 있을 것이

---

[1] 고든 카우프만, 『신학 방법론』, 15. 참고로 『신학 방법론』 초판이 1975년에 그리고 2판이 1979년에 나온 이후, 카우프만은 자신의 구성신학을 집대성한 『신비를 향하여』In Face of Mystery를 1993년에 출간했다. 그리고 1995년 카우프만은 『신학 방법론』을 다시 개정하여 3판을 출간했다. 1999년에 출간된 한국어 번역본 판권지에는 3판을 본문으로 삼았다고 되어있지만, 정작 2판의 본문만 실려 있다. 번역본에는 카우프만이 자기 신학의 변화를 직접 설명하는 '제3판 서문'과 '부록'이 생략되어서 아쉽다.

다. 계시와 전통에서 시작하여 교리의 의미를 밝히는 데 주력하는 전통 신학과 달리, 구성신학은 현대 사회에 대한 이해로부터 시작하여 현대인의 삶을 더 그리스도교적으로 이끌 신학적 담론을 체계적으로 '구성'하는 데 관심이 있다. 대표적 구성신학자인 피터 하지슨Peter C. Hodgson(1934~), 샐리 맥페이그Sallie McFague(1933~2019), 캐서린 켈러Catherine Keller(1953~) 등의 작품이 우리말로 소개되어 있지만, 구성신학을 논하는 데 있어 고든 카우프만을 빼놓을 수 없다. 그는 1970년대 중반 '구성신학' 방법론을 선구적으로 체계화했고, 심지어 구성신학을 여러 신학 중 하나가 아니라 '모든 신학'을 인간 상상력에 의한 구성적 활동으로 제시했다. 이러한 카우프만의 작업은 현대 세계의 필요에 응답하는 다채로운 신학적 목소리가 등장하고 신학이 다원화의 길을 걷는 와중에도 학문성을 확보할 수 있는 길을 놓았다.

구성신학의 길을 놓은 메노나이트 신학자

카우프만은 20세기 후반 북미 신학과 종교학을 언급할 때 자주 등장하는 신학자이자 평화주의 신념을 지키는 메노나이트 목회자다. 그는 예일 대학교에서 공부하며 H. 리처드 니버의 영향을 받아 유일신론의 급진적 윤리적 의미와 인간 현존의 역사적 지평 등을 사상의 중심축으로 삼았다. 이러한 지적 관심사는 R. G. 콜링우드R. G. Collingwood와 빌헬름 딜타이Wilhelm Dilthey, 폴 틸리히Paul Tillich의 역사철학을 다룬 「상대주의의 문제와 형이상학의 가능성」The Problem of Relativism and the Possibility of Metaphysics이라는 제목의 박사 논문

에서 두드러진다.[2]

그 후 카우프만은 포모나 칼리지, 벤더빌트 대학교, 하버드 대학교 등에서 신학과 종교철학과 성서학을 가르쳤고, 세계 곳곳의 대학교에서 방문 교수로 초청받아 강의와 연구를 했다. 미국 종교학회American Academy of Religion와 미국 신학회American Theological Society 회장을 지냈고, 미국 불교-그리스도교 연구 학회Society for Buddhist-Christian Studies 회원으로 활동하는 등 다양한 지적 관심사를 보여주기도 했다. 은퇴 이후에도 그는 구성신학의 중요 작품으로 인정받는 창의적 책들을 계속 펴내는 등 노령에도 저술과 강연을 이어갔다. 이러한 왕성한 학술 활동의 결과로 그는 생전에 13권의 단독 저서와 다수의 논문, 서평을 발표했다. 우리말로는 독자들이 큰 어려움 없이 접할 만한 내용을 담은 소책자가 주로 출간되었다.[3] 하지만 그를 20세기의 주목할 만한 신학자로 인정받게 한 대작은 여전히 번역되지 않았고, 국내에서 활동하는 신학자 중 그에게서 배운 이가 많지 않아서인지, 실제 지명도와 영향력에 비해 그의 사상에 관한 연구와 소개가 제대로 되지 못한 면이 없잖아 있다.

광범위한 학문적 관심사와 영향력을 보여주듯, 신학자로서 카우프만을 소개하는 표현은 실로 다양하다. 맥락과 상황에 따라 그

---

[2] Gordon Kaufman, 'The Problem of Relativism and the Possibility of Metaphysics: A Constructive Development of Certain Ideas in R.G.Collingwood, Wilhelm Dilthey and Paul Tillich' (Ph.D. diss., Yale University, 1955).

[3] 현재 한국어로 번역된 책은 다음과 같다. 고든 카우프만, 『핵 시대의 신학』 (아가페문화사, 1994), 『신학 방법론』 (한들, 1999), 『신, 신비, 다양성』 (땅에 쓰신 글씨, 2007), 『예수와 창조성』 (한국기독교연구소, 2009), 『태초에 창조성이 있었다』 (한국기독교연구소, 2013).

는 칸트주의 구성신학자, 공공신학자, 신학적 실용주의자, 역사주의자, 비트겐슈타인주의자, 과정신학자 등으로 불린다. 이를 미루어 알 수 있듯 한두 단어만으로 그의 신학을 단순화하지 않고 올바로 묘사하기란 쉽지 않다. 그런 만큼 그의 책을 읽을 때는 미주, 혹은 각주에 주의를 기울여야 한다. 카우프만은 자기의 주장을 지지해줄 책이나 논문을 단순히 인용하기보다는, 신학과 철학사를 조망하는 듯 여러 사상가와 대화를 펼치며 자신의 사고를 발전시키는 방식으로 주를 사용한다.[4] 그의 저술을 읽다 보면 칸트, 헤겔, 키에르케고어, 딜타이, 비트겐슈타인 등의 근현대철학자들과 슐라이어마허, 바르트, 불트만, 틸리히, 니버 등의 신학의 거장들, 그리고 자연과학과 문화인류학, 사회학, 역사학 등의 최근 담론을 독창적인 방식으로 전유하고 있음을 발견할 수 있다.

그렇기에 독자에게 다양한 학문에 대한 열린 마음과 어느 정도의 배경지식이 없다면 카우프만의 논리와 주장을 온전히 따라가기 쉽지 않을 수도 있다. 게다가 그의 신학적 급진성과 메노나이트 전통에서 기인한 평화주의 성향은 기존의 신학적 담론과 교회 문화에 길든 이에게 거부감을 일으킬 수도 있다. 이러한 난점에도 카우프만은 20세기 후반 그리스도교 사상을 이해하려면 반드시 넘

---

[4] 예를 들면 카우프만의 마지막 작품 『예수와 창조성』은 그가 80세가 넘은 시기에 작성한 만큼 그다지 참고문헌 수도 많지 않고, 주도 많이 달지 않는다. 하지만 중요 신학자나 사상가 등의 저술에 대한 짧은 서평이라고 할 정도로 긴 미주가 종종 있다. 각주로 주가 되어있는 번역본보다 미주로 되어있는 원서에 이러한 성향이 더 시각적으로 잘 보인다. Gordon Kaufman, *Jesus and Creativity* (Minneapolis: Fortress Press, 2006), 115~127.

고 가야 할 신학자이며, 현대 사회의 문제에 대해 그리스도교적 해답을 찾기 원하는 사람은 그의 저서를 진지하게 받아들일 필요가 있다.

상상력을 통한 구성 작업으로서 신학

카우프만은 '신에 관한 담론'으로서 신학의 기본 정의에 충실한 사람이다.[5] 달리 말하면, 그에게 신학은 "서구의 전통과 일상 언어 속에 자리잡고 있는 신 개념과 상象들을 분석하고, 해석하고, 비판하고 재구성하는 일"이다.[6] 성서와 교리를 해설하는 신학의 전통적 역할이 아무리 중요하더라도, 현대인의 경험을 재료로 삼는 신학의 상황성이 아무리 필요하더라도, 이 모두가 신의 의미를 분명하게 인식하는 일보다 앞설 수는 없다.

그렇다면, 우리는 신학의 대상으로서 신에 대해 어떻게 말할 수 있을 것인가? 여기서 카우프만은 획기적인 제안을 한다. 바로 '신 개념은 우리의 상상력의 구성물이다'라는 주장이다. 이러한 급진성 이면에는 임마누엘 칸트가 있다. 카우프만은 칸트의 『순수이성 비판』Kritik der reinen Vernunft의 핵심 문장들을 인용하며 『신학 방법론』

---

[5] 이 글에서는 그리스도교의 신명인 '하느님' 대신 일반 명사인 '신'을 주로 사용할 예정이다. 그 이유는 비트겐슈타인의 언어철학의 영향을 받은 카우프만이 '갓'God이라는 단어가 신앙 언어만이 아니라 서양의 일반 언어생활에 뿌리 깊게 들어와 있다는 전제 아래 신학적 분석을 전개하기 때문이다. 단, 이 글에서 '하느님 나라'라든가 '참 하느님이요 참 인간'과 같은 신학적 관용구에서는 하느님이라는 신명을 사용했다.

[6] 고든 카우프만, 『신학 방법론』, 102.

을 시작한다.[7]

> 필연적이고 모든 것을 충족하는 근원 존재자라는 초월적 이념은
> 너무나 굉장하게 크고, 항상 조건적인 모든 경험적인 것 위에 솟
> 아 있는 숭고한 것이어서, 사람들은 한편으로는 그러한 개념을
> 채울 재료를 경험에서는 결코 충분하게 찾아낼 수가 없고, 또 한
> 편으로는 언제나 조건적인 것 속에서 헤매고 돌아다니며, 여느
> 경험적인 종합의 법칙도 우리에게 그것의 실례나 그것을 위한
> 최소한의 단서도 주지 않는 무조건적인 것을 계속 헛되이 찾을
> 것이다.[8]

칸트의 복잡하고 정교한 논의를 단순화하자면, 시공간에 속한 사물을 마주할 때 인간은 그 사물에 대한 정보를 오감으로 받아들인다. 그런데 우리 의식 속에는 나무, 책상, 고양이, 건물 등의 유한한 사물에 관한 개념만 있는 것이 아니다. 우리에게는 모든 유한한 것들의 총합인 '세계' 그리고 세계마저 넘어서는 무한자인 '신'이라는 너무나 큰 대상에 대한 개념도 있다. 칸트에 따르면, 세계와 신은 우리가 현실에서 가질 수 있는 감각 경험의 총합을 넘어서는 개념이다. 따라서, (다른 사물들에 대한 개념과 달리) 세계 혹은 신神 개념

---

[7] 출처를 표기하고 있지는 않지만, 『순수이성비판』 A621/B649을 인용한 것이다.

[8] 다음 번역본에서 인용하였다. 임마누엘 칸트, 『순수이성비판 2』(아카넷, 2006), 793~794.

은 단순히 감각 재료로부터 만들어진 것이 아니다. 그 말인즉, 다른 개체들과 달리 세계나 신은 우리의 지식의 대상으로 객관화되지 못하기에, 우리는 이에 대한 보편타당한 지식을 만들지 못한다.

칸트의 논리가 옳다면, 우리가 가진 세계와 신 개념은 오감으로 포착한 적이 없는 것이다. 그렇다면 신과 세계란 실재도 없이 우리를 현혹하는 상상력의 부산물인가. 어떤 이들이 지적했듯 칸트 철학은 결국 무신론 또는 불가지론인가. 그렇지 않다. 오히려 여기가 칸트의 혁명적 통찰이 빛을 발하는 지점이다. 세계 혹은 신이 실재하더라도, 세계와 신에 대한 우리의 개념은 다른 유한한 대상들에 대한 개념과 다를 수밖에 없다. 신과 세계 개념은 우리가 시공간에서 경험하는 대상 중 하나를 가리키지는 않지만, 파편적 경험에 질서와 의미를 부여하는 '통일과 규칙의 근거'로 의식 속에 있다.

신과 세계라는 구성 개념들은 우리에게 실천적인 중요성을 갖고 있다. 그것들처럼 방향성을 제시해 주는 원리들 혹은 이미지들이 없다면, 우리는 전혀 삶을 영위하거나 활동하거나 사유할 수 없을 것이다. 따라서 위기나 참변에 대처하는 방법도 찾지 못하게 될 것이다. 하지만 이제 그 개념들은 일상에서 지각할 수 있는 대상들처럼 단지 "저기에there" 존재하는 실재들로서가 아니라 오히려 우리의 삶과 활동을 가능케 해주는 본질적인 구성 개념들로 이해된다.[9]

---

[9] 고든 카우프만, 『신학 방법론』, 77.

세계가 모든 유한자가 현존하고 모든 사건이 일어나는 총체적 터 place라면, 신은 세계마저 유한하고 상대적임을 보여주는 초월적 개념이다. 신과 세계는 인간이 더 큰 것을 생각할 수 없는, 그렇기에 인간 지성의 포착 범위를 벗어난 '전체' 개념이다. 바로 여기서 카우프만은 세계와 신 개념은 인간 의식이 '상상력'으로 구성한다는 결론을 끌어낸다. 과거의 신학자들도 상상력을 가지고 신 개념을 구성했지만, 칸트에게 와서야 모든 신학 작업이 상상력의 구성임을 인식하게 되었다. 신 개념은 우리 의식이 구성했는가 아니면 우리에게 주어졌는가의 택일 문제는 칸트 이후 무의미해진 만큼, 이제 카우프만에게 중요한 것은 현대 사회의 위기와 도전 앞에서 '어떤' 신 개념과 세계 개념을 구성할 것인가라는 실용주의적 문제이다.

신학적 구성 작업의 단계

카우프만은 칸트의 도움을 받아 신 개념이 구성되었음을 밝힌다. 그러고는 칸트를 넘어 현대 사회의 상생과 풍요를 위한 신 개념을 능동적으로 상상해보자고 제안한다. 이를 위해 그는 우선 서구 문명과 그리스도교의 언어에 자리 잡은 유일신 개념이 어떻게 '사용'되는지 분석한다. 우선 신은 '절대자'다. 유일신론 문법에 따르면 신은 우리의 '현실에서 경험'뿐만 아니라 '총체로서 세계 개념'마저 초월한다. 유일신과 신 아닌 다른 모든 것의 질적 차이가 있기에, 절대자로서 신 개념은 모든 것을 '상대화'하는 급진적 원리다. 이러한 신 이해가 없다면 인간의 자기중심적 욕망에 물든 상상력은 세계를 절대화하고 자신의 성취를 궁극화한다.

절대자로서 신 개념은 결과적으로 '우상타파적'인 기능을 하지만, 유일신론적 문법에서 신은 '인간적'이기도 하다. 즉, 신은 초월적이지만 동시에 사랑이자 도덕의 원천으로 이해되고, 약자를 향해 우선적 관심을 보이기도 한다. 이러한 이유로 서구 문명과 그리스도교의 유일신 개념은 역사를 무의미한 시간의 흐름이 아니라 '사랑과 화해'의 공동체를 형성해 가는 과정으로 이해하게 만든다. 인간을 더 '인간화'하는 신 개념이 없다면, 우리의 역사 속 활동은 윤리적 지향점을 잃은 채 권력 추구에 매달리게 될 것이다. 이 지점에서 눈썰미 있는 독자는 눈치챘겠지만, 카우프만은 신과 세계와 인간 개념을 상호 연관성 속에서 파악하려 한다. 즉, 그는 신은 절대화하고, 세계는 상대화하고, 인간을 더 인간화하는 '실용주의적' 관심사에 따라 구성 작업의 틀을 마련한다.

신 개념이 인간의 상상으로 구성된 것이고, 유일신론 문법에 자리 잡은 신은 초월자이면서도 삶을 더 풍요롭게 하는 신비라면, 우리는 '지금 여기'서 어떻게 신에 대해 상상할 수 있을까. 이에 대한 답변으로 카우프만은 신학적 구성의 세 단계를 제시한다. 첫째, 오늘날 세계의 현상을 가능한 한 충실히 반영하는 세계 개념을 먼저 만든다. 이때 현실 세계에 대한 이해도를 높여줄 여러 학문의 도움을 받으며 세계를 개념화할 필요가 있다. 둘째, "세계와 그 속에 모든 존재를 상대화시켜 범위를 설정해 주는 실재에 대한 보다 적합한 개념"으로서 신 개념을 구성한다.[10] 여기서는 유일신론에 내재한 '절대화'와 '인간화'의 동기가 균형을 이뤄야 한다. 신의 절대성만 강조하면 인간의 성취와 삶의 여러 가치마저도 상대화되며 무의미의 굴레에 빠진다. 반대로 인격적 차원이 과도하면 인간중심주의 이데올로기가 만들어질 위험이 있다. 셋째는 신과 세계를 관계성 속에서 개념화하는 단계다. 여기서는 상상력으로 구성된 신개념을 가지고 세계 개념을 비판적으로 재조명함으로써, 세계에 대한 현상학적 이해를 넘어 신학적이고 윤리적으로 세계를 파악하게 된다.

이러한 신학적 주장은 당시나 지금이나 파격적으로 들릴 수 있다. 지금껏 약술한 방법론만 보더라도, 카우프만은 계시나 성서를 신학의 출발점으로 삼지 않기에 일반적 의미에서 자유주의자와 닮아있다. 하지만, 그의 방법론은 인간의 경험과 감정, 학문, 문화가 아니라 신의 신비와 초월성에서 출발한다는 점에서 고전적 자유주의와 궤를 달리한다. 카우프만의 시각에서 볼 때 신학적 성향을 따지는 것보다 더 끔찍한 것은 신학자들이 세계와 신의 차이를 흐린 채 신학을 구성해왔다는 사실이다. 그 결과 신학은 인간이 자신의 세계를 절대화하는 데 일조했고, 인류가 인간중심주의적 문명을 형성하는 것을 방관했다. 이러한 상황에 제동을 걸며 카우프만은 인간을 더 인간화하면서도 세계를 상대화하기에 더 적합한 신에 관한 은유를 발견하자고 도발한다. 그리고 인간의 삶의 터전인

---

[10] 고든 카우프만, 『신학 방법론』, 113.

세계를 더 의미가 넘치고 사랑의 실천이 가능한 곳으로 파악하도록 신학을 상상력 넘치게 재구성할 것을 요구한다.

카우프만의 방법론은 20세기 후반 신학이 전통적 영역을 넘어 다양한 담론으로 뻗쳐가는 데 이바지했다. 또한, 그는 자신의 방법론을 엄밀하게 지키는 '카우프만주의자'를 만드는데 열을 올리기보다는 여러 저서를 통해 신학적 구성의 다양한 사례를 몸소 보여주는 데 힘썼다. 여기서는 그의 후기작 한 권을 추가로 소개함으로써, 신학적 상상력이 구체적 형태를 입은 모습을 보여주고자 한다.

'참 하느님이요 참 인간'의 현대적 의미

신학을 인간 상상력에 의한 구성 작업으로 보는 카우프만의 제안은 그가 82세에 출간한 마지막 저서 『예수와 창조성』Jesus and Creativity(2006)에서 정점에 달한다. 대개 학자들이 노년에 이르면 새 책을 내면서도 자신의 이전 논의를 반복하곤 하는데, 카우프만은 이 작품에서 이전에 시도한 적 없는 새로운 신학적 종합을 선보인다. 카우프만의 '백조의 노래'라 불릴 법한 이 책이 출간되자 미국 신학계는 고령에도 계속되는 노신학자의 학문적 열정에 경의를 표했고, 예전만큼 사고력은 정교하지 못함에도 여전히 사그라지지 않는 창조적 통찰에 놀라움을 표하기도 했다.

자전적 회고에 따르면, 카우프만은 1976년에 자신의 신학적 방법론을 정리하고 그리스도론을 집필하기로 계획했다. 이후 여기저기서 산발적으로 그리스도론이 등장하기는 하지만, 최종적인 윤곽을 드러낸 것은 『신학 방법론』이 나오고 30년이 지나고 나서다. 『예

수와 창조성』을 집필하기까지 왜 이리 오랜 시간이 필요했냐는 질
문에, 그는 '참 하느님이요 참 인간'이라는 칼케돈 그리스도론 구
조에 상응하게 자신만의 신론과 인간론을 먼저 구성해야만 했다
고 답했다. 신은 우주를 생성하고 그 후 우주 전체에 편만하게 현
존하며 생명을 형성하고 새로움을 일으키는 심오한 신비인 창조성
Creativity이다.[11] 인간은 생물학적 차원 및 역사적 차원으로부터 분리
될 수 없는 생역사적biohistorical 존재다. 이렇게 정의하고서야 그는
그리스도론을 구성할 준비를 마칠 수 있었다.[12] 그 결과 책을 탈고
하고 이야기했듯 본인도 예상치 못한 그리스도론이 탄생했다.

---

[11] 카우프만은 기존의 종교적 세계관에서 신을 '인격적'으로 묘사하는 방식,
    혹은 철학적 언어를 사용해 신을 '존재론적'으로 정의한 방식은 모두 현대
    인에게 부적절하다고 진단한다. 대신 그는 그리스도교와 서구 문명에 깊
    숙이 박혀 있는 삼라만상의 유일한 창조주로서 신을 과학적 세계관에 익
    숙한 현대인에게 적합하게 표현해줄 개념으로 '창조성'Creativity을 제안한다.
    신에 대한 급진적 재정의는 『신비를 향하여』(1996)에서 처음 소개되었고,
    『태초에 창조성이 있었다』In the Beginning Creativity(2004)에서 구체화하였다.

[12] '생역사적生歷史的, biohistorical 존재로서 인간'은 인간의 '생물학적 측면'과 '역
    사성'을 동시에 강조하고자 카우프만이 주조한 개념이다. 그는 현대 과학
    적 세계관에서 인간을 오랜 진화의 과정 중에 탄생한 생물학적 존재로 이
    해하는 것은 타당하더라도, 인간을 생물학적 언어로만 규정하려는 자연과
    학적 환원주의에 대해서는 비판적 입장을 견지한다. 다른 한편, 그는 헤겔
    과 딜타이 등으로 대변되는 근대 철학의 가장 큰 공헌 중 하나를 인간 사
    고와 행동의 역사적 지평의 발견이라고 주장하며, '역사성'이야말로 인간
    의 고유성을 바로 이해하고 인간을 인간 되게 하는 범주로 이해한다. '생
    물학적 인간 이해'와 '인간의 역사성'을 종합하고자 카우프만은 생역사적
    biohistorical이라는 단어를 제안한다. 그에 따르면 인간의 생물학적 측면과
    역사적 측면은 불가분의 관계이기 때문에 bio와 historical 사이에 연자 부
    호 hyphen을 넣어서도 안 된다고 주장했고, 이러한 의도를 살려 이글에서
    biohistorical의 번역어로 '생역사적'이라는 단어를 사용했다. 자세한 논의로
    다음을 참고하라. Gordon Kaufman, *In Face of Mystery: A Constructive Theology*
    (Cambridge: Harvard University Press, 1993), 95~234, *God-Mystery-Diversity: Christian
    Theology in a Pluralistic World* (Minneapolis: Fortress Press, 1996), 73~85.

『예수와 창조성』은 '예수 궤적 새롭게 받아들이기', '그리스도론: 규범으로서 예수', '생역사적 존재로서 인간: 역사성, 창조성, 자유', '창조성이 복음이다'라는 제목을 가진 4개 장으로 이루어져 있다. 책 곳곳에 새로운 통찰과 토론 거리가 가득하지만, 그중에서도 특별히 주목할 만한 부분은 카우프만이 정의한 '예수 궤적'Jesus-Trajectory이다. 계몽주의 시대 이후 비판적 역사 연구가 활발해진 이래, 전문 신학자와 일반인 모두에게 화두가 되었던 문제는 그리스도교의 역사적 기원과 정체성이었다. 특히 나자렛 예수를 철저하게 1세기 팔레스타인에서 살았던 한 인물로 다루는 '역사적 예수 연구'는 교리 언어와 논리로 그리스도의 인격과 사역을 다루는데 익숙한 정통 신앙에 치명적 도전이었다. 그 결과 신학계에서는 역사적 예수 연구 자체를 거부하거나, 역사적으로 재구성된 예수의 삶과 가르침을 규범화하려는 두 극단적 반응이 대립하곤 했다. 그러다 보니 정작 역사 비평의 연구성과를 어떻게 정리하고, 긍정적으로 수용하며, 건설적으로 발전시킬지에 대한 진지한 신학 작업은 상대적으로 찾아보기 어려웠다.

카우프만은 '창조성으로서 신'과 '생역사적 존재로서 인간'을 결합한다면 근대 역사주의가 일으킨 곤란을 넘어서고, 시공간을 초월해 계속되는 나자렛 예수의 독특성과 차별화된 중요성을 설명할 수 있다고 제안한다.[13] 이를 위해 그는 신약성서에 기록되고 고대

[13] 그리스도론으로부터 삼위일체 신론을 해석하고 인간론을 끌어내는 바르트의 방법론과 인간론으로부터 그리스도론과 신론을 구성하려 한 슐라이어마허의 방법론과 비교해볼 때, 카우프만이 새로운 신학을 '창조'해 내기 위해 방법론을 얼마나 효율적으로 잘 활용하는지 알 수 있다. 실제로 카우

공의회에서 발전한 그리스도론을 예수궤적₁이라 정의한다. 이는 나자렛 예수의 중요성을 보여주는데 과거에는 규범 역할을 했지만, 오늘날의 비판적인 역사·문화적 시각에서 볼 때 온전히 수용되기 어려운 부분도 있다. 그렇다고 나자렛 예수와 함께 인류 역사에 '기대치 않게 찾아온 창조성'serendipitous creativity의 신비와 힘을 역사주의로 다 설명할 수도 없다. 나자렛 예수는 매우 창조적인 존재로서 이 땅의 질서와는 매우 다른 하느님 나라라는 세계를 상상했다. 인류의 새로운 가능성에 대한 급진적 비전은 복음의 내용을 채웠고, 1세기 중반 이래 예수 이야기는 새로움과 변화의 힘으로 강력히 작용하며 공동체와 문화를 거듭 형성했다. 즉, 예수궤적₁과는 다른 창조성이 매우 풍부한 사회문화적 결과가 예수 이야기에서 줄곧 뻗어 나오고 있다. 카우프만은 이를 예수궤적₂라고 부른다. 계몽주의 이후 지금껏 서로 다른 입장을 가진 신학자들이 이 궤적 혹은 저 궤적을 옹호하며 갈등을 일으켰다면, 이제는 역사에서 계속해서 활동하는 창조성의 관점에서 두 궤적 사이의 불연속성과 연속성을 함께 볼 수 있어야 한다.

물론 지난 2,000년간 예수 이야기에 대한 수많은 오용이 있었지만, 그렇다고 해서 예수궤적 자체의 중요성이 줄어든 것은 아니다.

인류가 평화롭게 공존하는 새로운 질서를 가져오는 데 요구되는 창조성은 우리 인간이 제공할 수 있는 창조적 영감을 넘어설

프만은 자유주의 신학 방법론과 (신)정통주의 신학 방법론의 한계를 극복하기 위해 자신의 신학 방법론을 만들었다고 주장한다.

것이다. 광대한 창조성(신)이 인간이 계속 생존할 수 있고 인간의 삶이 더욱 지지받는 세계 속의 컨텍스트를 지속적으로 발생시키리라 우리는 희망하고 기대하고 믿어야 한다. … '급진적 예수'radical Jesus에 의해 영감을 받은 창조성은 우리의 고통스러운 세계 속에서의 치유와 구원과 화해이다. 예수가 주장했고 그의 삶을 통해 보여줬던 자기희생적 '아가페 사랑'은 미래에 더욱 인간적인 세상을 창조하는 데 도움이 될 방법을 찾을 수 있도록 우리에게 영감을 줄 것이라 희망한다. 예수의 창조성은 계속된다. …[14]

카우프만은 역사적 예수의 신학적 의미를 존중하면서도, 역사주의적 방법론이 예수 사건의 초역사적인 중요성을 용해하는 것을 저지하고자 한다. 또한, 그는 나자렛 예수의 이미지와 이야기가 새로운 환경과 시대적 요청에 따라 재해석되면서도, 그리스도인의 삶에 규범으로 작용할 수 있는 틀을 만들고자 한다. 칼케돈 신조의 틀을 창조적으로 재활용함으로써 그리스도론은 전통적 조직신학이 간과하기 쉬운 예수의 역사성과 인간성을 생생하게 살려내면서도, 역사적 예수 연구가 흔히 당면하는 '부활절 이전의 예수'와 '부활절 이후의 예수'의 구분을 초월하는 예수상을 만들어 낸다.

구성신학과 함께 확장된 신학의 영토

---

[14] 고든 카우프만, 『예수와 창조성』, 183, 190.

카우프만이 볼 때 그리스도교의 핵심 교리는 지난 수백 년간 근대성의 도전을 줄곧 받아왔다. 하지만 그리스도교를 초자연주의적 세계관이나 형이상학적 교리를 가지고 옹호하려는 시도는 과학적 논리와 역사적 사유에 길든 현대인에게 부적절하다. 그렇다고 역사주의와 자연주의 방법만으로는 그리스도교의 고유함과 신학의 시대적 사명을 보여주기에 한계가 분명하다. 또한, 다원화된 세계에서 신학적 담론은 다원화될 수밖에 없고, 종파주의를 넘어 인류의 평화를 위해 여러 지적 담론과도 대화할 필요가 있다. 그렇지만 모든 관점이 다 옳은 것도 아니거니와, 파편적 경험을 사유와 행동의 척도로 삼다가 상대주의에 빠지게 될 수도 있다. 이러한 도전 앞에서 카우프만은 유일신론의 문법에 따라 모든 것을 상대화하면서도 역사를 더 인간적인 방향으로 이끄는 초월적인 신 개념을 구성할 것을 제안한다.

카우프만이 제시한 방법론의 영향을 받은 동시대와 후대 학자들은 각자의 관심사와 필요성을 가지고 생태신학, 여성신학, 과학신학, 지역신학 등을 전개했다. 이처럼 현대 세계에서 신학적 담론의 다원화를 촉발하는 길을 놓았기에 카우프만은 북미에서 포스트모던 신학의 선구자 중 한 명으로 손꼽히곤 한다. 하지만 포스트모던 담론이 상대주의적 경향으로 흘러갈 위험이 있음을 크게 경계한 그는 후기 칸트주의 철학·신학적 궤적 속에서 인식과 도덕적 주체로서 인간을 신학의 전제로 삼는다. 이러한 이유로 카우프만을 포스트모던 학자의 범주에 집어넣는 일반적 통례와 달리 그는 자신을 '근대적' 신학자로 이해한다. 하지만, 근대 철학과 신학의 문법과 개념에 충실하다고 하여 카우프만이 근대 프로젝트에 머무는 것은 결코 아니다. 오히려 그는 근대적 신학 프로젝트 속에서 포스트모던적 답변을 추구한다고 할 수 있다. 카우프만의 신학은 융합 학문적 대화를 통하여 근현대철학과 신학을 창조적으로 변혁시키며, 현대인에게 지적으로 호소할 수 있고 현 사회의 문제에 응답할 수 있는 신학적 · 윤리적 담론을 구성한다.

결론적으로 말하자면, 19세기 초중반 슐라이어마허가 근대 학문의 각축장이었던 베를린 대학교에서 학문으로서 신학의 위치를 마련했던 것처럼, 20세기 중후반 세속화된 북미 대학교에서 카우프만은 신에 대한 담론으로서 신학의 본성과 역할을 재정의하고자 한 신학자다. 20세기 초에 바르트가 이전 세기 신학자들이 근대인의 문화와 세계관과 경험에 몰두한 것에 반대하여 신의 타자성을 강조했다면, 카우프만은 20세기 신학의 혼란 상황 속에서 신 개념에 대한 비판적 성찰이라는 신학의 본래 사명을 창조적으로 되찾는다. 그렇게, 그는 슐라이어마허와 바르트 세대는 상상도 못 할 정도로 다양한 신 담론God-talk이 일어나는 신학의 영토를 개척하고 많은 이를 그곳으로 초대했다. 누군가가 카우프만이 추구하는 바가 신학의 선배들이 이룬 업적과 너무 다르다고 불평한다면, 그는 이렇게 답할 것이다. "슐라이어마허와 바르트도 탁월한 구성신학자였지. 자신들은 깨닫지 못했지만."[15]

---

[15] 카우프만과 개인적 대화를 복기한 것이다.

교리의 본성과 목적 논쟁

『교리의 본성』
조지 린드벡 지음, 김영원 옮김, 도서출판 100, 2021.

『교리의 종말』
크리스틴 헬머 지음, 김지호 옮김, 도서출판 100, 2020.

'교리'敎理, doctrine는 개인과 공동체의 믿음의 내용을 언어를 사용하여 체계적으로 표현한 것이다. 교리는 신앙의 대상에 대한 지식과 이를 실제 삶에 적용할 때 '잣대' 역할을 한다는 의미에서 규범적이다. 또한, 교리는 '역사적' 존재인 인간이 특정한 종교 · 정치 · 사회 · 문화 · 경제적 상황 속에서 형성하고 교육하는 만큼 개인과 공동체의 시대적 경험과 상호 영향을 주고받는다. 이처럼 규범성과 상황성이 함께 얽혀 있는 만큼, 교리는 신학적 주장들 이면의 '합의'된 그 무엇을 가리키지만, 교리를 정의하고 중요성을 매기는 방식에는 '차이'가 있게 마련이다.

그리스도인의 신앙과 실천에서 교리의 필요성은 초기 교회 이래 지금까지 다양한 방식으로 논의되었다. 하지만, 현대 교회와 신학교에서는 교리를 향한 관심이 유독 떨어져 있다. 근대 세계의 도

---

  * 원서는 다음과 같다. George A. Lindbeck, *The Nature of Doctrine: Religion and Theology in a Postliberal Age* (Louisville: Westminster John Knox Press, 1984), Christine Helmer, *Theology and the End of Doctrine* (Louisville: Westminster John Knox Press, 2014).

래와 함께 교회의 권위가 도전받고, 전통보다는 개인의 경험이 중요해졌기 때문이다. 게다가 순수 이론보다는 실천에 방점을 두고, 서로 다른 신앙고백을 가진 교단 간의 대화와 협력이 이뤄지다 보니 예전보다 교리를 강조하기 힘든 환경이 조성되기도 했다. 오늘날 그리스도인의 입에 종종 올라오는 "나는 교리가 아니라, 예수 그리스도를 믿습니다"라는 말도 얼핏 보면 경건한 신앙고백 같지만, 뒤집어 보면 교리의 위기를 보여주는 씁쓸한 방증이다.

교리가 주변화된다는 염려가 퍼지며 교리의 본성과 필요성에 대해 근본적으로 성찰하고자 하는 시도도 곳곳에서 일어났다. 그중 20세기 중후반 미국의 예일 대학교는 이 주제를 놓고 독창적이고 밀도 있는 대화가 이루어진 곳이다. 1980년대 미국 신학은 예일 학파의 후기 자유주의postliberalism와 시카고 학파의 자유주의liberalism로 나뉜다는 신학사 서술이 있을 정도로, 예일 출신 신학자들이 현대 그리스도교에 끼친 영향은 지대하다. 현대 문화와 신학이 어떻게 상호 연결될지에 주로 집중했던 시카고의 학풍과 달리, 예일에서는 성서와 교리의 중요성을 어떻게 재발견할까에 관한 토론이 활발히 일어났다.[1] 여기서는 예일이 배출한, 세대를 달리하는 두

---

[1] 예일에서 후기 자유주의라는 흐름이 발전하는 과정, 그리고 소위 예일 학파와 시카고 학파와의 차이에 대한 간략한 소개로 다음을 참고하라. Gary Dorrien, 'Truth Claims: The Future of Postliberal Theology', *Christian Century*, 118 no 21 (2001), 22~29. 저자는 두 학파의 구분도 새로운 세대 학자들의 등장과 함께 이미 낡은 것이 되었다고 지적한다. 다음 연구서는 20세기 미국에서 자유주의와 후기 자유주의 사이 갈등을 더 큰 역사적 맥락 속에서 보여주면서도, 그 이면에 깔린 철학적 전제에 대한 분석을 시도한다. John Allan Knight, *Liberalism vs Postliberalism: The Great Divide in Twentieth-Century Theology* (New York: Oxford University Press, 2013).

학자를 소개함으로써, 교리가 무엇이고 왜 여전히 필요한가를 고민하는 기회를 갖고자 한다. 이를 위해 우선은 예일 학파의 대표 신학자 조지 린드벡과 그의 이름에 늘 따라붙는 후기 자유주의 신학이 무엇인지 살펴볼 예정이다. 그 후 예일 출신의 신학자 크리스틴 헬머가 린드벡과 그의 제자들에 대해 철저히 반대하는 이유를 소개하도록 하겠다.

교리에 대한 언어-문화적 접근

중세 신학을 전공한 루터교 배경의 신학자 린드벡이 출판한『교리의 본성』The Nature of Doctrine(1984)은 20세기 후반에 나온 신학서 중 가장 주목받고 영향력을 끼친 책으로 손꼽히곤 한다.[2] 학자로서 경력을 쌓던 시절, 젊은 린드벡은 종교개혁자 마르틴 루터의 사상이 여전히 가톨릭적이고 중세적임을 보여주는 데 주력했다. 이러한 역사신학적 관심은 제2차 바티칸 공의회 참관 이후 본인만의 독특한 신학적 의제로 발전하였다.『교리의 본성』에서 알 수 있듯, 그는 교회의 역사적 정체성과 에큐메니컬 대화라는 맥락에서 교리가 무엇이고 왜 여전히 의미 있는지에 관해 진지하게 성찰했다.[3]

린드벡은 종교와 교리에 대한 이해 방식을 '인식-명제적'cognitive-propositional, '경험-표현적'experiential-expressive, '문화-언어적'cultural-linguistic

---

[2]　린드벡의 박사 논문은 중세 신학자 둔스 스코투스Duns Scotus에 관한 것이다. George A. Lindbeck, 'Is Duns Scotus An Essentialist?' (Ph.D. diss., Yale University, 1955).

[3]　특히『교리의 본성』의 6장 '후기 자유주의 신학을 향하여'Towards a Postliberal Theology를 참고하라.

접근법으로 구분한다. 첫째, '인식-명제적' 접근에 따르면 "교회의 교리가 객관적 실재에 관한 진리 주장 또는 정보를 담은 명제로 기능"한다고 본다.[4] 이는 교리가 신앙의 대상에 대한 인지적 정보 혹은 명제적 내용을 권위 있게 전달한다고 가정하는 전통적이며 일반적인 이해 방식이다. 하지만 이 같은 모델로 교리를 이해하면 신학적 전통이 다른 교회들 사이에 갈등이 유발될 수밖에 없다. 또한, 인식-명제적 접근은 언어가 실재를 정확히 가리킨다는 고전적인 '진리의 상응 이론'the correspondence theory of truth을 전제한다. 언어가 실재를 투명하게 반영한다는 순진한 생각에 회의적인 포스트모던 시대에 이는 설득력이 떨어질 수밖에 없다.

둘째, '경험-표현적' 이론은 철학자 칸트 이후 19세기 서유럽에서 일어난 '비실재론'non-realism과 결부되어 있다. 칸트는 현상 이면의 '물 자체'das Ding an sich, 즉 인간이 오감으로 경험할 수 없는 사물의 '본질'에 대해서는 보편타당한 지식은 불가능하다고 봤다. 린드벡이 진단하기에 칸트로부터 촉발된 비실재론은 슐라이어마허 이후 자유주의 신학에서 주로 발견된다. 이 모델에 따르면, 교리의 언어는 실재에 관한 명료하고 객관화된 정보를 전달하기보다는, "내적인 감정, 태도, 실존적 성향을 나타내는 비정보적이고 비추론적인 상징"으로 기능한다.[5] 여기서는 종교적 경험과 이에 대한 언

---

[4] 조지 린드벡, 『교리의 본성』, 80.

[5] 조지 린드벡, 『교리의 본성』, 81. 하지만 이는 슐라이어마허에 대한 영미권의 오랜 오해에서 비롯된 범주화이다. 독일의 한 신학자에 따르면 슐라이어마허를 린드벡의 모델에 따라 분류하면 '문화-언어적 접근'에 가깝다. Matthias Gockel, *Barth and Schleiermacher on the Doctrine of Election: A Systematic-*

어적 표현 사이의 관계가 자의적으로 상정될 수 있기에, 각 교회 전통의 교리적 차이가 무차별적으로 상대화되거나 필요 이상으로 과장될 위험이 있다.

마지막으로 세 번째는 현대 인류학과 사회학, 언어철학 등의 발전에 발맞추어, 교리를 특정 공동체에서 실재를 해석하고 삶을 살아가는데 요구되는 법칙 혹은 규칙으로 보는 '언어-문화적' 모델이다. 이 입장을 지지하는 린드벡의 설명을 조금 길더라도 인용해 보겠다.

> 종교의 인지적 측면과 경험-표현적 측면을 강조하지 않는 것은 인류학, 사회학, 철학 문헌...의 상당 부분에서 이미 관례가 되었다. 오히려... 종교가 (종교와 상관관계가 있는 삶의 형태와 더불어) **언어와 유사**하며 따라서 **문화와 유사**하다는 측면에 강조점이 있다. 이 관점에서 가장 두드러지게 된 교회 교리의 기능은 **교리의 사용**이다. 표현적 상징이나 진리 주장으로서가 아니라, 담론, 태도, 행위에 대해 공동체적으로 **권위 있는 규칙으로서 교리의 사용**이다. 나는 이렇게 종교를 개념화하는 일반적인 방식을 앞으로 '문화-언어적'cultural-linguistic 접근이라고 부를 것이며, 이것이 함의된 교회 교리에 관한 관점을 '규제적'regulative 이론 또는 '규칙'rule 이라고 부를 것이다.[6]

Theological Comparison (Oxford: Oxford University Press, 2006), 43~44.

[6] 조지 린드벡, 『교리의 본성』, 84(강조는 필자의 것).

철학자 루트비히 비트겐슈타인과 문화인류학자 클리퍼드 기어츠의 영향을 깊게 받은 만큼, 기본적으로 린드벡은 종교를 삶의 형식이 형성되고 공유된 언어를 습득하게 하는 문화 체계와 유사하다고 본다. 그리고 이러한 종교에 대한 인식과 연동해 교리와 신학과 본성을 그는 재조명한다. 교리는 '인지적 정보'의 전달 매개나 '전반성적 경험'의 표현이 아니다. 교리는 공동체의 생동적 삶에서 성서의 이야기를 읽는 '규범'이자, 신학적으로 생각하고 행동하는 '규칙'으로 기능한다. 그리고 "교리를 규칙으로 간주한다면, 공동체의 구체적 삶과 언어에 관심의 초점이 맞추어진다. 교리는 해석되어야 하는 것이라기보다 **따라야 하는 것**이므로, 신학자의 과제는 교리가 (일시적이든 지속적이든) **적용되는 상황**을 구체적으로 밝히는 것이다."[7] 달리 말하면, 삼위일체론이나 그리스도론 등의 교리는 하느님에 대한 인지적 정보를 전달하는 것을 주목적으로 삼지 않는다. 오히려 교리는 공동체의 믿음과 실천에서 사용되는 언어가 소통되고 의미를 형성하도록 공유된 문법을 제공하는 '이차적 언어'이다.

이처럼 린드벡의 교리 이론에는 현대 종교 이론과 진리 이론이 긴밀히 결합하고 있다. 여기서 제시된 "종교 이론은 '문화적'cultural이고, 교리 이론은 '규정적'regulative이며, 진리 이론은 '실용주의적'pragmatist"이라고 그 특성을 각각 요약할 수 있다.[8] 린드벡이 여러

---

[7] 조지 린드벡, 『교리의 본성』, 266(강조는 필자의 것).

[8] George Hunsinger, 'Postliberal Theology', *Cambridge Companion to Postmodern Theology* (Cambridge: Cambridge University Press, 2003), 44.

학문과 대화하며 정교하게 쌓아 올린 교리 이론은 신학사적으로 가치를 가지지만, 집중력이 떨어진 독자에게는 현기증을 유발할 수도 있다. 게다가 그가 전제하는 종교와 진리 이론에 동의하지 않는 이들도 적지 않기에,『교리의 본성』의 명성에 비해 그가 이 책에서 제시한 문화-언어적 모델은 광범위하게 받아들여 지지는 않다. 그보다는『교리의 본성』의 마지막 장 '후기 자유주의 신학을 향하여'에서 암시하듯, 이 책은 현대 미국 신학을 대표하는 한 흐름인 후기 자유주의 신학의 고전으로 간주되었다.

후기 자유주의 신학과 텍스트 내재성

20세기 후반 세속화의 거센 도전에 교리의 규범성이 위협받을 당시, 린드벡의 문화-언어적 접근법은 대서양 양편 신학계에 신선한 자극을 주었다. 그의 제안을 두고 찬반 논쟁이 일어났지만, 적어도『교리의 본성』이 다원주의 사회에서 그리스도교적 정체성을 어떻게 찾을지에 대한 진지한 답변임은 틀림없었다. 특히 이 책은 현대를 살아가는 와중에도 성서적 신앙과 교리적 진리에 헌신하고자 했던 이들이 그리스도교의 고유한 신앙 언어와 문법을 발견하는 이론적 기반이 되어 주었다. 더 나아가, 이 책은 진리, 교리, 문화 이론을 함께 다룸으로써 원래 의도했던 교회일치를 위한 대화를 넘어 종교 간 대화에서 새로운 패러다임을 형성하였다(3장과 후기). 무엇보다도 이 책은 당시나 지금이나 근대성에 대한 신학적 반

응으로서 후기 자유주의를 대표하는 책으로 거론된다.[9]

후기 자유주의라는 표현은 린드벡이 아니라 그의 예일 대학교 동료 한스 프라이가 처음 사용한 것으로 알려져 있다. 프라이는 예일에 제출한 박사 논문에서 자유주의와 결별한 바르트의 초기 신학을 묘사하고자 이 단어를 사용했다.[10] 이후 후기 자유주의는 그 실체가 분명하지 않음에도, 린드벡과 프라이와 유사한 문제의식과 신학적 강조점을 가진 일군의 학자들 입장을 가리키는 단어로 널리 사용되었다.

그렇다면 린드벡이 이해한 후기 자유주의란 무엇일까. 예부터 신학은 공동체 혹은 개인이 믿는 바에 대해 규범적인 설명을 제시하는 역할을 해왔다. 아무리 현대 사회에서 교리를 문화-언어적으로 이해한다고 해도 이러한 책무가 면제되는 것은 아니다. 린드벡은 "이 과제를 수행할 때 문화-언어적 접근과 양립할 수 있는 한 가지 방식을 '텍스트 내재적'intratextual이라" 부른다.[11] 그렇다면 텍스트 내재성은 또 무엇일까. 앞서 언급했듯, 린드벡은 종교를 추상적으로 다루지 않고, 철저하게 공동체의 '삶의 형식'으로 파악하려 한다. 종교 전통은 복잡다단한 상징과 기호체계와 문법을 가지는데, 이는 공동체의 '권위 있는 문서'를 매개로 구성원들에게 전달된다. 즉, 종교적 의미란 텍스트 외부의 실재로부터 전달되거나 개인의

---

[9] 조지 린드벡, 『교리의 본성』, 59.

[10] Hans F. Frei, 'The Doctrine of Revelation in the Thought of Karl Barth, 1909 to 1922: The Nature of Barth's Break with Liberalism' (Ph.D. diss., Yale University, 1956).

[11] 조지 린드벡, 『교리의 본성』, 274.

경험에서 얻어지는 것이 아니라, 텍스트를 통해 주어지는 특정 언어를 사용함으로써 얻어진다. 그리스도교의 경우에는 정경으로서 구약과 신약성서가 세계를 이해하는 기호와 의미체계를 제시한다. 이를 린드벡은 인상적으로 묘사한다.

> 정경 문서에 깊이 젖어 있는 사람에게는 어떤 세계도 정경이 창조한 세계보다 더 실재적이지 않다. 따라서 **경전의 세계는 세계를 흡수하여 동화**시킬 수 있다. 이는 신자들의 삶을 영위하고 실재를 이해하는 해석의 틀을 제공한다. ... 텍스트 내재적 신학은 성경을 성경 바깥의 범주로 번역하기보다, 현실을 성경의 틀 안에서 다시 기술한다. 말하자면, 세계가 텍스트를 흡수하는 것이 아니라, 텍스트가 세계를 흡수한다.[12]

이 문구는 후기 자유주의 관련 문헌을 읽을 때 종종 접하게 되는 고전적 설명으로 자리매김했다. 그중에도 특별히 '세계를 흡수하는 텍스트'라는 표현은 후기 자유주의 신학의 정체성을 압축적으로 보여준다. 고전적 자유주의가 인간 주체의 이성과 감정, 직관, 경건에 집중했다면, **후기** 자유주의는 정경 문서와 그 속의 이야기를 신학의 기준이자 규범으로 삼는다. 자유주의가 성서를 세계 안에 있는 여러 책 중 하나로 대했다면, **후기** 자유주의는 성서로부터 세계를 이해하려 한다. 하지만 후기 자유주의는 근본주의와 보수

---

[12] 조지 린드벡, 『교리의 본성』, 281, 284(강조는 필자의 것).

복음주의와는 결을 달리한다. 근본주의와 보수 복음주의가 성서를 문자주의적으로 읽으며 다른 학문의 성취를 정당하게 인정하지 않으려 한다면, 후기 **자유주의**는 사회과학과 철학, 인류학, 문학 이론 등의 학문적 업적을 적극적으로 활용한다. 근본주의와 보수 복음주의가 자신들의 신학적 정체성을 수호하는 데 집중한다면, 후기 **자유주의**는 신앙적 정체성을 포기하지 않으면서도 교회일치에 헌신하고 타 종교와 진지한 대화의 가능성도 모색한다.

후기 자유주의의 선구자이자 대표 신학자 린드벡과 프라이 등이 형성한 학풍은 그들의 제자들을 통해 다양한 변이를 일으키며 신학계에 큰 영향을 끼쳤다. 하지만 예일에는 린드벡과 프라이 외에도 뛰어난 신학자가 여럿 있었고, 거기서 신학 훈련을 받았음에도 후기 자유주의와는 궤를 달리하는 이들도 적지 않았다. 예일에서 루터의 삼위일체론으로 박사 학위를 받고서 독일로 건너가 슐라이어마허 연구에 매진한 후 하버드와 노스웨스턴 대학교 등에서 교편을 잡은 헬머는 그 대표적인 예다.[13] 그녀가 보기에 후기 자유주의 신학은 교리의 중요성을 현대적으로 재발견하려 했지만 결과적으로는 부적절한 교리 이론을 제시함으로써 '교리의 종말'에 이르게 할 위험을 내포하고 있다.

---

[13] 헬머는 흥미롭게도 예일의 대표적 구약학자 브레바드 차일즈Brevard S. Childs 의 지도로 박사 논문을 썼다. Christine M. Helmer, 'The Trinity and Martin Luther: A Study on the Relationship between Genre, Language and the Trinity in Luther's Late Works (1523-1546)' (Ph.D. diss., Yale University, 1997).

교리의 목적을 다시 질문하기

『교리의 본성』이 출간된 지 30년 뒤에 나온 『교리의 종말』에서 헬머는 개신교 역사에서 '교리의 종말end'이라 불릴 만한 두 사건을 언급한다. 첫째 종말은 린드벡이 교리의 경험-표현적 모델의 선구자라고 불렀던 슐라이어마허가 감정을 종교의 핵심에 두고 교리를 역사주의적으로 해석함으로써 19세기 초반에 찾아왔다. 헬머에 따르면, 이는 슐라이어마허를 피상적이고 부분적으로 이해했기에 생긴 오해다. 둘째 종말은 린드벡이 제시한 교리에 대한 문화-언어적 접근, 그리고 이를 이어받은 그의 제자들에게서 자라난 교리에 대한 '인식적-우위 모델'Epistemic-Advantage Model이 자리 잡으며 20세기 후반에 일어났다. 교회의 가르침을 비실재론적으로 해석했던 자유주의자들에 맞서 린드벡과 제자들은 교리를 옹호하려 했지만, 교리와 실재의 관계를 모호하게 규정함으로써 오히려 교리의 종말을 앞당겨왔다.

헬머는 교리를 "신적 **실재**가 주는 선물을 **언어**와 **역사**로 담아내는 **신학 장르**"라고 정의한다.[14] 교리의 본성과 '언어와 실재 사이의 관계'가 깊이 연관된 만큼, 교리의 우선적 목적end은 초월적인 신적 실재를 가리키는 것이어야 한다. 이를 망각할 때 교리의 언어는 현실을 제대로 반영하거나 새로운 것을 말하지도 못하게 되고, 결국에는 종말end을 맞이하게 된다. 교리를 '교회 안의 언어와 행동의 규칙'으로 봤던 린드벡과 그의 제자들은 실재와 교리적 언어 사이

---

[14] 크리스틴 헬머, 『교리의 종말』, 17(강조는 필자의 것).

의 고리를 약화하였고, 그 결과 "대화 없는 교리, 발견 없는 신학, 역사 없는 교회, 의미 없는 언어"를 옹호하거나 재생산했다.[15] 이로 써 린드벡의 본래 의도와는 달리 후기 자유주의자들의 신학은 교 리의 언어로 매끈하게 직조된 교조적인 세계관으로 변질되었다.

19세기 독일 사상사에 정통했던 만큼, 헬머는 독일 근대 신학사 의 궤적을 따라가며 교리의 목적과 의미를 재해석할 자원을 발굴 하려 한다. 그녀가 보기에 19~20세기 독일어권 신학에는 린드벡 이 현대 신학을 읽을 때 노출했던 오류를 수정하고, 현시대의 문화 적·언어적·사상적 다양성에 적절히 반응할 교리의 모델을 찾아 낼 자원이 풍부하다. 근현대 신학에 대한 헬머의 독창적인 독법에 서 주목할 점은 린드벡이 경험-표현적 모델의 대표로 거론하던 슐 라이어마허와 후기 자유주의 신학의 선구자로 여기던 바르트 모두 가 '교리와 언어와 실재' 사이의 상호 관계를 새롭게 밝혀주는 모델 로 제시된다는 점이다.

바르트는 신학이 인간의 경험이 아니라 하느님의 말씀에서 시 작해야 한다고 주장했다. 하지만 동시에 그는 하느님 앞에 섰을 인 간이 겪게 되는 '당혹'에서 신학이 시작된다고 말하기도 했다. 신학 자는 유한한 인간이기에 초월적 하느님에 대해 '말할 수 없다'. 하 지만 신학자는 말씀을 위한 특별한 소명 받은 사람으로서 하느님 에 대해 말을 '해야만 한다'.[16] '할 수 없다'와 '해야 한다'가 자아내는

---

[15] 크리스틴 헬머, 『교리의 종말』, 230.

[16] 칼 바르트, '신학의 과제로서의 하나님 말씀', 『말씀과 신학: 칼 바르트 논 문집 I』 (대한기독교서회, 1995), 93 참고.

역설로부터 바르트는 19세기 신학과는 차별화된 신학의 가능성을 발견했다. 하느님의 말씀과 인간의 말 사이에서 일어나는 생생한 긴장을 신학의 핵심으로 품고자, 그는 신학이란 하느님의 심판 아래 있는 인간의 '끝없는 비판적 작업'이라고 정의했다. 그렇기에 신학은 특정 시공간에 속한 인간의 유한한 구성물이지 고정된 언어 체계가 아니다. 신학의 대상인 '하느님 말씀'은 인간의 기획을 기초부터 흔들며 늘 새로움을 가져오기 때문이다. 헬머가 강조하기를, 이러한 변증법적 역동성이 신학에 있어야 "교리에 매이지 않고 **때로는 교리와 상반되게 말씀하시는** 하느님에 대한 감각을 회복"할 수 있다.[17]

후기 자유주의 신학이 바르트의 기획을 텍스트 내재성과 주로 연결했다면, 헬머는 바르트 신학의 특징인 하느님 말씀과 인간의 언어 사이의 팽팽한 긴장에 주목한다. 하지만, 현시대가 던지는 다양한 요구와 도전에 적절히 반응하기 위해서는 바르트가 제시한 신학적 인식론보다 더욱 유연하고 개방적인 모델이 요구된다고 그녀는 말한다. 신학이 자기만의 영역에 함몰되지 않으려면, 타 학문과 공유 가능한 지식과 언어 이론까지 활용할 수 있어야 한다는 것이다. 이를 위해 헬머는 "**실재**와 관련된 **언어**에 대한 독특한 이해가 어떻게 신약성서 생성에 뿌리를 이루는지와, 또한 어떻게 이러한 이해가 **교리의 역사**를 형성하는 **한결같은 요인**인지를 보여 줄 신학적 인식론"[18]을 제시한 슐라이어마허에게로 거슬러 올라간다.

---

[17] 크리스틴 헬머, 『교리의 종말』, 232(강조는 필자의 것).
[18] 크리스틴 헬머, 『교리의 종말』, 244(강조는 필자의 것).

슐라이어마허에게 그리스도의 현존은 1세기 팔레스타인에 잠깐 있던 과거 사건이 아니다. 그것은 현재와 미래에도 생동적 경험이요 살아 숨 쉬는 전통이다. 인간의 언어로 쓰인 교리가 한결같이 가리키는 초월적 실재가 있다면, 그것은 바로 역사를 뛰어넘어 현존하는 구원자 그리스도이다. 각각의 사람이 서로 다른 시간과 장소에서 고유하게 경험하는 '그' 실재야말로 교리가 계속해서 새로 쓰이게 하는 근원적 동력이다. 다른 무엇과도 대체 불가능한 그리스도를 통한 강렬한 '구속의 경험'은 신약성서의 초기 문헌 형성부터 교리의 발전까지를 꿰뚫고 있다. 이러한 전제를 가지고 슐라이어마허는 신약성서 주석을 하고, 교회사를 연구하며, 교의학과 실천신학을 전개했고, 교회에서 하느님의 말씀을 선포했다. 성서와 교리 모두 역사적 산물이지만 동시에 살아 계신 그리스도에 근거한다. 이러한 전제를 가졌기에 슐라이어마허의 신학에서는 '언어와 실재와 경험'이 분리되지 않으면서도 교리를 철저히 '역사주의적' 관점에서 평가할 수 있는 모델이 형성될 수 있었다고 헬머는 본다.

헬머가 슐라이어마허에게 배운 것은, "성서에 이야기된 나자렛 예수와의 만남에는 2천 년 동안의 설교자들이 복음의 텍스트를 탐구해 왔음에도 아직도 **고갈되지 않은 과잉** 같은 것"이 있다는 사실이다.[19] 구원자와 만남은 특정 시공간에 묶이지 않고, 교리의 언어는 그 강렬한 경험을 지시한다는 점에서 교리는 '초역사적'이다. 동

---

[19] 크리스틴 헬머, 『교리의 종말』, 326~327(강조는 필자의 것).

시에 그리스도를 통한 구원의 경험이 실제 시공간에서 일어나기에 교리는 '역사적' 성격도 가진다. 신학자가 이러한 교리의 이중적 성격을 충분히 고려하지 않으면 진보, 보수 가릴 것 없이 교리의 종말end을 마주할지 모른다. 교리가 특정한 시공간의 한계 속에서 인간이 만들어낸 신념 체계냐, 아니면 시공간을 초월한 권위를 가진 가르침이냐라는 단순한 이분법을 넘어설 때 교리의 참 목적end이 실현될 수 있다. 그런 의미에서 도발적인 원서 제목 The End of Doctrine은 교리의 종말을 막기 위한 교리의 목적을 찾자는 호소가 아닐까 싶다.

그리스도교 역사에서 신학자들은 단지 교리의 '내용'만이 아니라 교리의 '본성'과 '목적'이 무엇인가에 대한 질문을 그치지 않았다. 계몽주의 이후 교회는 진리의 담보자이자 해석자로서 독점적 권위를 잃어버렸고, 이후 신학은 언어와 실재와 교리 사이의 상응 관계를 재설정해야 하는 만만치 않은 과제를 가지고 씨름 중이다. 21세기에 들어서며 현대 사회가 당면한 경제적 불균형과 기후 위기, 종교의 정치화, 여성주의, 다문화화, 혐오와 배제 등 복잡한 문제 앞에서 신학이 제대로 된 가르침을 내어놓기 힘들다는 교회 내부의 자조적 목소리까지 팽배해지고 있다. 그래서인지 오늘날 교회 안팎에서 교리와 성서, 신학과 실천, 전통과 현실 사이의 거리를 필요 이상으로 과장하는 수사학이 난무하기도 한다. 세속화된 사회에서 그리스도교는 탈교리화라는 심각한 도전을 마주하고 있는 셈이다. 이러한 상황에서 교회의 교도권에 의지하지 않고 다른 신학적 · 철학적 · 문학적 자원으로부터 교리의 필요성을 논증하는 창의적인 사례를 보여준다는 데 린드벡과 헬머의 저서는 큰 의미를 지닌다. 이들처럼 교리의 목적$_{end}$을 현대적으로 설명하려는 시도가 계속되는 한, 교리가 끝$_{end}$날 것 같은 분위기가 짙어지더라도 교리가 없어지는 참사는 오지 않을 것이다. 경기가 아무리 안 풀려도 "끝날 때까지 끝난 게 아니다"라던 야구 감독 요기 베라의 말처럼, 탈종교화와 실용주의의 흐름이 아무리 거세더라도 "종말 때까지 교리가 끝난 것은 아니다".

그리스도교 진리의 합리성과 보편성

『조직신학 서론: 현대 조직신학의 문제들과 체계적 재구성』
볼프하르트 판넨베르크 지음, 박정수 옮김, 비아, 2020.

　　11세기 말 중세 유럽에서 대학교가 등장하고 수백 년 동안 신학은 모든 학문의 여왕이라 불렸다. 하지만, 근대세계가 도래하자 중세의 교육 방식으로는 계몽주의와 과학혁명 이후 늘어나는 지식과 발전하는 학문을 담아내는 데 한계가 있었다. 대학교는 형이상학과 신학적 사변으로 진리를 찾는 곳이 아니라, 수학과 과학이 보여주듯 구체적이고 명료하며 검증 가능한 지식을 추구하는 곳으로 변해야 했다. 이러한 요청에 부합하듯 1810년 독일에서 최초의 근대 대학교라 불리는 베를린 대학교가 개교했고, 머지않아 유럽 전역과 북미 대륙에서도 고등교육 개혁의 불길이 일어났다. 베를린 대학교 설립을 주도한 철학자 빌헬름 폰 훔볼트는 고등학문에 대한 자신의 이념을 새로 설립될 대학교의 철학뿐만 아니라 조직과 구조에까지 불어넣으려 했다.[1]

---

*　원서는 다음과 같다. Wolfhard Pannenberg, *An Introduction to Systematic Theology* (Grand Rapids, Mich.: Wm. B. Eerdmans Publishing, 1991).

[1]　베를린 대학교는 프로이센의 국왕 프리드리히 빌헬름 3세에 의해 설립되

100　|　신학의 영토들

대학의 개념은 국민의 도덕적인 문화를 위해 직접 도움이 되는 모든 것을 결집한 산봉우리와 같다. 그러한 대학은, 가장 심오하고 넓은 의미의 학문을 연구하고 그와 더불어 학문을 정신적 윤리적인 교양을 위해 특별히 갖추어진 소재가 아닌, 스스로 합목적적인 소재로 활용하도록 헌신할 때 비로소 성립된다. 그러므로 대학의 본질은 내면적으로는 객관적인 학문과 주관적인 교양의 결합이며, 외면적으로는 수업과 연구를 일관하여 고유한 지도 밑에 결합하거나 수업에서부터 연구에의 이행을 촉진한다. 그러나 주요한 관점은 학문에 있다. 학문이 순수한 모습으로 현존한다면 약간의 일탈이 있더라도 궁극적으로는 분명히 올바르게 학습되기 때문이다.[2]

중세의 대학교는 신학을 중심으로 조직된 여러 학문 활동을 통해 궁극적으로 하느님을 섬기는 곳이었다면, 근대의 대학교는 학생들에게 전인적인 교양 교육을 제공하고 전문적인 연구를 하는 곳이다. 신앙이 아닌 이성의 확대를 위한 기관에서 학문의 여왕이던 신학은 과거의 영광을 잃어버리고, 대학교에 설치된 여러 학과 중 하

었고, 그때 주도적 역할을 한 사람으로 훔볼트 외에도 철학자 요한 고틀리프 피히테(Johann Gottlieb Fichte)와 신학자 프리드리히 슐라이어마허가 있다. 베를린 대학교는 1828년 프리드리히빌헬름 대학교, 1949년 훔볼트 대학교, 1990년 베를린훔볼트 대학교로 이름이 바뀌었다. 베를린 대학교의 역사와 특징과 관련한 개관으로 다음을 참고하라. 통합유럽연구회, 『유럽을 만든 대학들』(책과함께, 2015), 114~135.

[2] 빌헬름 폰 훔볼트, '베를린 고등학문기관의 내외적인 조직의 이념'의 일부를 다음에서 재인용했다. 이광주, 『대학의 역사』(살림, 2008), 49~50.

나로서 자신의 자리를 찾아야 했다. '학문성'Wissenschaftlichkeit이라는 기준에 따라 자신의 존재 이유를 보여줘야 할 과제가 생긴 것이다.

근대 대학교가 추구하던 학문성이라는 잣대는 다른 학문보다 신학에 큰 어려움을 안겨줬다. 신학이라는 학문의 재료인 계시와 신앙은 본성상 비가시적이고 연구자의 실존적인 헌신을 요구하는 만큼, 객관화하기도 어렵고 합목적적인 소재로 정량화하기도 힘들기 때문이다. 따라서, 근대세계에서 학문성이 화두가 된 이래 '신학은 어떤 의미에서 학문인가'라는 질문에서 자유로운 신학자는 없었다고도 할 수 있다. 지난 수백 년간 신학자들이 의지해왔던 성서, 교회, 전통이 가진 권위는 더는 신학의 학문성을 보장해 주지 못했다. 이러한 도전에 맞닥뜨린 19세기 독일의 주류 개신교 신학은 엄밀한 역사학적 방법을 사용해 신구약 성서, 교회의 역사, 교리의 발전사를 탐구함으로써 신학을 학문으로 자리매김하고자 했다.

그런데 20세기 초 근대적 학문성에 대한 강력한 저항이 신학 내부에서 일어났다. 그 선두에 섰던 사람이 박사 학위도 없이 스위스의 작은 산업 도시에서 사목활동을 하다 신학계에 발을 들여놓은 칼 바르트였다. 그에 따르면, 신학은 교회의 신앙고백에서 시작하고, 하느님 말씀의 선포라는 교회의 사명에 건설적이면서도 비판적으로 봉사해야 한다. 따라서, 신학 '외부에서 설정한' 학문성의 기준에 맞추다가는 신학은 자신의 고유한 사명을 배반할 수 있다.[3]

---

[3] '학문'으로서 교의학에 대한 바르트의 설명은 다음을 참고하라. 칼 바르트, 『교회교의학』 I/1(대한기독교서회, 2003), 28~37.

이러한 문제의식 아래 그는 근대세계의 요청에 맞게 엄밀한 방법론을 만들고는 신앙의 내용을 체계적으로 재구성하고 재해석하는 '조직신학'을 쓰기를 거부했다. 대신, 바르트는 나자렛 예수를 통해 계시된 삼위일체 하느님에 대한 교회Kirche의 신앙고백인 교의 Dogma를 '뒤따르며nach 생각하는denken' 『교회교의학』이라는 대작을 남겼다.[4] 바르트의 주장은 동시대와 후대 신학자들이 근대 학문의 눈치를 보느라 익혀버린 '거짓된 겸손함'에서 벗어나, 신학 고유의 주제와 역할을 재발견하고 자랑스러워할 담대함을 선사했다.[5] 하지만, 신학의 학문성을 신학 자체의 논리에서 찾는 시도가 (바르트의 의도와는 달리) 신학을 사회로부터 고립시키고 타 학문과 대화를 막는다는 비판은 사라지지 않았다. 그렇다고 바르트의 경고를 무시한 채 19세기 신학이 걸어갔던 길을 단순히 반복할 수도 없었다.

볼프하르트 판넨베르크는 바르트에 대한 존경심을 머금은 채, 그러면서도 바르트와는 다른 신학의 학문성을 찾아 제3의 길을 걸어간 신학자 중 대표적인 인물이라 할 수 있다. 신학에 관한 그의 문제의식은 단순하고도 명료하다. 그리스도교가 진리라면, 그것은 신앙인만이 아니라 모두에게 진리이어야 한다. 이러한 보편성은 신앙고백만으로는 얻을 수 없고, 합리적인 이성의 검증을 통해 정

---

[4] '나흐뎅켄'nachdenken은 '심사숙고하다'라는 뜻의 독일어 동사로 바르트가 신학적 사유의 특징을 보여주고자 자주 사용했다. 즉 신학이란 인간이 지적 능력으로 신학의 주제를 대상으로 삼고 이를 인식의 틀에 따라 구성함으로 지식을 끌어내는 것이 아니다. 신학이란 하느님께서 계시하신 것을 우리가 뒤따라nach 생각하는denken 활동이다.

[5] 존 밀뱅크John Milbank는 '거짓된 겸손함'false humility을 근대 신학을 요약하는 핵심어로 삼는다. 존 밀뱅크, 『신학과 사회이론』(새물결플러스, 2019), 51.

당성을 얻어야 한다. 이때 신학은 이성적 사유의 보편적 지평 속에서 이루어지는 만큼 공적인 성격을 가진다. 이러한 신학의 학문성에 대한 전이해 위에서 판넨베르크는 그리스도교 교리 전체를 다루는 조직신학을 전개했다. 달리 말하면, 교회와 무관한 현대인에게도 교회의 신앙고백인 교리가 유의미하고 설득력이 있을 수 있는 객관적이고 합리적인 방식을 찾고자 했다.

철학과 신학 그리고 그 너머

판넨베르크는 2차 세계대전 이후에는 폴란드에 속하게 된 독일의 도시 슈테틴에서 태어났다.[6] 그는 루터교회에서 유아세례를 받았지만, 부모님이 1930년대 초반부터 교회와 관계를 끊은 만큼 실질적으로 무신론자로 성장했다. 유년 시절 역사와 음악에 관심이 많았던 그는 2차 세계대전 기간 중 삶의 방향을 바꿀 사건들을 경험했다. 우선, 1944년도 봄에 집이 폭격으로 파괴되어 친척 집에 살게 되면서, 그는 근처 공공도서관에서 철학책을 접했다. 10대 후반 당시 영향력 있던 철학자였던 니체Friedrich Nietzsche와 마르크스Karl Marx의 작품을 섭렵할 정도로 철학에 심취했고, 이는 이후 그의 사유에서 신앙과 이성 혹은 신학과 철학이 거의 동등한 위치를 차지하게 된 시발점이 되었다. 그러던 그는 1945년 1월 6일 저무는 겨울 해가 뿜는 빛에 둘러싸이면서 자신이 녹아버리는 것 같은 체

---

[6] 이하 내용은 판넨베르크가 직접 쓴 '간략한 자서전'에 기초한 것이다. 볼프하르트 판넨베르크 '간략한 자서전', 「비아」(2020.12.21.), https://blog.naver.com/innuender/222180300910 (2023.08.07. 최종 접속).

험을 하였다. 소년 판넨베르크는 그날 일어난 사건의 의미를 이해할 길은 없었지만, 그 신비로운 체험이 중요하다는 것은 깨달았고 이를 소중히 했다.

전쟁 후 판넨베르크는 베를린, 괴팅겐, 바젤 대학교를 옮겨 다니며, 프리드리히 고가르텐Friedrich Gogarten(1887~1967), 니콜라이 하르트만Nicolai Hartmann(1882~1950), 한스 요아힘 이반트Hans Joachim Iwand(1899~1960), 칼 바르트, 칼 야스퍼스Karl Jaspers(1883~1969) 등 당시 독일어권을 대표하던 학자들에게 신학과 철학을 배웠고, 하이델베르크 대학교에서 조직신학자 에드문트 슐링크Edmund Schlink(1903~1984)의 지도로 중세 스콜라주의에 관한 박사 논문과 교수자격취득논문을 1953년과 1955년에 각각 완성했다. 하이델베르크에서 그는 구약학자 게르하르트 폰 라트Gerhard von Rad(1901~1971)의 성서학과 철학자 칼 뢰비트Karl Löwith(1897~1973)의 역사철학, 교회사가 한스 폰 캄펜하우젠Hans Erich Freiherr von Campenhausen(1903~1989)의 역사학적 작업에 큰 감명을 받았다. 이들의 영향으로 판넨베르크는 '역사'라는 범주를 조직신학으로 끌어들이는 방법론을 만들고자 노력했다. 그와 젊은 학자들은 소위 '하이델베르크 학파'를 형성하였고, 함께 『역사로서 나타난 계시』 Offenbarung als Geschichte를 1961년에 출간하며 주목을 받았다.

논문을 마친 후 판넨베르크는 하이델베르크에서 강의를 시작했고, 1955년에는 목사 안수를 받았다. 그 와중 그는 헤겔주의 철학을 공부하며 역사 속에서 활동하며 자신을 드러내는 신에 대해 사유하는 법을 더욱 예리하게 벼렸다. 1958년에 그는 부퍼탈 신학교

조직신학 교수로 부임했고, 1961년 마인츠 대학교로 옮긴 이후로
는 시카고와 하버드, 클레어몬트 등 미국의 여러 학교에서 방문 교
수직을 수행하며 국제적으로도 인정받기 시작했다. 1968년에는 뮌
헨 대학교 교수로 부임했고, 거기서 은퇴할 때까지 25년간 학술과
교육 활동을 이어갔다. 20대 중반부터 많은 글을 쓰고 강의를 했던
그였지만, 뮌헨에서 독일의 신학과 철학 전통을 연구하는 데 더해
미국 진보 신학계와 교류하며, 세계교회협의회에서 활동하고, 자
연과학자들과의 대화에 임하면서 사유를 발전시켰고 신학의 외연
도 확장하였다. 그 대표적 결실은 1988년부터 약 10년에 걸쳐 3권
으로 된 대작『조직신학』Systematische Theologie이다. 하지만 그의 사상
은 조직신학의 틀에 갇히기에는 훨씬 더 방대하고 다채롭다. 뮌헨
대학교 홈페이지에 올라온 자료에 따르면 2009년까지 그의 이름이
저자로 등록된 정식 책과 논문이 744편에 달한다.[7]

　우리말로는 판넨베르크를 현대 신학계를 이끌 젊은 신학자로
떠오르게 한『역사로서 나타난 계시』가 1979년에 번역된 이후, 지
난 40여 년간 국내에도 그의 저술이 간간이 소개되고 있다.[8] 특별

---

[7]　https://hfph.de/forschung/wissenschaftliche-einrichtungen/religionsphilosophie/
pannenberg-forschungsstelle (2022.08.07. 최종 접속).

[8]　대표적으로 다음 번역서가 있다. 볼프하르트 판넨베르크,『역사로서 나타
난 계시』(대한기독교출판사, 1979).『인간학』1~3(분도출판사, 1996).『판넨베
르크의 사도신경 해설』(한들, 2000).『자연신학: 과학과 신앙에 관한 에세
이』(한국신학연구소, 2000).『인간이란 무엇인가?』(쿰란, 2010).『신학과 하나
님 나라』(대한기독교서회, 2014).『판넨베르크 조직신학』1~3(새물결플러스,
2017~2019).『신학과 철학』1~2(종문화사, 2019).『신앙과 현실』(종문화사, 2022).
『윤리학의 기초 철학적·신학적 관점』(종문화사, 2022).『자연의 역사성』(종
문화사, 2023).

히 2017~2019년에『조직신학』이 완역된 것을 계기로 판넨베르크에 관한 관심이 고조되기도 했다. 그렇지만 사상 자체가 난해할 뿐만 아니라, 그가 유럽이나 북미가 아닌 곳으로는 여행을 잘 하지 않고, 그의 지도를 받은 신학자를 한국에서 만나기 힘든 만큼, 판넨베르크의 신학이 한국에서 소개되고 소화되는 계기는 충분히 마련되지 못했다. 일반 독자나 신학생, 목회자에게 판넨베르크는 이름은 많이 들어봤고 한 번쯤 꼭 읽어보고 싶어도 제대로 공부하기에는 까다롭고 어려운 신학자로 남아 있다.

하지만 한국의 상황만 그런 것은 아니다. 중요 저술이 골고루 번역되어 있고, 제자들이 활발히 활동하는 영어 사용권 신학계에서도 판넨베르크의 신학은 다른 현대 신학자와 비교하면 소위 '진입장벽'이 높은 편이다. 난이도나 분량 때문에 판넨베르크의 대표작을 읽기 곤란할 때 훌륭한 대안으로 사용되던 영어로 쓰인 소책자가 있다. 바로 미국의 웨스턴 신학교에서 판넨베르크가 했던 강연을 1991년에 출간한『조직신학 서론』이다.

짧은 서론에 담긴 심오한 사유

『조직신학 서론』은 영어 원서로 69쪽밖에 되지 않는다(한국어 번역서는 해설과 저술목록까지 포함하여 문고판 156쪽이다). 그러나 분량만 가지고『조직신학 서론』의 무게감을 평가할 수는 없다. 우선『조직신학 서론』은 판넨베르크의『조직신학』2권이 독일에서 출간된 해에 미국에서 나온 책이다. 당시 그가 이미『조직신학』3권을 착수했던 만큼 이 얇은 책은 독일어 원서로 1,846쪽에 달하는 조직신학

3부작을 배경 삼아 신학의 정수를 압축한 작품이라 할 수 있다. 게다가 『조직신학 서론』은 신학(1장), 성부(2장), 성령(3장), 성자(4장)와 관련된 전통 교리를 해설하면서 각각의 주제를 종교철학(1장), 형이상학(2장), 자연과학(3장), 성서신학(4장)이라는 현대 학문과 연관 짓는다. 또한, 평소 본인이 생각한 신학의 본질과 방법론은 고수하면서도, 독일어에 능통하지 못한 미국인을 대상으로 했던 강의이다 보니 다른 저서에서 잘 볼 수 없던 '친절한' 판넨베르크를 만날 수 있다.

『조직신학 서론』에서 흥미로운 점은 책 제목에 '서론'introduction이라는 단어가 있다는 사실이다. 서론을 독자가 어떻게 개념화하느냐에 따라 책의 성격을 오해할 수도, 책을 이해하는 데 필요한 이정표를 얻을 수도 있다. 보통 조직신학에서 서론이라면 교리를 본격적으로 설명하기 이전에 저자가 사용할 방법론, 자료, 언어, 조직 원리 등을 정리해 놓는 프로레고메나Prolegomena를 의미한다. 하지만, 이 얇은 책은 그 자체로 완결성을 가지고 있고, 뒤에 따를 거대하고 복잡한 신학 서술을 예비하지는 않는다. 따라서 여기서 서론은 일반적인 의미에서 조직신학의 프로레고메나와는 차이가 있다.

서론으로서 이 책은 입문자를 위한 판넨베르크 신학의 요약이라고 할 수도 있다. 『조직신학』 1권과 『조직신학 서론』 1~2장, 그리고 『조직신학』 2권과 『조직신학 서론』 3~4장 내용에는 겹치는 부분이 있다. 하지만, 이 책이 판넨베르크 신학의 중요 내용을 맛보게 해주더라도 그의 장기인 폭넓은 논의와 치밀한 논증이 소책자에 온전히 담기기에는 한계가 있다. 게다가 철학적 신학자로서 혹은 교회일치운동에서 그가 활동할 때 탄탄한 신학적 배경이 되어 주었던 인간론, 교회론, 종말론 등은 이 책에는 거의 소개되지 못했다. 그렇다면 조직신학 '서론'인 이 책을 어떻게 이해하면 좋을까.

서론으로 번역된 명사 '인트로덕션'introduction은 안으로intro 이끌다ducere라는 뜻을 가진 라틴어 동사 '인트로두케레'introducere에서 나왔다. 이런 관점에서 보자면 이 책은 단지 판넨베르크의 조직신학의 서론이나 요약이 아니라, 진리를 추구하는 학문으로서 조직신학의 아름답고 광대하고 정교한 세계 '안으로 인도하는' 역할을 한다. 달리 말하면, 『조직신학 서론』은 현대인들을 하느님에 대한 담론, 즉 신학의 세계 속으로 끌어들이는 책이다. 판넨베르크는 이 책을 통해 사변적이고 진부하게 느껴질 법한 하느님에 관한 교리가 세속사회에서 파편화된 진리 주장을 비판적으로 통합할 수 있는 합리적이고 일관성 있는 사유의 틀을 형성할 수 있음을 보여준다.

세속문화 세계에서 사람들은 '하느님'이라는 말을 당연시하지 않으며, 혹 그렇다 해도 종교 언어의 징표, 종교 담론이라는 고립된 섬 안에서만 유효한 말이라고 여깁니다. ... 좀 더 심각한 문제는 상당수 성직자, 목회자가 하느님의 현실성을 확신하지 못하고 있다는 것, 그 결과 자신들이 전해야 할 메시지를 변화하는 시대 분위기에 맞추기 위해 필사적으로 애쓰고 있다는 것입니다. 그러나 그들이 다른 무엇보다 해야 할 일은 세속문화의 우상승배를 드러내는 것입니다. 사람들의 머리와 가슴에 하느님의 궁극적 현실성을 새길 수 있도록 힘써야 합니다.[9]

판넨베르크가 보기에 교회와 신학의 위기는 근대성의 도전에 순응하려다 조직신학이 본래 사명을 잃어버리게 되었고, 그 결과 그리스도교가 개인의 '경험'이나 '신념'의 문제로 축소되었다는 데 있다. 그렇다고 지난 몇백 년 동안 인류가 학습한 시대적 변화를 무시하고는, 신학과 교회의 영광스러웠던 시절인 종교개혁 혹은 그 이전 시대로 돌아가자고 외치는 선동적 신학을 할 수도 없다. 학문으로서 조직신학은 보편적 진리를 역사적 맥락에서 추구하고, 진리에 관해 경쟁하는 여러 목소리와 비판적이고 합리적인 대화를 하면서 그리스도교 신앙의 가치와 의미를 보여줄 수 있어야 한다.

진리에 대한 학문으로서 조직신학

그리스도교 신앙을 당연시하던 문명은 과거의 일이 되어버렸다. 물론 지금도 교회의 진리 주장이 큰 저항 없이 통용되던 근대화 이전에 대한 향수를 재생산하는 것을 사명으로 삼는 신학이 있다. 하지만 현시대의 조직신학은 지난 수백 년간 인류가 경험한 변화된 세계와 과학기술의 발전을 정직하고 성실하게 고민해야 한다. 이를 위해 오늘날 신학자는 옛 선배들과 차별화되는 나름의 '출발점'을 선택하고, 이에 적합한 '방법론'을 구축할 필요가 있다.

---

[9] 볼프하르트 판넨베르크, 『조직신학 서론』, 36~37.

현대 신학사를 기술하는 일반적 방식에 따르면, 판넨베르크는 칼 바르트와 루돌프 불트만의 유산이 공존하는 20세기 중반에 신학자로서 경력을 시작했다. 19세기 고전적 자유주의 시대가 저물고 두 차례의 세계대전이 초래한 위기에 반응하며 글을 썼던 두 거장의 영향력 아래서 공부했지만, 판넨베르크가 신학적 사유를 펼쳐야 했던 맥락은 세계대전 이후 급속히 세속화되는 현대 사회였던 셈이다. 다른 학문과 구별되는 신학의 독특성을 규정하고자 바르트가 하느님 말씀을 강조했다면, 불트만은 실존 개념을 그리스도교적으로 전유했다. 하지만 판넨베르크는 이들의 방법론이 각각 그리스도교 신학의 공적 지평을 상실하게 하거나, 인간중심적 주관주의로 흘러가게 할 위험이 있다고 비판한다. 그는 두 신학자의 업적을 비판적으로 수용하면서, 둘 모두를 넘어서는 신학적 패러다임을 찾고자 한다.[10]

『조직신학 서론』의 한국어판에만 있는 부제 '현대 조직신학의 문제들과 체계적 재구성'은 판넨베르크의 기획이 내포한 의미를 함축적으로 보여준다. 조직신학은 교회의 권위가 해체된 현대문명의 다양한 도전을 마주하면서 '조직신학답게' 진리의 현실성을 합리적이고 일관적인 방식으로 설명해야 한다. 그리스도인이 된다는 것은 각 개인이 '1세기 팔레스타인'에서 부활하신 예수 그리스도를 주님으로 받아들일 뿐만 아니라, 그분의 계시를 통해 알게 된 하느님에 대한 이해가 '보편적인 진리'임을 확인해가는 과정이기도 하

---

[10]   스베인 리세, '해설: 볼프하르트 판넨베르크에 관하여', 『조직신학 서론』, 119 참고.

다. 그래야만 특정 시공간과 얽혀 있는 역사를 통해 자신을 계시하셨던 성서의 하느님이 '인류 모두'에게 유일하고 참된 신이라는 것도 인정할 수 있다.

여기서 우리는 이 장의 핵심 주제인 조직신학이 필요한 이유를 마주하게 됩니다. 이 모든 일은 결국 진리 물음으로 연결되기 때문입니다. 이스라엘 민족이 섬기는 하느님, 예수가 믿는 하느님이 유일하고도 참된 하느님일 때, 바로 그때라야만 유대인이 아닌 사람도 하느님을 믿어야 할 충분한 이유가 생길 것입니다. ... 진리의 최종 기준을 규정하는 것은 일관성coherence입니다. 일관성은 진리의 속성이기도 하기에 기준이 될 수도 있습니다. 참된 것은 무엇이든 궁극적으로 다른 모든 진리와 일치를 이루어야 합니다. 진리는 하나이면서도 모든 것을 아우르기 때문이지요. 그리고 이는 한 분 하느님이라는 개념과 밀접한 연관을 맺고 있습니다.[11]

모든 것을 아우르는 한 분 하느님에 대한 그리스도교 신앙은 이스라엘의 역사 혹은 역사적 예수라는 구체성과 떼려야 뗄 수 없다. 바로 '그' 특정한 역사가 진리라면, 진리는 본성상 '모든' 이에게 참이어야 하고, 이를 설명하는 방식은 이성을 적절히 사용하는 사람이라면 이해할 수 있을 정도로 합리적이고 체계적이어야 한다.

---

[11] 볼프하르트 판넨베르크, 『조직신학 서론』, 10, 12.

그리고 이런 맥락에서 진리를 탐구하는 학문으로서 조직신학의 '학문성'은 중요하다. 세속화된 사회에서 조직신학은 특정한 역사적 사건 혹은 텍스트에 무조건 우월한 '권위'를 부여하거나, 이로부터 신앙 공동체에 속한 사람만이 공유하고 사용하는 '언어게임'을 분석하는 방식으로 진리의 보편성을 증언할 수 없다. 신학자는 한편으로 그리스도교의 진리 주장에 대한 헌신을 잃지 않으면서도, 다른 한편으로는 "인간의 삶과 역사에 대한 전적으로 세속적인 해석"과 "권위에 의지하는 모든 논증 형식에 대한 비판"이 일상화된 세계에서 그리스도교 신앙에 대한 포괄적이며 일관된 해석을 제시해야 한다고 판넨베르크는 말한다.[12]

진리가 빚어낸 신학의 개방성과 포괄성

다원성에 익숙한 많은 현대인에게 '보편성'은 그 자체로 의심쩍은 개념일 수 있다. 그리스도교적 진리의 보편성을 의심치 않는 신앙인이라도 신학이 말씀을 '선포'하는 교회의 사명에 봉사하는 것을 넘어 다른 학문과 '공적 대화'에 나서는 것은 부차적이라고 생각할 수도 있다(실제 노년의 바르트는 역사학적 판단을 선호하는 판넨베르크에게 우려 섞인 편지를 보내기도 했다).[13] 그런 만큼 판넨베르크가 선택하고 걸어간 길은 학문적으로 쉽지 않았고, 대중은 상대적으로 관심을 덜 기울였다. 게다가 동료 학자들은 그의 야심 찬 기획에 비

---

[12] 볼프하르트 판넨베르크,『조직신학 서론』, 25.

[13] Karl Barth, 'Letter to Wolfhard Pannenberg (7th December, 1964)', *Letters, 1961-1968* (Grand Rapids: Wm. B. Eerdmans, 1981), 177~179 참고.

판적 시각을 보이기도 했다.[14] 하지만 바로 이 지점, 즉 '그리스도교의 특수성'과 '진리의 보편성'의 접점에서 그의 독창성과 중요성을 발견할 수 있다.

우리가 별 뜻 없이 사용하곤 하는 보편성은 의미의 결을 많이 지닌 개념이다. 일반적으로 생각할 때 그리스도교 진리가 보편적이라면 다른 종교나 학문의 진리 주장은 상대적이거나 거짓일 수밖에 없다. 이러한 진리관을 가지고 있다면, 그리스도교인이 타자와 벌이는 '대화'는 열린 자세를 가진 척하면서도 결국에는 상대방을 굴복시키려는 기만, 혹은 상호성을 가장한 일방적 독백 혹은 독단적 설득이 될 위험이 크다. 이와 관련해 우리는 신학의 보편성을 추구했던 판넨베르크가 종말론적 역사관을 사유의 핵심 범주로 삼았다는 것을 염두에 두어야 한다. 그는 종말 이전 역사에서는 하느님에 대한 자신의 지식이 잠정적이고 부분적이라는 바울의 말(1고린 13:12)을 신학적 체계에 녹여냈다.[15] 모든 지식이 잠정적 성격을 가진다면 보편적 진리를 탐구하는 조직신학이라 하더라도 시공간과 언어의 '차이를 뛰어넘는' 보편타당성을 담보할 수 없다. 오히려 조직신학은 성서를 통해 인류에게 전해졌고, 교회의 전통을 통해 전달되어 온 진리를 변화된 언어와 형태로 '매번 새롭게' 서술해야 한다.

---

[14] 신학이 어떤 의미에서 학문인지, 신학의 보편성과 객관성이 어떤 의미인지에 관해서는 다음을 참고하라. 볼프하르트 판넨베르크 · 게르하르트 자우터, 『신학은 어떤 의미에서 학문인가: 판넨베르크와 자우터의 학문이론 논쟁』(한들, 2004).

[15] 볼프하르트 판넨베르크, 『조직신학 서론』, 31, 91 참조.

종말론적 관점에서 보면 그리스도교의 진리 주장은 '보편적'이면서도 동시에 '잠정적'이다. 따라서, 조직신학은 진리에 전적으로 헌신하면서도 다른 학문과 대화에 들어감으로써 이론적 타당성과 체계적 통합성을 추구할 수 있다. 이러한 면에서 신학과 타 학문의 교류를 통해 "양쪽 모두에게 새로운 가능성을 엿보게" 하려는 판넨베르크의 기획은 현대 학계에서 유행하는 '다원주의 프로그램' 내지 '융합학문 프로젝트'와는 출발점과 지향점이 다르다.[16] 그에 따르면, 진리의 본성에 관한 진지한 고려 자체가 각자의 관점과 언어와 통찰을 비판적이고 합리적인 대화를 통해 교류하는 '상호주관적' 관계를 요구한다.[17] 이런 식으로 볼 때 조직신학은 '독단적이고 배타적인 진리 주장'과 '관용이라는 탈을 쓴 점잖은 무관심' 모두에 저항한다.

신학은 진리의 '보편성'에 대한 추구와 인간의 '역사성'에 대한 인식 둘 중 하나를 포기해서는 안 된다. 진리는 보편적이기에 신학자는 자신이 처한 역사적 제약에도 불구하고 신학 작업에서 '포괄적'인 지평과 해석을 추구할 수밖에 없다. 예를 들자면 『조직신학 서론』에서는 포괄성을 향한 추동력이 두 가지 형태로 구체화하고 있다. 한편으로 판넨베르크는 유일하신 하느님의 피조물인 세계를 '포괄적'comprehensive으로 설명하고자 한다. 그는 『조직신학 서

---

16   볼프하르트 판넨베르크, 『조직신학 서론』, 33.

17   구체적 사례로 신학자로서 판넨베르크가 물리학자, 생물학자, 자연철학자와 함께 우주, 생명, 정신, 세계관에 관해 대화를 나눈 다음 책을 보라. 한스 페터 뒤르 외, 『신 인간 과학』(시유시, 2000). 이 책은 2018년 씽크스마트에서 재출간하였다.

론』3장에서 현대 물리학의 장field 이론과 대화를 시도함으로써 과학적 우주론 시대의 창조론을 모색한다.[18] 전통적으로 신학자들은 창조의 교리를 창조주이신 '성부'(창세 1~2) 혹은 창조 때 성부와 함께하셨던 '성자'(요한 1)와 관련성 속에서 설명하였다. 이와 달리 판넨베르크는 우주 안의 다양한 개별 존재와 이를 존재하고 운동하게 하는 힘에 대한 물리학 이론이 주는 통찰을 가지고 창조를 '성령'의 활동을 중심으로 재구성하도록 신학적 상상력을 확장시킨다. 다른 한편으로, 한 분 하느님의 현실성은 교회론적 혹은 구원론의 논의가 구성되는 '포괄적'inclusive 맥락을 형성한다. 『조직신학서론』 4장에서 판넨베르크는 나자렛 예수에게 붙여진 '하느님의 아들'이란 칭호는 그와 성부의 고유하고 배타적인 관계를 계시할 뿐만 아니라, 성자 안에서 피조물인 인간도 '하느님의 자녀'가 된다는 포괄적 의미로 해석되어야 한다고 주장한다. 이런 맥락에서 볼 때 "예수 밖에는, 다른 아무에게도 구원은 없다"(사도 4:12)라는 사도의 고백은 그리스도교인만 구원받는다는 배타주의의 근거가 될 수 없다. 오히려 이 본문은 "그리스도교 포괄주의의 핵심, 달리 말하면

---

18 한스 프라이는 『그리스도교 신학의 유형』에서 그리스도교가 근대성과 맺는 관계에 따라 신학을 다섯 유형으로 나누었다. 다섯 유형 중 현대 과학과 철학을 진지하게 다루면서 이들과 관계 속에서 그리스도교 신앙을 재해석하는 4유형의 대표 신학자로 거론되는 이가 바로 판넨베르크다. Hans Frei, *Types of Christian Theology* (New Haven: Yale University Press, 1994), 3 참고. 현대철학과 과학에 우선성을 두면서 신학을 재구성하는 5유형(예, 고든 카우프만), 철학과 신학을 거의 동등한 위치에 두고 상관관계를 탐구하는 3유형(예, 폴 틸리히), 그리스도교적 계시에 우선성을 두면서도 현대 학문과 문화와 대화에 임하는 2유형(예, 칼 바르트), 성서적 세계관이나 전통 신학을 실재를 해석하는 궁극적 틀로 간주하는 1유형(예, 근본주의나 비트겐슈타인 신앙주의) 등과 비교해 보면 판넨베르크의 입장의 독특함을 잘 알 수 있다.

온 인류를 향해 교회가 지닌 사명의 원천"[19]을 알려준다. 이외에도 판넨베르크는 19세기 이래 신학계의 뜨거운 주제였던 역사적 예수 문제를 그리스도론과 새롭게 통합하고, 이데올로기적 다원주의를 피하면서도 그리스도의 몸인 교회의 존재와 사명을 인류 전체를 위한 삼위일체 하느님의 선교missio Trinitas라는 배경 속에서 볼 것을 제안하면서 그리스도교 신앙의 포괄적 지평을 제시한다.[20]

진리 물음과 조직신학의 사명

"나는 길이요 진리요 생명이다"(요한 14:6)라는 말씀은 진리를 못 찾아 방황하는 인류에게 하느님께서 선물하신 복음의 정수다. 하지만 이 구절은 안타깝게도 '예수 그리스도의 이름으로' 진리 물음을 원천 차단하는 역할을 하곤 했다. 심지어 신학은 진리를 수호하려다 진리를 경직된 신학 체계에 맞게 길들이는 죄를 범하기도 했다. 이러한 가운데 판넨베르크는 예수 그리스도에 대한 신앙과 진리 추구 사이의 창조적인 긴장을 생생하게 살려냄으로써, 현대 사회에서 그리스도인이 된다는 의미를 되찾는 길, 근대성의 도전을 회피하거나 단순화하지 않으면서도 변화한 지적 환경 속에서 그리스도교의 진리를 합리적이고 체계적으로 구성하는 길을 제시한다. 이러한 맥락에서 『조직신학 서론』은 세속화된 세계에서 신학을 어

---

[19] 볼프하르트 판넨베르크, 『조직신학 서론』, 90.

[20] 이들 주제는 7년 뒤에 출간될 『조직신학』 3권에서 더 자세히 다뤄질 예정이라, 『조직신학 서론』은 이후 전개될 그의 신학을 미리 맛보는 정도의 논의만 제공한다.

떻게 해야 하는지를 보여주는 좋은 사례다.

물론 성서나 전통으로부터 신학을 하는 데 익숙한 사람들은 '진리'에 대한 분석으로부터 조직신학의 지향성을 예기치 못한 방식으로 이끄는 판넨베르크의 시도가 낯설거나 불편할 수도 있다. 반대로 다른 학문의 방법론에 익숙한 사람 중에는 현대과학이나 역사학과의 대화를 시도하지만, 결국 이를 전통적 교리와 연관을 짓는 고집스러움에 실망할 수도 있다. 조직신학이 진리에 관한 탐구라는 데는 동의하는 신학자라도, 진리의 속성이자 기준으로 '일관성'을 우선시하는 데는 의견을 달리할 수도 있다.[21] 세속화된 사회를 배경으로 학문으로서 조직신학을 추구하다 보니, 세계그리스도교 시대의 다양한 신학적 도전이나 복잡한 정치적 맥락에 그가 예민하게 반응하지 않았다는 비판도 무시할 수 없다.

판넨베르크는 모든 신학적 작업은 '역사적' 맥락 속에서 이루어진다는 것을 강조했다. 그런 만큼, 시간이 흐르면서 그의 신학도 다른 관점에서 '역사적' 평가를 받는 것은 당연한 일일지도 모른다. 하지만 한 인간이 일평생 살아가며 심혈을 기울여 남긴 업적에는 여러 역사적 사건 중 하나로 환원될 수 없는 고유한 가치가 있는 법이고, 인류는 그러한 가치에서 시대적 유행에 희석되지 않는 지적·영적 자양분을 얻으며 지금껏 살아왔다. 쉽고 재밌고 실용적인 것이 학문을 판단하는 중요 잣대처럼 되어버렸고, 가짜 뉴스가

---

[21] 대표적 사례로 로완 윌리엄스를 들 수 있다. 그는 신학이 일관성과 체계를 중요시하다가는 교회 내에서 일어나는 다양하고 풍성한 신앙의 담론을 단순화하고 그중 일부를 배제할 수밖에 없다고 경고한다. Rowan Williams, *On Christian Theology* (Oxford: Wiley-Blackwell, 2000), xii-xvi 참고.

합리적으로 판단하는 능력을 위협하며, 신학이 성서와 전통의 언어 밖으로 나오기를 두려워하여 대화의 능력을 상실하는 현 상황에, 낯섦과 새로움에 대한 개방성을 잃지 않으면서도 진리를 합리적이고 체계적으로 탐구하려는 자신감 넘치는 목소리가 여전히 울려 퍼지고 있다는 건 고무적이고 반가운 일이다.

아름다움은 우리를 구원할 것인가?

『성령과 아름다움』
패트릭 세리 지음, 손호현 옮김, 동연, 2020.

영국의 신학자 알리스터 맥그라스Alister McGrath는 성령을 삼위일체 세 위격 중 신데렐라라고 불렀다.[1] 유명한 전래동화의 주인공 신데렐라는 계모와 의붓언니들의 기세에 억눌려 집 밖으로조차 잘 못 나가다, 우연히 무도회장에서 만난 왕자와 사랑에 빠지고 결국에는 왕자비가 된다. 두 언니에 비해 주목받지 못하던 신데렐라처럼 신학의 역사에서 삼위일체의 세 위격 중 가장 인기 없는 위격이 성령이었다. 실제 성부와 성자의 관계, 성자의 완전한 신성, 성자를 통한 인류의 구원 등이 강조되는 동안 (최소한 서방 교회 전통에서) 성령론은 충분히 논의되지 못했다.

하지만 인생 역전한 신데렐라처럼 갑자기 성령론은 신학자들의 입에 자주 오르내리는 인기 있는 주제로 돌변했다. 20세기 세계 교회에서는 성령의 계속된 활동을 강조하는 은사주의와 오순절주의

---

* 원서는 다음과 같다. Patrick Sherry, *Spirit and Beautiful: An Introduction to Theological Aesthetics*, 2nd ed. (London: SCM, 2002).

[1] 알리스터 맥그라스, 『신학이란 무엇인가』 개정판(복 있는 사람, 2020), 636.

가 남반구를 중심으로 부흥하고, 신학과 전례에서 성령의 사역을 중요시하는 동방 정교회에 관한 관심이 고조되고, 삶 속 문제에 더 예민하게 주의를 기울이는 여성신학과 생태신학과 상황신학 등이 일어났다. 기존 서방 신학의 자원으로는 현대의 도전들에 적절하게 응답하기 힘들다는 판단이 들자 이 전통 위에 서 있던 학자들은 신학의 문법을 보완할 필요를 느꼈고, 시대의 요청에 맞추어 삶의 구체적 현장과 인류의 역사에 다양한 방식으로 활동하시는 하느님의 영, 성령을 다시 조명했다.

신학의 역사에는 성령 말고도 또 다른 신데렐라가 있다. 그것은 바로 아름다움이다. 고대부터 진과 선과 미truth, goodness, beauty는 물리적 영역을 넘어서는 초월적인 요소transcendentals, 혹은 존재의 속성properties of being으로 여겨졌다.[2] 그런데 이상하게도 많은 철학자와 신학자가 참됨과 선함을 칭송하고 관심을 기울였지만 유독 아름다움은 경시했다. 고대 철학자들이 볼 때, 인간 이성은 참됨을 판별하고 의지는 선을 행하게 하지만 아름다움은 이들보다 열등한 욕망과 결부되었다. 신학자들도 하느님께로 가까이 가게 하는 교리적 진리와 선한 삶과 달리, 미적 체험은 세상에 매혹되게 할 수 있기에 의심의 눈길을 보냈다. 신학의 역사에서 이성적 사유나 도덕

---

[2] 플라톤, 그리고 플라톤을 따르는 아우구스티누스와 위-디오니시우스 등의 신학자는 아름다움을 실재의 정점으로 파악했다. 하지만 아리스토텔레스와 그의 영향을 받은 스콜라 철학자들에게서 아름다움은 초월적 범주임에도 진리와 선함과 같은 급으로는 다뤄지지 못했다. 자세한 내용은 다음 사전에서 '미/아름다움' 항목을 참고하라. 바티스타 몬딘, 『성 토마스 개념사전』(한국성토마스연구소, 2002), 235.

으로부터 신 존재를 논증한 경우는 많지만, 아름다움을 마주할 때 피어오르는 기쁨에 기반한 논증은 흔하지 않다.[3]

그렇다면 여기서 몇 가지 질문을 던지지 않을 수 없다. 교회사 속에서 성령에 대한 결핍된 이해가 신학에서 아름다움에 대한 무시로 이어지지는 않았을까. 성령의 사역은 아름다움에 대한 우리의 지각과 밀접히 관련되어 있지는 않을까. 신학에서 아름다움의 위치와 중요성을 인정할 때 성령과 삼위일체에 대한 더 나은 이해를 할 수 있지 않을까.

이러한 궁금증을 가진 사람이라면 영국의 신학자이자 종교철학자 패트릭 셰리의 『성령과 아름다움』Spirit and Beauty(1992/2002)에서 답변을 찾을 수 있을지 모르겠다. 저자는 지난 수십 년간 성령론에 대한 관심이 고조되고, 미학 및 아름다움에 대한 신학적 성찰의 필요성을 느끼는 움직임 역시 늘어났지만, 이상하게도 성령과 아름다움 사이의 관계를 탐구하는 시도는 거의 없었다고 진단한다. 그리고 이러한 문제의식 아래 두 주제를 함께 다루는 신학적 도발을 시도한다. 그렇다면 성령과 아름다움을 화두로 삼은 그리스도교 신학과 실천은 어떤 모습일까.

신학, 아름다움을 논하다

셰리는 케임브리지 대학교에서 종교철학자 도널드 맥키넌Donald McKinnon(1913~1994)의 지도로 1971년도에 박사 학위를 받은 뒤 박

---

3   Victor Cousin, 'God Seen in the Beautiful', *Selections from the Literature of Theism* (Edinburgh: T. & T. Clark, 1904), 306~307 참고.

사 논문을 수정한 단행본『종교, 진리, 그리고 언어게임』Religion, Truth, and Language Games(1977)을 선보였다.[4] 비트겐슈타인이 종교에 대해 많은 글을 남기지 않은 만큼 그는 비트겐슈타인주의 신학을 만들려는 당시 신학계의 움직임과는 거리를 두었고, 대신 후기 비트겐슈타인의 통찰을 가지고 종교철학의 중요 주제인 언어, 진리, 삶의 방식 등의 의미를 성찰했다. 다음 책인『성령, 성인들, 그리고 불멸성』Spirit, Saints, and Immortality(1984)은 이전 작품처럼 비트겐슈타인 철학의 영향 아래 있지만, 신학의 후광이 더 짙게 드리운 주제를 다뤘다.[5] 여기서 그는 하느님을 닮아감, 은총, 구원 등의 주제를 논증하고 설명하기보다는, 이들이 성인들의 삶의 형식form of life에서 어떻게 드러나는가를 서술했다. 이 작품에서 강조된 성령의 현존과 활동은 8년 뒤『성령과 아름다움』에서 미학의 영역으로 확장되었다. 뒤이어 출간한『구속의 심상들』Images of Redemption(2003)에서는 아름다움과 예술에 관한 성찰을 구원론으로 구체화해 구속 교리를 과거와 현재와 미래를 다루는 드라마로 재조직하는 한편, 예술과 문학이 신학을 보충할 수 있음을 이론과 실례를 통해 보여줬다.

　네 권의 저서 중 '신학적 미학 입문'An Introduction to Theological Aesthetics라는 부제를 가진『성령과 아름다움』은 셰리를 영어 사용권

---

[4]　박사 논문은 다음과 같다. Patrick John Sherry, "Truth and the 'Religious Language-game'" (Ph.D. diss. Cambridge Unviersity, 1971).

[5]　이 시기에 셰리는 근대 신학과 종교철학 관련 작품을 편집하기도 했다. 그는 3권짜리『서구의 19세기 종교 사상』Nineteenth-Century Religious Thought in the West(1985)을 공동으로 편집했고,『철학자들 종교에 관해 말하다』Philosophers on Religion(1987)를 편집했다.

에서 신학적 미학을 대표하는 신학자로 만들었다. 물론 '신학적 미학'은 역사가 그리 오래된 용어는 아니다. 아름다움 개념은 오랫동안 신학자들의 주목을 충분히 받지 못하다 20세기 초반 칼 바르트의 신론에서 예기치 않게 그 중요성이 재발견되었다. 그는 하느님의 영광 앞에서 일어나는 기쁨과 욕망 등은 아름다움을 경험할 때일어나는 반응이기도 하다는 사실에 주목했다. 달리 말하면, 보이지 않는 신적 영광을 인간이 지각할 수 있도록 계시된 형식이 주님의 아름다움이다. 이러한 이유로 그는 과감하게 하느님을 아름다우신 분이라고 불렀다.[6]

하느님의 영광에서 아름다움이란 주제를 끌어낸 바르트의 영향 아래 스위스의 로마 가톨릭 신학자 한스 우르스 폰 발타사르 Hans Urs von Balthasar는 신학적 미학이라는 부제를 가진 7부작 『주님의 영광』Herrlichkeit(1961~1967)을 출간했다. 이 책에서 그는 '미학적 신학'aesthetic theology과 '신학적 미학'theological aesthetics을 구분했다.[7] 전자가 미학이나 예술이론에서 신학의 언어나 내용과 방법을 가져온다면, 후자는 계시가 전달한 자료로부터 신학적 방식을 사용해 아름다움의 이론을 만든다. 신학을 예술화하려던 19세기 자유주의 신학에서 광범위하게 발견되는 미학적 신학은 매력은 있어 보이지만 신학 고유의 내용이 미학 이론에 맞춰 왜곡될 위험이 있다. 반면,

---

[6] 칼 바르트, 『교회교의학』 II/1(대한기독교서회, 2010), 696~701.

[7] Hans Urs von Balthasar, *The Glory of the Lord: A Theological Aesthetics, Vol I, Seeing the Form*, trans. Erasmo Leiva-Merikakis (San Francisco: Ignatius Press, 1982), 79~117.

하느님의 영광에서 드러난 아름다움에 경탄했던 바르트의 신론에서 대표적으로 드러난 신학적 미학은 피조 세계를 영화롭게 하는 하느님의 활동을 지각하고 찬양할 수 있는 감각을 기른다. 이러한 구분법을 가지고 폰 발타사르는 신구약 성서, 그리스도교 전통, 서구 지성사를 독창적으로 읽어내는 과감한 작업을 시도했다.

발타사르의 신학은 신학적 미학이라는 새로운 영역이 발전하는 데 크게 이바지하였다. 하지만 신학적 미학과 미학적 신학을 나누는 도식이 작위적일 뿐만 아니라, 현실에서 일어나는 신학과 예술의 만남 대다수는 발타사르식으로 말하면 신학적 미학이 아닌 미학적 신학에 해당한다.[8] 그런 만큼 그가 정의한 신학적 미학을 표준화하다가는 그리스도교 내에서 창조적이고 다양하게 일어나는 미학적 탐구와 예술적 활동을 지나치게 신학화할 위험이 있다. 이런저런 이유로 오늘날 신학적 미학이 폰 발타사르가 의도했던 방식으로 사용되지는 않지만, 이 단어가 대중화되고 널리 사용되는 데 그가 지대한 공헌을 했다는 점은 부인할 수 없다.

국내 신학계에도 일부 학자들 중심으로 신학적 미학에 관한 관심이 이어지고 있다. 한편으로는 신학적 미학에 대한 해외 신학자들의 작품을 번역 소개하는 작업이 있다면,[9] 다른 한편으로는 예술

---

[8] 대표적 비판으로 다음을 참고하라. George Pattison, 'Is the Time Right for a Theological Aesthetics?', *Theological Aesthetics after Von Balthasar* (Burlington, VT: Ashgate, 2008), 108~114.

[9] 대표적으로 다음과 같은 책이 있다. 리차드 빌라데서, 『신학적 미학』(한국신학연구소, 2001). 리차드 해리스, 『현대인을 위한 신학적 미학』(살림, 2003). 제레미 백비, 『예술을 통한 신학: 예술로 표현되는 성육신』(CLC, 2017). 빌라데서의 책은 2022년 동연출판사에서 다시 출간되었다. 원서 출간 시기로

신학이라는 더 포괄적인 개념 아래 미학과 예술 등에 대한 신학적 성찰이 이뤄지기도 한다.[10] 하지만, 신학적 미학이 소개된 지 삼십 년이 훌쩍 지났음에도 불구하고 이 주제에 관해 진지한 관심을 보이는 사람은 여전히 소수에 머무르는 듯하다. 아름다움 자체가 이론화에 저항하는 만큼, 아름다움을 신학적으로 다루는 작업이 난해하고 보편적 호소력을 얻기 힘든 면도 있을 것이다. 개별 예술 작품에 대한 감상과 해석을 넘어 하느님의 아름다움에 관해 형이상학적 혹은 교의학적으로 이야기하는 것이 불편했을 수도 있고, 학자들의 탁상공론처럼 비쳤을 수도 있다. 하지만, 문제의 본질은 다른 곳에 있다. 그것은 바로 아름다움에 관해 생각하고 말할 수 있는 신학적 상상력과 언어의 부재다.

삼위일체 하느님과 아름다움

『성령과 아름다움』은 총 8개의 장으로 이루어져 있다. 1장은 신학적 미학에 대한 역사적 연구로, 신구약 성서로부터 현대 신학까지 아름다움에 대한 다양한 신학적 성찰을 소개한다. 2장은 어떻게 물리적인 아름다움이 초월적 아름다움으로까지 확장되어 이해

따진다면 『성령과 아름다움』은 빌라데서와 해리스, 백비의 책보다 더 이른 시기에 출간되었다. 2002년에 나온 『성령과 아름다움』의 개정판 후기를 보면 셰리는 자신의 책 출간 이후 빌라데서와 해리스의 작품까지 나왔음에도 여전히 신학적 미학에 관한 관심이 저조한 것에 안타까움을 표한다.

[10] 대표적으로 다음과 같은 책이 있다. 김산춘, 『감각과 초월: 발타살의 신학적 미학』(분도출판사, 2003). 손호현, 『아름다움과 악 1: 신학적 미학 서설』(한들, 2009). 심광섭, 『예술신학』(대한기독교서회, 2010). 예술목회연구원, 『예술신학 톺아보기』(신앙과 지성사, 2017).

될 수 있는지를 철학적, 신학적으로 탐구한다. 3장은 지금까지 간과되었던 하느님의 아름다움이라는 주제를 성서와 신학을 통해 복원한다. 4장에서는 그리스도교의 신이 삼위일체 하느님인 만큼, 신학적 미학도 삼위일체론적이어야 함을 보여준다. 여기서 저자는 특별히 성령을 아름다움과 연결한다. 5장은 영감inspiration 개념을 성서의 초자연적 권위를 보증하거나 예술가들의 창조성을 표현하는 것에 그치지 않고, 성령론적으로 확장하여 하느님의 창조성이 인간이라는 매개를 통해 발현되는 다양한 결과로 볼 것을 제안한다. 6장은 하느님의 아름다움과 피조물의 아름다움의 관계를 다루고자, '닮음'의 의미를 철학적 · 신학적 · 실천적 관점에서 조명한다. 7장은 종말론적 관점에서 창조의 치유와 완성에 관해 이야기하면서 우리가 현 세계에서 경험하는 자연과 예술의 아름다움에 결부된 종말론적 의미를 질문한다. 끝으로 8장에서는 지금껏 논의를 종합하면서, 영감을 불어넣으시는 자유로우신 성령에 대한 개방성을 강조하며 글을 끝맺는다.

저자 스스로 "성령의 역할을 집중적으로 연구하는 신학적 미학개론서"라고 부를 만큼, 『성령과 아름다움』의 각 장은 신학적 미학과 관련된 핵심 내용을 하나하나 소개하고 있다.[11] 그는 신적 아름다움에 대한 논의를 미적 체험 일반이 아니라 구약과 신약성서에 나온 하느님의 영광 개념으로부터 전개한다. 이러한 맥락에서 그의 작업은 바르트, 폰 발타사르와 연속선상에 있다고 할 수 있다.

---

[11]   패트릭 셰리, 『성령과 아름다움』, 6.

아름다움을 하느님에게 돌리는 것은 … 하느님의 임재에 대한 강력한 경험experiences에 기초하고 있다. 아름다움이라는 용어는 그러한 경험을 표현하기 위해 적절한 것인데, 왜냐하면 하느님의 압도하는 매력과 유인력을 드러내기 때문이다.[12]

전통적으로 그리스도교는 피조물로서 세상의 아름다움은 창조주이신 하느님의 아름다움을 반영한다고 봐왔다. 그렇다면, 일상에서 일어나는 미적 체험의 뿌리에는 하느님의 아름다움, 더 나아가 주님의 영광이 있다고도 할 수 있다.

좀 더 주목할 만한 점은 셰리가 하느님의 아름다움을 삼위일체론이라는 맥락 아래 풀어낸다는 것이다. 아름다움을 다룬 과거 문헌들은 주로 하느님을 비할 바 없이 영광스러운 '유일하신' 분으로 보는, 유일신론의 문법 아래 그분의 아름다움을 다루었다. 그리고 삼위일체론의 문법에 충실하고자 하는 신학자들은 여기서 좀 더 나아가 하느님의 계시인 '성자의 아름다움'에 주목하는 편이었다. 어떤 이들은 성자의 십자가 고난에서, 어떤 이들은 변모산과 부활 사건으로 드러난 성자의 영광에서 비할 바 없는 아름다움을 발견했다. 하지만 성령의 역할을 언급하는 경우는 드물었고, 그래서 삼위일체론의 맥락에서 신학적 미학을 전개했다고 보기는 힘들다. 셰리는 인류를 향해 하느님의 영광이 계시되는 방식을 보았을 때 성령의 중요성을 간과해서는 안 된다고 역설한다.

---

[12] 패트릭 셰리, 『성령과 아름다움』, 145.

하느님의 영광은 그의 말씀이자 이미지인 성자를 통해 드러나고, 우리는 그렇게 드러난 영광을 성령의 인도하심을 통해서 보게 된다. … 알렉산드리아의 키릴루스는 요한 복음서 17장 6절을 주석하며 제자들이 성자의 광채에서 성부의 아름다움으로, 완전하고 절대적인 이미지에서 그것의 모범과 원형으로 인도되었다고 말한다. … 키릴루스는 그리스도가 성령을 보내어 인류를 그 원래의 아름다움으로 회복시키고 하느님을 닮게 만든다고 주장하였다.[13]

이처럼 성부로부터 성자를 통해 성령으로 내려오는 직선적linear 움직임은 아름다움과 관련된 성령의 중요한 사역 두 가지를 보여준다. 한편으로, 성령은 성자의 영광을 통해 비치는 신성한 아름다움을 피조물인 우리에게 전달하신다. 다른 한편으로, 성령은 신적 영광의 빛을 받은 우리를 그리스도의 형상을 따라 아름답게 빚으시며 아름다움의 근원인 하느님께로 들어 올리신다. 이러한 맥락에서 '성화'는 단지 종교적이거나 도덕적으로 거룩해지는 것만이 아니다. 성서와 교부 문헌에 나오듯 성화는 하느님의 은혜로 그리스도의 형상에 따라 아름다워지는 것, 즉 '미화'beautifying까지 포함한다.

이러한 직선적 패턴의 이해는 성령이 아름다운beautiful 동시에 그

---

13 패트릭 셰리, 『성령과 아름다움』, 149.

사명이 미화자beautifier라는 것을 제시한다. 즉 성령은 성부의 영광을 반영하기 때문에 아름답고, 동시에 창조에서의 역할과 우리에게 주는 선물들 때문에 미화자인 것이다.[14]

세계를 아름답게 완성하시는 성령

성령이 세상을 아름답게 하시는 하느님이라면, 빈약한 성령론은 세상을 아름답게 만들고 완성할 하느님의 활동을 이야기할 수 있는 언어의 부재를 초래한다. 성서에 따르면 성령은 창조 때부터 활동하시며 세계를 아름답게 하실 뿐만 아니라, 인간 마음을 움직여 예술적 활동을 하도록 도우신다(출애 31:1~11).[15] 이러한 맥락에서 셰리는 성령과 미학 사이의 밀접한 관계를 두드러지게 보여줄 개념으로 영감inspiration에 주목한다. 더 나아가 그는 창조세계를 궁극적으로 완성하실 성령의 종말론적 사역이 지금 우리의 미적 체험과 어떤 관계가 있는지 질문한다.

우선, 셰리는 영감이라는 단어가 사용되는 일반적 용례에 대해 비판적으로 검토한다. '신학'에서 영감은 성서가 어떻게 하느님의 말씀인지 설명하는 개념으로 주로 사용되었다. 성서영감설에 따르면, 성서의 저자는 인간임에도 성령의 인도와 영향 아래서 글을 썼기에 성서는 하느님 말씀으로서 신적 권위를 가진다. 하지만 이러한 이해 방식은 성령께서 다양한 인간을 통해 역사 속에서 자유롭게 활동하실 수 있음에도, 성령의 활동을 성서라는 책의 틀 속에

---

14 패트릭 셰리, 『성령과 아름다움』, 169.
15 패트릭 셰리, 『성령과 아름다움』, 173 참고.

가둬버릴 위험이 있다. 또한, '일상 언어'에서 영감은 자신의 계획이나 능력 이상의 것을 만들거나 행하게 되는 초월적 경험을 설명할 때 사용된다. 실제 비종교적 맥락에서도 예술가 혹은 과학자의 영감 같은 표현은 별 거리낌 없이 사용된다. 하지만 이때 영감은 몇몇 선택된 사람들이 뛰어난 독창성을 발휘하게 된 정신적 동기를 일컫는 말로 심리화된다. 이에 불만을 표하며, 셰리는 창조론이라는 더 큰 맥락에서 성령의 영감을 재정의할 것을 요구한다.

> 창조론에 따르면, 남자와 여자는 하느님의 이미지를 따라 만들어졌다. … 영감은 하느님이 자신의 영을 통해 우리가 하느님의 창조성을 공유할 수 있도록 만드는 한 방식이다. 예를 들어, 하느님은 우리의 창조적 능력 속에서 그리고 그것을 통해서 활동하심으로써, 우리가 하느님 자신의 아름다운 창조물을 모방하고 그것을 발전하도록 도우신다. 위고가 간결하게 표현하듯, "자연은 하느님의 즉각적 창조물이고, 예술은 하느님이 인간의 마음을 통해서 창조하시는 것이다".[16]

셰리에게 영감이란 하느님의 무한한 창조성이 인간을 매개로 역사 속에서 드러나게 하는 '성령의 활동'임과 동시에 인간이 일상에서 예술품의 제작과 감상, 도덕적 통찰과 실천, 과학적 발견과 연구 등을 통해 하느님의 창조성을 모방하는 활동의 원천이다. 이처

---

[16] 패트릭 셰리, 『성령과 아름다움』, 200.

럼 영감의 의미가 이중적인 만큼 하느님의 아름다움과 우리의 구원, 혹은 미적 체험과 종말은 예기치 않은 방식으로 엮여 있다.

아름답게 하시는 성령의 활동은 개별 인물과 사건을 통해서도 이루어지지만, 궁극적으로는 창조세계의 완성을 목표로 한다. 초기부터 교회는 성령을 창조를 새롭게 하고 완성할 분으로 고백했다(시편 104:30). 그러한 성령이 '오늘 여기서' 세계를 아름답게 하시는 하느님이시라면 예술에는 종말론적 중요성이 있을 수 있다. 그리스도의 변모와 부활이 장차 있을 부활의 영광을 미리 계시하였듯, 영감받은 예술은 하느님 왕국으로 변모되고 회복될 창조를 예견하게 한다. 그렇기에 우리는 종말론적 희망에 미학적 상상력을 감히 불어넣을 수 있다.

> 하느님은 성령을 통해서 세계를 아름답게 미화하실 것을 약속하셨다. 하느님은 또한 종말의 시간에 우주를 영화롭게 변모시킬 것도 약속하셨다. 하느님은 첫 번째 약속을 이미 자연적 아름다움과 예술 속에서 성취하고 계신다. 따라서 하느님은 그의 약속들을 성취하는 데 필요한 능력을 지니며 또한 항상 그것들에 신실하시기 때문에, 그는 두 번째 약속도 성취하실 것으로 신뢰할 수 있다.[17]

우주의 최종적 변모가 어떤 모습일지는 우리에게 가려져 있다. 마

---

[17] 패트릭 셰리, 『성령과 아름다움』, 286.

지막 때에 대한 묘사가 성서에 나오지만, 그것만으로는 하느님이 펼치실 미래를 명확히 알기에는 턱없이 부족하다. 그렇기에 종말을 이론적으로 설명하거나 사변적으로 추측하는 것은 미래의 궁극적 모습에 대한 상이한 해석으로 혼란을 일으키기 일쑤다. 다만 그분은 장차 완성될 당신의 나라에 적합하게 우리를 성화시키고 아름답게 만드시기를 바라신다는 것을 우리는 신뢰할 수 있다. 이를 위해 성령은 예술가들에게 영감을 주시고 아름다움에 대한 우리의 감각을 일깨우신다. 따라서, 하느님의 아름다움은 논증의 도움 없이도 세계의 구속과 변모의 의미를 우리에게 전달할 수 있다. 성령의 영감을 받은 예술은 새 하늘과 새 땅에 대한 갈망을 우리 심정에 심어줄 수 있다.

아름다움으로부터 신학하기

『성령과 아름다움』의 '옮긴이의 글'은 울림 있는 질문과 함께 시작한다.

아름다움이 없는 세계는 얼마나 초라할까?[18]

이 질문을 이렇게 바꿀 수도 있을 것 같다. "아름다움이 없는 신학은 얼마나 초라할까?" 아름다움을 망각했을 때 신학은 진리를 추구하다가 주지주의화되기 일쑤였고, 선을 도모한다면서 도덕주의의

---

[18]　손호현, '옮긴이의 글', 『성령과 아름다움』, 8.

틀에 자주 갇혔다. 이는 곧 하느님의 아름다움을 표현해 줄 매체로서 예술에 대한 무시와 무관심으로 이어졌다. 특히 말씀의 선포를 우선시하는 개신교회는 예술을 교회에서 추방하거나 설교내용을 전달하기 위한 보조 도구로만 인식하곤 했다. 그 결과 하느님의 속성으로서 아름다움을 칭송할 언어를 잊어버렸고, 신적 아름다움과 피조 세계의 아름다움 사이를 메꿀 수 있는 상상력을 잃어버렸다. 이러한 상황에서, 미학의 중요성과 예술을 향한 관심이 증대되는 현시대에 맞게, 셰리는 신학적 미학을 이해하는 데 필요한 미학적 개념과 신학적 주제를 폭넓게 소개한다. 신구약 성서와 교부 문헌을 가지고 신적 속성으로서 아름다움을 재발견하게 이끎은 물론 중세와 근대에도 하느님의 아름다움을 이야기하려던 노력이 간간이 계속되었음도 알려준다.

이처럼 진리와 선과 더불어 '아름다움'에 중요한 위치를 부여하는 것은 신학이 지금껏 수행한 중요한 사명을 포기하게 하는 것도, 전혀 새로운 형태의 신학을 만드는 것도 아니다. 셰리가 직접 밝혔듯 아름다움의 복원은 무엇보다도 "사제들과 목회자들로 하여금 하느님의 아름다움에 대해 설교하도록 만들 것이다".[19] 가장 아름다우신 분을 경배함으로써 아름다움을 지각하는 감각이 깨어나고 개발될수록 우리 신앙과 삶에서 경이, 환희, 기쁨, 축하, 감사의 원래 위치가 회복될 것이다. 그런 의미에서 신학적 미학은 하느님이 만드신 아름다운 세계 가운데 현존하는 교회의 미학적 본성과 사

---

[19] 패트릭 셰리, 『성령과 아름다움』, 314.

명을 알려준다. 창조세계에 가득한 하느님의 영광을 찬양하면서, 어제도 오늘도 내일도 우리에게 영감을 주시며 세계를 아름답게 만들어가시는 성령의 활동을 기쁨으로 인정하게 하는, 모두를 위한 신학 활동이다.

하느님 말씀이 거룩하니 신학도 거룩하라

『거룩함: 하나님의 말씀이 거룩하니 신학도 거룩하라』
존 웹스터 지음, 박세혁 옮김, 터치북스, 2022.

2016년 5월, 61세 생일을 한 달 앞두고 영국의 신학자 존 웹스터가 세상을 떠났다. 영어 사용권 신학계가 1990년대 후반부터 조금씩 모습을 드러내던 웹스터의 교의학이 완성되기를 기다리고 있었던 만큼, 많은 이가 그의 이른 죽음을 슬퍼하고 아쉬워했다. 물론 현대 신학자 중 상당수가 조직신학 혹은 교의학 책을 집필했고, 일부는 국제적 명성과 대중적 인기를 얻었다. 하지만, 토마스 아퀴나스의『신학대전』Summa Theologica, 장 칼뱅의『기독교 강요』 Institutio Christianae Religionis, 헤르만 바빙크Herman Bavinck의『개혁교의학』 Gereformeerde Dogmatiek, 칼 바르트의『교회교의학』등에서 발견할 수 있는 신학적 깊이와 폭에 필적하거나, 이들처럼 세월이 흐를수록 진가를 인정받는 작품은 찾아보기 힘들었다. 이런 상황 속에서 웹스터는 21세기에 거대한 신학적 종합을 이룩할 유력 후보로 거론되곤 했다. 그 역시 진지하게 교의신학의 대작opus magnum을 목표로

---

* 원서는 다음과 같다. John Webster, *Holiness* (London: SCM, 2003).

저술 활동을 맞춰가고 있었다.

웹스터의 진가를 알아보던 신학자들은 그를 "생존하는 최고의 신학자, 세상에서 으뜸가는 신학자"라고까지 칭송했다.[1] 하지만, 그의 이름은 심지어 생전에도 신학계 밖으로는 거의 알려지지 않았다. 몇백 년 전 정통주의 교의학을 연상시키는 그의 신학적 단단함과 무게감에 대중성과 실용성을 중시하는 다수의 현대 독자는 별다른 관심을 기울이지 않았다. 또한, 웹스터는 일상에서 세계적인 학자임을 눈치채기 힘들 정도로 겸손하고 친절했기에, 그의 언행은 학자마저 경쟁적으로 대중과 소통하고 자신을 홍보하기 요구하는 시대 흐름에 크게 어긋나 있었다(심지어 그는 자기 삶이나 신학에 관해 이야기하는 인터뷰를 거의 하지 않았다).

무엇보다도, 현대 사회의 필요에 긴밀히 반응하려면 '상황적인' 신학contextual theology을 해야 한다는 것을 거의 당연시하는 오늘날, 웹스터는 성서와 교회 전통이 들려주는 복음에 대한 충실한 증언을 목표로 하는 '신학적인' 신학theological theology을 추구했다.[2] 북미 복음주의를 대표하는 조직신학자이자 웹스터의 친구 케빈 밴후저 Kevin Vanhoozer는 이러한 웹스터의 성향을 간결하게 표현했다.

---

[1]   Kevin Vanhoozer, 'John Webster: a Testimonial', *Carl F.H.Henry Center* (2016.06.25.), https://henrycenter.tiu.edu/2016/06/john-webster-a-testimonial/ (2022.09.05. 최종 접속).

[2]   '신학적인 신학'Theological theology는 웹스터의 1996년 옥스퍼드 취임 강연의 제목이기도 하지만, 그의 후기 신학의 내용과 방법론이 어떻게 결정될지를 알려주는 표현이기도 하다. John Webster, *Theological Theology* (Oxford: Claredon Press, 1998). 이 글은 다음 책에 다시 실렸다. John Webster, *Confessing God: Essays in Christian Dogmatics II* (London: Continuum T & T Clark, 2005), 11~32.

웹스터는 그리스도교 신학자들이 신학이 신학 되게 할 것을, 그리고 신학의 책무를 기쁨과 겸손 그리고 성서와 전통에 대한 확신을 가지고 다가가도록 했다. 그는 계시적 말씀과 구속하는 성령을 통해 하느님께서 인간 지성 위에 활동하시기에 신학을 하는 것이 가능하다는 것을 그리스도교 신학자들에게 상기시켰다. ... 그의 글은 ... 신학자들이 자기 분야의 자원들, 무엇보다 성서와 과거의 위대한 교의학 작품들을 신뢰하도록 힘을 북돋웠다.[3]

그렇다고 웹스터가 성서와 과거의 신학을 무비판적으로 반복하는 경직된 전통주의자였던 것은 결코 아니었다. 그는 근대성이 교회에 아무런 자극도 주지 않았던 것처럼 정통주의의 문법에 함몰된 채 신학을 하는 순진한 복고주의자와는 거리가 멀었다. 현대 신학에서 웹스터의 위치를 제대로 이해하기 위해서는 그의 신학적 강조점이 오랜 기간을 두고 어떻게 변화했는지 추적할 필요가 있다.

근대성에 대한 응답에서 부름에 대한 응답으로

20세기 후반, 세계 신학계에서는 1950년대 태어난 영국 신학자들의 활동이 도드라졌다. 그중에서도 웹스터가 27세에 케임브리지 대학교에서 박사 학위를 받은 뒤 35년간 학자로서 쌓은 경력은 화려하기 그지없다. 웹스터는 개인 연구자로서도 탁월한 저서와 논문을 남겼지만, 여러 학자와 협업해 커다란 영향력을 끼친 책을 펴

---

[3]   Kevin Vanhoozer, 'John Webster'.

냈다. 그는 세계 곳곳에서 읽히는 공신력 있는 선집인『옥스퍼드 조직신학 편람』Oxford Handbook of Systematic Theology(2014), 블랙웰 출판사의 저명한 시리즈 중 한 권인『자유주의 이후의 신학』Theology after Liberalism(2010), 칼 바르트 연구사라면 지나칠 수 없는 논문집인『케임브리지 칼 바르트 안내서』Cambridge Companion to Karl Barth(2010) 등을 책임 편집했다. 이들은 모두 웹스터라는 한 인물이 가진 신학 전체를 보는 넓은 시각, 수많은 학자와 맺은 신뢰와 우정, 탁월한 기획과 편집과 글쓰기 능력 덕분에 탄생한 저술들이다. 또한, 그는 콜린 건턴Colin Gunton과 함께 조직신학 분야에서 매우 높은 평가를 받는 학술지「국제 조직신학 논총」International Journal of Systematic Theology을 창간하였다.

사람마다 조금씩 다르게 평가할 수 있겠지만, 웹스터의 신학은 크게 세 시기로 구분된다. 첫째는 박사 학위를 끝내고 영국 더럼의 세인트 존스 칼리지(1982~1986)와 캐나다 토론토의 위클리프 칼리지(1986~1996)에서 가르쳤던 초반기이다. 당시 그는 박사 논문 주제였던 독일의 조직신학자이자 철학적 신학자 에버하르트 윙엘Eberhard Jüngel(1934~2021)의 사상을 다룸으로써 근대성의 문제에 대해 신학적으로 답하려 했다. 그는 윙엘 연구자이자 번역자로서 학문적 입지를 다지면서도, 칼 바르트 연구로 지평을 넓혀갔다. 둘째는 위클리프 교수직 후반기부터 1996년 옥스퍼드 대학교에 부임할 때까지의 시기다. 학자들은 보통 이 기간을 웹스터의 바르트 연구 시기로 잡는다. 그의 바르트 연구서들이 연이어 출판된 시기는 옥스퍼드에서 레이디 마거릿 신학 교수로 있었던 7년 동안이었기에 그가 옥스퍼드에서 바르트 신학을 집중적으로 연구했다는 인상을 줄 수도 있다. 하지만 바르트 학자로서의 학문적 토대는 그가 영국으로 돌아오기 전에 형성되었다고 봐야 한다. 웹스터는 바르트를 따라 '삼위일체 하느님의 자기 계시로부터 신학을 하는 법'을 진지하게 찾았고, 이로부터 자기만의 신학적 목소리를 내는 방법을 배웠다. 이 시기 그는 바르트 학자로서 권위를 인정받으면서도, 바르트의 영향력을 넘어 자신만의 신학을 시도할 기반을 마련하고 있었다. 마지막 셋째 시기는 웹스터의 옥스퍼드 대학교 교수 취임 강연 '신학적 신학'에서 예기되었고, 이후 스코틀랜드의 애버딘 (2003~2013)과 세인트앤드루스 대학교(2013~2016) 교수 시절까지 이어진다. 이 시기 웹스터의 사상에서는 바르트의 신학이 여전히 큰 비중을 차지는 했지만 인용 빈도는 점차 감소했다. 대신 그는 초기 교부와 토마스 아퀴나스, 개신교 정통주의에 대한 언급을 늘리면서 교의신학 저술의 윤곽을 그려나갔다. 이러한 신학적 구상의 중심에는 '신학은 신학적이 되어야 한다'라는 신념이 놓여 있었다.

신학적 신학을 향해

웹스터에 따르면, 신학은 세상과 화해 그리고 인간의 완성을 목표로 하는 하느님의 역사를 대상으로 삼는다. 그렇기에 신학의 시작이나 방법이나 목표는 다른 학문과 차별화될 수밖에 없다. 신학은 타 학문의 논리나 범주에 의존함으로써 교리를 더 설득력 있게 만들려는 현대적 강박에서 해방되어야 한다. "성도는 하느님을 무서워하지, 그들의 적을 무서워하지 않는다. 하느님의 선하고 친절하신 통치가 복음에 반대하는 모든 이를 넘어서기 때문이다."[4]

근대 정신이 자연을 그 자체의 법칙에 따라 스스로 움직이는 독립적 실체로 파악하려 한다면, 그리스도교 신앙은 자연을 하느님의 피조물로 봄으로써 신론과 창조론을 긴밀히 결합한다. 자연이 자율적이거나 가치 중립적이라는 생각은 허상에 불과하다. 자연은 다른 무엇보다 피조물과 함께하기로 한 하느님의 은혜로운 선택과의 관계 속에서 파악해야 한다. 이러한 관점은 신학의 방법에도 결정적 영향을 끼친다. 신학자는 하느님에 대한 생각과 언어의 가능성을 인간의 '자연적 능력'에서 찾지 않고, 삼위일체 하느님의 은혜를 통한 '피조적 지성의 성화'라는 맥락에서 발견해야 한다. 한 마디로 신학이란 "그리스도의 복음을 향한 생각을 질서 잡음으로써 교회가 하느님을 찬양하는 기쁨이 넘치는 행위다".[5] 이러한 이유로 웹스터는 근대성에 대한 직접적인 비평을 시도하거나, 특정 신학자의 논의를 되풀이하거나, 그런 논의들에 집착하지 않는다. 대신 그는 성서와 전통으로부터 재료를 풍성히 끌어다 사용하는 교의신학적 글쓰기를 통해, 신학이 교회의 활동이자 개인의 경건에도 필수적인 성서 해석, 영적 훈련, 기도와 찬양이라는 실천과 엮여져 있음을 보여주려 한다. 이러한 '전통적'인 학문 자세는 연구자의 독창성과 비판 정신, 그리고 자기 분야 전문성을 넘어 융합과 대화의

---

[4] 존 웹스터의 말은 다음 인터뷰에서 인용하였다. Jason Byassee, 'An Interview with John Webster', *The Christian Century*, vol. 125 no. 12 (2008), 34.

[5] John Webster, *Word and Church: Essays in Christian Dogmatics* (New York: T & T Clark, 2001), 1.

능력을 강조하는 오늘날 풍토와 부합하지는 않아 보인다. 하지만 웹스터에 따르면, 하느님이 무궁무진한 분이신 만큼 신학자는 다른 데 눈길을 힐끔거릴 필요 없이 말씀에 대한 헌신이라는 본연의 사명에 충실하면 된다. 그럴수록 신학은 고유한 정체성을 잃지 않으면서도 더욱 풍성해지고 유연해지며 포괄적으로 될 수 있다. 신학자는 말씀을 연구하는 '신학'과 말씀을 선포하는 '교회' 사이의 차이를 필요 이상으로 극화하는 선동에 현혹되지 말고, 말씀으로 결합한 둘 사이의 근원적 관계를 볼 수 있어야 한다. 이는 세계적 '연구 대학'에서 교수직을 수행하면서도 자신을 철저히 '교회'의 신학자로 보았던 웹스터의 자기 정체성이기도 했다.[6]

실제로도 웹스터가 학문적으로 가장 왕성하고 두드러진 활동을 펼쳤던 때는 신학이라는 학문의 특수성에 몰두하던 시기다. 이 기간 그는 다른 신학자들과 협력의 결과물, 바르트 연구서를 연이어 출간했다. 또한, 교의학적 주제를 다룬 작품들도 하나씩 펴내기 시작했다. 『교회와 말씀』Word and Church(2001), 『성경』Holy Scripture(2003), 『거룩함』Holiness(2003), 『하느님을 고백하기』Confessing God(2005), 『하느님 말씀의 영역』The Domain of the Word of God(2012), 『무궁무진한 하느님』God Without Measure(2015) 등이 나오자 신학계는 그가 21세기 대표 교의학을 탄생시키리라는 기대를 숨기지 않았다. 웹스터가 말년에 출간한 작품 모두가 학문적으로 호평을 받았지만, 그중 내용

---

[6] 웹스터는 "자신을 무엇보다도 복음과 교회의 종으로 보았다. 본질적으로 그에게 학자로서 소명은 말씀의 목회자로서 소명을 실현하는 것이었다." Ivor Davidson, 'In Memoriam: John Webster', *International Journal of Systematic Theology*, vol. 18 no. 4 (2016), 362.

이나 형식 면에서 많은 사랑을 받았던 책이 있다. 바로『거룩함』Holiness(2003)이다.

거룩함에 관한 신학으로서 교의학

『거룩함』은 2002년 미국 사우스웨스턴 침례 신학교의 데이-히긴바섬Day-Higginbotham 강연을 확장해 다음 해 출간한 책이다. 원서로 124쪽밖에 되지 않는 얇은 책을 웹스터는 교의신학dogmatic theology의 '작은 연습'이라고 부른다.[7] 보통 교의학이라면 수천 쪽에 달하는 두꺼운 저술을 연상하기 쉬운데, 웹스터는 어떤 의미에서 이런 소책자를 교의학이라 부를 용기를 냈을까. 우선,『거룩함』은 '성서'가 알려주는 교회의 신앙고백을 '전통'의 도움을 받아 해설하는 교의신학의 수준 높은 사례다. 원서를 보면 웹스터는 각 장chapter 도입부에 압축적인 신학 명제를 제시하고, 본문 내 각 절section에서 명제를 꼭꼭 씹어 소화하듯 분석하고 설명하는 전통 교의학 형식을 사용한다.[8] 그렇기에 이 작은 책은 웹스터가 교의학을 본격적으로 써 내려갔다면 그 모습과 논지가 어떠할지를 가늠하게 해주는 책이기도 하다.

신학자들은 대개 책을 저술할 때 핵심 개념을 가지고 여러 주제를 질서 지우는 방법을 사용한다. 웹스터는 '거룩함'이라는 관점으

---

[7] 존 웹스터,『거룩함』, 11. 한국어판은 small exercise를 '작은 실천'으로 번역하고 있다.

[8] 한국어 번역본에서는 교의학 명제와 일반 본문이 구별이 안 되게 디자인됨으로써, 이 책이 가진 교의신학적 형식도 사라졌다. 이에 따라 독자들도 독해에 어려움이 생길 수 있다.

로 '삼위일체적 거룩함의 교의학'trinitarian dogmatics of holiness을 전개한다.[9] 『거룩함』에는 신학적 지향점과 방법을 보여주는 서문 뒤로 거룩함에 관한 네 개의 교리적 주제인 '신학의 거룩함', '하느님의 거룩하심', '교회의 거룩함', '그리스도인의 거룩함'이 배치되어 있다. 여기서는 각 장의 내용을 설명하기보다는, 웹스터의 '삼위일체적 거룩함의 교의학'이 무엇인지 풀어가며 책 전체를 관통하는 그의 신학을 간략히 소개하도록 하겠다.

첫째, 교의학으로서 신학은 '그리스도의 교회 안의 하나의 직무'office다. 교회는 부활하고 승천하신 그리스도의 영이신 성령을 통해 탄생한 새 창조의 공동체다. 교회의 복음 선포와 성사를 통해 인간은 새로운 존재, 즉 그리스도인으로 다시 태어난다. 교회 안에서 그리고 교회의 사역을 통한 인간의 중생은 '이성의 거듭남'을 포함한다. 그리스도인으로 새롭게 태어났을 때 이전과는 다른 삶을 위해 전인적인 배움과 훈련의 과정이 필요하듯, 하느님의 은총으로 거듭난 인간의 이성 역시 이전과 다른 사고의 지향점과 패턴을 형성하기 위한 수덕修德을 요구한다. 이러한 이유로 신학은 한편으로 성령으로 거룩해진 이성을 통해 수행되는 학문이라는 독특한 정체성을 가지고, 일반적 의미에서 학문으로 머물지 않고 이성의 성화를 위해 봉사하는 교회의 활동이 된다. 달리 말하면, 세속적 이성과는 차별화된 "신학적 이성은 예수 그리스도의 복음을 향해 돌아선 거듭난 정신의 활동"이며, 이러한 맥락에서 "신학은 자

9   존 웹스터, 『거룩함』, 11~12.

유로운 담화가 아니라 거룩한 담화"다.[10] 여기서 웹스터는 '신학도 어떻게 하면 대학 내에 하나의 학문으로 인정받을 수 있을까'라는 근대적 강박, 혹은 하느님 말씀에 대한 헌신보다 학문의 자유를 중시하던 근대 신학의 오류에서 벗어날 것을 요청한다.

웹스터는 신학적 이성을 추상적으로 정의하지 않고, 교회에서 이뤄지는 실천과 연결하여 설명한다. 신학의 사명은 거룩하신 삼위일체 하느님의 계시를 다루는 것이고, 계시는 성서와 교회의 선포를 통해 우리에게 알려진다. 따라서, 거룩한 이성의 훈련으로서 신학은 "성도의 공동체 안에서 복음을 진술하려고 할 때 두 가지 근본 책무, 즉 석의와 교의학에 초점"을 맞추어야 한다.[11] 신학은 신학자 개인이 탁월성을 발휘하여 현대적 상황에 맞게 그리스도교의 핵심 가르침을 재조직하는 것이 아니다. 신학은 우선 성서에 귀를 기울이는 것에서 시작해야 하고, 성서가 증언하는 복음에 대한 교회의 해석과 선포에 봉사하도록 교의신학의 형태를 띠어야 한다.

둘째, 사전적 의미로 '거룩'은 어떤 대상의 높고 위대함을 표현하는 단어다. 하지만 안타깝게도 이러한 모호하고 추상적인 정의를 가지고 성서를 읽다가는 그리스도교 신앙의 핵심에서 비껴가게 된다. 웹스터는 거룩함을 삼위일체론의 빛 아래서, 즉 성서가 알려주는 성부와 성자와 성령의 존재와 활동 속에서 볼 것을 주문한다. 그는 하느님의 거룩하심을 다음과 같이 정의한다.

---

[10] 존 웹스터, 『거룩함』, 13.
[11] 존 웹스터, 『거룩함』, 15.

하느님의 거룩하심은 성부, 성자, 성령의 거룩하심, 즉 거룩한 이름을 지니시며, 하시는 모든 일에 있어서 거룩하시고, 우리 가운데 계신 거룩하신 분으로서 하느님의 거룩한 백성과의 의로운 사귐을 세우고 유지하고 완전하게 만드시는 그분의 거룩하심이다.[12]

이같이 고전적 풍미로 가득한 교의학적 명제 이면에 있는 신학적 메시지에 주목할 필요가 있다. 그것은 바로 성서를 통해 알려지는 계시는 단순히 하느님에 관한 비밀스러운 '정보'가 아니라, 거룩하신 삼위일체 하느님께서 자신을 우리에게 스스로 알림으로써 우리와 함께하기로 하신 자비로운 '현존'이라는 사실이다. 스스로 거룩하신 분의 계시는 구원론이라는 맥락에서 하느님과 인간의 사귐, 그리고 거듭난 인간들 사이의 교제를 궁극적으로 지향한다.

계시에는 목적이 있다. 그 목적은 단순한 하느님의 자기 전시가 아니라 인간의 반대와 소외, 교만의 … 극복이다. 간단히 말하자면, 계시는 화해이다.[13]

이러한 '삼위일체적 거룩함'은 교의학의 구조에도 영향을 끼친다. 전통적 교의학에서 거룩함이 신론에서 하느님의 속성 혹은 교회론에서 교회의 표지 중 하나로 다뤄졌다면, 웹스터의 '교의학의 작은

---

12 존 웹스터, 『거룩함』, 70~71.

13 존 웹스터, 『거룩함』, 35~36.

연습'에서는 거룩함이 하느님의 존재 자체로부터 시작하여 창조 세계의 운명에 이르기까지 신학 전체를 유기적으로 연결하고 질서 잡아주는 핵심 내용이자 문법으로 작동한다.

세속의 한복판에서 거룩함을 이야기하기

20세기 초반 칼 바르트는 당시 서유럽 교회가 '하느님 말씀에 대한 봉사'라는 책무를 등한시하고, 대신 "큰 숫자, 도덕적 자질, 행동주의적 프로그램, 외부를 향한 작용과 의미"와 같은 거짓 용기와 의미에 사로잡혔다고 진단했다.[14] 바르트의 비판은 계몽주의 이후 '세상의 눈치를 보는 교회'를 향해 있지만, 19~20세기 신학 대다수가 진보와 보수 할 것 없이 현대 사회의 눈치를 보는 습관이 들었다 해도 과언이 아니다. 그 결과 신학자들은 학문으로서 필요 조건을 충족하고자 방법론을 갈고닦는 데 매달리거나, 자기주장이 얼마나 들을 만한 가치가 있는지를 증명하는 데 몰두했다. 이러한 추세에 반기를 들며 20세기 말~21세기 초 일련의 신학자들(대표적으로 영국의 존 밀뱅크John Milbank와 미국의 스탠리 하우어워스Stanley Hauerwas 등)은 근대성이 신학에 주입한 '거짓 겸손'에 주눅 들지 말고, 그리스도교인은 자신이 속한 전통이 가진 지적 자원을 자랑스러워하고 이로부터 당당히 자기주장을 펼칠 것을 주문했다. 웹스터의『거룩함』역시 근대성에 대한 현대 신학의 당돌한 도전이라는 점에서 궤를 같이하지만, 예수 그리스도의 복음에 대해 진실하고

---

14 칼 바르트, '계시, 교회, 신학', 『말씀과 신학: 칼 바르트 논문집 I』(대한기독교서회, 1995), 174.

기쁘게 증언하는 교의신학이라는 고전적인 형식을 취하고 있다는 점에서 동시대 대가들의 작품과 차별화된다.[15]

이런 맥락에 대한 고려 없이 『거룩함』을 피상적으로 읽다가는 이 책의 의도를 오도하게 된다. 혹자는 '상황'을 중시하는 풍토와 거리를 두는 태도 때문에 웹스터가 교리주의의 문법 속에 갇힌 듯한 그릇된 인상을 받을 수 있다. 하지만 교회가 성서를 해석하고 선포하는 것을 도와주는 교의신학이라고 하여 '상황' 자체가 무시되는 것은 아니다. 웹스터에게 하느님은 "본질적으로, 그분의 삼위일체적 존재의 심연에 이르기까지 우리를 위한 하느님이자 우리와 함께하시는 하느님이시며, 그분의 자비와 인간과 그분의 사귐이라는 기적을 환기하는 분"이시다.[16] 삼위일체 하느님이 영원부터 인간을 향해 있으시기에, 신학은 하느님이냐, 인간이 속한 상황이냐라는 양자택일의 논리에 빠질 수 없다. 거룩한 이성의 훈련으로서 교의학은 한편으로 하느님에 관한 이야기에는 현실에 관해 이야기할 충분한 여백이 있음을 보여주고, 다른 한편으로 하느님에 대한 가르침으로부터 그분이 창조하고 사랑하시는 세계에 관한 올바른 탐구를 위한 논리와 언어를 제시한다.

『거룩함』을 읽을 때 눈여겨볼 또 다른 점은 웹스터가 교의신학

---

[15] 현대 사회에서 신학을 하고자 최첨단 자료를 활용하는 것이 아니라 '원천'의 회복을 우선시하는 최근 신학의 흐름을 보여주는 개괄적 논문으로 다음을 참고하라. John Webster, 'Theologies of Retrieval', *The Oxford Handbook of Systematic Theology* (Oxford: Oxford University Press, 2007), 583~599 참고. 이 책에 실린 로완 윌리엄스, 새라 코클리, 케빈 밴후저, 제임스 K.A. 스미스, 한스 부어스마 등도 크게 보아 이러한 방향성을 가진다.

[16] 웹스터, 『거룩함』, 116~117.

적 글쓰기에 집중하면서도 기존 교의학을 넘어서는 다채로운 신학적 대화를 펼치고 있다는 사실이다. 물론 웹스터가 인용하는 칼뱅과 에드워즈Jonathan Edwards, 바빙크, 헤페Heinrich Heppe, 핫지Charles Hodge, 베르코프Hendrikus Berkhof 등의 이름에 친숙한 독자들은 이 책이 간추린 '개혁주의' 교의학 정도라는 인상을 받을 수도 있다. 하지만, 웹스터는 슐라이어마허, 아울렌Gustaf Aulen, 바르트, 브루너, 틸리히, 융엘, 판넨베르크, 스터닐로아에Dmitru Staniloae 등 다양한 교단과 국적과 언어 배경을 가진 신학자를 적재적소에 인용하며, 특정 신학 전통을 대변하거나 과거에 대한 향수에 빠져 있는 교의학자가 되기를 거부한다.

흥미로운 점은, 웹스터가 수시로 교의신학적 사유와 현대철학 사이의 비판적이면서도 건설적인 대화까지 시도한다는 사실이다. 『거룩함』에서도 칸트, 데리다Jacques Derrida, 푸코Michel Foucault, 기든스 Anthony Giddens 등의 현대 사상가들을 의외의 장소에서 마주하게 된다.[17] 웹스터는 이들에 대한 균형감 있고 깊은 이해를 보여주면서도, 세속적 이성과는 차별화된 신학적 이성을 사용하면서 이들이 간과하는 근대성의 문제를 예리하게 파헤친다. 이것이 웹스터가 현대적 '상황'을 직접 언급하는 신학을 추구하지 않지만, 그의 교의

---

[17] 일례로 결론에서 웹스터는 거룩함이 '비인간적' 개념이라는 이유로 현대 사회에서 시민의 덕으로 인정받지 못하고 있음을 지적한다. 하지만 그는 사실 '성화'의 교리가 인간의 풍요와 대치되는 개념이 아니라 오히려 이를 지지하는 교리임을 보여주려고 한다. 이에 그는 푸코의 『성의 역사』와 기든스의 『현대성과 자아 정체성』 등을 인용하며 유동성mobility과 가소성 platicity 등의 현대 인간학적 개념의 명과 암을 거룩함의 관점에서 보여준다. 존 웹스터, 『거룩함』, 210~216.

신학적 결과물이 은근히 '상황적'이라고 느껴지는 이유가 아닐까 생각한다.

결론적으로 말하자면, 『거룩함』이 오늘날 한국을 휩쓸고 있는 당파성에 함몰되어 특정 진영을 대변하는 신학처럼 읽히지 않는다면, 이 책은 교회와 신학에 여러 도전을 던져줌과 동시에 좋은 신학적 작업의 본보기를 제시해 줄 수 있다. 정통주의를 무비판적으로 추구하는 이들에게는 교의학의 폭과 넓이를 확장해 줄 것이고, 신학적 진보를 이데올로기적으로 추종하는 이들에게는 성서와 교회 전통에 헌신할 때 누리게 되는 차원이 다른 자유를 맛보게 해줄 것이다. 현 세태의 눈치를 보느라 자신감을 잃은 교회에는 복음의 증인으로서 기쁨과 담대함을 되찾게 도와줄 것이고, 사회의 변화에 눈 감고 무례한 언행을 일삼는 교회에는 사회와의 관계를 바라볼 수 있는 신선한 관점을 선사할 것이다. 현대인이 쌓아 놓고 절대화하는 여러 현실적 논리에 균열을 내고, 그 틈을 통해 거룩하신 하느님과 그분의 창조 세계의 거룩함을 응시하고 향유하도록 우리의 시선과 감각을 훈련해 주는 『거룩함』은 거룩이라는 단어가 힘을 잃어버린 세속사회를 살아가는 현대 그리스도인에게 매우 특별하고도 고마운 책이다.

모두를 위한 '새로운 신학'은 가능할까?

『천상에 참여하다: 성례전적 존재론 되찾기』
한스 부어스마 지음, 박세혁 옮김, IVP, 2021.

1899년 겨울 어느 날, 새벽 6시라는 이른 시간에도 베를린 대학교의 대형 강의실은 600명 넘는 학생들로 가득했다. 길고 춥기로 유명한 베를린 겨울의 냉랭한 공기마저 데울 듯, 지적 열정으로 달궈진 학생들 앞에 서 있던 40대 후반의 교수는 교회사에 길이 남을 강의를 시작했다. 그는 바로 베를린의 인기 교수이자 프로이센 대표 지성인 아돌프 폰 하르낙이었다. 이 강의에서 하르낙은 교리의 발전은 복음의 '헬레니즘화' 과정이며, 나자렛 예수의 설교에서 복음의 원천을 탐구함으로써 비교리적 그리스도교로 되돌아가야 한다고 주장했다.[1] 19~20세기 전환기에 이뤄졌던 이 기념비적 강의는 이전 세대의 신학적 업적을 정리하고, 이후 신학의 발전을 가늠하게 할 역사적 분기점이라 해도 과언이 아니었다.

---

*　원서는 다음과 같다. Hans Boersma, *Heavenly Participation: The Weaving of a Sacramental Tapestry* (Grand Rapids: Eerdmans, 2011).

[1]　이 강의는 다음 책으로 출간되었다. Adolf von Harnack, *Das Wesen des Christentums* (Leipzig: J. C. Hinrichs, 1900). 『기독교의 본질』(한들)

하지만 이후 신학은 하르낙의 관점에서 보자면 몹시 기이한 형태로 발전해 나갔다. 독일에서는 그의 제자였던 칼 바르트를 중심으로 모인 젊은 신학자들이 신학의 학문성은 아랑곳하지 않는 듯, 신학의 과제는 하느님의 말씀이고 그 말씀은 인류에 대한 심판으로 다가온다고 주장했다. 심지어 교리의 발전사를 그리스도교의 헬레니즘화라고 부르던 하르낙의 생각과는 정반대로, 초기 교회가 이룩한 플라톤주의와 그리스도교의 종합을 현대 그리스도교가 회복해야 할 '위대한 전통'Great Tradition이라 부르는 이들도 생겨났다. 특별히 20세기 중반 프랑스 젊은 로마 가톨릭 신학자들은 팍팍한 합리주의와 경직된 전통주의 신학의 대안으로 초자연과 자연의 조화로운 관계를 되찾으려 했고, 결국 성서와 교부 문헌을 학문적 엄중함을 유지하면서도 현대적 감각으로 읽어내는 '새로운 신학'nouvelle théologie을 일으켰다. 이들이 각자의 관심사와 장기로 만들어 낸 결과물이 차곡차곡 쌓이면서, 근대 주지주의와 과학주의에 길든 현대인의 마음에 하느님을 향한 동경과 신비에 대한 감각을 되찾아 주는 신학적 울림이 깊고도 멀리 퍼져나갔다. 결국, 새로운 신학은 제2차 바티칸 공의회(1962~1965)의 중요한 신학적 추동력이 됐고, 이후 계속된 로마 가톨릭의 개혁에도 크게 이바지해 왔다.

새로운 신학을 이끌던 초기 프랑스어권 신학자 대부분은 20세기 후반 세상을 떠났지만, 그들의 저술은 탈근대 시대에 혼란을 겪고 있는 개신교와 로마 가톨릭 신학 모두에 짙은 흔적을 남겼다. 하지만 프랑스어라는 언어의 장벽과 (사람마다 교회마다 정도 차는 있겠지만) 한국 개신교에 널리 퍼진 로마 가톨릭 신학에 대한 거부감 때문인지, 우리말로 나온 저작 중에는 새로운 신학을 제대로 개괄하거나 소개한 책을 찾기가 쉽지 않다. 그런 의미에서 현재 미국 나쇼타하우스 신학교에서 교편을 잡고 있는 한스 부어스마의 『천상에 참여하다』는 신학을 진지하게 공부하고 교회를 사랑하며 오늘날 그리스도교의 모습에 혼란함과 씁쓸함을 느끼는 모두에게 큰 울림과 공감을 끌어낼 매력으로 가득한 작품이다.

왜 지금 '새로운 신학'인가?

부어스마는 네덜란드에서 태어나고 자라 개혁파 교회 목회자로 수년간 활동했던 신학자다. 캐나다로 이주한 그는 약 20년간 트리니티웨스턴 대학교와 리젠트 칼리지에서 가르치면서, 초기에는 개혁파 신학의 외연을 넓히는 작업에 노력을 쏟다가, 이후에는 새로운 신학으로 대변되는 '성사적 존재론'sacramental ontology을 재발견하는 데 심혈을 기울였다.[2] 2005년에 출간되어 우리말로도 번역된 『십자가, 폭력인가 환대인가』Violence, Hospitality, And The Cross가 전자의 대표적 예라면, 2011년 작 『천상에 참여하다』는 후자의 관심사가 잘 반영된 저서다.[3] 이러한 신학적 변화를 반영하듯 네덜란드 개혁파 배경에서 자라난 부어스마는 결국 북미 성공회로 교단을 옮겼

---

[2] '사크라멘트'sacrament를 대부분의 개신교회에서는 성례聖禮로 번역한다. 이는 세례와 성찬이라는 그리스도께서 직접 제정하신 두 예식을 강조하는 데 적합한 번역어이다. 하지만, 여기서는 성공회와 로마 가톨릭의 번역어인 성사聖事를 사용하기로 한다. 이는 하느님의 신비가 물질세계 속에 현존함을 표현하기에 더 적합한 만큼 부어스마의 의도에 잘 부합한다.

[3] 한스 부르스마, 『십자가, 폭력인가 환대인가』 (CLC, 2014).

고, 캐나다의 복음주의 학교 리젠트를 떠나 성공회 계열의 나쇼타 하우스 신학교에 부임했다.[4]

사실 새로운 신학은 그 유명세나 영향력에 비춰 볼 때 한국뿐만 아니라 영어 사용권 신학계에서도 여전히 친숙하지 않은 흐름이다. 그렇게 된 중요한 이유 중 하나는 현대 신학사가 주로 독일 중심으로 쓰였기 때문이다. 물론 19세기 이후 독일 신학이 가진 학문적 위상은 압도적이다. 그러나 그것이 현대 신학사에서 독일 신학이 차지하는 압도적인 비중을 온전히 설명하지는 못한다. 두 차례 세계대전을 계기로 독일어권에서는 인류의 비극적 현실에 적극적으로 응답함으로써 시대의 흐름에 부응하는 신학을 하려는 움직임이 활발했다.

또한, 세계대전 전범 국가로서 독일은 인류에 진 빚을 갚는 하나의 방식으로 아시아와 남미, 동유럽 출신의 신학생들이 독일에서 공부할 기회를 제공했다. 독일 대학교와 교회의 지원을 받으며 신학을 공부한 유학생들이 본국으로 돌아가 교수직을 수행했고 이를 통해 독일 신학은 세계 곳곳에 커다란 영향력을 발휘하게 되었다. 하지만, 그 결과 신학자들이 현대 신학의 지형도를 독일 신학 중심으로 그리려는 경향 또한 강화되었다. 다른 지역에서 일어나는 유의미한 신학적 시도는 간과되었고, 독일 신학에 은밀히 스며

---

[4] 보통 북미의 성공회라면 캔터베리 대주교가 상징적 일치를 이루는 세계 성공회 공동체에 속한 미국 성공회와 캐나다 성공회를 생각하기 쉽다. 하지만, 부어스마가 서품을 받은 '북미 성공회'Anglican Church in North America는 여성과 동성애자 성직 서품 등의 문제를 놓고 미국 성공회와 캐나다 성공회와 갈등을 일으켜 2009년에 독립한 복음주의 성향이 강한 교회다.

들어 있는 편파성을 공정하게 판단하지 못할 위험도 커진 것이다.[5]

상황이 이렇다 보니 20세기 초반 프랑스에서 일어난 신학적 움직임은 그 중요성과 영향력에 비해 한동안 대중의 시선에서 벗어나 있었다. 일례로 새로운 신학의 대표 사상가인 예수회 사제 앙리 드 뤼박Henri de Lubac(1896~1991)의 저작은 일부만 생전에 영어로 번역되었다. 상당수 저작이 영어권에 소개된 것은 2000년대에 들어서면서부터다. 이런 상황에서 개혁파 신학을 넘어 교부학으로 연구 주제를 확장하던 부어스마가 『새로운 신학과 성사적 존재론』 Nouvelle Théologie & Sacramental Ontology(2009)이라는 연구서를 집필하자, 이제껏 주로 전문가 사이에서 가치를 인정받던 새로운 신학에 대한 일반적 관심도 커졌다. 이듬해 그는 연구서에서 보여줬던 정밀하고 방대한 학술적 논의를 일반 독자(특별히 복음주의자)를 위해 압축하고 이를 현실적 주제와도 접목한 『천상에 참여하다』를 출간했다.

이 책은 드 뤼박 외에도 장 다니엘루Jean Daniélou(1905~1974), 마리 도미니크 셔뉘Marie-Dominique Chenu(1895~1990), 앙리 부이야르Henri Bouillard(1908~1981), 이브 콩가르Yves Congar(1904~1995) 등 새로운 신학의 대표 신학자들의 기여를 시대적 맥락과 함께 선별하여 소개한다. 또한, 이들이 되찾으려던 플라톤주의-그리스도교적 종합이 왜 오늘날 주목해야 할 위대한 신학적 유산인지도 예리한 필치로 설

---

[5] 다음 서평은 당시 독일과 프랑스 신학을 신학사적 관점에서 흥미롭게 대조한다. 차보람, "'창조적 고고학'의 모험', http://ivp.co.kr/board/bbs/board.php?bo_table=2_magazine_1&wr_id=98 (2023.3.16. 최종 접속).

득력 있게 설명한다. 무엇보다 이 책의 특별한 가치는 저자가 현대 로마 가톨릭 신학자에 관한 정보를 알려 주는 데 만족하지 않고, 성사적 존재론과 결부된 여러 주제를 놓고 종교개혁자와 칼 바르트, C.S.루이스, 케빈 밴후저, 제임스 K.A.스미스 등 친숙한 개신교 사상가와도 비판적 대화를 전개한다는 데 있다. 이를 통해 그는 서로 다른 전통의 낯섦과 경계를 넘어서는 상호 배움과 성숙의 기회를 독자들에게 제공한다.

성사적 존재론 - 이에 대한 로마 가톨릭 · 자유주의 · 복음주의의 협공

　　19세기 이후 개신교 내 자유주의와 복음주의는 근대성의 도전에 사뭇 다른 방식으로 반응했지만, 개인의 이성이나 경험을 전통의 권위보다 앞세우는 근대적 인간중심주의를 전유한다는 점에서 공통점이 있다. 여기에 덧붙여 부어스마는 둘 사이의 특이한 공통점을 하나 덧붙인다. 바로 (신칸트주의의 영향을 받은) 자유주의와 (성서중심주의를 내세우는) 복음주의 모두 그리스도교 사상에서 오랫동안 핵심적 위치를 차지했던 플라톤주의를 거부했다는 사실이다. 그렇다고 로마 가톨릭 신학에서 플라톤주의를 한결같이 숭상한 것은 아니다. 근대성을 심각한 위협으로 여긴 19세기 말 로마 가톨릭 교회도 토마스 아퀴나스의 사상을 주지주의화 · 교리주의화하면서 신토마스주의(혹은 신스콜라주의)를 주도적 신학으로 공식화했다. 20세기를 넘어오면서 이에 대한 반작용으로 프랑스어권 젊은 로마 가톨릭 신학자들은 신학과 일상에서 신비의 위치를 되찾고자 플라톤주의를 동반자로 삼았던 교부신학으로 거슬러 올라가는 새로운 방법과 형태를 지닌 신학을 시도했다.

이쯤에서 근원적 질문을 던질 필요가 있다. 왜 20세기 초중반 활동하던 프랑스 로마 가톨릭 신학자들뿐만 아니라, 복음주의를 배경으로 성장한 부어스마까지 플라톤주의-그리스도교적 종합이 이루어졌던 '위대한 전통'으로 '되돌아가기'ressourcement를 촉구하고 있는가. 왜 이들은 그리스도교와 현대 문명이 봉착한 위기의 근본 원인 중 하나로 플라톤주의가 신학에서 추방된 역사를 주목하는 가. 부어스마의 논지를 살려 간략히 답하자면, 그리스도교인은 지 상에 속해 있으면서도 하늘에 참여하기를 갈망하고, 천상적 삶을 믿고 희망하고 사랑함으로써 현실을 차별화되게 살아내는 것을 신 앙의 핵심으로 삼기 때문이다. 이는 바울 이래 그리스도교인들이 꿈꿔온 바였다. 그리고 초기 교부들은 플라톤주의와 그리스도교 의 종합을 통해 그 꿈을 구체화하는 방법을 찾았다. 천상에의 참여 라는 놀라운 신비를 표현할 언어와 논리가 아직 없었을 때, 교부들 은 자신들의 성서 주석을 기반으로 플라톤주의를 비판적으로 수용 했다. 그럼으로써 "주변의 세상 안에서 하느님의 진리와 선하심과 아름다움"을 보게 하는 실재 이해를 끌어냈다.[6] '성사적 존재론'은 바로 이 플라톤주의와 그리스도교의 만남을 압축적으로 표현한 개 념이다.

하느님과 세상의 성사적 관계를 주장하는 것은, 단순히 하느님

---

[6]　한스 부어스마, 『천상에 참여하다』, 14.

이 세상을 창조하셨으며 세상을 창조하심으로써 세상이 선하다고 선언하셨음을 주장하는 것을 훨씬 뛰어넘는다. 또한 전적으로 분리된 두 존재의 합의된 (언약적) 관계를 상정하는 것도 뛰어넘는다. 성사적 존재론에서는 창조 세계가 그 근원이자 '준거점'이신 하느님을 가리킬 뿐 아니라 하느님 안에 존재하며 그분 안에 참여한다고 주장한다. ... 다시 말해서 피조물은 하느님의 존재에 참여하기 때문에 하느님과 우리의 연결은 **참여적** 혹은 실재적 연결이다. 단지 **외재적** 혹은 명목적 연결이 아니다.[7]

고대에서 중세 전기까지 지속했던 플라톤주의-그리스도교적 종합, 즉 위대한 전통은 성사적 존재론이 뿌리내리고 자라기에 비옥한 토양이었다. 하지만 중세 성기High Middle Age 이래 근대화와 함께 탈성사화 과정이 서서히 진행되다가, 과학적 지식이 인류의 주도적 세계 이해 모델로 등극하면서 세계 속 신비를 보던 마음의 습관은 잊혀 갔다. 이러한 시대적 흐름에 제동을 걸고 세계를 보는 대안적 지혜를 찾던 부어스마는 20세기 파리에서 일어난 새로운 신학에서 위대한 전통으로 되돌아가게 도와줄 풍성한 자원을 발견했다. 하지만, 오늘 상황에서 고대 그리스도교를 모델로 삼자고 주장하기에는, 플라톤 철학에 대한 반감이 학자와 대중들 사이에 너무 퍼져 있는 건 아닌가. 부어스마가 마음에 품고 있는 '그리스도교적' 플라톤주의가 무엇인지를 알려면 좀 더 설명이 필요하다.

---

7 한스 부어스마, 『천상에 참여하다』, 48~49.

플라톤주의와 그리스도교 사이의 긴장을 넘기

2세기부터 활동한 테르툴리아누스Tertullianus가 "예루살렘과 아테네가 무슨 상관이 있는가"라는 명언을 남긴 이래 플라톤주의와 그리스도교의 종합에 반기를 든 사람은 교회사에 계속해서 등장했다. 이뿐만이 아니다. 프리드리히 니체는 『선악의 저편』Jenseits von Gut und Böse(1886) 서문에서 "그리스도교는 '대중'을 위한 플라톤주의"라고 조롱하기도 했다.[8] 그래서인지 적잖은 사람들이 그리스도교와 플라톤 철학을 자유로운 정신을 파괴하고자 함께 손잡은 비열한 협잡꾼처럼 인식하게 되었다. 하지만, 부어스마는 플라톤주의의 이상화된 내세 개념이 현실 세계와 절대적 대립 관계에 있다거나 개별자의 다양성을 억압한다는 비판에 익숙해진 현대인의 눈과 귀를 씻기려 한다. 이를 위해, 그는 하늘과 땅의 거리를 추상화하는 이원론에 빠지지 않고 "천상적 참여는 지상의 삶이 천상적 차원을 지님"을,[9] 달리 말하면 땅은 하늘의 뜻이 이루어지는 곳일 뿐만 아니라 하느님이 임재하고 활동하시는 장소임을 보여 줄 신학적 논의를 풍성히 차려 놓는다. 그리고 이러한 작업의 핵심에는 플라톤 철학만으로는 발견하지 못할 신비인 하느님 아들의 성육신이 있었다.

교부들이 '이교도' 철학인 플라톤주의를 활용해 위대한 전통을 형성할 때 그리스도론은 종합의 원리이자 비판의 근거였다. 말씀이 육신이 되신 분 없이는 '성사적' 종합이 이루어질 수도 없거니

---

[8] Friedrich Nietzsche, *Nietzsche Werke, Kritische Gesamtausgabe*, IV. 5 참고.

[9] 한스 부어스마, 『천상에 참여하다』, 22.

와, 더욱 고차적인 개념으로서 조화를 이뤄 줄 그리스도론적 닻이 없다면 플라톤주의와 성서적 신념은 표층 논리 차원에서 충돌했을 것이다. 성서에 따르면 태초에 말씀을 통해 우주가 존재했고, 말씀이 육신이 됨으로써 온 창조를 회복하려는 하느님의 뜻이 구체화했다. 천상에의 참여가 단지 머릿속 이상 혹은 역사 마지막에 예비된 일로 그치지 않고 시공간 속에서 현실화하는 근본 이유는, 하늘과 땅을 잇고 신적 본질과 인간적 본질을 연합한 예수 그리스도가 현존하기 때문이다. 교부들을 뒤따라 부어스마도 플라톤의 도움을 받아 성서를 읽고, 플라톤주의에 없는 성육신한 말씀을 신약에서 찾는다.[10] 그가 볼 때 성서의 순수한 문자적 의미를 추구하느라 플라톤주의를 배격하는 것은, 벼룩 잡으러 초가삼간 태우는 것처럼 성서 읽기 자체를 황폐하게 만드는 자해적 해석학이 될 수도 있다.

나는 복음주의권의 반反플라톤주의적 경향이 일반적으로 성경을 옹호하기 위한 것임을 이해하지만, 이런 경향으로 인해 성경 자체가 가장 심각한 타격을 받는다는 것은 아이러니하다. 플라톤주의-그리스도교적 종합은 피조물, 역사, 구약을 더 위대한 실재의 성사적 담지자로 바라볼 수 있게 해 주었다. 피조물, 역사, 구약은 더 위대한 실재(플라톤주의자들이 '형상'이나 '이데아'라고 부른 것, 그리스도인들이 하느님의 말씀 자체라고 주장한 것)를 가리키고 그 실재에 참여하기 때문에 그리스도교 전통 대부분에서 중요한 의

---

10 이에 대한 더 자세한 설명은 다음을 참고하라. 한스 부어스마, 『신학자가 성서학자에게 바라는 다섯 가지』(IVP, 2022), 83~115.

미를 지닌 것으로 인정받았다.[11]

이런 방식으로 플라톤주의-그리스도론적 종합에 대한 의심과 불신을 부어스마가 어느 정도 불식시켰다 하더라도, 해결되지 않은 문제는 여전히 남아 있다. 위대한 전통이 그토록 위대했다면 어떻게 그 전통이 역사의 흐름 속에서 쇠퇴하게 되었는가. 그리고 고대 혹은 중세나 가능했던 플라톤주의-그리스도교적 종합이 탈근대적 상황에서 어떻게 재현될 수 있는가. 이 두 질문은 『천상에 참여하다』의 전체 개요를 구성하는 두 주제이기도 하다.

성사적 존재론의 형성, 쇠퇴, 그리고 재발견

『천상에 참여하다』는 크게 두 부분으로 구성돼 있다. 전반부는 그리스도교와 플라톤주의의 종합으로 형성된 성사적 존재론의 기원과 역사를 1세기(신약성서 시대) 이후 고대, 중세, 종교개혁 시대를 가로질러 설명한다. 후반부는 그리스도교 신학과 실천에서 핵심 위치를 차지하는 성찬, 전통, 성서 해석, 진리, 신학의 개념을 성사적 존재론을 통해 복음주의적이면서 동시에 공교회적으로 재해석할 수 있다고 제안한다.

우선 부어스마는 '태피스트리'tapestry라는 은유를 사용해, 그리스도교와 플라톤주의가 씨줄과 날줄이 엮이듯 만들어낸 위대한 전통의 등장, 발전, 쇠퇴의 과정을 지성사적으로 조망한다. 특별히 그

---

[11] 한스 부어스마, 『천상에 참여하다』, 69.

는 플라톤과 비교할 때 자연에 관심을 더 기울인 아리스토텔레스의 철학이 중세 성기에 유럽에서 유행하며 성사적 존재론이 약화하는 계기가 마련됐고, 중세 말기에는 플라톤주의 형이상학 자체를 해체한 '유명론'이 퍼져나가며 성사적 존재론이 주변화됐다고 분석한다. 심지어 그는 종교개혁이 찢어진 태피스트리를 제대로 회복시키지 못했고, 그 결과 개신교는 탈성사화라는 비극적 유산을 안고 오늘날에 이르렀다고 주장하기도 한다.

> 의심할 나위 없이 종교개혁은 이득을 가져왔다. 하지만 종교개혁의 긍정적 영향력조차도 중세 후기에 풀리고 잘린 태피스트리를 고치지는 못했다. 다시 말해서, 종교개혁은 분명히 해결될 필요가 있었던 교리 문제와 교권 남용에 초점을 맞췄지만 그런 개혁의 필요성을 야기했던 근본 문제를 제대로 해결하는 데는 실패했다. … 종교개혁자들이 태패스트리를 다시 짜지 못했던 것은 이해할 만하지만 비극적인 분열로 이어졌고, 이는 여전히 서양의 그리스도인들을 괴롭히고 있다. 그 줄들을 다시 연결하는데 성공한다면 이는 분열된 그리스도인들 사이에서 참된 재연결로 이어질 수도 있다.[12]

이는 종교개혁을 중세 말기 타락상을 (완전히는 아닐지라도 충분히) 극복한 위대한 사건으로 보는 개신교의 일반적 입장과는 몹시 다

---

12 한스 부어스마, 『천상에 참여하다』, 138, 149.

른 역사 읽기 방식이다. 이런 맥락에서 보자면, 현 상황에서 복음의 생동력과 적실성을 되찾기 위해 탈근대postmodern 사상을 전유하려는 최근 젊은 복음주의자들의 노력은 위대한 전통의 상실이라는 근원적 문제를 간과한 채 동시대의 문화적 경향에 피상적으로 반응하려 한다는 점에서 한계가 있다고 할 수 있다.

부어스마는 어떻게 끊어진 실을 다시 연결해 그리스도교와 플라톤주의의 태피스트리를 짜느냐는 문제로 논의를 옮긴다. 이를 위해『천상에 참여하다』후반부는 성찬, 전통, 성서 해석, 진리, 신학을 재구조화하려는 시도로 이뤄져 있다. 우선 그는 개신교에 만연한 '기념설'과 로마 가톨릭의 공식화된 '화체설'을 넘어서는 '성사적 식사로서의 성찬' 이해를 제시함으로써, 위대한 전통이 형성했던 '성사적 존재론'을 회복하려 한다. 이를 바탕으로 전통에 대한 무지와 경직화된 이해를 넘어서는 '성사적 시간으로서의 전통'을 추구하고, 문자주의의 위험과 과도한 알레고리화를 피해 가는 '성사적 실천으로서의 성서 해석'의 가능성을 질문한다. 그리고 신앙주의와 주지주의의 대립을 초월하는 '성사적 실체로서의 진리'를 찾아가고, 관상과 행동의 조화를 지향하는 '성사적 훈련으로서의 신학'을 제시한다. 이러한 다층적 논의는 하늘과 땅을 통합하는 유일한 존재인 그리스도, 그리고 그분의 충만함이 현존하는 몸인 교회에 대한 값진 성찰로 종합되며 마무리된다.

세상에 충만한 하느님의 위엄에 참여하기

세계에 대한 탈성사화가 가속화되던 시대에 활동한 영국의 시인이자 예수회 사제 제라드 맨리 홉킨스Gerard Manley Hopkins는 "세상은 하느님의 위엄으로 충만하다"The world is charged with the grandeur of God라는 아름다운 시구를 남겼다. 우리가 보든 보지 못하든, 혹은 인정하든 인정하지 않든, 세상에 하느님의 위엄이 가득하다는 사실 자체는 취소되지 않는다. 그렇다면 우리에게 절실히 필요한 것은 무엇일까. 하늘과 땅, 신비와 자연, 기도와 노동을 분리해서 보는 데 익숙해진 우리의 습관을 교정해 주고, 변화하는 창조 세계에 깃든 하느님의 소진되지 않는 위엄을 보고 이에 참여하게 하는 성사적 존재론을 품은 신학 아닐까.

하지만 아무리 의도가 좋다 해도, 개신교 내 훌륭한 자원을 뒤로하고 부어스마가 왜 굳이 로마 가톨릭 신학에서 도움을 받으려 했는지에 의문을 표하는 독자도 있으리라 예상한다. 또한, 그리스도교의 정체성과 실천을 구성하는 다섯 핵심 개념(성찬, 전통, 성서 해석, 진리, 신학)을 하필이면 '오직 성서'가 아니라 '플라톤주의-그리스도교적 종합'을 통해 재구성했다는 사실도 일부 복음주의자에게는 도전으로 다가올 것이다. 고대와 중세에는 성사적 존재론이 중요했다 하더라도, 이를 오늘날 회복한다고 해서 후기세속화 사회에서 교회가 겪고 있는 전례 없는 혼란과 문제를 극적으로 해결할 수 있을지 회의적인 시각을 가질 수 있다. 하지만, 부어스마의 글을 접할 때 일어나는 이러한 어색함, 거부감, 의심은 기존에 가지고 있던 그리스도교에 대한 좁은 이해가 흔들리며 나오는 긍정적인 변화의 신호일 수도 있다. 부어스마가 제시하는 현대 위기 상황에 대한 진단과 처방에 공감하기 시작했을 때 우리가 얻게 될 유익은 앞서 겪었던 부정적 반응을 충분히 압도할 만하지 않을까 기대도 해본다.

결론적으로, 『천상에 참여하다』는 역사적으로나 신학적으로나 위대한 전통이 빚어낸 "성사적 존재론은 종교개혁의 비극적 분열보다 앞선다"라는 것을 현대 그리스도인들, 특별히 개신교인들이 심각하게 생각해야 한다는 묵직한 도전을 던진다.[13] 이런 시각에서 평가하자면 플라톤주의-그리스도교적 종합은 단지 잃어버린 옛 유산에 대한 향수가 아니라, 종교개혁이 남겨 둔 미완의 과업을 완수하게 도와줄 핵심 자원으로 돌아가려는 급진적 움직임이라고 할 수 있다. 이처럼 도발적이고 실험적인 제안을 아름답고 우아한 신학 세계와 함께 소개받는 일은 『천상에 참여하다』 이전 어떤 책에서도 쉽사리 맛보지 못한 특별하고도 만족스러운 경험일 것이다.

---

13   한스 부어스마, 『천상에 참여하다』, 281.

우리말로 '역사'에 해당하는 영어 단어 '히스토리'history는 '연구를 통해 얻어지는 지식'이라는 뜻의 그리스어 '히스토리아'historia에서 나왔다. 하지만 통속적으로 많은 그리스도인은 역사, 즉 '히스토리'history를 하느님이신 '그분의 이야기'His story라고 부르곤 했다. 이런 설명법이 어원적으로 틀렸고 신을 남성으로 가정하는 성차별주의라 비판을 받아왔음에도 사라지지 않는 것은, 그 저변에 하느님을 역사의 섭리자로 보는 성서적 신앙이 깔려있기 때문이다. 안나 미셸 월든Anna Michelle Walden의 시집 제목『그분의 이야기, 역사, 나의 이야기, 신비』His Story, History. My Story, Mystery처럼 그리스도인은 역사가 창조주이자 신비이신 하느님의 이야기이기에, 피조물인 우리 삶의 이야기도 신비의 지평을 지니게 된다고 믿는다.

신학의 과제로서 역사 서술은 단지 역사신학 혹은 교회사 전공자가 해야 할 일로 한정되지 않는다. 과거를 신학적으로 읽는 것은 신비이신 하느님에 대해 의미 있게 말하고자 분투하던 지난 세대의 고민을 통해, 오늘 여기에서 하느님에 대해 적절히 말할 수 있는 새로운 언어를 탐구하는 일이다. 교회라는 그리스도의 몸의 일부로서 그리스도인은 세상 한가운데 현존했던 과거 교회 모습에 비추어 '오늘 여기'서 교회의 사명과 역할을 질문한다. 이로써 우리의 파편화된 삶에 의미가 형성되고, 한계 상황 속에서도 그리스도인답게 살아갈 지혜도 얻게 된다. 이러한 맥락에서 『신학의 영토들』 2부는 과거에 대해 말하는 다양한 신학적 유형을 소개하고자 한다.

1장은 독일 문화개신교주의 혹은 자유주의 신학의 대가 아돌프 폰 하르낙Adolf von Harnack(1851~1930)이 고대 교회의 역사를 읽는 방식을 다룬다. 1900년에 출판된 하르낙은 대표작 『그리스도교의 본질』에서 교리의 발전을 '복음의 헬레니즘화' 과정이라고 주장했다. 1927년 작 『기독교 신학과 교회 교리의 형성』에서도 이러한 기본 전제는 유지되지만, 노년의 하르낙은 교리와 교회가 형성될 수밖에 없던 역사적 상황을 설명하는 데도 심혈을 기울인다. 시간이 흘러도 퇴색하지 않는 신앙의 '본질'을 잡아내는 역사 비평 방법, 그리고 그로부터 파생되는 교리란 유대인 예수의 순수한 복음에 그리스적 주지주의가 껍데기처럼 달라붙은 것이라는 결론은 그때나 지금이나 충격적으로 다가온다. 이후 서평들에서 보이듯 하르낙의 역사관은 후대 학자들에 의해 수정되거나 비판받았다. 하지만, 교리로부터 복음을 구분하려는 발상과 열정은 여전히 매력적으로 느껴지기도 하는 만큼, 하르낙의 영향력은 예상치 못한 방식으로 지금도 계속되고 있다.

2장에서는 현대 로마 가톨릭 신학자 한스 퀑Hans Küng(1928~2021)

이 1994년에 선보인 대작『그리스도교』를 소개한다. 큉은 하르낙과 유사하게 나자렛 예수라는 그리스도교의 '본질'이 각 시대와 문화에 따라 다양한 역사적 형태로 나타났다고 주장한다. 하지만, 하르낙과 달리 큉은 본질은 언제나 '왜곡'의 형태로 나타난다는 변증법적 역사관을 제시한다. 인류사에서 그리스도교의 공과를 비판적으로 조망하고자,『그리스도교』는 2,000년 교회의 역사를 다섯 개의 패러다임으로 나누는 방법론을 사용한다. 큉이 이처럼 특이한 역사 서술 기법을 사용하는 것은, 21세기와 함께 도래한 여섯 번째 패러다임에서는 여러 교파로 나눠진 그리스도교가 교회 내적 일치를 지향하고 다른 종교와 함께 세계 평화를 위해 힘써야 함을 보여주기 위함이다.

3장은 큉과 유사하게 교회일치적 관점에서 과거를 보지만, 한 인물과 그의 시대의 역사에 주의를 집중한다. 독일의 로마 가톨릭 신학자이자 교황청 내 '그리스도인일치촉진평의회' 의장이었던 발터 카스퍼Walter Kasper(1933~)는 종교개혁 500주년을 한 해 앞둔 2016년에『마르틴 루터』를 출판했다. 이 소책자는 루터의 본 의도가 '순수한' 교회를 새로이 만드는 것이 아니라, 진정한 의미에서 '보편'catholic 교회를 찾으려 했다는 근본적 사실로부터 논의를 전개한다. 이로써 카스퍼는 루터를 이단화하거나 영웅화하는 양극단의 해석으로부터 루터를 구하고, 교회 간의 대화와 협력이 요구되는 21세기 시대적 상황에서 루터의 유산을 재조명한다. 이러한 역사 다시 읽기를 통해 루터의 신학은 교회분열이 아니라 일치를 이뤄낼 자원으로 탈바꿈한다.

4장에서 독자들은 '생동적 공동체'로서 교회의 역사를 신학적으로 연구하는 성공회 신학자 로완 윌리엄스Rowan Williams(1950~)를 만나게 된다. 2005년도에 출판된 『과거의 의미』에서 그는 '하느님의 새로운 백성'이라는 교회의 구분된 정체성 때문에 교회의 역사를 다루는 것은 독특한 '신학적' 관점과 '도덕적' 헌신을 요구한다고 주장한다. 이 같은 입장은 엄밀하고 객관적인 학문성을 강박적으로 추구하는 19세기 역사주의적 관점, 특별히 복음과 교리 사이의 불연속성을 강조하는 하르낙의 주장과는 각을 세운다. 현대 신학자 중 윌리엄스 외에도 로버트 루이스 윌켄Robert Louis Wilken, 존 지지울러스John Zizioulas, 피터 레이하르트Peter J. Leithart, 데이비드 벤틀리 하트David Bentley Hart 등은 복음의 헬레니즘화가 아니라, 오히려 그리스-로마 문명의 그리스도교화라는 도발적 관점에서 초기 교회사를 읽어낸다. 특별히 윌리엄스에 따르면, 나자렛 예수로부터 교회로 이행되고 복음으로부터 교리가 만들어지는 역사는 생동적 공동체로서 교회가 하느님에 대해 말하는 법을 함께 배워간 끊이지 않는 과정으로 봐야 한다. 또한, 교회의 과거를 공부한다는 것은 현대인과는 다른 신앙과 삶의 모습을 가진 수많은 사람과 만나게 됨을 뜻한다. 자기를 비우는 영적 훈련이 그리스도인의 형성에 필수적이라 할 때, 과거에 살았던 타자의 낯섦과 마주하게 하는 역사 공부도 그리스도인이 되는 데 큰 비중을 차지할 수밖에 없다.

5~8장에서는 일반적 의미에서 역사가 아니라 특별한 주제의 역사를 탐구한다. 우선 5장이 다루는 역사는 위대한 책 한 권의 역사이다. 최근 학계에서는 고전이 세대를 거쳐 내려오며 끼치는 문화

적 영향과 독자들이 고전적 텍스트를 해석한 방식의 변화를 추적하는 수용사와 해석사가 주목받고 있다. 성서의 첫 책인 창세기가 종교적 경전일 뿐만 아니라 인류의 고전인 만큼, 로널드 헨델Ronald Hendel(1950~)은 인류사에서 창세기가 인류 문화를 형성한 방식과 인간 삶이 창세기의 해석에 끼친 영향을 전기biography처럼 써 내려간다. 2013년에 선보인 『창세기와 만나다』에서 그는 수천 년에 달하는 창세기의 해석과 수용과 번역의 역사를 현실주의에서 상징주의로 갔다가 다시 현실주의로 돌아오는 긴 여정으로 정리해낸다. 이러한 방식으로 헨델은 시간의 흐름에도 사그라지지 않는 창세기의 신비한 생명력을 보여준다. 결론적으로 그는 한편으로 창세기의 전기를 집필하는 것이 종결되지 않을 작업임을 상기시키고, 다른 한편으로는 앞으로도 우리가 삶을 이해하고 살아가는 방식이 창세기 이야기와 밀접히 얽혀 있을 것을 강조한다.

　6장이 다루는 시기는 19세기 이후로 한정되고, 다루는 내용은 신학의 역사로 전환된다. 2013년 출간된 로저 올슨Roger E. Olson(1952~)의 『현대 신학이란 무엇인가』는 현대성에 대한 반응이라는 관점 아래 현대 신학의 역사를 다룬다. 우리말로 접할 수 있는 현대 신학사 책이 여러 권 있음에도 올슨의 작품이 특별한 이유는 현대성, 혹은 근대성이란 무엇인가를 다각도로 분석하고, 이러한 시대 배경 아래 탄생한 19세기 신학을 충실하게 소개하기 때문이다. 현대 신학의 시발이라 할 수 있는 19세기에 대한 전이해가 있어야 20세기 신학자들의 질문과 답변을 올바로 파악하게 되고, 20세기 신학의 발전을 조망할 수 있는 시야가 길러져야 21세기 교회의 모습을 올바로 진단하고 교회가 나아가야 할 방향을 가늠할 수 있다. 그런 의미에서 현대 신학이라는 여행을 함께 떠나자는 올슨의 초청에 응하는 것은, 세속화된 현대 사회에서 신앙을 가지고 살아가야 하는 그리스도인으로서 여러모로 유익한 경험이 될 것이다.

7장에서는 신학의 중심 대상인 '신'의 역사를 개괄한 폴 카페츠 Paul E. Capetz(1957~)의 2008년 작품 『그리스도교의 신』을 살핀다. 인류 문명이 발전하고 인간의 사상도 변화하는 만큼, 그리스도교의 신에 대한 이해도 고정되어 있을 수만은 없다. 오히려 신의 본질에 대한 불변하는 설명 방식을 찾으려는 욕심은 이데올로기적 교리주의로 이어질 위험이 있다. 철저한 역사주의적 관점에서 카페츠는 고대인의 부족신 신앙이 보편적인 창조자와 구원자 하느님으로 변화하는 성서적 궤적을 살피고, 뒤이어 원시 그리스도교부터 현대 신학까지 신론의 발전사를 시원시원한 필체로 묘사한다. 이 책은 궁극적으로 신의 역사에 대한 객관적이고 중립적인 서술이 아니라, 성서와 전통 속에 있는 신학적 다양성을 발굴하고 인정하는 것을 목표로 삼는다. 이러한 작업을 통해 카페츠는 21세기 다원화된 사회의 일원으로서 그리스도인이 신앙적 헌신을 포기하지 않으면서도 타자의 낯섦과 다름을 존중할 수 있는 자원으로 그리스도교의 신론을 제시하고자 한다.

8장은 신학사에 대한 사회사적 접근을 소개한다. 일본의 신학자 후카이 토모아키深井智朗(1964~)는 신학의 텍스트와 컨텍스트 사이의 상호작용을 긴밀히 분석함으로써, 신학을 형성한 사회적 조건을 드러내고 동시에 신학의 사회적 기능을 보여주고자 한다. 2011

년 작 『사상으로서의 편집자』에서 그는 19~20세기 독일 개신교 출판계에서 활동한 여러 편집자를 살펴봄으로써, 그들의 활동이 저자의 사상을 어떤 식으로 사회화하였는지 추적한다. 2년 뒤 선보인 『신학을 다시 묻다』는 그리스도교 역사를 여섯 시기를 나누고, 신학과 사회의 상호작용이 각 시기의 문명을 어떻게 형성하였는지를 탐구한다. 저자는 이러한 사회사적 접근을 통해 그리스도인 수가 전체 인구의 1%도 되지 않는 일본에서 교양으로서 신학의 가능성을 타진하고자 한다. 비그리스도교적이나 탈그리스도교적 사회에서 신학은 성서와 교리적 진리의 선포를 위한 교회의 한 기능으로 머무를 수 없다. 대신 그가 제안하는 신학은 현대 문명의 심층 구조를 인식하고 타자에 경청함으로써 다원화된 사회를 책임감 있고 비판적으로 살아갈 교양인을 형성하는 것을 목표로 한다.

이처럼 『신학의 영토들』 2부에서는 8명 저자의 책 9권을 가지고 과거를 읽는 다양한 방법을 살펴보게 된다. 과거는 이미 흘러가 버렸지만, 역사 서술을 통해 현재에 현존하게 된다. 과거를 어떻게 역사화하여 기억하느냐는 오늘의 삶에 영향을 끼치고 우리가 미래를 기대하는 방식에도 차이를 만들어 낸다. 여기서 다루게 될 신학자들은 자신만의 방법론을 가지고 역사를 다룸으로써, 현실이라는 신비의 다채로움을 볼 수 있는 여러 관점을 우리에게 제시한다. 우리 삶을 구성하는 여러 요소를 하느님의 이야기나 교회의 역사를 배경 삼아 성찰함으로써, 무궁무진하신 하느님의 은밀한 흔적을 예기치 않은 삶의 현장에서 발견하는 경이와 기쁨을 누릴 기회를 선사한다.

복음과 교리 사이에 선 역사학자로서 신학자

『기독교 신학과 교회 교리의 형성』
아돌프 폰 하르낙 지음, 박영범 · 민유홍 옮김, 공감마을, 2018.

그리스도교 역사에 이름을 남긴 빼어난 신학자는 많지만, 그중에서도 독일의 교회사가 아돌프 폰 하르낙처럼 학문적인 명성과 대중적인 인기를 두루 누린 사람은 흔하지 않다. 역사 비평 방법을 사용하여 교회와 교리의 역사를 연구한 그는 '학문으로서 신학'의 대표이자, 문화개신교주의 혹은 신학적 자유주의 시대로 불리는 19세기 개신교의 상징과도 같은 존재였다. 일례로 칼 바르트는 지난 세기 문화개신교주의의 정점, 혹은 세기의 전환을 알리는 작품으로 하르낙의 『그리스도교의 본질』Wesen des Christentums(1900)을 꼽았다.[1] 당시 『그리스도교의 본질』의 인기가 어느 정도였느냐면, 출간 이후 책을 세계 곳곳으로 배송하려는 차들로 인해 라이프치히 중앙역으로 가는 길에 교통체증이 생겼을 정도였다. 그 정도로 각광

---

*   원서는 다음과 같다. Adolf von Harnack, *Die Entstehung der christlichen Theologie und des kirchlichen Dogmas. Sechs Vorlesungen* (Gotha: Leopold Klotz Verlag, 1927).

[1]   한국어 번역은 다음과 같다. 아돌프 폰 하르낙, 『기독교의 본질』 (한들, 2007).

을 받은 작품답게 1927년까지 이 책은 독일에서만 14판이 발행되었고 14개 언어로 번역되었다.[2]

하르낙은 생전에 책과 논문을 얼마나 썼는지 파악이 어려울 정도로 왕성한 집필력을 과시했다. 그중에서도 대다수 학자는 약 2,400쪽에 달하는 대작 『교리사 교본』Lehrbuch der Dogmengeschichte (1885~1890)을 그의 최고 업적으로 평가한다. 그는 역사 비평을 활용해 교리의 역사를 연구한 덕분에 큰 명성을 얻었지만, 원하지 않은 논쟁과 오해에 휘말리기도 했다. 1888년 베를린 대학교 교수로 취임할 때도 그의 사상을 의심스러워하던 기존 교수들 때문에 임용이 몇 달간 밀렸고, 신학적 문제로 루터 전문가이기도 했던 아버지 테오도시우스 하르낙과 관계가 단절되기도 했다. 학계와 달리 교회에서 그는 공식적 직위나 명예를 얻지 못했다.

이 정도로 학문성에 몰두했던 학자라면 연구실에만 있었을 것 같지만, 그는 학교 내외의 공적 활동에서도 두각을 드러냈다. 베를린에서 교수직을 수행 중에도 학교 행정에 깊게 참여했을 뿐만 아니라, 1906년에는 베를린 왕립 도서관 관장이 되었다. 1911년부터는 세계적인 기초과학 연구 기구 막스 플랑크 협회Max-Planck-Gesellschaft의 전신 카이저 빌헬름 협회Kaiser-Wilhelm-Gesellschaft의 초대 회장으로 활동하였다. 19세기 유럽의 새로운 학문과 문화의 중심지로 부상한 베를린에 터를 잡고서는, 독일 제국과 바이마르 공화

---

[2] 하르낙의 업적과 당시의 인기는 다음을 참고하라. 김재현, '해제: 예수의 얼굴을 참되게 그리려는 시도', 토머스 베일리 손더스, 『기독교 본질 논쟁: 하르낙 교수와 그의 옥스퍼드 비평가들』(한티재, 2017), 10.

국에서 학자로서 거칠 수 있는 중요 공직을 두루 경험한 셈이다. 또한, 황제 빌헬름 2세와 절친한 관계였던 하르낙은 1914년 귀족 작위를 받았다. 1921년 베를린 대학교에서 은퇴할 시점에는 바이마르 공화국의 미국 대사직을 의뢰받았지만, 이 명예로운 요청을 거절하고 독일에 남아 여생을 보냈다. 생애를 이렇게 간략히 살펴만 보아도 당시 그가 교회사 분야만이 아니라 독일의 학계와 문화 전반에 얼마나 큰 영향을 끼친 인물이었는지를 알 수 있다.

19세기 문화개신교주의의 상징적 인물이자 서유럽을 대표하는 지성이었던 만큼 하르낙이라는 이름을 모른 채 신학을 공부하기란 쉽지 않다. 하지만, 안타깝게도 우리말로는 그의 작품이 거의 소개가 되지 않았고, 실제 그의 목소리는 대부분 묵음 처리된 채 그에 대한 풍문만이 가득했다. 2007년 번역되었던 대표작 『그리스도교의 본질』마저 현재는 절판이다. 이러한 상황에서, 하르낙의 사상을 맛보게 해줄 만한 한 권의 작품이 번역되었다. 하르낙이 교수직에서 물러난 지 약 5년이 지난 1926년 5월 본 대학교에서 행한 여섯 차례의 연속 강의를 다음 해에 출판한 『기독교 신학과 교회 교리의 형성』Die Entstehung der christlichen Theologie und des kirchlichen Dogmas(1927)이라는 책이다. 이전 저작들에서처럼 그는 역사학자로서 초기 그리스도교에서 복음이 교리가 되는 과정을 비판적으로 분석한다. 하지만 『교리사 교본』이나 『그리스도교의 본질』을 썼을 때로부터 25년 혹은 그 이상 시간이 흐른 만큼, 그가 강조하는 바나 역사를 설명하는 방식에는 변화가 있다. 여기서는 노년에 이른 대가가 남긴 두껍지 않은 책자를 이해하기 위해 먼저 당시 독일 문화에서 학문성이란 어떤 것인지를 살펴볼 예정이다. 그리고 하르낙이 역사를 대하는 방식을 간략히 개괄하고는, 그가 본 신학과 교리의 형성 과정을 책을 중심으로 소개하고자 한다.

신학은 어떤 의미에서 학문인가

하르낙의 활동 당시 '학문성'Wissenschaftlichkeit은 독일 대학교를 움직인 핵심어 중 하나였다. 각 학문 분과가 다루는 내용은 다를지라도, 모든 학문은 '엄밀한 방법론'에 기초한 학문성을 추구해야 한다는 이상 아래 독일은 근대 지성의 중심지로 발돋움했다. 당시 독일의 대표 지성인이자 현대 사회학의 선구자 막스 베버Max Weber는 대학생들을 대상으로 '직업으로서 학문'Wissenschaft als Beruf(1917)이라는 강연을 했다. 거기서 그는 갈수록 전문화되고 엄격해지는 학문의 세계에 들어올 이들이 갖춰야 할 내적 소명을 다음과 같이 묘사했다.

> 오늘날 진실로 결정적이며 유용한 업적은 항상 전문적 업적입니다. 그러므로 말하자면 일단 눈가리개를 쓰고서, 어느 고대 필사본의 한 구절을 옳게 판독해 내는 것에 자기 영혼의 운명이 달려 있다는 생각에 침잠할 능력이 없는 사람은 아예 학문을 단념하십시오. 이런 능력이 없는 사람은 우리가 학문의 '체험'이라고 부를 수 있는 것을 결코 자기 내면에서 경험하지 못할 것입니다.[3]

---

[3] 막스 베버, 『직업으로서의 학문』(나남, 2006), 33.

하르낙은 단지 19세기 독일에서 학문으로서 개신교 신학을 선구하는 학자가 아니었다. 그는 "독일제국 시대와 바이마르 공화국 시대의 **독일 학문을 대표**하는 최고의 신학자였다".[4] 세계적 연구 기관인 막스 플랑크 협회가 오늘날에도 가장 탁월한 과학자를 임용하고 연구의 자율성과 엄밀성을 추구하고자 고수하는 원리를 '하르낙 원리'Harnack-Prinzip라고 부르는 것을 보더라도, 독일 학계와 지성 전체를 대표하던 그의 위상을 가늠할 수 있다.[5] 그런데 여기서 질문이 떠오른다. 근대성을 대표하는 학문인 자연과학의 경우 실험과 증명으로 학문성을 보장받더라도, 인문학의 엄격한 학문성은 어디에 기초할까. '신'이라는 관찰 불가능한 대상, 혹은 '믿음'이라는 비합리적 정신작용을 대상으로 하는 신학은 어떻게 엄밀한 의미의 '학문'일까.

근대 세계에 신학이 어떻게 학문이 될 수 있을지 도전하고, 또이에 대한 답의 실마리를 제공한 선구자는 임마누엘 칸트였다. 인간 합리성에 대한 자신감이 정점에 오르던 계몽의 시대에 활동한만큼, 칸트는 인간을 미성숙 상태에 가두는 모든 '형이상학적 독단'을 깨트릴 지식 이론을 추구했다. 칸트에 따르면, 인간은 '오감'(혹은 감성)을 통해 지식을 만들 원재료가 되는 경험적 자료를 받아들

---

[4] 하르낙의 전기작가 쿠르트 노박Kurt Nowark의 평을 다음에서 재인용했다. 박영범, '교리, 복음을 토대로 한 그리스 정신의 작품?: 하르낙의『교리사교본 1』을 통해 본 교리와 복음의 이해', 아돌프 폰 하르낙,『기독교 신학과 교회교리의 형성』, 180(강조는 필자의 것).

[5] 다음을 참고하라. https://www.mpg.de/39596/MPG_Introduction.pdf (2022.07.13. 최종 접속).

인다. 이러한 자료를 가지고 인간 모두가 선험적으로 공유하는 '지성'(혹은 오성)이 체계적이고 일관되게 범주화하여 지식을 구성한다. 이런 과정을 거쳐야 시공간의 한계를 넘어 '보편적'이면서도 누구에게나 '타당한' 지식이 형성될 조건이 마련된다. 하지만, '신'과 같은 초월적 존재라든지 '믿음' 같은 내적 체험은 물리적 시공간에서 경험할 수 있는 대상으로 현존하지 않는다. 그렇기에 종교와 관련된 지식은 보편타당성을 얻을 수 없고, 신학은 엄밀한 학문으로 인정받기도 힘들다. 이러한 짤막한 요약으로 칸트의 사상을 충실히 전달할 수는 없지만, 그가 신학이라는 오래된 학문에 가한 충격이 어떤 것인지 짐작은 가능하다. 이러한 칸트 사상의 그림자는 신학계에도 짙게 드리웠다. 19세기 독일 개신교 신학은 칸트 철학의 영향 아래 형이상학적 독단으로부터 그리스도교를 해방하려 하였다. 이는 구체적으로 형이상학적 사변과 깊게 결부되었던 전통적인 교리, 즉 삼위일체론이나 그리스도의 본성 교리에 대한 비판으로 이어졌다. 다른 한편 신학자들은 물리적 시공간에서 일어나는 일이면서도 과학적 지식으로는 환원될 수 없는 '역사'와 '도덕'을 그리스도교의 본질을 파악하는 두 축으로 삼았다.

하르낙은 칸트로부터 기인한 시대정신이 극명하게 현실화한 19세기 중반에 태어났고 교육받고 활동했다. 그는 형이상학 대신 엄밀한 역사학적 방법을 통해 학문으로서 신학을 정립하려 했고, 그리스도교를 역사적 운동으로 재해석하는 데 탁월한 능력을 보였다. 이쯤에서 역사가의 역할에 대한 하르낙의 자부심 가득한 설명을 들어보자.

과거와 관련하여, 역사가가 **심판관이라는 왕과 같은 역할**을 한다는 것은 의심할 바 없다. 과거의 영향이 계속될 것인지, 그리고 무엇이 없어지고 무엇이 전달될 것인지를, 역사가는 왕처럼 판단해야만 하기 때문이다. 모든 것은 미래를 준비하도록 기획되어야만 한다. 앞으로 될 일의 기초를 놓는 배움의 학문만이 존재할 권리를 가지기 때문이다.[6]

이 인용문은 역사적 지식에 대한 근대 지식인의 찬가처럼 들린다. 하지만 여기서 이른바 '역사주의' 이면에 자리한 문제를 감지할 수도 있다. 과거에 대한 사료를 공정하게 연구하는 역사학은 본성상 '무엇이 옳다' 혹은 '무엇을 해야 한다'라는 규범성을 가지지 않는다. 하지만, 하르낙의 말 대로라면 역사가는 단순히 사료만 정리하는 것이 아니라, 과거를 심판하고 미래를 준비하는 책임을 지닌다. 그렇다면 하르낙은 역사학적 방법론을 고수하면서도 역사적 사실의 확인을 넘어 현재와 미래를 위해 발언해야 하는 역설적 상황을 어떻게 헤쳐 나갈 수 있었을까.

'복음주의'로서 문화개신교주의

역사적 실체로서 그리스도교는 1세기 이래 지금까지 세계 곳곳

---

[6] 1917년 2월 6일 뮌헨에서 열린 독일 박물관 위원회에서 하르낙이 '역사적 지식의 확실성과 한계에 관하여'Über die Sicherheit und Grenzen geschtlicher Erkenntnis라는 제목으로 한 강의 일부를 다음에서 재인용했다. James Livingstone, *Modern Christian Thought*, vol. 1, 2nd ed. (Upper Saddle River: Prentice Hall, 1988), 287(강조는 필자의 것).

에서 다양한 모습으로 발전했다. 하르낙은 교회가 시공간 속에서 특정한 모습으로 존재함을 인정하지만, 이러한 역사적 형태를 그리스도교와 동일시하지는 않았다. 그는 역사의 흐름에도 퇴색하지 않는 '본질적인 무언가'가 그리스도교에 있다고 보았다. 그렇기에 하르낙은 "가치 있고 영속적인 것을 확인해야 하는 역사가에게는 … 말에 해당하는 것이 아니라 본질적인 것을 탐구해야 한다"고 말했다.[7] 역사의 흐름 이면에 있는 그리스도교의 본질적인 것을 그는 '예수 그리스도와 그의 복음'이라고 주장했다. 이는 형이상학적인 교리 혹은 심리학적 개념이 아니라, 1세기에 실존했던 한 역사적 인물이 사람들에게 열어젖힌 생생한 실재였다. 하르낙의 대표작 『그리스도교의 본질』은 예수 그리스도가 가르친 복음, 즉 그리스도교의 본질을 세 가지로 요약한다.[8]

> 첫째, 하느님의 나라와 그 나라의 도래
>
> 둘째, 하느님 아버지와 인간 영혼의 무한한 가치
>
> 셋째, 더 나은 의와 사랑의 계명

그리스도교의 본질에 대한 이러한 접근이 지니는 풍성한 신학적 함의 중 두 가지만 강조해 보자. 첫째, 복음은 '성부 하느님'과 주로 관련되어 있지 영원한 성자와는 별 관련이 없다. 역사 속에서 발전한 그리스도의 신성에 관한 교리는 나름의 의미가 있지만, 이러한

---

[7] 아돌프 폰 하르낙, 『기독교의 본질』, 69.

[8] 아돌프 폰 하르낙, 『기독교의 본질』, 61.

형이상학적 혹은 교리적 사변은 그리스도교의 본질과 혼동될 수 없다. 달리 말하면, 애초에 복음은 예수 그리스도에 '관한 것'이 아니었다. 나자렛 예수가 자신이 선포한 복음의 인격적 실현이자 힘이었고 지금도 그러하다. 교회의 교리나 전례가 아니라 그의 인격이 우리의 인격 속에 복음의 불꽃을 일깨운다.

둘째, 약 2000년 동안 발전한 교리에서 그리스도교의 본질을 구분해 낼 수 있다면, 자연스레 교회의 역사는 복음이라는 알맹이를 싸고 있는 껍데기로 이해된다. 물론 하르낙은 알맹이는 옳고 껍데기는 틀렸다는 단순한 이원론에 갇히지 않는다. 그는 알맹이와 껍데기 모두를 유기체적으로 봐야 한다고 주장한다.

> 우리가 한 식물의 뿌리와 줄기뿐 아니라, 그것의 껍질과 가지, 그리고 꽃까지 아울러 관찰한 다음에야 완전하게 한 식물을 알게 되는 것처럼, 그것의 전 역사에 걸쳐 있어야만 하는 완전한 귀납을 바탕으로 해서만 우리는 그리스도교라는 종교를 올바로 평가할 수 있다.[9]

하지만 그럼에도 교리와 정경, 신학, 교회 제도 등은 그리스도교의 본질이 될 수 없다. 이들은 복음이 변화한 환경 속에서 받아들여지고 전파되는 과정에서 요구된 역사적 결과물이다. 하르낙의 역사학적 분석에 따르면, 교리사에서 껍데기가 알맹이를 가리거나 알

---

[9] 아돌프 폰 하르낙, 『기독교의 본질』, 27.

맹이의 위치를 차지하는 역전이 일어났다. 이러한 '역전'은 그리스 철학이 유입되며 비교리주의적이었던 원시 교회에서 '교리화'가 진행되고 이단과의 대결 속에서 교회의 '위계와 질서'가 성립되면서 이루어졌다. 이러한 역사학적 전제를 가지고 하르낙은 교리의 역사를 탐구하거나 그리스도교의 본질을 추구하였다. 하지만 그의 야심 찬 프로젝트는 매번 종교개혁자 루터에게서 멈추었다. 중세 가톨릭의 교리주의와 교권주의에 대항한 루터의 개혁이 복음의 '원래' 단순성과 위엄을 되찾았다고 보았기 때문이다. 그의 대작 『교리사 교본』은 1세기 이후 교리의 발전사를 탐구하는 길고도 촘촘한 여정의 대단원을 다음과 같이 마무리한다.

> 교의의 역사는 루터와 함께 끝난다. … 루터의 신약성서 서론 그리고 그의 위대한 종교개혁 저작들 이후로 개신교에서 교의의 역사가 어떻게 있을 수 있겠는가?[10]

이렇게 하르낙은 엄밀한 학문으로서 역사학적 방법론을 신학에 적용하고, 종교개혁의 사상사적 위치를 새롭게 해석하고, 자기 나름의 '복음-주의적'인 문화개신교주의를 전개했다.

---

[10] Adolf von Harnack, *History of Dogma*, vol. 7 (New York: Russell and Russell, 1958), 268~269. 『기독교의 본질』 마지막 두 강연도 종교개혁을 다루며 마무리된다.

복음에서부터 교회 교리의 등장까지

문화개신교주의가 융성했던 19세기 유럽의 부르주아 사회는 제1차 세계대전을 계기로 급격한 쇠퇴를 맞이했다. 혼란한 시대적 상황에서 한때 하르낙의 제자이기도 했던 바르트가 이끄는 새로운 목소리가 독일어권 신학계에 등장했다. 이들 젊은 신학자들이 볼 때 19세기 신학은 계시가 아니라 역사를 신학의 출발점으로 삼고, 말씀에 대한 헌신보다 학문성을 더 중시하고, 십자가와 부활보다 예수의 윤리적 가르침에 집중함으로써 오류에 빠졌다. 이들은 자신들의 신학 스승과 선배들을 지난 세기와 함께 떠나보내려는 듯 자극적이고 도발적인 언사마저 서슴지 않았다.[11] 결국, 1923년에 하르낙과 바르트는 5편의 공개서한을 주고받으며 자신들의 신학적 입장을 명확히 했고, 이는 신학계의 신구 대표주자의 대결처럼 인식되었다. 공개서한의 시작을 알리는 하르낙의 첫 편지 제목, '학문적 신학을 경멸하는 신학자에게 묻는 15가지 질문'은 바르트를 비롯한 다음 세대 신학자에게 그가 느꼈던 불만을 압축적으로 보여준다.[12]

---

[11] 1차 세계대전 이후 바이마르 공화국의 젊은 학자와 학생들은 기성세대가 이룩한 부조리한 사회와 문화에 대한 불만을 공유하고 있었다. 바르트의 하르낙 비판도 문화개신교주의라는 '보수주의'에 대한 반발의 한 예라고 볼 수 있다. 또한, 앞서 언급한 "직업으로서 학문"도 세대 갈등 상황 속에서 학문에서 예언자적인 것을 찾는 젊은이에 대한 베버의 반응이기도 하다. 후카이 토모아키, 『사상으로서의 편집자: 현대 독일 프로테스탄티즘과 출판의 역사』(한울, 2015), 78~87 참고.

[12] 「그리스도교 세계」Christliche Welt를 통해 발표된 두 대가의 5편의 공개서한 중 첫 세 편이 다음 책에 발췌 번역되어 있다. 김광식, 『현대의 신학사상』(대한기독교서회, 1975), 243~254.

하지만 당시 은퇴 상황이라 거의 모든 공적 활동에서 물러난 하르낙과 달리, 막 교수직을 시작한 바르트의 영향력은 신학계에서 갈수록 커졌다. 이런 상황에서 하르낙은 1926년에 본 대학교의 젊은 학생들 앞에서 '기독교 신학과 교회 교리의 형성'이란 주제로 강의를 진행했다. 70대 중반의 노학자는 강의 도입부터 '역사에 무지한 시대'를 살아가는 젊은 학생들에게 신학을 공부하며 놓쳐서는 안 될 것이 무엇인지를 알려주려 한다. 그는 "엄격한 방법론적 작업을 스스로 수행하지 않는 위험"을 경고하고, 이러한 학문적 작업을 "'역사주의'라는 이름으로 치부해 진리 탐구를 거부"하는 흐름을 안타까워한다.[13] 그리고 "그리스도교의 초기 역사는 지금 우리가 속해 있는 시대의 그리스도교와 깊이 연관"되었기에,[14] "엄격하게 역사적인 시각으로만 접근해서 초기의 그리스도교 신학이 실제로 어떻게 탄생했는지를 살펴" 봐야 한다고 역설한다.[15]

하르낙의 본 대학교 강연은 엄밀한 역사적 방법론에 대한 강조와 전반적인 구성 등에서 약 30년 전 출간한 『교리사 교본』 1권과 크게 다르지 않다. 하지만 노년의 대가는 이전처럼 열매로서 복음과 껍데기로서 교리의 차이를 자극적으로 묘사한다거나, 요한 복음서의 역사성을 문제시하는 데 공을 들이지는 않는다(물론 한정된 지면에 하고 싶은 모든 말을 할 수 없었을 수도 있다). 대신 강연 제목처럼 그는 약 300년에 걸쳐 그리스도론의 구조가 정착되기까지의 역사

---

[13] 아돌프 폰 하르낙, 『기독교 신학과 교회 교리의 형성』 7.

[14] 아돌프 폰 하르낙, 『기독교 신학과 교회 교리의 형성』 12.

[15] 아돌프 폰 하르낙, 『기독교 신학과 교회 교리의 형성』 13.

적 과정과 그 속에서 작동했던 신학적 요인 사이의 복잡한 상호작용을 가능한 공정하고 객관적으로 묘사해내려 한다.

이를 위해 하르낙은 초기 그리스도교 역사를 크게 셋으로 나눈다.[16] 첫째 단계 역사에서는 '복음'이 선포되었고, 이는 '믿음'으로 받아들여졌다. 다음 단계에서는 이성과 신앙이 상호작용하면서 여러 '신학'이 등장하여 각축을 벌이다가, 그중 하나가 우위를 점하게 된다. 마지막 단계에서는 교회의 '교의'dogma와 '교리'doctrina가 정착했고, 단순한 믿음을 넘어 '학문성'에 대한 요구도 높아졌다. 이후 강연에서 하르낙은 교리가 복음 선포의 자리를 대신하기까지의 복잡다단한 역사를 압축적으로 서술한다.

이전 작품들과 유사하게 여기서도 하르낙은 나자렛 예수의 복음이 그리스도교의 본질이라는 전제를 교리사 서술의 시작점으로 삼는다.[17] 하느님 나라와 새로운 신 이해, 마음의 변화, 사랑의 계명 등으로 요약되는 복음 그 자체는 "학문적으로 형식화되기에는 너무나 생명력으로 가득했고 강력"했기에, "설교와 전례적인 간구, 무엇보다도 찬양과 감사의 기도, 찬양과 노래 속에서 살아 있었고, 이 안에서 적절하게 표현"되었다.[18] 하지만 교회는 복음의 선포를 이단으로부터 보호하고 구별해야 했고, 이를 위해 당대 유행하던 인식체계에 맞게 복음을 정리할 필요가 있었다. 그 결과 교회는 그리스 철학의 개념과 범주를 활용해 교리를 형성했다. 이러한

---

[16] 아돌프 폰 하르낙, 『기독교 신학과 교회 교리의 형성』, 13 참고.

[17] 아돌프 폰 하르낙, 『기독교 신학과 교회 교리의 형성』, 24 참고.

[18] 아돌프 폰 하르낙, 『기독교 신학과 교회 교리의 형성』, 68.

역사적 발전상을 고려할 때, 복음과 교리 사이에 놓여 있는 역사적 거리와 권위의 차이를 무시하고 쉽사리 복음을 교리로 대체하려 해서는 안 된다.

여기서 논의가 끝났다면, 『기독교 신학과 교회 교리의 형성』은 전작 『그리스도교의 본질』의 재탕에 지나지 않았을 것이다. 하지만 노년의 학자가 유독 강조하는 바가 있으니, 이는 교리 형성사에서 '교회'와 '성령'의 역할이다. 우선, 하르낙은 교회가 교리를 유지하는 역할을 담당했지만, 교리도 교회가 유지되는 데 크게 기여했음을 인정한다. 그에 따르면 1세기 다신교 사회에서 등장한 교회는 놀라운 특성을 가지고 있었다.

풍부한 사고들, 신비들, 제의들 등을 끌어당기는 전례를 찾을 수 없을 정도로 왕성한 교회의 소비력Konsumptionskraft, 이것들을 자신들에 맞추고 자신을 위해 일하도록 만드는 전례를 찾을 수 없는 강한 동화력Assimilationskraft, 삼 세대 만에 믿음과 사고와 삶의 태도 등의 영역에서 새로운 것들을 산출해 낸 엄청난 생산력Produktionskraft, 그리고 마지막으로 모든 종류의 권위 있는 기구들과 윤리-사회적인 교육들과 교육적인 제약들을 위한 토대를 세우고 그것들을 존중하고 따르도록 만든 조직력Organisationskraft ...[19]

교회만이 소유했던 이 같은 고유하고 특별한 능력은 그 이면에 은

---

[19] 아돌프 폰 하르낙, 『기독교 신학과 교회 교리의 형성』, 39.

밀히 작용하는 요소인 '본질' 없이는 설명할 수 없다. 예수 그리스도의 복음에 담긴 힘은 교회를 특정 방향으로 빚어냈고, 교회는 낯선 환경 속에서 복음을 선포하며 획득한 비범한 능력으로 필요에 따라 교리를 만들었다. 따라서 복음과 교리의 관계는 역사 속에 현존하는 역동적 공동체인 '교회의 매개'라는 관점에서 볼 필요가 있다고 하르낙은 역설한다.

둘째, 복음을 선포하고 신학을 형성하고 교리를 만드는 중에 교회는 사도와 예언자, 교사, 구약성서 등 여러 권위에 의지해야 했다. 그중 하르낙은 성령의 권위를 특별히 강조한다.[20] 초기 교회에 있었던 권위의 다양성은 권위들 사이에 긴장을 만들어냈고, 어느 것이 더 상위의 권위인지를 구분하는 작업을 요구했다. 이러한 혼란 상황에서 교회는 제도화되면서 여러 권위를 흡수했고, 결국에는 교회가 예언과 신학과 성서 해석의 권위를 보장하고 판별하는 우월한 권위를 가지게 되었다. 하지만 교회의 권위는 역사 속에서 '우연히' 등장한 것이기 때문에, 교회의 권위에 전적으로 기대어 교리를 정당화하려는 것은 위험한 일이었다. 하르낙은 역사 비평 작업을 통해 교리와 결부된 이러한 이질적이고 외형적인 요소를 솎아내려 한다. 결국, 그가 역사의 지층 아래서 발견한 것은 성령의 권위였다. 개신교는 성령의 권위에 호소하기에 로마 가톨릭보다 그리스도교의 본질에 가까이 있을 수 있다.

---

[20] 아돌프 폰 하르낙, 『기독교 신학과 교회 교리의 형성』, 44.

본래적인 것, 권위 있는 것은 오직 그 내용을 통해서만 적절성을 드러내야 하며 이를 통해 권위가 되어야만 합니다. ... 개신교와 로마 가톨릭에서 신앙의 확신을 뒷받침하는 근거들 사이에 중요한 차이가 생기는 지점이 바로 이곳입니다. 로마 가톨릭은 형식적인 권위를 버릴 수 없다고 생각하며, 이것을 '교회'와 '책'으로 요약합니다. 반면에 개신교는 역사적인 복음을 증거하고 효과적으로 보존하는 '성령'에 기초합니다.[21]

이러한 맥락에서 교회가 늘 새롭게 받게 되는 과제는 그리스도교의 본질을 투명하게 드러내고, '지금 여기'서 이를 현실화하는 것이다. 이제 하르낙은 복음과 교리의 관계를 단지 알맹이와 껍데기로 파악하는 것이 아니라, '어떤 권위'에 호소함으로써 복음의 타당성을 오늘 여기서 보여줄 수 있느냐의 문제로까지 관심사를 돌린다. 그런 의미에서 말년의 대학자가 젊은 대학생들에게 던진 도전은 권위의 위기를 겪고 있는 지금 우리에게도 여전히 유효하다.

하르낙 테제, 그 고갈되지 않는 매력

교리의 발전사는 곧 복음의 헬레니즘화라는 하르낙의 주장은 이후 신학계에 큰 영향을 끼쳤다. 교리가 제도화되거나 외적인 권위에 의지할 때 생동력을 잃고 심지어 복음의 자리를 찬탈하게 된다는 비판은 지금도 많은 사람에게 큰 공감을 불러일으키고 있다.

---

[21] 아돌프 폰 하르낙, 『기독교 신학과 교회 교리의 형성』, 64.

개신교의 근본정신이 '오직 성서'sola scriptura라는 원리를 바탕으로 전통의 권위를 상대화하는 데 있다면, 하르낙은 개신교의 근본정신을 근대에 발전한 역사 비평과 독창적으로 결합한 사람이라고 평가할 수도 있다.

물론 역사의 알맹이와 껍데기를 나누는 하르낙의 작업은 그때도, 지금도 역사학자의 본령에서 벗어난 것이라는 비판을 받는다. 오늘날 많은 학자는 순수 복음과 교리의 발전 사이의 거리를 지나치게 강조하는 하르낙의 전제 자체에 문제를 제기하고 있다. 이 같은 맥락에서 원시 교회가 그리스도교를 '헬레니즘화'한 것이 아니라, 복음으로 그리스-로마 문명을 '그리스도교화'한 것이라는 역사 서술이 더 큰 힘을 얻기도 한다.[22] 또한, 장대한 교리사 작업을 루터와 함께 끝낼 정도로 루터의 업적을 높게 평가한 것도, 그가 독일 민족주의의 영웅으로 루터를 숭상하던 19세기의 시대정신 아래 역사 읽기를 한 것은 아닌지 의문을 제기할 수도 있다.

하지만, 교리의 본질에 관해 동의하지 않고 각론에 있어 해석을 달리하더라도, 하르낙이 신학계에 던진 도전에서 완전히 자유로울 수 있는 그리스도인은 많지 않다. 교리와 성서 사이의 긴장은 언제나 존재할 것이고, 교리를 설명하는 교회는 결코 무류하지infallible 않기 때문이다. 그래서인지 하르낙과 대척점에 있을 것 같은 신학

---

[22] 이 책에 실린 신학자 중 존 지지울러스, 로완 윌리엄스, 새라 코클리, 데이비드 벤틀리 하트, 한스 부어스마 등이 이러한 입장을 대표한다. 그리스도교가 어떻게 그리스-로마 문명을 창조적으로 변혁했는지를 다룬 대중 역사서로는 다음을 참고하라. 톰 홀랜드, 『도미니언: 기독교는 어떻게 서양의 세계관을 지배하게 되었는가』(책과함께, 2020).

자들도 기본 전제의 차이는 있지만 원시 그리스도교 역사를 '역사'
로서 대하는 방식에 있어서 유사성이 보이기도 한다.[23] 자유주의에
반대하는 보수적 성향의 신학자들이 루터 이전의 교회사를 타락의
역사로 보았을 때 그들은 기묘하게도 하르낙과 같은 방식으로 역
사를 읽는 것이다. 19세기 문화개신교주의를 극복하려는 20세기
독일의 대표 현대 신학자들도 교리에 대한 형이상학적 탐구를 지
양하는 대신 신학을 성서로부터 시작하려 한다는 점에서 하르낙과
완전히 단절된 것은 아니다.[24]

규범적 존재로서 '예수 그리스도'와 하느님께서 계속해서 활동
하시는 장으로서 '역사', 둘 중 하나를 버릴 수 없는 한 하르낙의 영
향력은 현대 신학계에 계속될 것이다. 성서라는 확정된 '정경'과 교
리라는 계속해서 발전하는 '신앙고백' 모두가 개인이자 공동체로
서 그리스도인에게 필요한 이상 그의 문제의식은 여전히 유효하
다. 신학이 이러한 두 축 사이에서 일어나는 인간의 활동인 만큼,
약 100년 전 하르낙이 제기한 질문은 시공간을 뛰어넘어 늘 새롭
게 우리에게 다가올 것이다.

---

[23] 프린스턴 신학교에서 가르치다 프린스턴의 '자유주의화'에 반발하며 웨스
트민스터 신학교를 세우는 데 크게 이바지한 존 그레셤 메이첸John Gresham
Machen도 (그와 동시대인이었던 바르트나 불트만, 틸리히와 달리) 초기 그리스도교
연구에서 하르낙과 비슷한 역사주의적 태도를 취한다. 다음을 참고하라.
Joshua Jipp, 'The Quest for the Historical Machen', *Themelios* 30 no. 3 (2005),
60.

[24] 대표적으로 독일 신학자 위르겐 몰트만의 중요 저작 대부분은 그리스 사
상과 성서를 대조하며 논의가 시작된다. 예를 들면, 그는 그리스적 신 이
해를 비판하며 성서가 증언하는 '감정의 하느님'을 옹호하고, 형이상학적
교리 이해 대신 '종말론적 역사'로부터 신학을 구성하는 것으로 유명하다.

본질과 역사 사이에서 과거를 읽는 법

『그리스도교: 본질과 역사』
한스 큉 지음, 이종한 옮김, 분도출판사, 2002.

인간은 다양한 형태로 과거를 기억한다. 무의식적으로 지난 일의 이미지나 그때의 감정을 떠올리는 때도 있지만, 의식적으로 과거를 기억하고 의미를 해석하기도 한다. 개인 혹은 집단이 가진 과거에 대한 기억은 '역사'로 서술됨으로써 더 구체적이고 지속적인 영향을 끼친다. 역사를 서술하고 배우는 행위는 수많은 철학적 질문을 불러일으킨다. 왜 인간은 '나'만이 아니라 '너'의 과거까지 알아야 할까. '너'가 걸어간 흔적을 '나'의 기억에 접붙임으로써 어떤 변화가 생길까. 일상에서 '나'는 수많은 '너'와 상호작용하지만, 어떤 특정한 '너'가 '나'의 형성에 가장 큰 역할을 할까. '나'의 기억은 과거의 정확한 재현이 아닐 텐데 이러한 부정확한 기억을 역사화할 때 '나와 너'의 삶에 어떤 일이 생길까.

역사라는 것이 이처럼 많은 난제를 안겨주는 골칫거리임에도, 동서고금을 막론하고 인간은 과거를 들추어 역사로 서술하려 노

---

    * 원서는 다음과 같다. Hans Küng, *Das Christentum: Wesen und Geschichte* (München: Piper, 1994).

력했다. 고대사회 공무원 중 상당수가 역사를 기록하던 사관이었다는 것을 봐도, 과거를 기억하는 것은 예전이나 지금이나 인간 삶과 문명을 떠받치는 데 중요한 일임을 알 수 있다. 그렇다면 인간이 역사를 통해 과거를 마주함으로써 얻는 것은 무엇일까. 이에 대한 답변은 몇 가지로 유형화할 수 있다.[1] 우선, 과거를 정확하게 보존함으로써 일종의 교육 효과를 누릴 수 있다. 또한, 현재를 어떻게 살지에 관한 지혜를 얻을 수 있다. 역사는 과거에 일어난 비극적 사건을 반복하지 않게 하는 데 큰 역할을 하기 때문이다. 그리고 이들보다 더 적극적인 목적과 방식으로 과거를 대하는 방법도 있다. 바로 오해와 갈등, 폭력으로 깨진 현실을 넘어 치유와 평화, 화해의 미래를 위해 과거를 기억하고 역사를 서술하는 것이다.

『그리스도교』Das Christentum: Wesen und Geschichte(1994)는 역사 서술의 여러 목적과 방법이 공존하는 책이다. 한스 큉은 역사학적 방법을 사용하여 과거를 재구성하려 노력하는 가운데 교회사 속 부패와 타락에 대해 신랄하게 고발하고 억눌렸던 소수자의 목소리도 수시로 복원하려 시도한다. 그리고 역사 서술 중간중간 과거에 비추어 현대 사회에서 교회의 본질과 사명에 대해 질문하기도 한다. 이처럼 한 권의 책 속에 역사를 대하는 여러 방식이 있지만, 궁극적으로 큉은 과거 갈등의 역사를 넘어 평화의 새천년을 기대하며 그리스도교 이천 년의 역사를 되돌아본다.

---

[1] 독일의 법철학자이자 작가인 베른하르트 슐링크Bernhard Schlink는 집단 죄책에 대한 강연에서 악행을 기억하는 이유를 세 가지로 나누었다. 아래의 분류는 이러한 슐링크의 통찰을 빌려 온 것이다. Bernhard Schlink, *Guilt about the Past* (London: Beautiful Books, 2010).

『그리스도교』는 '종교 평화 없이 세계 평화 없다'라는 신념을 가지고 큉이 20세기 말에 시작하여 21세기 초에 마무리한 거대한 기획의 일부다. 일명 아브라함 유일신론 3부작이라고도 불리는 이 기획의 독일어 원서는 세 종교의 발생 순서에 따라 1991년에 『유대교』Das Judentum, 1994년에 『그리스도교』, 2004년에 『이슬람』Der Islam 순으로 같은 출판사에서 출판하였다. 우리말로도 큉의 3부작은 독일에서와 마찬가지로 13년에 걸쳐 완간되었다. 하지만 한국어판은 출간순서가 뒤바뀌었을 뿐만 아니라 책마다 다른 번역자가 작업했다.[2] 게다가 두 번째 책부터는 출판사가 바뀌었다. 그러다 보니 한국 독자들은 『그리스도교』가 큉의 연작 중 하나임을 직관적으로 알아차리기가 힘들어졌다. 심지어 많은 사람이 천 페이지가 넘는 『그리스도교』를 그리스도교 신학과 역사를 요약한 단권 백과사전처럼 여기기도 한다.

이런 기대를 품고 『그리스도교』에 접근한다면 큉이 교회 전통을 대하는 방식에 있어 편향성이던지, 과거를 해석하는 단순화된 관점에 불만을 표할 수도 있다. 이 책은 과거에 대한 객관적이고 균형 있는 재현을 목적으로 하지 않기 때문이다. 그보다 『그리스도교』는 교회가 사회 주변부로 밀려난 위기 상황에서 "근본적이고 철저한 개혁"을 하기 위해, "본질적인 것이 다시금 뚜렷이 드러나도록" 하기 위해 그리스도교의 역사를 비판적으로 성찰하는 책

---

[2] 국내에서는 『그리스도교』, 『이슬람』, 『유대교』 순으로 출간되었다. 다음을 참고하라. 한스 큉, 『이슬람: 역사 현재 미래』 (시와진실, 2012), 『유대교: 현시대의 종교적 상황』 (시와진실, 2015).

이다.[3] 이러한 역사 서술이 지향하는 바는 그리스도교가 자신의 본질이 무엇인지 재확인하고, 본질의 빛 아래서 과거의 흥망성쇠를 되돌아봄으로써, 궁극적으로 세계 평화에 이바지하게 하고자 함이다.

제2의 루터라고 불린 로마 가톨릭 사제

오래되었고 교세도 큰 만큼 로마 가톨릭에서는 교회를 갱신하고자 했던 신학자도 수없이 등장했다. 그런데 그들 중 왜 유독 큉의 목소리가 두드러지게 들릴까. 교회 개혁을 위해 제2차 바티칸 공의회에 참가한 젊은 신학자가 여럿 있었지만, '개혁자'라는 이미지가 큉에게 강하게 달라붙는 이유는 무엇일까. 현대 로마 가톨릭 신학을 주도한 독일어권 학자 중 왜 유독 큉의 저서가 압도적으로 많이 우리말로 소개되었을까. 로마 가톨릭 사제인 큉의 주요 작품들을 한국의 개신교 학자와 출판사가 기꺼이 번역하고 펴내는 까닭은 무엇일까. 이러한 질문들에 대한 답을 하는 데 큉의 생애를 잠깐이나마 살펴보는 것보다 더 좋은 방법은 없을 것 같다.

큉은 1928년 스위스 루체른에서 태어났다. 루체른이 로마 가톨릭 교세가 강한 지역이다 보니 로마 가톨릭은 그가 성장하는 데 중요한 배경이 되었다. 이후 그는 로마 교황청 소속 그레고리오 대학에서 철학을 공부하며, 프랑스의 실존주의 철학자 장 폴 사르트르Jean-Paul Sartre 연구에 집중했다. 1954년 사제 서품을 받은 후 그는

---

[3] 한스 큉, 『그리스도교』, 23.

유럽의 여러 대학교에서 연구를 수행했고, 최종적으로는 1957년에 프랑스 파리 가톨릭 대학교에서 칼 바르트와 가톨릭의 칭의(로마 가톨릭 용어로는 의화)의 교리를 비교하는 논문으로 박사 학위를 받았다. 몇 년간 사목활동을 하고 뮌스터 대학교에서 잠시 교편을 잡은 뒤, 1960년 이후 36년 동안 신학자로서 활동할 토대가 되어준 튀빙겐 대학교에 임용되었다. 이때 큉이 작성한 교수자격 논문 Habilitation은 헤겔의 성육신 사상에 관한 것이었다. 이처럼 그는 젊은 시절부터 개신교 배경의 철학자와 신학자에게도 큰 관심을 보였고, 신학의 울타리를 넘어 근현대철학이라는 더 큰 사상적 맥락에서 그리스도교의 의미를 질문하고 있었다.

영민하고 젊었던 큉은 교수직을 맡은 뒤 왕성한 강연과 저술 활동을 펼쳤다. 그중 상당수는 교회의 본질과 개혁에 관한 것이었다. 1962년에 시작된 제2차 바티칸 공의회는 그에게 신학자로서 도약할 계기를 마련해주었다. 교황 요한 23세는 제2차 바티칸 공의회를 개최하며 당시 34세였던 큉을 최연소 신학자문위원으로 임명했다. 공의회가 진행되는 중에도 그리고 끝난 후에도 큉은 현대 사회에서 교회의 의미를 첨예하게 질문했고, 그러한 결과물은 『교회』Die Kirche(1967)로 집대성되었다.[4] 이 작품은 20세기 로마 가톨릭 교회론의 대표작으로 손꼽히지만, 이후 큉과 바티칸 사이의 충돌을 예고하는 작품이기도 했다. 큉은 로마 가톨릭 교회의 경직되고 왜곡된 교리주의에 대한 비판을 계속했고, 급기야 교황 무류설에 도전

---

[4] 이 책은 한국에서는 개신교 신학자가 번역하여 개신교 출판사에서 출판되었다. 한스 큉, 『교회』(한들, 2007).

하는 『무류한?』Unfehlbar?: Eine Anfrage(1970)을 출간했다. 결국, 바티칸은 1979년 12월 18일, 큉에게 전 세계 로마 가톨릭 기관에서 신학을 가르치는 것을 금한다고 공식적으로 발표했다.

하지만, 교황청의 결정은 정반대의 효과를 낳았다. 세계 곳곳의 로마 가톨릭 학자들이 즉각 바티칸의 결정에 반발하였고, 수많은 튀빙겐 대학교 학생이 독일식 '촛불 시위'를 하였으며, 튀빙겐 대학교 당국은 로마 가톨릭 신학부에서 가르칠 자격을 박탈당한 큉을 위해 교회일치신학연구소에서 교수직을 수행하도록 조치했다. 20세기 중반 일어난 로마 가톨릭 교회의 '종교재판'은 개혁적 성향의 젊은 신학자 큉에게 '제2의 루터'라는 아우라를 부여하며 그의 명성과 인기를 더욱 드높였다. 신학자로서 큉의 활동 반경은 전 세계적으로 넓어졌고, 그는 성역은 없다는 듯 여러 예민한 신학적 문제에 관해 자기 입장을 소신 있게 밝혔다. 신변을 둘러싼 혼란스러운 상황에서도 큉은 『그리스도인 실존』Christ Sein(1974), 『신은 존재하는가?』Existiert Gott?(1978), 『영원한 생명?』Ewiges Leben?(1982) 등의 굵직굵직한 저서를 펴냈다.[5] 그리고 종교와 과학, 종교와 음악, 종교와 문학, 그리스도교 여성사, 안락사 논쟁 등의 주제를 다룬 다양한 출판물과 강연을 통해 세속화된 사회에서 교회의 의미에 관한 논쟁적 해석을 이어갔다.

1980년대 후반에 들어오며 큉의 관심사는 국제화된 21세기 사

---

5   한스 큉, 『신은 존재하는가, 1』(분도출판사, 1994). 『그리스도인의 실존』은 큉이 직접 축약하였고, 이는 우리말로도 출간되었다. 한스 큉, 『왜 그리스도인인가』(분도출판사, 1982).

회에서 교회의 존재와 사명이 무엇일까로 확대되었다. 특별히 그가 주목한 것은 타 종교와 그리스도교의 관계였다. 그중 『세계윤리구상』Projekt Weltethos(1990)은 인류가 서로의 차이와 반목에도 불구하고 평화롭고 풍요로운 삶을 살려면 종교 간의 평화가 필요함을 강조하는 역작이다.[6] 세계 평화를 위한 큉의 기획은 이듬해부터 유대교, 그리스도교, 이슬람 순서로 출간된 유일신론 3부작으로 결실을 보았다.

본질과 역사의 변증법

큉의 유일신론 프로젝트 두 번째 책인 『그리스도교』는 현대 사회에서 교회가 당면한 위기에 대한 답변이자, 평화로운 미래를 위한 교회의 모습에 관한 질문이기도 하다. 그리스도교가 여러 종교와 조화롭게 공존하며 세계 평화에 이바지해야 한다는 주장이 '모든 종교에는 구원이 있다'라는 식의 다원주의를 무차별적으로 긍정하는 것은 아니다. 큉은 여러 종교를 '밖으로부터' 고찰하며 공통점을 찾아 나가기보다는, 개별 종교의 '안으로부터' 고찰하는 방법을 선호한다.

이 내면적 관점에서 볼 때, 그리스도인인 나에게는(유대인, 무슬림 그리고 다른 종교인들에게도 물론 마찬가지이겠지만) **오직 하나인** 참 종교가 있을 뿐이다. 그것이 나에게는 그리스도교이니, 그리스

---

[6] 우리말 번역은 다음과 같다. 한스 큉, 『세계윤리구상』(분도출판사, 2001).

도교는 … 예수 그리스도 안에서 당신을 알려주신 한 분이신 참 하느님을 증언해 준다.[7]

달리 표현하면, 큉은 추상적인 종교 개념에서 출발해 보편적 진리를 찾는 길, 혹은 구원 여부를 따지는 길이 아닌, 나자렛 예수라는 한 인물의 구체성에서 시작해서 포괄적 지평을 향해 나가는 길을 선택한다.

큉이 그리스도교를 다루는 방식을 알려면 그의 그리스도 중심적 방법론부터 이해할 필요가 있다. 그는 "그리스도교가 더 그리스도교다워져야 한다"라는 말을 즐겨 사용하는데,[8] 이러한 구호의 의미를 밝히고자 그리스도교의 '본질'이 무엇인지 규명한다. 개혁이란 본디 근본 없는 미래에 대한 청사진을 들이대는 것이 아니라 본질, 즉 뿌리radix로 되돌아가는 각고의 노력이 있어야 제대로 급진적radical이 되기 때문이다.[9] 큉이 볼 때 교회의 탄생과 발전의 굴곡진 역사 이면의 본질은 "그리스도교의 바탕 문서인 성서와 전범적 인물 예수 그리스도"다.[10] 그는 이 본질로부터 이천 년 그리스도교 역사를 비판적으로 조명한다.

'본질'로부터 교회의 역사를 성찰하는 것은 이미 19세기~20세

---

[7] 한스 큉, 『그리스도교』, 963.

[8] 한스 큉, 『그리스도교』, 23.

[9] '급진적'을 뜻하는 영어 '래디컬'radical 혹은 독일어 '라디칼'radikale의 라틴어 어근 '라딕스'radix는 뿌리라는 뜻이다. 큉은 책에서 '라딕스'와 '라디칼'의 의미를 가진 단어들을 반복적으로 사용한다.

[10] 한스 큉, 『그리스도교』, 24.

기 초 독일 신학계에서 즐겨 사용하던 방법론이었다. 하지만 본질을 정의하고 사용하는 방식은 학자마다 달랐다. 대표적 예를 들면, 『그리스도교의 본질』에서 아돌프 폰 하르낙은 그리스도교의 본질을 예수 그리스도가 선포한 복음이라고 정의했다.[11] 이러한 관점에서 보면 이후 가톨릭의 역사는 그리스적인 것이 교회로 유입되며 본질로부터 멀어지는 왜곡의 과정이다. 반면 에른스트 트뢸치는 1903년에 발표한 논문에서 하르낙의 본질 개념에 의문을 표하며, 본질에 대한 전혀 다른 정의를 선보인다. 그에 따르면, 본질이란 **"이러한 개념에 연관되어 표현된 것들 모두의 총체성에 관한 폭넓은 관점** 속에서 발견되어야 한다. 그리고 본질을 발견하는 것은 역사를 추상화하는 것을 요구하는데, 그것은 **전체를 보는 기술**이다. 즉, **다양한 방법론을 가지고 연구된 재료들의 세부 사항과 충만함 모두를 하나의 공통의 관점을 가지고 보는 기술**이다".[12] 이처럼 문화개신교주의 거장 중 한 명은 역사적 발전에서 떼어낸 순수한 본질을 추구했고, 다른 한 명은 역사 전체로부터 본질을 규명하고자 했다.

본질이란 무엇인가를 놓고 하르낙과 트뢸치 사이에 벌어진 틈은 큉의 『그리스도교』를 이해하는데 적절한 배경이 되어 준다. 한편으로 큉은 역사의 흐름 이면에 항구적인 본질이 있음을 인정하고, 본질로부터 모든 역사적 현상을 철저히 비판한다. 이런 차원

---

[11] 아돌프 폰 하르낙, 『기독교의 본질』 (한들출판사, 2007), 61.

[12] Ernst Troeltsch, 'What Does 'Essence of Christianity Mean?', *Writings on Theology and Religion* (Louisville: Westminster/John Knox Press, 1990), 130.

에서 큉의 작업은 일면 하르낙과 유사해 보인다. 다른 한편 본질은 순수한 모습으로 있는 것이 아니라 언제나 끝없이 변화하는 역사 속에서 특정한 모습으로 드러난다고 이야기한다는 점에서 그의 입장은 트뢸치의 역사주의와도 어느 정도 닮았다. 그런데 큉은 여기다 논쟁적인 주장 하나를 추가한다. 본질이 구체적 형태로 드러난다고 할지라도, 본질에 완벽하게 상응하는 역사란 있을 수 없다는 것이다. 그런 의미에서 "그리스도교의 참 본질은 왜곡 안에서 발생"한다.[13]

> 2천 년 긴 물길 속에는 자갈·진흙·쓰레기들이 수없이 쌓여 있다. 그러나 수원의 물이, 많은 사람이 말하는 것처럼, 정말 완전히 썩어버렸는가? 그렇다면 어떻게 그리스도교의 요체, 곧 개개인과 신앙 공동체의 구체적 삶을 위한, 또한 동료 인간과 사회 그리고 마침내 하느님과의 관계를 위한 본보기요 지향점이요 척도이신 예수 그리스도와 그분의 일이 소멸되지 않고 언제나 다시금 뚜렷이 식별될 수 있었던가?[14]

이처럼 본질과 역사는 떼어놓고 생각할 수도, 동일시할 수도 없다. 둘의 관계는 오로지 '변증법적 긴장' 속에서만 이해될 수 있을 뿐이다. 본질은 구체적인 역사적 형태를 입고 자신을 시공간 속에 다채롭게 드러내지만, 동시에 본질은 왜곡되고 변질한 역사적 형태를

---

[13] 한스 큉, 『그리스도교』, 39.

[14] 한스 큉, 『그리스도교』, 970.

변증법적으로 지양하며aufheben 역사를 이끈다. 그렇기에 역사 속에서 본질의 왜곡과 변이가 일어난다고 본질을 탈역사적으로 정의하면 본질의 관념화 혹은 이상주의화가 발생한다. 반면, 본질과 전혀 무관히 모든 역사를 비판 없이 인정 혹은 수용하다가는 상대주의에 빠지게 된다.

정리하면, 큉이 사용하는 '본질과 형태'의 변증법은 '본질의 왜곡과 본질에 의한 지양'이라는 역동적 역사관을 형성한다. 이러한 변증법적 역사 해석은 한편으로는 그리스도교가 언제나 구체적 시공간 속에 뿌리를 내리면서 동시대의 문제와 단단히 결합하도록 이끌고, 다른 한편으로는 교회의 특정 형태를 절대화 혹은 규범화하지 않도록 하는 쇄신과 비판의 원리로 작동한다. 이러한 야심 찬 기획을 현실화하기 위해, 큉은 '패러다임'이라는 자연과학적 개념을 도입해 그리스도교의 역사를 비판적으로 서술한다.

하나의 본질, 여섯 개의 패러다임

큉은 그리스도교의 본질인 나자렛 예수로부터 복잡다단한 역사적 현상을 비판적으로 성찰하는 '비평사'를 시도한다. 그는 한 권의 책에서 본질과 역사를 함께 다루고자, '조직신학적 분석'과 '역사신학적 서술'을 결합한다. 그런데 이게 말이 쉽지 여간 곤란한 작업이 아니다. 우선 조직신학과 역사신학 모두에서 전문 지식을 가지는 것도 보통 일이 아니지만, 두 다른 영역을 합친다는 것도 방법론적 어려움을 야기할 수밖에 없기 때문이다. 큉은 이러한 난점을 해결하고자 패러다임 개념에 의지한다.

이 책은 매우 극적이고 복합적인 역사를 서술할 터이지만, 동시에 그 역사를 거듭 새삼 그리스도교의 원천에 비판적으로 비추어보고, 그리스도교가 그때그때의 특정 패러다임 아래에서 치러야 했던 희생에 관해 캐물을 것이다. ... 패러다임들 안에서 사고함은 역사를 그 지배적 구조들 안에서 그 꼴지은 인물들과 함께 이해함을 의미한다. 패러다임들 안에서 생각을 전개함은 다양한 그리스도교의 **총체적 상황들**, 그 발생·성장·경직화를 (매우 약술할지언정) 분석함을 뜻한다.[15]

큉이 사용하는 패러다임 개념을 더 잘 이해하고자 다음의 두 질문에 집중할 필요가 있다. 첫째, 본질과 패러다임은 어떻게 연결될 수 있는가. 둘째, 자연과학적 개념인 패러다임을 어떤 식으로 그리스도교화 할 수 있는가.

우선, 그리스도교의 다양한 역사적 형태 안에는 "구체적 인간 예수 그리스도"라는 본질이 있다.[16] 팔레스타인 출신의 한 고대인은 하느님 말씀의 성육화이자, 그리스도교 본질의 성육화이기도 하다. 그렇기에 그리스도교의 본질은 추상적인 이념, 교회의 도그마, 세계를 보는 특정 관점으로서 세계관, 혹은 성서의 특정 가르침과 동일시될 수 없다. 하지만, 약 30년간 세상을 살다 숨을 거둔 한 인물이 어떻게 역사를 가로지르는 그리스도교의 항구적 본질이 될 수 있을까. 이에 큉은 '그리스도 중심적'인 본질 개념을 '성령론

---

[15] 한스 큉, 『그리스도교』, 24~25.

[16] 한스 큉, 『그리스도교』, 51.

적으로 확장'한다. 어제도 오늘도 내일도 영을 통해 현존하는 그리스도는 교회의 다양한 형태를 형성하는 힘이자 그러한 역사적 형태 안에서 계속해서 현존하는 실재다. 그런 의미에서, 그리스도는 지난 이천 년 동안 "독성을 옮기는 악하고 왜곡적인 것을 무릅쓰는 참 본질"이자 "각양각색의 모든 그리스도교 종파와 교회를 묶어주는 공통된 본질"이 된다.[17]

다음으로, 큉에게 패러다임이란 그리스도교의 역사를 몇 개 시대로 나누면서 본질과 역사의 관계를 분석적으로 논증하게 해주는 유용한 개념이다. 심지어 그는 유대교와 이슬람의 역사를 다룰 때도 이 개념을 사용한다. 원래 패러다임은 미국의 과학사가이자 과학 철학자 토머스 쿤Thomas Kuhn이 과학의 발전을 설명하고자 사용한 개념이다. 그의 대표작 『과학혁명의 구조』The Structure of Scientific Revolutions(1962)에 따르면, 역사 속에서 과학의 발전은 기존에 통용되던 이론에 불연속적 단층이 생기며 혁명적으로 일어난다.[18] 쿤은 한 시대에 두루 사용되던 과학 이론이 새로운 이론에 의해 갑작스레 대체되는 현상을 '패러다임 전환'이라고 불렀다. 패러다임 이론의 타당성과 적실성에 관한 계속된 논쟁에도 불구하고, 이 개념은 인접 학문 분야에도 곧 전파되었고 대중적으로도 널리 활용되었다.

쿤을 따라 큉은 패러다임을 "어떤 공동체의 구성원들이 공유하

---

[17] 한스 큉, 『그리스도교』, 48.

[18] 토머스 쿤, 『과학혁명의 구조』 제4판(까치, 2013) 참고.

는 신념·가치·행동 양식 등의 총체적 상황"이라고 정의한다.[19] 그리고 그것을 그리스도교 역사라는 맥락 속에서 재해석한다. 패러다임은 그리스도라는 본질이 서로 다르게 드러난 역사적 형태와 더불어 그 속의 다양한 신학·사상·문화·정치·경제적 요인을 총체적으로 분석하게 해주는 틀이다. 큉에 따르면, 지난 이천 년 동안 그리스도교에는 다섯 번의 패러다임 전환이 일어났다. 그것은 바로 원그리스도교의 '유다계 묵시문학' 패러다임, 고대 그리스도교의 '보편적 헬레니즘' 패러다임, 중세의 '로마 가톨릭' 패러다임, 종교개혁의 '개신교 복음' 패러다임, 근대의 '이성과 진보' 패러다임이다.

그리스도교 역사에서 등장한 각 패러다임은 본질이 변화하는 환경 속에서 새로운 문명과 상호작용하며 형성된 것이다. 하지만 이렇게 거시적 시각으로만 역사에 접근하다 보면, 패러다임 내부에서 변혁을 일으키는 인간 행위자에 주목하지 못할 위험이 있다. 이에 큉은 몇몇 혁명적 신학자와 교회 지도자들이 개인으로서 거대한 패러다임을 전환할 힘은 없어도, 이들이 패러다임의 급진적 변화의 촉매로 활동했음을 간과하지 않는다. 그렇기에 큉은 패러다임을 분석하면서 각 시대를 대표할 만한 바울, 아우구스티누스, 토마스 아퀴나스, 마르틴 루터와 장 칼뱅, 프리드리히 슐라이어마허 등의 인물을 선별하여 그들의 신학과 업적을 소개한다.

여기서 끝이 아니다. 더 나아가 큉은 과거를 본질과 결부시켜

---

[19] 한스 큉, 『그리스도교』, 163.

해석하고, 이전 패러다임이 현재에 가지는 의미를 질문함으로써, 결국에는 그리스도교의 "미래에 내포된 다양한 선택 가능성들을 식별"하고자 한다.[20] 이는 21세기와 함께 도래한 여섯 번째 패러다임에 대한 질문으로 이어진다. 큉은 지금의 교회가 속한 패러다임을 '탈교파 일치 운동'이라고 부른다. 새로운 패러다임 속에서 교회 개혁이라는 과제는 단지 교리와 도덕성 회복으로 한정될 수 없다. 새로운 밀레니엄을 기다리며 집필한 책인 만큼, 『그리스도교』는 교회가 자신의 존재 이유와 사명을 인간과 자연, 남성과 여성, 부자와 가난한 자, 세계 속 다양한 교회들, 나의 종교와 너의 종교 사이의 대화와 협력과 화해에서 찾아 나갈 것을 주문한다. 이를 위해 큉은 오랫동안 교회를 잠식했던 교파주의에서 벗어나 참된 보편성을 재발견할 것을 촉구한다. 그리스도를 통한 화해를 교파 간에 실현 못 한 채, 교회가 인류 전체의 평화의 동력이 된다는 것 자체가 어불성설이요 위선이기 때문이다.

그리스도교의 본질과 역사, 그리고 미래의 전망

한국 출판계에 국내 저자가 집필하거나 우리말로 번역된 조직신학 혹은 역사신학 책은 많아도, 둘을 결합한 높은 수준의 '사상사' 책은 그다지 많지 않다. 그래서인지 『그리스도교』의 번역본은 2002년도 출간 이래 로마 가톨릭 및 개신교 신학자와 신학생은 물론이고, 교양으로 신학을 공부하는 이들에게도 크게 사랑받았다.

---

[20]   한스 큉, 『그리스도교』, 966.

하지만 이 책은 일반적인 사상사에 머무르지 않는다. 긍정적인 의미든, 부정적인 의미든『그리스도교』는 노골적으로 실천적인 관점을 내세우는 '비평사'다.

비판적 역사 서술을 통해 큉은 교회가 오랜 기간 잊어왔던 그리스도교의 보편적 지평을 21세기에 되찾고자 한다.『그리스도교』는 추상적 개념에서 보편의 원리를 찾지 않을 뿐만 아니라, 객관적인 교회사 혹은 교리사가 되려고 하지 않는다. 오히려 이 책은 그리스도라는 본질과 교회의 역사가 '변증법적 운동'을 통해 만들어갈 교회일치와 세계 평화의 가능성에 주목한다. 그리스도의 영은 지난 이천 년 동안 개인의 저항과 제도의 부패에도 불구하고 역사 속에서 하느님의 정의와 평화를 실현해 나가고 있다. 이러한 그리스도 중심성이 큉의 신학 전체에 흐르는 역동성의 원천이다. 또한, 그가 나자렛 예수와 교회 사이의 긴장을 강조하면서 그리스도교의 역사적 추이를 집요하게 추적할 수 있는 이유이기도 하다. 그리고 죽을 때까지 로마 가톨릭 사제로 남은 이 신학자의 급진적인 목소리에 유독 많은 개신교 독자가 귀 기울이는 이유도 여기에 있을 것이다.

패러다임이 역사의 흐름을 분석하기에 완벽한 틀이지는 않기에, 패러다임이라는 관점에서 그리스도교의 본질과 역사를 살피는 것에는 한계가 있을 수밖에 없다. 하지만 큉이 이러한 작업을 시도한 것은 역사에 대한 다차원적 분석을 통해 "그리스도교가 어떻게 또 왜 오늘날의 모습으로 되었는가"와 "그리스도교의 바람직한 가능태"를 살피기 위해서라는 것을 염두에 두어야 한다.[21] 물론 독자가 저자의 의도에 따라서만 텍스트를 해석해야 하는 것은 아니다. 그렇지만 오늘날 원근 각지에서 일어나는 갈등과 분열을 볼 때, 번역본으로 1,070쪽에 달하는 책을 읽는 이유가 단지 정보 습득과 지적 호기심 충족에 그쳐서는 안 될 것 같다. 우리는 그리스도를 주로 고백하는 것이 인류의 화해를 위한 일에 동참하는 일이라는 큉의 호소가 이 책이 쓰였을 때보다 더욱 절실해진 세계에 살고 있기 때문이다.

---

[21] 한스 큉, 『그리스도교』, 25.

교회분열과 교회일치의 갈림길에 선 마르틴 루터

『마르틴 루터: 교회일치 관점에서 마르틴 루터를 다시 보다』
발터 카스퍼 지음, 모명숙 옮김, 분도출판사, 2017.

마르틴 루터가 1483년 11월 10일 태어났을 때의 세계는 오늘날
의 우리에게 낯설다.[1]

종교개혁 500주년을 한 해 앞둔 2016년, 발터 카스퍼 추기경은
종교개혁자 마르틴 루터에 대한 소책자를 펴내며 그 핵심어를 '생
소함'으로 잡았다. 그는 루터 이후 수백 년간 지속된 로마 가톨릭
과 개신교 사이의 불화를 넘어설 가능성을 '루터 낯설게 보기'에서
찾고자 한다. 성인 손바닥 크기만 한 문고판 71쪽으로 품기에는 너
무 크고 허황한 목표가 아닐까. 그런데 저자가 20세기 독일 가톨릭
을 대표하는 신학자이자, 2001년부터 10년간 교황청 내 그리스도
인일치촉진평의회Pontificium Consilium ad Unitatem Christianorum Fovendam 의
장이었던 카스퍼라면 이야기가 달라질 수 있지 않을까.

---

* 원서는 다음과 같다. Walter Kasper, *Martin Luther: Eine ökumenische Perspektive*
(Osfidern: Patmos Verlag, 2016).
[1] 발터 카스퍼, 『마르틴 루터』, 11.

전반적으로 한국 개신교회는 16세기에 일어난 서유럽 종교개혁에서 자신의 정체성을 찾으려는 경향이 강하다. 그래서인지 루터가 촉발한 종교개혁이 500주년 되던 2017년 한 해 동안 학회와 학교, 교회, 언론 등에서 종교개혁 정신을 재발견하려는 수많은 활동이 있었다. 루터의 생애와 업적을 새롭게 쓰고, 루터가 살았던 중세 말기의 역사적·정치적 상황을 재구성하고, 오늘의 교회를 개혁하고자 루터의 저항 정신을 되돌아보며, 루터를 포함한 개신교회 선구자들의 중요성을 대중화하려는 행사와 서적이 말 그대로 거대한 물결처럼 밀려왔다. 한 조사에 따르면, 2017년에 루터의 삶과 사상, 종교개혁의 역사와 신학, 종교 개혁지 탐방, 루터 저서 번역 등 루터 관련 '책'만 해도 국내에서 적게 잡아 87권이 출판되었다.[2] 아무리 성실한 학자나 다독형 독자라도 소화하기 힘든 엄청난 양의 읽을거리가 쌓였던 셈이다.

종교개혁을 기념하고자 수많은 저자가 헌신적으로 집필 활동에 매진한 것은 의미 있는 일이다. 하지만 그 결과 어떤 저서들은 합당한 주목을 받지 못했다. 그중 하나가 카스퍼의 『마르틴 루터』(2016)다. 당시 무게감 있는 연구서와 선집들이 연이어 출판되다 보니, 이 소박한 소책자는 종교개혁을 제대로 공부하겠다는 사람들을 만족시키기에는 부족해 보였다. 심지어 "종교개혁 500주년을 기념한다는 취지에서 이루어졌지만, 루터 혹은 종교개혁신학을 발

<hr>

[2] 정병식, '루터 및 종교개혁 연구 현황 조사: 2017년 종교개혁 500주년 국내 출판 단행본을 중심으로', 「한국기독교신학논총」 118 (2020), 143~179.

전시키는 데에는 한계"가 있는 작품 중 하나로 분류되기도 했다.[3] 하지만 이러한 박한 평가에 완전히 동의할 수는 없는 것이, 카스퍼는 교회의 일치와 화해를 촉진하고자 하는 '차별화된 목표'를 가지고 로마 가톨릭 입장에서 루터에 접근하는 특별한 시도를 했기 때문이다.

개신교인은 종교개혁의 역사를 자신들의 신앙의 토대가 되는 집단 기억으로 가지고 있다. 그러다 보니 16세기를 기억할 때 루터 이후 일어난 교회 '분열'이라는 틀 안에서 맴돌며 자기 폐쇄적 서사에 빠지는 경향이 있다. 하지만 개신교의 성숙, 심화, 확장을 모색하는 이 시점에서는 종교개혁자들의 영웅화, 혹은 개신교의 자기 낭만화라는 틀이 아닌 포괄적이면서도 대안적인 루터 해석이 필요하지 않을까. 이러한 맥락에서 카스퍼는 "세상의 일치와 평화를 위해 헌신하는 교회의 일치"라는 맥락에서 500년 전 사람인 루터에게 말을 건넨다.[4] 그 결과 루터는 단지 '순수한' 교리로 교회를 개척하려 한 인물이 아니라, 하느님께서 약속하신 화해의 미래를 바라보고 그 실현을 갈망하는 생동적 존재로 탈바꿈한다.

로마 가톨릭 추기경이 루터에게 관심을 두는 이유

『마르틴 루터』는 2016년 베를린 훔볼트 대학교에서 행한 '마르틴 루터 1517~2017: 교회일치 운동의 관점'이라는 강연을 수정·확대하여 출간한 소책자다. 종교개혁 500주년을 앞두고 이런 중요

---

[3]   정병식, '루터 및 종교개혁 연구 현황 조사', 173~174.
[4]   발터 카스퍼, 『마르틴 루터』, 43.

하면서도 까다로운 주제를 다루려면 학문적 공정함, 교회 현장에 대한 감각, 신학자로서 권위 모두가 필요했다. 당시 로마 가톨릭 교회뿐만 아니라 전체 교회를 통틀어 생존하는 신학자 중에 이러한 과업을 담당하기에 카스퍼만 한 적임자도 찾기 쉽지 않다.

카스퍼는 독일 하이덴하임 안 데어 브렌츠라는 작은 도시에 터 잡았던 독실한 로마 가톨릭 가정 출신이다. 태어난 1933년 히틀러가 수상직에 올랐던 만큼, 나치 정권 아래에서 소년기를 보냈고, 세계대전이 끝나고 나서야 본격적으로 학업에 몰두할 수 있었다. 1952년부터 튀빙겐 대학교에서 본격적으로 신학 수업을 시작했고, 뮌헨에서 잠깐 수학한 때를 제외하고 박사 과정을 마칠 때까지 튀빙겐에 머물렀다. 독일 신학계가 전쟁의 상흔에서 회복하면서 세속화라는 새로운 문제에 응답하던 시기에 튀빙겐에서 공부하다 보니, 19세기 초부터 내려오던 로마 가톨릭 튀빙겐 학파가 그의 신학적 사고 형성에 지대한 영향을 끼쳤다.[5]

로마 가톨릭 튀빙겐 학파의 대표적 학자 요한 세바스티안 폰 드라이[Johann Sebastian von Drey](1777~1853), 요한 아담 묄러[Johann Adam Mühler](1796~1838) 등은 계몽주의 이후 진행되는 세속화를 되돌릴 수 없는 역사적 과정으로 보았다. 이들은 변화한 시대에 맞게 그리스도교 진리의 내용과 형식을 제시하려 했다. 당시 유행하던 역사철

---

[5] 튀빙겐 가톨릭 학파에 관한 간략한 소개로 다음을 참고하라. 바티스타 몬 딘, 『신학사 4: 현대』(가톨릭출판사, 2020), 294~307. 튀빙겐 학파가 교회일 치운동에 끼친 영향에 관한 해외 연구도 있다. Catherine E. Clifford, ʻThe Catholic Tübingen School and Ecumenismʼ, *The Theology of Cardinal Walter Kasper* (Collegeville: Liturgical Press, 2014), 154~169.

학과 그리스도교 계시론의 종합을 추구하고자, 튀빙겐 학파는 "역사와 역사적 탐구, 그리스도교의 기원과 교부에 관한 연구, 그리고 독일의 낭만주의와 관념론자들의 저술에 깊게 뿌리" 내렸다.[6] 이들에 따르면, 그리스도 사건은 1세기 역사 속에 일어난 계시이자 이후 역사 안에서 생동감 있게 움직이는 실재다. 예수 그리스도를 정점으로 하는 하느님의 계시는 단지 과거에 일어난 사건으로 고정된 것이 아니다. 계시는 생동하는 '자기 전승'으로서 늘 새롭게 교회의 역사로 발생한다. 이러한 관점에서 튀빙겐 학파는 당대에 유행하던 중요 철학적·역사적 사조와 토론을 회피하지 않고 비판적인 대화에 임했다. 심지어 이 학파의 구성원들은 개신교 사상에도 진지한 관심을 보였는데, 이는 19세기 중후반까지만 하더라도 로마 가톨릭 풍토에서는 흔하지 않았던 일이다.

  카스퍼는 튀빙겐 학파의 적자라고 불릴 정도로 학생 시절 19세기 튀빙겐 학자들의 영향을 많이 받았다. 본인도 학계와 교회를 위해 일하면서 자신이 튀빙겐 학파 전통에 서 있음을 자랑스럽게 생각했다. 1957년 사제품을 받고 1989년 주교품을 받기 전까지 그는 뮌스터, 튀빙겐, 레겐스부르크 대학교에서 연구하고 학생을 가르치던 총명한 학자였다. 그는 독일의 유서 깊은 여러 대학교에서 교수직을 수행하며 칼 라너Karl Rahner(1904~1984), 요제프 라칭거Joseph Aloisius Ratzinger/Benedictus PP. XVI(1927~2022), 요한 뱁티스트 메츠Johann

---

[6] 19세기 가톨릭 튀빙겐 학파의 특징을 잘 요약해 주는 표현이라 다음 책에서 인용하였다. James C.Livingston, *Modern Christian Thought, vol 1: The Enlightenment and the Nineteenth Century* (Prentice-Hall: Upper Saddle River, 1988), 198.

Baptist Metz(1928~2019), 한스 큉 등의 동시대 신학자들과 함께 20세기 독일 가톨릭 신학의 전성기를 구가하며 국제적으로 명성을 얻었다. 이들은 현대 로마 가톨릭 교회가 1962~1965년 동안 열었던 제2차 바티칸 공의회의 가르침을 해석하고 수용하는 데 큰 역할을 담당했다. 그중 카스퍼는 튀빙겐 학파의 영향으로 역사학적 방법론을 가지고 신학과 교회의 역사를 현대인의 감각으로 되돌아보는 데 뛰어났고, 신앙과 근대성의 비판적 대화 가능성을 탐구함으로써 교회의 현대적 의미를 밝히는 일에 두각을 보였다.

신학자로서 활동한 약 반세기 동안 카스퍼는 가톨릭 신앙, 성사, 교회 정체성 등의 주제를 다룬 수많은 책을 펴냈다. 그중 일부가 우리말로도 소개된 만큼 그의 업적은 한국인에게도 낯설지 않다. 특히 주교로 부름을 받기 이전 학자로서 전성기를 구가했던 40대에 집필한 『예수 그리스도』Jesus der Christus(1974)와 『예수 그리스도의 하느님』Der Gott Jesu Christi(1982)은 로마 가톨릭과 개신교를 포함하여 20세기에 나온 그리스도론과 삼위일체론의 명저로 손꼽힌다.[7] 번역본으로도 각각 494쪽과 706쪽에 달하는 엄청난 분량의 두 책의 일부라도 접해본 사람이라면, 어느덧 83세에 이른 추기경이 소책자라는 한정된 지면에 소박한 어투로 들려주는 루터의 모습이 어떨지 기대하지 않을 수 없다.

---

[7] 한국에서 1977년과 2015년도에 분도출판사와 수원가톨릭대학교출판부가 각각 출간한 두 책은 모두 현재 품절상태다.

루터 낯설고 새롭게 보기

루터라는 한 인물을 둘러싼 평가는 시대마다, 지역마다 달랐다. 1517년 겨울에 루터로부터 촉발된 개혁의 기운이 퍼져가자, 당시 교황이었던 레오 10세는 루터를 주님의 포도밭을 파괴하는 멧돼지라고 부르며 그를 정죄했다. 하지만 유럽 곳곳의 정치·종교·사회적 혼란을 뚫고 살아남은 이단아 루터는 곧 "종교개혁가 루터, 프로테스탄트 교부 루터, 이성과 자유의 선구적 투사 루터, 용감한 독일 국민 영웅 루터 등"으로 칭송받았다.[8] 개신교가 융성한 지역에서 루터에 대한 호의적 반응이 커 갈수록, 로마 가톨릭 교회의 적대적 반응 역시 커졌다.

루터에 대한 상반된 태도가 수백 년 이어오던 중에, 1883년 독일에서는 루터 탄생 400주년을 기념해 바이마르판Weimarer Ausgabe 루터 전집 작업을 시작했다. 그리고 이 무렵 태어난 독일 개신교 학자들은 20세기 초반에 루터 르네상스라 불릴 만한 루터 연구 부흥을 주도했다.[9] 루터에 대한 공정한 학문적 연구의 기반이 닦이

---

[8] 발터 카스퍼, 『마르틴 루터』, 7.

[9] 바이마르판 루터 전집 작업은 100년 이상 진행되어 2009년에야 종료되었다. 그리고 '루터 르네상스'란 루터 연구를 통해 현대 교회와 문화를 개혁하고 교단 간 대화에 참여하고자 했던 국제적 연대와 운동을 가리킨다. 루터 르네상스가 1900년에서 1960년 정도까지 독일, 스칸디나비아, 핀란드 등에서 진행된 만큼, 19세기 말엽 독일 자유주의 신학자들이 (민족주의적 관심을 가지고) 진행했던 루터 연구와는 구분된다. 실제 루터 르네상스의 초기 구성원인 칼 홀Karl Holl, 에마누엘 히르쉬Emanuel Hirsch, 파울 알트하우스Paul Althaus 등은 1880년대 중후반 태생으로, 시기적으로도 고전적 자유주의 신학자들이 아니라 칼 바르트로 대변되는 변증법적 신학자들과 동년배다. 다음을 참고하라. Heinrich Assel, 'Luther Renaissance', *Oxford Research Encyclopedia* (2017.03.29.), https://oxfordre.com/religion/display/10.1093/

자, 20세기 중후반을 넘어서며 로마 가톨릭 교회에서도 루터를 일방적으로 부정할 수 없는 분위기가 형성되었다. "루터가 본래 지녔던 종교적 관심사에 대한 인정, 루터의 교회분열 책임에 대한 더욱 타당한 판단, 교회일치운동의 징후에서 볼 때 루터가 지닌 많은 통찰의 수용, 특히 그가 만든 성가들의 수용"이 루터에 대한 로마 가톨릭 학자들의 평가를 확연히 바꾸었다.[10] 종교개혁 500주년이 되는 2017년을 전후로는 베네딕토 16세와 프란치스코 교황이 로마 가톨릭 교회에서 루터의 지위를 인정하고 회복하는 가시적이면서도 상징적인 조치를 하기도 했다.

이처럼 카스퍼는 한편으로 루터에 대한 현대 로마 가톨릭의 인식 변화를 강조하지만, 다른 한편 개신교회에서 루터의 업적을 과장하거나 그의 이미지를 역사적으로 부정확하게 소비하는 것에 우려를 표한다. 그에 따르면 루터는 복음의 원리에 입각한 새로운 교회의 창시자로 기억되지만, 사실 "루터는 여전히 그리스도교 사회 societas christiana의 종교적 일치라는 중세적 사고를 고수"한 사람이었다.[11] 많은 개신교인은 이를 망각함으로써, 루터의 원 의도와 달리 발생한 교회분열을 정당화하거나 이상화하는 오류를 범했으며, 더 나아가 루터의 업적을 중세에 계속되었던 개혁의 역사, 특별히 15세기 서유럽 곳곳에서 있었던 가톨릭 내부의 복잡다단한 개혁을

---

acrefore/9780199340378.001.0001/acrefore-9780199340378-e-297 (2023.03.20. 최종 접속).

[10] 발터 카스퍼, 『마르틴 루터』, 8.

[11] 발터 카스퍼, 『마르틴 루터』, 34.

평가절하하는 단순화된 원리로 악용했다고 카스퍼는 지적한다.

루터에 대한 또 다른 부적절한 해석으로 카스퍼는 "루터와 종교개혁을 근대 자유의 역사neuzeitlichen Freiheitsgeschichte라는 맥락 속에서 해석하려는 시도"를 거론한다.[12] 독일에서 특히나 유행했던 이러한 해석에 따르면, 루터는 '하느님 말씀에 붙잡힌 양심'을 내세우며 황제와 교황의 권위에 맞선 자유인이자, 구원의 가능성을 내적이고 주관적인 개인의 믿음에서 찾은 근대정신의 선구자다. 하지만 이런 입장을 과하게 밀고 나가다가는 루터 이전부터 프랑스, 이탈리아, 스페인 등 유럽 곳곳에서 다양하게 발현되던 근대성을 제대로 다루지 못한다. 또한, 급진 종교개혁이나 농민전쟁 등을 두고 루터가 교회 전통과 국가의 권위에 호소했던 사례에서 비치듯, 그가 여전히 전근대적 세계관에 매여 있었음을 간과할 수도 있다.

결론적으로, 카스퍼는 중세가 저물어갈 때 태어나 활동했던 루터라는 인물을 다음과 같이 인상적으로 묘사한다. "무엇이 그 시대의 인간들을 움직이게 하는지 알아채는 직감력이 뛰어났지만, 또한 무척이나 시대에 맞지 않는 사람."[13] 이러한 이중적 평가는 현시대 상황에서 루터의 의의를 따져보는 데도 똑같이 적용할 수 있다. 그의 신학은 오늘날 그리스도교가 어떤 방향으로 움직여야 할지를 꿰뚫어 보게 하지만, 현대 주류 교회가 흘러가는 방향과는 꽤 이질적이기도 하다. 이 지점에서 카스퍼의 '루터 낯설게 보기'는 화해의 미래를 목표로 하는 '교회일치적 관점에서 루터 읽기'로 발전한다.

---

[12] 발터 카스퍼, 『마르틴 루터』, 33.

[13] 발터 카스퍼, 『마르틴 루터』, 17.

진정한 의미에서 '가톨릭' 신학자였던 루터

종교개혁사 책을 보면 루터는 복음에 대한 배타적 헌신과 불같은 천성적 기질이 공존했던 개혁자, 중세 가톨릭의 왜곡된 교리와 위계화된 교회 질서에 철퇴를 가하고, 순수한 교리를 회복해 개신교회의 시대를 연 선구자로 기억된다. 하지만 이러한 간결하고 극적인 묘사가 루터의 진면모라면, 엄밀히 말해 그의 업적은 칭송이 아니라 비판적으로 극복해야 할 대상이다. 볼프하르트 판넨베르크의 말대로 "독자적인 루터교회의 태동은 성공이 아니며, 오히려 종교개혁의 실패를 의미"하기 때문이다.[14] 루터가 일으킨 개혁의 파도가 서방 교회의 분열이라는 결과를 낳았지만, 이 피치 못할 결과와 루터의 본래 의도를 혼동해서는 안 된다. 그가 자신의 적대자들에게 도발적이고 적대적인 언어를 사용한 것은 사실이지만, 그 이면에는 은총의 하느님을 설명할 새로운 언어를 찾으려는 열망이 있었다.

루터는 마음속 깊은 믿음을 근거로 모든 것을 파악했다. 그는 증오에 찬 장광설만큼이나 무례하고 거칠지만 그만큼 경건하고 부드럽고 진심일 수 있었던 특유의 언어 구사력을 동원하여 인간의 실존적 물음들을 제기했고, 그 문제들이 지닌 깊은 종교적 차원에 도달했다. 온 힘을 다하여 그는 모든 물음 중에서 가장 중요한 신의 문제를 중심에 놓았다. "나는 자비로운 하느님을 어떻

---

[14] 볼프하르트 판넨베르크의 말을 재인용했다. 발터 카스퍼, 『마르틴 루터』, 23.

게 받아들이고 있는가?"[15]

루터는 하느님의 은총을 신학과 교회의 중심에 놓고자 했지, 교리의 순수함을 보존한 새로운 종교를 기획했던 사람이 아니다. 이러한 강조점의 변화는 루터가 추구한 개혁이 어떤 성격인지 공정하게 볼 수 있는 '새로운 관점'을 열어준다. 루터를 가톨릭 교회에 저항한 프로테스탄트, 즉 개신교라는 새로운 교회 전통의 시작을 알리는 혁명가로 단순화시켜서는 안 된다고 카스퍼는 말한다. 오히려 그의 시선에 루터는 당시 "전혀 보편적catholic이지 않은 가톨릭주의Catholicism를 극복했고, 이와 동시에 원래 가톨릭적인 것etwas Urkatholisches을 재발견"하려 분투한 사람이었다.[16] 루터가 복음에 기초한 교회 '전체의 개혁'을 추구했던 만큼, 카스퍼는 루터를 개신교 전통을 일으킨 종교개혁가가 아니라 하나의 거룩한 공교회로서 가톨릭 교회의 개혁가로 재정의한다.

　　루터의 개혁을 교회의 보편성을 회복하고자 하던 운동으로 보려는 시도가 심정적으로 동의가 되더라도, '교회일치 관점'이 루터 신학의 핵심을 왜곡하거나 개신교의 정체성을 포기할 것을 요구하지는 않을까 우려할 수도 있다. 이런 우려 앞에서 교회일치운동에 헌신한 연륜만큼 지혜도 쌓인 노신학자는 '가장 루터다운 것'을 통해 가톨릭과 개신교 모두가 교파주의를 넘어설 수 있다는 역발상을 시도한다.

---

[15]　발터 카스퍼, 『마르틴 루터』, 18.
[16]　발터 카스퍼, 『마르틴 루터』, 20.

교회일치운동에서 루터의 가장 중요한 기여는 여전히 열려 있는 교회론적 단초들에 있지 않다. 그보다는 오히려 그의 본래 단초 인 하느님의 은총과 자비에 대한 복음 및 회개에 대한 호소에 있 다. … 오직 하느님의 자비만이 분열로 인해 교회인 그리스도의 몸에 난 깊은 상처를 치유할 수 있다. 하느님의 자비는 우리의 마음을 변화시키고 새롭게 할 수 있다. 그래서 우리가 회심할 준 비가 되고, 자비로운 마음으로 서로를 대하고, 지난 잘못을 서로 용서하고, 화해하고, 일치의 길로 참을성 있게 한 걸음 한 걸음 나아가 **화해된 다양성**에 이르는 출발선에 설 수 있게 한다.[17]

카스퍼가 올바르게 지적했듯, 루터는 16세기 교회의 구조적 왜곡 을 기술적으로 해결하려 하지 않았다. 그는 하느님의 자비를 바라 봄으로써 당면한 문제를 근원적으로 치유하고자 했다. 바로 이러 한 이유로 루터의 신학은 특정 전통이나 시대에 묶이지 않는 '보편 적 호소력'을 가질 뿐만 아니라, 교파주의의 폭력에도 훼손되지 않 을 주님의 몸으로서 '교회의 보편성'을 재발견하는 자원이 된다. 오 랜 기간 갈등을 빚어온 로마 가톨릭과 개신교회가 하나의 거룩한 공교회임을 고백하기 위해서는 교회론의 각론에서 타협을 시도하 는 것이 아니라, 깨어진 세상을 품으시는 '예수 그리스도의 하느님' 을 설명할 공통의 언어를 찾아야 한다. 이것이 분열과 갈등의 시기 에 거친 입을 자랑하던 개혁자 루터가 재소환되어야 할 이유다.

---

[17] 발터 카스퍼, 『마르틴 루터』, 55~56(강조는 필자의 것).

교파주의의 황혼에 소환된 루터

서방 교회의 분열이 일어난 16세기 이후 교회사는 각기 다른 신앙고백을 가진 교회들이 공존하는 교파주의 시대라 부를 수 있을 것이다. 하지만 수백 년 지속한 교파주의의 영향력은 오늘날 전 세계적으로 확연히 저물고 있다. 이러한 변화 이면에는 복합적 이유가 있다. 우선, 20세기 초반 서유럽에서 군주제가 실질적으로 종식되며 교파주의의 근간인 국가교회가 약해졌다. 또한, 세계대전 이후에는 교회가 평화와 화해의 촉매가 되어야 한다며 서로 다른 교파 간 대화가 시작되었다. 하지만 이러한 변화가 교파주의의 황혼을 불러온 핵심 동인이라고 말하기는 불충분하다. 오히려 현대인이 세속화에 맛 들이면서 교회와 교파 간의 차이에 무관심해졌고, 교파주의는 다원화된 사회를 설명하는 개념으로서 지위를 자연스레 상실한 것이 아닐까. 카스퍼는 이를 솔직하게 묘사한다.

> 이런 다원주의 상황뿐만 아니라 오늘날 진행되고 있는 개인화 과정들에 직면하여 교파 교회의 경계들이 유연해졌고, 교파적 논쟁들도 많은 개신교 및 가톨릭 그리스도인에게 별반 중요하지 않게 되었다. 이것을 유감으로 여길 수도 있다. 하지만 교파주의 시대가 돌이킬 수 없게 지나갔으며 과거의 폐허 위에 그 시대를 되살리려는 모든 시도가 실패할 게 뻔하다는 사실은 전혀 달라지지 않는다.[18]

---

[18] 발터 카스퍼, 『마르틴 루터』, 32.

이런 상황에서 루터의 신학은 순수 교리를 수호하고자 교회를 쪼개는 것이 아니라, 교회의 참 보편성을 회복하는 것이 개혁이 지향해야 할 바임을 보여주는 소중한 자원이 될 수 있다.

꽤 오랜 시간 많은 한국 개신교인은 자기가 속한 교회가 타락한 중세 가톨릭으로부터 '개혁된 교회'라는 것에 큰 자부심을 가져왔다. 그래서인지 16세기 프랑스의 종교개혁 지도자 테오도르 베자 Theodore Beza가 사용했다고 알려진 '개혁된 교회는 항상 개혁되어야 한다'ecclesia reformata semper reformanda est라는 표현을 즐겨 쓰기도 한다. 하지만 개혁이라는 단어는 개신교회의 전유물이 아니다. 이를 개신교 신학이 특허 낸 것처럼 여기다가는, 로마 가톨릭 교회나 정교회는 개혁되지 못한 낙후된 교회라는 고약한 선입견에 빠진다. 개신교회에서 개혁이란 개념이 경직된 이데올로기처럼 작동하며, 실제 개혁을 방해하는 요인으로 작용할 위험도 크다.

카스퍼는 그리스도인이 교파주의라는 허상에 집착하지 않도록, 교회일치 관점에서 루터를 과감하게 재해석함으로써 서방 교회를 분열시킨 비극적 역사를 또 다른 갈등의 원인이 아니라 화해와 교류의 계기로 탈바꿈한다. 루터가 궁극적으로 발견한 것은 중세 가톨릭 교회의 문제를 해결할 실용적 방식이 아니라, 하느님과 일치에서 떨어져 나왔고 서로 반목하고 있는 우리를 위한pro nobis 하느님의 자비였다. 로마 가톨릭 교회든 개신교회든 한 분 주님의 몸으로 현존하는 이상 "교회는 항상 새로워지고 쇄신하는 교회"ecclesia *semper renovanda et reformanda*일 뿐이다.[19] 이것이 하나의 교회라는 포괄적 맥락에서 로마 가톨릭 교회와 개신교회가 각자의 정체성을 존중할 수 있는 길을 루터에게서 찾을 수 있는 이유다.

---

[19] 발터 카스퍼, 『마르틴 루터』, 44.

과거의 낯섦 앞에 선 그리스도인

『과거의 의미: 역사적 교회에 관한 신학적 탐구』

로완 윌리엄스 지음, 양세규 옮김, 비아, 2019.

과학기술과 자본주의가 결합한 초변화 사회에서 인문학은 종종 계륵 같은 학문 분야로 여겨진다. 시대의 변화에 부응하지 못하고 효용성도 뒤떨어지지만, 막상 없다면 삶이 왠지 공허해질 것 같아 무시하기에는 찝찝한 그런 영역 말이다. 그나마 인문학 중 대중이 관심을 보이고 연구비도 많이 투자되는 분야를 꼽으라면 역사학이 아닐까 싶다. 이상하게도 역사학이 '상대적' 인기를 누리는 이면에는, 인간은 본성상 역사적이라는 존재 규정이 자리 잡고 있다. 나는 누구이고 어떻게 살아야 할지에 대한 현실적 고민은 대개 역사학이 펼쳐 보이는 과거를 배경 삼아 이뤄진다. 지난날을 어떻게 이해할지, 어떤 사관으로 현실을 볼지, 누가 쓴 역사책을 읽는지에 따라 우리는 풍요로운 삶을 도모할 수도 있고, 반대로 자아와 타자의 안녕을 위협할 수도 있다.

개인과 집단의 삶이 역사와 긴밀히 결합한 만큼, 인류는 동서고

---

* 원서는 다음과 같다. Rowan Williams, *Why Study the Past?: The Quest for the Historical Church* (London: Darton, Longman and Todd, 2005).

금을 막론하고 '왜 역사를 공부해야 하는가'Why Study the Past라고 물었다.[1] 인간은 홀로 과거로부터 와서 현재를 지나 미래로 가지 않는다. 개인으로서 인간은 자신이 속해 있는 시공간, 즉 특정 가치와 의미가 깊게 스며든 공동체 속에서 역사의 의미를 질문한다. 그렇기에 역사 서술은 과거의 사실을 모으고 배열하는 단순노동을 넘어, 다양한 타자의 다채로운 과거와 엮이며 서로의 삶의 지평이 만나는 복잡하면서도 흥미로운 지적 작업이다.

특별히 그리스도인은 교회라는 공동체의 일원으로서 역사에 참여하고 그 의미를 해석한다. 그 결과 그리스도교적 역사 서술은 일반 역사학과는 다른 사명과 특색, 즉 "교회의 역사를 신학적으로 신중하게 읽는 법"을 요구한다.[2] 이를 교리의 발전 혹은 정통 신학적 관점에서 과거에 접근해야 한다는 의미로 곡해해서는 안 된다. 교회의 역사를 신학적으로 공부하는 것은 그리스도 안에서 서로 연결된 "교회라는 공동체 안에서, 공동체를 통해 각 구성원이 모든 삶에 고유한 발자취"를 남긴다는 사실을 주시하면서 역사를 대하는 기술이다.[3]

그런데 '이미 지나간 시간'인 과거를 '시간을 초월하는' 성도의 교제sanctorum communio로서 교회라는 관점으로 탐구하는 것이 과연 가능하기는 할까. 만약 그렇다면 이러한 역사 서술은 어떤 차이를

---

[1] '왜 역사를 공부해야 하는가'Why Study the Past는 『과거의 의미: 역사적 교회에 관한 신학적 탐구』의 원서 제목이기도 하다.

[2] 로완 윌리엄스, 『과거의 의미』, 10.

[3] 로완 윌리엄스, 『과거의 의미』, 10.

만들어 낼 것인가. 이러다 자칫 학문적 역사 서술에 요구될 법한 최소한의 객관성마저 잃게 되지는 않을까. 『과거의 의미』는 이러한 문제의식을 시종일관 놓지 않은 채 교회의 과거가 그리스도인의 삶에 어떤 의미가 있는지 찾아가려는 시도다. 그 결과 이 책은 교회를 중심으로 일어난 사건과 관련 인물을 탐구하는 '교회사' 혹은 역사에 등장한 중요 신학 사상을 연구하는 '역사신학'과는 미묘하게 다른 역사 서술을 보여준다.

저자 로완 윌리엄스(1950~)는 신학자이자 사목자로서 현대 신학계에 독특한 발자취를 남기는 중이다. 세 번째 밀레니엄 전후로 폴 피데스Paul Fiddes(1947~), 데이비드 포드David Ford(1948~), 새라 코클리Sarah Coakley(1951~), 존 밀뱅크(1952~), 존 웹스터(1955~2016) 등 비슷한 연령대의 영국 학자들이 독창적인 신학적 작업을 펼쳐갔지만, 그중 국내에서 가장 잘 알려져 있고 많은 관심을 받는 이는 윌리엄스다. 그는 성공회 신도이면서도 동방 정교회 신학 연구로 박사 학위를 받았다.[4] 전공은 신학이지만 시도 쓰고 문화비평도 하며 역사책도 집필한다. 초기 그리스도교의 역사와 신학에 탁월한 지식을 갖춘 전문가이지만 비트겐슈타인과 헤겔 등 근현대 철학자에 정통하다. 케임브리지와 옥스퍼드에서 교수직을 수행한 학자였지만, 몬머스 주교와 웨일스 대주교직을 거쳐 영국 성공회의 최고위 성직자인 104대 캔터베리 대주교가 되었다.

---

[4] 박사 논문은 다음과 같다. Rowan Douglas Williams, 'The Theology of Vladimir Nikolaievich Lossky: An Exposition and Critique' (D.Phil. thesis, University of Oxford, 1975).

윌리엄스가 쓴 신학과 영성과 관련된 책이 이미 우리말로 여러 권 번역되었지만, 『과거의 의미』는 그가 세계 성공회 공동체Anglican Communion를 이끄는 캔터베리 대주교로 임명된 다음 해인 2003년 솔즈베리 대성당에서 행한 강의를 바탕으로 출간했다는 점에서 특별하다.[5] 즉, 저자는 교회의 보편성을 가시적으로 보여주고 실천하는 대주교로서 정체성을 가지면서, 성육신하신 주님을 따라 역사 속에 현존하는 교회가 무엇인지 신학적으로 탐구하고자 했고, 그 결과 독특한 풍미를 지닌 역사책이 탄생했다. 이 책은 한편으로는 현대 사회의 도전에 분투하고, 다른 한편으로는 교파 간의 분열과 경쟁으로 고통받는 오늘날 한국의 그리스도인에게도 묵직한 울림을 던져준다.

'역사적 예수' 연구에서 '역사적 교회' 연구로

19세기 독일 신학계에서는 역사적 예수 연구The quest for the historical Jesus가 유행했다. 근대 역사학은 과거를 객관적으로 재구성할 수 있다는 자신감을 지성인들에게 불어넣었다. 이러한 풍토 속에서 신학자들은 교리적 그리스도 대신, 1세기 유대인 나자렛 예수의 거친 살 냄새를 맡고 실제 목소리를 들으려 했다. 하지만 이러한 역사적 접근만으로는 고대 팔레스타인을 넘어 전 세계로 끊임없이 영향력을 흘려보내고 있는 나자렛 예수의 특별함을 설명하기에는

---

[5] 국내에 출간된 여러 저작 중 복 있는 사람의 '로완 윌리엄스 신앙의 기초 3부작'과 도서출판 비아의 '로완 윌리엄스 선집'이 그의 이름을 한국 독자에게 각인하는 데 큰 역할을 했다.

한계가 있었다. 역사학자들 사이에서 시공간을 초월하는 예수라는 인물의 의미를 설명하고픈 욕망은 사라지지 않았고, 연구자들은 각기 다른, 이상화된 역사적 예수의 모습을 제시했다. 하지만, 예수라는 인격의 독특성 혹은 예수 사건의 특별함을 다루려고 하는 순간 '객관성'이라는 학문의 이상은 의문시되는 곤란한 상황에 부닥칠 수밖에 없었다.

교리주의를 역사주의로 대치하려던 시대정신이 정점에 이른 19세기 말 독일에서는 상징적인 사건이 일어났다. 교회사가 아돌프 폰 하르낙이 역사 비평적인 방법론을 추구한다면서, 동시에 시간의 흐름에도 퇴색되지 않는 그리스도교의 영속적 본질을 예수와 그의 선포에서 찾으려 한 것이다. 대중은 하르낙의 시도에 환호했지만, 역사학자로서 과거를 엄밀히 대하던 사람의 관점에서 볼 때 이는 역사 속에서 초역사적인 것을 발견하려는 "반역사적 폭력"anti-historical violence이었다.[6] 그러나 하르낙의 인기와 영향력이 지대했던 만큼 이후 신학사는 '복음의 헬레니즘화 혹은 철학화'로, 교회사는 '제자 공동체의 로마화 혹은 제도화'로 희화화되었다.

이처럼 교회의 과거를 철저하게 역사학적으로 파헤쳐보려는 19세기 학자들의 시도는 결과적으로 상반된 입장을 만들어냈다. 하나는 각 시대의 고유한 의미를 극단적으로 '상대화'함으로써, 결국에는 교회의 역사가 오늘날 공동체의 삶을 형성하고 있음마저 부정하는 경박한 태도다. 다른 하나는 과거의 특정 시점을 '절대화'

---

[6] Albert Schweitzer, *The Quest of the Historical Jesus: With a New introduction by James M. Robinson* (New York: Macmillan Publishing Co., 1968), 253.

혹은 '우상화'함으로써, 그때를 다른 모든 시대를 평가하는 기준으로 삼거나 교회가 되돌아가야 할 이상으로 삼는 무비판적 모습이다. 두 입장은 역사를 대하는 방식에서는 매우 달라 보이지만, 결국에는 역사의 의미를 말라비틀어지게 한다는 점에서는 별 차이가 없다.

윌리엄스는 이러한 양극단의 목소리에 현혹되지 않으면서 교회의 역사를 적절하게 서술하는 방법을 찾고자 한다. 이를 위해 그는 "연속성과 차이 사이의 어려운 균형을 찾아야 하는 곳, 낯선 것에 대한 존중과 낯선 것을 해석하고, 낯선 것과 다투고, 낯선 것을 다룰 수 있는 자유 사이에 도덕적 긴장이 있는 곳"을 응시할 것을 주문한다.[7] 그리고 그는 과거에 대한 무시와 낭만화가 만들어내는 탈역사적인 교회상을 넘어, 생동하는 실제 공동체로서 '교회의 과거'를 다뤄야 한다고 주장한다. 이것이 '역사적 예수 연구' 시대를 통과한 오늘날 우리가 감당해야 할 '역사적 교회 연구'The quest for the historical church의 과제다.

그렇다면『과거의 의미』의 우리말 부제이기도 한 '역사적 교회에 관한 신학적 탐구'는 과연 어떻게 이루어질 수 있을까. 이를 위해 근대 학자들이 즐겨 사용한 계몽주의적 주객 도식 혹은 종교사회학적 접근부터 극복할 필요가 있다. 19세기 역사적 예수 연구는 방법론적 엄밀성을 더할수록 대상에 대한 더 객관적인 정보를 얻을 수 있다는 인식론적 이데올로기 아래 진행되었다. 이 도식에서

---

[7] 로완 윌리엄스,『과거의 의미』, 61.

역사가는 객관적이고 중립적인 '주체', 나자렛 예수는 탐구의 '대
상'이었다. 또한, 종교사회학은 공동체로서 교회의 특수성을 충분
히 고려하지 않고서, 교회를 현실 속에 존재하는 수많은 종교 조직
혹은 오래된 역사적 기관 중 하나로 파악하려 했다. 하지만 윌리
엄스가 보기에는 교회에 대한 '신학적' 탐구를 위해서는 교회에 대
한 신학적 정의가 우선적으로 필요하다. 이는 엄밀한 학문성이라
는 19세기의 이상에 비추어보면 불만족스럽지만, 교회라는 미끌미
끌한 실재의 역사를 적절히 서술하기 위해서는 거쳐야만 하는 과
정이다.

영적 훈련으로서 교회사

교회의 정의는 각 시대와 지역마다 변화하였지만, 그 이면에는
다음과 같은 교회의 근본적인 자기 이해가 있다.

> 교회는 자신이 현존하는 가장 포괄적인 사회이자 새로운 인류를
> 낳는 곳이라고 말합니다. 다시 말해 교회는 역사적 사건이나 문
> 화와 같은 인간 행동의 산물이 아니라 하느님의 활동으로 세워
> 진 곳이라고 그리스도교는 믿습니다.[8]

따라서, 교회의 역사를 공부하기 위해서는 역사가가 신앙과 사료
사이, 그리고 보편 교회와 각 시대의 개별 교회 사이의 긴장이 만

---

[8] 로완 윌리엄스, 『과거의 의미』, 9.

들어내는 창조적 역동에 자신을 개방해야 한다. 과거라는 이질적 대상을 대하는 이러한 자세는 역사를 서술하는 이의 성품과 무관하지 않기에, 윌리엄스는 역사를 서술하는 것은 '도덕적' 작업이라고 주장한다.

역사 서술이 도덕적이라는 말을 교훈적으로 역사를 써야 한다는 천박하면서도 위험한 역사관과 혼동해서는 안 된다. 좋은 역사 서술이 도덕적일 수밖에 없는 것은 역사가가 주어진 사료를 중요도에 따라 재배치하고 익숙한 것을 재정의하는 가치 판단을 하기 때문이다. 또한, 역사가의 손을 거친 과거가 독자들에게 낯선 것을 마주할 용기를 요구하고, 오늘을 어떻게 살아야 할 것인가를 질문하게 하기에 역사 서술은 윤리적인 작업이기도 하다. 과거는 개인과 집단의 정체성 형성에 큰 영향을 끼치기에, 역사를 이야기하는 행위 자체에 윤리적 함의가 있음을 부인하는 것은 비윤리적이다. 이러한 이유로 19세기를 휩쓸던 '가치중립적' 역사 방법론의 신화와 달리, 윌리엄스는 과거 사실을 다루는 학문인 역사학에 '좋음'good이라는 가치를 부여하는 도발을 시도한다.

우리는 과거를 읽는 방식에 따라 독단적이고 배타적인 정체성을 형성할 수도, 이타적이고 포용적인 정체성을 형성할 수도 있다. 그렇기에 도덕적 작업으로서 역사 서술에도 '좋음과 나쁨'을 구분하는 나름의 기준이 요구된다. 윌리엄스에게 좋은 역사 서술의 조건은 과거를 기억하고 이야기함으로써 형성되는 정체성에 '낯섦'이 거할 여백이 있느냐다.

정체성은 타고난 것이 아닙니다. 과거와 만남으로써 우리는 우리가 생각해왔던 우리와는 다르나 실제 우리를 이루는 것과 연결됩니다. 지난한 과정을 거쳐 형성된 정체성은 그때까지 우리가 온전히 이해하지 못했던 것들을 포괄할 수 있게 됩니다. 자기 자신에 대한 좋은 분석은 자기 안에 있는 낯선 요소들을 이해할 수 있도록 도와줍니다. 좋은 역사 서술도 마찬가지입니다.[9]

역사 서술 일반이 도덕적이지만 '새로운 하느님의 백성'으로서 교회의 역사 서술은 독특한 도덕적 색조를 지닌다. 이를 윌리엄스는 영적spiritual이라는 단어로 표현한다. 달리 말하면, "교회사는 비판적이고 학문적인 역사를 넘어서는 영적인 학문, 영적인 훈련"이다.[10]

예수 그리스도의 구원 사건은 1세기 팔레스타인에서 일어났고, 그분과 제자들의 만남은 고대 지중해 세계에 교회를 형성하였다. 이후 그리스도인은 시공간의 제약을 넘어 그분의 몸인 교회가 있는 곳이라면 어디서든 구원 사건을 경험했다. 교회는 "카리스마적 기억"이라고 할 수 있는 전통의 보존과 전달을 통해 이러한 사명을 수행해왔다.[11] 전통은 그리스도의 몸에 속한 이들이 나눈 대화와 교제의 생동적 기억을 응축하고 있다. 그렇기에 전통은 그리스도인이 과거와 대면하게 하고, 하느님과 대화하기 위한 언어를 습득

---

[9] 로완 윌리엄스, 『과거의 의미』, 59.
[10] 로완 윌리엄스, 『과거의 의미』, 226.
[11] 로완 윌리엄스, 『과거의 의미』, 192.

하게 한다. 이 과정에서 그리스도인은 새로운 인류라는 포괄적 상호교제의 망 속에서 자기를 형성하게 된다. 전통을 통해 나보다 더 크고 오래된 역사적 교회에 속한 자기를 발견할 때, 우리는 자아가 속했던 좁은 세계를 넘어서는 탈자적ecstatic 경험을 한다.

그리스도인이 자기를 비우신 하느님과 본체인 예수 그리스도를 주로 고백하는 만큼(필립 2:7), 자아 중심성의 탈피는 교회의 신학과 실천의 핵심에 위치한다. 그리스도인이 된다는 것은 타자의 다채로움과 신비로움에 경탄을 표할 수 있을 정도로 자유로운 존재로 변모하는 것이다. 세상을 자기중심적으로 보려는 옛 자아의 습관에서 벗어나지 못하면, 주체는 타자를 자기 입맛에 따라 재단하고 해석하려 한다. 타자의 타자성을 인정하지 못하는 태도는 과거를 과거로 대하지 못하는 모습으로 나타난다. 이런 맥락에서 보자면, 역사 공부도 자아의 탈중심화decentering을 위해 이뤄지는 공동체적 훈련인 침묵과 금식, 성찬, 참회, 설교 듣기 등과 궤를 같이한다.

과거의 낯설고 기이한 '타자성'에 흔쾌히 귀를 기울일 수 있다면, 오늘날 우리에게 낯설고 기이한 모습으로 다가오는 타자들에게도 마음을 열 수 있습니다. 교회의 과거를 능동적으로 받아들이지 못하는 이는 오늘날에도 기존의 생각을 도전하는 것에 마음을 열지 못할 확률이 높습니다. … '지금, 여기'에서 교회에 질문을 던지는 일은 우리가 낯설게 여기는 교회의 과거와 진지하게 대면할 때 가능합니다. 모든 진지한 연구는 우리에게서 편안함

을 앗아가는 지난한 과정을 거칩니다.[12]

교회 규율이 신도들이 자기를 비우는 탈중심화 기술을 습득하는 데 필요하다면, 과거를 대면하는 것 역시 교회의 삶에서 필수적이다. 역사가 단지 '중요'한 것이 아니라 '필수적'이라고 윌리엄스가 감히 말한 것은, 무엇보다도 "하느님께서는 가장 철저하게 낯선 이로 우리에게 다가"오신 분이기 때문이다.[13] 따라서, 그리스도인은 역사 속에 현존하는 타자를 통해 하느님께서 예기치 못한 방식으로 활동하셨음을 발견할 수 있어야 한다. 상대를 내 취향에 길들이지 않고 타자로 있는 그대로 응시하는 훈련 없이는 하느님을 만날 수 없다.

낯섦을 담아내는 언어로서 교회의 역사

역사를 공부하는 중요 목적은 우리의 시선이 인간 삶과 문화의 다채로움을 보도록 변화하기 위함이다. 교회의 역사를 공부하는 것은 생동하는 교회와 그 속의 다양한 인물상을 통해 타자의 낯섦을 회피하지 않고 응시하는 기술을 습득하기 위함이다. '낯선 것'을 좋아하는 윌리엄스답게 『과거의 의미』는 일반적인 교회사 서적과 차별화되는 낯선 방식으로 구성되어 있다. '역사 만들기'라는 제목의 첫 장은 교회사를 공부하는 중요성과 의미, 그리고 고대부터 현대까지 등장했던 역사 서술 방법론의 발전사를 통찰력 있는 필치

---

[12] 로완 윌리엄스, 『과거의 의미』, 229.
[13] 로완 윌리엄스, 『과거의 의미』, 234.

로 풀어낸다. '거류 외국인'과 '오직 은총'이라는 제목을 각기 가진 두 번째와 세 번째 장은 초기 그리스도교와 종교개혁 당시 역사를 통해 교회의 정체성이 무엇인지 고민한다. '역사, 그리고 다시 새롭게 하기'라는 제목의 마지막 장은 일반 사회 조직이 아닌 그리스도의 몸으로서 교회의 과거에 대한 기록이 가지는 심오한 신학적·영적 의미를 풀어낸다.

주목할 점은 2000년이 넘는 교회의 역사 중 윌리엄스가 초기 교회사와 종교개혁사에 집중하고 있다는 사실이다. 그가 왜 이러한 선택을 했는지는 분명히 알 길은 없다. 하지만, 왜 이 두 시기에 특별히 주목했는지 본문을 통해 가늠해 볼 수는 있다. 현실에서 전례 없이 큰 변화가 일어나면 공동체가 기존에 가졌던 정체성에 균열이 나며 집단 기억을 재정립할 필요가 생긴다. 고대와 종교개혁 당시 교회는 이러한 도전 앞에 놓였다. 그때 교회는 그리스도의 몸으로서 교회의 공동체적 특성, 그리고 교회 안에서 하느님의 우선성을 표현할 수 있는 공통의 언어와 질서를 새로운 방식으로 드러내 보였다. 초기 교회와 종교개혁의 역사에서 이는 각기 '순교'와 '논쟁'이라는 형식으로 드러났다. "(초대교회의) 순교는 우리의 삶이 어떤 인간의 폭정으로 사그라들거나 움츠러드는 (우리의) 것이 아님을 극적인 형태"로 보여줬다면, "종교개혁 논쟁은 피조물의 책임을 저버리지 않으면서도 하느님의 우선성에 대한 확신을 구할 수 있는 언어와 질서를 발견하기 위한 몸부림"을 보여줬다.[14]

---

[14] 로완 윌리엄스, 『과거의 의미』, 227~228.

이러한 관점에서 교회의 '규범적' 가르침인 교리의 본질도 새롭게 이해할 필요가 있다. 교리가 시공간을 초월한 교회의 믿음을 요약해 준다고 할지라도, 교리적 명제를 역사의 흥망성쇠에 영향을 받지 않는 영속적 진리로 볼 수는 없다. 원시 그리스도교에서 교리가 형성될 때 주된 관심사는 어떻게 교회가 주님과의 생동적 교제 속에서 거룩하고 보편적인 성도의 교제로 남을 수 있느냐였다. 그렇기에 교리에서 개념적 명료성이나 명제적 확실성보다 중요한 것은, 공동체의 예배와 기도를 통해 만나는 하느님의 현존을 어떻게 표현하느냐이다.

4세기 무렵에 활동한 그리스도교 저술가와 신학자들은 하느님이 어떤 분인지를 장황하게 기술해 이를 교리로 삼으려는 시도는 별다른 필요가 없다는 것을, 오히려 하느님의 모습을 가릴 수 있다는 점을 누구보다 잘 알고 있었습니다. 그들은 하느님에 관해 말하는 언어를 자신들이 드리는 예배와 일치하게 벼리는 것, 인간을 거룩하게 만드는 것이 무엇인지를 이야기할 수 있는 언어를 구축하는 것이야말로 자신들이 진정으로 해야 할 일이라고 생각했습니다.[15]

역사 속에서 하느님의 활동은 사람들을 익숙한 삶의 터로부터ek 불러냄으로kaleo 교회ekklesia를 형성했다. 이로써 교회는 '주류 사회 속'

---

[15] 로완 윌리엄스, 『과거의 의미』, 96~97.

에 있으면서도 '주류 사회와 구별'되는 거류 외국인 혹은 대안적 공동체가 되었다. 교회는 자신들의 구분된 삶의 모습을 이해하고 설명할 언어가 필요했다. 이를 위해 그리스도인들은 이미 사회적으로 통용되던 언어를 사용하거나 그 언어를 창조적으로 변형함으로써 교회의 '비주류적' 정체성을 확증하고 해설하고자 했다. 교리는 이러한 공동의 언어를 찾고자 하는 노력의 결과물이었다.

이런 맥락에서 윌리엄스는 교리를 '낯설고 어려운' 것이라고 말한다. 교리의 언어나 신학자가 사용하는 논리가 난해해서라기보다는 교리의 언어가 이 땅에서 순례자로서 혹은 박해받는 순교자로서 살아갈 수밖에 없는 탈중심화되고 주변화된 삶을 어떻게든 표현해야 하기 때문이다. 그렇기에 교리는 공동체에서 형성된 역사적 산물이기는 하지만, 단순히 '우연히' 생성된 역사적 산물로 단순화할 수 없다. 교리는 실제 삶 속에서 맞닥뜨리게 되는 다름과 새로움이 전혀 들어설 여지가 없는 폐쇄적 신념 체계가 아니다.

교회의 역사 혹은 교리의 본질을 이해하려면 추상적인 개념으로서 교회가 아니라 역사 속에 현존하는 공동체로서 교회를 전제해야 한다. 교회는 성육신과 십자가와 부활하신 예수께서 주님이심이 드러나고, 주님의 몸에 들어오라는 초청에 응답함으로써 참여하는 보편적인 친교이다. 그리스도의 현존과 활동이 빚어낸 질적인 차이를 통해 역사를 이해하는 곳이자, 성령을 통해 그분 안에 머물고자 하는 사람들이 나누는 교제와 논쟁과 화해가 일어나는 생동적인 터이기도 하다. 그렇기에, 역사적 교회라는 '삶의 형식'the form of life과 무관히 교리의 본질은 이해될 수 없으며 교리라는 역사 속에서 형성된 '공유된 언어'를 배제한 채 교회는 자신의 정체성을 말할 수 없다.

그래도 왜 과거를 공부하냐고 묻냐면

『과거의 의미』는 독창적이면서도 세련되게 교회의 과거를 오늘날 신자의 삶과 연결한다. 이 책을 통해 그는 19세기 이래 신학계에 큰 영향을 끼친 부르주아 역사관, 즉 역사를 "누군가 아무런 의도도 없이 어떤 중립적인 공간에서 사건들을 나열하는 시도의 산물"로 보는 견해를 극복하고자 한다.[16] 그리고 교회의 역사를 예수 운동의 교권주의화로 인식하고 교리의 발전을 복음의 헬레니즘화 과정으로 보는 단순한 역사관도 넘어서려 한다. 하지만 그는 이전 세대를 노골적으로 비판하는 데 지면을 낭비하지 않는다. 역사의 연속성과 불연속성, 과거에서 존중할 지점과 도전해야 할 바를 함께 아우르며 볼 수 있는 신학적 방법의 제시 없이는 근대 역사주의의 엄정한 학문성과 객관성이 주는 유익과 매력을 뛰어넘을 수 없다. 이러한 이유로 윌리엄스는 그리스도께서 어제도 오늘도 내일도 현존하시는 장소로서 역사 서술의 대상일 뿐 아니라 역사를 형성하는 주체임을 보여주는 데 주력한다.

이 책의 빼놓을 수 없는 또 다른 매력은 현대 교회가 당면한 문제를 풀 실마리가 될 수 있는 여러 사례를 보여준다는 데 있다. 예를 들면, 교리의 기원 논쟁이나 나치 시대 독일 제국교회, 평신도

---

[16] 로완 윌리엄스, 『과거의 의미』, 16.

의 성찬 집례, 종교 간 대화 등의 첨예한 주제를 놓고, 윌리엄스는 그리스도인으로서 정체성은 굳게 지키면서도 배타성과 당파성을 피해 가는 길을 교회의 과거에 비추어 찾아간다.[17] 현대적 관심사를 역사에 억지로 덮어씌우지 않으면서도, 과거 그리스도인의 고민 속에서 오늘을 살아가는 지혜를 찾아가는 과정은 "우리가 처한 문제의 기원을 올바르게 추적하는 창조적 고고학creative archeology"을 어떻게 사용하는지 가늠하게 해준다.[18]

이러한 역사 서술 방식이 독자로서 마냥 쉽거나 편안하지만은 않을 수 있다. 하지만, 과거를 낯설게 보는 법을 배우는 책이 낯설지 않기를 기대하는 것 자체가 어불성설일 수도 있다. 그리스도인으로서 정체성이든, 교회의 과거든, 교리의 본성이든 우리가 익숙하게 생각했던 것들이 『과거의 의미』를 읽고 오히려 조금이라도 낯설어진다면, 역사가로서 윌리엄스의 의도는 독자들의 독서 경험 속에서 충실히 열매 맺는 중이다.

---

[17] 일례로 윌리엄스에 따르면, 그리스도교 역사에서 교리와 규율과 관련하여 일어난 갈등은 예수 그리스도 안에서 하느님 활동의 우선성을 통해 교회의 정체성을 파악하려다 일어난 일이다. 이러한 관점에서 성서가 명확히 이야기하지 않지만 많은 교회 전통에서 금지하고 있는 평신도의 성찬례 집례는 어떻게 이해할 수 있을까. 윌리엄스는 이에 대한 '정답'을 제시하지는 않지만 이에 대한 보수와 진보 진영 사이의 평행선 논리를 극복하기 위해서는 고대 교회가 순교를 무릅쓰고 지키고자 했고, 종교개혁자들이 교리적 논쟁을 뛰어들면서까지 보여주고자 했던 "교회는 하느님의 활동이자 선물이라는 근본적인 그리스도교 이해"라는 관점에서 접근해야 한다고 제안한다. 로완 윌리엄스, 『과거의 의미』, 222.

[18] 로완 윌리엄스, 『과거의 의미』, 209.

저는 과거의 낯선 측면을 드러냄으로써, 그러한 과거와 만나게 해줌으로써 우리가 누구인지에 대한 감각을 새롭게 하는 것이 좋은 역사 서술이라고 생각합니다. 그리고 이렇게 새로워진 감각을 바탕으로 '나', 혹은 '우리'는 정체성을 새로이 수립하게 됩니다.[19]

---

[19] 로완 윌리엄스, 『과거의 의미』, 58~59.

현실주의와 상징주의 사이에서 창세기 읽기

『창세기와 만나다: 탄생, 갈등, 성장의 역사』
로널드 헨델 지음, 박영희 옮김, 비아, 2020.

문자 그대로의 의미만 따지자면 책은 생명이 없다.[1]

하지만 생물학적인 생명이 없더라도 책은 해석과 비평과 번역 등 여러 과정을 거치면서 생명체처럼 성장과 변이와 노화를 겪는다. 모든 책이 그렇지는 못하더라도 몇몇 특별한 책은 인간보다 훨씬 오래 살아남고, 먹고사는 문제로 위축된 저자보다 훨씬 더 당당하게 역사의 무대를 누빈다. 남다른 책 사랑으로 유명했던 유대계 독일 철학자이자 문예 비평가 발터 벤야민Walter Benjamin은 저자의 손을 떠난 책에 깃든 '사후 생애'after life라는 신비로운 현상을 다음과 같이 묘사한다.

원작은 사후의 생애에서 변화를 겪는다. 살아있는 뭔가가 변형

---

* 원서는 다음과 같다. Ronald Hendel, *The Book of Genesis: A Biography* (Princeton: Princeton University Press, 2013).

[1] 로널드 헨델, 『창세기와 만나다』, 16.

되고 새로워지지 않는다면 이를 사후의 생애라고 부를 수도 없을 것이다. 고정된 의미를 지닌 단어들도 숙성의 과정을 거칠 수 있다. 작가가 분명하게 사용하는 문학 양식마저 시간이 지나며 시들어 없어지고, 글을 쓰는 동안 은밀히 내재했던 경향만이 떠오를 수도 있다. 한때 신선하게 들렸던 것이 이후에 진부하게 들릴 수도 있고, 한때 새롭던 것이 언젠가 예스럽게 들릴 수도 있다.[2]

일단 책은 쓰이고 나면 저자가 전혀 알지 못하던 낯선 독자를 만나며 원래 의도와는 다른 방식으로 읽히게 마련이다. 그렇기에 책에는 저자와 배타적 관계 속에서 누리는 원작으로서 생애가 있다면, 수많은 독자와 함께하는 사후의 생애도 있다. 위인의 삶에 대한 전기biography처럼 위대한 책에 대한 전기를 쓰는 것이 가능한 것도 이러한 이유에서다.[3]

독자들을 매혹한 빼어난 책 중 일부는 그 영속적 가치를 인정받으며 고전이라는 명예를 얻는다. 고전은 텍스트가 원래 생산된 시공간을 벗어나 낯선 독자와 끊임없이 만나면서 새로운 문화 형성의 촉매가 되기도 한다. 이러한 이유로 최근 학계에서는 고전적 텍스트가 어떻게 시대와 장소에 따라 다르게 해석되었으며, 심지어

---

[2] Walter Benjamin, 'The Task of the Translator', *Illuminations: Essays and Reflections* (New York: Schocken Books, 1968), 73. 헨델은 창세기의 사후의 생애를 묘사하고자 위 인용문에서 첫 두 문장만 인용한다. 헨델, 『창세기와 만나다』, 17~18.

[3] 로널드 헨델, 『창세기와 만나다』, 16 참고.

독자들의 사고 패턴과 세상을 이해하는 방식에 영향을 끼쳤는가를 탐구하는 수용사와 영향사가 주목받고 있다. 여러 사람을 거치며 책이 예기치 못한 생명력을 획득하는 과정을 추적하는 작업은 텍스트만 읽을 때와는 전혀 다른 의미의 층을 열어준다. 현시점에서 책을 볼 때 쉽게 빠지는 오류에서 건져주고, 다양한 독자가 쌓은 두툼한 해석의 층에 접속시켜줌으로써 독서 경험이 풍요로워진다. 익숙한 책일수록 해석과 번역과 각색의 역사를 살펴보는 것이 더욱 필요한 것도 이 때문이다.

인류 역사에서 가장 오래된 책 대부분이 종교 경전이고, 또 유명한 고전의 상당수가 종교 서적인 만큼, 위대한 종교 저작들의 생애는 출판 관계자와 독자 모두의 흥미를 끌 만한 주제다. 이에 미국 프린스턴 대학교 출판부는 '위대한 종교 저작들의 생애'Lives of Great Religious Books라고 불리는 시리즈를 기획했다. 이 시리즈는 여러 세계 종교에서 경전과 고전으로 인정받는 책을 선별해서는, 텍스트의 형성과정을 간략히 살피고, 그 책이 어떻게 해석되고 번역되고 각색되었는지 추적한다. 2023년 3월까지 이 시리즈에 포함된 그리스도교 관련 책만 보더라도 창세기와 출애굽기, 욥기, 아가서, 요한계시록 등 성서의 특정 책을 다룬 단행본도 있지만, 아우구스티누스의 『고백록』을 비롯하여 성공회의 『공동기도서』, 장 칼뱅의 『기독교 강요』, C. S. 루이스의 『순전한 기독교』, 디트리히 본회퍼의 『저항과 복종』 등의 고전에 집중한 작품도 있다.[4]

---

[4] 그중 지금까지 우리말로는 창세기와 욥기, 계시록과 『순전한 기독교』의 전기가 번역되어 있다. 앞 세 권은 도서출판 비아에서, 그리고 마지막 한 권

창세기는 수많은 종교 서적 중에서도 특별한 위치를 점하고 있다. 창세기는 유대교와 그리스도교의 정경에 처음으로 등장하는 책이다. 두 종교의 역사가 길고 신도 수도 많은 만큼, 창세기는 지금껏 가장 많은 사람이 읽은 책(혹은 최소한 읽기를 시도한 책) 후보에 오를 만하다. 게다가 창세기는 인류사에서 "천동설과 지동설, 창조와 진화, 노예제부터 근래의 동성애 이슈에 이르기까지 논쟁과 대립"을 일으킨 매우 위험한 책이 아닌가.[5] 프린스턴 대학교 출판부는 이러한 대단한 책의 전기를 출간할 사명을 UC버클리의 히브리 성서 교수이자 유대교 학자인 로널드 헨델에게 맡겼다. 히브리 성서 비평판The Hebrew Bible: A Critical Edition의 편집자이자, 『족장들의 서사시』Epic of the Patriarch(1997), 『창세기 본문 1장~11장』The Text of Genesis 1-11(1998), 『아브라함을 기억하며』Remembering Abraham(2005)의 저자이며, 『창세기 읽기』Reading Genesis(2010), 『히브리 성서는 얼마나 오래되었는가?』How Old Is the Hebrew Bible?(2018) 등을 공저한 만큼 그는 세계적인 창세기 전문가라 불릴 만하다. 하지만, 아무리 탁월한 학자 혹은 노련한 작가일지라도 창세기에 관한 연구서가 아닌 '전기'를 쉽게 쓰지는 못할 것이다. 아무리 종이로 만들어진 책이라도 창세기는 창세기이기 때문이다.

은 홍성사에서 출간하였다.

[5] 박영희, '로널드 헨델의 〈창세기와 만나다: 탄생, 갈등, 성장의 역사〉 리뷰', 「한국연구」 (2021.02.07.), https://www.webzineriks.or.kr/post/로널드-헨델의-창세기와-만나다-탄생-갈등-성장의-역사-리뷰-박영희 (2023.03.30. 최종 접속).

창세기의 전기를 쓰는 법

유대교와 그리스도교 경전이자 서구 문명의 고전인 창세기는 독자들로부터 생명력을 획득한 수준을 넘어, 영원하고 무소부재한 하느님의 권위마저 흡수한 듯 비할 바 없이 신성하고 강렬한 아우라를 뿜어낸다. 그러다 보니 창세기는 인간의 삶을 특정 방식으로 빚어내고 이해하는 서사와 언어를 (긍정적으로든 부정적으로든) 제공했고, 이 고대 문서를 어떻게 해석할지를 놓고 침 튀기고 때론 피 튀기는 싸움이 끊이지 않았다. 이러한 창세기일진대 한 줌 티끌밖에 되지 않을 인간이 감히 전기를 쓰려 하다니, 이 어찌 유한자의 분수를 모르는 신성모독적인 작업이 아닐 수 있겠는가. 마치 하느님 얼굴을 보면 인간이 죽을 수밖에 없듯,[6] 창세기의 전기를 쓴다는 것은 학자로서 생명과 명성을 단번에 앗아갈 수 있는 위험한 시도 아닌가.

창세기의 전기를 써 달라는 프린스턴 대학교 출판부의 요청에 박식하면서도 영민한 유대인 학자는 창세기라는 고대 문서의 생애를 다루는 영광스러운 모험은 받아들이되, '매력과 두려움'을 함께 내뿜는 이 책의 무궁무진한 생명력을 직접 대면하는 위험은 피하기로 한다. 마치 모세가 하느님의 영광을 직접 보고 죽을까 봐 바위틈에 숨었듯(출애 33:21~23), 헨델은 유대계 독일인 문학평론가 에리히 아우어바흐Erich Auerbach를 자기 앞에 내세우며 창세기를 대면

---

[6] 신의 영광을 보게 해 달라는 모세의 요청에 신은 자신을 보는 이는 죽는다고 답을 한다(출애 33:19~20). 이후 '신을 보면 죽는다'는 유대교와 그리스도교 신학에서 중요한 주제가 된다.

하기로 한다. 아우어바흐야말로 '서구문학에서 재현된 현실'이라는 부제를 가진 『미메시스』Mimesis: Dargestellte Wirklichkeit in der abendländischen Literatur(1946)에서 고대에서 근현대까지 대표적 서구문학을 비평하는 엄청난 과업을 이뤄낸 전설적 작가 아니었던가.

『미메시스』의 1장 '오디세우스의 흉터'는 서구문학의 두 근원이라 불릴 법한 호메로스의 작품과 구약성서가 현실을 재현하는 대조적 방식을 분석한다.[7] 두 고전이 대표하는 두 다른 현실주의를 짚어내는 아우어바흐의 창조적인 독해에서 헨델은 창세기의 전기를 쓰는 데 필요한 실마리를 발견한다. 호메로스의 현실주의는 아름다운 문체로 배경이나 인물을 구체적으로 묘사함으로써 텍스트에 고정된 의미를 부여한다. 반면 창세기의 현실주의는 소박하고 간결한 묘사로 해석의 여백을 남겨 둠으로써, 인간 심리나 역사적 사건의 의미를 열어둔다.

> (창세기 22장에서 아브라함이 아들 이삭을 하느님께 제물로 바치는) 짧은 본문을 섬세하게 읽어냄으로써 (아우어바흐)는 성서 본문이 현실을 어떻게 독특한 방식으로 재현하는지를 보여줄 뿐 아니라 창세기를 복잡한 문학 작품으로 읽는 법 또한 보여준다. … 이전에도 스피노자, 디킨스, 카프카를 포함해 많은 사람이 창세기를 소설(허구)로 간주했지만 누구도 문학 작품으로서의 창세기가 어떠

---

7 아우어바흐는 호메로스와 창세기 사이의 문체와 화법, 인물상, 스타일, 소재의 역사성 등의 차이를 분석하며, 이것이 문학으로서 두 작품의 해석에 영향을 끼칠 수밖에 없음을 보여준다. 에리히 아우어바흐, 『미메시스』(민음사, 2012), 43~71.

한 특징을 가지는지, 창세기를 읽을 때 그 문학적 요소들이 어떻게 작용하는지, 어떠한 효과를 내는지 깊이 이해하지는 못했다.[8]

이 지점에서 앞서 언급했던 동시대 비평가 벤야민과 마찬가지로 아우어바흐도 창세기 본문을 해석하며 '책의 사후 생애'라는 문제의식을 표출한다.[9] 아우어바흐에 따르면, 창세기는 현실을 재현하는 독특한 '문학적' 방식 때문에 독자들은 끝없이 새로운 해석을 요구받게 된다. 창세기 "이야기 속의 많은 것이 캄캄하고 불완전하기 때문에, 또 신이 숨어 있는 신임을 독자들이 알고 있기 때문에 그것을 해석하려는 독자의 노력은 항시 새 양식을 찾아내게 마련이다".[10] 이러한 이유로 창세기는 쓰이고 편집되고 정경화 된 이후, 즉 책의 사후에 매우 왕성한 생명력을 얻게 되었다.

수천 년 동안 사람들은 나름의 기대를 품고 창세기를 읽었다. 개인으로서나 집단으로서 인간은 텍스트에 자신의 의식을 투사하고 텍스트를 통해 새로운 의식에 도달하는 존재이다. 그런 만

---

[8] 로널드 헨델, 『창세기와 만나다』, 300.

[9] 벤야민과 아우어바흐는 모두 1892년 독일 베를린에 태어났고, 1차 세계대전 이후 독일 지성계에서 젊은 나이에 주목받는 비평가이자 작가로 활동하였다. 하지만, 히틀러가 정권을 잡고 나치의 반유대 정책에 따라 이들은 유대인이라는 이유로 탄압을 받았다. 벤야민은 나치에 쫓겨 망명 생활을 하다 스페인 국경에서 스스로 목숨을 끊었지만, 아우어바흐는 나치의 탄압을 피해 터키 이스탄불에 머물렀다가 전쟁 이후 미국에 정착하였다. 참고로 책의 사후 생애를 이야기할 때, 벤야민은 번역이라는 맥락에서, 아우어바흐는 문학이 현실을 재현하는 방식이라는 맥락에서 논의를 전개하고 있음도 밝혀둔다.

[10] 에리히 아우어바흐, 『미메시스』, 60. 이와 관련된 내용은 헨델, 『창세기와 만나다』, 18~19 참고.

큼 "세대에 걸쳐 사람들이 이해하는 방식은 그들이 현실을 이해하는 방식과 상호연관되어 있다. … 다시 말하면 사람들이 창세기를 이해하는 방식은 현실에 대한 그들의 이해를 반영하고 또 형성한다".[11] 창세기를 독해하는 방식은 시대와 사람마다 다를지라도, 창세기 해석사에 매우 특별한 변화가 발생한 때는 기원 전후라는 문명 과도기였다. 당시 사람들은 다가올 미래에 대한 종말론적 희망에 잠기거나, 고대사회에 널리 퍼져 있던 플라톤주의의 영향 아래서 창세기를 읽었다. 우리가 속한 현실의 기원을 설명하는 창세기가 '현실 너머의 현실'을 가리킨다고 생각하는 독해법은 문자적 의미 이면의 숨은 의미에 집중하는 상징주의를 발전시켰다.

우주를 신적 암호 혹은 형이상학적 기호로 보는 세계관 속에서 고대 유대교와 그리스도교는 창세기뿐만 아니라 성서를 읽는데 상징적 해석을 주도적으로 사용했다. 이러한 접근은 초월을 향한 인간 본연의 갈망에 잘 부합하는 독해법이었을지도 모른다. 이러한 추세는 세계를 철저히 경험적으로 이해하려는 과학혁명이 일어난 근대 초기까지 지속하였다. 어찌 보면 고향을 떠나 긴 여행을 하다 고향으로 돌아오는 오디세우스처럼, 창세기를 읽는 법도 오랜 해석의 역사를 거치고서 근대에야 다시 현실주의로 돌아올 수 있었다. 그런데 이처럼 시대에 따라 텍스트를 읽고 수용하는 방식이 변했다면, 창세기 본문의 원래 의도는 수천 년 동안 감춰지고 무시되었단 말인가. 해석의 역사는 왜곡의 역사일 뿐이라는 말인가.

---

[11] 로널드 헨델, 『창세기와 만나다』, 23.

번역이라는 반역이 필요한 이유

헨델은 한 인간으로서는 불가능할 것 같은 텍스트 읽기를 가능하게 만드는 비법을 아우어바흐에게서 발견한다. 앞서 밝혔듯 이는 바로 '현실주의와 상징주의의 관계'를 통해 텍스트와 역사의 상호관계를 읽어내는 것이다.[12] 이러한 관점에서 『창세기와 만나다』는 약 3,000년에 달하는 창세기의 생애를 원서로 304쪽(번역본으로는 326쪽)에 성공적으로 압축해낸다. 헨델은 창세기를 탄생시켰던 고대 근동의 현실주의가 고대와 중세에 상징주의적 해석으로 변화했다가, 근현대에 새로운 형태의 현실주의로 돌아서기까지의 흥미롭고 다양한 사례를 학자로서 전문적 지식과 맛깔난 문체에 버무려 제시한다. '전기'라는 부제에 부합되게 이 책은 창세기의 생애와 사후의 생애를 연대기별로 다루지만, 정경화 이후 유대-그리스도교가 세계 종교가 되어감에 따라 창세기가 대륙을 옮겨 다니며 문화적 형성을 촉발하였음도 보여준다.

비단 창세기만이 아니라 모든 텍스트의 생애와 사후의 생애 사이에는 불연속성이 존재한다. 둘 사이의 불연속성을 얄팍하게 이해할 때 해석과 수용과 번역의 가치와 중요성은 감퇴한다. 책을 읽는 목적은 본문의 의미를 정확하게 전달하는 것으로 제한된다. 하지만, 실제 독자가 텍스트를 접하는 순간 저자의 원래 의도는 굴절될 수밖에 없다. 저자는 독자에게 신비로 남을 수밖에 없고, 아무리 텍스트에 푹 빠졌더라도 해석자의 자아는 사라지지 않는 만큼,

---

[12] 로널드 헨델, 『창세기와 만나다』, 24.

텍스트의 원래 의미를 완벽히 이해하고, 번역하고, 전승한다는 것은 사실상 불가능하다. '번역은 반역'이라는 우스갯소리가 있지만, 그 반역은 인간에게는 무시할 수도, 피할 수도 없는 운명이다. 인간에게 오독과 곡해의 가능성이 없다면, 기존 것의 단순 반복이나 과거에 대한 집착 때문에 인류 문화는 다양하고 흥미로운 방식으로 발전하지 못했을 것이다. 이러한 맥락에서 헨델은 환상과 오류는 집단 기억에서 필수적이라는 프리드리히 니체로부터 받은 통찰을 창세기 수용과 해석의 역사에 적용한다.

> 의미 있는 오류는 사람들이 점점 더 절박하게 의미를 추구했기에 나왔다. 그리고 오랜 기간 창세기 이야기는 그러한 의미를 낳는 통로로 기능했다. 창세기가 권위 있는 책이었기 때문이다. 창세기에 대한 해석들이 오류투성이라는 점은 우리가 인류에 대해 이미 알고 있는 한 가지 사실, 우리가 환상을 생산하고 또 소비한다는 사실을 알려 준다. ... 어떠한 오류는 유익하고 어떤 오류는 비난할 만하지만, 어떠한 식으로든 인류는 그러한 오류 없이는 생존할 수 없다. ... 창세기의 '전기'는 우리에게 (우리 선조들의 삶뿐만 아니라 우리의 삶도 관련된) 이 오류의 쓸모에 관해 많은 이야기를 해준다.[13]

저자가 '현실주의와 상징주의'의 관계로 창세기의 생애를 개관하는

---

13   로널드 헨델, 『창세기와 만나다』, 22~23.

이면에는 '오류'의 중요성과 쓸모에 대한 신념이 있는 셈이다. 이 지점에서 심각한 질문을 던질 사람도 있을 것 같다. 텍스트의 의미가 아무리 독자의 관점에 좌우될지라도, 하느님의 말씀인 성서를 이리저리 해석하는 것을 정당화할 수 있는가. 중세 가톨릭의 과도한 우의적 해석에 반대하며 종교개혁자들이 단순하고 명료한 문자적 의미를 옹호할 때 올바른 성서 해석의 방향도 제시된 것 아닌가. 헨델 역시 성서 해석의 역사에서 종교개혁자들의 위치를 모르는 바가 아니지만, 그는 우주를 신적 암호로 가득한 실재로 보던 세계관을 깨버린 근대 과학이야말로 상징주의적 독해라는 오랜 패러다임을 극복하게 한 강력한 계기라고 생각한다.[14] 종교개혁이 사제 혹은 신학자가 독점하다시피 한 성서 해석의 권한을 모든 신자에게 나눠준 혁명적 사건이었다면, 근현대 세계에서는 그 권한이 신앙을 전제하지 않은, 혹은 변증의 의도가 없는 과학자와 철학자와 소설가에게까지 확대되는 지성사적 변화가 일어난 셈이다. 그 결과 교회에서 창세기로 설교하고 신학교에서 창세기 본문을 연구하고 있는 "지금 이 순간에도 종교, 예술, 문화는 현실을 탐구하고 적절하게 표현하기 위해 창세기에서 자원"을 끌어오고 변용하고 있다.[15]

창세기가 유대-그리스도교의 경전만이 아니라 온 인류의 고전인 만큼, 유대교인이나 그리스도교 학자만이 해석의 독점권을 가진 것이 아니다. 그런 의미에서 『창세기와 만나다』에 등장하는 비

---

[14] 로널드 헨델, 『창세기와 만나다』, 20, 211~213 참고.
[15] 로널드 헨델, 『창세기와 만나다』, 27.

신학자 저자들인 라블레, 갈릴레오, 스피노자, 에밀리 디킨슨, 카프카, 아우어바흐, 마흐푸즈의 창세기 해석과 각색을 살펴보는 것은 쏠쏠한 재미를 안겨준다. 이들은 창세기가 경건한 신자를 위한 종교의 경전에 머물지 않고 인류 창조성의 영감이 되는 고전임을 보여준다. 창세기 전문가 헨델이 소개하는 창세기의 문학적 전유의 사례는 다른 문학평론에서 보기 힘든 예리함과 깊이마저 있는 만큼, 이 책은 신학 이외 다른 분야에 관심 있는 여러 독자를 끌어들일 만한 지적 매력을 갖춘 작품이다.

중단될 수 없는 창세기 이야기

창세기의 사후 생애는 지금도 계속되고 있다. 창세기는 종교인에게는 경전으로, 학자에게는 연구 대상으로, 작가에게는 문학적 소재로, 예술가들에게는 영감의 원천으로 인기를 누리고 있다. 하지만, 창세기가 가진 막강한 권위는 텍스트의 본래 의도와는 달리 폭력을 일으키고 갈등을 부추긴다. 실제 유대-그리스도교 문명에서 창세기는 노예제도를 옹호하고, 여성을 억압하며, 과학적 발견을 거부하는 막강한 근거로 사용되었다. 앞으로 창세기가 또 어떠한 논란의 핵심에 서게 될지 우리는 모른다. 한 마디로 창세기는 많은 가능성을 가진 만큼이나 위험하기도 한 책이다.

이처럼 굴곡진 한 위대한 책의 생애를 그리고자 너무 세밀한 붓을 사용하면 각론에 사로잡혀 인류사에서 창세기의 위치를 제대로 보지 못하게 된다. 그렇다고 지나치게 큰 붓을 사용하면 구체성이 없어져 읽으나 마나인 맹탕 같은 전기가 나올 수밖에 없다. 헨델은

'현실주의와 상징주의'라는 관점에서 창세기의 생애와 사후 생애를 살핌으로써, 창세기를 이해하려는 인류의 노력과 인류 삶에 깊숙이 스며든 창세기의 영향력 모두를 성공적으로 보여준다. 그의 논의를 따라가다 보면 창세기 이야기의 생명력이 앞으로도, 심지어는 비종교적인 맥락에서도 계속될 것임을 알게 된다.

> 많은 사람이 더는 창세기를 읽지 않지만(이는 커다란 손실이다), 우리는 여전히 그 이야기들의 의미와 결과, 그리고 이에 대한 무수한 해석들을 두고 싸우고 있다. ... 창세기의 이야기들은 우리의 이야기들이고 우리는 그 이야기들의 아이들이기 때문이다.[16]

하지만 이 책에서 사용된 방법론이 치밀하고 구체적인 만큼 거기서부터 빚어지는 한계도 뚜렷해질 수 있다. 여기서는 그중 대표적 문제 두 가지만 집중하도록 하자.

첫째, 헨델은 모세 사후에 작성된 여러 문서가 오랫동안 모이고 편집되면서 창세기가 형성되었고, 그 결과 여러 층위의 현실주의가 창세기에 공존하게 되었다고 본다. 이러한 기원론으로부터 저자는 현실주의와 상징주의의 역학이 변화하는 역사적 궤적을 심도 있게 추적한다. 그런데 이 책은 텍스트의 수용과 해석 과정에서 창세기에 부여된 그토록 높은 권위는 자명한 듯 받아들인다. 달리 말하면, '특별한' 텍스트로 창세기가 주어졌다는 것을 당연시해서인

---

16 로널드 헨델, 『창세기와 만나다』, 317.

지, 어떤 이유로 많은 고대 문헌 중 창세기가 '특별하게' 되었는지에 대한 궁금증은 아쉽게도 해결되지 않는다. 모든 텍스트가 문자적 의미를 넘어서는 다양한 해석에 열려 있지만, 창세기에 대한 상징주의적 해석이 유독 많고 심지어 규범적 성격까지 발휘했던 이유가 무엇인지를 더 세밀히 규명해야 창세기의 독보적 생애가 더욱 설득력 있게 다가오지 않을까(물론 이것은 헨델이 아우어바흐의 문학비평에 의존함으로 생긴 어쩔 수 없는 결과일 수도 있다).

둘째, 원서 제목에 따라 이 책은 '창세기의 전기'이다. 그런데 헨델이 집중하는 본문은 우주의 창조, 인류의 출현, 첫 인간의 불순종, 대홍수 등의 굵직굵직한 사건이 등장하는 창세기 1~11장에 거의 한정된다. 창세기 1~11장 문서 비평으로 학문성을 인정받은 저자다운 선택이라고도 할 수 있다. 하지만 총 50장으로 구성된 창세기의 전반부만 주로 다루기에 전기로서 이 책의 균형감이 다소 떨어진 감이 있다. 특히 현실주의와 상징주의의 관계라는 문학적 관심이 책 전체를 관통하는 만큼, 헨델은 세속사회에서 창세기의 영향력이 매우 노골적으로 발휘되는 정치와 윤리 등의 영역에는 충분한 관심을 주지 못한다. 일례로, 창세기 12장 이후 나오는 하느님과 아브라함의 계약 이야기는 이후 하느님의 본성에 대한 이해나 종교 공동체의 정체성 형성, 심지어 세계사의 흐름에 (어쩌면 창세기 1~11장보다 더) 큰 영향을 끼쳤다. 아브라함에게 주어진 하느님의 은총에 대한 해석 차이로 1세기에 나자렛 예수를 따르던 유대인무리가 유대교와 분리되었고, 이러한 해석은 이후 이천 년간 그리스도교 문명을 형성하고 유지하는 동력이 되었다. 또한, 하느님이 아브라함과 맺었던 관계에서 잉태된 '하느님의 백성'이라는 정치적 개념, 그리고 아브라함의 두 아들인 이스마엘과 이삭으로부터 내려오는 이슬람과 유대-그리스도교의 정통성 문제는 오늘날 국제 관계에서 갈등과 전쟁의 핵심적 원인이 되고 있다.

앞서 말했듯『창세기와 만나다』는 현실주의와 상징주의를 대비하며 창세기의 전기를 쓰다 보니 장단점이 명확한 작품이다. 한정된 지면에 다 풀어내지 못한 아쉬운 점도 있고, 각자의 학문적 혹은 신앙적 관심에 따라 평가도 달라지겠지만, 방법론적 선택이 확실한 만큼 밋밋한 수용사나 해석사를 읽는 것보다 더 넓은 시야와 더 큰 지적 만족감을 선사해줄 수 있다. 저자가 책을 맺으며 말하던 "비로소 창세기를 있는 그대로 읽을 수 있게" 된 때가 실제 이르렀는지는 의문이 생기지만,[17] 인류의 일원으로 집단 기억을 공유하며 살아가는 현대인에게 창세기는 신앙 여부와 무관히 여전히 중요하고 가치 있는, 달리 말하면 늘 새로운 기대를 품고 만날 만한 '현대적인' 고전임을 이 책 덕분에 새삼 깨닫게 된다.

---

[17]　로널드 헨델,『창세기와 만나다』, 311.

현대 신학이라는 여행의 이유

『현대 신학이란 무엇인가:
자유주의 신학의 재구성에서 포스트모던 해체까지』
로저 올슨 지음, 김의식 옮김, IVP, 2020.

2019년 11월 중국 후베이성 우한시에서 코로나바이러스감염증이 처음 보고되었다. 불과 몇 달 만에 코로나19 바이러스는 사람의 이동에 따라 급격히 퍼져나갔고, 곧 전 세계가 멈춰버리면서 산업 전반은 급작스레 위축되었다. 그중에서도 실제 사람의 이동과 만남을 기반으로 삼는 여행업은 특히 큰 타격을 입었다. 여행을 다니기 힘들어지자 사람들은 대리만족이라도 하려는 듯 유명 작가들이 쓴 여행 에세이를 스테디셀러 목록에 올려놓았다. 시간이 흐르고 각국이 방역을 위해 걸어 잠갔던 국경이 열리자, 이제까지 억눌렸던 여행 본능을 충족시키려는 듯 공항은 해외여행객으로 붐볐다. 이러한 현상을 보며 인간에게는 익숙한 세계를 떠나고픈 욕망과 낯섦을 향한 동경이 함께 있는 것은 아닌가 하는 생각도 들었다. 물론 모든 여행 경험이 유쾌하고 보람차지는 않다. 에세이로 널리 알려진 철학자 알랭 드 보통Alain de Botton이 말했듯, 여행에서 반복

---

* 원서는 다음과 같다. Roger Olson, *The Journey of Modern Theology: From Reconstruction to Deconstruction* (Downers Grove: IVP Academic, 2013).

되는 문제는 "여행에 대한 기대와 그 현실 사이의 관계"이기 때문이다.[1]

여행이 인간의 근원적 갈망과 연결되어서인지 신학 관련 출판계에서도 그리스도교가 고리타분하다는 불명예스러운 평판을 벗어나고자 여행의 매력과 상품성을 활용해 책 제목을 정하거나 책 홍보를 하기도 한다. 그런데 미끼용으로 여행 이미지가 남용되는 만큼, 책을 펼 때의 기대와 책을 읽으며 느끼는 현실 사이의 괴리를 느끼는 경우도 심심치 않게 일어난다. 팬데믹 기간 중 『현대 신학이란 무엇인가』라는 다소 '정직한' 제목으로 출간된 책의 원서 제목은 '현대 신학의 여행'The Journey of Modern Theology이다. 2013년 미국에서 출간된 이 책은 실제 세계 여행이라도 하듯 대서양 양편을 오가며 각 시대에 큰 영향력을 끼친 수많은 신학자와 학파를 967쪽에 걸쳐 소개하고 분석한 신학서다. 19세기부터 21세기 초반까지 신학사를 다양한 일차 문헌과 참고 자료를 활용해 이 책은 여행에 대한 기대와 현실 사이의 괴리에서 오는 실망감에 대한 우려를 불식시킨다. 저자가 문고판이든 두꺼운 신학사 책이든 상관없이 어려운 교리와 복잡한 신학사를 맛깔나고 명료한 현대어로 풀어내는 이야기꾼 로저 올슨이었기에 가능한 일이다.

여행의 만족도를 높여줄 이야기꾼 신학자

미지의 땅으로 떠날 때 누가 여행을 인도하냐에 따라 여행의 질

---

[1] 알랭 드 보통, 『여행의 기술』(청미래, 2004), 18.

이 결정된다. 단순히 '자연이 멋지네!' 정도 경험을 원하는 것이 아니라면, 우리는 뛰어난 안내자 혹은 잘 쓰인 책의 도움을 받음으로써 낯선 곳에서 더 유익한 체험을 하게 된다. 『현대 신학이란 무엇인가』에서 신학의 다양한 풍경 속으로 우리를 데려가는 이는 미국의 침례교 신학자이자 목회자인 올슨이다. 그는 미국 남부의 명문 사립이자 세계에서 가장 큰 규모의 침례교 학교인 베일러 대학교에서 1999년부터 2021년까지 신학과 윤리학을 가르치며 수많은 저서를 출판했다.

왕성한 집필 능력을 뽐내는 올슨은 자신의 배경인 침례교 신앙을 조직신학적으로 옹호하기도 했지만, 신학 입문자를 위한 대중 신학 혹은 교과서 집필에 두각을 보였다. 국내에 번역 소개된 그의 작품은 주로 후자에 해당한다. 『이야기로 읽는 기독교 신학』, 『신학 논쟁』, 『신학의 역사』 등의 제목만 보더라도 신학사를 전달하는 이야기꾼으로서 그의 면모를 엿볼 수 있다.[2] 그리고 성공회 신학자 크리스토퍼 홀Christopher A. Hall과 공저한 『삼위일체』도 성서부터 20세기 삼위일체 르네상스까지 교리의 발전사를 간결하게 요약하면서도, 심화 학습을 위한 참고 자료를 해설과 함께 잘 정리해 놓은 인기 있는 입문서다.[3]

올슨은 미국 복음주의 신학자 사이에 현대 유럽 신학에 대해 부

---

[2] 로저 올슨, 『이야기로 읽는 기독교 신학: 전통과 개혁의 2000년』 (대한기독교 서회, 2009). 『신학 논쟁: 교회사를 뒤흔든 위대한 사상가들의 대화』 (새물결 플러스, 2017). 로저 올슨·애덤 C.잉글리쉬, 『신학의 역사: 하룻밤에 정리하는』 (도서출판 100, 2019).

[3] 로저 올슨·크리스토퍼 홀, 『삼위일체』 (대한기독교서회, 2004).

정적인 분위기가 모호하게 퍼져 있던 1970~80년대에 신학 공부를 했다. 그 당시에는 북미 복음주의 학교에서 사용할 만한 제대로 된 현대 신학 교재도 변변치 않았다. 그런 상황에서 그는 볼프하르트 판넨베르크에 관한 연구로 라이스 대학교에서 박사 논문을 작성했다.[4] 그 후 한동안 논문을 발표하며 집필 활동을 이어가던 올슨은 1992년에 복음주의 관점을 놓치지 않으면서도 현대 신학의 지형도를 충실히 살려낸『20세기 신학』을 출판했다.[5] 이 책은 뮌헨 대학교에서 판넨베르크의 지도로 박사 학위를 받은 스탠리 그렌츠Stanley Grenz와 공저한 만큼, 근현대 독일어권 신학과 미국 신학의 다양한 목소리를 잘 전달했다고 호평을 받았다(물론 유럽에서만 훈련받은 신학자가 볼 때는 불만족스러울 수도 있다). 이 책의 성공 덕분에 두 살 터울의 침례교 신학자들은 40대 초반에 큰 명성을 얻었고, 이후 이들의 우정은 또 다른 책의 공저로 이어지기도 했다.[6]

세기가 바뀌고『20세기 신학』도 개정될 필요가 대두되었을 때, 올슨은 더 큰 규모와 차별화된 기획으로 현대 신학사를 집필했다. 그 결실인『현대 신학이란 무엇인가』는 신학 입문자를 배려하는 친절한 교사, 현대 신학의 전문가, 교리와 신학사를 맛깔나게 전달

---

[4] 올슨의 박사 논문은 다음과 같다. Roger E. Olson, 'Trinity and Eschatology: The Historical Being of God in the Theology of Wolfhart Pannenberg'(Ph.D. diss., Rice University, 1984).

[5] 스탠리 그렌츠·로저 올슨, 『20세기 신학』(IVP, 1997). 원서는 다음과 같다. Stanley J.Grenz and Roger E.Olson, *20th-Century Theology: God and the World in a Transitional Age* (Downers Grove: IVP, 2002).

[6] Stanley J.Grenz and Roger E.Olson, *Who Needs Theology?: An Invitation to the Study of God's Word* (Downers Grove: IVP, 1996).

하는 재담가로서 올슨의 특성이 잘 버무려 나온 작품이다. 그가 다루는 신학자들이 만만치 않고 책의 분량이 상당한 만큼 독자에게는 지적인 노력과 인내심과 체력을 요구하는 책이기도 하다. 그러니 원제목에 나오는 '여행'이라는 단어 때문에 이 책이 '쉬운 척, 친절한 척'하려는 출판계의 유행에 편승하려 한다는 선입견을 품어서는 안 된다. 대신, 이 방대한 책이 어떤 의미에서 '여행'이라고 할 수 있는지, 혹은 왜 여행이라는 은유가 올슨의 저술 의도를 이해하는 데 적합할지부터 따져볼 필요가 있다.

알랭 드 보통은 고대부터 현대까지 인간의 마음을 사로잡아 온 여행의 본질을 철학적으로 분석하며 다음과 같이 이야기한 적 있다.

> 여행은 비록 모호한 방식이기는 하지만, 일과 생존 투쟁의 제약
> 을 받지 않는 삶이 어떤 것인지를 보여준다.[7]

여행은 인간을 '길을 가는 존재'viator로 재정의하게 한다. 항상 움직이는 사람은 새로운 것에 경탄하고, 낯선 것과의 조우를 소중히 여긴다. 한 지역에 정착한 사람들이 삶에 결정적이라고 생각하며 애지중지하는 것들도 길 위에 있는 사람에게는 부차적이요 심지어 짐이 될 수 있다. 이와 유사한 맥락에서 올슨도 현대 신학이라는 난해하고 논란 많은 대상을 이해하는 핵심 메타포로 '여행'을 선택

---

[7] 알랭 드 보통, 『여행의 기술』, 17.

한 것 같다.[8] 실제 이 책은 여행이라는 메타포 덕분인지 현대 신학에 달라붙곤 하는 보수와 진보, 해석과 변혁, 심지어 정통과 이단이라는 논쟁적 맥락에 저자와 독자가 갇히지 않게 해준다. 대신 이 책을 읽을 때 중요한 것은 여러 시대를 걸쳐 다양한 지역에서 활동한 신학자들과 만남이요, 그들을 생동적 사상가로 만든 그들의 질문과 고민이다.

현대 신학이라는 여행을 떠날 때 당면하는 현실적 문제는 그 주제가 너무 복잡하고 다루는 범위가 몹시 포괄적이라는 데 있다. 올슨은 그 쉽지 않은 여정의 안내자로 나선다. 그리고 19세기부터 21세기 초까지의 신학의 역사, 달리 말하면 책의 부제처럼 "자유주의 신학의 재구성에서 포스트모던 해체까지" 과정을 차례차례 소개한다.

여행의 명분 찾기 - 현대성이라는 화두

올슨의 저작이 한국어로 여럿 번역되었지만, 한국 독자에게 그의 이름을 각인한 작품은 오랜 벗 그렌츠와 공저한 『20세기 신학』이다. 두 젊은 신학자는 패기 넘치게 '초월과 내재'라는 틀을 통해 현대 신학의 흐름 전체를 개관한다. 이 책의 분석에 따르면, 중세 신학까지 잘 지켜지던 초월과 내재의 조화가 계몽주의 시대에 파괴된 채 19세기까지 이어졌다.

---

[8] 로저 올슨, 『현대 신학이란 무엇인가』, 947 참고.

각 시대의 신학자들은 하느님의 본질에 대한 그리스도교적 이해를 묘사할 때 하느님의 초월성과 내재성이라는 이중적 진리 어느 쪽에도 치우치지 않고 두 가지 모두를 인정하는 창조적 긴장과 균형의 방법을 찾아야 하는 도전에 직면했던 것이다. 두 가지 진리 모두를 균형 있게 수용해야 신학과 이성 혹은 문화의 관계가 적절히 수립된다. 이 둘 사이의 균형이 상실되면 곧 심각한 신학적 문제들이 고개를 들게 된다. 즉, 초월성을 지나치게 강조하면 문화적 상황과의 관련성을 잃게 되고, 반면 내재성을 지나치게 강조하면 어떤 특정 문화에만 얽매이는 신학이 되고 말 것이다.[9]

이러한 맥락 속에서 그렌츠와 올슨은 20세기 신학을 초월을 재건하거나 초월과 내재의 관계를 재정립하려는 다양한 시도라고 정의한다. 여러 비판이 뒤따랐음에도 초월과 내재라는 틀은 복잡한 현대 신학의 흐름을 깔끔하게 정리하는 듯한 인상을 주었다. 그 결과 20세기가 마무리되는 시점에 선보인 이 책은 대중에게 큰 사랑을 받았고, 특히 복음주의 진영에서는 확고부동한 현대 신학 교재로 자리 잡았다.

『20세기 신학』이 나오고 20년이 흐르며 많은 변화가 있었다. 굵직굵직한 저서를 연달아 내면서 올슨의 신학과 글쓰기는 원숙해졌고, 복음주의 신학계의 학문적 내공은 단단해졌으며, 21세기의 변

---

9   스탠리 그렌츠·올슨, 『20세기 신학』, 12.

화된 시대상은 이전 세기에 대한 재평가를 요구했다. 그리고 무엇보다도 그렌츠가 50대 중반의 나이로 갑작스레 세상을 떠났다. 이러한 상황들과 맞물리며 『20세기 신학』을 개정하려던 소박한 의도는 훨씬 복합적인 작업으로 확장되었다. 노련한 신학자 올슨은 기존 저서에 단순히 몇몇 신학자를 추가하는 수준에서는 현대 신학의 '여행'이라 불릴 새로운 기획이 성공하지 못함을 잘 알았다. 이처럼 여행은 떠나려는데 막상 이를 현실화하기 녹록하지 않다면 여행 작가의 조언에 귀 기울여 볼 만하다. "여행 준비의 기술 중 매우 중요한(어쩌면 가장 중요한) 한 가지는 '여행의 명분'을 만드는 일이다."[10] 『20세기 신학』과 차별화된 명분 찾기. 어쩌면 여기에 올슨의 새 작품의 운명이 달려 있었던 셈이다.

『현대 신학이란 무엇인가』 서두에서 올슨은 '초월과 내재'라는 옛 명분이 현대 신학의 다양한 면모를 단순화하는 '꿰맞추기식'의 서술로 이어졌다고 인정한다. 대신 그는 "현대 신학은 현대성이라는 문화적 정신의 맥락에서 이루어진 신학"[11]이라고 재정의한 후, 현대성에 대한 신학적 반응이라는 관점에서 19세기에서 21세기 초반에 이르는 그리스도교 사상사를 포괄적으로 제시한다. 현대성이 전통적 신학에 던진 도전의 파장이 크기에, 19세기의 지성사를 분석하는 올슨의 펜 끝도 더욱 날카롭고 정밀해져 있다. 근대 유럽의

---

[10] 박재영, 『여행준비의 기술』 (글항아리, 2020), 29.

[11] 로저 올슨, 『현대 신학이란 무엇인가』, 16. 영어 '모더니티'modernity는 현대성으로도, 근대성으로도 번역될 수 있다. 이 책의 한국어 번역자가 현대성을 선택한 만큼 이 장에서는 '현대성'으로 통일하기로 한다.

과학과 정치와 철학 혁명의 영향을 받아 탄생한 현대성이 지금껏 전 세계 그리스도교에 다양한 방식과 강도로 영향을 끼치는 만큼, '초월과 내재'라는 경직된 구도보다는 '여행'이라는 유동적이고 탄력적인 메타포를 가지고 현대 신학의 역동성과 다채로움을 충실히 담아내려 한다.

그 결과 『20세기 신학』에서 두 장에 눌러 넣었던 19세기에 대한 소개는 『현대 신학이란 무엇인가』에서 네 장(번역서 기준 약 270쪽)으로 확대되었다. 이전에는 내재와 초월 사이의 균형을 잡으려는 현대 복음주의 신학이 책의 마지막에 위치했다면, 새 책에서는 현대성에 반기를 든 포스트모던 신학의 다채로운 모습과 함께 올슨이 인도하던 여행이 마무리된다.

예리하게 이야기 꾸미기 - 선택과 집중을 통한 신학사 구성

여러 여행담을 듣고 또 들어 여행 이야기에 신물이 난 사람에게 어떻게 방금 다녀온 여행을 맛깔나게 소개할 수 있을까? 유명 잡지 편집자이자 베스트셀러 작가가 들려주는 팁. "예리해야 한다. 하나의 도시를 단 세 개의 이미지로 단번에 요약해내는 훈련을 하라."[12] 그렇다면 현대 신학에 둔감해진 사람에게 그 매력을 맛보여주려면 어떻게 해야 할까. 구구절절 역사를 읊지 않기, 독자의 관심에 맞게 예리하게 주제를 선별하기, 현시대의 고민에 맞게 이야기를 압축적으로 꾸미기 등은 기본이 아닐까. 실제 좋은 평가를 받는 현대

---

12   마티아스 드뷔로, 『여행 이야기로 주위 사람들을 짜증 나게 만드는 기술』 (필로소픽, 2017), 39.

신학사 책은 한편으로는 '중요성'과 '적절성' 사이의 균형이 잘 잡혀 있고, 다른 한편으로는 신학의 흐름 전체를 조망하면서도 학계와 현장의 필요에 민감히 반응하는 저자의 지식과 직관이 빛나게 마련이다.

현대 신학에 대한 단편적 소개가 아니라 그 흐름을 체계적이고 종합적으로 서술하려면 나름의 시대 구분과 자료 정리의 기준이 필요하다. 벽돌책 규모의 대표적 현대 신학책을 보면 그 기준이 어떤 식으로 작용하는지 대략 알 수 있다. 앞서 언급한 『20세기 신학』은 '초월성과 내재성'의 관계가 그 역할을 한다. 영국 신학자 데이비드 포드가 거듭 개정하고 출판 중인 『현대 신학자 연구』Modern Theologians(1989/1997/2005)는 제3판의 부제 '1918년 이래 그리스도교 신학 입문'An Introduction to Christian Theology since 1918에서 짐작할 수 있듯 19세기 유럽 그리스도교 문명의 쇠락을 알린 제1차 세계대전 이후를 연구 대상으로 삼는다.[13] 게다가 1918년은 자유주의 신학의 시대가 저무는 데 결정적 역할을 한 칼 바르트의 『로마서』 1판이 탈고되기도 했던 만큼 현대 신학의 시발점으로 삼기에 적합한 기준이다. 한국의 조직신학자 김균진의 『현대 신학사상』(2014)은 저자의 해석을 최대한 절제하고 20세기의 중요 신학자와 여러 신학의 유형을 소개하려 한 만큼,[14] 시대 구분이나 인물 선정을 위한 특별한 기준을 제시하지 않는다.

---

[13] 한국어 번역본은 다음과 같다. 데이비드 F. 포드·레이첼 무어스, 『현대 신학자 연구』(CLC, 2022).

[14] 김균진, 『현대 신학사상』(새물결플러스, 2014), 6 참고.

올슨의 경우는 『현대 신학이란 무엇인가』를 기획하며 현대성의 도전에 대한 응답이란 관점에서 북미와 유럽의 여러 신학자와 신학 사조를 모으고 배치한다. 물론 어떤 역사적 사건 혹은 실재에 대한 반응은 대개 찬성이냐 반대냐는 양극화 현상을 불러일으킬 위험이 있다(그래서 현대 신학은 신학자들 사이에서 언제나 뜨거운 주제다).[15] 게다가 한 명의 저자가 신학사를 서술하다 보면 그가 가진 배경이나 성향이 반영되기 마련이다. 그러다 보면 진보나 보수 중 특정 입장을 대변하거나, 어느 한쪽에 치우치는 자료를 선택하기가 쉽다. 하지만 이 책은 그런 편향된 신학사 서술을 지양하려는 노력이 돋보인다. 일례로 많은 신학 교재가 19세기 신학이라면 현대성에 대한 순응으로서 자유주의를 소개하는 데 집중하곤 한다. 하지만 올슨은 그리스도교를 현대적으로 재구성한 19세기 유럽의 자유주의를 다루면서 곧이어 현대성에 대한 반발로서 19세기 미국 근본주의도 비중 있게 소개하고, 더 나아가 두 극단적 입장 사이에

---

[15] 대표적 예로 2018년 5월 10일 국민일보목회자포럼(대표회장 소강석)이 개최한 '현대 신학 대토론'을 들 수 있다. 여기서 서철원 전 총신대 신학원장은 '현대 신학에는 하느님이 없다'라며 강하게 주장했다. 이어 오영석 한신대 전 총장은 대표적 현대 신학자의 신론으로 '칼 바르트의 삼위일체론'을 소개했고, 새에덴교회의 소강석 목사는 위르겐 몰트만의 삼위일체론에 대해 비판적이지만 전체적으로는 동정적인 해석을 더했다. 뒤이어 이형기 장신대 명예교수와 함세웅 전 가톨릭대학 교수의 논평이 뒤따랐다. 이 토론회를 '현대 신학이 타당한가'도 아닌 '현대 신학에 신이 있는가'라는 자극적 발언이 압도했고, 발표자와 논평자 대부분이 20세기 중후반에 주로 활동하다 은퇴한 원로들로 이루어졌다는 점에서 현대 신학이란 주제를 대하는 한국 신학계의 태도를 어느 정도 가늠할 수 있다. 다음을 참고하라. '현대 신학 속 하나님의 존재감: 보수·진보 신학자 모여 '열띤 토론'', 「국민일보」(2018.05.11.), http://news.kmib.co.kr/article/view.asp?arcid=0923947455 (2023.04.20. 최종 접속).

서고자 했던 중재 신학도 대서양 양쪽의 사례를 들어 설명한다. 이처럼 역사적으로 첨예하게 대립했던 자유주의와 근본주의를 현대성에 대한 신학적 대응의 양 측면으로 보는 지성사적 시야를 갖게 해준다는 것은 이 책이 주는 특별한 선물이다.

현대 신학사를 서술하는 올슨의 빼어난 안목은 그 외 여러 곳에서 두드러진다. 현대성에 대한 반발로서 21세기 포스트모던 신학을 소개할 때 그는 교회의 특수성과 구체성에 집중한 스탠리 하우어워스Stanley Hauerwas(1940~)와 교회 전통마저 현대성과 함께 해체하려던 존 카푸토John Caputo(1940~)를 연달아 배치한다. 또한, 신학에서 아름다움의 범주를 재발견했던 한스 우르스 폰 발타사르나, 복음주의의 탈보수주의 패러다임을 제시한 그렌츠를 새로 포함한 것은 보수적 성향의 신학에서도 현대성에 반응하는 유의미한 시도를 발굴하고 그 업적을 보다 큰 신학사적 맥락 속에서 공정히 평가하려는 노력이라고 할 수 있다.

물론 200년이 넘는 현대 신학의 역사를 책 한 권으로 둘러보는 여행 코스를 짜다 보니 내용이 선별적이고 때로는 설명이 불충분한 경우가 있을 수밖에 없다. 예를 들면, 올슨이 소개하는 신학자들이 지나치게 미국과 독일어 사용권에 한정되었다든지, 현대 신학에 끼친 정교회 전통의 영향력은 별로 언급하지 않는다든지 하는 아쉬움이 있다. 또한, 영성과 전례와 신학의 재통합을 시도하거나 고대와 중세의 신학적 존재론을 급진적으로 재해석함으로써 현대성에 맞대응하는 신학자들이 왕성하게 활동 중인데, 오히려 해체에 집중했던 철학자 카푸토로 현대 신학의 여정을 마무리하는 이유도 의문이 간다.[16] 게다가 이 책과 『20세기 신학』에 나오는 자료와 주장이 상당 부분 겹친다는 것도 눈썰미 있는 독자라면 어렵지 않게 발견할 것이다. 하지만 그런 중복된 부분마저 올슨의 스토리텔링 능력 덕분에 가독성 높게 변화했고, 각론과 각주에서 지난 20년 동안 있었던 신학계의 논의가 업데이트되었다는 점은 높게 평가할 만하다.

힘들어도 여행의 이유는 분명 있다.

현대 신학의 종착지가 아직 완전히 드러나지 않았고, 길을 가는 방식이 걷는 이의 수만큼이나 다양한 만큼, 신학자들이라 할지라도 그들의 여정은 모호함과 긴장으로 차 있을 수밖에 없다. 하지만 여행이 일상적 경험에 가려진 삶의 참모습을 맛보게 해주듯, 여행으로서 현대 신학은 근대 과학기술이나 옛 교리의 권위로만 세계를 해석할 때 접하지 못한 그 무엇에 접속하게 도와준다. 교리의 속성인 규범성이나 명료성이라는 관점으로 보자면 두리뭉실하다 하겠지만, 현대 신학을 이같이 접근할 때 19세기 이후 지금까지 수많은 신학자가 그 좋은 머리와 글솜씨를 가지고 왜 그런 사상을 전개했는지를 이해하는 더 적절한 위치에 서게 된다. 이러한 공감과

---

[16] 올슨은 자신이 생략한 학자들은 현대성과 씨름하지 않았거나, 아니면 영향력과 지명도가 덜 한 경우라고 말하기는 했다. 하지만 올슨이 속한 복음주의 배경, 그리고 그에게 익숙한 독일과 북미 신학이 그가 현대 신학의 흐름의 전반을 보지 못하게 하지는 않았을까 하는 추정도 가능하다. 『현대 신학이란 무엇인가』가 탈고된 지 10년이 더 지난 만큼, 현대 신학의 지형도도 그사이 적지 않게 변화하였음을 고려하며 이 책을 읽을 필요가 있다. 올슨, 『현대 신학이란 무엇인가』, 16.

여백의 시선을 가짐으로써 이전 세대 신학자들의 삶과 사상을 공정하게 평가하고, 그들의 성취와 실수를 통해 오늘의 현실을 신학적으로 해석하고 그 속에 참여하는 지혜와 자세를 배우게 된다.

『현대 신학이란 무엇인가』는 지금껏 한국어로 출간된 현대 신학사 중 19세기를 가장 충실히 분석하면서, 20세기의 신학 사조를 폭넓게 소개하고, 21세기 신학이 어떤 방향을 향하는지 가늠하게 해 준다는 데 큰 의미가 있다. 현대 신학의 다양한 목소리를 들려주면서도, 그러한 사상이 형성된 역사적·문화적 배경을 넓은 시야로 관찰하기에, 학교에서 신학교육을 하거나 교양으로 신학을 공부할 때 이 책이 요긴하게 쓰일 수 있으리라 기대된다. 물론 올슨이 취하는 신학사적 접근은 조직신학이나 교리서처럼 무엇을 믿고 어떻게 행동할지를 딱 부러지게 제시하지는 못한다. 하지만 여행이 익숙함에 대한 집착과 선입견을 깨주듯, 우리의 믿음을 제약하던 시대적·문화적·지역적·종교적 틀은 여러 신학자가 걸어온 신학의 여정에 동참함으로써 상대화할 수 있다.

작가 김영하가 표현했듯, "여행하지 않는 사람은 편안한 믿음 속에서 안온하게 살아갈 수 있다. 그러나 여행을 떠난 이상, 여행자는 눈앞에 나타나는 현실에 맞춰 믿음을 바꿔가게 된다".[17] 신학의 경우도 크게 다르지 않다. 수백 년 전 신학자들이 쌓아 올린 견고한 교의학의 성곽 안에 머물며 현대성의 공격을 방어하고, 군데군데 무너진 성벽을 보수하는 것을 신학의 사명으로 삼을 수도 있

---

[17]   김영하, 『여행의 이유』(문학동네, 2019), 35.

다. 반면, 대항해의 시대가 도래하자 미지의 세계로 나갔던 근대인들처럼, 신학도 현대성이 던진 도전에 응답하고자 익숙하고 평온한 세계를 뒤로하고 모험의 여행을 떠날 수도 있다. 신학을 하는 방법은 여럿이지만, '개혁된 교회는 항상 개혁되어야 한다'라는 멋진 말이 허무해지지 않으려면 '근원으로 돌아가자'ad fontes라는 구호만이 아니라 여행의 모험을 받아들일 용기와 개방성도 필요하다. 이러한 소중한 지혜를 배우는 것이 올슨과 함께 걷는 '여행의 이유'가 아닐까.

역사를 통해 배우는 신에 대해 말하는 법

『그리스도교의 신: 역사적 개관』
폴 카페츠 지음, 김지호 옮김, 도서출판 100, 2021.

인간이 언어생활에서 사용하는 수많은 단어 중에 '신'만큼 물리적 실체가 불분명함에도 빈번히 언급된 개념은 찾아보기 힘들다. 신에 대해 말하는 방식은 언어마다 문화권마다 다르다. 한국어의 경우 보통명사로서 '신'과 고유명사로서 특정 '신명'이 구분된다(예를 들면, 하느님 혹은 하나님). 하지만 대부분의 서양 언어에서는 하나의 단어가 두 용례로 사용된다. 영어 '갓'God, 독일어 '고트'Gott, 이탈리아어 '디오'Dio, 프랑스어 '디유'Dieu 등은 일반적 의미에서 신도 되지만, 맥락에 따라 그리스도교의 신을 가리키기도 한다. 그러다 보니 서구에서는 '신'이라는 단어가 종교인만이 아니라 일반인이 사용하는 일상 언어에도 깊숙이 들어와 있다.

서구 그리스도교 문명에서 신이라는 개념이 차지하는 비중이 크다 보니, 백여 년 전 만 해도 신의 존재를 전제하지 않고는 문화, 정치, 과학, 예술, 철학, 교육 등을 논하기가 어려웠다. 신 개념은

---

* 원서는 다음과 같다. Paul E. Capetz, *God: A Brief History* (Minneapolis: Fortress Press, 2008).

신학자의 전유물도 아니고 그리스도인이 독점한 것도 아니었다. 그렇기에 신 개념과 결부한 복합적이고 다층적 의미를 설명하기에는 교의학 혹은 조직신학에서 다루는 신론으로는 역부족이었다. 서로 다른 종교적 신념을 가진 사람이 공존하는 다원화된 사회가 될수록 신에 대한 교리를 경직되게 고수하다 불필요한 갈등이 유발될 위험도 커졌다.

20세기 후반 사람들은 이제껏 자명했던 '신학'theos-logos 혹은 '신에 대한 이야기'God-talk가 더는 자명하지 않음을 깨달았다. 이러한 시대적 변화에 발맞춰 기존의 교리적 접근 대신 역사 속에서 신에 대한 이해가 어떻게 발전되었나를 추적하는 대안적 방법이 주목받았다. 우리말로도 번역된 바 있는 비교종교학자이자 인기 작가인 카렌 암스트롱Karen Armstrong의『신의 역사』A History of God: The 4000-Years of Quest of Judaism, Christianity, and Islam(1993)와 1996년 퓰리처상 수상작인 잭 마일스Jack Miles의『신의 전기』God: A Biography(1995)가 신론의 변화를 흥미롭게 재구성한 대표작이다.[1]

대중적 지명도는 떨어질지 모르지만, 미국의 역사신학자 폴 E. 카페츠의『그리스도교의 신』God: A Brief History(2008)도 고대부터 현

---

[1] 카렌 암스트롱,『신의 역사: 신의 탄생과 정신의 모험』(교양인, 2023). 잭 마일스,『신의 전기』상·하 (지호, 1997). 비록 연대기 순서에 따라 신 이해 변화를 추적하지는 않지만, 철학자 김용규의『신: 인문학으로 읽는 하나님과 서양문명 이야기』(IVP, 2018)도 인문학적 관점으로 서양문명의 역사에서 그리스도교 신론이 차지하는 비중을 충실히 보여주며 독자들에게 큰 반향을 일으킨 작품이다. 철학자의 신에 한정해서는 다음 책들도 있다. 빌헬름 바이셰델,『철학자들의 신』(동문선, 2003). 에티엔 질송,『철학자들의 신』(도서출판 100, 2023).

대까지 사람들이 신에 관해 이야기해 온 다양한 방식을 역사적으로 개관한 주목할 만한 저술이다. 이 작품의 번역과 함께 한국 독자들에게 처음 소개되는 카페츠는 교수이자 지역 교회 목사로 활동하다 보니 책을 많이 쓰지는 못했다. 게다가 주로 작은 학교에서 가르쳤기에 학자로서 그렇게까지 잘 알려지지는 않았다.[2] 그러나 당시 지명도가 높지 않던 젊은 신학자의 두 번째 책인 『그리스도교의 신』이 미국의 유명한 신학 출판사인 포트리스의 문고판 파셋츠 Facets 시리즈에 포함된 것만 봐도, 그가 들려주던 신의 이야기가 큰 기대와 인정을 받았음을 짐작해 볼 수 있다(참고로 카페츠 이전에 파셋츠 문고판에 이름을 올린 유명 저자로는 칼 바르트, 디트리히 본회퍼, 마틴 루터 킹 Jr., 존 폴킹혼, 월터 윙크 등이 있다).

『그리스도교의 신』에서 카페츠는 '신의 역사'라는 복잡하고 장대한 내용을 원서 기준 문고판 204쪽(번역본 224쪽)에 압축시켰다. 또한, 앞서 언급한 암스트롱이나 마일스 등이 집필한 베스트셀러와는 달리, 그는 역사신학자로서 정체성을 뚜렷이 가지고 성서와 그리스도교 전통 속에서 신론의 발전 과정을 집중적으로 추적했다. 그러다 보니 첫눈에 이 책은 신론을 다루는 여타 신학 교재와 큰 차별성이 없어 보일 수도 있다. 이 글에서는 다른 작품들과 차별화되는 『그리스도교의 신』의 특징을 돋보이게 하고자 역사주의적 접근, 낯선 역사적 궤적, 신학적 다양성이라는 세 주제를 중심

---

[2] 카페츠는 28년 동안 4개 학교에서 교수직을 수행했다. 이 책 출간 당시 그는 미네아폴리스-세인트 폴에 있는 유나이티드 신학교의 역사신학 교수였다. 장로교 목사인 그는 현재 고향 캘리포니아로 돌아가 크라이스트처치바이더시(Christ Church by the Sea) 감리교회에서 목회를 하고 있다.

으로 책의 내용을 풀어나가고자 한다.

역사주의 관점에서 본 그리스도교의 신

『그리스도교의 신』은 "성서 시대부터 현재까지 그리스도교의 신 이해가 어떻게 전개되어 왔는지를 탐구하기 위해 연대기적 틀"을 따라 신론의 발전을 서술한다는 점에서 '역사신학' 작품이다.[3] 카페츠는 역사신학을 그리스도교의 역사라는 포괄적 역사의 일부이자, 특별히 교회의 역사의 지성적 차원이라고 할 수 있는 신학의 역사를 다루는 학문이라 정의한다.[4] 그에 따르면, 종교학자와 달리 역사신학자는 사상의 변화를 순수하게 '서술'하기만 하는 것이 아니라 교회와 그곳에서 이뤄지는 사목활동에 '봉사'해야 한다. 흥미롭게도 그는 이 과제를 수행하기 위해 철저하게 '역사주의자'로서 태도를 고수해야 한다고 본다.

카페츠는 『그리스도교의 신』에서 수천 년의 역사 속에서 고대, 중세, 근현대를 대표하는 신학자들의 신론을 차례로 하나하나 소개하는 무색무취하고 뻔하디뻔한 방법을 취하지 않는다. 대신 그는 '역사주의'라는 차별화된 관점으로 신의 역사에 접근한다. 물론 역사주의라는 개념을 놓고도 사람마다 생각하는 바는 다를 수밖에

---

[3] 폴 카페츠, 『그리스도교의 신』, 5.

[4] 다음 인터뷰 내용을 참고하라. '오늘 우리의 신 관념도 역사적 산물입니다: 『그리스도교의 신』 저자, 폴 카페츠 교수 인터뷰', 유튜브 비디오, 0:08, "오늘의 신학공부" 2021.11.30. https://www.youtube.com/watch?v=KJcRTCcfUX8 (2023.03.25. 최종 접속).

없다.[5] 어떤 사람들은 그 시대 고유의 언어와 문맥에서 역사를 이해해야 한다는 통상적 정의에 머물러 있다면, 다른 부류는 헤겔과 마르크스의 영향 아래서 역사를 현상 이면의 법칙의 지배하에 목적을 향해 나아가는 과정으로 보는 역사철학을 상정한다. 이처럼 역사주의라는 단어의 용례는 하나로 고정하기 힘들 정도로 매우 다양하다.

그렇다면 『그리스도교의 신』은 어떤 의미에서 역사주의적일까. 문고판에 불과한 얇은 책에서 (그리고 분량 제한을 엄격히 지킬 것을 요구하는 편집자의 압박 아래서) 자신이 할 수 있는 바의 한계를 잘 알았던 만큼, 카페츠는 거창한 방식으로 역사주의를 규정하거나 방법론을 체계화하지는 않는다.[6] 그렇지만 이 책은 특정 현상을 이해하려면 그 현상을 둘러싼 역사의 복잡성과 상대성을 무시하는 추상적 개념화를 피하고, 대신 역사에서 그 현상이 어떤 식으로 발전하고 수용되고 수정되었는지를 추적한다는 점에서 역사주의의 문법을 충실히 따르고 있다. 이 입장에 따르면 현대 독자는 마치 '전지적 작가 시점'을 가진 것처럼 텍스트의 복잡한 역사적 층위를 납작하게 만들고는, 신의 존재나 속성에 관한 일반화된 진술을 끌어내려 해서는 안 된다. 그리스도인이 믿음의 대상인 신을 알고 오늘날의 상황에서 신을 믿는다는 것의 의미를 풀어내기 위해, 성서가 신

---

[5] 역사주의의 정의는 다음 사전에서 참고했다. *Oxford Dictionary of Philosophy*, s.v. 'historicism'.

[6] 폴 카페츠, 『그리스도교의 신』, 218 참고. 다음 동영상도 보라. '오늘 우리의 신 관념도 역사적 산물입니다', 유튜브 비디오, 03:23, https://www.youtube.com/watch?v=KJcRTCcfUX8 (2023.03.25. 최종 접속).

을 어떻게 증언했는지를 살피는 것에 그치지 않고 수천 년간 신에 대한 이해가 어떻게 변화했는지 역사적으로 개관해야 한다.

카페츠가 역사를 다루는 독특한 방법은 『그리스도교의 신』의 전반부 첫 네 장에 두드러지게 나타난다. 성서는 여러 문명을 배경으로 살았던 다양한 저자의 손을 타면서 수천 년을 거쳐 형성되었다. 히브리 성서(혹은 구약성서) 텍스트의 형성 과정을 순차적으로 분석하면서 카페츠는 고대 다신교 사회로부터 유대교의 독특한 유일신 신앙이 형성되고, 아브라함을 조상으로 하는 부족신에 대한 신앙이 온 세계를 만들고 다스리는 창조주에 대한 보편적 신앙으로 확장되는 과정을 읽어낸다. 그 후 헬레니즘과 묵시문학이라는 독특한 세계와 역사 이해가 퍼져 있던 1세기 팔레스타인을 배경으로 등장한 예수 운동과 고대 교회의 선교를 소개한다. 두 문명의 충돌 지점에서 일어난 예수 사건과 교회의 등장은 유대교의 유일신론이 그리스도교의 삼위일체론으로 발전하게 된 복합적인 계기가 되었다. 결국 삼위일체 하느님에 대한 교회의 공식 고백은 325년 니케아와 451년 칼케돈 공의회를 통해 '역사적으로' 확립되었다. 하지만, 그리스도교의 정통 신앙이 유대교의 틀 속에서 여러 고민과 논쟁의 오랜 숙성 과정을 거쳐 형성된 만큼 공의회의 결정에는 해소되지 못한 여러 '긴장'이 내포되어 있었다.

이와 같은 방식으로 카페츠는 히브리 성서 초기문서로부터 칼케돈 공의회 문서까지 다양한 자료를 연대기별로 선별한다. 그러고는 신에 대한 기존 이해가 주위의 지적 환경과 상호작용 속에서 어떻게 변화했고, 결국은 정통교리로까지 발전하게 된 계기들은 무엇이었는지 단계적으로 분석한다. 이러한 전개는 기존의 교리사 내지는 교회사 서술과 크게 달라 보이지 않을 수 있다. 하지만, 카페츠는 역사의 발전 과정에 놓여 있던 여러 이질적 요인을 뭉개거나 종합하려 하지 않는다. 오히려 그는 정통을 향해 가는 도정 속에도 다양한 목소리와 긴장이 내포되어 있음을 직시하도록 역사를 서술한다. 5세기에 그리스도교의 신에 관해 이야기하는 기본 문법과 언어가 공식적으로 형성되었다고 하지만, 그것은 보편 교회의 신앙 속에서도 다양한 관점과 목소리가 공존할 수 있는 유연한 전통이었던 셈이다.

익숙한 듯 익숙하지 않은 새로운 신학의 역사

교리와 역사의 불가분리성 때문에 역사 없는 교리주의는 공허하고, 교리 없는 역사주의는 맹목적일 수밖에 없다. 오늘날처럼 그리스도교가 여러 도전 앞에 서 있는 상황일수록, 교리의 정형화된 틀만이 아니라 역사라는 포괄적이고 유동적인 배경에 비춰서 신을 믿는다는 것의 의미를 생각할 필요가 있다. 이를 위해 한편으로는 교리적 진술과 역사적 서술의 균형을 잡아가는 넓은 시야와 전문적 지식도 요구되지만, 다른 한편으로는 교리와 역사를 새롭게 관계 맺어줌으로써 그리스도교가 개방적이고 살아있는 전통으로 남게 할 지혜와 방법도 필요하다. 『그리스도교의 신』은 이러한 복합적 과업을 충실히 수행하는 역사신학의 훌륭한 모범이라 할 수 있다.

카페츠가 2,000년 신의 역사를 다루고자 선별한 신학자 명단을 보면, 다른 역사신학 교재에 나오는 인물들과 크게 다르지는 않다. 게다가 신학사 책치고는 물리적으로 가벼운 무게와 저자의 친절하고 평이한 말투에 속아 책 자체를 만만하게 생각할 수도 있다. 하지만, 카페츠가 우리에게 친근한 과거를 미묘하게 뒤틀고 있는 만큼, 이 책을 대충 읽다가는 그 특별함을 놓치기 쉽다. 실제 카페츠는 특정 학파나 교파가 생산하고 유포해 온 '영향력 있는' 선입견을 걷어내고는, 과거의 신학자들이 실제 남긴 자료를 꼼꼼하게 분석함으로써 그들의 역사적 위치와 공헌을 가능한 정당하게 평가하고자 노력한다. 그가 선별한 자료와 그의 설명을 쭉 따라가면 그리스도교 역사에 등장한 여러 신학자의 목소리를 새롭게 듣게 될 것이다.

구체적 예를 몇 개 들어보자. 개신교 신학교에서 사용하는 종교개혁사 교재 대부분은 마르틴 루터가 토마스 아퀴나스로 대변되는 스콜라 신학을 비판했다고 소개하고 있고, 루터가 실제로 그런 언어를 쓰기도 했다. 이런 이유로 개신교회에서는 루터에 의한 토마스 아퀴나스의 극복을 어느 정도 정통 입장처럼 받아들인다. 하지만 카페츠는 아퀴나스가 섬세히 구분한 공로 개념의 다차원성을 분석함으로써, 아퀴나스와 루터가 은총으로만 구원을 받는다는 신념을 공유하였음을 보여준다. 루터가 비판한 스콜라주의는 실제로는 아퀴나스의 것이 아니라 (아퀴나스가 16세기까지 생존했다면 그 역시 비판했을 법한) 후기 스콜라주의 유명론의 공로 신학이었던 셈이다.

루터는 스콜라 신학 전통에서 훈련받은 수사였습니다. 하지만 이는 토마스 아퀴나스의 스콜라 철학이 아니었습니다. 루터는 토마스의 스콜라 철학을 알지 못했던 것으로 보입니다. 루터가 훈련받은 스콜라 전통은 오히려 14세기와 15세기의 비아 모데르나via moderna였습니다. … 아마 토마스라면 유명론의 교리가 펠라기우스적이라는 루터의 주장에 분명 동의했을 것입니다. 만일 루터가 토마스를 알았다면, 루터는 모든 스콜라 신학이 아우구스티누스가 강조한 솔라 그라티아sola graia를 배반했다고 비난할 수 없었을 것입니다.[7]

또한, 일반적인 신학사에서 슐라이어마허로 대표되는 19세기 신학은 개신교 종교개혁 신학으로부터의 이탈 혹은 왜곡으로 묘사되곤 한다. 하지만 카페츠는 칼뱅과 슐라이어마허의 관계를 불연속성으로 보던 기존 해석을 뒤엎고, '경건' 개념으로 두 거장 사이의 연속성을 발견하는 박사 논문을 작성했다.[8] 그런 만큼 그는 『그리스도교의 신』에서도 종교개혁의 유산이 슐라이어마허를 비껴가는 것이 아니라 그를 통해 이어지는 결정적 지점들을 포착해낸다. 예를 들면, 칼뱅의 신학을 다룰 때는 슐라이어마허에게도 핵심 개념이었던 경건을 강조하는 해석을 제시하며,[9] 슐라이어마허를 소개할 때

---

[7] 폴 카페츠, 『그리스도교의 신』, 114, 116.

[8] 카페츠의 논문은 다음 단행본으로 출간되었다. Paul E. Capetz, *Christian Faith as Religion: A Study in the Theologies of Calvin and Schleiermacher* (Eugene: Wipf and Stock, 1998).

[9] 폴 카페츠, 『그리스도교의 신』, 124~125. 카페츠의 박사 논문의 제목이기도 한 '종교의 씨'는 칼뱅과 슐라이어마허 사상의 연속성을 보게 하는 핵심 개념이기도 하다. Paul E. Capetz, "A Seed of Religion': A Study in the

는 칼뱅이 『기독교 강요』에서 신지식을 창조자 신과 구원자 신의 이중구조로 다뤘던 방식과 유사하게, 슐라이어마허도 『신앙론』을 죄와 은혜의 대비 구조로 집필하였음을 언급한다.[10] 물론 그는 슐라이어마허가 근대 세계의 도래에 맞춰 신학의 역사에 남긴 독창적 기여도 잊지 않는다. 카페츠에 따르면, 슐라이어마허는 지식을 역사적 구성물로 이해하기 시작하던 당시 지성적 흐름에 예민하게 반응했고, 신에 관한 교리도 역사를 통해 형성되고 재형성된다는 역사주의적 관점을 교의학에 포함하는 방법론을 제시함으로써 신학의 새로운 시대를 열었다.

익숙한 신학의 역사를 익숙하지 않은 방식으로 읽어내는 카페츠의 능력은 20세기 신학을 다룰 때도 어김없이 발휘된다. 대다수 현대 신학사가 그러하듯 『그리스도교의 신』도 칼 바르트와 폴 틸리히와 함께 20세기를 시작하고는, 이어서 과정신학과 해방신학, 여성신학, 위르겐 몰트만의 삼위일체 신학 등을 소개한다. 이러한 소위 '무난하고 잘 알려진' 신학을 다루는 방식도 눈여겨볼 만하지만, 주목할 만한 부분은 카페츠가 유독 20세기 중반 예일 대학교를 중심으로 일어난 신학 흐름에 집중하고 있다는 것이다.

현대 신학을 공부한 사람 대부분이 20세기 예일의 신학이라면 조지 린드벡과 한스 프라이로 대표되는 후기 자유주의를 떠올릴 것이다. 하지만 예상외로 카페츠는 예일 신학의 대표로 한 세대 앞인 H. 리처드 니버를 선택하고, 그의 제자들이었던 고든 카우프만,

---

Theologies of Calvin and Schleiermacher' (Ph.D. diss., University of Chicago, 1996).

[10] 폴 카페츠, 『그리스도교의 신』, 153 참고.

제임스 구스타프슨의 신론으로 책을 끝맺는다. 물론 리처드 니버와 카우프만과 구스타프슨이 이어지는 흐름으로 최근 신학을 조망하는 것에는 한계가 있을 수 있다. 후기 자유주의도 리처드 니버의 영향을 크게 받으며 형성된 신학의 흐름이기도 하기 때문이다. 하지만 카페츠는 교리의 문법이나 텍스트의 내재성을 강조하는 후기 자유주의 입장으로는 현대 사회의 도전에 그리스도교가 적절히 대답할 수 없고, 변화된 세상에서 새로운 논의를 생산해 내지 못하는 신학은 결국 막다른 길에 도달할 수밖에 없다고 본다.[11]

이러한 이유로 카페츠는 리처드 니버의 두 제자인 카우프만과 구스타프슨의 '신중심주의'에 더 희망을 건다. 예일 출신이지만 예일 학파와는 다른 신학을 전개한 이들은 급진적인 유일신론과 역사주의를 신학의 두 축으로 삼고, 신학과 윤리를 통합하는 패러다임을 구축하려 했다. 그리스도교 신앙의 대상인 '유일한 신'은 모든 것을 존재하게 할 뿐 아니라, 역사 속에서 그것들의 가치를 상대화하고 비판하는 급진적 원리이기도 하다. 유일신론의 초월적 신 개념으로 인간과 문명을 비춰보면, 역사적 상대성의 굴레에 묶인 정치, 경제, 문화, 철학, 종교 등은 궁극적 가치나 중요성을 지니지 못함이 드러난다. 하지만 이것이 허무하게 상대주의로 흐르지 않는 이유는, 유일신론의 문법에 철저히 헌신할 때 궁극적 존재인 신이 활동하는 장인 역사 속에서 '탈인간중심주의적'이면서 동시에 '책임적인' 자아로 살아갈 새로운 가능성을 얻게 되기 때문이다.

---

[11] '오늘 우리의 신 관념도 역사적 산물입니다', 유튜브 비디오, 22:45, https://www.youtube.com/watch?v=KJcRTCcfUX8 (2023.03.25. 최종 접속).

신학적 다양성마저 포용하는 급진적인 유일신 신앙

카페츠가 '신의 역사'를 읽는 방식에 호감 섞인 관심을 가질 독자도 있겠지만, 마음 어디선가 저항감을 느끼는 독자도 있으리라 예상된다. 역사주의적 태도를 고수하다 신에 대한 성서적 교리마저 역사적 상대성에 굴복하고, 결국 그리스도교의 절대성마저 부인될 수도 있다는 경계심을 가질 수 있다. 실제 역사주의가 실재를 해석하는 유일한 원리가 될 때 상대주의의 늪에 빠질 위험이 큰 만큼, 이러한 의심 이면에는 합리적인 이유가 있다. 『그리스도교의 신』을 놓고 일어날 법한 이러한 반응을 관통하는 근본 질문이 있다면, 그것은 바로 현대 사회에서 '역사를 성찰한다는 것' 혹은 '신론의 역사를 연구하는 것'의 의미에 대한 물음 아닐까.

인간이 "과거를 이해하려는 모든 노력은 역사에서 현재 순간의 방향에 대한 관심에서 어느 정도 비롯"될 수밖에 없다.[12] 카페츠가 그리스도교의 신에 대한 역사적 개관을 시도한 것도 현대 사회의 문제에 대한 그의 깊은 고민과 무관하지 않다. 오늘날 교회는 에큐메니즘과 정통주의 사이의 갈등, 그리고 세속화의 필연적 결과인 다른 종교와의 불가피한 공존 등을 놓고 씨름하고 있다. 이들은 교회의 오랜 역사에서 비교적 최근에 나타난 현상이다. 이에 대해 역사신학자로서 카페츠가 보이는 반응은 그리스도교 전통 속에 신학적 다양성이 있고, 그 바탕에는 성서 자체가 내포한 신학적 다양성이 있음을 보여주는 것이다. 신학적 다양성에 대한 솔직한 인식에

---

12 폴 카페츠, 『그리스도교의 신』, 213.

서 다원화된 사회가 요구하는 겸손한 자기성찰과 타자에 대한 존중의 가능성도 찾을 수 있기 때문이다. 독단에서 벗어나 상대의 목소리를 경청하고, 전통을 통해 자신의 정체성을 형성하되 타자와 대화하는 능력도 함께 함양하는 것, 이것이 고대 이래 지금까지 서로 다른 문화적 배경을 가진 수많은 사람이 각자의 언어로 전하고 있는 '신의 역사'를 우리가 알아야 하는 이유인 셈이다.

규범성을 가진 교리적 주제이기도 한 '신'을 알아가고자 역사주의라는 방법만을 사용할 때 발생할 수 있는 위험이 분명 있다. 하지만 종교의 핵심 가르침인 교리라도 그 언어의 명료함과 논리적 정합성으로 온전히 설명할 수 없는 실제 역사의 구체성과 복잡성이 있다. 역사주의의 위험이 클지라도 신의 피조물인 인간의 언어와 사고와 행동이 본성상 '역사적'이라는 사실 자체가 바뀌지는 않는다. 무엇보다 성서가 증언하는 신은 역사에서 분리된 추상적이고 신비한 지식(고대 교회는 이것을 영지gnosis라 불렀다)을 주는 존재가아니었다. 그 신은 '역사 속에서' 자신을 계시하고, 다양한 사람을 불러 공동체를 이루며, 자신의 약속을 성취하고, 심지어 직접 역사적 존재인 인간이 되었다. 그렇기에 신앙의 순수성을 지키고자 교리의 역사성 자체를 회피하거나, 이미 확립한 신앙적 정체성을 기준으로 역사를 통제하려는 욕망은, 역사를 초월하는 유일한 실재이자 역사의 유일한 주인인 그리스도교의 신에 대한 이해와 신뢰가 부족해서 발생한 두려움일 수도 있다.

물론 카페츠도 인정했듯, 역사가 현대인이 당면한 문제 하나하나를 다 해결해주지는 않는다. 하지만 역사가 우리가 기대하는 방식으로 답을 하지 않는다고 역사적 접근을 무시하다가는, 무규정적인 시간 속에서도 정체성을 형성하고 모호한 삶에서도 실천적 지혜를 발견하게 도와주는 소중한 자원 자체를 잃게 된다. 역사가 우리에게 줄 수 있는 바를 과장하거나 낭만화하지 않으면서도, 역사가 삶 깊숙이 스며들어 계속해서 영향을 끼친다는 것을 깨닫고 인정하는 것, 이것이 카페츠가 '신의 역사'를 개괄하며 우리에게 던지는 도전이다.

교양과 학문 사이에서 본 신학의 역사

『사상으로서의 편집자: 현대 독일 프로테스탄티즘과 출판의 역사』
후카이 토모아키 지음, 홍이표 옮김, 한울, 2015.

『신학을 다시 묻다: 사회사를 통해 본 신학의 기능과 의미』
후카이 토모아키 지음, 홍이표 옮김, 비아, 2018.

한국 개신교회의 역사는 짧지 않다. 한반도에서 자생한 첫 교회인 소래교회가 1883년에 설립되었으니 이미 그 역사는 이 글을 쓰는 2023년 기준으로 140년을 넘어간다. 로마 가톨릭까지 거슬러 올라가면 한국 그리스도교의 역사는 4세기에 걸쳐 있다. 우리가 주로 접하는 교회사가 유럽과 북미 중심으로 쓰여서 한국교회가 상대적으로 젊어 보일 뿐이다. 게다가 2022년 한국 리서치 조사 결과에 따르면 대한민국 국민 중 49%가 종교를 가지고 있는데, 그중 한국 개신교와 가톨릭 신자는 각각 전체 인구의 20%와 11%를 차지한다.[1] 한국인 셋 중 하나, 종교인의 절반 이상이 그리스도교인인 셈이다. 인정하든 아니든 그리스도교는 한국 역사에서 이

---

* 원서는 다음과 같다. 深井智朗,『思想としての編集者: 現代ドイツ・プロテスタンティズムと出版史』(東京: 新教出版社, 2011),『神学の起源: 社会における機能』(東京: 新教出版社, 2013).

[1] 다음 자료를 참고하였다. '2022 종교인식조사: 종교인구 현황과 종교 활동',「여론 속의 여론」, https://hrcopinion.co.kr/archives/25186 (2023.08.23. 최종 접속).

미 적잖은 비중을 차지하고 있고, 한국인의 삶에 큰 역할을 담당하고 있다.

한국교회가 오랜 시간에 걸쳐 사회의 일부로 자리 잡은 과정 중에 신학은 이미 알게 모르게 교회를 넘어 사회와 영향을 주고받았다. 그런 만큼 신학의 역사는 그리스도인의 자기 정체성을 구심점 삼아 교회의 테두리 안에서 움직이는 폐쇄적 서사로 머물 수 없다. 신학의 맥락이 교회만이 아니라 사회이기도 한 만큼 신학은 직간 접적으로 사회적 기능을 수행하고, 사회의 정치·경제·문화적 상황은 신학의 발전과 재형성에 영향을 준다. 따라서, 신학은 단지 교회의 학문이 아니라 사회의 일원으로서 그리스도인이 수행하는 지적 활동이기도 하다. 신학사도 교회의 형성과 발전에 큰 영향을 준 위대한 사상의 역사만이 아니라, 사회와 신학 사이의 상호 영향사이기도 하다.

아직 한국 신학계에서는 이 같은 접근법이 일반적이지 않겠지만 신학의 역사가 '상대적으로' 긴 나라들에서는 하나의 학문 방법론으로 이미 정착하였다. 신학에 대한 '학문사'적 방법을 독일에서 훈련받은 일본 신학자 후카이 토모아키는 말한다.

> 사회라는 컨텍스트는 신학의 텍스트를 낳고, 그렇게 나온 신학의 텍스트는 다시금 사회라는 컨텍스트에 영향을 미칩니다. 이러한 상호 관계를 잊지 않는 것이 중요합니다. … 이러한 접근은 '교회 밖에 있는 사람들'에게, 혹은 대학교에서 특정 종교에 관한 가르침, 그리스도교 신학이라는 학문을 다루고 있다는 사

실에 위화감을 갖고 있거나 의문을 표하는 이들에게도 '신학'이라는 학문이 어떤 것인지 이해할 수 있도록 돕는 좋은 방법이 될 수 있다고 생각합니다.[2]

이 인용문에서 신학에 대한 독특한 이해 두 가지를 발견할 수 있다. 첫째, 신학 연구는 텍스트나 교회에서 실천만을 대상으로 하지 않고, 사회와의 상호작용에 관한 탐구로까지 확장되어야 한다. 둘째, 이러한 접근은 신학을 그리스도교 신앙이 없는 사람들을 위한 '교양'이 될 수 있게 해준다. 이것은 그리스도교의 역사는 한국보다 조금 더 길지 모르지만, 넉넉잡아도 그리스도교인이 전체 인구의 1%도 되지 않는 일본 사회에서 신학의 정체성과 필요에 대한 진지한 고민의 결과 후카이 토모아키가 내어놓은 답변이다.

신학에 대한 사회사적 접근

후카이 토모아키는 1964년 일본 도쿄의 비그리스도교 가정에서 태어났다. 아버지가 외무성 고위 공무원이었던 만큼 그 역시 관료로서 경력을 쌓는 것이 자연스러웠을 수도 있다. 그리스도교인이 되고 신학을 전공한다는 것은 그가 가족들과 전혀 다른 삶을 홀로 개척한다는 것을 의미했다. 그가 속했던 컨텍스트에서 신학자가 된다는 것은 신앙이 없고 성서를 모르는 사람에게 그리스도교를 설명하고, 신학에 헌신하는 것이 하나의 소명이자 직업으로서

---

[2] 후카이 토모아키, 『신학을 다시 묻다』, 10~11.

가치 있는 일임을 설득하는 '소통'의 문제이기도 했다. 한 인터뷰에서 그는 말했다.

> 그리스도교 신학에서의 배움을 교회 밖 사람들과 어떻게 공유할수 있을까 고민하는 데서부터 신학 공부가 시작됐다. 내가 받은사명은 '교회 밖 비그리스도교인'에게 신학을 최대한 알리는 일이다. 가족들에게 그리스도교에 대한 여러 질문을 받을 때마다, 어떻게 설명해도 "무슨 소리인지 모르겠다"는 반응이 많았다. 신학과 그리스도교에 깊은 의미가 있다는 사실을 교회 밖 언어로이해하게 하고 싶은 마음이 간절했다. 그렇게 노력하는 과정에서 신학을 더 깊이 공부하게 됐고, 신학자와 목회자가 됐다.[3]

후카이 토모아키는 도쿄신학대학 대학원에서 석사 학위를 마치고, 독일로 건너가 아우크스부르크 대학교에서 19세기 독일 개신교에관한 논문을 써서 박사 학위를 받았다. 그리고 일본으로 돌아와 교토 대학교에서 20세기 신학사에서 신인식 문제 연구로 문학박사학위를 받았다. 19~20세기 독일 근대 사상 전공자답게 그는 슐라이어마허, 하르낙, 트뢸치, 바르트, 판넨베르크 등의 중요 저서를일본어로 번역하였다. 40여 권에 달하는 저서와 역서를 출판한 다작 작가이지만, 비그리스도교적 일본 사회에서 그리스도교 신학을

---

3 '신학은 그릇, 그릇 하나를 절대화하면 안 돼', 「뉴스앤조이」(2018.03.31.), https://www.newsnjoy.or.kr/news/articleView.html?idxno=216921 (2023.08.26. 최종 접속).

대중화하는 데도 관심을 보였다.

우리말로는 그의 책 중 2011년 작『사상으로서의 편집자』와 2013년 작『신학을 다시 묻다』가 소개되어 있다. 번역서 제목을 통해서도 가늠해 볼 수 있듯 이 두 작품에서 그는 신학을 순수한 이론 체계나 교회를 위한 실천적 작업으로 보지 않고, 사회의 다양한 정치·경제·문화적 요인과 관계를 주고받는 다면적인 지적 활동으로 본다. 이를 위해 그는 20세기 중반 이후 역사학에서 부상한 '사회사적 방법'을 사용한다. 사회사social history가 무엇인지 대략적으로라도 알기 위해 브리태니커Britannica에 나온 일반적 정의부터 살펴보자.

사회사는 역사학의 한 부류로서 국가와 관계된 일들보다는 사회의 구조들과 사회 내 서로 다른 집단들 사이의 상호작용을 강조한다. 경제사의 발전으로 사회사는 1960년대 하나의 학문으로 확장되었다. 초기에는 권리를 박탈당한 사회 집단들에 초점을 맞추다가, 이후에는 중산층과 상류층에도 더 관심을 두기 시작했다. 학문의 영역으로서 사회사는 한쪽으로는 경제사 다른 한쪽으로는 사회학과 민족지학과 경계를 접하곤 한다.[4]

신학 내에서 사회사적 방법을 주로 사용하는 분야는 아무래도 '역사'를 연구 대상으로 삼는 성서학과 교회사일 수밖에 없다. 성서

---

[4] 'social history', *Encyclopedia Britannica* (2016.11.18.), https://www.britannica.com/topic/social-history (2023.08.23. 최종 접속).

본문이나 과거에 일어난 사건 이면에 있는 사회적 집단들을 재복원하고, 이들의 사회경제적 조건을 통해 텍스트나 과거의 의미를 새로이 밝히는 작업은 한국의 독자들에게도 그리 낯설지만은 않다.[5] 하지만, 이제껏 국내 학계나 출판계에서 사회사적으로 '신학사 자체'를 집필한 사례는 찾아보기 힘들었다. 그런 만큼 후카이 토모아키의 저서는 학문적 엄밀성과 탁월함을 따지기 전에 새로운 신학과 역사 서술 방식을 접할 기회를 줬다는 점에서 의미가 있다. 물론 신학사라는 특별한 주제를 다루다 보니, 그는 자기 목적에 맞게 사회사를 신학적 맥락에서 재정의해야 했다.

> ... 신학은 자신이 속한 시대의 지배적인 문화나 시대정신, 철학이라는 도구를 사용해 몇 번이고 다시 쓰일 수밖에 없다. 이를 뒤집어 생각해 시대별로 신학이 놓였던 사회 상황을 분석하면 그 당시 신학이 무엇으로 존재했는지를 가늠할 수 있다는 말이 된다. 마찬가지로 시대별로 신학이 놓인 상황을 분석하면 신학에 영향을 준 시대정신의 특징이나 지배적인 사상이 무엇이었는지도 알 수 있다. 이러한 시도를 최근 신학계에서는 '신학사적 관점'이라고 부른다. 신학사란 독일어 '테올로기게쉬히

---

[5] 우리말로 출판된 연구서 중 사회사적 방법을 사용하는 책들을 몇 권 찾아볼 수 있다. 라이너 케슬러의 『고대 이스라엘의 사회사』(CLC, 2002), 에케하르트 슈테게만의 『신약성서의 사회사』(동연, 2009), 민경배의 『한국교회의 사회사』(연세대학교출판부, 2008) 등이 대표적이다. 최종원의 『공의회의 역사』(비아토르, 2020)와 박영호의 『우리가 몰랐던 1세기 교회』(IVP, 2021)는 사회사적 방법을 사용한 대중서로 독자들의 사랑과 평단의 호평을 함께 받았던 작품들이다.

테'Theologiegeschichte를 번역한 말인데 본연의 뉘앙스를 살린다면 '신학사'로 옮기기보다는 '사회사적 방법'이라고 부르는 게 적절하다.[6]

다소 복잡해 보일 수 있는 설명이지만 그 논지는 명확하다. 신학의 패러다임을 바꿨다고 칭송받는 고전들은 천재적 신학자가 홀로 골방에서 분투하며 만들어 낸 결과물이 아니다. 그와 비슷한 지적 수준을 갖춘 엘리트 동료들과 교류하며 새로운 사상적 돌파구를 찾아내었다고 말하기도 뭔가 부족하다. 어떤 독창적 신학자가 사회와 시대를 바꿀 정도로 탁월한 글을 남겼다면 그 텍스트는 그가 속한 사회가 공유하던 시대정신에 영향 아래 형성된 것이기도 하다. 또한, 신학자가 특별히 그러한 방식으로 생각하도록 직간접적으로 유인한 사건들이 일어났고, 그 텍스트에 담긴 사상이 널리 수용되고 큰 영향을 발휘하기에 적합한 사회적 구조도 있었다.

신학의 역사가 길고, 사회가 매우 복잡한 실재인 만큼 사회사적 신학사 기술은 특정 주제에 집중할 수밖에 없다. 후카이 토모아키는 『사상으로서의 편집자』에서는 19~20세기 독일 개신교 신학과 출판의 관계를 통해, 『신학을 다시 묻다』에서는 서구 유럽 역사의 변천 속에서 신학의 사회적 기능과 의미를 질문한다. 이로써 그는 신학자와 그의 작품이 내뿜는 후광에 가려져 있던 다층적인 사회적 요인들을 보게 해준다.

---

[6] 후카이 토모아키, 『신학을 다시 묻다』, 36.

편집자 관점에서 본 근현대 독일 신학사

15세기 중반 금속 인쇄술의 발명은 중세에서 근대로 넘어오는 과도기에 지식의 폭발적 증대와 대중화를 가능하게 했다. 잘 알다시피 마르틴 루터의 종교개혁도 인쇄술의 발전에 힘입은 바 크다. 출판의 역사에서 근대에 일어난 또 다른 중요한 사건이 있었는데 그것은 바로 편집자의 등장이다. 교회와 대학교의 감독하에 필사 위주로 책이 만들어지던 중세 시스템은 역사 속으로 사라지고, 근대에는 책의 대량 제작과 판매가 가능해지면서 출판의 상업화가 이루어졌다. 그러면서 독자와 저자를 연결해 줄 사람으로 '편집자'의 역할이 증대되며 지식 세계는 이전과 전혀 다른 모습으로 발전하였다. 물론 저자는 일차적인 사상의 생산자로서, 자신이 속한 사회와 상호작용하면서 책을 쓴다. 하지만 시대정신을 읽어내며 어떤 저자의 어떤 글을 독자들에게 소개할까 질문을 던지며 책을 세상에다 내어놓는 일을 하는 이는 '편집자'다.

그런데 이러한 시점을 통해 눈에 들어오는 것은, '어떤 사상의 텍스트를 낳은 사회적 컨텍스트가 존재한다'는 사실이다. 또 반대로 '어떤 사회적인 상황이, 사상의 텍스트에 의해서 만들어진다'라고 하는 상관관계이다. 그리고 이 양자를 연결해 온 사람들이 바로 '편집자'였다는 것을 말하지 않을 수 없다. ... 편집자는 확실히 어떤 사상가의 최초의 독자가 되며, 이후 독자와의 접점을 낳게 하는 존재이기 때문에, 사상의 텍스트를 사회화한다는 매우 중요한 위치에 서 있는 것이다. 사상은 저자에 힘입어 로고스

logos화 되지만, 현대에는 한층 더 편집자에 힘입어 사회화되는 것이다.[7]

여기서 후카이 토모아키는 '신학의 텍스트-컨텍스트' 사이의 상호 관계를 주목한 사회사적 방법을 출판에 적용하여 '저자-편집자-독자'라는 삼중구조를 만들어 낸다. 근대에 출판 기술이 발달하고, 교육 기회의 확대로 대중들의 지식수준이 높아지고, 제도적 학문의 울타리 밖에서도 여러 사상적 모험이 일어나면서 저자와 독자 사이에서 새로운 지식의 '기획자'promotor로서 편집자가 등장한 것이다.[8]

편집자의 역할은 비문과 오타를 찾아내고 문장을 다듬는 것이라는 생각은 지식 생태계에 대한 무지에서 나온 것이다. 편집자는 시대에 필요를 감지하고, 익명의 상태로 있는 대중의 의향을 읽어내며, 때로는 저자보다 저자의 생각을 더 잘 파악해내며, 책이 '사상의 시장'에서 선택되고 살아남게끔 전략을 세운다. 심지어 어떤 편집자는 뚜렷한 정치적 의제를 가지고 이전 세대를 비판하고 넘어설 젊은 작가와 학자 무리를 발굴하고 후원할 뿐만 아니라, 자신의 큰 그림을 관철하는 데 요긴한 해외 작가들의 도발적 사고를 번역 작업을 통해 소개하기도 한다. 이들의 은밀한 기획하에 새로운 학문의 움직임이 탄생하고, 기득권에 대한 반감이 구체화 되기도 하고, 이를 통해 사회의 변화까지 일어날 수 있다.

---

[7] 후카이 토모아키, 『사상으로서의 편집자』, 119~120.

[8] 후카이 토모아키, 『사상으로서의 편집자』, 45~47 참고.

그렇게 생각해보면, '저자의 사상'으로부터 '편집자의 사상'을 고찰한다는 시점과 함께 '편집자의 사상'으로부터 '저자의 사상'을 생각해 보는 시점도 필요하다. 이 양쪽 모두의 시점을 평행선 위에 놓고 동시에 고찰할 때에, 비로소 그 순환 과정, 즉 '사상적인 텍스트를 낳는 배경에는 그 텍스트를 낳는 사회사적인 컨텍스트가 있다는 점, 그리고 그 사회사적인 컨텍스트를 창출하는 사상의 텍스트가 있다'고 하는 순환의 고리가 눈에 들어온다.[9]

이러한 관점에서 후카이 토모아키는 19세기 독일 개신교와 출판의 역사를 새롭게 읽어낸다. 그는 사회 보수 세력으로 자리 잡은 독일 자유주의 신학자들을 옛 시대와 함께 떠내려 보내려고 칼 바르트와 프리드리히 고가르텐 등이 자신들의 급진적 사고를 시험하도록 판을 깔아준 출판인이자 편집자 오이겐 디더리히스Eugen Diederichs를 소개하는 데 많은 지면을 할애한다. 편집자의 정치적 신념과 활동이 출판을 넘어 대중에게 어떤 영향을 끼치는지 보여주고자 나치시대 편집자들의 활동도 분석의 대상으로 삼는다. 개신교 출판사의 정치적 기능을 보여주고자 19세기 독일에서 리츨 학파와 트뢸치 학파가 신학사전을 놓고 일어난 미묘한 갈등을 제시하고, 번역을 통해 지적 생태계를 변화시킨 사례도 보여준다.

후카이 토모아키에 따르면, 때로는 편집자가 텍스트를 원래 컨텍스트에서 떼어놓음으로써 텍스트의 수용 방식을 바꿔버리는 정

---

[9] 후카이 토모아키, 『사상으로서의 편집자』, 129.

치적 기능을 수행하기도 한다. 예를 들면, 칼 바르트는 1930년대 초반 히틀러가 권력을 급속도로 획득하기 시작한 이래 히틀러 정권에 대한 강력한 비판자 중 한 명이었다. 일본에서 바르트 신학이 상당히 빠른 시기부터 소개되었지만, 일본의 동맹국이었던 독일 총통을 비판하는 바르트의 정치적 성향이 신학자들을 곤란한 위치에 빠지게 할 수 있었다. 편집자와 출판사들은 바르트를 서유럽의 정치적 컨텍스트에서 분리하였고, 많은 독자가 바르트의 텍스트를 읽으며 세상이 아무리 혼란해도 '마치 아무 일도 없는 것처럼' 신학을 하는 것이 숭고한 사명인 것처럼 받아들였다. "이로 인해 정치는 정치로서만 처리되고, 교회는 교회적 차원으로만 고민하는 기묘한 이원론"이 생겼고,[10] 바르트는 일본 교회가 정치적 상황에 거리를 두면서 자신을 안전하게 영위할 신학적 근거가 되어줬다.

이처럼 후카이 토모아키는 19~20세기 독일 개신교 역사를 출판과의 관계 속에서 읽어내며 텍스트를 사회화하고, 저자와 독자 사이를 연결해 줄 편집자의 역할을 재발굴한다. 사회사적으로 바라본 편집자는 단지 타인의 글을 가지고 작업하는 사람이 아니라, 사상의 기획자이자 사상가이기도 하다.

결국, 편집자는 사상가나 작가를 대할 때, 또 다른 사상가가 아니면 안 되는 것이다.[11]

---

[10] 후카이 토모아키, 『사상으로서의 편집자』, 208.

[11] 후카이 토모아키, 『사상으로서의 편집자』, 302.

사상을 기획하기도 상대화하기도 하는 편집자의 역할을 제대로 인식할 때 우리는 유명 사상가나 텍스트 자체를 절대화하려는 유혹에 빠지지 않을 수 있다. 또한, 매체의 변화로 편집자 없이도 온갖 텍스트들이 다양한 형태로 곧바로 독자를 만나고, "사상이나 학문적 물음보다도 시장이 먼저 존재"하게 된 상황에서[12] 시장의 요구에 때론 아니오Nein!라고 말하며 사상의 상품화에 저항할 방법이 무엇일까 고민할 기회도 얻게 된다. 책의 역사에 대한 후카이 토모아키의 독해는 한국에 소개된 다음 책에서 교회의 역사 전체에 대한 사회사적 읽기로 확대된다.

사회사를 통해 재규명한 신학이라는 학문

『신학을 다시 묻다』는 제목대로 현대인을 위해 신학이란 무엇이고 어떤 의미가 있는가를 '다시 질문'하는 책이다. 물론 이 책은 비그리스도교적인 일본 사회라는 특수한 환경에서 등장했고, 그리스도교에 대해 어느 정도 호감이 있는 일본 독자를 주 대상으로 한다. 그런 만큼 저자는 교의학적 렌즈를 가지고 신학을 보거나, 공교회의 역사라는 관점에서 과거를 들추지 않는다. 하지만 이러한 문제의식 덕분에 이 책은 일본을 넘어 세속화된 사회에서 신학의 의미와 역할을 질문하는 누구에게나 신학사를 바라보는 소중한 관점을 제시해 줄 수 있다.

후카이 토모아키는 현대 사회에서 "신학의 내용을 다룰 때, 그

---

12   후카이 토모아키, 『사상으로서의 편집자』, 298.

리고 신학이 직면한 과제들을 생각할 때 신학이라는 학문의 사회적 기능에 관한 연구가 함께 진행되어야 한다"라고 제안한다.[13] 신학은 사회와 시대정신의 영향을 받지만, 동시에 변화하는 환경 속에서 자신의 사명을 설명할 것을 요구받는다. 그러한 요청에 응답하는 중에 신학은 결과적으로 사회의 변화를 촉진하고 시대가 공유하는 사상을 형성하는 데 이바지한다. 이처럼 신학적 '텍스트'와 사회적 '컨텍스트'는 밀접한 상호관계를 맺으며 서로의 변화와 발전과 쇠퇴에 영향을 끼친다.

이러한 사회사적 관점에서 이 책은 그리스도교의 역사를 총 여섯 시기로 나누고, 역사의 변동과 맞물려 재형성되는 신학의 시대적 의미를 포착해낸다. (1) 나자렛 예수에 대한 기억과 재림에 대한 기대 속에서 신학과 공동체의 형태가 잡혀가기 시작하던 원시 그리스도교, (2) 신학이 확립되고 교회가 제도화하면서 5세기부터 등장한 중세 그리스도교 문명, (3) 단일한 그리스도교 문명이 와해하며 신학이 교파 의식과 결합하게 된 16세기 종교개혁 시대, (4) 청교도의 등장으로 교파주의가 무너지며 한 국가 내 여러 신앙이 공존하게 된 17세기 영국의 종교 시장화, (5) 그리스도교가 교회에서 분리되고 심지어 민족주의와 국가주의 배후의 정신적 바탕으로 탈바꿈한 17~18세기 혁명과 민족국가의 시대, (6) 정교분리 원칙으로 건국된 미국에서 종교마저 쓸모에 따라 평가하는 신학의 실용주의화가 그것이다.

---

[13]   후카이 토모아키, 『신학을 다시 묻다』, 10.

이러한 사회사적 신학사 읽기를 시도하는 이유는 크게 두 가지로 나눠볼 수가 있다. 첫째는 앞서 언급했듯 비그리스도교 사회인 일본에서 교양이라는 차원에서 그리스도교를 소개하기 위함이다. 실제 『신학을 다시 묻다』도 소수의 일반인을 위해 준비했던 연속강좌를 수정·편집해 출판한 책인 만큼, 내용은 흥미로우며 저자의 언어는 쉽고 간결하다.[14] 둘째는 사회사적 작업이 비그리스도교 혹은 탈그리스도교 사회 가운데서 신학이라는 학문의 기능과 의미를 새로운 방식으로 드러내기 때문이다. 책의 마지막 장에서 후카이 토모아키는 '신학이란 무엇이며, 신학이 여전히 (혹은 여기서도) 필요한가'라는 근원적 질문을 던진다. 그렇다면 왜 현대인은 그리스 비극이나 플라톤의 철학이 아니라 굳이 신학을 교양으로 공부해야 할까. 후카이 토모아키에 따르면, 신학은 다른 일반 학문으로는 포착될 수 없는 서구 사회의 심층 구조를 인식하게 해준다.[15] 오늘날 전 세계로 퍼져 있는 자유민주주의, 자본주의, 인권 사상 등은 모두 그리스도교 문명에서 나온 것이기에 심층적으로는 그리스도교 신학과 밀접한 관련을 맺고 있다.

'심층 구조'라 하면 막연한 느낌이 들지도 모르지만 남극에 떠다니는 빙산을 떠올려 보라. 빙산은 해수면 위로 보이는 부분보다 수면 아래 보이지 않는 부분이 몇십 배, 몇백 배는 더 크다. … 신학을 안다는 것은, 이러한 수면 아래 있는 얼음의 세계, 사회

---

14 후카이 토모아키, 『신학을 다시 묻다』 199~200 참고.
15 후카이 토모아키, 『신학을 다시 묻다』 189.

의 심층 구조, '눈에 보이는 세계'를 산출한 '눈에 보이지 않는 세계'에 발을 내딛는 것이다. '역사'와 교회의 '교리'는 모두 이를 이야기한다.[16]

지구화된 세계에서 그리스도교 문명에서 발생한 사고와 문화에 영향받지 않는 사람이 없는 만큼, 우리가 속한 사회와 제도를 제대로 이해하고 이를 긍정적 발전시켜 나가기 위해서는 "그 설계도와 역사를 들여다보지 않으면 안 된다."[17] 신학의 흔적은 비그리스도교적이고 탈종교화된 사회에서도 사라지지 않을 것이고, 우리는 신학의 사회적 기능을 선용함으로써 더 풍요롭고 조화로운 삶을 살기 위한 자원을 얻을 수가 있다.

또한, 신학은 근원부터 종말론적이다. 종말이라는 기이한 종교적 역사관이 현대인이 갖춰야 할 일반적 교양과 소양에 어떤 이바지를 할 수 있을까. 후카이 토모아키는 종말론적 관점의 대표 사례로 "우리가 지금은 거울에 비추어보듯 희미하게 보지만 그때에 가서는 얼굴을 맞대고 볼 것"(1고린 13:12)이라는 바울의 말을 제시한다. 이러한 신약성서의 가르침에 따르면, 신학적 지성은 자신의 주장이 잠정적이고 진리의 일부만을 주장한다고 보는 급진적인 '상대화'를 요구한다. 그런데 "이러한 깨달음과 태도는 인간을 자유롭게 하고 겸허하게 만들며 참된 의미에서 '대화'를 가능하게 한다. '상대화'는 자신의 학설이나 가설을 넘어선 또 다른 의견을 받아들

---

[16] 후카이 토모아키, 『신학을 다시 묻다』, 191.

[17] 후카이 토모아키, 『신학을 다시 묻다』, 192.

일 수 있게 하며 이를 기뻐할 수 있게 한다."[18] 종말론이 빚어낸 겸
손 덕분에 신학은 한편으로는 자신을 절대화하며 많은 과오를 저
지른 그리스도교가 본래 모습을 회복하도록 해주고, 다른 한편으
로는 다원화된 현대 민주사회에서 타자와 평화롭게 공존하도록 지
혜를 선물하고 덕스러운 성품을 함양해준다.

교양으로서 신학사 읽기

『사상으로서의 편집자』와 『신학을 다시 묻다』에서 후카이 토모
아키가 추구하는 교양으로서 신학은 현대 한국 사회를 살아가는
그리스도인에게 어떤 의미가 있을까. 모든 작가가 자기 삶의 자리
Sitz im Leben로부터 글을 쓴다지만, 두 책의 저자는 거듭하여 자신이
일본이라는 특수 상황에 있다는 것을 의식적으로 강조한다. 이는
일본은 교회 자체가 얼마 되지 않기에 유럽이나 북미와 달리 신학
을 '교회를 위한 학문'으로만 정의하기에는 한계가 있음을 보여주
기 위함이다. 그런데 '교회를 위한 학문'이라는 정의가 그에게 탐탁
지 않은 또 다른 이유가 있다. 2018년 한국 방문 당시 그가 일본의
교회 현실을 묘사한 대목을 참고해 보자.

보수파의 신학이라 할 수 있는 교회적인 신학은 '교회 형성'을 열
심히 말하지만, 교회 안에서조차 읽히지 않는 신학 서적을 낸다.
그들은 의미를 알 수 없는 불명확한 신학 언어로 전통을 유지하

---

[18] 후카이 토모아키, 『신학을 다시 묻다』, 195.

는 것이 엄청난 사명인 것처럼 말한다. 결국 교인이 감소하고 신학교에 입학하는 학생도 줄어들고 있다. 신학의 가장 기본적 책무도 못 하고 있다는 의미이다. 신학은 원래부터 '세계에 대한 책임'을 지니고 있었다. 교회를 위한 신학이기에 더더욱 세상을 위한 학문이어야 한다. 정말 '교회적'인 신학은 이 세상을 위한 진정한 비판과 형성적 지성을 수행하는 것이다.[19]

신학의 주목적이 교회의 선포와 사목에 봉사하는 것이라도, 신학자들이 '교회의 신학'을 설득력 있고 매력적으로 만드는 책임에서 면제된 것은 아니다. 교회에 다니는 사람마저 동의하고 이해하기 힘든 신학은 교회 밖 사람들에게 호소력을 갖기가 더 어렵고, 이는 교회가 사회로부터 퇴각하여 소종파화하게 만든다. 그렇게 따지면 후카이 토모아키가 진정 말하고자 하는 바는 신학이 교회의 학문임을 부정하는 것이 아니라, '교회 안의 학문'으로 자기 정체성을 고착화하고 역할을 한정하는 것에 대한 거부이다.

후카이 토모아키는 신학교가 아니라 미션스쿨을 배경으로 활동했던 신학자이자 학교 행정가였다. 그런 만큼 그는 비그리스도교적 컨텍스트에서 "시대와, 그리고 교회와 '함께할 수 있는 신학'을 형성"하고자 했다.[20] 이는 교회 밖에 있는 사람들까지 독자로 삼

---

[19] '후카이 토모아키, 신학의 '현실성'을 증명하다', 「복음과 상황」(2018.04.27.), https://www.goscon.co.kr/news/articleView.html?idxno=30271 (2023.08.23. 최종 접속).

[20] 후카이 토모아키, 『신학을 다시 묻다』, 187.

고, 훌륭한 신앙인이 아니라 비판적이고 책임 있는 지성을 형성하는 것을 지향하는 신학에 대한 구상으로 이어졌다. 교양이 "인간과 사회와 문화와 자연에 관한 본질적인 지식, 그와 함께하는 사고력, 그리고 이 둘이 빚어내는 시민성을 고민"하게 하고,[21] 이를 위해 사람들이 철학과 문학, 역사학, 사회학 등을 기꺼이 공부한다면, 지난 2,000년간 진선미를 추구해 온 지혜의 결정인 신학 역시 교양으로 권위와 위치를 인정받을 수 있지 않을까. 신학자는 그럴 정도로 신학을 설득력 있고 매력 있게 재구성하고 재해석할 사명을 가지고 있지 않을까.

이러한 의도가 아무리 고상하다지만, 교양으로서 신학의 대중화를 추구하면 학문적 정확성과 엄밀함을 타협할 위험에 노출될 수 있음은 경계해야 한다. 예를 들면, 하나의 텍스트 이면에는 복수의 컨텍스트가 있을 수도 있다. 하지만, 후카이 토모아키는 텍스트와 컨텍스트의 상호관계를 강조하다 특정 컨텍스트를 일반화하는 위험을 보여준다(예를 들면, 그는 자주 편집자의 보이지 않는 기획이 아니었으면 어떤 신학자나 그의 저서가 나오지 못했으리라 추정한다. 하지만 편집자의 기획은 하나의 계기이지 결정적 원인이 되지 못할 수도 있다).[22] 19세기 독일 신학을 중심으로 역사를 읽는 데 익숙해서인지, 그가 그려

---

[21] 김학철, '코로나 시대의 기독교교양학: 기독교교양학 강의실에서 무엇을 가르칠 것인가?', 「한국기독교신학논총」 123 (2022), 372.

[22] 참고로 후카이 토모아키는 날조와 표절 등의 연구 부정행위로 2019년 5월 토요에이와조가쿠인 대학교東洋英和女学院大学에서 해직되었다. 조사 결과 그의 2012년 작 『바이마르의 성스러운 정치 정신』과 「도서」 2015년 8월호에 실린 논문에 존재하지 않는 저자와 확인되지 않은 자료가 각각 언급되었다.

내는 그리스도교 역사에는 동방 정교회나 급진 종교개혁, 은사주의, 오순절 운동 등이 들어갈 공간이 없는 것도 아쉽다. 또한, 사회사적 독해는 기존 역사 서술을 보완하는 것이지 '대체'하는 것이 아님도 유념할 필요가 있다.

끝으로, 현대 사회가 세속화되어 간다고 모든 신학적 작업이 다 교양이 되어야 할 필요는 없다. 교양으로서 신학 읽기의 주안점이 '설득력'과 '호소력'에 맞춰져 있다면, 교회의 신학은 '선포'를 중요한 사명으로 삼는다. 후카이 토모아키가 추구하는 교양으로서 신학이 '역사'를 텍스트로 삼는다면, 선포의 신학은 '성서'를 중요 텍스트로 삼는다. 이러한 형식과 자료와 지향점의 차이에 대한 이해와 인정을 바탕으로 다양한 형태의 신학이 협력하며 조화를 이룰 때 신학이라는 거대하고 위대한 지적 전통의 의미와 가치는 더욱 두드러지게 드러날 것이다. 후카이 토모아키는 비그리스도교적인 일본에서 사회사적 방법을 통해 그러한 가능성을 타진하고자 시도했다. 한국도 개신교 역사가 140년을 넘어서고, 세속화의 흐름 속에 교회가 감소하는 상황인 만큼, 교양으로서 신학은 한국 신학에서도 그리스도인과 비그리스도인 모두를 위해 개척해야 할 새로운 영토라 할 수 있다.

제3부

◇

현대 개신교 신학의 대가들

신학은 언제나 그 시대가 던지는 질문에 응답하며 발전해왔다. 물론 신학은 동시대의 도전에 눈을 감고 과거가 주는 안정감에 취함으로써 자신의 사명과 가치를 스스로 포기할 수도 있다. 하지만 역사의 흐름을 예민하게 응시하고, 시대의 요청에 맞게 성서와 전통을 생동감 있게 해석할 줄 아는 신학자들이 필요할 때마다 등장했다. 덕분에 지금까지 신학의 생명력은 마르지 않고, 교회는 하느님 나라를 선포하고 가리키는 역할을 계속 담당해 왔다.

인류 역사에는 언제나 '위기'가 있었다. 하지만 20세기에 몰아친 여러 세계사적 사건은 신학자들에게 이전의 어떤 시기보다도 창조적인 작업을 요구했다. 두 번의 세계대전, 핵무기의 발명, 식민지 국들의 독립, 반복되는 경제불황, 동서 냉전 체제, 공산권 국가의 몰락, 시장경제의 확장, 기술 발달과 이주의 확대로 인한 지구촌화 등은 지금껏 인류가 생활했던 방식으로 더는 생존이 불가능한 세상을 만들어 냈다. 세상이 변하고 사람들의 생각과 삶의 방식이 변한 만큼, 교회가 과거의 신앙을 고수하면 자기 정체성을 지키고 사명을 다하는 것이라는 시대는 지나갔다. 이에 신학자들은 과거로부터 내려온 가르침을 비판적이면서도 창조적으로 재해석했고, 다른 한편으로는 동시대의 요구에 반응하며 신학의 주제들을 다변화하였다.

20세기 신학은 세속화된 사회 속에서도 마르지 않는 신앙의 생명력을 보여줬고, 변화한 세계 속에서 자신의 필요성을 증명했다. 여기서 '20세기 신학'이란 지난 백 년간 이러한 과업을 맡아왔던 많은 신학자의 고민과 우정과 논쟁이 만든 거대하고 복잡한 지적 생태계를 통칭하는 말이다. 자연의 생명력이 유기체의 다원성으로부터 나오고 강화되듯, 신학이 생기 충만해지려면 다양한 관심사와 방법론을 가진 신학자들이 공존해야만 한다. 그런 만큼 지난 세기 개신교 내부에서는 다수의 학파가 형성되었고 신학적 사유는 여러 갈래로 뻗어갔다. 그중 몇몇 신학자들은 현대 사회가 던진 도전에 빼어난 방식으로 응답하고, 이후 신학의 발전에도 창조적인 자극을 주었다. 『신학의 영토들』 3부에서는 20세기 그리스도교를 논할 때 빼놓을 수 없는 개신교 신학자들의 작품을 선별했다.

1장에서는 19세기 중반에 태어나 20세기 초반까지 활동한 네덜란드의 개혁파 신학자 헤르만 바빙크Herman Bavinck(1854~1921)의 『기독교 세계관』을 소개한다. 그는 계몽주의가 남겨놓은 지적인 업적을 무시하지 않으면서도, (동시대 독일의 문화개신교주의와는 달리) 개혁신앙의 유산에 기대어 근대 세계에 비판적 응답을 시도했다. 대중적으로 바빙크는 정통적인 교의학자로 알려졌지만, 생애 말기에 나온 그의 작품에는 철학적 성향이 두드러지게 드러난다. 1904년도에 나온 『기독교 세계관』은 19세기 유럽인의 언어에 등장한 '세계관'이라는 단어를 칼뱅주의 관점에서 신학화하면서, 근대의 철학적·과학적 세계관들과 비교를 통해 그리스도교 세계관의 우월성을 변증한다. 오늘날에도 신앙적 관점에서 이뤄지는 다양한 학술과 교육 활동에 그리스도교 세계관이라는 단어가 종종 붙는 만큼, 이 장에서는 여러 철학자와 신학자의 손을 거쳐 세계관 개념이 발전해가는 궤적 위에 바빙크의 작품을 위치시키며 그 시대적 의의를 질문한다.

2장에서는 신학사에서 몇 손가락에 꼽을 정도로 유명한 사건인 칼 바르트와 에밀 브루너 사이의 자연신학 논쟁을 다룬다. 한때 19세기 자유주의 신학을 함께 비판했던 신학적 동지이자 스위스 개혁파 목사였던 두 사람은 어느 때부터인가 자연신학의 문제를 놓고 격렬하게 부딪쳤고 결국 상대의 입장을 비판하는 짧은 논문을 발표했다. 브루너는 성서와 칼뱅의 신학을 가지고 자연신학을 옹호하려 했다면, 바르트는 브루너가 성서와 칼뱅의 본래 의도를 오해했다고 역공격했다. 이후 영국에서는 두 논문을 함께 묶어 『자연신학』이라는 제목으로 출간했고, 빠른 시간 내 은혜를 수용하는 인간의 능력을 정의하는 두 방법론을 공부할 수 있는 고전적 텍스트로 자리매김했다. 이 글에서는 브루너와 바르트의 갈등을 격화시킨 1930년대 독일의 정치 상황에 대한 분석과 더불어, 이 논쟁이 시대를 넘어 오늘날 우리에게까지 끼치는 정치신학적 함의를 살펴볼 것이다.

뒤이어 3장에서는 바르트와 브루너와 같은 시대에 태어나고 활동했지만, 이들과는 꽤 다르게 신학을 전개하고 삶의 궤적을 그려 간 폴 틸리히Paul Tillich(1885~1965)를 만나보게 된다. 흔히 틸리히의 삶과 사상을 '경계선상'에 있다고 말하는데, 실제로 그의 사유는 철학과 신학의 양극성이 자아내는 긴장을 껴안고 가는 방식으로 전개되었다. 그는 인간이 존재론적 질문을 던진다는 점에서 철학과 신학의 공통분모를 찾았고, 두 영역을 연결하고자 상관의 방법을 사용했다. 『성서 종교와 궁극적 실재 탐구』는 이러한 틸리히의 기획을 압축적으로 접할 기회를 제공한다. 신학과 철학 모두를 능수능란하게 다루면서, 현대인이 씨름하던 무의미와 불안의 문제에 응답하려는 틸리히의 모습을 보면 왜 그가 교회의 신학자를 넘어 '지성인을 위한 사도'로까지 불렸는지 가늠해 볼 수 있다.

4장에서는 지난 세기 미국을 대표하는 신학자인 H. 리처드 니버 H. Richard Niebuhr(1894~1962)의 유작 『책임적 자아』를 소개한다. 현대 미국 신학을 이야기할 때 니버 가족은 빼놓을 수 없으며, 그들 중 가장 유명하고 대중에게 영향을 미친 인물은 라인홀드 니버Reinhod Niebuhr(1892~1971)일 것이다. 하지만, 20세기 중반 이후 미국 신학계의 지형도 형성이나 제자들의 활동 등으로 평가하자면, 동생 리처드 니버의 업적은 절대 형에게 뒤처지지 않는다. 리처드 니버는 예일 대학교에서 은퇴 후 윤리학 대작을 쓸 계획을 세웠지만 갑작스러운 죽음으로 이를 현실화하지 못했다. 대신 그의 윤리학의 기초가 될 윤리적 주체에 관한 부분은 강의 원고로 남아 있었고, 이를 사후에 편집해 출판한 것이 『책임적 자아』다. 여기서 그는 윤리를 환경과 상황에 대한 적절한 반응fitting response으로 재정의한다. 이로써 리처드 니버는 자율적 개인이라는 협소한 기초에 윤리를 세우려는 근대적 기획을 비판하고, 인간을 공동체와 역사와 초월자와의 관계라는 포괄적 맥락에 위치시킨다. 지난 반세기 미국 신학의 발전에 다양한 방식으로 자극을 줬던 저작인 만큼, 이 책은 21세기 한국에서도 그리스도인으로 어떻게 책임 있게 살지에 관한 통찰을 줄 수 있을 것이다.

4장까지 19세기 중반 이후 태어난 신학자들의 작품을 소개했다면, 5장부터는 20세기에 탄생한 신학자들의 저작을 살핀다. 5장에서는 디트리히 본회퍼Dietrich Bonhoeffer(1906~1945)의 『윤리학』을 다룬다. 히틀러 암살 모의에 가담한 신학자로서 본회퍼가 대중적으로 알려진 만큼, 신학 전공자 외에도 많은 사람이 그의 생애와 신학에 큰 관심을 보이곤 한다. 하지만 '히틀러를 암살하려 한 신학자'라는 관점으로 본회퍼의 저술들을 읽으면 그의 전체 면모를 놓친 채 편협한 이해만을 낳기 쉽다. 본회퍼가 어떤 생각을 했는지, 그리고 그의 행동을 특정 방향으로 이끈 신학적 이유가 무엇인지 알려면 선정적인 수사들은 잊고, 그가 남긴 글을 진지하게 살펴보아야 한다. 특히, 후기작 『윤리학』은 본회퍼가 자기 일생의 역작으로 생각했지만, 게슈타포에 의해 체포되며 미완성 상태로 남은 작품이다. 이 책은 그리스도 중심적 사유가 어떻게 실재를 해석하고 생각을 질서 지우는지를 보여줄 뿐만 아니라, 세속화된 세계에서 그리스도를 따른다는 것이 가지는 도발적 의미를 가감 없이 드러낸다.

6장에서는 바르트 이후 삼위일체론의 발전에 대해 알아본다. 현대 신학에 끼친 바르트의 영향력이 지대하지만, 그중에서도 20세기에 일어난 삼위일체 신학의 부흥은 바르트를 빼놓고 이야기할 수 없다. 바르트가 독일어로 강의하고 글을 썼던 만큼 다음 세대의 독일 학자들은 그의 영향을 직접 받으며 삼위일체론을 발전시킬 수 있었다. 하지만, 바르트의 삼위일체론에 담긴 잠재력은 토마스 토런스와 제임스 토런스, 한스 프라이, 로버트 젠슨, 콜린 건턴 등의 영미권 학자들에 의해 흥미로운 방식으로 발현되었다. 이 장에서는 바르트의 통찰을 확장해 삼위일체론적 예배신학을 전개한 제임스 토런스James Torrance(1923~2003)의 『예배 공동체 삼위일체 하나님』과 삼위일체론의 빛 아래서 서양 지성사를 읽어나간 콜린 건턴 Colin E. Gunton(1941~2003)의 『하나 셋 여럿』을 살펴본다.

7장에서는 희망의 신학자로 알려진 독일의 개혁파 신학자 위르겐 몰트만Jürgen Moltmann(1926~)의 『하나님 나라의 지평 안에 있는 사회선교』를 다룬다. 몰트만이 동시대 독일 신학을 대표하던 볼프하르트 판넨베르크나 에버하르트 융엘 등에 비해 학문적 엄밀성이나 독창성이 떨어진다는 평은 늘 있었다. 하지만, 그가 실천 지향적이고 고통받는 사람들과 연대하는 신학을 펼친 만큼 대중적 인기나 국제적 활동에서는 비할 사람이 없는 것도 사실이다. 몰트만은 다양한 신학적 주제에 관해 글을 썼지만, 그의 장애신학은 학자나 일반 독자에게 상대적으로 덜 알려져 있다. 세계대전 이후 서유럽 국가들의 복지화의 결과 교회가 오랫동안 헌신해 온 사회선교의 정체성과 역할이 의문시되던 시점에, 그는 자신의 희망의 신학을 사회선교와 결합했다. 그는 사회선교 중에서도 장애신학에 큰 관심을 기울였고, 메시아적 신학으로부터 자원을 끌어와 장애인과 비장애인 모두의 해방을 위한 장애신학을 제안했다. 반세기 전에 발표된 짧은 글에 과도한 의미를 부여할 수는 없겠지만, 장애신학에 관한 몰트만의 글은 현대 사회가 당면한 문제를 신학적으로 어떻게 해석하고 이에 교회가 어떻게 행동할지에 대해 답변을 제시하는 선구적 시도라고 평가받을 만하다.

끝으로 8장에서는 흑인신학의 선구자 제임스 콘James H. Cone(1936~2018)의 마지막 작품이자 자서전『아무에게도 말하지 않을 거라고 했지만』의 특징과 의미 등에 대해 살펴본다. 콘은 바르트의 인간론으로 박사 학위를 받은 후 바르트와 불트만, 틸리히, 니버 등의 신학을 가르치며 교수 생활을 시작했다. 신학자로서 경력을 쌓던 1960년대 후반 미국 사회에서 인종 문제가 심각했던 만큼, 그는 자신이 백인 남성들이 주류가 된 신학을 가르친다는 사실에 깊은 회의감을 가졌다. 이러한 고민은 기존의 엘리트 연구 대학교에 자리 잡은 백인 남성 신학자들이 쌓아 올린 학문성의 신화로부터 신학적 상상력과 글쓰기를 자유롭게 할 것을 요구했다. 결국 콘은 억압받는 상태로부터 흑인들의 해방을 추구하고 블랙 가스펠과 블루스를 재료 삼는 새로운 신학의 장을 열었고, 이후 흑인신학의 기수로서 다양한 활동을 이어갔다.『아무에게도 말하지 않을 거라고 했지만』에서 콘은 자기 인생 이야기를 들려주면서, 수십 년간 작가로서 살아온 자신의 정체성과 업적을 무척 자랑스러워한다. 글을 쓰는 행위가 주체로서 자기를 발견하는 데 결정적 역할을 하는 만큼, 이 책은 신학에서 글쓰기의 필요성과 중요성을 깨닫게 해 준다는 데도 큰 의미를 지닌다.

이처럼 3부 '현대 개신교 신학의 대가들'에서는 8개 장에 걸쳐 10명의 신학자를 소개한다. 오늘날 교회와 신학의 모습을 형성하는 데 크게 이바지한 사람들을 다루는 만큼, 3부에서는 신학자들의 생애와 저서에 대한 정보를 더 세세히 소개했다. 필요하면 이들의 저작이 한국에서 어떻게 수용되었는지, 이들의 업적에 관한 학계의 평가나 연구 방향 등도 간략하게나마 다루었다. 물론 여기서 다룬 10명 이외에도 꼭 소개되었어야 할 신학자들도 있겠지만, 책이라는 매체 특성상 선택적으로 글을 쓸 수밖에 없음을 양해해 주기를 바란다. 3부에서 소개되지 못한 이들 중 일부는 『신학의 영토들』 다른 곳에서 다뤄지니, 종횡으로 책 이곳저곳을 읽으면서 독자들의 의식 속 신학의 영토도 확장하기를 바란다.

세계관으로서 그리스도교

『헤르만 바빙크의 기독교 세계관:
혼돈의 시대를 살아가는 그리스도인을 위한 치유』
헤르만 바빙크 지음, 김경필 옮김, 다함, 2019.

　문예부흥으로 번역되곤 하는 르네상스Renaissance는 14세기부터 16세기 사이 서유럽에서 일어난 학문과 문화 혁신 운동을 뜻하는 말이다. 당시 많은 예술가와 작가가 수백 년간 잊혔던 고대 그리스와 로마 문화의 '부흥'을 꾀했기에, 르네상스라는 단어에 과거에 대한 재발견과 찬미라는 의미가 강하게 씌워졌다. 이후 이 단어는 특정 시대, 작품, 사상에 관한 관심이 되살아나는 현상을 묘사하는 일반명사처럼 되었다. 학문 특성상 전통을 중시할 수밖에 없는 신학계에서도 과거 신학자의 삶과 업적을 재조명할 때면 '르네상스'라는 표현을 쓰곤 했다.

　19세기 후반 이래 개신교 신학계에서는 몇 번의 르네상스(루터 르네상스, 슐라이어마허 르네상스, 바르트 르네상스, 본회퍼 르네상스 등)가 있었다. 이러한 학술 부흥 운동은 대개 기존에는 단행본 몇 편이나

---

* 이하 글에서 이 책은 『기독교 세계관』으로 표기한다. 원서 초판은 다음과 같다. Herman Bavinck, *Christelijke Wereldbeschouwing: Rede bij de overdacht van het Rectoraat aan de Vrije Universiteit te Amsterdam op 20 October 1904* (Kampen: J. H. Bos, 1904). 우리말 번역은 1929년에 나온 3판을 옮긴 것이다.

이차 문헌으로 개략적으로 알았던 신학자들의 삶과 사상을 입체적으로 파악하게 해주는 전집 혹은 비판적 선집 작업을 계기로 촉발되곤 했다. 21세기 신학계에서 일어난 대표적인 르네상스를 꼽자면 19세기 네덜란드 개혁파 신학자이자 목사인 헤르만 바빙크 르네상스를 들 수 있을 것이다. 개혁교회에서 바빙크가 차지하는 위상을 생각하면 의외인 것 같지만, 네 권으로 된 그의 대표작 『개혁교의학』Gereformeerde Dogmatiek(1895~1901)이 다른 말로 전체 번역된 것은 2008년에 이르러서였다.[1] 영역본 『개혁교의학』의 출간을 계기로 바빙크에 대한 연구는 영어 사용권 국가에서도 활발히 진행되고, 바빙크를 공부한 신진 학자들이 세계 곳곳에서 학생을 가르치고 글을 쓰고 있다.

바빙크는 한국의 장로교 혹은 개혁파 배경의 신학교와 교회에서 매우 중요한 신학자다. 2011년 출간된 『개혁교의학』 한국어판이 세계 두 번째 완역이라는 사실 만으로도 21세기 한국인이 19세기 네덜란드인에게 보여주는 애정과 관심을 가늠할 수 있다.[2] 어떤 면에서 한국의 신학교와 교회가 바빙크의 영향을 받은 지는 꽤 오래

---

[1] 한 신학자의 삶을 비판적이면서도 전체적으로 볼 수 있게 해주는 전기의 출간도 그에 대한 르네상스가 일어나고 진행되는 데 매우 중요하다. 바빙크의 경우 서거 100주년을 앞두고 2020년에 에든버러 대학교의 제임스 에글린턴James Eglinton이 비판적 전기를 출간했고, 이 전기는 우리말로 2023년에 번역 출간되었다. 제임스 에글린턴, 『바빙크: 비판적 전기』 (다함, 2023).

[2] 헤르만 바빙크, 『개혁교의학』 1~4 (부흥과 개혁사, 2011). 바빙크는 깜픈 신학교에서 교의학 강의를 토대로 『개혁교의학』을 4권으로 출간했다. Herman Bavinck, *Gereformeerde Dogmatiek*, I-IV (Kampen: J. H. Bos, 1895~1901). 이후 바빙크는 암스테르담 자유 대학교에서 교수직을 수행하며 1906~1911년에 『개혁교의학』 개정판을 출간했다.

되었다. 한국의 보수 개신교 신학계에서 압도적 위상을 가졌던 루이스 벌코프Louis Berkhof의 『조직신학』Systematic Theology은 독창적 작품이라기보다는 바빙크의 교의학을 신학 입문자들 수준에 맞게 내용을 정리한 교재이기 때문이다.[3] 간접적인 방식이기는 하나, 벌코프 책을 통해 교리를 학습했던 만큼 한국의 많은 개신교 신학자와 목회자에게 바빙크라는 이름은 그리 낯설지 않다.[4]

21세기에 들어서면서 한국에서도 바빙크 신학에 관한 연구물이 축적되고, 교의학 외에도 다양한 저서가 소개되면서 바빙크 수용에 새로운 전기가 마련되고 있다.[5] 여러 연구자, 번역자, 출판인의 노력 덕분에 바빙크 신학에 대한 진입장벽이 낮아지면서 근래에 많은 사람이 그의 진가를 재발견하게 된 것은 고무적이다. 하지만, 바빙크의 신학에 다른 개혁주의 배경 신학자에게서 찾기 힘든 장점과 매력이 없다면 '르네상스'라고 부를 만큼의 현상이 일어나지는 않았을 것이다. 바빙크 학자들은 그가 세상을 떠난 지 한 세

---

[3]   Louis Berkhof, *Systematic Theology* (Grand Rapids: Wm. B. Eerdmans Pub. Co., 1932). 한국 신학교에서 벌코프가 오랫동안 교재로 쓰인 만큼 번역본도 다양한 판본이 있다.

[4]   유해무, 『헤르만 바빙크: 보편성을 추구한 신학자』(살림, 2004), 236~237 참고. 벌코프의 책들은 1950년대 후반부터 우리말로 번역되기 시작했다. 한국 개혁주의 장로교 신학의 대부라 불리는 박형룡(1887~1978)의 교의신학도 벌코프의 저술에 상당히 의존하고 있다.

[5]   한국교육학술원에서 운영하는 학술연구정보서비스RISS(http://www.riss.kr/index.do)에 '헤르만 바빙크'를 검색해 보면, 2023년 5월 25일 기준으로 총 63편의 국내학술논문이 등록되어 있다. 그중 가장 오래된 논문이 2011년에 출간된 것으로 보아 바빙크에 대한 학술적 관심은 상대적으로 최근에 일어났다고 할 수 있다. 참고로 바빙크 관련 논문이 2022년에 13편, 2021년에 15편이 출간될 정도로 바빙크에 대한 학자들의 관심이 지난 몇 년간 집중되고 있다.

기가 지난 오늘날 그의 목소리가 더욱 호소력 있게 들리는 이유를 크게 세 가지로 요약하곤 한다.[6]

첫째, 바빙크는 현대적 삶을 배척하지 않으며 오히려 포용할 수 있는 개신교 정통신학을 제시했기 때문이다. 그리스도를 죽음에서 일으키신 하느님은 현대 사회에도 주님으로 계신 만큼, 시대의 자녀가 아닌 그리스도인이란 없다. 여기서 주의할 점은 바빙크가 현대적 삶을 강조한다고 하여 인간의 자율성이라는 신념에 기초한 근대성 자체를 긍정하지는 않았다는 것이다. 둘째, 바빙크는 교회와 세상의 관계를 단순히 대립 관계로 보지 않으면서도 둘을 동일한 차원에 놓거나 상관시키려고 하지 않는, 둘의 적절한 관계 구도를 제시했기 때문이다. 교회가 세상으로부터 구분된다는 말이 분리주의자들의 논리로 오용되어서는 안 되듯, 교회의 보편성이 모든 차이를 무화하는 연합의 원리로 과장되어서도 안 된다. 하느님의 영적 왕국으로서 교회는 세상과 긴장 관계에 있으면서도, 누룩처럼 세상이 변혁하게 하는 동인이 되어야 한다. 셋째, 바빙크는 어떻게 주체가 외부 세계에 대한 객관적 지식에 이를 수 있느냐는, 근대를 거치며 더욱 중요해진 인식론 물음에 답변을 제시했기 때문이다. 바빙크가 살았던 근대 유럽 사회에서는 과학이 세계에 대한 보편적 지식을 거의 전담하다시피 했고, 신앙은 순전히 개인의 주관적 문제를 다루는 인식 작용처럼 축소되어 이해되었다. 이러

---

[6] 다음 기사에서 아래 내용을 재구성했다. Nathanial Gray Sutanto, 'Moving beyond the Binaries: Herman Bavinck, 100 Years Later', *Westminster Magazine* (2021.10.15.), https://wm.wts.edu/content/moving-beyond-the-binaries-herman-bavinck-100-years-later (2023.05.25. 최종 접속).

한 시대 상황의 심각성을 바빙크는 과장하거나 단순화하지 않았고, 이에 대한 신학적 응답을 내어놓기 위해 분투했고, 인식론적 확실성의 문제와 연관해 계시와 세계관 개념 등을 집중적으로 탐구했다. 21세기 현대인들이 여전히 근대 인식론의 그늘에 머물고 있는 만큼, 그의 신학은 세기가 변해도 호소력을 가지고 있다.

『기독교 세계관』은 바빙크의 이와 같은 매력적인 특성들이 압축된, 작지만 중요한 책이다. 『개혁교의학』처럼 신학적 지식을 체계적으로 전달하는 작품은 아니지만, 당시 유행하던 여러 근대 철학 사조와 때로는 대화하고 때로는 대결하는 바빙크의 열린 자세와 비판 정신과 박학다식함이 돋보인다. 게다가 이 책에서 그는 19세기 서유럽에서 유행하던 세계관 개념을 그리스도교화하는 데도 중요한 이바지를 하고 있다.

세계관 홍수 시대에 세계관을 이야기하기

1904년 바빙크는 암스테르담 자유 대학교 총장직을 내려놓으며 관례에 따라 학교 구성원들 앞에서 퇴임 강연을 하였고, 당시 서유럽에서 유행하던 '세계관' 개념을 화두로 삼았다. 그가 진단하기에 19세기가 저물고 20세기가 떠오르던 당시 "우리를 소모시키는 내적인 분열 … 우리를 내몰아대는 끊임없는 불안감"이 일상을 잠식하고 있었다.[7] 세기 변환기에 위기의식을 느낀 50대 중년의 나이에 들어선 신학자는 올바른 세계관의 필요성을 절감했다.

---

[7] 헤르만 바빙크, 『기독교 세계관』, 68.

우리의 사유와 감정, 우리의 의지와 행동 사이에는 어떤 부조화가 있습니다. 그리고 종교와 문화, 학문과 삶 사이에 분열이 있습니다. 또한, 세계와 삶에 대한 하나의 '통일된'einheitliche 관점이 결여되어 있고, 그렇기에 '세계관과 인생관'wereld-en levensbeschouwing이라는 단어는 현시대의 표어가 되었으며, 자기 시대에 관심을 가지는 모든 동시대인은 통일된 세계관을 찾기 위한 노력에 동참하고 있습니다.[8]

강연 도입부에서 바빙크는 세계관을 "시대의 표어"라고 부르지만, 사실 세계관은 신학자나 철학자가 사용하는 단어 중 역사가 매우 짧은 단어. 개념사를 연구하는 학자 대부분은 임마누엘 칸트가 『판단력 비판』Kritik der Urteilskraft에서 '세계에 대한 직관'이란 뜻의 '벨탄샤웅'Weltanschauung을 스쳐 지나가듯 사용하며 세계관이라는 단어가 등장했다는 데 동의한다.[9] 1790년대에 첫선을 보인 이 단어에 정작 칸트 본인은 별다른 의미를 부여하지 않았지만 '부분으로서 인간이 전체로서 세계를 직관한다'는 뜻에 내포된 매력과 실용성 때문에 독일어 사용권을 넘어 서유럽 곳곳에서 크게 유행했다.

19세기에 세계관 개념은 여러 사상가의 입과 손을 거치며 개인만이 아니라 특정 사회, 문화, 민족, 국가가 세계를 보는 통일된 관

---

[8] 헤르만 바빙크, 『기독교 세계관』, 69~70.

[9] 백종현의 『판단력 비판』 번역에서도 '벨탄샤웅'Weltanschauung은 어원에 따라 세계직관Welt-Anschauung으로 되어있다. 임마누엘 칸트, 『판단력 비판』 (아카넷, 2009), 262.

점이라는 뜻으로 발전했다.[10] 그 결과 사람들은 현실에는 수많은 세계관이 존재한다고 받아들였고, 사회의 혼란은 서로 다른 세계관이 갈등을 일으키기 때문이라고 생각했다. 세계관의 경쟁이 위기의 원인이라면, 그 해결책은 세계를 가장 진실하게 보고 삶에 충실하게 하는 세계관을 정립하는 것이라는 결론도 자연히 따라왔다. 이에 일부 신학자들은 선도적으로 세계관 개념을 신학화하였고, 그리스도교가 가장 탁월한 세계관임을 보여주려 노력했다.

19세기 신학에 여러 입장이 있던 만큼 세계관을 전유하는 방식에도 차이가 있었다. 우선, 자유주의 혹은 문화개신교주의가 신학적 흐름을 주도했던 19세기 독일에서는 주로 근대성과 그리스도교를 어떻게 '조화'시킬까라는 질문을 품고 이 문제에 접근했다. 계몽주의를 계기로 등장한 과학적 세계관은 세계에 대한 그리스도교의 가르침과 충돌을 일으켰다. 하지만 자유주의 신학자들은 근대성과 신앙 사이의 갈등은 피상적 수준에서 일어나는 것이라고 여겼다. 다른 학문과 달리 그리스도교는 자연과 역사를 포괄하는 절대자에 대한 신앙에 관여하는 만큼, 그리스도교만이 '자연에 대한 지식'과 '영적인 것에 대한 지식'을 아우른 참 세계관을 제시할 수 있으며, 신학자의 사명은 인류의 진보와 계몽을 하느님 나라의 현실

---

[10] 이하 19세기 서유럽에서 세계관 개념의 발전은 다음 논문의 일부를 요약한 것이다. 김진혁, '세계관 개념에 대한 신학적 비판: 칼 바르트의 『교회교의학』을 중심으로', 「조직신학논총」 70 (2023), 11~16. 다음 책의 1장과 3장도 철학적 개념이었던 세계관을 개혁주의와 복음주의에서 전유한 배경과 과정을 요약하고 있다. 데이비드 노글, 『세계관: 그 개념의 역사』 (CUP, 2018).

화 과정으로 인식하게 하는 심층적이고도 포괄적인 세계관을 제시하는 데 있다고 그들은 생각했다. 루터교 신학자 알브레히트 리츨 Albrecht Ritschl로 대표되는 이러한 움직임은 한동안 주류 신학계를 지배했다.

당시 독일어권 밖에서도 세계관을 신학화하려는 움직임이 있었다. 스코틀랜드의 교회사가이자 장로교 신학자 제임스 오어James Orr는 동시대 독일의 자유주의 신학자들처럼 여러 경쟁하는 세계관 속에서 그리스도교 세계관의 우월성을 변증하고자 했다. 하지만, 그가 볼 때 독일 루터교 신학자들은 지나치게 윤리에 집중함으로써 과학적 세계관과 성서의 세계 이해 사이의 차이를 간과하였고, 그 결과 그리스도교를 '사실'이 아니라 '가치'에 기초시키는 오류를 범했다. 리츨의 비판가이기도 했던 그는 그리스도교가 세계를 보고 설명하는 방식의 '확실성'과 '객관성'을 보증하고자 성육신, 계시, 신적 주권 등의 개념에 호소하였다. 오어에 따르면, 다른 세계관들은 인간이 만든 인식론적 틀인 만큼 세계에 대한 완벽한 관점을 제시하지 못하나 그리스도교 세계관은 하느님의 계시로부터 세계를 보려 하기에, 세계에 대한 형이상학적으로 참된 설명을 제시할 수 있다.[11]

물론 영어를 사용했고 신학적으로 보수적이었던 오어의 주장은 19세기 유럽 신학의 중심과도 같았던 독일 신학계까지 뚫고 들어가지는 못했다. 하지만, 오어는 근대성에 비판적 입장을 견지하

---

[11] James Orr, *Christian View of God and the World as Centering in the Incarnation* (New York: Randolph and Co., 1893), 121 참고.

던 스코틀랜드나 네덜란드 칼뱅주의 신학자들에게 큰 영향을 끼쳤다. 일례로 칼뱅주의를 하나의 세계관 혹은 삶의 체계라고 주장한 아브라함 카이퍼Abraham Kuyper의 1898년 미국 프린스턴 신학교의 스톤 강연에서도, 바빙크의 1904년 자유 대학교 퇴임 강연에서도 오어의 흔적이 보인다.[12] 카이퍼와 바빙크의 영향력 덕분에 세계관 개념은 북미 개혁주의와 복음주의에 안착하였고, 이후 한국에도 영향을 미쳤다. 그렇다면 어떤 의미에서 바빙크는 그리스도교를 하나의 종교를 넘어 세계의 갈등과 혼란을 치유할 수 있는 인식의 틀이자 삶의 체계로 보았을까.

개혁주의 세계관의 적합성과 탁월성

바빙크는 교리적 순수성을 강조하던 네덜란드 분리파 개혁교회 배경에서 태어나고 활동했지만, 놀랍게도 당시 '현대주의'의 상징처럼 여겨지던 레이든 대학교에서 학업을 마무리했다. 그런 만큼 그는 강연을 하고 저술을 할 때 계몽주의가 교회에 던진 도전을 언제나 진지하게 의식했다. 교의학자로 널리 알려진 바빙크의 글에는 철학에 대한 지대한 관심이 어려있다.[13] 그리스도교 세계관의 우월성과 적합성을 설명할 때도 그는 교회의 권위에 의존하거나

---

[12] 카이퍼는 첫 강연 도입부에서 근대인의 삶의 체계와 그리스도인의 삶의 체계 사이의 도덕적 전쟁을 묘사하며 오어를 인용한다. Abraham Kuyper, 'Calvinism a Life System', *Lectures on Calvinism* (Grand Rapids: Wm. B. Eeardmans, 1931), 11, n. 3. 바빙크도 세계관 개념을 정의할 때 오어의 저술을 간접적으로 언급한다. 헤르만 바빙크, 『기독교 세계관』, 70 n.3, 78 n.12, 89 n.18.

[13] 다음을 참고하라. 강영안, '해설', 『기독교 세계관』, 25~29.

신학의 내적 논리에 맴도는 것이 아니라, 철학적인 틀을 빌려 그 속에서 신앙이 제시하는 세계에 대한 총체적 이해를 설명하는 방식을 사용한다. 보다 구체적으로, 그는 세계관이 세계에 얼마나 부합하는지 평가하는 기준으로 논리학logica, 자연학physica, 윤리학ethica 이라는 고전적인 철학적 범주를 차용한다. 이러한 구분법은 인간의 생각과 존재와 삶에 대한 근원적 질문을 던지지만, 인간은 이에 만족스러운 답을 찾지 못해 왔다.

> 인간의 정신이 항상 다시 도달하는 질문들은 다음의 것들입니다. 사유denken와 존재zijn, 존재zijn와 생성worden, 그리고 생성worden과 행동handelen 사이의 관계란 무엇인가? 나는 무엇이며, 세계는 무엇이며, 세계 안에서 나의 자리와 과업은 무엇인가? 자율적인 autonome 사유는 이 질문들에 만족스러운 대답을 찾지 못합니다. ... 그러나 그리스도교는 균형을 지키며, 사람을 하느님과 화목케 하고verzoent, 또한 그럼으로써 사람을 자기 자신과 세계와 삶과 화목케 하는 지혜를 계시합니다.[14]

우선, 바빙크는 사유와 존재의 문제로부터 화두를 꺼낸다. 근대 철학을 지배했던 경험론이나 관념론은 존재와 사유 둘 중 하나를 강조하면서 다른 하나를 주변화했다. 진리는 둘이 균형을 이루는 가운데 추구되어야 하지만, 근대 철학에서는 둘 사이에 끔찍한 분열

---

14 헤르만 바빙크, 『기독교 세계관』, 78~79.

이 일어났다. 사유와 존재의 일치를 되찾으려면 진리의 객관성에 대한 신뢰할 만한 인식을 인간이 소유할 수 있다는 확신이 필요하다. 이 지점에서 바빙크는 세계가 존재하게 된 근원과 이에 대한 계시적 진리를 알려주는 창조 신앙이야말로 주체와 객체, 혹은 앎과 존재가 서로 대응한다는 것을 말해줌으로써 모든 인식과 학문의 토대이자 초석이 된다고 주장한다.[15]

다음으로는 존재와 생성의 문제이다. 역사 속에서 인류는 안타깝게도 존재와 생성 둘 중 하나를 희생하는 세계관을 만들어 왔다. 고대에는 '존재의 불변성'을 강조한 파르메니데스와 '모든 것은 변한다'고 주장한 헤라클레이토스 사이의 대립이, 바빙크 당시에는 기계론적 세계관과 동력학적 세계관 사이의 갈등이 있었다. 근대의 기계론적 세계관은 자연의 정교한 운행을 이해 가능한 방식으로 설명하고, 동력학적 세계관은 자연의 생성과 목적론적 원리를 잘 보여준다. 하지만 두 세계관 모두 존재와 생성의 관계를 통합적으로 설명하는 데는 실패한다. 반면, 성서는 모든 사물에 존재를 부여하고, 만물을 붙들며, 삼라만상을 자신의 선한 뜻에 따라 인도하는 절대자를 소개한다. 따라서, 세계의 정교함과 다양성, 진화의 현상과 변이의 궁극적 목적 중 어느 것도 희생시키지 않는 유기체적 세계관은 그리스도교에서 발견된다.[16]

---

15 헤르만 바빙크, 『기독교 세계관』, 91~92.
16 특별히 바빙크는 성서의 유기체적 세계관을 통해 당시 유행하던 기계론적 세계관과 무신론적 진화론을 극복하려 시도한다. 헤르만 바빙크, 『기독교 세계관』, 163~168.

끝으로 바빙크는 생성과 행동의 관계에 집중한다. 근대에는 인간중심적 세계관이 등장해 인간을 자율적 존재로 상정했다. 근대인은 신, 교회, 전통 등의 권위를 상대화하는 대신, 인간 본성으로부터 도덕의 근원과 가능성을 찾고자 시도했다. 또한, 19세기 말에 득세했던 진화론은 모든 것이 변화한다고 가르침으로써 법과 도덕마저 특정 사회의 필요에 따라 만들어진 상대적인 것으로 보게 했고, 인류가 더 나은 상태로 진화한다는 막연한 생각을 불어넣음으로써 역사적 진보에 대한 순진한 낙관주의를 유행시켰다. 바빙크에 따르면 이러한 시대정신은 도덕적 무질서 상태, 혹은 더 큰 힘을 추구하는 철학으로 이어지게 마련이다. 하지만, 그리스도교는 도덕적 이념의 신적 기원을 강조함으로써, 인간의 윤리적 가능성과 죄의 심각성을 함께 보여준다. 이러한 기초 위에서야 인간 삶에서 신적 개입 혹은 계시의 필요성을 논할 수 있고, 역사를 선하신 하느님의 구원사로 보게 된다고 바빙크는 역설한다. 근대적 인간의 자율성과 무정부주의가 아닌 신율적인 관점에서야 인간의 참자유에 대한 사실적 이해가 가능한 세계관을 가질 수 있다는 것이다.

이렇듯 바빙크는 인류 역사가 사유와 존재, 존재와 생성, 생성과 행동의 부조화로 점철되어 왔다고 진단한다. 근대에는 그 분열의 골이 더 깊어져 사회 전체가 혼란과 불안에 휩싸여 있다고 그는 생각했다. 이에 대한 근원적 치유책은 실재를 있는 그대로 보여줄 수 있는 통일된 관점이다. 그러한 관점은 인간의 지혜에서 나올 수 없는 것인 만큼 인간적 지평 너머에 있다. 하지만 동시에 우리는 인간으로서 '인간적' 관점으로만 세계를 파악할 수 있다. 이 딜레마에 대한 해결책은 "하느님의 생각과 법들에게 우리 자신의 지성과 마음, 사유와 행동"을 일치하게 해주는 그리스도교 세계관,[17] 그중에서도 신 중심적 관점으로부터의 일탈에 저항하는 종교개혁에 충실한 개혁주의 세계관이다. 이러한 신념을 가지고 바빙크는 웅장한 호소로 강연을 마무리한다.

> 진리는 객관적이며 우리로부터 독립적으로 존재합니다. … 그러나 하느님의 지혜가 그리스도 안에서 육신이 되셨듯이, 진리 역시 마찬가지로 우리 안으로 들어와야 하며, 자유의 길 안에서 우리의 개인적이고 정신적인 소유물이 되어야 합니다. 살아 있고 참다운 믿음을 통해서 진리는 우리 자신의 사유와 행동의 구성 요소로 바뀌어야만 하며, 그리하여 온 땅이 주를 아는 지식으로 가득할 때까지 진리가 우리의 바깥에서 확장되어야 합니다. 종교개혁은 바로 이것을 소원해 왔습니다. 그리고 이러한 강력한 종교적 움직임 안에서 개혁주의적 신앙고백이 이 모든 것들을 가장 명료하게 표현해 왔기 때문에, 그것은 다른 모든 고백보다 더욱 순수하며, 개혁주의적 세계관은 현시대의 높은 열망들과 울부짖는 필요들에 가장 적합합니다.[18]

---

[17] 헤르만 바빙크, 『기독교 세계관』, 220. 바빙크가 여기서 개혁주의적 세계관을 특별히 강조하는 이유는 종교개혁의 원리들이 근대의 자율적 인간의 기초가 되었다는 비판에 응답하기 위함이다. 그에 따르면, 근대적 인간상은 종교개혁의 원리로부터 나온 것이 아니라 종교개혁 정신을 떠났기에 생긴 것이다.

[18] 헤르만 바빙크, 『기독교 세계관』, 225~226.

세계관, 그 모호한 근대적 유산

세계관 개념에 대한 고전답게 『기독교 세계관』은 오늘날 진행 중인 세계관 담론과 운동에 여러 시사점을 안겨준다. 바빙크는 세속화의 도전 앞에서 그리스도교가 유일한 진리임을 덮어 놓고 우기거나, 근대성 자체를 악마화하지 않는다. 오히려 그는 세계에 대한 포괄적이고 진실한 설명 가능성을 질문함으로써 그리스도교 세계관의 적절성과 우월성을 보여주려 한다. 그런 면에서 이 책의 큰 매력은 당대 유행하던 여러 사조를 소개하면서 그 공헌과 한계를 진지하게 따져본다는 데 있다. '창조, 타락, 구속'이라는 성서적 틀이 아닌 '논리학, 자연학, 윤리학'이라는 철학의 세 범주 아래서 다른 세계관과 그리스도교를 비교함으로써, 그리스도교 세계관에 대한 논의가 교회 내적 담론에 갇히지 않고 더 큰 지적 생태계 속에서 발전할 가능성을 그는 꽤 설득력 있게 제시하고 있다. 바빙크가 대화하고 대결하려 했던 여러 철학 사조와 과학 이론이 지금도 여러 모습으로 변주되는 만큼, 이 책은 오늘날 그리스도인이 다른 세계관이 던지는 도전에 어떻게 응답할지에 대한 요긴한 통찰을 제공할 수도 있다.

『기독교 세계관』을 바빙크가 출간한 지 한 세기가 넘게 지났다. 그리스도교 세계관의 적절성과 우월성에 대한 그의 호소력 있는 목소리는 시공간을 뛰어넘는 가치를 인정받았지만, 그동안 시대적 상황도 크게 변화하였다. 이러한 변화는 21세기 독자들이 세계관 개념을 이해하거나 바빙크의 주장을 받아들이는 방식에 영향을 끼칠 수 있는 만큼 이에 대해 간단히 살피며 글을 끝맺기로 하자. 바빙크도 지적했듯, 계몽주의 이후 여러 학문이 발전하고 삶의 영역이 다변화되면서 오늘날에는 다양한 세계관이 공존하고 있다. 각각의 세계관은 '자신의 관점'에서 세계에 대한 통일적 이해를 추구하기에 결국에는 세계에 대한 부분적이고 왜곡된 상을 가질 수밖에 없다. 이러한 이유로 바빙크는 세계관 개념의 근원적 한계를 다음과 같이 지적한다.

> 하나의 세계관은 그 특성상 '통일적'einheitlich입니다. 창조의 모든 범위들과 영역들은 전체에 속한 부분으로 파악하지 않는다면, 우리의 세계관은 온전하고 완전하지 않습니다.[19]

세계관은 실재의 특정 부분만을 보게 하기에, 복수의 세계관이 공존하는 사회에는 세계관 사이의 충돌과 갈등이 일어날 수밖에 없다. 이를 극복하는 데는 크게 두 가지 방법이 있다. 첫째는 세계-내-존재being-in-the world로서 인간이 세계관 없이 살아갈 수는 없지만, 자신의 세계관을 절대화하지 않으며 세계관의 다원성을 비판적으로 인정하는 지혜를 찾는 길이다. 둘째는 삶의 안정성과 통일성을 저해하는 혼란을 치유하고자 가장 우월하고 적합한 세계관 하나를 찾아 이에 배타적으로 헌신하는 길이다. 바빙크는 후자의 대표적 사례라 할 수 있다.[20] 이러한 입장은 결국 그리스도교와 다른 세계관 사이의 대립을 전제하고 감내할 것을 요구한다.

---

[19] 헤르만 바빙크, 『기독교 세계관』, 114.

[20] 헤르만 바빙크, 『기독교 세계관』, 104.

우리가 그리스도교를 올바로 이해하고 그것의 정수를 지켜내고자 한다면, 우리는 단호하게 오늘날의 사유 체계들과 사람들이 스스로 발견하고 만들어 낸 세계관들에 반대하는 입장을 취할 수밖에 없습니다. '중재'는 있을 수 없습니다. 화해verzoening도 생각할 수 없습니다. ... 그리스도교 신앙과 근대적 인간의 근원적이고 날카로운 대립은, 이 둘이 함께 가는 것을 불가능하게 하며 단호한 선택이 필수라는 통찰을 우리에게 마련해 줍니다. 평화가 아무리 소중한 것이라고 해도, 싸움은 우리 앞에 놓여 있습니다.[21]

여기서 바빙크는 세계관 개념의 필요성과 유용성뿐만 아니라 그 '전투적 성격'도 부각한다. 물론 세계관이라는 단어의 중요성과 그 단어가 내포한 배타성을 인지한 이는 바빙크만이 아니었다. 대중 연설가와 정치인들은 세계관을 정적을 제거하거나 대중을 자기편으로 만드는 효과적 도구로 사용했다. 그 결과 하나의 참된 세계관을 찾아 시대의 혼란과 불안을 잠재우려는 욕구는 오히려 사회 내 갈등과 반목을 부추기게 되었다. 바빙크가 세상을 떠난 후 '세계관 정치'는 서유럽을 걷잡을 수 없는 광기와 폭력으로 물들였다. 그 위험성은 세계관 투쟁을 도구화함으로써 대중을 휘어잡고, 권력을 획득하고, 전 유럽을 전쟁으로 몰고 간 아돌프 히틀러와 나치에서

---

[21] 바빙크에 따르면 세계관 자체가 가진 한계를 극복하려면 세계관으로 하느님의 창조 '전체'를 볼 수 있어야 하고, 이를 위해서는 인간이 자기의 관점이 아니라 "자기의 지각과 사유를 자연과 은혜 안에서 드러난 하느님의 계시에 일치시켜야" 한다.. 바빙크, 『기독교 세계관』, 76.

정점에 이르렀다.[22]

　1904년 대학교 강단에서 세계관에 대한 연설을 준비할 당시 바빙크는 세기 변환기의 사상적 혼란에 집중하고 있었지 30년 이후 일어날 역사적 비극에 세계관이 어떤 식으로 악용될지 전혀 예측하지 못했다. 그랬던 만큼 그는 그리스도교 세계관의 배타적이고 전투적 성격을 거리낌 없이 강조할 수 있었을 것이다. 하지만, 인류는 20세기 초반 유대인 대학살과 세계대전 등을 통해 세계관 개념이 무기화되었을 때 얼마나 위험한지를 뼈저리게 경험했다. 이러한 맥락에서 극단의 시대를 통과한 현대인은 바빙크와 같은 방식으로 순진하게, 혹은 순수히 학문적이고 변증적 관점에서 세계관 개념을 사용하기 힘든 세계에 살고 있다고도 할 수 있다. 이러한 시대적 변화에 대한 감각이 없다면 시대적 위기의 '치유책'으로 바빙크가 제안했던 세계관은 나와 다른 신념과 삶의 방식을 가진 사람을 향한 '폭력'을 정당화하는 수단이 되어 버릴 수도 있다.

　정리하자면, 그리스도교 세계관의 특성과 필요성, 한계를 모두 보여준다는 점에서 『기독교 세계관』은 세계관 개념에 대한 이론적 관심이 있는 사람에게나 세계관 운동에 헌신하는 실천가에게나 꼭 필요한 책이다. 이 책을 처음 읽다 보면 바빙크가 세계관 개념을 들고나왔던 20세기 초 시대 상황과 상대주의가 만연하고 갈등이 고조된 21세기 사회 현실이 매우 닮았다는 인상을 받는다. 그렇기

---

[22]　20세기 초반 독일에서 세계관 정치와 투쟁에 대해서는 다음을 참고하라. 백용기, '히틀러 세계관의 비판적 연구: 나의 투쟁에 나타난 종교관을 중심으로', 「신학과 사회」 31 (2017), 135~140. 김진혁, '아돌프 히틀러, 칼 바르트, 그리고 세계관 투쟁', 「복음과 상황」 383 (2022), 86~97.

에 그리스도교가 어떻게 혼란한 세상을 치유할 수 있을까를 질문하는 바빙크의 모습에 오늘날 우리의 모습이 겹쳐 보일 수도 있다. 하지만, 바빙크 이후 인류는 세계관 개념의 전투적 성격에 대해 순진한 태도를 용납하기에는 막대한 사회적 비용을 치렀고, 지금도 세계관은 알게 모르게 갈등과 분열을 조장하고 있을 수도 있다. 분명 『기독교 세계관』은 고전이다. 하지만 이는 저자가 널리 알려졌고, 오늘날까지 일정한 영향력을 행사하고 있기 때문만은 아니다. 어떤 책은 그 통찰의 빛 때문만이 아닌 그늘 때문에라도 계속해서 볼 만한 가치가 있다. 다원화된 사회에서 그리스도인이 어떻게 세계를 바라보고 참여할지에 대해 진지하게 고민해볼 수 있게 해준다는 점에서, '세계관'이라는, 한 시대를 풍미했고, 여전히 영향력 있는 접근의 명과 암을 숙고할 수 있게 해준다는 점에서 『기독교 세계관』은 '현대'의 고전이다.

'오직 은혜로만?'에 관한 현대적 논쟁

『자연신학: 에밀 브루너의 자연과 은혜와 칼 바르트의 아니오!』(개정판)
에밀 브루너 · 칼 바르트 지음, 김동건 옮김, 대한기독교서회, 2021.

에밀 브루너와 칼 바르트는 20세기의 대표적인 스위스 출신의 개혁주의 신학자다. 한때 신학적 동지라고 불렸던 두 신학자는 '친구'라는 표현이 무색하게 1934년에 자연신학이란 주제를 놓고 격돌했다. 그해 브루너는 바르트 신학을 비판하는 「자연과 은혜」Natur und Gnade를 발표했고, 이에 대한 반응으로 바르트는 「아니오!」Nein라는 글을 집필했다. 이 짧은 두 편의 글은 신학사 전체를 통틀어 가장 치열한 논쟁으로 손꼽힌다. 이들은 독일어로 각각 논문을 출간하였지만, 1946년 영국에서 둘을 합쳐 출간하며 『자연신학』Natural Theology이라는 제목을 붙였다. 이로써 두 신학자의 사상을 비교하거나, 신학 방법론을 공부하거나, 자연신학의 명과 암을 파악하거나, 가십거리를 좋아하는 사람의 호기심을 충족하는 데 요긴한 현

---

* 영국에서 출간된 원서는 다음과 같다. Emil Brunner and Karl Barth, *Natural Theology: Comprising Nature and Grace by Professor Dr. Emil Brunner and the reply No! by Dr. Karl Barth* (London: Geoffrey Bles, The Centenary Press, 1946). 원래 브루너의 「자연과 은혜」Natur und Gnade는 Mohr Siebeck, 바르트의 「아니오!」Nein!: Antwort an Emil Brunner는 Theologischer Verlag Zürich에서 출간되었다.

대 신학의 고전이 탄생했다.

유럽 문명이 찬란하게 꽃피웠던 19세기를 뒤로 하고 20세기는 경제불황과 세계대전이라는 대혼란, 고통으로 시작했다. 바르트로 대변되는 새로운 세대 신학자들, 이른바 '변증법적 신학'이라고 불리는 신학 운동에 참여한 젊은 신학자들은 이전 세기 자유주의 신학이 문명의 황폐화, 인간성의 위기에 일조하지는 않았는지 의심의 눈길을 보냈으며, 그 실패의 밑바닥에는 근원적인 신학적 오류가 있다고 진단했다.[1] 이들은 19세기 신학이 계시와 문화 사이의 불연속성을 충분히 인식하지 못하고, 하느님 말씀과 인간 경험 사이에 놓인 깊은 골을 간과했으며, 인간의 근원적 죄성에 대해 지나치게 순진한 관점을 취한다고 목소리를 모았다.

변증법적 신학의 논의를 발전시키고 전파하고자 바르트는 에두아르드 투르나이젠, 프리드리히 고가르텐 등과 함께 1922년에 「시간과 시간 사이에서 *Zwischen den Zeiten*」를 창간했다. 브루너도 이 잡지의 필진으로 참여했다. 이때만 하더라도 바르트와 브루너의 연대, 협력은 꽤 단단해 보였고 계속 이어질 것만 같았다. 하지만 1929년경부터 브루너가 서서히 본인의 자연신학을 전개하면서, 하느님 말씀의 초월성을 급진적으로 강조했던 바르트와 관계에 균열이 일어났다. 바르트는 자연을 통해 하느님에 대한 지식의 가능성을 열어두려는 브루너가 원래 자신들이 함께한 신학적 노선에서 벗어나

---

[1] 세계대전 전후 유럽의 정치적 혼란과 자본주의의 위기가 젊은 신학자들의 비판의식을 어떻게 고조시켰는지에 대한 설명으로 다음 책에 실린 더글라스 존 홀Douglas John Hall의 "'위대한 전쟁'과 신학자들'을 참고하라. 그레고리 바움(편집), 『20세기의 사건들과 현대 신학』(대한기독교서회, 2009).

는 것은 아닌지 노골적으로 불만을 표했다. '자연신학' 논쟁은 그러한 긴장이 수면 위로 드러난 사건이었다. 이 논쟁을 계기로 불과 70㎞ 정도 떨어진 바젤과 취리히에 자리를 잡은 두 신학자는 20년 넘게 거의 만나지 않고 살았다.

『자연신학』에 실린 두 글을 읽어보면 둘의 온도 차를 선명하게 감지할 수 있다. 브루너의 글은 정중하고, 꼼꼼하며 바르트는 신랄하고 선동적이다. 「자연과 은혜」는 70여 개의 각주를 수록하고 있는 반면, 「아니오!」는 참고문헌조차 제대로 언급하지 않는다. 브루너가 자신과 바르트 사이에 있는 공통점과 차이를 균형감 있게 다룬다면, 바르트는 자신이 브루너에게 느낀 이질감을 부각한다. 논쟁 이후에도 이 이질감은 사라지지 않았다. 언젠가 바르트는 자신과 브루너를 고래와 코끼리, 즉 "둘 다 하느님의 피조물이긴 하지만 너무나 달라서 의사소통을 할 수도, 싸울 수도 없으며, 따라서 평화협정을 체결할 수 없는 상대"로 비유했다.[2]

이러한 갈등 이면에는 '자연과 은혜'의 관계를 어떻게 이해하느냐는 문제가 있다. 그리스도교 신학에서 중요한 위치를 차지하는 이 물음은 로마인들에게 보낸 편지 1장 20절과 같은 자연신학의 핵심 성서 구절을 어떻게 해석해야 하느냐는 문제와도 연결된다. 사도 바울은 하느님께서는 세상을 창조하시면서 인간이 창조물을 통해 하느님의 능력과 신성을 볼 수 있게 하셨다고 말했다. 이 구절 덕분에 고대 이래 신학자들은 하느님께서 만드신 자연이 하느

---

[2] 존 D. 갓세이, 『바르트 사상의 변화』 (대한기독교서회, 1981), 116.

님에 대한 지식을 주거나 구원에 일조할 수 있는지, 혹은 은혜가 어떻게 자연을 회복하고 완성하는지에 대한 질문을 던졌다.

브루너와 바르트의 논쟁 이면에는 이런 자연신학에 관한 오랜 질문이 놓여 있다. 여기에 더해 1930년대 서유럽의 복잡한 정치적 상황은 두 신학자의 언어와 논리를 더욱 예리하게 만들었고, 자연신학이라는 전통적인 주제에 새로운 의미를 불어넣었다. 그리고 두 친구의 옛 우정 때문에 둘 사이의 논쟁이 가열될수록 더 많은 사람의 이목이 쏠렸다.

자연신학의 문제로서 하느님의 형상

그리스도교 인간학의 핵심 개념 중 하나가 '하느님의 형상'imago Dei인 만큼, 브루너는 하느님 형상에 대한 논의로부터 자연신학의 필요성과 가능성을 탐구한다. 달리 말하면, 브루너의 자연신학은 '자연'이라는 일반적이고 모호한 개념이 아니라, 하느님과 인격적 만남이 가능한 하느님의 형상으로서 '인간'의 특수함에 관심을 두었다. 그런데 바르트는 이러한 기획은 신학적으로 잘못되었을 뿐만 아니라 위험하다고 경고했다. 왜 그는 한때 뜻을 같이했던 친구의 기획에 이토록 격렬하게 반응했을까.[3]

하느님의 형상이라는 단어는 성서의 첫 장부터 등장한다(창세 1:26~27). 이를 바탕으로 성서는 사람을 죽이지도, 저주하지도 말라고 이야기하지만(창세 6:9, 야고 3:9), 하느님의 형상이 구체적으

---

[3] 이하 내용은 다음에 기초한 것이다. 에밀 브루너 · 칼 바르트, 『자연신학』 38~40.

로 어떤 의미인지는 별다른 설명을 하지 않는다. 그렇기에 수많은 신학자가 이 개념을 가지고 하느님과 인간의 관계를 탐구하며 인간학을 서술했지만, 그 의미는 신학자마다, 시대마다 일정한 차이가 있다.

초기와 중세 교회에서는 그리스어와 라틴어로 번역된 구약성서를 주로 사용하였고, 이들 언어의 용례에 따라 창세기 1장 26절에 나오는 '하느님의 형상'과 '하느님의 모양'을 서로 다른 개념으로 이해했다. 타락 이후 인간에게 하느님의 형상이 남아있다는 성서의 가르침 때문에(창세 9:6), 고대와 중세 신학자들은 아담의 타락으로 하느님 '모양'은 파괴되었지만, '형상'은 그대로 남아있다는 주장을 펼쳤다.

이와 대조적으로, 히브리어로 창세기를 읽었던 종교개혁자들은 하느님 형상과 모양은 같은 뜻을 가진 두 단어로 단지 강조를 위해 앞뒤로 배치했을 뿐이라고 보았다. 하느님 모양이 형상과 같은 개념이라고 한다면, 아담의 타락으로 파손된 것은 하느님의 형상 자체일 수밖에 없다. 그런데 이러한 설명에는 미결의 과제가 남아있다. 바로 성서가 하느님의 형상이 여전히 남아있다고 가르친다는 사실이다. 이 난제를 풀고자 종교개혁자들은 하느님의 형상은 죄인의 구원에 영향을 끼칠 수 없을 정도로 깨어졌음에도 흔적처럼 남아 인간만이 가진 탁월한 '자연적 능력'의 근원이 된다고 보았다.

이로써 종교개혁 신학은 이후 개신교회에 논쟁 많은 인간학적 유산을 남겼다.[4] 타락에도 불구하고 하느님의 형상은 여전히 남아 있기에 인간은 다른 피조물과 차별화되는 합리적 사고, 도덕률, 과학기술, 사회 제도 등을 발전시킬 능력이 있다. 이러한 생각을 더 밀고 나가면, 깨어진 하느님 형상을 통해 하느님께서는 인류에게 계속해서 말씀하시고 역사를 이끄신다는 주장도 가능하다. 하느님께서 인류 문명, 공동체, 국가 등을 포함한 '자연'의 영역에서 말씀하고 활동하신다면, 우리의 문화와 제도와 정부도 하느님의 계시라고 봐야 하지 않을까. 그렇다면 현실의 제도와 문화와 국가는 신적 권위를 가지기에 이들에게 전적으로 순종하는 것이 곧 하느님께 순종하는 길 아닌가. 자연은 성서에 비해서는 열등한 계시의 근원이지만, 자연의 영역을 대표하는 인류 문명이 진보할수록 성서와 자연 사이의 간격도 좁혀지지 않을까. 하느님께서는 특정한 민족이나 국가를 지금 선택하심으로써 불완전했던 자연을 통한 계시를 더 완전하게 하실 수는 없을까. 하느님께서 역사의 특정 순간 한 사람을 세우시고는 성서라는 고대 문헌에서 말씀하지 않았던 바를 추가로 말씀하시지는 않을까. 그런데 잠깐. 이 모두가 하느님 형상에 대한 잘못된 해석에 추론을 더하고 더해 만든 망상이라면 어떻게 할 것인가. 실제 하느님이 전능하신 분이라면 이러한 인간학적 요소, 즉 깨어진 하느님 형상 없이 인간과 소통하고 역사를 주관하실 수는 없는가.[5]

---

[4] 이하 깨어진 하느님 형상의 기능에 관해서는 다음에 기초하여 설명한 것이다. 에밀 브루너·칼 바르트, 『자연신학』, 59~66.

[5] 바르트는 종교개혁자들을 포함하여 하느님 형상을 실체적으로 파악하려는

정치적 위기가 증폭시킨 자연신학 논쟁

이러한 맥락에서 16세기 종교개혁 신학은 하느님의 형상에 대한 근대적 해석의 가능성, 즉 인간 이성을 신뢰하고 찬미하며, 더 나아가 당대 지배 이념과 지배 체제를 정당화하는 길을 의도치 않게 열어둔 셈이다. 그리고 1930년대 독일에서 일어난 일은 그 극적인 사례다.[6] 브루너와 바르트가 서로를 향한 논쟁적 글을 발표하기 한 해 전인 1933년 독일에서는 아돌프 히틀러가 제3 제국 수상으로 선출되고, '혈통과 토양'이라는 이데올로기를 법제화했다. 그리고 민족공동체 정책에 따라 유대인 차별을 합법화했으며, 강제 이주를 시행하고 수용소를 설립했다. 이런 상황이 독일에서 '합법적으로' 가능했던 것은 1932~1933년에 있었던 선거에서 '새로운 메시아'이자 '제2의 성서'로까지 추앙되던 히틀러를 많은 개신교인이 지지했기 때문이다.[7] 그리고 그 이면에는 히틀러와 나치의 등장을 일종의 '계시 사건'으로 보게 만드는 왜곡된 자연신학이 있었다.

이전 시도에 비판적이다. 신학적 성숙기에 이른 그는 하느님 형상을 철저히 관계적 개념으로 정의하려 한다. 칼 바르트, 『교회교의학 III/2: 창조에 관한 교의 제2권』(대한기독교서회, 2017), 381 참고.

[6] 그리스도교 신학에서 자연natura은 일상에서 사용하는 자연 혹은 철학적인 자연 개념과 다소 차이가 있다. 신학자마다 자연을 개념화하는 방식은 다르지만, 다음과 같은 본회퍼의 역설적 정의에 주목할 필요가 있다. "우리는 피조된 것과 구별하여 자연적인 것을 말한다. 그것은 타락이라는 사실을 포함시키기 위함이다. 우리는 죄된 것과 구별하여 자연적인 것을 말한다. 그것은 피조됨이라는 사실을 포함시키기 위함이다." 디트리히 본회퍼, 『윤리학』(복 있는 사람, 2022), 279~280.

[7] 당시 독일 교회와 신학의 상황은 다음을 참고하라. 프랑크 옐레, 『편안한 침묵보다는 불편한 외침을: 신학자 칼 바르트와 1906-1968의 정치』(새물결플러스, 2016), 81~97. 딘 G. 스트라우드, '편집자 서문', 『역사의 그늘에 서서: 히틀러 치하 독일 신학자들의 설교』(감은사, 2022), 35~44.

당시 독일 제국교회 소속의 독일 그리스도인들Deutsche Christen은 16세기 루터파가 발전시킨 '질서의 신학'에 따라 국가를 신적인 질서로 보았다. 히틀러 정권의 부당한 권위, 불법 행위, 폭력을 일종의 신적인 질서로 받아들인 것이다. 교양과 자율성을 내세우던 그리스도교인들은 전체주의 정부를 세우고 지지하는 데 망설임이 없었다. 그들이 보기에 그러한 선택은 시민으로서 지극히 합리적인 판단이었으며 자신들의 신앙, 신학과 결코 불화하지 않았다.

영세 중립국 스위스에서 교편을 잡고 있던 브루너는 이 아슬아슬한 상황을 간접적으로만 접하고 있었다. 반면, 독일에서 교수 생활을 하던 바르트는 히틀러 지지자들 속에 살면서 광기에 휩쓸려가는 독일 상황을 매일 몸으로 경험했다. 그러던 중 바르트는 스위스에 있는 옛 친구가 언젠가부터 히틀러에 동조하는 독일 루터파 신학자를 연상시키듯 보존의 질서라든지 신적 규례ordinance로서 국가 같은 개념을 화두로 삼는 것을 보기 시작했다. 다수의 독일 그리스도인에게 브루너 같은 독일 외부의 유명 인사가 자신들의 입장에 동조하는 글을 써준다는 사실은 몹시 환영할 만한 일이었다.[8] 이에 경악한 바르트는 당시 상황을 이렇게 설명했다.

브루너는 자신의 글 속에서, 15년 전 나와 같이 배운 것들이 단지 그를 타협의 신학으로 보다 빨리 돌아가게 했을 뿐이라는 것

---

[8] 바르트는 당시에 브루너가 (히틀러를 노골적으로 지지한) '독일 그리스도인'과 (히틀러 정권에서 선포의 자유를 위해 투쟁하던) '고백교회' 사이의 '독일 복음교회' 입장을 가지고 있다고 본다. 하지만, 바르트는 이러한 중간 입장도 옳지 않다고 비판한다. 에밀 브루너 · 칼 바르트, 『자연신학』, 143~144 참고.

을 증명했다. 그 타협의 신학이 독일 복음주의 교회의 불행한 사태의 원인이며, 이대로 계속된다면 다른 복음주의 교회도 같은 길을 걷게 될 것이다. 페저Karl Fezer, 베버Otto Weber, 알트하우스Paul Althaus, 그리고 반에서 4분의 3에 이르는 '독일 그리스도인'으로부터 브루너가 박수갈채를 받은 것도 바로 그의 글 때문이다.[9]

이러한 맥락에서 브루너에 대한 비판은 브루너 개인을 향한 비판이 아닌 당시 자연신학을 이데올로기화하는 친나치 교회에 적극적으로 가담하는 이들, 침묵으로 용인하는 이들 모두를 향한 비판이었던 셈이다.

공개 논쟁 이전부터 바르트는 자연신학을 전개하는 브루너에 대한 실망을 노골적으로 표했고 둘 사이의 우정은 이미 금이 간 상태였다. 공개 논쟁의 도화선을 먼저 당긴 브루너는 학자로서 자세를 유지하면서 나치에 극렬히 반대하는 바르트가 신학적으로는 사실상 자신과 크게 다르지 않다는 듯 정중히 말했다. 브루너의 평가가 옳다면 바르트는 신학자로서가 아니라 한 개인으로서 (정치적 신념 차이 때문에 혹은 다혈질의 외국인으로서) 히틀러를 비판한 셈이 된다. 그러면 당시 어용신학화 되었던 자연신학의 위험성도 은폐되고 만다. 이에 바르트는 브루너에게 '아니오!'라고 공개적으로 외쳤고, 왜 둘이 다른지 격정적 언어를 쓰면서 설명했고, 결국 두 친구의 관계는 파탄이 나고 말았다.

---

[9] 에밀 브루너 · 칼 바르트, 『자연신학』, 103.

하느님의 형상은 은혜의 접촉점인가

앞에서 잠깐 언급했듯, 1920년대 이후 브루너와 바르트는 몇몇 중요한 신학적 전제를 공유했다. 특히 후대의 많은 신학자가 이들을 '신정통주의'라고 부르게 만들 신학에 대한 이들의 공통의 접근법은 다음 인용문에 잘 보인다.

> 우리는 루터나 루터교에 관심이 있는 것은 아니다. 단지 '오직 은혜로'라는 루터의 명확한 진리 자체와 메시지에 관심이 있다.[10]

바르트와 브루너는 은혜의 우선성과 성서의 권위와 같은 종교개혁의 가르침을 자신들의 신학의 핵심으로 삼았다. 하지만 이들은 종교개혁자들이 수백 년 전에 한 말을 정확하게 복원하는 것이 아니라, 종교개혁자들이 성서를 통해 가리켰던 진리를 오늘의 상황 속에서 들리게 하는데 더 큰 관심이 있었다. 19세기 자유주의 신학이 저물고 찾아온 신학적 혼란에 대응하고자 이들이 펼친 공동전선은 초기에는 나름 성공적으로 작용했다. 하지만, 시간이 갈수록 자연신학이라는 종교개혁의 '모호한' 유산을 놓고는 둘의 입장 차가 예상보다 훨씬 크게 드러났다.

『자연신학』에 담긴 두 글은 서로를 비추듯 유사한 구조로 되어 있다. 우선 브루너도 바르트도 서론에서 나름 예를 갖춰 상대의 공과를 언급한다. 그 후 상대의 신학에 대한 반론과 자기 생각을 전

---

[10] 브루너·바르트, 『자연신학』, 31.

개하고는, 교회사적 고찰을 하면서 본인 입장의 정당성을 지지하려 한다. 그러고는 목회나 선교와 같은 실천의 영역에서 자연신학의 중요성 혹은 불필요성을 논증한다.

자연신학을 옹호하던 브루너는 '하느님 형상' 개념을 재해석하는 데 가장 큰 공을 들인다. 종교개혁자와 마찬가지로 그는 하느님 형상이 파괴되었지만, 여전히 그 흔적은 남아서 우리가 사람답게 되는데 중요하고 어느 정도 긍정적인 기능을 한다고 본다. 이 복잡한 상황을 설명하고자 그는 하느님 형상의 형식적formal 차원과 실질적material 차원을 나눈다.[11] 하느님 형상의 실질적 차원은 타락으로 없어졌다. 하지만, 형식적 차원은 죄와 무관히 인간을 다른 피조물과 여전히 구분되게 하는 자질인 '주체성'과 '책임성'으로 남아있다.

> 인간은 죄인이라 할지라도 다른 모든 피조물과 비교할 수 없는 장점을 지녔으며, 그것은 하느님과 공유될 수 있는 것이다. 즉 인간은 주체적이며 이성적인 피조물이라는 점이다. … 죄인인 인간도 자신과 대화하는 상대와 하느님이 대화 상대로 삼는 대상이다. 그리고 책임성은 바로 인간의 본질이다. 비록 죄인이라

---

[11] 브루너는 타락의 결과 인류 모두에게서 하느님 형상의 실질적 차원은 상실되었고, 형식적 차원은 여전히 남아있다고 본다. 하지만 실질적 차원이 성령에 의해 믿음으로 회복된다는 면에서, 그의 주장은 고대 교회의 하느님의 형상과 모양의 구분을 현대적으로 재해석한 것이라고도 볼 수 있다. Emil Brunner, *Dogmatics II: The Christian Doctrine of Creation and Redemption*, trans. Olive Wyon (Philadelphia: The Westminster Press, 1952), 78 참고.

도 책임성이 있다. 말씀의 수용 능력과 책임성이라는 특징은 밀접한 상호관계가 있다.[12]

타락에도 불구하고 인간은 하느님 말씀을 받고 이에 반응할 수 있다는 생각은 인간에게 하느님의 은혜와 만남을 가능하게 하는 '접촉점'a point of contact이 있다는 주장으로 발전한다. 그리고 놀랍게도 브루너는 이러한 '자연적인' 접촉점을 하느님 형상의 '형식적' 차원과 동일시한다. 물론 브루너는 인간이 접촉점만 가지고서 하느님을 알게 되거나 구원받는다고까지 주장하지는 않는다. 은혜 없이 접촉점으로만 하느님에 대한 참지식, 구원이라는 선물을 받을 수 없다. 하지만 인간이 은혜를 수용하려면 그것을 받을 수 있는 (다른 동식물은 가지지 못한) 형식적인 가능성이 선행되어야 하기에, "실질적으로 접촉점은 없지만 형식적으로 볼 때 이것은 필요한 전제조건이다".[13]

죄인에게 남겨진 형식적인 하느님의 형상 혹은 접촉점 개념을 가지고 브루너는 자연신학의 정당성을 옹호하고는, 이를 종교개혁자들처럼 타락한 피조물에도 여전히 남아있는 양심, 보존의 은혜 preserving grace, 결혼과 국가와 같은 규례들ordinances에 적용한다. 이러한 '자연적인 것'은 인간이 본능과 이성으로 자각하고 지켜나가는 만큼 신앙 여부와 무관히 보편적으로 발견된다. 하지만, "신앙인은 자신의 신앙적 지성으로 비신앙인보다 결혼과 가정, 직업, 국가 등

---

[12] 에밀 브루너·칼 바르트, 『자연신학』, 39.
[13] 에밀 브루너·칼 바르트, 『자연신학』, 49.

의 궁극적인 의미를 더욱더 잘 이해할 수 있다".[14] 이러한 의미에서 브루너는 자연신학은 꼭 필요하며, 자연신학을 오용할 위험보다 거부할 때 찾아올 위험이 더 크며, 지금이야말로 자연신학의 중요성을 재발견해야 할 때라고 주장한다.

탄탄해 보이는 브루너의 논증에 대해 바르트는 매우 신랄하고 때로는 모욕적일 법한 표현까지 쓰며 반론을 전개한다.[15] 먼저 바르트는 자신이 종교개혁 자체가 아니라 종교개혁이 되찾고자 한 진리에 관심을 둬야 한다는 점에 있어 브루너와 궤를 같이함을 밝힌다. 하지만, 그는 종교개혁이 자연신학의 문제를 모호하게 만든 만큼 "루터와 칼뱅이 했던 것보다 더 명료하게 그들의 입장을 정리해서 사용해야 한다"라고 주장한다.[16] 이 지점에서 누가 종교개혁자들이 한 '말'에 충실했는가를 기준으로 논쟁을 본다면 단연 브루너의 승리이다(이것이 브루너가 미국 복음주의자들에게 더 빠른 시기에 소개되고 많은 지지를 받은 이유 중 하나다). 하지만, 누가 종교개혁 '정신'을 더 잘 살렸냐를 질문한다면 평가가 달라질 수도 있다.

하느님 형상의 형식적 차원과 실질적 차원의 구분이 브루너의 자연신학을 형성하는 핵심이었던 만큼, 바르트는 과연 그러한 구분이 정당화될 수 있는지 그리고 브루너 신학에서 둘의 구분이 실질적으로 잘 유지되는지 추적한다. 브루너에 따르면, 아담의 후손

---

[14] 에밀 브루너·칼 바르트, 『자연신학』, 47.

[15] 브루너와의 논쟁 당시 어조 때문에 바르트의 논점 자체가 독자들에게 불분명하게 전달될 수도 있다. 자연신학에 대한 바르트의 체계적인 비판은 『교회교의학』 II/1 §26에서 볼 수 있다.

[16] 에밀 브루너·칼 바르트, 『자연신학』, 141.

에게도 사라지지 않는 하느님과의 형식적 유사성이 인간다움을 만들고, 이것 때문에 주체적 존재로서 인간은 죄를 범할 수도, 말씀을 수용할 수도 있다. 이에 바르트는 다음과 같이 반문한다. 그렇다면 자유로우신 하느님의 은혜가 인간의 선택이라는 자연적 가능성의 틀에 제약받지 않는가. 브루너가 '인간은 자기 힘으로 구원을 받을 수 없다'라고 주장할 때 결국은 형식적 하느님 형상이 무용한 것을 인정하며 자신의 전제를 스스로 배반하는 것은 아닐까. 바르트는 브루너 신학에 내재한 딜레마를 이렇게 희화화한다.

> 어떤 사람이 물에 빠져 죽기 직전에 수영을 잘하는 사람에 의해 구출되었다. 이때 물에서 건져진 사람이 자신을 구해준 이유가 자신이 납덩이가 아니고 사람이었기 때문이며, 그것이 '구원받을 수 있는 능력'이었다고 주장한다면, 이것은 부당한 주장이 아니겠는가? 물에 빠진 사람이 팔다리를 몇 번 버둥거리는 정도로 자신을 구한 사람을 도와주었다고 주장할 수 없다면 위의 이야기는 부당한 주장이 될 것이다. 브루너가 과연 이렇게 생각하는 것일까? 그렇지는 않은 것 같다.[17]

바르트는 브루너가 자기 입장을 지지하고자 인용한 로마인들에게 보낸 편지 구절이나 칼뱅의 주장을 모르지 않았다.[18] 하지만 그는

---

[17] 에밀 브루너·칼 바르트, 『자연신학』, 113.

[18] "하느님께서는 세상을 창조하신 때부터 창조물을 통하여 당신의 영원하신 능력과 신성과 같은 보이지 않는 특성을 나타내 보이셔서 인간이 보고 깨

같은 본문에 대해 매우 다른 해석을 제시한다. 우선, "사람들이 하느님께 관해서 알 만한 것은 하느님께서 밝히 보여주셨기 때문에 너무나도 명백합니다"라는 1장 19절 말씀은 "그러니 사람들이 무슨 핑계를 대겠습니까?"라는 20절 후반부와 연결하여 이해해야 한다. 즉, 바울의 본 의도는 자연신학을 정당화하는 것이 아니라, 인간이 자연적 능력으로는 하느님을 알 수도 자기를 구원할 수도 없기에 오직 그리스도의 은혜가 필요하다는 것을 보여주는 것이다. 또한, 칼뱅은 하느님에 대한 자연적 지식에 관해 이야기했지만, (브루너와 달리) "아담이 타락하지 않았다면"이라는 조건을 달았다.[19] 게다가 칼뱅은 브루너식으로 '오직 은혜'를 위협하는 수준으로 보존의 은혜와 신적 질서로서 정부의 권위를 인정하지도 않았다.[20]

결국, 바르트는 '자연'을 은혜의 수용을 위한 전제로 삼거나 독자적인 신학의 주제로 만드는 것은 기울어진 땅에 브레이크 없이 멈춰 놓은 자동차처럼 특정 방향으로 굴러갈 수밖에 없다고 경고한다.[21] 자연신학을 추구하는 대신 우리는 언제나 인간의 예측과 준비와 가능성을 넘어 늘 새롭게 찾아오시는 하느님을 찾고, 그분의 말씀에 지금 여기서 귀 기울이고, 그분을 오늘의 현실 속에서 삶으로 증언해야 한다. 이런 맥락에서 인간에게 있는 접촉점 대신 성령의 기적을 강조하는 바르트의 다음 인용문은 자연신학에 대한

달을 수 있게 하셨습니다. 그러니 사람들이 무슨 핑계를 대겠습니까?" (로마 1:20)

[19] 에밀 브루너·칼 바르트, 『자연신학』, 149, 151.

[20] 에밀 브루너·칼 바르트, 『자연신학』, 118~124.

[21] 에밀 브루너·칼 바르트, 『자연신학』, 159.

그의 입장을 압축해 놓고 있다.

> 성령은 성부와 성자에게서 비롯되어 계시되며 우리는 하느님이
> 라고 믿는다. 성령은 어떤 접촉점도 필요로 하지 않으며 필요한
> 것을 스스로 창조하신다. 단지 우리가 과거를 되돌아볼 때 그가
> 인간과 '접촉한' 사실을 회상하는 것은 가능한 일인데, 이때 회상
> 은 사실상 '기적'에 대한 회상이다.[22]

자연신학 논쟁, 그 이후

19세기 신학을 넘어서는 새로운 돌파구를 찾는다는 목표를 공
유했던 비슷한 연령대의 독일 루터교 배경의 신학자 루돌프 불트
만(1885~1947), 폴 틸리히(1886~1965), 파울 알트하우스(1888~1966) 등
과 비교하면, 개혁주의 배경을 공유한 스위스 목사 바르트와 브루
너는 매우 비슷해 보이는 신학을 전개했다. 하지만 바로 이 유사
성 때문에 둘은 가장 첨예하게 대립했다. 바르트 본인도 이를 인
정했다.

> 브루너의 주장이 나와 더 가깝고, 그의 논리는 상당한 부분이 진
> 리를 포함하고... 성서에 더 가깝기 때문에 나는 그를 더욱 심
> 각하게 받아들인다. 그렇기 때문에 브루너는... 훨씬 더 위험스
> 럽다.[23]

---

[22] 에밀 브루너·칼 바르트, 『자연신학』, 166.
[23] 에밀 브루너·칼 바르트, 『자연신학』, 98.

고래와 코끼리라 불렸던 두 사람 중 누가 논쟁에서 승리했는지를 따지는 것이 무의미할 정도로, 치열한 토론 이후 브루너와 바르트의 입장을 각각 지지하는 사람들이 생겨났다. 많은 후학이 이들 중 한 명에게 혹은 둘 모두에게 영향을 받으며 고유한 신학을 전개했다. 그런 의미에서 책 서문에서 동시대 스코틀랜드 장로교 신학자 존 베일리John Baillie가 던졌던 일련의 질문은 곱씹어 볼 만하다. "어떤 견해가 옳은 것인가? 또는 어느 쪽도 전적으로 옳은 것이 아니라면 어느 쪽이 진리에 가까우며, 각자는 어디서부터 빗나간 것일까? 혹은 이들이 공통으로 동의하고 있는 어떤 부분부터 잘못된 것일까?"[24]

이런 맥락에서 보자면 『자연신학』을 읽을 때 본인이 가진 특정 신학적 선입견을 지나치게 투영하며 읽는 방식도 조심해야 하겠거니와, 두 신학자 중 한 명을 꼭 논쟁의 승자로 선택하겠다는 강박은 미루어 두어야 한다. 브루너는 바르트를 의식하며 자기 입장을 요약하고, 바르트는 본인 신학은 거의 설명하지 않고 브루너를 비판하는 데 초점을 둔 만큼, 이 짧은 두 논문으로 둘의 신학 자체를 판단하려 해서도 안 된다. 그보다는 두 거장의 서로 다른 저술 스타일, 성서와 전통을 해석하며 주장을 구성하는 방법, 인간학적 통찰을 다른 신학적 주제와 연결하는 기술, 교리를 실천의 영역에 적용하는 직관 등을 비교하며 찬찬히 읽으면, 미묘한 차이가 어떻게 신학을 다르게 형성하는지를 인지하는 힘을 기를 수 있다.

---

[24] 존 베일리, '서문', 에밀 브루너·칼 바르트, 『자연신학』, 21.

글을 맺으며 말년의 바르트와 브루너 사이에 있었던 에피소드 하나를 소개하고자 한다. 1934년 자연신학 논쟁으로 서로에게 상처를 입히고 둘은 거의 교류를 끊고 살았다. 두 거장이 70대를 넘어가자 이들이 세상을 떠나기 전에 화해의 계기를 마련해야 한다고 생각하는 사람들이 늘었다. 결국, 브루너와 바르트 모두와 친분이 있었던 미국인 신학생 아이라 존 헤셀링크가 나섰다. 그의 주선으로 1960년 11월 19일 바젤에서 브루너와 바르트 부부 사이의 만남이 이뤄졌다. 신학사의 대표적 논쟁을 인간적으로 일단락한 어색한 만남을 바르트의 또 다른 미국인 제자는 이렇게 보고했다.

두 부부는 상당한 우려를 가지고 만남에 임했지만, 그 만남은 신학적 차이를 해소시켰다는 면에서가 아니라 분위기를 밝게 하고 개인적인 관계를 돈독히 했다는 면에서 성공한, 가장 유쾌한 만남이었다. ... 바젤의 바르트 집에서의 만남으로서 서로 싸우지도 화해도 않을 고래와 코끼리 비유는 극복되었다. 적어도 개인적인 차원에서는.[25]

25   존 D. 갓세이, 『바르트 사상의 변화』, 116.

신학과 철학의 경계를 넘어선 경계선 위에서의 사유

『성서 종교와 궁극적 실재 탐구: 종교와 철학의 관계』
폴 틸리히 지음, 남성민 옮김, 비아, 2021.

한 번 지나가면 다시는 안 돌아올 법한 것들이 있다. 나이가 들면서 한 개인에게 자연스레 찾아온 변화나 상실도 있지만, 시간이 흘러 세상이 이전과 달라지며 놓아버리게 되는 것도 있다. 폴 틸리히 같은 '신학자'가 다시 나오기 힘든 현실은 후자의 사례가 아닐까 싶다. 학문의 탁월함이나 저술의 양에서 틸리히에 버금가거나 그 이상의 학자를 보게 될 가능성 자체가 없는 것은 아니다. 하지만 그처럼 신학자이면서도 시대와 나라를 대표하는 영향력 있는 지성인으로 활동할 수 있는 사람은 앞으로 등장하기 쉽지 않을 것 같다. 급속도로 세속화되던 세계대전 이후 미국 사회는 틸리히를 '지성인의 사도'apostle to the intellectuals 혹은 '회의주의자의 사도'apostle to the skeptics라고 불렀다. 그만큼 신학의 영역을 넘어 철학, 심리학, 문화, 예술 정치 등 다방면에 영향을 끼친 인물, 대중적 인기를 누린 인물은 없다.

---

* 원서는 다음과 같다. Paul Tillich, *Biblical Religion and the Search for Ultimate Reality* (Chicago: University of Chicago Press, 1955).

근대 세계의 도래 이후 인류 삶에서 많은 것이 달라졌고 지금도 달라지고 있다. 특히 20세기 중반 이후 그리스도교 사회라고 불렸던 유럽과 미국에서는 제도 종교에 대한 무관심, 권위에 대한 저항, 전통에 대한 환멸이 퍼지며 교회의 영향력은 대폭 줄어들었다. 신학은 현실을 해석하는 보편적인 모델로 더는 인정받지 못했다. 신학자가 교회라는 울타리를 넘어 시대의 지성과 양심으로 활동하는 건 매우 드물고, 또 힘든 일이 되었다. 이러한 현상은 단지 후기 그리스도교 사회로 진입하며 사람들이 기성 종교에 관심을 잃었기 때문에 발생한 것은 아니다. 문제의 핵심은 현대 그리스도인이 동시대인이 체감하는 문제를 신학적 담론으로 끌어올 만한 언어와 방법론을 잃어버렸다는 데 있다.

세속화에 따른 사회 변화와 대비되며 신학의 고리타분함이 커져 보일 때, 신학과 철학을 오가며 여전히 그리스도교 신앙이 의미와 가치가 있음을 매력적이고 지적인 방식으로 보여준 이가 있었다. 그는 20세기 초반 독일의 여러 명문 대학교에서 신학과 철학 교수로 활동하고, 한때 칼 바르트와 에밀 브루너, 루돌프 불트만 등과 함께 19세기 자유주의 유산에 비판적 목소리를 내고, 자본주의에 대한 환멸에 사회주의적 이상을 가지고 현실 참여적 지성인으로 활동하고, 전체주의를 비판하다 히틀러 정권에서 '독일인 중 첫 해직 교수'라는 명예로운 불명예를 뒤집어쓰고, 1933년 47세 어중간한 나이에 미국으로 건너온 틸리히였다. 그런데 얼마 가지 않아 미국인들은 어눌한 영어를 쓰던 이 독일 루터교 목사를 시대와 문화를 대표하는 지성인으로 인정하기 시작했다. 틸리히로 인해 당시 유럽과 비교하면 학문성이 뒤떨어지던 미국 신학계는 한 단계 도약할 기회를 얻었다. 그는 뉴욕 유니온 신학교, 하버드 대학교, 시카고 대학교 등 미국의 대표적인 교육 기관에서 가르치는 명예를 누렸고, 동시대에 활동했던 철학자와 심리학자, 예술가 등의 다양한 부류의 사람과 깊이 교류하며 신학의 외연을 넓혀갔다.

경계선 위에 선 사상가

틸리히는 미국 사회에서 유명인으로서 지위와 혜택을 누리면서도, 이방인인 자기에게 주어지는 명예와 관심에 어리둥절하기도 했다. 하버드 대학교 교수로 활동하던 당시 그는 인기인이 되었던 자신에 대해 이렇게 말했다.

> 그건 진짜 '나'가 아닙니다. 나는 두 명의 사람입니다. 그 한 사람은 다른 사람과 전혀 상관이 없습니다.[1]

대중에게 드러난 자기와 감춰진 자기를 구분했듯, 그는 두 상반된 것을 대조하면서 자신의 생애와 사상을 설명하곤 했다. 신학과 철학, 그리스도교와 문화, 이론과 실천, 독일과 미국, 학교와 교회 사이의 '경계선 위에서'On the boundary 그는 살았고 사유하고 글을 썼다.

---

[1] Grace Cali, *Paul Tillich First-Hand: A Memoir of the Harvard Years* (Chicago: Exploration Press, 1996), 59.

제 인생의 거의 모든 지점마다 두 가지 가능성 중에 어느 하나를 선택하지 않으면 안 되었는데, 두 가지 모두에 완전히 만족할 수도 없었고, 한쪽을 위해서 다른 한쪽을 강경하게 반대하지도 못했습니다. 사유를 하려면 새로운 가능성을 기꺼이 수용해야만 하기에, 경계선 위에 설 때 사고하기가 유리합니다. 그러나 경계선 위에 서는 일은 실제로 고달프고 위험한데, 그것은 우리 삶이 끝없이 결단을 내려야 하고 다른 선택 가능성을 배제하려 들기 때문입니다. 그런데도 제 운명과 제 일은 경계선 위에 서려는 성향과 이 성향의 긴장에 따라 결정되었습니다."[2]

경계선상에서의 실존을 반영하듯, 틸리히의 사상에는 언제나 이성과 계시, 존재와 비존재, 영원과 시간, 무한자와 유한자, 믿음과 탐구, 아가페와 에로스의 양극성이 발견된다. 그는 대조적 개념들 사이에서 발생하는 긴장을 최대한 생동감 있게 유지할 수 있는 사상의 틀을 만들고자 했고, 일상에서 마주하는 수많은 선택 가능성 앞에서 무력함을 느끼던 현대인들은 틸리히 사상에 힘입어 허무와 무의미의 굴레를 벗어나는 '존재의 용기'를 배웠다.[3]

　미국에서 경력의 정점을 맛보았던 틸리히는 많은 글을 (여러 사람의 도움을 받아) 영어로 썼지만, 그의 영향력은 북미 대륙을 넘어섰다. 틸리히의 작품은 그의 조국 독일뿐만 아니라 세계 곳곳에 소

---

2 폴 틸리히, 『경계선 위에서』(동연, 2018), 33.

3 존재의 용기Courage to be는 틸리히의 1950년 예일대 테리 강좌Terry Lectures를 예일 대학교 출판부에서 1952년도에 출간한 책 제목이기도 하다.

352 | 신학의 영토들

개되었다. 한국에서도 틸리히의 인기는 실로 대단했다. 1970~1980년대 군사 독재와 정부 주도 산업화로 삶이 피폐해지고 사람됨의 의미가 흐려지던 때 대학생들 외투 주머니에 틸리히의 설교집이 들어있었다는 이야기는 아직도 전설처럼 들려온다. 이런 유명세를 반영하듯 1950년대 후반 이래 여러 사람의 손을 거쳐 틸리히의 대표작과 설교집의 상당수가 번역되었고, 그의 대작 『조직신학』 Systematic Theology 전체가 지금껏 번역자와 출판사를 달리하며 한국 독자에게 세 번째 선보이고 있다.[4]

이러한 상황들을 종합하여 고려해 본다면, 다른 현대 신학자와 비교할 때 한국에서 틸리히 수용은 결을 달리한다고 할 수 있다. 대다수 유명 해외 신학자는 주요 작품이 제대로 번역되지 않아 한국 독자들의 진입장벽이 높다. 반면 틸리히는 꽤 많은 책이 번역되었고, 사람들 사이에 그 이름이 이미 꽤 많이 오르내렸고, 그의 신학을 전공한 학자도 많다. 하지만, 틸리히 특유의 난해함과 옛 번역 어투의 낯섦, 그리고 틸리히를 둘러싼 여러 선입견은 그의 사상에 접근하는 데 걸림돌이 되고 있다. 그럼에도 불구하고 지난 몇 년간 이전에 번역되지 않았던 작품뿐만 아니라 기존에 출간된 책을 재번역한 작품들이 선보이고 있는 것으로 보아, 틸리히에 대한 관심은 한국 신학계에서 여전히 현재 진행형이라고 할 수 있다.

틸리히에 대한 깊은 이해까지는 아니더라도 틸리히의 사상 혹

---

[4] 틸리히의 『조직신학』은 1978~1986년에는 김경수 번역으로 성광문화사에서, 2001~2010년에는 유장환 번역으로 한들출판사에서 출판되었다. 2021년부터 남성민 번역으로 새물결플러스에서 재출간 중이다.

은 틸리히다움을 맛보게 해줄 책을 추천하라면 사람마다 관심사에 따라 각기 다른 작품을 거론할 것 같다. 우리말로 번역된 주요 작을 선별하면,[5] 우선 신학자로서 그의 방법론과 탁월성을 보고 보여주는 걸작 『조직신학』(1951~1963)이 있다. 성서의 메시지를 현대인의 삶에 지적이고 호소력 있게 연결한 『흔들리는 터전』The Shaking of the Foundations(1948), 『새로운 존재』The New Being(1955), 『영원한 지금』The Eternal Now(1963)은 뛰어난 설교가로서 그의 면모를 보여준다. 철학과 신학 사이를 오가며 현대 사회의 문제에 응답하는 『프로테스탄트 시대』The Protestant Era(1948), 『존재의 용기』The Courage to Be(1952), 『사랑 힘 그리고 정의』Love, Power, and Justice(1954), 『믿음의 역동성』Dynamics of Faith(1957) 등은 시대의 지성으로서 그의 인기가 과장된 것이 아니었음을 알게 해준다. 신학과 문화 사이의 다리를 놓는 선구적 시도인 『문화의 신학』Theology of Culture(1959)은 대중적 인기를 크게 누렸고,[6] 그의 생애 말년에 그리스도교와 세계 종교의 만남이라는 주제를 다룬 『그리스도교와 세계종교』Christianity and the Encounter of the World Religions(1963)도 출간되었다. 세상을 떠나기 전후로는 이전에 발표되지 않은 짧은 글이나 대담, 강의 등을 편집한 책이 나왔는데, 이들의 인기와 지명도도 이전 작품 못지않다. 예를 들어 『궁극적 관심』Ultimate Concern(1965), 『절대를 찾아서』My Search

---

[5] 틸리히의 책 대부분이 한국에서 출판사나 역자가 바뀌면서 두 번 이상 출간된 만큼, 여기서는 각 책의 서지정보를 생략하기로 한다.

[6] 이 주제와 관련해서는 우리말로 번역은 안 되었지만, 틸리히가 예술과 건축에 관해 쓴 글이나 강연을 모아서 사후에 펴낸 『예술과 건축에 관하여』On Art and Architecture(1989)도 빼놓을 수 없다.

for Absolutes(1967), 『종교란 무엇인가』What Is Religion?(1969), 『그리스도교 사상사』A History of Christian Thought(1972) 등은 틸리히 애호가의 서가에 한두 권 이상은 꼭 들어있을 법하다.

틸리히 책의 한 권 한 권이 완성도가 높지만, 각각의 저작은 그의 다차원적 정체성에서 신학자, 철학자, 문화 비평가, 설교가 중 특정 모습을 두드러지게 보여줄 수밖에 없다. 그렇기에 어떤 책을 보느냐가 그를 이해하는 방식에 큰 영향을 끼친다. 그가 쓴 많은 책 중 신학 전반 혹은 방법론을 짧고 강렬히 보여줄 작품을 꼽으라면 『성서 종교와 궁극적 실재 탐구』Biblical Religion and the Search for Ultimate Reality(1955)를 떠올리게 된다.

종교와 철학을 연결하는 질문이란

『성서 종교와 궁극적 실재 탐구』는 틸리히가 1951년 미국 버지니아 대학교에서 했던 제임스 W. 리처드 강좌James W. Richard Lectures 원고를 출판한 소책자이다. 사상의 원숙기에 도달한 60대의 틸리히가 『조직신학』 1권을 마무리하고 2권을 준비하던 시기에 했던 강연인 만큼, 이 작품은 『조직신학』 1권의 핵심 주제인 신학과 철학의 문제 혹은 성서와 존재론의 관계를 압축적으로 설명한다. 그뿐만 아니라, 『조직신학』 1권의 방법론을 가지고 2~3권에서 전통적 신학 주제가 어떻게 재해석될지 가늠할 수 있는 실마리도 곳곳에 들어있다.

영어 원서에 없는 한국어판의 부제, '종교와 철학의 관계'는 이 책에서 틸리히가 공들여 다루는 핵심 주제이기도 하다. 초기 교회 이래 오늘날까지 그리스도교 안팎에서 종교와 철학, 혹은 신앙과 이성의 관계에 관한 다양한 논의가 있었고, 둘의 관계를 규명하려는 방법도 다양하게 논의된 바 있다. 틸리히는 어떤 신학자나 철학자보다도 종교와 철학이 밀접한 관계를 맺고 있다고 보았고, 그 특별한 관계로부터 신학과 철학 모두를 이해하고자 했다. "성서의 상징들이 불가피하게 존재론적 물음을 유발하며, 신학이 제시하는 대답은 필연적으로 존재론의 요소를 포함하고" 있기 때문이다.[7] 달리 말하면 종교와 철학의 관계를 보는 틸리히 특유의 관점은 '존재론적 물음'이고, 그 둘의 상호작용을 규정하고 설명하고 체계화하는 그만의 방식은 존재론적 물음에 성서적 상징으로 답을 찾는 '상관의 방법'이다.[8]

틸리히에게 인간은 근원적으로 '질문'하는 존재, 특별히 먹고사는 문제를 넘어 자기 존재에 관해 물음을 던지는 존재다. 질문이 있다는 것은 질문자가 물음의 대상을 '소유하지 않았다'라는 뜻이다. 하지만, 그가 물음의 대상을 파편적으로나마 '소유하지 않고서는' 질문 자체를 던질 수가 없다. 이러한 맥락에서 보자면, '존재 물

---

[7] 폴 틸리히, 『성서 종교와 궁극적 실재 탐구』, 10.

[8] 틸리히에 따르면, "다른 편(사람)에 내포되어 있는 물음과 그리스도교가 주는 대답 사이에(다시 말해서 물음과 대답 사이에), 상관관계Korrelation, Correlation를 확립하려는 방법"은 그리스 철학으로 복음을 설명했던 초기 그리스도교 변증론자부터 사용해 왔다. 파울 틸리히, 『그리스도교 사상사: 원시교단부터 종교개혁 직후까지』(대한기독교서회, 2005), 74. 하지만, 틸리히는 상관의 방법이 자칫 둘 사이의 공통적인 것을 강조하다 차이점이 희생되며, 반대자의 입장은 그대로 받아들이는 대신 자기 입장을 역으로 주지 못할 위험이 있다고 경고한다. 그는 19세기 자유주의 신학에서 이러한 위험이 현실화하였다고 본다.

음'을 하는 인간은 존재를 소유하지 못했지만 동시에 존재를 불완전하게 소유하고 있다고 할 수 있다. 존재와 비존재가 얽혀 있기에 인간은 생명과 죽음 모두를 경험할 수밖에 없는 유한자다. 인간이 살아가는 삶의 배경인 세계 역시 존재와 비존재의 혼합체로서 유한하다. 그런데 인간은 자신과 세계를 위협하는 비존재를 극복하기를 갈망한다. 이러한 열망 때문에 인간은 가시적이고 유한한 것 너머의 '궁극적인 그 무엇'에 관심을 기울인다. 결국, 비존재와 혼합되지 않은 궁극적 실재에 대한 탐구는 "존재 자체, 존재하는 만물에 있는 존재의 힘,"[9] 혹은 무한자로서 신에 대한 물음과 맞닿아 있다. 그런 의미에서 종교적 물음과 철학적 물음이 궁극적으로 분리되지 않고 종교와 철학은 연결된다.

이때 눈여겨볼 점은 틸리히가 종교와 철학을 다리 놓으려 할 때 추상적인 의미에서 종교나 철학을 상정하고 있지 않다는 사실이다. 이 책에서 말하는 철학이 '존재론'이라면, 종교는 일반적 종교 이론이 아니라 '성서 종교'이다. 성서는 신과 인간의 관계를 인격 간의 상호성으로 규정하기에, 성서 종교는 '인격주의'를 근원적 특성으로 삼는다. 성서의 인격주의는 존재론적 사유와 여러모로 이질적이다. 인격주의에 '만남'의 요소가 있다면, 존재론은 '탐구'를 요구한다. 인격주의가 '구체적'인 개별자 사이의 상호작용에 초점을 두지만, 존재론은 '일반적'인 실재의 구조를 분석한다. 대화를 통해 관계를 맺는다는 점에서 인격은 나와 너의 '거리'를 전제

---

9 폴 틸리히, 『성서 종교와 궁극적 실재 탐구』, 30.

하지만, 존재론은 존재의 근원으로의 '참여'를 통한 연합을 지향한다. 성서 속 인격주의는 '상징'과 '형상 언어'를 사용한다면, 존재론은 '개념'과 '철학의 언어'에 의존한다. 이처럼 인격주의와 존재론이 충돌하는 지점들을 진지하게 고려한다면, 둘을 연결하는 작업은 거의 불가능해 보인다. 오히려 섣부른 종합의 시도가 성서 종교와 존재론 각각의 고유성을 훼손할 위험을 초래할 수도 있다.

하지만 틸리히는 성서 종교와 존재론에 대한 피상적 관찰에서 그치지 않으며, 각각의 본성을 깊게 파고 들어간다. 이로써 표면적으로는 둘의 차이가 두드러져도, 심층적으로는 둘이 서로 연결되어 있음이 드러난다. 역사적으로 볼 때도, 1세기에 복음과 그리스 철학이 만나며 신학이 탄생한 이면에는 존재론적 물음을 바탕으로 일어난 종교와 철학의 상호작용이 있었다.

> 인간은 존재와 비존재 사이에 서 있습니다. 자신의 유한함을, 그러면서도 무한에 속해 있음을 인간은 깨닫습니다. 그렇기에 인간은 존재 물음을 던집니다. 인간은 존재에 관해 무한한 관심을 가지고 있습니다. 자신의 실존이 이 물음과 관련이 있기 때문입니다. 지금까지 살펴보았듯 신앙 역시 무한한 관심입니다.... 궁극적 실재에 대해 질문하는 인간과 신앙의 상태에 있는 인간, 이두 인간은 그들의 관심이 무조건적이라는 점에서 동일합니다.[10]

---

[10] 폴 틸리히, 『성서 종교와 궁극적 실재 탐구』, 90~91.

틸리히는 존재 물음이 인간에게 근원적인 만큼 초기 그리스도교에서 이뤄졌던 철학과 신학의 종합을 긍정적으로 평가한다. 성서적 신앙이 존재론을 체계화하지는 않았더라도 존재 물음 자체를 포함하고 있기 때문이요, 그리스 정신을 통해서 벼려진 존재 물음은 인류의 보편적인 물음이기도 했기 때문이다. 이러한 이유로 그는 그리스 철학과의 만남이 복음의 헬레니즘화를 초래했다고 비판했던 19세기 자유주의 신학, 특별히 리츨과 하르낙의 주장에 동의하지 않는다. 그는 19세기 자유주의가 그리스도교와 문화를 종합했던 방식과는 차별화된 방식으로 둘의 관계를 변증법적으로 정의하는 방법을 찾아야 한다고 제안한다.[11]

궁극적인 관심에 사로잡힌다는 것

틸리히가 찾은 성서 종교와 존재론이 만나는 지점은 인간의 '실존'이다. 달리 말하면, "성서 종교의 주관적 측면을 분석해 이를 존재론 작업의 주관적 측면을 연결"하면 양자가 긍정적으로 관계 맺는 지점을 찾을 수 있다.[12] 이를 위해 그는 성서 종교의 핵심인 '인격적 신에 대한 믿음'을 존재론적 시각과 언어로 재해석하려 한다.

---

[11] 틸리히는 대립하는 두 이론 혹은 주장을 마주했을 때 둘을 섣불리 조화시키거나, 옳은 하나를 선택하고자 다른 하나를 버리는 피상적 방식을 경계했다. 대신 그는 둘 사이의 관계를 긴장 속에서 종합하거나, 각각의 긍정과 부정을 함께 잡아내는 변증법적 방법에 크게 의지했다. 한때 그가 마르크스에게서 받은 영향을 회고하며 말하길, "우리의 사고가 자율적인 것인 한, 위대한 역사적 인물들과의 관계는 긍정인 동시에 부정이어야 한다. 변증법적이지 못한 부정은 변증법적이지 못한 긍정처럼 원시적이고 비생산적이다." 폴 틸리히, 『절대를 찾아서』(전망사, 1993), 32.

[12] 폴 틸리히, 『성서 종교와 궁극적 실재 탐구』, 71.

우선 틸리히는 하느님을 모든 유한자가 존재하는 힘이 되는 '존재 그 자체'로 이해한다. 이러한 철학적 언어가 성서의 인격주의를 훼손하는 것 같지만, 사실 그리스도교 전통의 위대한 신학자들은 인격적인 신에 관해 이야기하며 알게 모르게 신을 인격성을 넘어서는 존재의 근거로도 이해했다. 예를 들면, "철학을 매우 못 미더워했던 루터가 하느님은 모든 피조물보다 더 그들에게 가까운 분이라고 말했을 때, 또는 하느님은 모래 알갱이에도 온전히 현존하시지만, 만물 전체로도 담을 수 없는 분이라고 말했을 때 ... 루터는 성서의 인격주의를 초월하며 만물 안에 있는 존재의 힘인 하느님을 존재론적으로 긍정"한 셈이다.[13] 따라서, 존재의 근거로서 하느님과 인간의 만남에는 인격적 요소와 비인격적 요소가 긴장 속에 공존한다. 여기서 더 나아가, 틸리히는 신앙이라는 지극히 인격적 개념마저 존재론적 언어로 재정의한다.

> 신앙은 궁극적 관심에 사로잡힌 상태입니다. 오직 우리 존재, 의미의 근거인 것에만 우리는 궁극적인 관심을 가질 수 있습니다. 달리 말하면 신앙은 우리 삶의 궁극적인 기원과 목적에 관한 관심입니다. 이는 온 인격을 발휘해 기울이는 관심입니다. ... 누구도 우리에게 신앙을 강요할 수 없습니다. 그렇다고 우리가 신앙을 갖고 싶다고 해서 가질 수 있는 것도 아닙니다. 우리는 신앙에 사로잡힙니다.[14]

---

[13] 폴 틸리히, 『성서 종교와 궁극적 실재 탐구』, 127.
[14] 폴 틸리히, 『성서 종교와 궁극적 실재 탐구』, 83.

현상적으로는 '순종'을 덕목으로 삼는 신앙과 '비판적 사고'를 강조하는 철학적 사유가 쉽게 조화되기 힘들다. 하지만, 신앙과 존재론적 탐구 모두 '무조건적인 것에 대한 관심'이라는 점에서 구조적 동일성을 가진다. 혹자는 이 지점에서 틸리히가 신앙을 지나치게 철학화 혹은 추상화하는 것이 아닌지 의심의 눈길을 보낼 수도 있을 것 같다. 하지만 그가 신앙을 재정의할 때 사용한 언어는 개신교의 칭의론을 충실히 따르고 있다.[15] 틸리히는 신앙의 본질을 인간의 존재론적 물음에 내포된 불확실성과 회의를 용납하는 '용기'로 파악하는데, 이는 인간의 무능과 불신마저 받아들이는 하느님의 은총을 강조하는 루터의 칭의 개념을 급진화한 것이다.[16]

> 신앙은 신앙 자체와 신앙 안에 있는 의심, 이 둘 사이에서 계속 일어나는 긴장입니다. … 신앙은 무조건적인 것에 대한 깨달음과 불확실성이라는 위험을 감내하는 용기를 모두 아우릅니다. 신앙은 '부정'의 불안에도 불구하고 '긍정'을 말합니다.[17]

이처럼 틸리히는 루터의 가르침에서 존재론적 차원을 부각하면서,

---

[15] 폴 틸리히는 개신교의 칭의론을 구원론적 혹은 윤리적 맥락을 넘어 지적 사유의 원리로 삼는 방법을 마르틴 캘러Martin Kähler에게서 배웠다고 회고한다. 폴 틸리히, 『19-20세기 프로테스탄트 사상사』(한국신학연구소, 1980), 262.

[16] 이러한 '프로테스탄트 원리'에 대한 압축적 설명으로는 다음을 참고하라. 폴 틸리히, '프로테스탄트 메시지와 오늘의 인간', 『프로테스탄트 시대』(대한기독교서회, 2011), 299~317.

[17] 폴 틸리히, 『성서 종교와 궁극적 실재 탐구』, 93~94.

신앙을 불안과 회의를 껴안는 용기로 볼 것을 제시한다. 루터의 '믿음으로 칭의'에서 강조점이 변화한 만큼 틸리히의 신앙 개념은 '의심으로 칭의'로 특징지어진다고도 할 수 있다.[18]

삶의 표피가 아니라 깊이의 차원에서, 실용적 질문이 아니라 무조건적이고 영원한 것을 향한 관심 속에서, 틸리히는 인간 실존에 관해 철학이 던지는 질문에 대해 성서의 상징으로 답을 찾는 '상관의 방법'을 전개한다.[19] 이때 유의할 것은 상관의 방법이 신학과 철학의 완전한 통합이라든지, 계시와 이성의 섣부른 조화를 추구하는 방법론이 아니라는 사실이다. 의인이면서 죄인simul iustus et peccator이라는 루터교의 인간 이해에 내재한 긴장처럼, 유한성의 조건 아래에 있는 인간의 활동으로서 신학과 철학은 상호성 속에 있지만 둘의 차이는 절대 극복되지 않을 것이다. 그렇기에 "존재론과 성서 종교의 상관관계는 결코 종결될 수 없는 과제"로 남아있을 수밖에 없다.[20]

구원론적 관심과 존재론적 물음 사이에서

1세기 예수 그리스도의 복음이 그리스-로마 문명을 배경으로 전파된 이래 지금까지 수많은 신학자가 철학과 신학의 관계를 정의

---

[18] Gordon Kaufman, *In the Beginning... Creativity* (Minneapolis: Fortress Press, 2004), 115.

[19] 상관의 방법에 대한 더 정교한 설명으로는 다음을 참고하라. 폴 틸리히, 『조직신학 I: 이성과 계시, 존재와 하나님에 관하여』(새물결플러스, 2021), 113~123.

[20] 폴 틸리히, 『성서 종교와 궁극적 실재 탐구』, 127.

하려 했다. 틸리히는 신학과 철학을 교조적으로 떼어놓지도, 소박하게 일치시키지도 않는다. 오히려 그는 둘 사이의 긴장과 구조적 유사성을 함께 강조한 특별한 모형을 제시하고자 했다. 신학과 철학의 밀접한 관계는 틸리히의 책 제목 『성서 종교와 궁극적 실재 탐구』에서 '와'and라는 한 음절에 압축적으로 포착된다. '삶의 궁극적 근원에 기울이는 관심'으로서 신앙과 '존재의 궁극적 근거에 대한 철학적 탐구'로서 존재론은 표면적 불일치에도 불구하고 심층에서 서로 연결되어 있다.

앞서 강조했듯, 신학과 철학을 연결하고자 틸리히는 존재론적 질문에 집중한다. 하지만 자세히 관찰하면 틸리히는 존재가 무엇인지를 중립적으로 기술한 것이 아니라, 인간을 소외상태로부터 치유하는 것을 목적으로 하는 '구원론적' 맥락에서 논의를 전개하고 있음을 발견하게 된다. 존재 자체라는 철학적 개념이 치유의 힘의 근원인 하느님(혹은 궁극적 관심의 대상)과 동일시될 때, 상관의 방법은 철학과 신학의 균형을 잡는 것이 아니라 신학 쪽으로 기울어지게 된 셈이다.[21] 이러한 신학적 지향성은 루터교 신학자로서 자기 정체성의 반영이기도 하다.

궁극적 관심이 주는 실존적 물음과 그리스도교의 메시지에 대한

---

[21] 틸리히는 "마음을 다 기울이고 정성을 다 바치고 힘을 다 쏟아" 하느님을 사랑하라는 신명기 6장 5절 말씀이 '궁극적 관심'이 뜻하는 바라고 요약한다. 폴 틸리히, 『믿음의 역동성』(그루터기하우스, 2005), 28. 하지만, 틸리히는 불교나 인본주의적 철학 등에서 볼 수 있듯 궁극적 관심이 반드시 유신론적 개념일 필요는 없다고도 말한다.

실존적 대답이 나의 영적 생활을 항상 지배하고 있었으니, 나는 신학자일 수밖에 없었다.[22]

존재론의 언어가 틸리히의 저서를 뒤덮고 있을지라도, 그는 개신교 신학의 심층 문법 속에서 존재 물음에 대한 답을 찾은 신학자였다. 하지만 바로 이 때문에 틸리히의 신학이 예전과 견주었을 때 호소력이 약화되었는지도 모른다. 성서 종교에서 '존재론적 물음'과 공명을 일으키는 측면을 강조하다 보니, 그리스도교가 가진 다채로운 모습을 보여주기에 그의 방법론은 유연하지 못한 측면이 있다(그런 의미에서 신학의 '형식'을 우선시하면 '내용'의 왜곡 혹은 협소화가 일어난다는 바르트의 비판에도 귀 기울여 볼 만하다). 또한, 틸리히가 존재론적 관점에서 신학과 철학의 구조적 동일성을 분석했지만, 사실 철학에는 존재론 외에도 다양한 영역이 있고, 전문 철학자들은 그와는 다른 방식으로 존재에 대한 담론을 발전시켰다. 상관의 방법은 분명 신학의 영역을 확장했으며, 그런 그의 업적을 높이 평가하고 여전히 지지하고 있는 이들도 많지만, 정작 그의 사상이 동시대와 그 이후 신학과 철학의 전반적 흐름과 다소 동떨어졌다고 평가할 여지도 있다.

하지만 아무리 시대가 변하고 사람들의 관심사가 다양할지라도, 존재에 대한 근원적 질문은 그치지 않을 것이 분명하다. 그렇기에 탈종교화된 사회를 살아가는 현대인의 관심을 궁극적 실재

---

[22] 폴 틸리히, 『절대를 찾아서』, 28.

에 이끌리게 함으로써 신앙의 매력과 필요성을 재발견한 틸리히의 '변증' 작업과 방법은 여전히 중요하다. 종교와 철학의 서로 다른 언어와 방법론을 놓고 혼란스러워하는 이들이라면 틸리히를 통해 둘의 차이와 유사성을 '변증법적'으로 함께 포착하는 법을 익힐 수 있다. 틸리히의 제안에 동의할 수도 동의하지 않을 수도, 틸리히 식의 존재론 언어를 환영할 수도, 거리를 둘 수도 있지만, '성서 종교와 궁극적 실재 탐구' 강연 결론부에 기술된 인간으로서 사유함의 의미는 유한자의 삶을 숙명처럼 살아가야 할 모든 이의 마음에 깊은 자국을 남길 것은 틀림없다.

신앙은 자신에 대한 믿음과 자신에 대한 의심 둘로 이루어져 있습니다. ... 성서 종교는 존재론을 부정하면서 동시에 이를 긍정합니다. 이러한 긴장 가운데 고요하게, 동시에 용기 있게 사는 것, 그리하여 끝내 자기 영혼 깊은 곳에서, 신성한 삶 깊은 곳에서 성서 종교와 존재론의 궁극적 일치를 발견하는 것, 이것이 인간 사유의 과제입니다. 그리고 이것이 바로 인간 사유의 위엄입니다.[23]

---

23   폴 틸리히, 『성서 종교와 궁극적 실재 탐구』, 128.

유일하신 하느님과 역사 속의 인간

『책임적 자아』
리처드 니버 지음, 정진홍 옮김, 한국장로교출판사, 2001.

현대 교회사를 보면 신학의 발전에 크게 이바지한 가문이 몇
몇 등장한다. 특별히 20세기 미국 신학이 유럽의 그늘에서 벗어나
게 된 데에는 니버 가족의 공헌이 결정적이었다. 뉴욕 유니온 신학
교 교수였던 라인홀드 니버Reinhod Niebuhr(1892~1971), 그의 동생이자
예일의 대표 신학자 H. 리처드 니버Helmut Richard Niebuhr(1894~1962),
H. 리처드 니버의 아들이자 하버드에서 교편을 잡았던 리처드 라인
홀드 니버Richard Reinhold Niebuhr(1926~2017)로 이어지는 계보는 미국
신학사를 언급할 때 빼놓을 수 없다.[1]

이들 중 대중적으로 가장 잘 알려져 있고 영향을 크게 끼친 이

---

* 이 책은 원래 1983년 이화여자대학교 출판부에서 출간되었다. 번역본에
  H. 리처드 니버가 아닌 리처드 H. 니버로 저자 표시가 잘못되어 있다. 이는
  이름과 중간 이름을 착각했기 때문으로 보인다. 원서는 다음과 같다. H.
  Richard Niebuhr, *The Responsible Self: An Essay in Christian Moral Philosophy* (New
  York: Harper & Row, 1963).

[1] 리처드 라인홀드 니버의 아들 R. 구스타브 니버R.Gustav Niebuhr도 약 20년간
  월스트리트저널, 뉴욕타임스, 워싱턴포스트 등에서 일한 저널리스트이자
  여러 책을 집필한 종교 작가이다. 그는 박사 학위 없이 기자와 작가 경력을
  인정받아 미국 시러큐스 대학교 종교학부 교수로 활동 중이다.

라면 단연 라인홀드 니버를 들 수 있다. 그는 『도덕적 인간과 비도 덕적 사회』Moral Man and Immoral Society(1932)와 『인간의 본성과 운명』The Nature and Destiny of Man(1943)과 같은 현대 신학의 고전을 남겼다. 그는 신학계를 넘어 정치인들에게까지 지대한 영향을 끼쳤기에, "워싱턴이 가장 좋아하는 신학자"라고까지 불린다.[2] 라인홀드 니버는 인간 본성에 대한 낙관주의가 지배적이던 20세기 중반 죄의 교리를 재해석하며 인간 본성의 역설과 모순을 마주하게 했다. 그리고 인간의 노력으로 죄악을 완전히 제거할 수 없는 역사 속에서는 선을 추구하려면 권력과 폭력이 필요하다는 그리스도교 현실주의를 제시했다. 그리스도교적 죄론의 의미를 현실 정치의 맥락에까지 확장하여 해석함으로써, 그의 신학은 세계대전을 거쳐 동서 냉전 시대에 이르기까지 많은 이들의 지지를 끌어내었다. 퓰리처상을 두 번 수상한 역사가이자 사회비평가 아서 슐레진저 주니어Arthur Meier Schlesinger Jr.는 세계대전으로 인한 혼란기에 자신을 포함한 젊은이들에게 라인홀드 니버가 지녔던 의미를 다음과 같이 묘사한다.

> 죄악된 인간이란 개념은 나의 세대에게는 불편한 것이었다. 우리는 인간의 순수성, 심지어 인간의 완전성을 믿도록 교육받았다. 이것은 자유주의적 환상이기도 했지만, 모든 미국인이 가진 유전자가 표출된 것이기도 했다. … 그럼에도 니버의 원죄 개념

---

[2]　Gene Zubovich, 'Reinhold Niebuhr, Washington's Favorite Theologian', *Religion & Politics* (2017.04.25.), https://religionandpolitics.org/2017/04/25/reinhold-niebuhr-washingtons-favorite-theologian/ (2023.07.26. 최종 접속).

은 나의 세대가 겪고 있던 여러 문제를 해결했다. 인간의 완벽함에 대한 신념은 히틀러와 스탈린에게 맞서게 우리를 준비시키지 않았다. … 인간 본성과 역사에 관한 니버의 분석은 엄청난 빛이 쏟아져 내리는 것처럼 다가왔다.[3]

라인홀드 니버와 비교할 때 다른 니버들의 대중적 지명도가 떨어지는 것은 사실이다. 하지만 이후 신학사에 끼친 영향의 측면에서는 H. 리처드 니버가 형에게 뒤지지 않거나 심지어 형을 넘어선다는 평도 있다.[4] 형처럼 대중적이고 멋있는 호칭을 얻지는 못했지만, 예일의 제자들은 그에게 '신학자들의 신학자'a theologian's theologian 혹은 '교사들의 교사'the teacher of teachers라는 명예로운 호칭을 선사했다. 현대 신학의 발전에 크게 이바지한 고든 카우프만, 제임스 구스타프슨, 한스 프라이 등이 그의 지도로 박사 논문을 썼고, 이들 외에도 예일을 거쳐 간 수많은 신학자와 목사 후보자가 그의 가르침을 받았다. 이토록 뛰어난 업적을 남기고 후학들에게 존경받기까지, 그는 자기 앞에 놓인 여러 도전과 요청에 응답하며 그만의 사상과 삶의 궤적을 만들어 갔다.

---

[3] Arthur Schlesinger Jr., 'Forgetting Reinhold Niebuhr', *New York Times* (2015.09.18.), https://www.nytimes.com/2005/09/18/books/review/forgetting-reinhold-niebuhr.html?smid=url-share (2023.07.26.최종 접속).

[4] 대표적으로 다음 평가를 보라. Stanley Hauerwas, 'Richard Niebuhr', *Modern Theologians: An Introduction to Christian Theology Since 1918*, 3rd ed. (Malden, MA: Blackwell Pub., 2005).

'신학자들의 신학자'가 등장하기까지

니버 형제는 19세기가 저물던 때 미국 중부의 미주리주 라이트 시티의 독일 이민자 가정에서 태어났다. 북미 독일 개신교단 목사였던 아버지의 영향으로 형제는 집에서 독일어를 사용했고, 하르낙으로 대표되는 19세기 독일 신학자들의 작품을 접할 기회를 얻었다. 니버 가족의 독특한 지적 · 언어적 · 종교적 배경은 두 형제가 독일의 근대 신학을 미국적 상황에서 독창적으로 재해석하면서 신학적 안목을 발전시키는 데 큰 영향을 줬다. 형과 마찬가지로 리처드 니버도 목사가 되기 위해 가문의 종교적 배경을 따라 엘름허스트 대학교와 에덴 신학교에서 교육받았다. 1916년 안수를 받고 1919년 에덴 신학교에서 교편을 잡기 전까지 약 3년간 교회에 헌신했지만, 그의 재능은 학문의 세계에서 빛을 더 발했다. 그는 워싱턴 대학교 석사과정에 들어가 역사학과 독문학을 파고들었고, 유니온 신학교와 시카고 대학교에서 실용주의 철학과 사회 심리학을 잠시 공부했다. 그 후 예일로 옮겨가 신학을 체계적으로 공부하여 1924년 독일의 신학자 에른스트 트뢸치의 종교철학을 주제로 박사 학위를 마쳤다.[5] 그해 막 30대에 들어선 젊은 신학자는 엘름허스트 대학교의 총장이 되었고, 1927년에는 에덴 신학교의 학장직을 맡았다.

니버(이후 니버는 리처드 니버를 뜻한다)는 교육자이자 행정가로 학교에 헌신했지만, 다른 한편 교단에 소속된 목사로서 교회 연합을

---

[5] 박사 논문은 다음과 같다. Helmut Richard Niebuhr, 'Ernst Troeltsch's Philosophy of Religion' (Ph.D. diss. Yale University, 1924).

위해 노력했고, 1934년에는 복음개혁교회The Evangelical and Reformed Church 탄생에 일조하기까지 했다. 30대 중반까지 자신이 속한 교단에서 주로 활동하고 가르치던 그에게 학자이자 교육자로서 한 단계 도약할 기회가 찾아왔다. 1930년 그는 에덴 신학교에서 안식년을 받아 독일에서 연구를 하며 현지 신학자들과 교류했다. 안식년 중 약 한 달 동안은 러시아 여행을 했는데, 이는 당시 서유럽과 북미 지성인 사이에서도 유행하던 마르크스주의를 현지에서 직접 경험하는 계기가 되었다. 그러던 중 장래가 기대되는 젊은 학자에게 예일 대학교 신학대학원은 교수직을 제안했고, 이를 승낙한 니버는 1931년 에덴 신학교에서 마지막 학기를 보냈다. 예일에서 학문적 전성기를 맞이한 그는 1962년 세상을 떠나기 전까지 여러 저서와 논문을 출간했고 이후 미국 신학의 발전에 주역이 될 젊은 신학생들을 가르쳤다.

신학사에서 니버가 차지한 비중을 고려하면, 그가 생전에 여섯 권의 책밖에 쓰지 않았다는 사실은 놀랍다. 대륙의 사상과 독일어에 능통했던 그는 틸리히의 초기작을 영어로 번역하기도 했다.[6] 신학계에 끼친 영향력이 컸던 만큼 『교회분열의 사회적 배경』

---

[6] Paul Tillich, *The Religious Situation*, trans. H.Richard Niebuhr (New York: Henry Holt & Co., 1932). 독일어 원서는 다음과 같다. Paul Tillich, *Die religiöse Lage der Gegenwart* (Berlin: Ullstein, 1926). 니버는 프랑크푸르트에서 틸리히의 강의를 직접 듣고 큰 감명을 받았고, 미국으로 와서 틸리히의 책을 번역함으로써 미국 내 틸리히의 인지도를 높였다. 틸리히는 이후 이 번역서가 자신이 미국으로 망명하는 데 이바지했다고 회고하기도 했다. 니버는 폴 틸리히의 『조직신학』 3권의 책 뒷면에 틸리히의 신학을 극찬하는 추천사를 쓰기도 했다.

The Social Sources of Denominationalism(1929)과 『계시의 의미』The Meaning of Revelation(1941) 등의 중요 작품은 국내에서도 번역 출간되었다.[7] 그 중 문화신학을 논할 때 꼭 거론되는 『그리스도와 문화』Christ and Culture(1951)는 1958년 첫 한국어 번역본이 나온 이래 한국의 신학과 교회에 큰 영향을 미쳤다.[8] 복음과 문화의 관계를 다섯 유형으로 나눈 이 책은, 유명세만큼 저자에 대한 잘못된 고정관념을 유통하고 문화에 대한 신학계의 경직된 이해를 정당화하는 데 악용되기도 했다.[9] 하지만 세계 신학계에 좀 더 커다란 영향을 미친 책이 있다. 바로 그가 세상을 떠난 후 발견된 원고를 출판한 『책임적 자아』 The Responsible Self(1963)다.

옛 신학과 동시대 신학 사이에 길을 만들기

신학 입문서들은 니버 형제를 19세기 자유주의 신학에 대항하며 20세기 초에 일어난 '신정통주의'neo-orthodoxy의 미국 쪽 대표자로 분류하곤 한다. 신정통주의가 당시 일어난 신학 사조의 복잡성

---

[7] 리처드 니버, 『계시의 의미』(대한기독교서회, 1968). 리차드 니버, 『교회분열의 사회적 배경』(종로서적, 1983).

[8] 리처드 니버, 『그리스도와 문화』(대한기독교서회, 1958). 이 책은 대한기독교서회에서 판을 거듭하며 나오다, 미국에서 2001년에 나온 50주년 기념판을 2005년에 IVP에서 우리말로 번역하여 재출간하였다.

[9] 다섯 유형은 다음과 같다. (1) 문화와 대립하는 그리스도, (2) 문화의 그리스도, (3) 문화 위에 있는 그리스도, (4) 문화와 역설적 관계에 있는 그리스도, (5) 문화를 변혁하는 그리스도. 유형론인 만큼 니버는 특정 유형이 다른 유형보다 우월하다고 명시하지 않지만, 많은 이가 '문화를 변혁하는 그리스도'가 니버의 입장이자 문화신학이 지향할 바라고 해석했다. 그 결과 문화신학과 문화선교 영역에 '변혁주의' 모델이 힘을 더 얻게 되었다.

과 독특성을 설명하기에 적절한 표현인지도 따져봐야 하겠지만, 신학 자체로만 보더라도 니버 형제는 동시대 유럽에서 새로운 신학을 주도했던 칼 바르트, 루돌프 불트만, 프리드리히 고가르텐, 에밀 브루너 등과는 차별화된 사상을 전개했다. 독일어를 모국어처럼 능숙하게 사용했던 만큼 니버 형제는 대륙에서 일어나던 신학적 흐름에 긴밀히 반응하였다. 이들은 바르트와 그의 동료들처럼 인간의 죄성을 충분히 강조하지 못한 자유주의 신학을 비판했고, 인간의 문화나 역사나 종교로부터 하느님의 초월성을 변호하려 했다. 하지만, 동시에 두 형제는 미국이라는 특별한 상황에서 자신들의 관심사를 반영한 신학을 발전시켰다.

리처드 니버의 경우 박사 논문 주제였던 트뢸치의 사상이 계속해서 그의 신학에 영향을 끼쳤다. 대상에 대한 개념적 정의에 몰두하기보다는 현상의 복잡함을 잘 드러내 주는 유형론에 대한 선호, 종교와 인간을 바라볼 때 그 사회적 배경과의 관계를 고려하는 건 트뢸치의 영향이 크다. 『그리스도와 문화』 도입부에서 그는 트뢸치가 자신에게 미친 영향에 대해 언급한다.

> 트뢸치가 내게 가르쳐 준 바는, 그리스도교 역사에 등장하는 많은 인물과 운동의 다양한 형태와 개별성을 존중하라는 것, 그런 다양성을 미리 짠 관념의 틀에 맞추면 안 된다는 것, 그럼에도 신화 속에서 로고스를, 역사 속에서 이성을, 실존 속에서 본질을 각각 구하라는 것 등이다. 그는 또한 역사적 객체들뿐 아니라 그 이상으로 역사적 주체(관찰자이자 해석자인 존재)의 상대성을 수용

하라고 가르쳐 주었고, 또 그로 인해 유익을 얻게 해주었다.[10]

그런 만큼 니버의 작품에서는 (트뢸치를 대표로 하는) 19세기 신학에 대한 연속성과 불연속성을 모두 발견할 수 있다. 그는 여러 계기를 통해 자유주의 신학의 한계를 지적하였지만, 트뢸치처럼 역사와 그 속의 다양한 현상들의 고유한 가치를 인정했다. 그가 비판한 건 자유주의의 역사 이해가 아니라 신 이해였다. 자유주의 신학은 인간 의식과는 '독립적으로' 현존하는 하느님을 제대로 다루지 못하고 하느님의 실재를 인간의 이성, 감정, 문화, 역사와 동화시키는 경향을 보였다. 이러한 문제의식은 젊은 니버가 종교적 실재론 Religious realism에 관해 쓴 글에서부터 발견된다.

> 종교적 대상의 실재를 독립적으로 유지하는 데 관심을 공통으로 기울인다는 점에서 종교적 실재론의 모든 움직임은 하나로 합쳐진다. 따라서 그들은 종교의 윤리적 가치의 이상을 핵심으로 삼는 19세기 자유주의 신학과 분명히 차별화된 운동이다. 비록 자유주의의 윤리적 관심사를 공유하고 비판적 결과물의 다수를 수용할지라도, 실재론은 주체로부터 객체로, 인간으로부터 하느님으로, 종교적 경험에서 순수하게 내재적인 것에서 초월적이기도 한 것으로 관심의 중심을 옮겼다.[11]

---

[10] 리처드 니버, 『그리스도와 문화』 (IVP, 2005), 12.

[11] H. Richard Niebuhr, 'Religoius Realism in the Twentieth Century', *Religious Realism*, ed. Douglas C. Macintosh (New York: Macmillan, 1931), 419.

하느님을 절대타자라고 부르던 젊은 시절 바르트를 연상시키듯,[12] 니버는 인류의 역사와 문화적 성취 모두를 초월하는 하느님의 절대 주권을 강조했다. 특히 유대교와 그리스도교 경전은 유일신과 다른 모든 것 사이의 질적인 차이를 상정한다. 초월적 하느님에 대한 철저한 신앙은 그분이 모든 것을 다스린다는 확신을 주고, 이는 역사 속에서 인간이 붙잡고 살아가야 하는 문화, 정치, 종교, 역사 등에 대한 태도에 영향을 끼친다.

이러한 생각은 니버가 1950년대 후반에 이르러 '급진적 유일신론'radical monotheism이라는 개념에 몰두하면서 절정에 이르렀다. 그는 '신앙'faith을 '종교'religion와 구분한다. 신앙은 종교보다 더 포괄적 개념으로 인간이 절대적인 것에 대해 가지는 모호한 느낌을 표현하고 구조화한다. 그런 의미에서 종교적 대상에 대한 경건한 태도만이 아니라, 특정 정치적 신념이나 사회 시스템에 대한 헌신도 '신앙'이 될 수 있다. 그 결과 '신'god이라는 단어도 단지 신화나 종교 경전에 나오는 초자연적 존재만이 아니라 일상 속 여러 "가치의 핵심과 헌신의 대상"까지로 의미가 확대된다.[13] 니버에 따르면, 대다수 사람은 (자신들의 종교적 예배의 대상으로서 신 이외에도) 혼란한 세

---

[12] 젊은 니버는 바르트의 『로마서』 2판을 독일어로 읽고 크게 감명을 받았다. 세상을 떠나기 얼마 전 니버는 자신의 사상을 형성하는 데 중요한 역할을 한 책 10권 중 하나로 바르트의 『로마서』를 꼽았다. 하지만 니버는 바르트주의자가 되기를 거부하였고, 특히 성서적 계시를 교의학의 형태로 표현하는 바르트의 방법과 거리를 두려 했다. William Stacy Johnson, 'Introduction', H.Richard Niebuhr, *Theology, History, and Culture* (New Haven: Yale University Press, 1996), xv 참고.

[13] H.Richard Niebuhr, *Radical Monotheism and Western Culture* (New York: Harper & Brothers, 1960), 23.

상 가운데 삶을 풍요롭고 안정시켜 줄 여러 유한한 대상에 의존하고 특별한 가치를 부여하는 다신론적polytheistic 혹은 택일신론적인 henotheistic 신앙을 갖는다.[14]

이에 맞서 유대-그리스도교 전통은 한 분 하느님이 삼라만상을 창조하셨고 통치하신다고 가르친다. 이 같은 '급진적 유일신론'은 특별한 윤리적 지향성을 가진다. 니버가 보기에 인간은 정치, 경제, 군사력, 이념 등 시간적인 범주에 속하는 것을 영원한 것인 양 절대화하는 왜곡된 신앙과 함께 살아간다. 이와 같은 악한 상상력 때문에 인간은 실재에 충실하지 못하고 배타적 부족주의나 자아에 대한 파괴적 망상에 빠진다. 유한한 것에 궁극적 가치를 부여하는 다신론적 혹은 택일신론적 신앙은 서로 부딪치고 갈등을 일으킨다. 하지만, 유일신 신앙은 모든 것의 존재와 가치의 유일한 근원에 대한 '충성'을 요구하고, 그로부터 생겨난 '확신'으로 혼란한 세계 속에서 살아가라고 가르친다. 유한한 것들에 대한 우상숭배적 충성심과 세상에 대한 망상에서 비롯한 그릇된 확신이 인류를 비극으로 몰아넣는다면, 급진적 유일신론은 이들을 상대화함으로써 진정 평화롭고 정의로우며 풍요로운 삶의 가능성을 열어젖힌다.

특별히, 신구약 성서는 하느님을 추상적인 일자로 정의하지 않고, 세상과 그 속의 모든 것을 '선하게' 만들고, 회복하고, 구원하는 분으로 이해한다. 택일신론 혹은 다신론적 신앙과 달리 "하느님에

---

[14] 택일신론henotheism(혹은 단일신론)은 종교학적 용어로 여러 신성의 존재를 인정하지만 그중 한 신에 대해서만 배타적으로 헌신하는 신앙 형태를 뜻한다. 니버는 택일신론과 다신론의 의미를 확장하여 정치사회적 맥락에서 사용한다.

대한 신앙은 그분 안에 있는 모든 존재에 대한 보편적 사랑이라는 도덕적 결론을 가진다".[15] 따라서, 유일신 신앙에 충실한 이는 역사를 사랑이라는 신적 목적에 따라 해석하며, 세계 속에서 마주하는 사람과 사건들이 주는 의미를 과장하거나 축소하지 않고 실재에 충실할 수가 있다.

이러한 방식으로 니버는 그리스도교 신앙의 현대적 의미를 해석하고, 이로부터 서구 문명을 비판하는 사례를 선구적으로 보여주었다. 이제 그는 급진적 유일신론이 일상에서 내리는 판단과 행동에 어떠한 영향을 미치는지 초점을 맞춘다. 『책임적 자아』는 바로 이 문제를 구체적으로 다룬 책이다.

도덕철학의 핵심 개념으로서 '책임'

니버는 은퇴 이후 자신의 윤리학 대작을 집필하고자 했지만 죽음은 그를 기다려주지 않았다. 윤리학을 써보겠다는 목표가 있었던 만큼 그는 은퇴 이전부터 윤리적 주체의 문제에 골몰했고 이에 관한 강의를 반복했다. 그는 1960년 스코틀랜드 글래스고 대학교의 로버트슨 강연Robertson Lecture을 위해 자신의 생각을 원고에 옮겼고, 이후 퍼시픽 신학교와 뉴욕 리버사이드 교회에서 강의 요청을 받으며 로버트슨 강좌 내용을 수정 보완했다(그중 퍼시픽 신학교의 얼 강연Earl Lecture 원고 일부가 『책임적 자아』의 부록으로 실려 있다). 『책임적 자아』는 이 강연 원고를 사후에 다듬어 편집한 것이다.

---

[15] H.Richard Niebuhr, *Radical Monotheism and Western Culture*, 126.

『책임적 자아』의 원서 부제는 '그리스도교 도덕철학에 관한 소론'An Essay in Christian Moral Philosophy이다. 책의 머리말에서 니버는 부제의 의미를 이렇게 풀이한다.

> 나의 관점은 그리스도교 신자의 관점이고 내가 이해해야 하는 대상은 인간의 도덕적 삶이다. 그리고 그 방법은 가장 넓은 의미에서의 철학적인 방법이다.[16]

이 짧은 문장은 책의 내용과 방법론을 압축적으로 담고 있다. 우선, '그리스도교 신자의 관점'은 역사적 인물로서 저자의 생각 방식이 예수 그리스도께서 역사에 성육신하셨다는 사실과 관련하여 형성되었음을 의미한다. 다음으로, '이해해야 하는 대상'이 '도덕'이라는 말은 이 책이 단지 그리스도인이 아니라 인간이라는 존재의 도덕적 삶을 다룬다는 것을 알려준다. 끝으로, '철학적 방법'은 저자가 그리스도교 윤리를 위한 작업을 하면서도 성서나 전통이 아니라 철학적 개념과 분석을 활용한다는 것을 보여준다. 달리 표현하자면, 이 책에서 니버는 그리스도교 관점에서 현상학적으로 윤리적 주체인 자아가 어떤 존재인지를 보여주려고 한다.

역사적 존재로서 인간이 삶의 현장에서 보여주는 복잡성은 인간이 어떤 존재인지 단순히 한두 마디로 정의할 수 없게 한다. 이에 니버는 인간의 도덕적 삶을 이해하고 그 삶에 형태를 부여하는

---

[16] 리처드 니버, 『책임적 자아』, 57.

대표적 상징 세 가지를 제시하고, 이 상징들을 중심으로 논의의 전체 구조를 형성한다. 첫째 상징은 '만드는 사람'maker이다.[17] 이에 따르면 인간은 자신의 목적을 위하여 자기를 만들어 가는 존재다. 이는 철학적 윤리학의 중요 모델이기는 하지만, 인간이 자신을 예술품이나 제작품처럼 대상화하는 약점이 있다. 둘째 상징은 '행위자'agent다. 인간을 법에 따라 살아가는 '시민'citizen으로 보는 관점은 인간을 '행위자'로 보는 대표적인 예다.[18] 물론 고대 그리스의 폴리스에서도 시민 개념이 발전했지만, 근대에 이르러 법치국가가 확대되고 모든 개인을 시민으로 보면서 이러한 모델은 더 보편화하고 힘을 발휘했다. 시민으로서 행위자라는 상징은 인간관계를 도시의 통치자와 시민으로 정의하고는 그 속에서 어떻게 정의롭게 행동할지에 집중하게 한다. 하지만, 법을 만들고 지킨다는 단순한 틀로 복잡다단한 인간 현상을 해석하기에는 여러 어려움이 있다.

니버가 제시하고자 하는 윤리학 모델은 '책임'이라는 상징을 중심으로 구축된다.[19] 인간은 자신이 속한 구체적 시공간 속에서 여러 사람, 요인들과 계속 상호작용하는 가운데, 이에 응답하며 살아

---

[17] 리처드 니버, 『책임적 자아』, 63~69

[18] 리처드 니버, 『책임적 자아』, 69~73.

[19] 니버가 사용한 responsible을 '책임적'이라고 번역하는 것은 다소 오해의 여지가 있다. 우리말에서 책임은 의무와 쌍을 지어 사용되는 경우가 많은데, 니버의 분석에 따르면 '의무'는 인간을 행위자로 보는 윤리 모델에서 주로 사용되는 용어이기 때문이다. 니버는 responsible이라는 단어를 '상황에 적합하게fitting 행위 하는'이라는 의미로 사용한다. 이를 '책임적'보다 더 적절히 표현할 우리말로는 '응답적' 혹은 '응답하는' 등이 있다. 하지만 본 글에서는 다소 오해의 여지가 있더라도 번역본을 따라 '책임적 자아'라는 표현을 사용하기로 한다.

간다. 자유로운 존재인 만큼 인간은 무의식적이거나 자동적으로 반응하지 않고, 상황에 적절히 응답response할 능력ability을 발휘하면서 윤리적으로 생각하고 행동한다. 그렇기에 책임responsibility은 인간의 삶을 이해하고 도덕적 삶에 형태를 부여하는 핵심어다. 책임은 주체와 타자 사이의 '만남과 응답'이라는 상호작용을 전제로 하는 만큼, 저자는 자신의 제안이 당시 학계에 통용되던 생물학적·심리학적·사회학적·역사학적 인간 이해와 궤를 같이한다고 본다.

도덕철학의 중심 상징이 책임으로 이동하면서 윤리학의 근원 질문도 함께 바뀐다. 인간을 '만드는 사람'으로 볼 때는 자아가 목표로 삼을 '선은 무엇인가'를 질문하는 '목적론적 윤리'가 발전한다. 인간을 '행위자'로 간주할 때는 삶의 법칙으로 삼을 '옳은 것은 무엇인가'를 묻는 '의무론적 윤리'가 부상한다. 하지만 책임적 자아는 이와는 근원적으로 다른 질문을 한다.

> 책임은 결단과 선택의 매 순간에 "어떤 일이 일어나고 있는가?" 하는 물음을 우선 묻는다. … 책임의 윤리에서는 적합한 행위fitting action만이, 즉 하나의 응답과 그 응답 이후에 또 어떤 응답을 해야 할 것인가를 예상하는 이른바 응답의 총체에 적합한 행위만이 선한 것에 이바지하는 것이고, 또한 그것만이 올바른 것이다.[20]

---

[20] 리처드 니버, 『책임적 자아』, 81~82.

적합한 응답이란 기계적 응답이 아니라 해석을 요구하는 응답, 일방적 응답이 아니라 상대방의 반응을 예상하며 이루어지는 응답, 개인으로서 하는 응답이 아니라 사회적 연대 혹은 공동체 속에서 이루어지는 응답이다.

인간은 홀로 섬처럼 외따로 존재하는 것이 아니라, 다양한 맥락과 관계 속에 위치하며 여러 사람과 사건과 부딪치며 살아간다. 그렇기에 구체적 상황 속에서 타자를 마주할 때 발생하는 책임은 결코 일의적이거나 평면적이지 않다. 『책임적 자아』에서 니버는 책임 개념을 사회(2장), 시간과 역사(3장), 절대 의존(4장), 죄와 구원(5장)과 관련지어 각각 탐구한다. 인간 주체가 외부 세계에 반응하는 다차원적 구조에 상응하는 방식으로, 그의 윤리적 판단과 행동도 관계적이고 대화적이며(2장), 역사적이며(3장), 초월적 실재에 개방적이며(4장), 초월적 실재를 신뢰하며(5장) 이루어진다. 여기서 윤리학의 개념으로서 책임에 대한 니버의 분석이 처음에는 중립적인 현상학적 입장에서 시작하다가 갈수록 그리스도교적 관점이 더해지는 것을 볼 수 있다. 그가 '그리스도교의 도덕 철학'을 추구하는 만큼 이러한 전개는 불가피하다. 하지만 그는 이 같은 논조의 변화 속에서 그리스도교의 우월성을 읽어내서는 안 된다고 경고한다.

우리는 실존에 대한 재해석이 이 세상에 생겼다고 하는 사실, 그리고 그것은 "주여, 주여" 하는 사람들에게만 한정된 것도 아니고, 그들에 의해서만 필연적으로 드러나는 것도 아니라고 하는 것을 믿는다. 그러나 여전히 우리는 교회 안에서 우리가 해야 하

는 책임 있는 일들을 가진다.[21]

니버의 중요 분석 대상이 도덕적 삶을 형성하는 책임의 구조인 만큼, 그는 인간의 도덕적 삶은 그리스도교에서 정점에 이른다는 절대주의 혹은 우월주의적 해석을 거부한다. 하지만, 그리스도교 도덕철학이 '상대적'이라는 말이 그리스도교 도덕철학의 고유함을 부정하는 것은 결코 아니다. 우주의 창조자요 섭리자요 구원자인 유일신에 대한 신앙은 타자, 공동체, 역사, 절대자에 대한 이해의 지평을 비할 바 없이 크게 확장한다. 예수 그리스도를 통해 인도된 회개와 이로 인해 얻게 되는 구원에 대한 고유한 인식은 영원한 생명이라는 더 큰 틀 속에서 도덕적 주체가 타자와 세상과 맺는 관계를 재조직하게 한다. 그런 의미에서 니버의 사상은 다원주의 사회를 살아가는 그리스도인이 다원성 자체를 인정하면서도, 다원주의 자체를 이데올로기화하는 것에 저항하는 그리스도교적 윤리의 가능성을 보여준다.

H. 리처드 니버가 남긴 신학적 유산

니버는 '옛 신학자'인 트뢸치와 '동시대인' 바르트 사이에서 새로운 신학의 방법을 찾으며 20세기 초중반 미국 신학계에 큰 업적을 남겼다. 그러다 보니 후대 해석자 중 어떤 이는 그에게서 이른바 '신정통주의' 요소를 더 많이 발견하고, 다른 이는 미국화된 '자유

---

21 리처드 니버, 『책임적 자아』, 191.

주의'의 모습을 찾기도 한다. 트뢸치와 바르트의 통찰이 모두 그의 신학 속에 있다지만, 두 입장 중 어느 것이 더 우세하냐를 따지는 것은 그에 대한 단순하고 왜곡된 이미지를 양산할 위험도 있다. 그는 틸리히와 불트만과 같은 실존주의적 성향이 강한 신학자도 선호했고, 동시대 철학과 사회학과 역사학과 심리학 등을 깊이 있게 공부하며 자신만의 목소리를 만들어 갔기 때문이다.

급진적 유일신론과 역사적 상대성을 사상의 두 축으로 삼고, 실용주의 풍토가 강한 미국인들 사이에서 활동했던 만큼 니버는 구체적 상황에서 인간이 어떻게 자기를 이해하고 윤리적으로 살아야 할 것인가를 질문하는 신학을 전개했다. 그의 저술들은 이후 미국 신학을 주도하게 될 젊은 신학자들에게 지대한 지적 자극을 주었다. "하느님에 중독된"God intoxicated[22] 신학자라 불릴 만큼 유일신론을 신학의 핵심에 두었던 니버의 영향 아래 카우프만이나 구스타프슨과 같은 제자들은 철저하게 신중심적이면서도 윤리적 지향성이 강한 신학을 전개했다.[23] 반면, 니버가 판단과 행위의 주체로서 인간을 여러 맥락에 위치시키고, 이러한 맥락들을 신학적으로 재조직한 것에 영향을 받은 후기 자유주의 계열 신학자들은 개인의 자율성이라는 협소한 기반에 윤리를 정초하려는 근대 프로젝트를 극복할 통찰과 방법론을 발견했다.[24]

---

[22] Stanley Hauerwas, 'Richard Niebuhr', 195.

[23] 특히 구스타프슨은 『그리스도와 문화』 50주년 판과 『책임적 자아』에 서문을 쓸 정도로 니버의 신학에 애정을 가졌고, 독자들에게 스승의 진가를 제대로 알리고자 노력했다.

[24] 니버의 마지막 작품 『책임적 자아』는 윤리적 주체에 집중하다 보니 후기

『책임적 자아』 서문에서 니버는 "그리스도교인이 된다고 하는 것은 단순히 나의 운명의 일부"라고 말한다.[25] 이처럼 그는 자신이 처한 개인적, 공동체적, 역사적, 신앙적 상황에 책임 있게 반응함으로써 미국 신학사에 없어서는 안 될 중요한 신학자가 되었다. 응답은 인간이 '세계-내-존재'being-in-the world로 살아가면서 외부 세계와 관계 속에서 보여주는 근본 행위이다. 일상, 공동체, 역사 속에서 이루어지는 다채로운 만남에 어떻게 반응하느냐, 그리고 그러한 반응 속에 유한한 세상 모두를 감싸 안는 초월자와의 관계가 들어설 여백이 있느냐에 따라 삶은 의미로 충만하고 풍성하게 될 수도 그렇지 않을 수도 있다. 『책임적 자아』는 이러한 인간의 보편적 상황에 대한 적실한 가르침을 줄 뿐만 아니라, 응답이 일어나는 다차원적 맥락을 분석해준다. 이로써 우리가 실재에 더 적합하게 반응할 수 있는, 즉 책임적responsible 존재가 되어가는 데 필요한 질문에 적절히 응답response할 수 있는able 지혜를 선사한다.

자유주의자들의 핵심 범주인 내러티브나 공동체(교회)가 거의 언급되지 않고 있다는 지적도 있다. 그런 면에서 『계시의 의미』가 후기 자유주의에 더 직접적 영향을 줬다고 할 수 있다. 다음 논문을 참고하라. Thomas A. James, 'Responsibility Ethics and Postliberalism: Rereading H. Richard Niebuhr's The Meaning of Revelation', *Political Theology* 13.1 (2012), 37~59.

[25] 리처드 니버, 『책임적 자아』, 58.

윤리가 몰락한 세상에서 윤리를 다시 묻다

『윤리학』
디트리히 본회퍼 지음, 정현숙 옮김, 복 있는 사람, 2022.

1945년 4월 9일 새벽 독일 플로센뷔르크 강제수용소에서 루터교 목사이자 신학자였던 디트리히 본회퍼가 세상을 떠났다. 그는 1943년 4월 5일 나치의 비밀경찰 게슈타포에 체포된 후 약 2년간 여러 수용소를 전전하다 부당한 즉결재판을 받고 교수대에 매달렸다. 본회퍼가 세상을 떠난 지 수십 년이 지난 지금 세계 곳곳의 성공회, 루터교, 감리교 등에서 그를 순교자로 기억한다. 이들 중 일부 교회는 그의 사망일 4월 9일을 교회력에 포함하여 그의 사상과 업적을 기념하기도 한다.

흔히들 본회퍼가 사형당한 이유를 히틀러 암살 모의 때문이라고 생각한다.[1] 하지만 그가 암살 계획을 얼마나 알았고 이에 얼마

---

* 『윤리학』은 본회퍼의 사후 그가 남긴 원고와 메모를 에버하르트 베트케가 편집하여 1949년에 출판하였다. 이 글에서 사용한 번역본은 1963년 베트케가 직접 새롭게 재구성한 제6판을 우리말로 옮긴 것이다. 역자는 다음 판본을 사용했다. Dietrich Bonhoeffer, *Ethik* (München: Chr. Kaiser Verlag, 1981).

[1] 많은 신학 입문서가 본회퍼가 히틀러 암살 모의에 가담했다가 사형당한 것으로 묘사한다. 본회퍼의 생애를 비판적으로 재검토한 평화주의 신학자들에 따르면, 이는 본회퍼가 히틀러를 암살하려다 처형당했다는 베트케의 말

나 깊이 가담했는지는 불명확하다. 재판 기록이 없는 만큼 그가 갑자기 사형당한 정확한 이유도 알 길이 없다. 독일의 패전이 확실해지고 히틀러의 광기가 심해지면서, 총통 암살 미수라는 명목으로 1944년 7월 이후에만 약 7,000명이 무작위로 체포되었고, 그전에 수감된 사람들까지 형장으로 끌려와 약 5,000명이 세상을 떠났다. 그때 부당하게 죽었던 사람 중 한 명이 본회퍼라고 할 수 있다. 당시 사형당한 사람 중에는 실제 큰 위험과 희생을 감수했던 이도 있고 신실한 그리스도교인도 많았다. 그런데 교회는 왜 유독 본회퍼를 특별히 기억할까. 독일 제국 명문가 출신 엘리트 신학자가 죽었기 때문일까. 평화주의자였던 젊은 지성인이 왜 살인 모의까지 도모했을까 하는 호기심 때문일까. 정의를 추구하려면 위법적 행동도 용납된다는 것을 신학적으로 정당화하기 위함인가. 이런 이유 때문인지 본회퍼가 말했다고 알려진 '미친 운전사' 비유가 그의 신학의 정수인 것처럼 오해받기도 했다.

쿠담 거리(베를린의 한 거리)에서 한 미친 사람이 그의 자동차를 인도를 넘어 운전한다면, 저는 목사로서 죽은 자들을 위해 장례를

을 당연시하며 받아들인 것이다. 하지만 본회퍼가 왜 사형당했는지를 알려주는 정확한 문헌은 없다. 자료를 통해 확인할 수 있는 그의 죄목은 유대인들의 해외 이주를 도운 것과 징집 회피 등이다. 이 모두는 전쟁 당시 독일에서는 중범죄에 해당했다. 이러한 해석에 따르면 본회퍼는 끝까지 평화주의자로 남았으며, 그가 폭력 사용을 인정했다는 그리스도교 현실주의적 해석은 수정되어야 한다. 다음 연구서를 보라. Mark Thiessen Nation, *Discipleship in a World Full of Nazis: Recovering the True Legacy of Dietrich Bonhoeffer* (Eugene, OR: Cascade, 2022).

치른다거나 희생자들과 관련된 이들을 위로하는 일만을 하지는 않을 것입니다. 제가 이와 같은 상황에 처해 있다면, 저는 그 차 위로 뛰어올라 그 운전대에서 그 운전자를 끌어내려야만 하지 않겠습니까?[2]

이 이야기 덕분에 신학을 전공하지 않은 사람들에게도 본회퍼라는 이름은 그리 낯설지 않다. 이후 적잖은 그리스도인이 자신이 지지하지 않는 정권이나 사람을 비판하고 공격할 때 '본회퍼' 혹은 '미친 운전사'를 입에 올렸다. 1993년 낙태 반대자 폴 힐이 낙태시술소에서 살인을 저질렀을 때도, 2002년 베를린에서 미국 대통령 조지 부시가 테러와의 전쟁의 정당성을 논할 때도, 2005년 TV 전도자 팻 로버트슨이 베네수엘라의 유고 차베스와 이라크의 사담 후세인을 미국 정부가 암살할 것을 촉구할 때도 본회퍼의 이름이 등장했다.[3]

　이들이 호출한 '본회퍼'는 참 평화는 종말에야 이뤄질 것이고,

---

[2] 이 말은 다음 논문에서 재인용한 것이다. 김성호, "부끄러움'에 관한 기독교윤리학적 담론: 디트리히 본회퍼의 '부끄러움'에 관한 이해를 중심으로', 「신학사상」 197 (2022), 248, n. 72. 미친 운전사 비유는 본회퍼가 쓴 글에는 등장하지는 않고, 이탈리아인 장교 출신 가에타노 라트미에 의해 세계대전 이후 알려졌다. 본회퍼가 1년 반 동안 수감되었던 테겔 감옥에서 가깝게 지냈던 수감자 중 한 명이었던 라트미는 1946년 3월 6일 게르하르트 라이프홀츠에게 보낸 편지에 이 이야기를 소개했다.

[3] 학자 중에서도 폭력 혹은 군사적 행동을 지지하고자 본회퍼를 인용하기도 한다. 다음 기사를 참고하라. Karen V. Guth, 'Claims on Bonhoeffer: The Misuse of a Theologian' (2015.05.27.), *The Christianity Century*, https://www.christiancentury.org/article/2015-05/claims-bonhoeffer (2023.06.06. 최종 접속).

현실에서는 인간의 죄성을 억제할 정의로운 폭력이 필요하다고 주장하는 '그리스도교 현실주의자'처럼 보인다. 하지만 근원적 질문이 남아있다. 세계대전이라는 극한 상황 속에서 실제 본회퍼는 원래 평화주의 입장을 버리고 현실주의로 회심했을까. 아니면 사람들이 본회퍼의 미친 운전사 이야기를 빌려 자기 욕망을 표출하는 것일까. 정확한 답은 알 수 없겠지만, 최소한 본회퍼는 이러할 것이다 어림짐작하기 전에 그의 저서부터 읽어볼 필요가 있다.

빼어난 신학자가 남긴 모호한 유산

본회퍼의 신학을 소개하는 역할은 조직신학자들이 주로 담당하지만, 엄밀한 의미에서 그를 조직신학자라고 하기는 어렵다. 성서와 교회의 가르침을 합리적이고 일관적이며 체계를 세워 서술하는 조직신학의 특성에 그의 글이 잘 맞아떨어지지 않기 때문이다. 본회퍼가 튀빙겐과 베를린 대학교에서 당대 개신교 신학 대가들의 지도를 받으며 공부하고 21세에 박사 학위 논문을 마무리할 때만 하더라도, 그는 조직신학자로서 경력을 성공적으로 시작한 것 같았다. 하지만 그 후 세상을 떠날 때까지 약 13년간 그는 시대적 상황과 현장의 필요에 예민하게 반응하며 자신의 관심사와 글쓰기 방식을 계속 조정했다. 그렇기에 시기별로 상황별로 그가 쓴 책의 모양새나 글에서 풍기는 느낌에는 차이가 있을 수밖에 없다.

본회퍼의 작품을 분류하는 방법이 여럿이겠지만 여기서는 그의 삶에서 일어난 변화에 따라 구분하고자 한다. 본회퍼의 제자이자 친구였던 에버하르트 베트케Eberhard Bethge는 방대한 분량의 본회퍼 전기를 남겼다. 여기서 그는 본회퍼의 생애를 '신학에 끌리다'(1906~1931), '그리스도인 됨의 대가'(1931~1940), '독일의 운명에 참여하다'(1940~1945)라는 제목 아래 세 시기로 나눈다.[4] 각 시기에 나온 본회퍼의 대표작은 다음과 같다. 먼저 '신학자' 시기에 나온 저작으로는 그의 학자로서 역량을 잘 보여주는 박사 학위 논문『성도의 교제』Sactorum Communio(1927)와 대학교수 자격 논문『행위와 존재』Akt und Sein(1930)가 있다. 뒤이어 '그리스도인' 시기에는『창조와 타락』Schöpfung und Fall(1937),『그리스도론』Christologie(1933년 강의),『나를 따르라』Nachfolge(1937),『성도의 공동생활』Gemeinsammes Leben(1939),『성서의 기도서』Das Gebetbuch der Bibel(1940)가 나왔다. 이 작품들에는 혼란과 위기의 시대를 살아가는 신학 교사이자 영적 지도자로서 본회퍼의 고민과 경험이 짙게 배어있다. 또한, 이 책들을 통해 그는 학술 글쓰기를 벗어난 독특한 글쓰기 양식을 실험한다. 끝으로 몰락하는 독일의 운명에 참여한 '동시대인' 시기 작품으로『윤리학』Ethik(1949)과『저항과 복종』Widerstand und Ergebung(1951)이 있다. 게슈타포의 감시를 받거나 수감 생활을 하면서 글을 쓴 만큼 그는 편지, 일기, 메모, 미완성 원고 등의 형식으로 단상을 남겼는데 위 책들은 본회퍼 사후 이들을 편집해 출판한 것이다.

저술 목록에서 볼 수 있듯 본회퍼는 자신의 신학을 체계화하는 데 크게 관심이 없었고, 시대적 상황과 긴밀하게 호흡하며 신학을 유연하게 전개했다. 그런 만큼 독자가 어떤 시기의 본회퍼 모습에

---

[4] 에버하르트 베트게,『디트리히 본회퍼: 신학자-그리스도인-동시대인』(복 있는 사람, 2014).

집중하고 어떤 책을 읽느냐에 따라 그에 대한 다른 인상을 받을 확률이 높다. 예를 들면, 1951년에 출간된 유작 『저항과 복종』에서 본회퍼는 자세한 설명 없이 '성인이 된 세계' 그리고 '종교 없는 그리스도교' 등의 생소한 단어를 제시한다.[5] 이 수수께끼 같은 개념들 덕분에 한동안 그는 1960~70년대 유행한 세속화 신학의 선구자로 여겨졌다.[6] 또한, 히틀러 암살 모의와 '미친 운전사' 이야기는 20세기 중반 본격화된 해방신학의 급진적인 저항의 목소리와 공명을 일으켰다. 이러한 세계 신학계의 전반적 흐름 속에서 우리말로 1960년대 중반부터 번역되기 시작한 그의 주요 저서는 반독재 투쟁과 민주화 운동에 힘을 보탰다.[7]

지난 세기 유행한 본회퍼에 대한 세속신학적 혹은 정치신학적 해석은 혼란한 시대적 상황 속에서 신학과 교회에 새로운 돌파구를 마련해 주었지만, 그의 사상에 지나치게 급진적인 색깔을 일방

---

[5] 특별히 다음을 참고하라. 디트리히 본회퍼, 『옥중서신: 저항과 복종』 (복 있는 사람, 2016), 365~367.

[6] 대표적으로 1963년 영국에서 출간된 신학계의 베스트셀러 『신에게 솔직히』에서 존 로빈슨은 본회퍼의 '종교 없는 그리스도교' 개념을 변형해 세속화 신학을 전개한다. 이때 로빈슨은 본회퍼뿐만 아니라 틸리히와 불트만에 대한 독창적 독해를 시도한다. 우리말 번역은 다음과 같다. 존 A.T.로빈슨, 『신에게 솔직히』 (대한기독교서회, 1968). 또한, 1992년에 미국에서 출간된 이래 한국 독자들에게도 익숙한 현대 신학 입문서 『20세기 신학』도 본회퍼를 세속화 신학을 다루는 장에서 소개한다. 스탠리 그렌츠 · 로저 올슨, 『20세기 신학』 (IVP, 1997).

[7] 대표적으로 『신도의 공동생활』(1964), 『나를 따르라』(1965), 설교집 『기다리는 사람들』(1966), 『기독교 윤리』(1974), 『창조 타락 유혹』(1967), 『옥중서간』(1967), 『그리스도론』(1979) 등이 우리말로 출간되었다. 이들 작품은 이후 여러 출판사에서 다양한 형태로 재번역 혹은 재편집되었다.

적으로 입혔다.[8] 하지만, 어떤 관점과 맥락에서 본회퍼를 독해하더라도 잊지 말아야 할 점은 본회퍼가 강조한 행동하는 삶은 윤리적 주체로서 개인의 판단과 의지에서 나오는 것이 아니라 '오늘날 우리에게 예수 그리스도란 누구인가'라는 근원적 질문에 대한 응답이라는 것이다. 그런 의미에서 미완성작 『윤리학』은 철저하게 우리가 그리스도 중심적으로 되어야 "과감하게 의를 행하는 삶" 혹은 "현실적인 것을 용기 있게 붙드는 삶"이 가능하다는 것을 보여주는 책이다.[9] 달리 말하면, 『윤리학』에서는 그리스도 중심적이면서 현실을 매우 중요시하는 본회퍼의 특성이 여러 윤리적 주제를 통해 드러난다.[10]

윤리의 한계와 윤리의 가능성

본회퍼는 『윤리학』을 1937년에 출간된 『나를 따르라』를 마무리할 시기부터 기획했다. 그는 이 작품을 일생의 역작으로 여겼고 집필을 위해 오랜 준비를 해야 했다. 게슈타포에 체포되어 수용소에

---

[8] 여기서 간략히 소개한 것 외에도 본회퍼의 신학에 대한 다양한 수용 방법이 있다. 본회퍼 수용사에 관해서는 다음 논문을 참고하라. Richard Weikart, 'So Many Different Dietrich Bonhoeffers', *Trinity Journal* 32 NS (2011), 69~81. 이 논문은 본회퍼의 유작에서 얻은 부분적 통찰로 그를 급진적으로 해석하는 흐름에 대한 여러 전문가의 우려도 소개한다.

[9] "과감하게 의를 행하는 삶"과 "현실적인 것을 용기하는 삶"은 그의 시 '자유에 이르는 길 위의 정거장들'에 나오는 표현이다. 디트리히 본회퍼, 『옥중서신』, 352.

[10] 다음 책은 『윤리학』을 중심으로 본회퍼의 사상을 시대적 상황과 관련하여 균형감 있게 소개한다. 매튜 D. 커크패트릭, 『디트리히 본회퍼: 평화주의와 암살자 사이에서』 (비아, 2014).

갇혀서도 본회퍼는 이 우여곡절 많은 책에 애정을 보였다. 1943년 12월 15일 그는 베트케에게 이렇게 편지를 보냈다.

> 나는 삶이 얼마 남지 않았다는 생각을 이따금 하게 되는데, 그럴 때마다 윤리학만이라도 완성해야 하지 않았을까 하고 생각하네.[11]

악화일로에 있던 전쟁 상황에서 게슈타포의 검열을 의식하며 집필을 이어갔던 만큼, 본회퍼는 이 책의 원고를 비밀리에 작성하고 여기저기에 숨겨뒀다. 그중 일부는 성공리에 보존되었지만, 일부는 쓰다가 중단되었고 다른 일부는 게슈타포가 찾아냈다. 그 결과 『윤리학』에 들어간 어떤 장은 본회퍼가 완성하였지만, 다른 장은 미완성 상태다.[12]

---

[11] 다음에서 재인용했다. 에버하르트 베트케, '제1판에서 5판에까지 부친 1948년 4월 9일 자 서문', 『윤리학』, 32.

[12] 원고가 미완성 상태에다 여기저기 흩어져 보관된 만큼 『윤리학』은 어떤 편집본을 보느냐에 따라 장의 배치도 다르고 내용에도 약간 차이가 있다. 이 글에서 다루는 복 있는 사람 번역본은 뮌헨의 카이저 출판사에서 나온 1962년 판본이다. 이후 학자들은 본회퍼가 남긴 편지, 일기, 메모, 설교문 등을 모으고, 자료들의 작성 시기를 비판적으로 재검토하여 17권에 달하는 전집을 20세기 말부터 내어놓았다. 이 전집에 들어간 『윤리학』은 대한기독교서회에서 본회퍼의 다른 중요 서적 7권과 함께 선집으로 출간하였다. 다음을 참고하라. 디트리히 본회퍼, 『윤리학』(대한기독교서회, 2003). 베트케가 편집한 카이저판에 들어간 부록은 독일어판과 영어판 전집 작업 때 『윤리학』에서 빠져서 다른 글들과 함께 별도의 책으로 출판되었다. 그 결과 대한기독교서회에서 나온 『윤리학』에는 부록이 포함되지 않았다. 부록에 들어간 글들도 본회퍼의 후기 사상을 다양한 방식으로 보여주는 만큼 이글은 복 있는 사람 번역본을 텍스트로 삼아 작성했다.

본회퍼가 학문적 양식의 글쓰기를 지양하기도 했지만, 미완성인 만큼 『윤리학』에서 체계화된 도덕 신학이나 선명한 윤리적 강령은 기대하기 어렵다. 대신 각 장에서 그는 그리스도의 현실, 궁극적인 것과 궁극 이전의 것, 형성으로서 윤리, 책임적 삶, 죄를 짊어지기 등의 주제를 심도 있게 다룬다. 주류 윤리학에 익숙한 사람들이라면 『윤리학』에 등장하는 이러한 핵심 개념들이 낯설게 느껴질 수도 있다. 본회퍼가 사람들에게 '낯선' 단어들을 적극적으로 사용한 이유는 그리스도교 윤리학은 다른 모든 일반 윤리의 근원이 흔들리는 지점에서 시작하기 때문이다. 그 근원은 바로 선과 악에 대한 지식이다.

> 선악에 대한 지식은 모든 윤리적 고찰의 목표처럼 보인다. 그러나 그리스도교 윤리학의 첫 번째 과제는 바로 이 지식을 지양하는 데 있다. ... 그리스도교 윤리는 선악에 대한 지식의 가능성에서 이미 근원으로부터 타락을 인식한다. 근원에 속한 인간은 오직 한 가지만을 알고 있었다. 바로 하느님이다. 그는 오직 하느님에 대한 지식과 일치하는 가운데 타인과 사물과 자기 자신을 알고 있었다. 그는 모든 것을 하느님 안에서 인식하며, 모든 것 안에서 하느님을 인식했다. 그러므로 선악에 대한 지식은 이미 근원과의 분열Entzweiung이 일어났음을 암시한다.[13]

---

[13] 디트리히 본회퍼, 『윤리학』, 45~46.

여기에 서구 윤리학의 역사에 대한 본회퍼의 문제의식을 볼 수 있다. 그는 선악에 대한 지식으로 옳고 그름을 분별하는 인간적 시도에서 윤리의 가능성을 찾으려는 시도 자체를 거부한다. 타락 이후 인류는 인식 능력이 흐려져 있어 참된 선이자 모든 것의 근원인 하느님에게서 등을 돌린 채 선과 악에 대한 지식을 만들기 때문이다. 이런 상황에서 '나의 선함' 혹은 '선한 행동'에 대한 추구는 자아가 궁극적 현실이거나 자아가 속한 세계가 궁극적 현실이라는 거짓된 결론으로 이끈다.

도덕적 주체로서 개인이라는 협소한 기초 위에 윤리학을 쌓아 올리려는 시도는 실패할 수밖에 없다. 하지만 인간이 세상에서 생각하고 행동하며 살아가는 존재인 이상 자아와 세상이라는 현실을 거부할 수도 없다. 이러한 어려움을 마주하고서 본회퍼는 자아와 세상이 깃들어 있는 궁극적 현실, 즉 세상에서 우리의 판단과 행동이 일어나는 터가 되는 근원적 현실이 무엇일까 질문한다. 이 질문에 성서는 "창조주이며 화해자, 구속자이신 하느님의 현실"이 궁극적 현실임을 알려준다.[14] 하느님의 현실은 플라톤주의의 이데아처럼 우리의 현실을 초월한 것도, 극단적 종말론처럼 역사가 끝나야 실현되는 것도 아니다. 하느님의 현실은 예수 그리스도 안에서 세상의 현실 속에 '이미' 들어왔다. 성육신하고 십자가에 달리고 부활하신 예수 그리스도의 몸 안에서 하느님은 인간과 하나가 되셨고, 인류를 받아들이시고, 세상과 화해하셨다. 따라서, 그리스도교

---

[14]   디트리히 본회퍼, 『윤리학』 358.

윤리는 "그리스도 안에서 하느님이 계시하신 현실이 피조물 가운데서 실현되어 가는 것"을 다룬다.[15]

이 사실은 세상에 대한 우리의 습관적 생각을 뒤엎는다. 하느님께서 예수 그리스도 안에서 '전체' 세상을 용납하고 보존하시기에, 세속의 영역과 거룩한 영역을 나누는 얄팍하고 기만적인 이원론은 설 자리가 없다.

> 예수 그리스도의 몸 안에서 하느님은 세상의 모든 죄를 친히 담당하시고 짊어지셨다. 아무리 소망이 없고 아무리 타락한 곳이라 할지라도, 예수 그리스도 안에서 하느님에 의해 용납되지 않고 하느님과 화해할 수 없는 장소란 이 세상에는 존재하지 않는다. ... 세상은 그리스도에게 속해 있으며, 오직 그리스도 안에서만 세상다운 세상이 된다.[16]

교회와 세상은 '구별'되면서도 그리스도라는 기초 위에서 '연대'하는 만큼 둘은 상호 배타적이지 않다. 하느님께서는 교회뿐만 아니라 세상도 받아들이고 사랑하며 보존하시기 때문이다. 이처럼 예수 그리스도 안에서만 세상의 참된 '세상성'이 알려질 수 있다. 특별히 세상을 대표하는 국가는 교회와 다른 방식이기는 하지만, 교회와 마찬가지로 그리스도의 통치를 받고 하느님의 계명 아래에 있다. 그렇기에 본회퍼는 말한다.

---

15 디트리히 본회퍼, 『윤리학』, 359.
16 디트리히 본회퍼, 『윤리학』, 387. 같은 책 142~144도 참고하라.

중요한 것은 '그리스도교 국가', '그리스도교 경제'가 아니라, 그리스도를 위한 세상 질서로서의 올바른 국가, 올바른 경제가 세워지는 것임을 유념해야 한다.[17]

복음과 문화 혹은 교회와 국가를 대립시키고는 문화를 복음화하고 국가를 그리스도교화하려는 시도는 비현실적이다. 실현 가능성이 낮기에 비현실적이기도 하지만, 무엇보다도 그리스도 안에 드러난 하느님의 현실에 충실하지 않다는 점에서 비현실적이다.

세상 속에서 그리스도인의 책임적 삶

이렇게 현실을 재정의함으로써 본회퍼는 선이란 무엇인지, 도덕적 행위란 어떤 것인지, 역사는 어떻게 이해해야 하는지, 국가의 역할과 한계란 무엇인지, 세속적 삶은 어떤 중요성이 있는지를 철저하게 그리스도 중심적으로 성찰하게 한다. 그리스도를 중심으로 현실을 이해한 만큼 본회퍼는 윤리적 주체를 다룰 때도 '그리스도와 같은 형상이 되는 것'이라는 관점에서 접근한다.

일반 윤리학과 다르게 그리스도교 윤리학은 하느님이 세상과 화해하셨다는, 자비로운 심판자가 인간을 받아들이셨다는 전제로부터 시작한다. 그렇기에 '사람을 언제나 목적으로 대해야 한다'라는 의무론, '최대 다수에게 최대의 행복을 주도록 행동하라'라는 공리주의, '도덕적 품성을 조화롭게 형성하고 훈련하라'라는 덕 윤리,

---

17 디트리히 본회퍼, 『윤리학』, 600.

'양심의 목소리에 따라 결단하라'라는 실존주의와는 다른 방식으로 윤리적 주체를 정의해야 한다. 그리스도교적 윤리적 주체는 고귀한 가르침이나 반복되는 덕의 훈련이 아닌, "성육신하시고, 십자가에 못 박히시고, 부활하신 주님, 그분의 유일한 형상과 같은 형상이" 됨으로써 형성된다.[18] 이로써 그리스도인은 예수 그리스도를 뒤따르는 삶을 산다는 자명한 결론이 나온다. 하지만, 여기서 '뒤따름'을 단지 의지적 결단과 행위로 축소해서는 안 된다.

그렇다면 '형성'과 관련해 그리스도를 뒤따른다는 것은 어떤 의미일까. 첫째, 형성은 우리가 예수 그리스도를 따르고 그 삶을 모방하려는 '노력'으로 이뤄나가는 것이 아니다. 이러한 생각은 형성자가 그리스도가 아니라 '나 자신'이라는 오해에서 나온 것이다. 형성은 인간이 되신 "그분의 형상이 우리에게 영향을 미치면서 일어나는 일이다. 또 우리의 형상이 그분 형상을 따라 각인되면서 일어나는 일이다".[19] 둘째, 형성은 이 땅에서 우리가 예수 그리스도를 따라 자기 십자가를 지고 가는 숭고한 '개인'이 되는 것이 아니다. 신약성서에 따르면 부활하신 그리스도의 몸은 교회이다. 따라서, "그리스도교 윤리학의 출발점은 그리스도의 몸이며, 교회의 형상 안에 있는 그리스도의 형상이다. 즉, 그리스도의 형상대로 교회를 형성하는 것이다. 교회에서 일어난 일은 실제로 전 인류에 해당한다".[20] 따라서, 공동체와 무관하게 그리스도인의 완전에 이르려

---

18   디트리히 본회퍼, 『윤리학』, 161.
19   디트리히 본회퍼, 『윤리학』, 161~162.
20   디트리히 본회퍼, 『윤리학』, 168.

는 개인의 노력은 무의미하거니와, 개인윤리와 사회윤리를 나누려는 윤리학자들의 시도도 성공할 수 없다.[21]

그리스도의 형상에 따라 형성된다는 것은 그분을 통해 주어진 낯설지만 참된 생명Leben에 응답하며 사는leben 것을 요구한다. 예나 지금이나 그리스도인으로 살기 위해서는 하느님의 말씀에 순종해야 한다. 이는 성서에 나오는 계명을 문자주의적으로 지키는 것을 의미하지 않는다. 하느님의 말씀Wort에 응답Antwort하는 것은 '오늘 여기서 예수 그리스도를 어떻게 따를까'라는 책임Verantwortlichkeit을 불러일으킨다. 우리의 행동 하나하나가 어떠해야 한다, 혹은 특정 정치·사회적 이슈에 대해 어떻게 대응해야 한다고 세세하게 규정하는 것은 하느님의 은혜롭고 늘 새로운 말씀을 가로막고 추상화할 위험이 있다. 살아계신 하느님은 성서의 문자 혹은 전통의 권위에 갇히지 않고 지금도 이야기하고 계신다. 우리는 그러한 하느님의 목소리를 분별하고 복종함으로써 현실에 상응하는 책임적 삶을 살게 된다.

> 우리는 예수 그리스도 안에서 우리에게 주시는 하느님의 말씀에 응답하며 살아간다. 이 말씀은 우리의 삶 전체를 향해 주시는 말씀이기 때문에, 거기에 대한 응답도 오직 삶 전체로 반응하는 응답이어야 한다. … 책임은 하느님 앞에서 하느님을 위해, 그리고 사람들 앞에서 사람들을 위해 이루어지는 행위다. 그것은 항상

---

[21] 디트리히 본회퍼, 『윤리학』, 404~408.

예수 그리스도에게 일어난 일에 대한 책임이며, 오직 그 속에서 나 자신이 감당해야 할 삶의 책임이 있다.[22]

영원한 하느님의 현실이 예수 그리스도 안에서 역사 속에 들어왔다. 따라서 그리스도인의 책임은 시간과 공간을 초월한 무조건적 윤리적 강령을 지키는 것이 아니라, 구체적 시공간 속에서 이웃을 위한 구체적 행동을 통해 드러난다. "그리스도인의 행동은 원칙적으로 확고하게 정해져 있는 것이 아니라, 주어진 상황과 함께 생겨나는 것"이다.[23] 하지만, 여기서 논쟁적인 질문이 일어날 수 있다. 평온한 시대에 책임적 삶은 그 사회에서 통용되는 법규나 종교의 가르침과 크게 마찰을 일으키지 않는다. 하지만, 극단의 시대에 책임 있는 삶은 상식, 도덕, 성서의 계명에 위배되는 행동으로까지 우리를 밀어붙이기도 한다. 예를 들면, '네 이웃에 대하여 거짓 증거하지 말라'라는 명령이 있지만, 유대인 이웃이 게슈타포에 쫓기고 있다면 그의 생명을 살리기 위해 그가 어디에 숨었는지 모른다고 거짓말을 해야 할까. 아니면 하느님의 계명을 지키고 내 양심을 편안히 하기 위해 그의 은신처를 게슈타포에 알려줘야 할까.[24]

이는 오랫동안 여러 윤리학자와 일반인을 괴롭힌 질문이다. 이

---

22 디트리히 본회퍼, 『윤리학』, 418~419, 421~422.

23 디트리히 본회퍼, 『윤리학』, 429.

24 이 문제에 관해서는 부록에 있는 '진실을 말한다는 것은 무엇을 의미하는 가'가 심도 있게 다루고 있다. 비록 미완성 글이기는 하지만 여기서 본회퍼는 (칸트식) 의무와는 대비되는 현실에 상응하는 책임성이라는 관점에서 접근한다. 디트리히 본회퍼, 『윤리학』, 673~689.

에 본회퍼는 그리스도론적인 해답을 모색한다. 궁극적으로 우리는 계명이 아니라 그 근원인 예수 그리스도 앞에 서 있다. 그렇다면 예수 그리스도는 어떤 분이신가. "자기를 버리는 사랑으로 인하여, 예수께서는 그분의 무죄성을 벗어던지고 인간의 죄 속으로 들어와 친히 그 죄를 짊어"지시지 않았는가.[25] 그리스도께서 책임 있게 행동하심으로써 우리를 위해 '죄 있는 자'가 되셨다면, 그리스도를 뒤따르는 책임 있는 삶은 때로 계명을 어기고 죄인이 되는 것까지 요구할 수 있다. 바로 여기가 철저하게 그리스도론적인 윤리가 얼마나 급진적일 수 있는지 보여주는 지점이다.

> 인간은 이렇든 저렇든 죄를 범하며, 또 이렇든 저렇든 오직 하느님의 은혜와 용서에 의해서만 살 수 있기 때문이다. 법에 매여 있는 자든, 자유로운 책임 가운데 행동하는 자든 똑같이 다른 사람의 비난을 들을 수밖에 없으며, 또 그 비난을 수용해야 한다. 아무도 다른 사람의 심판자가 될 수 없다. 심판은 오직 하느님께 속한 일이기 때문이다.[26]

저항의 아이콘을 넘어 그리스도의 제자로

본회퍼는 구체적 상황 속에서 말씀하시는 하느님에 대한 '복종'Ergebung이 오늘 여기서 우리가 짊어질 책임이요 그리스도를 따르는 길이라고 보았다. 이는 폭력적 세계에 대한 '저항'Widerstand으

---

[25] 디트리히 본회퍼, 『윤리학』, 453.
[26] 디트리히 본회퍼, 『윤리학』, 451.

로 표출되지만, 다른 한편으로는 일반적으로 생각하는 윤리적 올바름에 대한 포기이기도 하다. 그리스도인에게 책임적 삶이란 하느님의 용서의 은혜에 대한 믿음 속에서 '담대히 죄를 짓는' 위험한 모험을 요구하기 때문이다.[27]

본회퍼는 성서의 계명을 지키는 것과 책임적 삶을 사는 것이 상응하기 힘들던 극단적 시대에 살았다. 하지만, 히틀러 정권과 같은 위기 상황에서만 하느님에 대한 복종과 성서의 율법 지키는 것 사이의 균열이 일어나는 것은 아니다. 죄로 깨어졌고 그리스도 안에서 화해된 세상에서는 어떤 매개라도 (심지어 성서의 문자일지라도) 하느님의 뜻을 우리에게 굴곡 없이 전달하지 못한다. 하느님께서 약속하고 성취하실 '궁극적인 것'은 아직 오지 않았기에, 인간은 '궁극 이전의 것'들과 함께 살면서 언제나 모순과 역설과 이율배반 속에서 말씀을 듣는다.[28] 그렇기에 그리스도인만 피조성과 죄라는 보편적 인간 조건에서 면제된 것처럼 그리스도교 세계관, 정치, 경제 등을 만들려는 시도는 자기 기만적이다. 보편적인 선에 대한 지식과 확고한 실천 방안을 가지려 하는 순간 우리는 구체적인 상황에서 말씀하시는 하느님에 대한 복종을 희생하게 된다.

윤리학이라는 오랜 학문에 대해 본회퍼가 감행한 이러한 도발은 성육신하고 십자가에 달리고 부활하신 그리스도의 빛 아래서

---

[27] 루터의 유명한 문구 "담대히 죄를 지어라. 그러나 더 담대히 믿어라"Pecca fortiter, sed crede fortius는 본회퍼의 제자도 이해에서 중요한 역할을 한다.

[28] 궁극적인 것과 궁극 이전의 것의 구분은 『윤리학』에서 중요할 뿐만 아니라, 이후 현대 신학자들의 사유에도 큰 영향을 끼친다. 둘의 구분에 관해서는 다음을 보라. 디트리히 본회퍼, 『윤리학』, 244~259.

철저하게 사유한 결과이다. 물론 본회퍼 훨씬 이전 종교개혁자들도 '오직 그리스도만으로'Solus Christus라는 강령을 내세웠다. 하지만, 개신교 신학에서 '오직 그리스도만으로'는 인간의 노력이 아니라 오직 그리스도의 사역으로 구원받는다는 의미로 종종 협소화되었다. 그 결과 일반 신자들뿐 아니라 신학자들도 그리스도의 인간성을 사실상 신자 '개개인'을 구원하기 위한 하느님의 '도구'로 간주했다. 반면, 본회퍼는 그리스도를 그리스도론에 가두지 않고, 모든 것을 집요할 정도로 그리스도 중심적으로 사유했다. 『윤리학』은 '오직 그리스도만으로'가 우리의 신학과 실천의 출발점이자 기준이자 지향점이 될 때 얼마나 폭발적인 힘을 발휘하는지를 보여준다.

우리가 그리스도인으로서 어떻게 일상에서 도덕적으로 살 수 있는지에 관한 세세한 규정과 친절한 안내를 원한다면 『윤리학』은 매우 실망스러운 책일 것이다. '오직 성서만으로'Sola Scriptura를 내세우며 성서의 계명이 어떻게 현대인에게 필요한 선악에 대한 지식을 줄지 찾고자 한다면 『윤리학』은 매우 위험한 책일 것이다. 하지만, 삶의 복잡성과 사회의 다원성을 존중하면서도 하루하루를 예수 그리스도의 제자로서 책임 있게 살기 원한다면 『윤리학』은 다른 책에서 찾기 힘든 새로운 통찰을 안겨주는, 사고의 전환을 일으키는 촉매가 될 것이다.

바르트 이후의 삼위일체 신학

『예배, 공동체, 삼위일체 하나님:
우리의 교회는 은총의 하나님을 반영하는가?』
제임스 토런스 지음, 김진혁 옮김, IVP, 2022.

『하나 셋 여럿: 현대성의 문제와 삼위일체 신학의 응답』
콜린 건턴 지음, 김의식 옮김, IVP, 2019.

"칼 바르트는 13세기의 토마스 아퀴나스 이후 가장 위대한 신학자입니다."[1] 교황 바오로 6세는 개혁파 신학자 칼 바르트에 대한 존경심을 담아 이런 표현을 했다고 한다. 언제 어디서 이런 말을 했는지는 알려지지 않았기에 그의 의도가 각색되거나 과장되었을 수도 있다. 하지만, 이러한 이야기가 입에서 입으로 전해진다는 사실 자체만으로도 바르트가 현대 신학을 대표하는 인물이자, 개신교의 장벽을 훌쩍 뛰어넘어까지 영향을 끼쳤음을 가늠케 해준다. 1932년부터 35년간 발간되었지만 결국 미완성 상태로 남은 『교회교의학』은 현대 신학의 방법, 형식, 내용에 있어 큰 변화를 불러냈

---

*   원서는 다음과 같다. James Torrance, *Worship, Community, the Triune God of Grace* (Downers Grove: IVP, 1996). Colin Gunton, *The One, the Three and the Many: God, Creation and the Culture of Modernity* (Cambridge: Cambridge University Press, 1993).

[1] 바오로 6세의 말로 알려진 문장은 Thomas F. Torrance, *Karl Barth: Biblical and Evangelical Theologian* (Edinburg: T&T Clark, 1990), 1에서 재인용하였다. "바르트는 20세기에 등장한 가장 위대한 신학자"라고 평한 교황 비오 12세의 발언도 출처는 검증할 수는 없지만 널리 회자된다.

다.[2] 신학사가들은 『교회교의학』이 남긴 여러 공헌에 대해 이야기하지만, 그중에서도 삼위일체론을 신학의 핵심으로 다시 만들었다는 점을 으뜸으로 꼽곤 한다.

본래 삼위일체론과 그리스도인의 삶 사이의 긴밀한 관계는 초기 그리스도교 이래 신학의 핵심 주제였다. 하지만 근대에 이르러 (최소한 개신교에서는) 구원론에 대한 과도한 관심, 자유주의 신학자들의 전통 교리에 대한 비판 등으로 인해 삼위일체론은 신학 담론과 교회의 실천에서 주변으로 밀렸다. 이러한 가운데 바르트는 삼위일체론과 그리스도인의 삶의 관계를 신학의 중요 주제로 복권하고자 했다. 『교회교의학』에서 그는 삼위일체론을 신학의 서론에 위치시켰을 뿐만 아니라 600만 자의 단어로 9,000쪽을 빽빽하게 채우며 삼위일체론을 신론, 창조론, 인간론, 교회론, 종말론, 윤리에 이르기까지 모든 논의를 질서 지우는 근원 문법으로 삼았다.

바르트의 영향력은 그가 활동했던 독일과 스위스를 넘어 빠르게 세계 신학계와 교회로 퍼져 나갔고 그만큼 세계 곳곳에서 삼위일체론에 관한 이론적·실천적 관심 또한 커졌다. 바르트의 신학에 명과 암이 있는 만큼 바르트 이후 신학은 그의 한계를 수정하면서도 그의 삼위일체 신학에 내포된 가능성을 창조적으로 변용하는 방식으로 전개되었다. 여기서는 그 구체적 사례로 삼위일체 신학을 예배 신학과 근대성 비판이라는 맥락에서 재해석한 두 영국 출신 신학자들의 작품을 살펴보려 한다.

---

[2] 한국어 번역은 다음과 같다. 칼 바르트, 『교회교의학』 I-IV (대한기독교서회, 2003~2017).

삼위일체론에 바탕을 둔 예배 신학

서양의 근대 철학에서는 인간이 어떻게 외부 세계에 대한 명석판명한clear and distinct 혹은 보편적으로 타당한universally valid 앎에 도달할 수 있을까를 질문하는 인식론이 발달했다. 19세기 서유럽에서는 많은 신학자가 이러한 지성적 분위기에 상응하고자, 인간을 인식 '주체'로 상정하고 역사적 예수, 교회의 전통, 신구약 성서를 지식의 '대상'으로 삼는 방법론을 제시하였다. 이는 신학을 단지 교회를 위한 학문이 아니라 대학의 한 분과로 인정받게 하기 위한 엄밀한 학문성에 대한 추구로도 이어졌다. 바르트는 19세기 독일 대학교에서 교육받았지만, 자신의 자유주의 스승들이 제안하고 사용한 방법론을 넘어서고자 했다. 그는 인식의 주체인 인간으로부터 시작하는 신학을 거부했지만,[3] 인간이 지식과 언어를 사용하는 '주체'로서 존재함을 부정하면 신학 자체가 불가능함도 잘 알았다. 이에 그는 삼위일체 하느님에 대한 교회의 신앙고백으로부터 언어와 문법을 사용하는 방식을 배우고, 교의학과 기도를 결합함으로써 앎이 형성되는 데 있어 하느님 말씀의 우선성을 확보하고, 이에 걸맞게 논증보다 송영과 예전의 형식을 선호하는 신학을 시도했다.[4]

---

[3] 바르트의 중요한 사상사적 기여로 19세기 사상계에 압도적이던 앎과 존재의 순서order of knowing and being를 존재와 앎의 순서order of being and knowing로 뒤바꾼 것을 손꼽곤 한다. 다음을 참고하라. Christoph Schwöbel, 'Theology', *The Cambridge Companion to Karl Barth* (Cambridge, U.K: Cambridge University Press, 2000), 29~30. 물론 이러한 전환의 핵심에는 그의 삼위일체 신학이 있다.

[4] 이러한 바르트 신학의 특징은 다음 책에 압축적으로 드러난다. 칼 바르트, 『개신교 신학입문』(복 있는 사람, 2014), 44~55.

이렇게 19세기 자유주의 신학과 차별화된 신학 방법론을 제시했지만, 바르트는 자신의 체계에서 예배 신학을 독자적 주제로 발전시키는 데는 관심이 없었다. 이 중요한 주제는 바르트 이후 세대의 과업으로 남았다. 바젤 대학교에서 바르트에게 지도받았던 제임스 토런스는 스승의 한계를 넘어 삼위일체론에 바탕을 둔 예배 신학을 전개한 대표적 학자다. 에든버러 대학교의 조직신학 교수 토마스 토런스Thomas F. Torrance의 동생이기도 한 그는 애버딘 대학교에서 많은 신학자와 목회자를 길러낸 교육자이자, 지역 교회와 세계 교회를 위해 헌신한 목사이자 활동가였다.

제임스 토런스는 1989년 교수직에서 은퇴하고도 세계 곳곳에서 강연 활동을 이어갔다. 그는 1994년 잉글랜드 맨체스터에 있는 나사렛 신학교의 저명한 디즈버리 강좌The Didsbury Lectures에 초청받았고,[5] 그 강의록을 기반으로 1997년 『예배, 공동체, 삼위일체 하나님』을 출간했다. 그가 은퇴 이전까지 주로 공저와 논문 형태의 글쓰기에 집중했던 터라, 말년에 나온 한 권의 단독저서에서야 평소 강연과 짧은 글에서 부분적으로만 보였던 그의 삼위일체 신학의 전체 모습이 드러나게 되었다.

---

[5] 디즈버리 강좌는 신약학자 F.F.브루스F. F. Bruce의 주도로 1979년에 시작된 이후 매해 이어지고 있다. 이 강좌에서는 역사적 그리스도교 신앙에 헌신하면서도 그리스도교를 현대적 문제에 대한 응답으로 해석할 역량이 있는 신학 각 영역의 대표 학자를 연사로 초청한다. 유명한 강사가 섭외되고 주제도 특별하다 보니 상당수의 디즈버리 강연은 이후 출간되어 신학계에 큰 영향을 끼치고 있다. 흥미롭게도 현재까지 제임스 토런스의 형인 토마스 토런스(1982년)와 아들인 알런 토런스Alan Torrance(2009년)까지 토런스 가문 중 세 명이 디즈버리의 강연대에 올랐다.

실제 강좌는 삼위일체론에 바탕을 둔 예배 신학, 그리스도론, 성사론, 페미니즘과의 대화를 각각 다룬 네 강의로 이루어졌다. 『예배, 공동체, 삼위일체 하나님』은 동일한 구성으로 되어있지만, 강의 전체를 관통하는 화두를 던진 '예배에서 예수 그리스도의 위치'라는 제목의 서론이 새로 쓰였다. 거기서 그는 예배를 신자들이 하느님께 바치는 경건한 의식이 아니라, "하느님 아버지가 그리스도 안에서 우리를 위해 하신 모든 것에 대해 하느님 아버지께 드리는 우리의 반응"이라고 정의한다.[6] 문제는 피조물이자 죄인인 인간이 하느님의 은혜에 적절히 반응하지 못한다는 데 있다. 이에 성서는 답한다. 성육신한 '성자'께서 인류를 대표하여 '성부'께 순종과 감사로 예배를 드렸고, 그분께서 우리를 위해 하신 놀라운 은혜에 '성령' 안에서 우리가 경이와 감사로 반응하는 것이 예배다.

이러한 예배에 대한 삼위일체론적 정의를 바탕으로 토런스는 근대의 신학 사조들을 독창적으로 재분류하며 자유주의, 실존주의, 복음주의 신학이 하느님과 그리스도, 계시, 믿음 등을 이해하는 방식에 차이가 있음을 밝힌다. 하지만, 그가 진단하기에 이들 모두가 예배를 이해하는 데는 우리가 가진 뭔가를 하느님께 드리는 것 혹은 인간으로서 의지적 결단으로 절대자께 나아가는 것을 강조하는 '공로주의적' 문법에 묶여 있다. 달리 말하면, 이들은 삼위일체 '교리'에서는 불일치함에도 유일한 절대자와 개인의 관계를 강조하는 유니테리언적unitarian '예배' 신학을 공유한다.[7] 하지만

---

[6] 제임스 토런스, 『예배, 공동체, 삼위일체 하나님』, 18.

[7] 역사적으로 유니테리언주의unitarianism는 근대 세계에 등장하고 성장한 삼위

성서에 따르면, 예배자와 예배 대상의 관계 이면에는 "예수와 성부 사이의 특수한 관계"가 있고, 그렇기에 "예배는 성령을 통해 성부와 성육신한 성자의 교제 안으로 참여하게 하는 선물"로 이해되어야 한다.[8] 이러한 삼위일체론적 문법은 올바른 예배를 위해서뿐 아니라 그리스도교 신학 전체에 대한 올바른 이해를 위해 필요하다.

여기서 토런스는 예수 그리스도의 중보자직이 삼위일체론적 예배 신학의 '심층 논리'를 구성한다고 주장한다. 신약성서에 따르면 그리스도는 인류의 죄를 담당하고자 성육신하시고 십자가를 지시고 부활하신 분일 뿐만 아니라, 성부와 우리 사이에 계신 유일한 제사장이자 예배의 중보자이시다. 성부께서는 예수 그리스도 안에서 인류에게 조건 없이 먼저 은혜를 베푸시며, 이에 대한 적절한 감사의 반응을 할 수 없는 연약한 우리를 위해 인류의 대표이신 그리스도께서 성부 오른편에서 성부를 향해 어제도 오늘도 내일도 감사와 찬양을 드리신다. 우리는 우리 안에서 탄식하시는 성령을 통해 성부 오른편의 그리스도께로 들어 올려지고 그분의 대리적 예배에 참여한다. 즉, 참된 예배란 우리가 하느님께 바치는 것이 아니라, 성부에게 드리는 성자의 예배에 성령 안에서 '아멘'으로 응답하는 것이다.[9]

일체를 부정하고 신의 유일성을 믿는 그리스도교의 한 분파를 뜻한다. 하지만, 토런스는 그 의미를 확장하여 충분히 삼위일체론적으로 성찰하고 실천하지 못하는 모든 신학을 유니테리언이라고 부른다.

[8] 제임스 토런스, 『예배, 공동체, 삼위일체 하나님』, 40.

[9] 제임스 토런스, 『예배, 공동체, 삼위일체 하나님』, 18.

삼위일체의 교제 안의 인간

삼위일체론적으로 이해된 예배는 우리의 기획, 참여, 헌신 등에서 예배의 본질을 찾으려는 인간중심주의의 논리와는 전혀 다른 은혜의 논리를 구성한다. 삼위일체 하느님께서 교회에 선물하신 예배는 우리를 향한 하느님의 은혜를 단지 머리로만이 아니라 전 존재를 통해 각인하게 하는 구체적 장소다.[10] 그런 의미에서 예배 없는 삼위일체론은 '공허'하고, 삼위일체론 없는 예배는 '맹목적'이다.

물론 예배에서 아무리 하느님의 우선성을 인정하고 강조하더라도, 예배를 실제 드리는 것은 인간임을 무시할 수 없다. 그리스도교적 예배 신학이 가능하기 위해선 예배에서 신적 행위자divine agent와 인간 행위자human agent 사이의 관계를 경쟁적 혹은 배타적으로 보지 않게 할 논리가 필요하다. 이에 대한 답은 의외로 단순한 데서 찾을 수 있다. 디즈버리의 네 강연에서 각각 한 번 이상씩 언급된 디트리히 본회퍼의 유명한 표현을 빌리자면, 신학은 '어떻게'가 아니라 '누구'의 질문을 우선시해야 한다.[11] 예배 신학에서 '누구'의 질문에 대한 답은 삼위일체론에서 찾을 수 있다.

복음은 하느님이 우리를 대신하고자 또한 예배와 교제라는 자신의 목적을 실현하고자, 예수님 안에서 우리에게 오셨다는 사실이다. 예수님은 우리가 실패한 일, 곧 우리가 드리지 못한 예배

---

[10] 제임스 토런스, 『예배, 공동체, 삼위일체 하나님』, 48.

[11] 디트리히 본회퍼, 『그리스도론』 (복 있는 사람, 2019), 30 참고.

와 찬송을 성부께 바치고, 완전한 사랑과 순종의 삶으로 하느님을 영화롭게 하고, 주님의 유일하고 참된 종이 되는 그 일에 창조 세계의 제사장으로서 우리 인간을 위해 오신다. 그분 안에서 또한 그분을 통해서 성령은 우리를 하느님의 형상으로 회복하시고, 함께 교제하는 삶 속에서 하느님을 예배하도록 우리를 새롭게 하신다.[12]

인간을 창조하고 인간과 교제하기를 원하시는 하느님에서 신학적 성찰을 시작할 때, 하느님의 사랑의 대상이자 자의식을 가진 존재로서 인간의 중요성도 적절히 다룰 수 있는 공간이 신학에 마련된다. 인간의 모호한 종교성이나 정제되지 않은 실천에서 출발하면, 인간 욕망의 투사projection로서 신 이미지가 하느님의 실재를 가린다.

예배에서 일차적 주체는 삼위일체 하느님이며 이차적 주체는 인간 예배자다. 이차적 주체로서 신자의 삶은 한편으로는 예수 그리스도의 십자가에서 용서로 주어지고, 다른 한편으로는 우리를 위한 그리스도의 계속되는 중보에 뿌리박은 가능성이다. 따라서, 그리스도인의 예배도 은혜의 문법을 따라 이해되어야지, 거듭난 신자에게 새로이 부과되는 조건으로 보아서는 안 된다. 이러한 은혜의 논리는 다른 모든 영역에서 하느님과 인간의 관계를 비경쟁적으로 이해하는 근원적 문법이 된다. 기도, 선교, 윤리, 제자도 등

---

[12]   제임스 토런스, 『예배, 공동체, 삼위일체 하나님』, 17.

그리스도인의 삶은 근본적으로 하느님의 은혜에 대한 반응이다. 이 중 어떠한 실천이든 인간의 결단과 노력과 의지로부터 이루어진다고 생각하는 순간 공로주의나 율법주의 문법에 갇힌다. 이러한 이유로 장로교 신학자였던 제임스 토런스는 "처음부터 끝까지 언제나 은총의 직설법indicative이 율법과 의무의 명령법imperative에 선행한다"라는 본회퍼의 주장에 비추어 칼뱅주의 신학을 비판적으로 검토한다.[13] '오직 은혜'Sola gratia와 '오직 믿음'Sola fide을 강조하며 이 신칭의의 문법을 고수하는 개신교인, 특별히 '하느님의 절대주권'을 강조하는 칼뱅주의자일지라도 철저하게 삼위일체론적으로 사고하지 않고 예배라는 구체적 맥락에서 떠나있으면 인간중심주의 혹은 율법주의 틀에 갇힐 위험이 있다.[14]

이처럼 『예배, 공동체, 삼위일체 하나님』은 얇지만, 신학사 전체에 묵직한 화두를 던진다. 그럴 수 있는 것은 자신을 구원하지 못하는 인간을 위해 하느님의 아들이 대신 십자가의 형벌을 받았을 뿐만 아니라('단 한 번'의 대리적 희생vicarious sacrifice), 올바로 예배하지 못하는 인간을 위해 하느님의 아들이 대표로 예배를 드리신다(우리를 위한 그리스도의 '계속되는' 대리적 예배vicarious worship)는 이중적 주장이 균형을 맞췄기 때문이다. 그렇게 토런스는 종교개혁 구원

---

[13] 제임스 토런스, 『예배, 공동체, 삼위일체 하나님』, 97.

[14] J.V.Fesko, *The Theology of the Westminster Standards: Historical Context and Theological Insights* (Wheaton:Crossway, 2014), 125~127 참고. 토런스가 진단하기에, 은혜의 신학자 칼뱅과는 달리 칼뱅주의자들은 삼위일체론적 은혜의 문법을 망각한 채 신자의 성화를 위한 율법의 제3 용법을 강조하거나 추상화된 계약신학을 전개하다가 율법주의적 경향을 보이곤 했다.

론의 핵심인 그리스도와 죄인의 운명 사이에 '놀라운 교환'wonderful exchange이라는 개념을 칭의론을 넘어 성화의 영역까지 확장한다. 이로써 우리는 그리스도인의 삶이 인간 주체의 경건, 능력, 준비로 인해 가능해지는 것이 아니라 삼위일체 하느님의 은혜로 가능해짐을 다시 한번 분명하게 깨닫고, 그러한 눈으로 모든 신앙의 실천을 바라볼 수 있게 된다.

하나와 여럿 사이에서

영국 런던 킹스칼리지에서 조직신학과 종교철학을 가르쳤던 콜린 건턴은 20세기 중후반 세계 조직신학계에 큰 영향을 끼친 학자이자, 영국의 신학계에서 특별한 위치를 점했던 인물이다. 그는 성공회가 주류인 잉글랜드에서 개혁파 신학자이자 목사로 활동했고,[15] 영미권을 넘어 대륙 학계와 활발히 교류했으며, 서방 신학 전통에 속해 있으면서도 정교회 신학과도 심도 있는 대화를 나눴고, 여러 학문과의 관계성 속에서 삼위일체 신학의 논의를 한 단계 발전시켰다.

건턴은 기존 영국 신학계에서 잘 볼 수 없던 유형의 신학자다. 조직신학이라는 신학 장르가 19세기 독일에서 시작되기도 했지만, 체계를 중요시하는 독일 학계 기풍에 힘입어 조직신학계는 오랜

---

[15] 건턴은 1972년 URC 목사 안수를 받았다. 그는 1975년부터 세상을 떠날 때까지 약 28년간 브렌트우드연합개혁교회에서 협동 목사로 있을 정도로 지역 교회에 헌신했다. 뛰어난 설교가이기도 했던 그의 설교는 T&T Clark에서 2001년과 2017년에 『설교를 통한 신학』Theology Through Preaching과 『설교자로서의 신학자』The Theologian as Preacher라는 제목으로 각각 출간했다.

기간 독일 신학자와 대학교가 선도했다. 반면, 경험적이고 실용적인 것을 중시하는 영국 신학계의 기풍에서는 뛰어난 신학자가 나올지언정 조직신학 체계를 발전시킨 이는 거의 없었다. 이런 상황에서 건턴의 등장과 활동은 영국 신학의 흐름을 새롭게 하는 데 중요한 계기가 되었다. 그는 20세기의 대표적 루터교 신학자이자 바르트 신학의 대가였던 로버트 젠슨Robert William Jenson의 지도로 칼 바르트와 과정철학자 찰스 하트숀Charles Hartshorne의 신론을 비교하는 박사 학위 논문을 1973년 옥스퍼드 대학교에 제출했다.[16] 여기서 그는 전통적 실체 이해에 배어든 초월주의와 과정철학의 내재주의 모두의 대안으로 바르트의 삼위일체론을 제시했다. 이후 그는 성서와 전통에 천착하며 교리를 체계적으로 해석했고, 철학을 비롯한 여러 학문과 대화하며 그리스도교 신학의 현대적 의미를 밝히는 여러 저서를 집필했다. 신학적 성숙기에 이른 그는 조직신학 체계를 세우고자 했지만 1권을 집필하다 세상을 떠났다. 계획대로 진행되었다면 영국 신학계는 존 맥쿼리John Macquarrie의 『그리스도교 신학의 원리들』Principles of Christian Theology(1966) 이후 약 반세기 만에 조직신학 대작을 가질 뻔했다.[17]

---

[16] 건턴의 박사 논문은 이후 단행본으로 출간되었다. Colin E. Gunton, *Becoming and Being: The Doctrine of God in Charles Hartshorne and Karl Barth* (Oxford: Oxford University Press, 1978). 이 책은 2001년 SCM 출판사에서 개정판이 나왔다.

[17] 이는 건턴과 동시대를 살며 영국의 조직신학 부흥을 이끌었고, 「국제 조직신학 논총」International Journal of Systematic Theology을 함께 창간한 존 웹스터가 내린 평가이다. John Webster, 'Systematic Theology after Barth: Jüngel, Jenson, and Gunton', *The Modern Theologians: An Introduction to Christian Theology since 1918*, 3rd ed. (Oxford: Blackwell, 2005), 258 참고.

건턴은 여러 강의와 저술 활동을 통해 삼위일체론적 시각에서 계시론, 신론, 창조론, 구원론 등을 재해석했고, 계몽주의 이후 서구 문명을 괴롭히는 현대성의 문제를 비판했다. 그는 1992년에 유서 깊은 신학 강좌인 옥스퍼드 대학교의 뱀턴 강좌Bampton Lectures에 초청받았고,[18] 『하나 셋 여럿』은 이때 진행한 여덟 번의 강연 내용을 모아 놓은 책이다. 원서의 부제 '하느님, 창조, 근대성의 문화'God, Creation and the Culture of Modernity가 암시하듯 이 책은 하느님을 충분히 삼위일체적으로 이해하지 않고, 세계를 삼위일체 하느님의 창조로 보지 않았을 때 발생한 근대 세계의 문제를 지성사적 관점에서 비판적으로 분석하며, "자신의 진리에 대한 확신과 모든 진영으로부터의 비판과 진리를 수용하는 개방성이 이루는 공통의 토대 위에서" 신학과 현대성이 당면한 문제에 대해 답변을 시도한다.[19]

이 책은 고대 그리스에서 헤라클레이토스와 파르메니데스가 존재의 본질에 대해 하나one이냐 여럿many이냐를 놓고 의견 대립을 보인 이후 인류가 아직 그 문제를 제대로 해결하지 못하고 있다는 근원적 문제의식에서 출발한다. 두 입장 사이에 벌어진 존재론적 허공 속에서 역사는 추상적 '하나'가 '여럿'을 억압하는 형태로 진행되었고, 그 비극적 결과로 세계 내 피조물들이 맺고 있는 다원적

---

[18] 뱀턴 강좌는 영국 성공회 사제이자 신학자이며, 솔즈베리 대성당 캐넌인 존 뱀턴John Bampton(1690~1751)의 유증으로 1780년에 시작되었다. 뱀턴의 뜻에 따라 '그리스도교의 중요 교리를 확증하고, 이단을 논박하는' 목적이 있는 뱀턴 강좌는 주제와 접근법의 진지함과 참신함이 관심과 논란의 대상이 되곤 했다. 18세기 이래 매년 개최되다 20세기 들어서는 2년에 1번씩 진행 중이다.

[19] 콜린 건턴, 『하나 셋 여럿』, 20.

관계는 획일화되었다. 플라톤주의 철학과 그리스도교 신학의 만남 이후에도 서구의 일원론 경향은 계속되었다. 아우구스티누스로 대변되는 서방 교회 삼위일체론이 성부와 성자와 성령의 관계성보다는 신적 통일성을 강조한다는 건 그 대표적인 예다.

건턴의 진단에 따르면, 그리스도교 역사에서 많은 신학자는 하느님의 삼위일체 되심을 충실히 사유하지 못해 추상적인 절대자 개념에 묶였고, 결국은 하느님과 세계 혹은 피조물 사이의 관계성과 타자성이 자아내는 긴장을 지탱해 줄 사상적 기반을 제시하는 데 실패했다.[20] 중세가 허물어지며 근대 세계가 들어선 이래 일어난 다양한 비판적인 해체적·다원주의적 운동은 현대인들이 하나와 여럿의 균형을 맞출 지혜를 찾으려는 몸부림으로 볼 수 있다.

현대의 많은 사회적·정치적 사상이 하나에 대한 여럿의 봉기로, 그리고 신적인 것에 대한 인간성의 봉기로 이해될 수 있다는 것이다. 결론은 잘 알려진 대로 니체에 의해 가혹하게 내려졌는데, 결국 여럿이 자유롭기 위해 하나가 부정되어야 한다는 것이

---

[20] 삼위일체 하느님의 본질의 통일성보다는 성부, 성자, 성령의 구분된 정체성과 세 위격 사이의 상호적 관계를 강조하는 입장을 흔히 사회적 삼위일체론social trinitarianism이라 부른다. 사회적 삼위일체론자들은 세 위격의 관계를 인간의 관계성 혹은 공동체의 이상적 모델로 삼고, 더 나아가 서방 교회가 하느님의 사회적 본성을 무시함으로써 개인주의화를 불러왔다고 비판한다. 위르겐 몰트만, 미로슬라브 볼프, 존 지지울러스, 레오나르도 보프, 콜린 건턴 등이 대표적 사회적 삼위일체론자로 분류되지만, 이들에 대한 다음 세대의 비판도 적지 않다. 다음 논문을 참고하라. 박상언, '사회적 삼위일체론이 현대 삼위일체론의 실천적 의미에 끼친 영향', 「신학논단」 69 (2012), 7~33.

다. 이것을 고려해 볼 때 우리가 찾고 있는 현대성의 표지들 중 하나는, 현대성이 파르메니데스적 과거에 맞서는 헤라클레이토스의 주장을, 억압적 하나에 맞서는 여럿의 반란을 보여 준다는 것이다.[21]

통일성의 기반인 '하나'에 대한 의심과 증오가 특징인 현대성이 노출하는 여러 문제의 밑바닥에는 타자이신 하느님의 초월성을 인간의 주관적 의식과 같은 수준으로 끌어내리거나, 후자로 전자를 대체하려는 시대정신이 있다. 이는 신과 인간, 인간과 피조물의 관계 속에서 유지되는 '공간'에 대한 감각을 없애 버리면서, 개인의 자유를 추구한다는 명목 아래 역설적으로 각자의 개별성을 억압하고 만다. 이러한 현상을 건턴은 다음과 같이 진단한다.

> 하느님과 세계 사이에 공간이 없다면, 또는 사물들에게 존재할 공간을 주는 하느님이 없다면, 우리는 서로 사이에 있는 그리고 우리 자신과 개별자들의 세계 사이에 있는 공간을 잃는데, 이 공간이 없이는 우리가 진정한 우리 자신이 되지 못한다.[22]

따라서, 우리에게는 각자의 개별성을 함몰하지 않으면서, 서로 관계를 이어 줄 공간을 마련해 주고 지탱해 줄 존재론이 필요하다.

---

[21] 콜린 건턴, 『하나 셋 여럿』, 45.
[22] 콜린 건턴, 『하나 셋 여럿』, 97.

삼위일체론의 '치유적' 해석

서구 지성사에 대한 비판적 독해를 통해 건턴은 하나와 여럿이 대립하는 상황에서 이를 적절히 중재할 제3의 요소가 없다면 둘 사이의 긴장이 결국은 파괴되고 만다는 것을 보여준다. 그렇다면 '하나와 여럿'의 신비로운 공존을 지탱해 줄 존재론이 과연 있을까. 파르메니데스와 헤라클레이토스 이후 철학자들은 실패했지만, 하느님의 한 본성ousia과 세 위격hypothesis을 함께 사유하며 통일성 속의 다양성을 언어화한 삼위일체론의 지혜에 의지한다면 이제껏 어긋나 왔던 지성사의 방향을 바로잡을 수 있을지 모른다고 그는 말한다. 즉 현대 사회의 극단적 개인주의, 소비주의, 정서주의 등이 '하나'에 대해 '여럿'이 반란을 일으킨 결과라면, 삼위일체론은 이를 '치유'하는 데 기여할 수 있다. 이를 위해 건턴은 아우구스티누스보다는 이레네우스를, 독일 관념론의 대표 철학자인 칸트와 헤겔보다는 영국의 낭만주의자 콜리지를, 서방보다는 동방의 삼위일체 신학을 선호하는 독특한 사상사 독해를 시도한다.

이러한 독해 가운데 그는 줄기차게 삼위일체론적 맥락에서 육화된 로고스인 그리스도를 통해 "여럿을 희생시키지 않는 하나 개념"을 보여 주려 하고, 성령께서 "공간 안에서 그리고 시간을 통해 형성되는 개별자"를 완성하심을 주장한다.[23] 더 나아가 건턴은 삼위일체론적 창조신학을 전개해 이전의 철학과 신학에서 불충분하게 다뤘던 세계의 물질성과 관계성, 다원성과 다양성에 대한 온전

---

[23] 콜린 건턴, 『하나 셋 여럿』, 268.

한 이해를 추구한다. 그에 따르면 각자 구별되면서 서로 연결된 삼위일체 하느님께서 창조한 세계는 본질적으로 '관계-안에-있는 존재'이다. 인간이 하느님 형상으로 창조되었다는 것은 한편으로 인간도 근본적으로 '관계적' 존재임을, 다른 한편으로는 물질적인 창조 세계가 인간의 '문화적 활동'의 매개를 통해 하느님과 더 풍성하고 고유한 관계로 들어감을 보여준다.

> 하느님과 세계는 자신들의 존재를 관계 안에서 갖는다고 말해야 한다. … 신학적으로 말해, 창조된 세계가 참으로 그 자신이 되는 것은(자신의 완성으로 나아가는 것은) 그리스도와 성령을 통해 성부의 보좌 앞에 온전히 드려질 때다. 창조와 구속에 대한 합당한 인간의 반응인 찬양의 제사는 인격적인 세계도 비인격적인 세계도 모두 자신의 참된 존재를 실현할 수 있도록 하는 문화의 형태를 취한다.[24]

서구 문명, 특히 현대성의 문제를 삼위일체론적으로 진단하고, 하느님과 인간과 세계에 대한 온전한 이해를 추구해 나가는 건턴의 논증은 꼼꼼히 읽으며 따라갈 가치가 있다. 삼위일체론의 개념과 발전사에 대한 전이해나, 신학과 철학에 대한 배경지식이 없다면 이 책에서 펼쳐지는 논증의 과정을 따라가다가 난해한 지점을 여러 번 만나게 될지도 모른다. 또한, 1992년에 진행된 강좌이다 보

---

[24] 콜린 건턴, 『하나 셋 여럿』, 290.

니, 그가 묘사하는 대표적 사상가(예를 들면 플라톤이나 아우구스티누스)의 모습이 이전 세대 해석자들이 그렸던 전형적 틀에 갇힌 듯한 부분이 있기도 하다. 자기 고유의 삼위일체론적 관점에서 서구 지성사와 신학의 역사를 종합적으로 다루다 보니, 과거에 대한 단순화된 해석에서 벗어나지 못할 때도 있다. 삼위일체론을 인류의 오랜 문제를 해결해 줄 마술 방망이처럼 사용하던 몇몇 사회적 삼위일체론자로부터 건턴이 거리를 유지하려고 노력하지만, 그가 설명한 것에 비해 삼위일체론적 존재론이 현실을 얼마나 치유할지 궁금해할 독자도 있으리라 예상된다. 하지만 이 책이 여덟 차례의 연속 강의로 이루어진 만큼, 그가 충분히 설명하지 못한 문제들을 다른 저작에서 더 자세히 다루고 있음도 참작해야 할 것이다.

이렇게 『교회교의학』과 그 영향권 아래 있던 저작들은 삼위일체를 신학의 핵심으로 되돌려 놓는 데 결정적 역할을 했다. 물론 이런 흐름을 빚어낸 이들에 바르트와 그 후계자들만 있는 것은 아니다. 바르트의 뒤를 이어 동방 정교회의 블라디미르 로스키Vladimir Lossky와 로마 가톨릭 교회의 칼 라너Karl Rahner 등이 각 교회를 대표하는 삼위일체론을 제시하면서 20세기 중반 이후 세계 교회는 삼위일체 신학의 부흥기를 맞이했다.[25] 이들의 신학적 작업은 반교리

---

[25] 로스키와 라너의 삼위일체론 대표작은 다음과 같다. Vladimir Lossky, *Essai sur la theologie mystique de l'Eglise d'Orient* (Paris: Aubier, 1944). Karl Rahner, 'Der dreifaltige Gott als transzendenter Urgrund der Heilsgeschichte', *Die Heilsgeschichte vor Christus, Mysterium Salutis*, Bd. 2. (Einsiedeln: Benzinger Verlag, 1967). 로스키의 책은 1957/1976년에 라너의 책은 1970년에 영어판이 각각 출간되었다.

주의적 독단의 선잠에 빠져 있던 이들을 깨어나게 했고, 이들의 영향을 받은 여러 신학자가 삼위일체론에서 지혜를 끌어내고 이를 현대적 언어로 표현하고자 계속 노력 중이다.

현대 신학에서 삼위일체론의 부흥을 직간접적으로 증언하듯, 개신교 출판계는 지난 몇 년간 삼위일체론에 관한 다양한 저서를 출판했다. 그중 토런스의 『예배 공동체 삼위일체 하나님』과 건턴의 『하나 셋 여럿』은 구성, 논의의 밀도, 접근법, 독창성의 측면에서 과거 여러 삼위일체 관련 저작들과 차별화된다. 두 작품은 삼위일체론을 신론의 일부로 다루는 일반적인 조직신학의 방식에 머물지 않는다. 이들은 삼위일체론을 그리스도교 신학과 실천의 의미를 형성하고 질서 지우는 문법으로 삼고 있고, 현대 신학과 서구 지성사가 봉착한 어려움을 뚫고 나가게 할 강력하고 풍성한 지적 자원으로 제시한다.

토런스와 건턴의 작품을 주목해야 할 또 다른 이유는 이 책들이 신학함에 관한 중요한 교훈을 주기 때문이다. 한 거장이 그려놓은 신학의 세계가 아무리 광대하더라도, 오늘의 신학자들은 단순히 그 세계에 머물기만 해서는 안 되며 자신이 속한 시간과 공간 안에서, 자신의 언어로 저 세계를 확장해야 한다. 신학이 거장의 어깨 위에서 그가 바라보는 방향을 함께 보되 그가 보던 것 너머를 보려는 활동임을 두 신학자는 독자들에게 증언하고 있다.

장애인과 비장애인 모두의 해방을 위한 장애신학

『하나님 나라의 지평 안에 있는 사회선교:
사회선교를 향한 그리스도교 신앙인들의 발걸음』
위르겐 몰트만 지음, 정종훈 옮김, 대한기독교서회, 2000.

 20세기 중후반 한국 신학과 교회에 가장 큰 영향을 끼친 해외 신학자가 누구일까라는 질문에 많은 사람이 주저함 없이 위르겐 몰트만을 꼽을 것이다.[1] 1975년 군부독재의 고통스러운 상황 속에 있던 한국에 처음 와서는 '민중의 투쟁 속에 있는 희망'이라는 제목으로 강연을 한 이후 2019년 3·1운동 100주년 기념 국제 컨퍼런스 강연의 연사로 서기까지 그는 10회 이상 한국을 방문했다. 그는 독일의 튀빙겐 대학교 교수로 재직하는 동안 적지 않은 한국 신학생을 제자로 받아들였다. 몰트만의 지도 아래 박사 학위를 받은 학자들은 한국 신학과 교회에 큰 영향을 끼쳤고, 몰트만으로 대표되는 현대 독일 신학을 소개하는 데 큰 역할을 했다. 주목받는 신학자로

---

* 이 책은 같은 출판사에서 몰트만 선집을 기획하며 2017년에 재출간되었다. 원서는 다음과 같다. Jürgen Moltmann, *Diakonie im Horizont des Reiches Gottes: Schritte zum Diakonentum aller Gläubigen* (Neukirchen-Vluyn: Neukirchener, 1983).

[1] 한국 신학계에서 몰트만 수용에 관해서는 다음을 참고하라. 신옥수, 『몰트만 신학 새롭게 읽기』(새물결플러스, 2015), 319~345.

부상하던 1960년대 중반부터 그의 작품들은 우리말로 나오기 시작했으며 거의 반세기에 걸쳐 30권 이상의 번역서가 출간되었다.[2]

몰트만이 한국 그리스도교와 맺는 관계는 결코 일방적이거나 일회적이지 않았다. 그는 1970~80년대 민중신학자들과 교류한 이래 한국의 근대화, 민주화, 통일문제 등에 계속해서 관심을 보였다.[3] 그는 민중신학의 중요 논문을 엮어서 독일에서 출간하였고, 자신의 저서에 한국 신학자와 맺은 우정이나 민중신학의 의의를 종종 기술하기도 했다.[4] 초기에는 한국기독교장로회 출신의 신학자들과 주로 연계되었지만, 그의 관심사가 넓어지고 영향력이 커가면서 국내 여러 교단과 관계를 맺기도 했다. 특별히 한국교회가 희년으로 선포한 1995년에 몰트만은 여의도순복음교회의 조용기 목사와 만났다. 한국의 보수진영을 대표하는 대형교회 담임목사와 공개적으로 대담을 펼친 만큼 주위의 우려도 있었지만, 둘은 고난과 희망이라는 주제를 공통분모 삼아 대화를 나누며 서로에 대한 연대감을 표현했다.[5] 이후에도 둘의 만남은 몇 차례 더 이뤄졌고,

---

[2] 단행본 형태로 번역된 초기 작품으로 다음을 들 수 있다. J. 몰트만, 『신학의 미래』 I-II (대한기독교서회, 1964).

[3] 위르겐 몰트만, 『신학의 방법과 형식: 나의 신학 여정』 (대한기독교서회, 2001), 270~273. 위르겐 몰트만, 『디트리히 본회퍼의 사회윤리』 (서울신학대학교출판부, 2016), 237~254 참고.

[4] 이 책은 『민중: 남한의 하느님 백성의 신학』Minjung: Theologie des Volkes Gottes in Südkorea이라는 제목으로 1984년 출간되었다. 위르겐 몰트만, 『몰트만 자서전』 (대한기독교서회, 2011), 263 참고.

[5] '위기의 21세기, 희망은 있는가'라는 제목으로 이루어진 대담 원문은 다음을 참고하라. 위르겐 몰트만, 『그리스도가 계신 곳에 생명이 있습니다: 한국교회 희년(1995년) 초청 특별강연집』 (대한기독교서회, 2017), 154~170.

이는 몰트만이 진보 신학계를 넘어 다양한 독자에게 소개되는 계기가 되었다.[6]

학자로서 호기심과 생산력이 왕성한 만큼 몰트만은 종말론 신학, 정치신학, 삼위일체신학, 생명신학, 생태신학, 신학과 과학의 대화 등 현대 신학의 중요 주제 중 대부분을 건드렸다. 그런데 몰트만이 상당히 이른 시기부터 관심을 기울였지만 상대적으로 국내에서 주목받지 못한 분야가 있다. 바로 장애신학이다. 몰트만의 장애신학을 이해하기 위해서는 그의 초기 신학에 대한 배경지식이 요구되니, 먼저 그가 세계적인 신학자가 되기까지 과정부터 간략히 살펴보기로 하자.

고난과 희망의 긴장 속에서 잉태된 신학

함부르크의 비종교적 가정에서 태어난 몰트만은 막스 플랑크와 알베르트 아인슈타인을 모델로 삼을 정도로 어린 시절 물리학과 수학을 좋아했다. 하지만 2차 세계대전이 발발 후 16세에 공군 지원단에 징집되며 그의 인생 방향은 바뀌었다. 1943년 7월 영국 공군의 함부르크 공습으로 도시는 철저히 파괴되었고 4만 명이 사망했다. 여기저기서 터지는 폭탄에 동료들의 몸은 흔적을 찾아보기

---

[6] 조용기 목사는 몰트만과의 만남이 여의도순복음교회의 사역 방향을 재조정하는 데 영향을 끼쳤다고 밝혔다. 대표적으로 조용기 목사는 2005년 시무 예배에서 그해를 적극적인 '사회 구원의 해'로 설정하고 영혼 구원 중심의 사역을 넘어 사회와 자연 구원 사역을 확대한다고 밝혔다. 이에 대해 몰트만은 환영의 뜻을 전했다. '조용기 목사 목회방침 전환관련 특별기고', 「국민일보」(2005.02.21.), https://news.kmib.co.kr/article/viewDetail.asp?newsClusterNo=01100201.20050221100001708 (2023.07.12. 최종 접속).

힘들게 산화되거나 찢겼지만 몰트만은 기적적으로 살아남았다. 영국군에 투항한 그는 수년간 유럽의 포로수용소 이곳저곳으로 옮겨졌다. 고통과 무의미의 시간 속에서 그는 성서를 진지하게 읽으며 신앙을 가지게 되었고, 영국군의 감시 아래 신학을 공부했다. 그 끔찍한 상황에서 희망을 어떻게 발견했는지 몰트만은 회고한다.

'나의 하느님, 당신은 어디에 계십니까? 무엇 때문에 나는 살았고, 다른 사람들처럼 죽지 않았습니까?'라고 나는 물었습니다. 3년간의 포로수용소 기간에 나는 우선 구약성서의 탄식 시편에서, 그다음에는 마태 복음서에서 해답을 구했습니다. 예수가 죽을 때 외쳤던 소리에 이르자 나는 다음과 같은 깨달음을 얻었습니다. 하느님에게 버림받은 너를 이해하시는 너의 신적인 형제와 주님이 계시다.[7]

수용소에서 나온 몰트만은 1948년부터 괴팅겐 대학교에서 신학을 본격적으로 공부했다. 당시 대다수 신학생처럼 바르트 신학의 영향을 크게 받았지만, 요아힘 이반트에게 종교개혁자 루터의 십자가 신학을 배웠고, 게르하르트 폰 라트와 에른스트 케제만Ernst Käsemann 등이 남긴 성서신학적 통찰을 흡수했다. 개혁파 신학자 오토 베버Otto Weber의 지도로 1952년 박사 공부를 마쳤지만, 몰트만의 지적 여정은 거기서 끝나지 않았다. 1960년 그는 유대계 마르크

---

[7] 위르겐 몰트만(편집), 『나는 어떻게 변하였는가: 20세기 신학 거장들의 자서전』(한들, 1998), 26~27.

스주의 철학자 에른스트 블로흐Ernst Bloch의 『희망의 원리』Das Prinzip Hoffnung(1954)를 읽고서 신학계에 파문을 불러올 근본적 질문을 던졌다.

> 왜 그리스도교 신학은 그 자신의 가장 본래적 주제인 이 희망을 내팽개치려 하였는가.[8]

역사를 변혁하는 힘으로 희망에 관심을 가진 만큼 그는 블로흐 외에도 헤겔의 역사철학, 프랑크푸르트학파의 비판이론, 마르크스주의 역사 변증법, 유대교 철학 등을 진지하게 공부했다. 하지만, 그는 구약성서의 출애굽과 신약성서의 십자가와 부활에서 궁극적인 희망의 문법을 발견했고, 사회적 유토피아가 아니라 삼위일체 하느님의 종말을 화두로 삼았다.

자신의 신학적 목소리를 낼 방법을 발견한 몰트만은 30대 중반부터 약 10년간 세 권의 중요 저서를 펴냈다. 『희망의 신학』Theologie der Hoffnung(1964)에서 그는 종말론이 교의학의 마지막 장에 나오는 주제가 아니라 그리스도교 신학 전반에 관한 것임을 보여줬다. 『십자가에 달리신 하나님』Der gekreuzigte Gott(1972)은 십자가에 달린 예수를 그리스도교의 신학의 기준으로 삼음과 동시에, 삼위일체 하느님께서 십자가를 통해 고통으로 점철된 인류의 역사를 자신의 역사로 삼으신다는 것을 보여줬다. 『성령의 능력 안에 있는 교회』

---

[8]   위르겐 몰트만, 「나는 어떻게 변하였는가」, 29.

Kirche in der Kraft des Geistes(1975)는 이전 두 작품의 종말론적이고 그리스도론적인 통찰을 성령론적이고 교회론적으로 확장했다.

초기 3부작을 내면서 몰트만은 자신의 신학을 관통하는 '십자가와 부활의 변증법'을 구체화했다. 몰트만 신학에 큰 애정을 보이는 신약학자 리처드 보컴Richard Bauckham이 관찰했듯, 그의 사상에서 "예수의 십자가와 부활은 죽음과 생명, 하느님의 부재와 하느님의 현재 등 절대적인 상극을 대변한다. 하지만, 십자가에 달리시고 부활하신 예수는 이러한 전적 모순 속에 있는 동일한 예수다".[9] 십자가는 역사 속의 부정적인 것을 '부정'한다면, 부활은 하느님의 종말론적 미래를 '긍정'하며 이를 역사 속으로 끌어온다. 역사에 대한 부정과 긍정, 혹은 십자가와 부활의 변증법은 하느님께서 어떻게 현실과 관계를 맺으시는지 보여줄 뿐만 아니라, 인류 역사를 하느님의 미래를 향해 개방하고 변혁하는 동력이다. 십자가는 버림받고 고통당하는 자들의 자리에 계신 사랑의 하느님을 보여줌으로써 교회가 사회적 약자들과 연대할 것을 요구한다. 부활은 메시아적 미래에 대한 약속이 성취될 것을 확증함으로써, 신학이 교회에 봉사하는 학문에 머물지 않고 인류의 보편적 미래를 위해 헌신하게 한다. 그런 의미에서 하느님과 무관한 역사적 사건도, 역사적 현실에 등을 돌린 그리스도인도 있을 수 없다. 이러한 신학적 제안은 제2차 바티칸 공의회, 세계교회협의회의 교회일치운동, 동서냉전 체제 속에서 평화운동, 미국의 흑인 인권 운동, 남아메리카와 아시

---

[9]   리처드 버캠, 『몰트만의 신학: 하나님 나라를 향한 공동의 신학 여정』(크리스천헤럴드, 2008), 18.

아의 해방 운동, 페미니즘의 부상 등 1960~70년대의 시대적 상황을 해석하고 지지해 줄 신학을 찾던 교회의 요청에 잘 부합했다.

'학문'으로서 신학을 추구하지 않고 현실의 문제에 응답하는 신학 작업을 하다 보니, 몰트만은 조직신학의 논쟁적이고 경직되고 추상적인 특성에 비판적이었다. 초기 3부작을 완간한 이후에도 그는 사람들의 기대와 달리 조직신학을 쓰지 않았다. 대신 그는 약 20년 동안 현대 사회와 관련성 속에서 중요 교리적 주제를 재해석한 작품들을 연이어 출간했고, 이들을 '신학에 대한 조직적 기여'Systematischen Beiträge zur Theologie라고 불렀다. 영원부터 관계적이시고 역사 속에서도 풍성한 관계를 맺으시는 하느님에 대한 사회적 삼위일체론을 제시한『삼위일체와 하나님의 나라』Trinität und Reich Gottes(1980), 생태계 위기에 대한 반응으로서 삼위일체론적 창조론을 전개한『창조 안에 계신 하나님』Gott in der Schöpfung(1985), 전통적 형이상학에 가려졌던 도상의 메시아로서 그리스도를 주목한『예수 그리스도의 길』Der Weg Jesu Christi(1989), 억압의 현실과 기후 위기 상황 속에서 우리에게 생명을 주시는 영으로서 성령에 관한『생명의 영』Der Geist des Lebens(1991), 개인의 최종 운명을 넘어 역사의 마지막에 대한 우주적이고 생태학적인 논의인『오시는 하나님』Das Kommen Gottes(1995), 희망의 해석학을 통해 형성된 신학 방법론에 대한 소고인『신학의 방법과 형식』Erfahrungen theologischen Denkens(1999)이 바로 그 산물들이다.[10]

---

[10] 여섯 권 모두 몰트만의 제자 김균진에 의해 우리말로 번역되었다(『예수 그리스도의 길』만 몰트만의 또 다른 제자 김명용과 공역하였다). 그중 방법론에 관한

이러한 대작들을 작업하는 중에 몰트만은 튀빙겐에서 차세대 신학자들을 길러냈으며, 세계 곳곳에서 오는 강연 초청을 받아들였고, 로마 가톨릭, 동방 정교회와 신학적 대화를 시도했으며, 고난받고 억압받는 이들과 연대했고, 길고 짧은 글을 수없이 발표했다. 그중 장애에 대한 신학적 성찰이 담긴『하나님 나라의 지평 안에 있는 사회선교』는 1975~84년까지 발표된 짧은 글을 모아 편집한 소책자다. 실린 글 대부분이 초기 3부작이 완성되자마자 쓰인 만큼 이 책은 몰트만이 자기 신학의 근본 통찰을 사회선교, 장애, 의학 등의 실천적 주제에 어떻게 적용하는지를 엿볼 수 있게 해준다.

하느님 나라와 복지국가

아직 장애라는 주제가 신학의 주제로 자리 잡기 전인 1970년대부터 몰트만은 장애신학에 지대한 관심을 보였다.[11] 당시 독일 사회에서는 장애학이 본격적으로 발전하고 국가가 설립하고 운영하는 장애인 시설이 확대되었다. 교회 역시도 장애인 돌봄에 관한 수준 높은 신학적 성찰이 필요했다. 몰트만은 신학자이기 이전에 신앙인으로서 교회의 사회선교에 관심이 많았고, 또 개인적으로는

『신학의 방법과 형식』을 제외한 다섯 권이 2017년에 대한기독교서회에서 선보인 몰트만 선집(총 17권)에 포함되었다.

[11] 『하나님 나라의 지평 안에 있는 사회선교』에는 7장인 울리히 바하의 '신학의 주제로서 장애인'을 제외하면, 몰트만의 글 여섯 개가 실려 있다. 그중 1~2장은 사회선교, 3~4장은 장애신학, 5~6장은 넓은 의미에서 건강과 의학에 관한 것이다.

큰 형이 장애인이었던 만큼 이러한 요청에 응답하며 장애를 주제로 한 강연과 저술 활동을 했다.[12]

인간의 몸과 마음이 나약하고 불완전한 만큼 장애 개념 없이 인류의 삶과 역사를 생각할 수도 이해할 수도 없다. 그러다 보니 성서를 포함한 여러 고대 문헌부터 다양한 형태의 장애에 관한 보고가 나온다. 하지만 신학의 주제로서 장애가 진지하게 다뤄진 것은 20세기 후반부터다.[13] 특별히 UN은 1981년을 세계 장애인의 해로 선포했고, 세계교회협의회도 그 전후로 장애인을 위한 교회의 사명과 선교에 관한 문서들을 발표했다. 이런 시대적 흐름 속에서 1980년대 독일교회는 말씀 선포kerygma, 교제koinonia, 사회선교diakonia라는 교회의 근본 기능 중 사회선교 범주 아래 장애신학과 장애인 돌봄의 자리를 마련하고자 노력하였다.[14]

---

[12] 위르겐 몰트만, 『생명의 샘』 (대한기독교서회, 2000), 94 참고. 『하나님 나라의 지평 안에 있는 사회선교』에 실린 글을 기준으로 장애에 관한 그의 첫 논문은 1975년에 출판되었다.

[13] 1970년대부터 장애가 학문적 주제로 연구되기 시작했고, 1980년에 세계보건기구에서 국제적으로 영향력 있는 장애에 대한 정의를 시도하였다. 이에 1980년대부터 장애를 신학적 주제로 다루는 여러 시도가 유럽에서 가시화되었다. 장애 개념과 그리스도교 역사에서 장애에 대한 이해 변화, 장애신학에 관한 포괄적 소개로는 다음 선집을 참고하라. 대한예수교장로회총회 사회봉사부 장애인신학준비위원회(편집), 『장애인 신학』 (한국장로교출판사, 2015).

[14] 섬김 혹은 봉사를 뜻하는 diakonia를 사회선교로 번역하는 것이 적절할지는 논란의 여지가 있다. 오늘날 많은 신학자와 목회자들이 우리말로 음역한 디아코니아를 선호하는 경향이 있다. 『하나님 나라의 지평 안에 있는 사회선교』 역자는 사회선교가 독일어 '디아코니'Diaknoie의 만족스러울 만한 번역어는 아니지만, 한국교회에서 이미 사회선교라는 말이 사용되고 있고, 하느님의 선교Missio Dei와 사회선교의 관련성 때문에 번역어로 사회선교를 사용한다고 밝힌다. 정종훈, '사회선교의 신학적인 근거설정을 위한

세계대전 이후 서유럽 국가들은 산업화와 복지화라는 두 목표를 동시에 추구하였다. 하지만, 정작 현실에서는 둘 사이의 불균형으로 인해 여러 문제가 발생했다. 빈부의 격차는 커졌고, 개인주의화로 기존 공동체가 파괴되었으며, 복지 사각지대는 줄어들지 않았다. 독일 사회가 가졌던 문제의식에 공감했던 몰트만은 하느님 나라의 지평이라는 더 큰 맥락 위에서 장애인 돌봄을 포함한 사회선교의 정당성과 방향성을 찾아낸다.

몰트만은 사회선교에 대한 신학적 성찰을 하고자 초기 3부작을 통해 선보였던 중요 주제들을 불러온다. 우선, 하느님의 미래를 역사 속에서 현실화한다는 **희망의 신학** 없이 사회선교 자체에 몰두하면 교회의 활동은 그리스도교적 지평을 상실할 수 있으며 교회의 사회선교는 국가의 복지 정책의 일부로 축소될 수 있다. 사회선교는 약자를 돌보고 여러 어려움을 해결해야 한다는 필요에 더해, "새로운 삶과 새로운 공동체 그리고 자유로운 세계를 선취"하려는 희망으로부터 근본적으로 나온 것임을 잊어서는 안 된다.[15]

사회선교의 전제가 되는 하느님 나라의 지평은 성서에 나오는 해방의 이야기들, 특별히 세상을 위한 예수 그리스도의 파송에서 알 수 있다. 예수께서는 가난한 자, 멸시받는 자, 장애로 소외당한 자에게 복음을 전하셨고 그들을 치유하셨다. 그분은 바로 유대인의 메시아이자 **십자가에 달리신 하느님**이시다. 하느님께서는 인류를 능력이 아니라 고통과 죽음을 통해 구원하셨기에, 교회의 사회

모색', 『하나님 나라의 지평 안에 있는 사회선교』, 160, n.1.

[15] 위르겐 몰트만, 『하나님 나라의 지평 안에 있는 사회선교』, 24.

선교 역시 십자가의 징표 아래서 이루어져야 한다.

> 포괄적인 구원으로 이끄는 저 구원의 비밀은 '상처는 상처에 의
> 해서 치유된다'는 것이다. 질병과 고통 그리고 죽음을 제어하는
> 예수의 능력으로서가 아니라, 오히려 고통에 자기를 내맡김으
> 로써 그리고 십자가의 죽음에까지 자기를 희생함으로써 예수는
> 도움을 준다. 권력과 성공의 우상은 병원에서조차 도움이 될 수
> 없다.[16]

복지가 보편화된 국가에서는 많은 사람이 현세의 고통 없는 상태
를 이상화한다. 복지가 전문 기관에 맡겨진 사회에서 일반인과 고
난받는 사람들 사이의 연대는 약화된다. 이럴수록 고통의 치유적
본성을 소중히 하고, 사회적 약자의 존엄을 새롭게 발견하고, 상처
를 통해 연대할 수 있는 공동체적 상상력이 중요하다. 이것이 부활
을 통해 등장했고 새 창조의 소망으로 세워진 **성령의 능력 안에 있
는 교회**에서 사회선교를 하는 이유이다. 치유공동체로서 교회는
단지 의료와 복지 서비스를 제공하는 기관이 아니다. 교회는 고립
과 멸시와 소외에 억눌린 사람들을 초청하고 이들과 우정을 나눔
으로써 이들의 사회적 고통까지 치유하는 곳이다. 이로써 교회는
모두가 평화와 안녕을 누리는 종말론적 미래를 성령 안에서 지금
여기서 맛보게 하는 자신의 메시아적 사명을 실현해 간다.

---

[16] 위르겐 몰트만, 『하나님 나라의 지평 안에 있는 사회선교』, 36, 40.

모두의 해방을 위한 장애신학

　장애신학을 전개하며 몰트만은 장애인이 어떻게 존엄을 존중받고 마땅히 누려야 할 권리를 회복할 수 있을까에 관심을 기울인다. 그는 "근본적으로 어떤 장애인도 없고, 오직 인간만 있다"는 확신에서 시작한다.[17] 인간은 누구나 이런저런 어려움을 가지고 있는데, 비장애인이 중심이 된 효율과 능력 중심 사회에서는 특정인을 장애인이라 규정하고 공공 생활에서 배제한다. 공동체에서 분리되어 수용시설에 들어가 관리를 받게 될 때 장애인들은 존엄하게 대우받지 못하거나 장애가 심해질 위험이 크다. 삶의 공간을 공유하지 못함으로써 장애인에 대한 비장애인의 무지와 오해는 커가고, 사회는 장애인을 단순히 결핍과 미성숙의 존재 혹은 시혜의 대상으로 인지하게 된다. 공동체 구성원들은 장애인을 돌보는 사회경제적 부담을 장애인의 가족, 자원봉사자, 복지 담당자에게 떠맡기고, 자신들은 세금을 납부함으로 감당할 책임을 다했다고 생각한다. 이러한 이유로 복지 정책에도 불구하고 장애인은 계속 차별받고 소외당하고 멸시받는 악순환의 굴레에 빠진다.

　장애인과 비장애인이 함께 사는 공동체가 현실화하기 위해서는 교회가 담당해야 할 역할도 있고, 이를 위한 신학적 자원도 필요하다. 몰트만은 신학적 주제로서 장애를 다루고자 '해방'이라는 성서의 핵심 개념을 꺼내서 이에 대한 신학적 성찰을 시도한다.[18] 장애

---

[17] 　위르겐 몰트만, 『하나님 나라의 지평 안에 있는 사회선교』, 70.

[18] 　그런 의미에서 몰트만의 접근을 '해방주의적 장애신학'이라고 부를 수도 있다. Nancy L. Eiesland and Don E. Saliers(ed.), *Human Disability and the Service*

에는 개인의 신체적이고 정신적인 손상도 있지만, 사회가 장애인의 정체성, 상태, 능력, 활동 범위 등을 규정하고 공고히 하면서 발생하는 사회적 상태로서 장애도 있다.[19] 몰트만은 장애인에 대해 비장애인이 부여하는 불필요한 사회적 장애로부터 장애인과 비장애인 모두가 해방될 필요가 있다고 보고, 이러한 해방이 있어야 분열한 사회가 더욱 인간적인 공동체가 된다고 주장한다.

그는 장애인의 해방과 비장애인의 해방을 구분한다. 우선, 장애인은 선천적으로나 후천적으로 받은 심신의 손상을 안고 살아가지만, 장애에 대한 주변의 차별과 선입견 때문에도 고통받는다. 사회가 만들고 강화한 부정의한 환경은 장애인들의 참 능력을 가로막고 가치를 가려버린다. 장애인의 해방은 이러한 불필요한 억압과 차별에 대한 저항과 함께 장애에 대한 사회의 인식 변화와 제도적 보완이 있을 때 가능하다. 특히 장애인들은 타인의 시선, 몸에 대한 왜곡된 이상, 사회에 만연한 얄팍한 건강주의, 후견인이나 간병인이 일방적으로 주입한 사회적 역할, 자신에 대한 혐오 등에서 벗어나야 한다.

현실에서 장애인들이 알게 모르게 내면화한 장애에 대한 왜곡된 이미지에 저항하며 자신의 심신을 긍정할 수 있을 때 장애인의

---

of God: Reassessing Religious Practice (Nashville: Abingdon Press, 1998), 103. 몰트만의 장애신학 전반에 대한 소개로는 다음을 참고하라. 최대열, 『장애 조직신학을 향하여』 (나눔사, 2018), 309~340.

[19] 위르겐 몰트만, 『하나님 나라의 지평 안에 있는 사회선교』, 73~74. 몰트만은 울리히 바하의 구분법에 따라 전자를 '어떤 장애에 의한 약점 있는 상태'Benachteiligtsein로, 후자를 '다른 사람들에 의해 사회적으로 약점이 있게 된 상태'Benachteiligtwerden로 부른다.

참 해방이 일어날 수 있다. 하지만, 분열된 세계 속에서 불안정한 욕망을 가지고 살아가는 존재가 자신을 왜곡 없이 대하기란 몹시 어렵다. 이 지점에서 몰트만은 칭의론을 장애인의 해방을 설명하는 중요한 신학적 문법으로 삼는다. 해방이 일어나려면 자기에 대한 사랑이 필요하지만, 인간은 자신을 적절히 사랑할 수 없다는 곤란에 매여 있다. 복음은 자신에 대한 참사랑은 내가 조건 없이 사랑받는 존재라는 것을 깨달음으로써 가능하다는 것을 알려준다. 나를 용납하는 무한한 사랑에 잠김으로써 나 자신을 사랑하는 법을 배울 때, 나의 모든 것이 부정당하는 듯한 현실 속에서도 희망을 품을 수 있다.[20] 이 지점에서 몰트만은 더럽고 비좁은 포로수용소에서 모든 희망을 잃어버렸던 자신이 복음을 받아들였던 이야기를 들려준다.

그 순간 저는 한 분이 저를 사랑하시고 저를 포기하지 않으셨음을 감지했습니다. 그래서 저는 절망의 모퉁이로부터 기어 나와 저 자신을 다시 사랑하기 시작했습니다. 저의 생명이 비록 철조망 뒤에 놓여 있었다 할지라도 저에게 중요한 것이 되었습니다. ... 그때 저는 "하느님께서는 우리를 사랑하시고, 그런 까닭에 우

---

[20] 신앙과 희망의 내적 결합은 몰트만의 신학에 자주 등장하는 강력한 주제다. "신앙을 통한 그리스도 인식이 없다면, 희망은 허공에 떠 있는 유토피아적 희망이 되고 만다. 하지만 희망이 없다면, 신앙은 무너지게 되고 작은 신앙이 되며, 결국에는 죽은 신앙이 되고 만다." 위르겐 몰트만, 『희망의 신학: 그리스도교적 종말론의 근거와 의미에 대한 연구』(대한기독교서회, 2002), 27.

리는 우리 자신을 사랑해야 한다"는 사실을 이해하게 되었습니다. ... 하느님께서는 우리들 각자를 다른 것이 아닌 있는 그대로 사랑하십니다. 때문에 우리는 하느님께서 사랑하시는 우리들 자신을 사랑할 수 있는 것입니다. 그럼에도 불구하고 자기 자신을 경멸하는 자는 사실은 자기 자신을 경멸하는 것이 아니라 하느님을 경멸하는 것입니다.[21]

우선, 칭의론은 사랑받는 존재로서 자신의 고귀함과 고유함을 발견하게 한다. 무조건적 사랑의 대상으로 자기를 발견하는 것은 장애인이 자신을 주체로 인식하게 하는 시발점이 된다. 또한, 칭의론은 인간이라면 누구나 하느님의 은혜가 필요하다는 것을 알려준다. 장애인과 비장애인 모두가 하느님께서 어떠한 조건도 달지 않고 자신을 받아주신다는 경험이 필요하다는 연대감은 "도움을 필요로 하는 자들에 대해 돕는 자들이 비하"하는 "태도를 끝장"낼 수 있다.[22] 이러한 면에서 칭의론에 담긴 은혜의 문법은 장애인이 차별받고 소외당하는 구조를 넘어설 수 있는, 참된 자유가 가능한 유일한 길이다.

다음으로, 비장애인도 장애를 대하는 자신의 의식적 · 무의식적 태도로부터 해방되어야 한다. 비장애인들은 건강에 대한 자만과

---

21 위르겐 몰트만, 『하나님 나라의 지평 안에 있는 사회선교』, 79~80.

22 울리히 바하, '신학의 주제로서 장애인', 『하나님 나라의 지평 안에 있는 사회선교』, 132. 이러한 이유로 울리히 바하는 칭의의 은혜에 대한 믿음은 사회선교의 근원적 문법임을 강조한다.

자기 능력에 대한 망상에 빠져 있다. 이러한 자만과 망상은 일상에서 "약한 사람들의 억압과 비하"로 알게 모르게 이어진다.[23] 특별히 현대 사회는 장애인을 "공공적인 삶의 '가시권'Gesichtskreise으로부터 배제"하는데, 이 때문에 비장애인은 장애인을 더 낯설어하고 불안해한다.[24] 비장애인은 세금 납부, 복지 정책 지지, 기부 프로그램 등에 참여함으로써 자신의 사회적 책임을 다한다고 생각하지만, 장애인을 '실제로' 만날 기회는 줄어들고 장애에 대한 무지와 편견, 두려움이 강화될 위험이 크다.

> 인간 존재를 건강성Gesundsein으로 동일시하는 사람은 병든 어떤 사람도 보지 않으려고 합니다. 인간을 능력의 강도로 일치시키는 사람은 약한 사람을 경멸할 것입니다. 인간에게서 아름다움schönsein을 찾는 사람은 모든 장애물을 혐오스러운 것으로 볼 것입니다. 그러나 건강, 능력, 아름다움 등의 이러한 가치들이 정말 인간적인 것입니까? 아닙니다. 그것들은 인간을 비인간으로 만듭니다. 그것들은 우리로 하여금 자신의 약함을 배제하고 부정하도록 강요하기 때문입니다.[25]

현대 문명은 인간의 능력, 아름다움, 건강에 대한 망상 위에 위태롭게 서 있다. 비장애인은 장애에 대한 선입견과 두려움에 갇혀 있

---

[23] 위르겐 몰트만, 『하나님 나라의 지평 안에 있는 사회선교』, 82~83.
[24] 위르겐 몰트만, 『하나님 나라의 지평 안에 있는 사회선교』, 81.
[25] 위르겐 몰트만, 『하나님 나라의 지평 안에 있는 사회선교』, 82.

음으로써 자신을 비인간화하고 장애인에게 고통을 안긴다. 그렇기에 비장애인의 해방은 자신과 장애인 모두를 위해 절실히 필요하며, 이 해방은 장애인과 실제 '만남' 없이는 이뤄질 수 없다. 그릇된 자기 이해에서 벗어나게 해주는 것, 인간성에 대한 협소한 자기 이해에서 벗어나게 해주는 건 결국 타자와의 만남이기 때문이다. 교회의 사회선교는 이런 해방의 공간, 타자와 '만남의 장'을 창출하는 방식으로 이루어져야 한다.

하느님의 선물로서 장애

장애인의 해방과 비장애인의 해방이 상호적인 만큼 장애로부터 해방을 선포하고, 이를 현실화하는 터인 교회는 '우정 공동체'다. 교회가 장애인들이 가진 심신의 손상 자체를 제거하거나 치유할 수는 없더라도 하느님의 치유의 은혜를 현실화하는 공동체일 수 있는 이유는 장애인과 비장애인이 병든 관계로부터 회복할 수 있도록 연대와 공존을 도모하기 때문이다. 이로써, 장애인은 도움이 필요한 약자이고 비장애인은 도움을 주는 강자라는 선입견 혹은 이원화된 관계구조는 깨어진다. 대신 상호승인과 존경의 기초 위에서 서로의 한계 가운데 도움을 주고받는 방법을 배우게 된다. 여기서 몰트만은 한 걸음 더 나아가 바울의 말대로 교회가 은사 공동체라면 장애 상태 역시 '성령의 선물'로 볼 수 있다는 급진적인 주장을 펼친다.

"모든 장애는 또한 천부적인 선물이다." 장애는 우리가 한 인간에게 결여된 것에 대해 경직되기 때문에 우리가 발견하지 못하는 하나의 천부적인 선물입니다. 그러나 우리가 우리 자신의 삶의 가치 기준으로부터 한순간이라도 해방된다면, 그때 우리는 다른 사람의 고유한 가치와 우리를 위한 그의 의미를 이해할 수 있을 것이 틀림없습니다. ... 성령의 은사들은 주께서 어떤 사람을 부르실 때, 그 사람이 있는 상황 자체로부터 생겨납니다. ... 결과적으로 장애인 됨도 그 장애인이 하느님의 상Bild과 세상에서의 빛이 되도록 부름을 받은 것이라면 장애는 그 형태가 어떠하든 성령의 은사입니다.[26]

그리스도의 몸으로서 교회가 여러 지체가 모여 이루어진다면, 비장애인과 마찬가지로 장애인도 자신이 처한 상황 그대로 공동체를 섬기고 하느님의 영광을 드러내도록 부름받았다고 할 수 있다. 부활하신 주님의 몸인 교회가 십자가에 못 박히신 분의 고난의 공동체인 만큼, 하느님의 고난의 능력은 그리스도의 몸의 고통, 멸시, 장애, 고난 가운데서 드러난다. 장애 상태는 "고통당하는 그리스도의 반사광"이 될 수 있고,[27] 힘과 성공에 몰두한 현대 사회에서도 고난당하시는 하느님의 능력과 사랑을 증언하는 매개가 될 수 있다.

---

[26] 위르겐 몰트만, 『하나님 나라의 지평 안에 있는 사회선교』, 93. 몰트만은 주장의 근거로 고린토인들에게 보낸 첫째 편지 1장 26절과 12장 24절, 그리고 고린토인들에게 보낸 둘째 편지 4장 7절 등을 언급한다.

[27] 위르겐 몰트만, 『하나님 나라의 지평 안에 있는 사회선교』, 94.

아무리 좋은 의도로 몰트만이 말했더라도 장애가 은사, 즉 선물이라는 주장은 반발과 분노를 유발할 수 있다. 몰트만 역시 자신의 발언이 불편할 수 있음을 인정했다. 하지만 이때 우리는 그가 식민주의적 폭력, 인종에 기초한 차별, 성에 대한 억압에 대다수 서구 신학자가 침묵하던 시기에도 성서적 근거에 기대어 고통받는 이들과 연대를 표명하고 이들을 위해 발언을 망설이지 않았던 이임을 염두에 둘 필요가 있다. 장애에 대한 그의 견해는 그의 성서 읽기에서 나온, 성서적 근거를 지닌 견해이며 그의 다른 견해들과 결을 같이한다. 몰트만에게 '선물'은 장애인도 교회 안에서 비장애인과 '완전히' 동등한 존재이며, 엄연한 주체로 인정해야 한다는 이야기를 가장 급진적으로 담아낸 성서의 표현이었다.

결론적으로, 장애인 인권에 관한 관심이 높아진 오늘날 관점에서 보면 그가 사용하는 표현이나 장애에 대한 지나친 신학화가 거북하게 느껴질 수도 있다. 해방이라는 관점이 장애인이 당면한 여러 문제를 단순화할 위험은 없는지 비판적으로 성찰할 필요도 있다.[28] 하지만, 반세기 이전 관점에서 보자면 당시 그의 발언에 더 큰 불편함을 느꼈을 이는 장애에 무지했거나 장애인을 시혜의 대상으로 보던 교회와 비장애인이었을 것이다.

---

[28] 현대 신학자 중 장애신학을 전개하며 몰트만의 초기 장애신학이 아닌 후기 성령론에서 통찰을 끌어오는 것을 선호하는 이들도 있다. 다음을 참고하라. Sharon V. Betcher, *Spirit and the Politics of Disablement* (Minneapolis: Fortress Press, 2007), 118~119. 몰트만도 1991년 출판한 자신의 성령론 책에서 장애 문제를 간략히 다루나 이전의 입장과는 큰 차이가 없다. 위르겐 몰트만, 『생명의 영』(대한기독교서회, 1992), 259~261.

몰트만은 장애인을 자신의 삶을 결정하고 비장애인을 해방하고 자신의 은사로 공동체를 섬기는 주체로 보고 거기에 맞는 존엄과 가치를 부여하려 함으로써 당대 장애학의 도전에 따른 사회선교의 "코페르니쿠스적인 전환"에 필요한 신학적 성찰을 제공했다.[29] 또한, 알게 모르게 장애 상태를 '타락의 결과'로 생각하는 데 길들여진 서방 교회를 향해 장애에 접근하는 전혀 다른 관점을 제시함으로써 장애인과 비장애인 모두를 위한 장애신학의 가능성을 열어젖혔다.[30] 무엇보다도, 그는 장애라는 현실적인 주제를 신학적으로 다룸으로써 신학이 시공간을 초월할 무결점 교리를 추구하는 것이 아니라 하느님 나라의 정의와 평화를 '지금 여기'서 우리가 어떻게 맛보고 살아갈지를 성찰하는 지혜에 관한 학문임을 상기시켜 주었다.

---

[29] 울리히 바하, '신학의 주제로서 장애인', 『하나님 나라의 지평 안에 있는 사회선교』, 128.

[30] 아우구스티누스는 완전하게 창조된 아담이 타락하게 되면서 장애도 생기게 되었다고 추정한다. 하지만 이러한 아우구스티누스의 주장은 인류에게 있어 장애의 기원에 관한 문제에 대한 답변인 만큼, 특정한 죄의 결과로 어떤 개인에게 장애가 있다는 인과적 해석(요한 9:1-3)과는 구별된다. 다음을 참고하라. Augustinus, *Contra Julianum*, 6.13.

왜 그는 그리스도를 흑인이라 불렀나

『아무에게도 말하지 않을 거라고 했지만: 한 흑인 신학자의 자서전』
제임스 콘 지음. 홍신 옮김. 한국기독교연구소, 2021.

하루 종일 가르치고 학생 상담까지 하고 나면, 블루스, 흑인영가, 재즈가 조용히 흐르는 내 집의 지하실인 블루룸에 돌아와, 내 존재가 흑인성의 영성의 심연에 도달했을 때 비로소 글을 썼다. 글을 쓸 때면, 내 안에서 어휘들이 흘러나와 기분이 좋아졌다. 나는 재즈 뮤지션들이 피아노, 색소폰, 드럼을 연주하듯, 홀로 음악을 들으며 어휘들을 연주하고 즉흥적으로 변주하며 종이 위에 나 자신을 표현하였다. 단어들이 종이 위에서 춤을 추면, 내 글이 나 자신에게 말하는 것을 거의 다 들을 수 있었다. 글쓰기는 나를 놀라게 만들었고, 나는 항상 이 어휘들이 어디에서 왔는지 잘 알 수 없었다. 단어들은 나를 초월한 자유를 지니고 있었다. 내가 쓴 첫 문장은 나를 놀라게 했다. "그리스도교 신학은 해방신학이다Christian theology is a theology of liberation."[1]

---

* 원서는 다음과 같다. James H. Cone, *Said I Wasn't Gonna Tell Nobody: The Making of a Black Theologian* (Maryknoll, NY: Orbis Books, 2018).

[1] 제임스 콘, 『아무에게도 말하지 않을 거라고 했지만』, 87~88. 인용문의 마

20세기 신학을 논할 때 빼놓을 수 없는 흑인신학Black Theology의 탄생을 알리는 장면이다. 일반적으로 흑인신학에서 흑인이란 아프리카계 미국인을 가리킨다. 유럽 각국이 식민주의 경쟁을 벌이던 17세기 중반 이후 약 200년 동안 아프리카에서 약 900만 명이 신대륙으로 노예로 팔려 갔다. 인간을 사고파는 비인간적인 행태에 대한 거센 비판에 노예무역은 공식적으로 끝났지만, 이들의 후손은 아메리카 대륙에서 노예 생활을 계속해야만 했다. 1865년 남북전쟁이 북부의 승리로 끝나고 수정 헌법 제13조가 비준되며 미국 전역에 노예 해방이 실현되었다지만, 한 세기가 지나도록 아프리카계 미국인들은 실질적으로 노예 상태에 빠져 있었다.

그러던 1950년대 중반 말콤 엑스Malcolm X(1925~1965)와 마틴 루터 킹 주니어Martin Luther King Jr.(1929~1968) 등의 지도자가 등장하며 흑인 인권 운동이 일어났다. 잃어버린 흑인의 존엄과 권리를 되찾고자 하는 목소리가 미국 전역으로 거세게 퍼져갔다. 저항의 목소리는 시간이 지나며 사그라들기는커녕 10년이 넘도록 계속되었다. 대다수 흑인의 삶이 흑인교회와 밀접히 관련되어 있었던 만큼, 정의와 평등을 향한 투쟁을 지지할 '신학적 틀'도 요구되었다. 지난 300년간 억압받은 흑인들의 삶을 해석하고, 피해자로서 기억과 경험이 증오의 복수로 흐르지 않도록 신앙의 자원을 활용할 방법이 필요했다. 무엇보다도 자신들의 오랜 잘못을 잘못인지도 모르는

지막 문장 "그리스도교 신학은 해방신학이다"는 1970년에 출간되어 흑인신학의 고전적 저서 반열에 오른 콘의 1970년 작 『흑인해방신학』A Black Theology of Liberation의 첫 문장이다.

백인들의 굳어진 마음을 깨트리도록 언어를 도끼처럼 휘두를 수 있는 누군가가 나서야 했다. 이러한 시대적 요청과 함께 주목받는 신학자로 떠오른 이가 제임스 콘이었다.

내 안에서 불타고 있는 흑인의 불꽃[2]

콘은 미국 사회 내에서도 흑백 분리 문제가 첨예하게 대두되었던 아칸소주에서 태어나고 자랐다. 당시 미 남부의 일상을 흑인에 대한 혐오스러운 폭력과 굴욕적 무시가 점령했다면, 일주일의 하루 흑인들이 함께 드리는 예배는 자유와 기쁨으로 채워진 시공간을 열어주었다.

> 주님의 날인 주일은 한 주의 특별한 날로 모두가 가장 좋은 것을 입고 교회에 와서 설교를 듣고, 기도하고, 천국에 종을 울릴 노래를 불렀다. … 우리는 교회에서 백인 사회에서 경험하지 못한 자유를 목격하며 황홀감에 기뻐했다. 우리는 조상들이 전해준 노래에 담긴 자유를 목소리 높여 불렀다."[3]

이러한 흑인교회에서 원초적 경험은 이후 흑인신학의 재료이자 맥락이자 영감이 되었다.

공부에 남다른 소질을 보였던 콘은 북부 일리노이주에 있는 게렛 신학교와 노스웨스턴 대학교에서 본격적으로 신학 훈련을 받았

---

2   제임스 콘, 『아무에게도 말하지 않을 거라고 했지만』, 24.
3   제임스 콘, 『아무에게도 말하지 않을 거라고 했지만』, 124.

다. 그는 이른바 '현대 유럽신학'을 체계적으로 배웠고, 칼 바르트의 인간론에 관한 박사 논문을 작성했다.[4] 하지만 미국 사회의 흑백 분리라는 현실 속에서 신학을 공부하고 학생들을 가르칠수록, 기존 신학에 대한 회의와 반감이 마음에 쌓여갔다.

> 아칸소와 루이지애나와 미시시피주의 목화밭에서 온 흑인 학생들, 흑인을 비존재nonbeing로 규정한 사회 안에서 자기들의 삶의 구조를 변혁시켜 보려는 흑인 학생들에게 있어서 칼 바르트가 도대체 무엇을 의미하는 것일까?[5]

박사 학위 후 곧 그는 자신의 흑인성을 노골적으로 드러내며 자신의 이름을 미국 학계와 사회에 각인할 『흑인신학과 블랙파워』Black Theology and Black Power(1969)를 집필했다. 콘의 신학적 창조성과 사회 비판적 목소리, 글쓰기 능력은 곧 대중과 학계의 주목을 이끌었고, 1970년 미국 진보 신학의 상징이었던 뉴욕의 유니온 신학교가 그를 교수로 초빙했다. 유니온 신학교는 그가 은퇴 때까지 굵직굵직한 저서들을 써내고, 세계 곳곳에서 온 후학들을 지도하며, 다양한 강연 활동을 펼칠 수 있는 중요한 발판이 되어 주었다.

억압받는 자의 시선에서 신학을 전개한 콘은 세계 곳곳의 고통받는 사람들과 연대하였고, 한국 신학계와도 특별한 관계를 맺었

---

[4] 콘의 박사 학위 논문은 다음과 같다. James H. Cone, 'The Doctrine of Man in the Theology of Karl Barth' (Ph.D. diss., Northwestern University, 1965).

[5] 제임스 콘, 『눌린 자의 하느님』(이화여자대학교출판부, 1980), 19.

다.[6] 콘이 처음으로 한국 문제에 관심을 공개적으로 표명한 곳은 일본이었다. 1975년 일본 방문 시 그는 일본 사회에서 차별받던 재일교포들을 만났다. 그는 미국에서 백인에게 고통받는 흑인의 삶과 일본에서 소외되고 무시당하는 한국인의 삶이 닮았다고 보았고, 일본 주류 사회에 대한 비판적 목소리를 과감하게 냈다. 4년 후 콘은 한국을 방문하였지만, 유신 시대였던 만큼 그의 강의는 중앙정보부의 감시 속에서 이뤄졌다. 어쩔 수 없이 콘은 미국의 인종 문제와 흑인신학에 집중해 강의했고, 이후 사적인 자리에서 한국의 상황을 놓고 한국 신학자들과 이야기를 나눴다고 한다.

콘이 1970년대 중반에 한국 신학계에 관심을 기울였던 만큼, 그는 1세대 민중 신학자들과도 특별한 관계를 맺었다. 이화여자대학교에서 신학을 가르쳤던 서광선과 현영학은 그의 초청을 받아 유니온 신학교에서 초빙교수로 활동했다. 다음 세대 진보적인 젊은 한국 신학도들은 콘의 제자가 되어 유니온 신학교에서 공부하였고, 상당수가 학업을 마친 뒤 교수로 활동하며 한국 신학계에 영향을 끼쳤다. 과거 흑인 신학자들이 아시아 해방신학자들과 교류가 상대적으로 적었던 것을 고려하면,[7] 한국의 상황에 적극적 관심과

---

[6] 콘과 한국 신학의 관계에 관해서는 다음을 참고했다. Dwight N.Hopkins, *Introducing Black Theology of Liberation* (Marynoll, NY: Oribis, 1999), 172~173.

[7] 흑인신학이 억압받는 자들의 목소리에 귀 기울였던 만큼 흑인 신학자들은 세계의 여러 해방신학과 연대하였다. 하지만 흑인 신학자들이 유독 아시아계 신학자들과는 활발히 교류하지 못했는데, 그 이유는 여러 사회경제적 요인이 얽혀 복합적인 양상을 띠었다. 우선, 유럽과 남미와 아프리카와 달리 (한국을 제외한) 아시아 국가 출신 이민자 중 그리스도인이 많지 않았다. 또한, 아시아 이민자가 미국에 정착하는 과정에서 주류 사회에 편입되는 것을 목표로 했던 만큼 소수자들, 특히 흑인의 억압받은 역사에 관심을 크

지지를 보였던 콘의 행보는 인상적이다.

콘이 신학자로서 활동한 반세기 동안 세계 곳곳에서 각종 차별과 정치경제적 억압에 대한 저항이 거세게 일어났다. 그런 만큼 그의 도발적 글과 강의는 세계 교회에 적지 않은 영향력을 끼쳤다. 그는 12권의 책과 150편이 넘는 논문을 썼고, 여러 나라를 여행하며 강연하였으며, 13개의 명예박사 학위를 받았다. 한국에서도 현영학을 통해 초기작 『눌린 자의 하느님』God of the Oppressed(1972)과 『흑인 영가와 블루스』The Spirituals and the Blues(1975)가 1980년과 1987년에 각각 출간되었다. 그 후 한동안 콘의 저서는 우리말로 나오지 않았다. 『흑인 영가와 블루스』가 나온 지 대략 20년이 지나 한 인문교양 출판사에서 '다르지만 같은 길'이라는 시리즈 중 한 권으로 그의 『맬컴 X vs. 마틴 루터 킹』Martin&Malcolm&America(1992)을 2005년에 펴냈을 뿐이다. 이로부터 또다시 약 20년이 지난 2021년 그의 마지막 작품이 우리말로 번역되어 출간되었다. 바로 『아무에게도 말하지 않을 거라고 했지만』이다.

이 책은 유명한 흑인 가스펠 찬양의 가사의 첫 소절인 "아무에게도 말하지 않을 거라고 했지만"을 제목으로 삼고 있다. 말년에 콘은 원고를 직접 썼지만, 완성된 원고가 책으로 출간되기 반년 전인 2018년 4월 28일에 세상을 떠났다. 그는 흑인 신학자이자 작가로서 자기 경력을 마무리하고자 "아프리카계 미국인들이 노예 체

게 기울이지 않았다. 게다가 교육 수준이 상대적으로 높고 성실하게 일하는 아시아 이민자들은 수백 년간 구조적 폭력 속에 길든 흑인들에게는 위협적인 경쟁 대상이기도 했다. Dwight N. Hopkins, *Introducing Black Theology of Liberation*, 172 참고.

험기부터 현재까지 미국 사회에 말하기 위해 선택한 통로"였던 자서전이라는 형식을 선택했다.[8] 그런 만큼 이 책은 흑인 민권운동의 역사와 궤적을 같이했던 한 흑인 신학자의 삶의 이야기를 흥미진진하게 들려줄 뿐만 아니라, 아프리카계 미국인들의 역사와 경험을 재료로 사용하고 그들의 언어와 문화를 틀 삼아 신학을 전개하던 콘의 특성을 인상적으로 드러내 준다.

백인교회는 적그리스도다[9]

1967년 7월 23일 미국 미시간주 디트로이트에서 '12번가의 폭동'The 12th Street Riot이 일어났다. 백인 경찰 네 명이 이른 아침 무허가 술집을 단속하며 거기에 있던 흑인 전원을 이유 없이 체포했다. 이 사건을 계기로 인종차별이 극심한 도시였던 디트로이트 흑인들의 분노가 폭발했고 닷새 동안 폭동이 이어졌다. 경찰과 흑인이 대치하는 가운데 43명이 사망했고, 1,189명이 다쳤으며, 7,000명 이상이 체포되었다. 폭동 소식은 미국 곳곳에 있던 흑인들의 저항을 불러냈고, 그중에는 흑인 학생들에게 유럽 신학을 가르치던 콘도 있었다. 콘은 이 폭동이 자기에게 끼친 영향을 1914년 바르트가 독일 황제의 전쟁 결정을 지지한 자유주의 스승들에 충격을 받고 그들과 결별하기로 한 사건에 비유하기도 했다.[10]

---

[8] 제임스 콘, 『아무에게도 말하지 않을 거라고 했지만』, 7.

[9] 제임스 콘, 『아무에게도 말하지 않을 거라고 했지만』, 71.

[10] 하지만, 콘은 인종주의에 분노하는 흑인 학생들에게 "신학은 거대한 모순에 대한 분노와 함께 출발"하지만, 그것을 "할 수 있는 한 창조적으로 말하고 쓰는 데 이용"할 수 있어야 한다고 일러준다. 제임스 콘, 『아무에게도

콘은 인종 문제가 첨예해진 1960년대 후반 신학자로서 훈련을 받고 신학계에 진출했다. 이 무렵에 이미 소수의 아프리카계 미국인들이 고등교육을 받고 대학에 자리를 잡고 강연과 저술 활동을 하고 있었다. 그들 중 일부는 이제 막 대학원을 마쳐서 학자로서 자신감과 경험이 부족했던 젊은 콘의 멘토 역할을 하였고, 그를 시대와 나라를 대표하는 학자이자 작가로 성장하게 도와주었다. 하지만 이들 대부분이 역사학, 사회학, 종교학 등을 전공했다면, 그리스도교 신앙의 알짬을 다루는 조직신학자로서 콘은 '흑인들을 위한 신학'을 과감하게 시도했다. 이는 곧 백인 남성들이 주도한 기존 신학의 권위에 대한 도전이기도 했다.

나는 좋은 글을 쓰기 위해 글에 흑인의 경험을 반영해야만 했다. 흑인들의 사랑은 내 언어를 찾게 해주었고, 나는 그들 중 한 명이며, 내가 흑인들의 경험을 반영하는 방식의 신학을 하고 있다는 것을 인식할 수 있도록 말해주어야 했다. … 신학적 권위로서 바르트와 틸리히, 니버를 사용한다면, 나와 흑인들은 백인 우월주의로부터 결코 해방될 수 없었다. 그들의 신학은 나를 자유롭게 하고 독립적으로 생각하게 하고 흑인들을 해방하기 위해 만들어지지 않았다.[11]

널리 알려져 있듯 바르트와 틸리히와 니버는 모두 세계대전과 냉

말하지 않을 거라고 했지만』, 141. 10쪽도 참고하라.

[11]　제임스 콘, 『아무에게도 말하지 않을 거라고 했지만』, 58~59.

전이라는 극단적 시대 상황 속에서 신학을 전개했고, 종교가 권력에 봉사하는 이데올로기가 되었다고 맹렬히 비판했다. 하지만 콘이 볼 때 바르트의 신학은 하느님의 초월성을 지나치게 강조하기에, 하느님의 말씀과 흑인들의 고통 사이의 관계를 적절하게 설명해줄 수 없었다. 히틀러 정권을 비판하다 미국으로 망명한 틸리히였지만, 그는 흑인 문제를 건드리면 "미국 청중들이 거부할 것"이라며 인종주의에 대해서는 발언을 삼갔다.[12] 세상을 변화시키는 데 '열광적 정신'의 필요성을 강조했던 니버도 정작 미국 내 흑인 문제에는 무지했고, 이에 침묵함으로써 인종주의자들과 공모했다.[13] 일례로 1963년 9월 버밍햄 16번가 침례교회에서 테러로 네 명의 흑인 소녀가 죽은 후 라디오 방송에 나와서도 니버는 애써 인종 문제에 중립적 입장을 고수했다.[14]

콘이 볼 때 흑인들에게는 바르트, 틸리히, 니버 같은 이름 값있는 신학자가 아니라 흑인들의 경험을 반영하고 흑인 독자와 청중들에게 호소할 수 있는 누군가가 필요했다. 백인을 대상으로 했던 서구신학의 언어와 논리가 아니라 흑인의 심장 소리에 공명하는 내용과 리듬감을 지닌 언어를 찾아야 했다. 그러다 보니 그의 신학에는 흑인 공동체의 종교와 문화와 정치가 분석의 대상이 되고, 흑

---

[12] 제임스 루터 아담스의 말을 재인용했다. 제임스 콘, 『아무에게도 말하지 않을 거라고 했지만』, 97.

[13] 콘의 첫 작품 『흑인신학과 블랙파워』를 대부분의 백인 신학자가 그 과격성 때문에 비판했지만, 흥미롭게도 니버는 이 책에 대해 호평을 남겼다. 제임스 콘, 『아무에게도 말하지 않을 거라고 했지만』, 72~73.

[14] 제임스 콘, 『아무에게도 말하지 않을 거라고 했지만』, 172.

인 영가와 블루스가 자주 인용되며,[15] 흑인들의 피땀으로 얼룩진 역사와 그들의 삶의 이야기가 가득하다. 무엇보다도 콘은 흑인신학의 중심 메시지를 하느님께서 그 백성을 억압과 부자유 상태로부터 건지시는 해방 그리고 흑인성에 대한 긍정적 인식과 재발견으로 삼는다.[16]

백인들이 수백 년간 쌓아온 억압, 폭력, 기만의 기제에서 벗어나기 위한 투쟁은 단지 합리적 설득, 부드러운 수사학, 상대를 배려하는 예의로는 실현하기 어려웠다. 그래서 당시 흑인 자유 투쟁에서는 '혁명'이라는 표현을 자주 사용했다. 하지만 콘의 신학은 흑인 운동권에서 사용하는 단어를 그대로 차용하지 않는다. 대신 그는 혁명보다 더 포괄적 의미를 가졌고, 구약성서부터 신약성서까지 줄기차게 나오는 '해방'을 핵심어로 삼는다.

출애굽, 예언자들, 예수, 이 셋은 흑인신학에서 해방의 의미를 규정한다.[17]

---

[15] 특별히 다음을 보라. 제임스 콘, 『흑인영가와 블루스』 (한국신학연구소, 1987).

[16] 1969년 한 강연에서 콘은 흑인신학을 "흑인 해방의 신학"이요, "흑인성blackness의 신학"으로 규정한다. 다음을 보라. Gayraud Wilmore, 'A Revolution Unfulfilled, but Not Invalidated', James Cone, *A Black Theology of Liberation: Twentieth Anniversary Edition* (Maryknoll, NY: Orbis, 1990), 152. 해방신학이라는 단어는 1970년에 출간된 구스타보 구티에레즈Gustavo Gutiérrez Merino OP(1928~)의 『해방신학』Teología de la liberación 덕분에 세계적으로 유명해졌다. 구티에레즈의 책은 페루에서 1970년에 나왔고 1973년에 영어로 번역되었다.

[17] 제임스 콘, 『아무에게도 말하지 않을 거라고 했지만』, 90.

해방은 흑인의 역사, 종교, 음악, 문학 전반에 걸쳐 발견될 뿐만 아니라, 흑인교회의 설교, 찬양, 이야기를 통해 내려오고 있다. 콘이 신학의 핵심을 해방으로 삼은 이후 그가 강연하거나 글을 쓰면 곧 백인 주류 신학자들은 '복음이 곧 해방은 아니다'라거나 '흑인만이 고통받는 것은 아니다'라는 비판을 가했다.[18] 이에 대한 콘의 생각을 가장 잘 보여주는 것은 유니온 신학교 교수 면접 때 그가 백인 선배 교수들 앞에서 했던 말이 아닐까 싶다.

> 백인 신학자들은 백인 우월주의로부터 흑인을 해방하는 하느님의 복음을 무시해왔습니다. 그들은 린칭트리lynching tree에 매달린 흑인들의 몸보다 유럽에서 유행하는 최신 신학에 관심을 기울였습니다. … 어떤 신학도 가난한 이들을 향한 하느님의 해방이란 주제에 무관심하다면 그리스도교의 신학이 아닙니다. … 미국의 신학은 가난한 흑인과 빈자들을 일반적으로 무시해왔기 때문에 그리스도교 신학이라 할 수 없습니다.[19]

콘의 신학이 억압받는 자의 분노로부터 촉발되었고 백인들이 주도한 신학의 그늘에서 벗어나려 한 만큼 그는 과장되고 자극적인 수사를 활용했다. 예를 들면, 그에게 예수는 흑인들의 고통과 자신의

---

[18] 아프리카계 미국인 신학자들은 다른 관점에서 콘을 비판한다. 콘 이후 활동한 흑인 신학자 중에는 콘이 인종 문제에 집중하다 '계급'의 문제를 보지 못했음을 지적하기도 하고, 그가 말하는 흑인의 경험이 '흑인 남성'의 경험이라고 비판하기도 한다.

[19] 제임스 콘, 『아무에게도 말하지 않을 거라고 했지만』, 94~95.

십자가 고통을 동일시하는 '흑인 예수'였고, 백인교회는 해방의 복음에 등 돌린 '적그리스도'이다. 콘의 말투가 도발적인 만큼 그는 오해를 많이 받았고, 그에게 호의적인 사람들마저 불편하게 만들었다. 어느 날 식사 중 그의 지도교수 한 명은 이렇게 말했다. "짐, 어째서 당신은 지금 점심 식사에서 보이는 것처럼 관대한 태도로 공적인 글을 쓰고 말하지 않는 거죠?"[20] 하지만 이런 말을 듣는다고 부드러운 언어를 쓸 콘은 아니었다.

여기서 오해하지 말아야 할 점은 콘이 백인들의 신학에 대한 맹렬한 비판을 가하지만, 그는 바르트, 틸리히, 니버, 본회퍼 등의 장점을 꿰뚫어 보고 이들이 사용한 개념과 방법론을 창조적으로 변화하여 흑인신학에 접목한다는 사실이다.[21] 이 책에서 콘은 자신이 바르트의 신학을 어떤 식으로 대하고 있는지를 알려주는데, 이를 통해 그가 기존 서구 신학과 맺는 미묘하고 복잡한 관계를 이해하는 실마리를 얻을 수 있다.

---

[20] 제임스 콘, 『아무에게도 말하지 않을 거라고 했지만』, 108.

[21] 신학책이 아니라 자서전인 만큼 『아무에게도 말하지 않을 거라고 했지만』에서 발견하기는 쉽지 않지만, 바르트 인간론을 전공한 만큼 그의 신학적 방법론은 바르트에게 크게 빚지고 있다. 실제 바르트의 변증법적 신학의 영향은 특유의 변증법적 방법론에서 볼 수 있다. 콘의 신학은 인종차별의 현실이라는 구체적 상황에서 시작하지만, 복음으로부터 정의를 위한 투쟁의 틀을 형성한다. 이러한 신학적 성찰은 다시 흑인들의 삶과 경험이라는 구체적 상황으로 돌아가는 역동성을 가진다. 그런 의미에서 콘의 방법론은 상황 변증법적contextual-dialectical이라 부를 수 있다. 이러한 방법론에 따르면, 역사 속에서는 고정된 보편적 진리를 누구도 소유할 수 없기에 백인 신학과 교회뿐만 아니라 흑인신학과 교회도 계속 부정되고 새롭게 시작되어야 한다. Edward Antonio, 'Black Theology', *The Cambridge Companion to Liberation Theology* (Cambridge: Cambridge University Press, 1999), 68. 그리고 다음을 참고하라. 제임스 콘, 『아무에게도 말하지 않을 거라고 했지만』, 64.

B.B. 킹이 자신의 기타를 사용한 것처럼, 또한 레이 찰스가 피아노를 사용한 것처럼, 나는 바르트의 신학을 사용했다. … 나는 바르트를 따르지 않았다. 그는 단순히 내가 연주한 하나의 악기였으며 언제나 내 뒤편에 존재했을 뿐이다.[22]

달리 말하면, 콘은 여러 거장의 신학을 배웠지만 그들의 신학적 노예가 되려 하지 않았다. 대신 그는 거장들의 신학을 가지고 자유로이 변주하며 자기 신학을 전개했다. 그가 이렇게 당돌할 정도로 말할 수 있는 이유는 그가 흑인으로서 정체성에 대한 자부심만이 아니라 작가로서 글쓰기 기술에 대한 자신감이 있었기 때문이다.

글쓰기는 신학적으로 나를 해방시켰다[23]

콘이 쓴 글을 읽어 보면 그의 급진적인 주장뿐만 아니라 그의 문장들에도 눈이 간다. 『아무에게도 말하지 않을 거라고 했지만』도 마찬가지다. 이 자서전에는 그의 이야기꾼으로서의 면모와 문장가의 면모가 절묘하게 버무려져 있다. 재즈와 블루스 연주자들이 악기를 연주함으로써 자신을 표현하듯, 콘은 언어를 춤추고 노래하듯 다룸으로써 자신의 흑인성을 발견하는 해방의 경험을 드러낸다.

바르트, 브루너, 니버, 틸리히, 본회퍼, 불트만. 그들은 신학에서

---

[22] 제임스 콘, 『아무에게도 말하지 않을 거라고 했지만』, 120.

[23] 제임스 콘, 『아무에게도 말하지 않을 거라고 했지만』, 90.

유럽의 거인들이었다. 하지만 난 이들을 비틀었다. 그들의 진리가 아닌 나의 진리를 말하기 위해 모든 방식으로 그들의 언어를 꼬았다. 나는 글쓰기를 사랑했다. ... 해방의 의미는 흑인 스타일로 내가 글을 쓰는 것이었다.[24]

콘은 자신만의 리듬과 흥을 가지고 어떻게 유럽 신학을 전공한 자신이 흑인성을 품어낸 작가가 되었는지 들려준다. 그는 자기 신학의 형성을 관념적으로 설명하는 통상적 방법에 만족하지 않는다. 대신 그는 실존했던 사람들의 성품과 특성이 어떻게 자기 삶으로 흘러들어왔는지 들려준다.

> 백인 신학계에서 이어질 인종주의에 대한 공격을 받아낼 용기가 내게 있다면, 그것은 내 아버지로부터 온 것이다. 내 어머니인 루시는 말하는 데 재능이 있었고, 어머니는 종종 아버지를 도와 효과적으로 말하는 데 필요한 어휘들을 찾아주었다. ... 아버지는 내게 용기를 주었고, 어머니는 내게 언어를 주었다. 내 영혼속에 불타고 있는 것을 표현하기 위해선 이 두 가지가 모두 필요했다.[25]

콘의 사상과 삶을 형성하는 데는 흑인의 권리를 위해 투쟁하던 여러 흑인 지도자와 작가의 역할도 컸다. 1960년대 흑백 문제에 관심

---

[24] 제임스 콘, 『아무에게도 말하지 않을 거라고 했지만』, 90.
[25] 제임스 콘, 『아무에게도 말하지 않을 거라고 했지만』, 78~79.

을 가지고 해방 운동에 참여했던 흑인 대다수는 말콤 X와 마틴 루터 킹 주니어 둘 중 하나를 선택해야 하는 압박을 느꼈다. 전자는 피해자로서 분노를 강하게 표출하며 흑백 분리를 주장했고, 후자는 사랑의 복음을 선포하며 비폭력 저항과 흑백 통합을 꿈꿨다. 둘의 입장이나 공개적으로 던진 메시지가 달랐던 만큼 둘을 통합할 논리를 찾기란 결코 쉬운 일이 아니었다. 콘이 고심 끝에 둘 중 한 명을 선택했다면 그는 뉴욕에서 흔히 만날 법한 평범한 흑인 중 한 명이 되었을지 모른다. 하지만, 그는 흑인 작가 제임스 볼드윈James Baldwin(1924~1987)의 산문 덕분에 양자택일의 논리에 빠지지 않았고 흑인성을 긍정하는 힘을 얻었다.

> 누구도 마틴처럼 사랑을 설교할 수 없었다. 누구도 말콤처럼 흑인들에게 말할 수 없었다. 누구도 볼드윈처럼 사랑과 흑인성을 유려하게 서술할 수 없었다. 힘을 다해 말하는 것의 의미를 알고자 했을 때, 나는 마틴이나 말콤의 녹취를 들었다. 이들은 언어를 말로 구사하는 예술가들이었다. ... 내가 힘을 다해 글을 쓰는 것의 의미를 알고자 할 때는 제임스 볼드윈을 떠올렸다. 그의 언어는 마치 초월적인 영이 그의 문장에 영감을 준 것처럼 읽힌다. 하느님은 그와 같은 식으로 글을 쓰셨을 것이다.[26]

볼드윈은 자신이 흑인임을 긍정하였지만, 동시에 모든 인류를 사

---

[26] 제임스 콘, 『아무에게도 말하지 않을 거라고 했지만』, 201.

랑하였다. 억압받는 흑인에 눈감는 교회에 실망하여 교회에 등을 돌렸지만, 복음을 떠나기는커녕 그 핵심인 사랑을 꼭 붙들었다. 미국 사회가 흑인을 인간으로 대우하지 않는 것에 분노했지만, 진정한 사랑은 고통을 통해 얻는 것임을 전파했다. 가난과 수치로 얼룩진 흑인의 삶을 폭로했지만, 누구도 더럽힐 수 없는 인간의 존엄을 주목하게 이끌었다. 무엇보다 볼드윈에게는 흠모할 만한 것이 전혀 없고, 멸시받고 버림받은 비참한 삶 속에서도 아름다움을 응시하는 힘이 있었다.

> 아주 어렸을 때, 와인과 오줌 얼룩이 묻은 복도에서 친구들을 마주하고 있을 때 나는 궁금했다. 이 모든 아름다움은 결국 어떻게 될까? 우리 흑인들과 백인들 일부는 아직 깨닫지 못한 듯하나 사실 흑인은 매우 아름답다.[27]

볼드윈의 글을 이상으로 삼았던 만큼 콘은 흑인의 특수한 경험에서 시작하지만, 흑인만의 자기 서사에 함몰되지 않고 보편적 호소력을 가진 글쓰기를 지향했다. 그는 "예수는 십자가 처형자들보다 강했다"라는 믿음으로부터,[28] 가해자보다 피해자가 더 강할 수 있음을 설득했다. 흑인 남녀가 교회에 모이면 열광적으로 박수치고, 울부짖고, 노래하고, 설교하는 것이 단지 교양이 없거나 교육 수준

---

[27] 제임스 볼드윈, '십자가 아래에서: 내 마음속 구역에서 보낸 편지', 『단지 흑인이라서, 다른 이유는 없다』(열린책들, 2020), 144.

[28] 제임스 콘, 『아무에게도 말하지 않을 거라고 했지만』, 211.

이 낮아서가 아니라, 인종주의자들에 대한 증오를 신앙의 힘으로 쫓기 위한 것임을 보여주고자 했다. 가치 있는 것도 아름다울 것도 없는 듯한 흑인들의 고통이지만, 더 나은 미래에 대한 희망을, 그 역사를 통해 볼 수 있는 감각을 흑인과 백인 모두에게서 일깨우고자 했다. 이러한 콘의 노력을 그의 장례식 추도사에서 코넬 웨스트 Cornel West는 칭송했다.

> 400년 동안 상처를 입었지만 계속해서 이 세상에 회복을 가르쳐 주었고, 400년 동안 테러를 당했지만 계속해서 이 세상에 자유를 가르쳐 주었으며, 400년 동안 경멸당했지만 계속해서 이 세상에 사랑과 사랑하는 법을 가르쳐 주었던 사람들의 전통 안에서, 그는 하나의 위대한 예시가 되었다.[29]

20세기 미국의 인종 문제를 주로 다루고 있다는 점에서 어떤 독자는 이 책을 오늘날 한국 그리스도인과는 큰 관련이 없는 책이라고 생각할 수도 있다. 하지만, 신학은 고통받은 현실과 무관하지 않고 억압에서 해방을 선포해야 한다는 것을 강연과 글과 삶으로 증언한 한 신학자를 만나게 해준다는 점에서 이 책은 결코 우리와 상관없는 이야기를 하고 있지 않다. 다문화·다종교 사회로 급속도로 진입 중인 대한민국에서 교회가 알게 모르게 기득권과 억압자의 위치에 설 수 있음을 생각하면 더욱 그러하다. 또한, 이 책은 독

---

[29] 코넬 웨스트, '서문: 제임스 콘을 기리며', 『아무에게도 말하지 않을 거라고 했지만』, 1.

서 편식이 심하고 번역서에 대한 의존도가 높은 이들에게는 자신의 말로 신앙을 사유하고 글 쓰는 행위의 필요성과 중요성을 일깨운다. "글을 쓰는 행위는 영혼을 만드는 행위, 즉 연금술이다"라는 글로리아 E. 안살두아Gloria E. Anzaldúa의 말처럼,[30] 우리는 단지 입으로의 고백만이 아니라 나의 언어로 글을 씀으로써 반성적이면서도 창조적인 신앙의 주체로 거듭나기 때문이다.

---

[30] Gloria E. Anzaldúa, 'Speaking in Tongues: A Letter to 3rd World Women Writers', *The Gloria Anzaldúa Reader* (Durham, NC: Duke University Press, 2009), 30.

고대 로마의 한 속국에서 나자렛 예수를 따르던 이들의 작은 운동에서 시작된 그리스도교는 세계 곳곳으로 퍼져나갔다. 바울이 그리스도의 몸이라 부르던 교회는 이후 정치와 경제, 문화, 교육, 예술 등 인간 삶의 전 영역과 밀접한 관련을 맺으며 인류사에 큰 영향을 끼치는 세력으로 발전했다. 그리스도교는 1세기 팔레스타인에서 발생할 때부터 다양성을 가지고 있었고, 그 다양성은 시공간이 변할 때마다 변주를 겪으며 복잡한 내적 다원성을 형성했다. 각기 다른 교회 전통은 역사적으로 발전하는 과정 중에 특정한 국경, 민족, 문명, 언어 등의 경계와 강하게 결부되었다. 그 결과 그리스도의 한 몸을 이루는 교회들은 서로의 공통점보다는 차이를 부각했다. 서로에 대한 오해와 견제는 수백 년 동안 신학자와 교회 사가에게 마르지 않는 글감을 제공해줬다.

하지만 20세기에 들어오며 상황은 극적으로 변했다. 러시아 디아스포라의 서방 세계로의 이주, 로마 가톨릭의 제2차 바티칸 공의회, 세계교회협의회 설립, 복음주의의 세계화 등의 역사적 사건은 교회 전통과 교단 사이의 대화와 협력이라는 흐름을 만들어냈다. 또한, 학문적 신학과 출판계의 성장 덕분에 특정 전통에 갇혀 있던 사람들이 다른 전통의 신학에 노출될 기회가 많아졌다. 교통과 통신의 발전으로 이주와 교류가 늘어나며 대중도 신앙이 문화적 요소와 상호작용하며 표현된다는 것을 체감하였다. 여러 배경과 경험과 신념을 가진 사람들이 공존하는 다원주의 사회에서 하나의 전통만을 접하고 산다는 것은 이제 불가능한 일이 되었다.

이러한 시대적 상황에 발맞춰 『신학의 영토들』 4부에서는 현대 로마 가톨릭과 동방 정교회 신학의 동향을 다루고자 한다. 몇 권의 책으로 두 교회에서 발전한 풍성한 신학의 면모가 제대로 드러나기 만무하지만, 각 교회 전통을 대표하면서도 공교회 전체에 영향을 끼친 신학자와 작가를 중심으로 책을 골랐다. 책 선정 시 학술서 외에도 명상집이나 소책자, 교황 회칙, 성인전 등을 포함하여, 신학 서술의 다채로운 형식을 맛보도록 고려하기도 했다.

1장은 20세기의 대표적인 동방 정교회 신학자 블라디미르 로스키Vladimir Lossky(1903~1958)의 1944년 작 『동방교회의 신비신학에 대하여』를 소개한다. 볼셰비키 혁명의 여파로 1920년대 많은 러시아인이 서유럽으로 이주했다. 특히 파리에 디아스포라 지식인들이 많이 정착하면서 그곳에서 동서방 교회 전통과 지적 담론의 활발한 교류가 일어났다. 로스키는 파리의 지성인들에게 동방 정교회 신학에 관한 강의를 의뢰받았고, 그 강의를 책으로 묶어 출간한 것이 『동방교회의 신비신학에 대하여』이다. 이 책은 기획 단계부터 정교회 전통을 소개할 목적을 가졌던 만큼 정교회 신학의 고급

입문서로 곧 자리 잡았다. 하느님의 신비에 대한 강조, 부정신학의 방법, 신화로서 구원 등의 정교회 신앙의 정수를 담고 있는 이 책은 이후 서방 교회 신학의 발전에도 큰 영향을 끼쳤을 뿐만 아니라, 1960년대 이후 본격화될 동서방 교회의 대화를 촉진하는 역할도 하였다.

2장에서는 현대 로마 가톨릭 신학의 대가이자 독일의 예수회 사제 칼 라너Karl Rahner(1904~1984)가 1964년에 선보인 『일상』을 다룬다. 현대 사회에서 로마 가톨릭 교회의 정체성과 역할을 묻던 제2차 바티칸 공의회에 라너는 신학 자문으로 활동했고, 그 이후에도 공의회의 유산을 해석하고 적용하는 데도 심혈을 기울였다. 바티칸 공의회 기간에 출간된 『일상』은 라너의 성숙한 신학이 맑고 투명한 성찰적 언어로 기록되어 있다. 소책자인 만큼 라너 신학 특유의 방법론적 독창성이나 신학적 논증의 탄탄함 등을 기대하기는 힘들지만, 이 짧은 글에서도 그의 신학의 알짬을 구성하는 '일상에서의 신비 체험'이 어떤 것인지 충분히 느껴볼 수 있다. 또한, 일상에 대한 간결한 묵상에 심오한 신학적 깊이를 더해준 라너 신학의 기초 개념도 시대적 배경과 곁들여 살펴본다.

3장은 라너와 비슷한 시기에 활동했지만, 여러모로 다른 신학을 전개하고 다른 길을 걸어간 스위스의 로마 가톨릭 신학자 한스 우르스 폰 발타사르Hans Urs von Balthasar(1905~1988)의 1987년 작 『발타사르의 지옥 이야기』를 소개한다. 신학이 아닌 문학박사 학위 소지자에다가, 대학교에 교수로 정식 임용된 적도 없었던 만큼, 그는 오롯이 자신의 저술 덕분에 신학자로 인정받았다고도 할 수 있다. 전통에 충실하나 전형적이지는 않은 그의 글 이면에는 문학에 대한 해박한 지식, 교부학에 대한 깊은 이해, 개신교 신학자 칼 바르트와의 우정, 신비주의자 아드리엔 폰 슈파이어Adrienne von Speyr와의 교류 등의 흔적이 짙게 새겨져 있다. 세상을 떠나기 2년 전 그는 구원론 논쟁에 휩쓸렸다. 그 결과물로 나온 『발타사르의 지옥 이야기』는 하느님의 은총의 급진성에 대한 새로운 통찰을 보여준다. 구원이라는 그리스도교 신앙의 핵심에 집중하고 있는 만큼, 그가 성서와 전통을 어떻게 활용하며 이 예민한 문제에 접근하고 있는지 살펴보는 것은 유익한 독서의 경험이 될 것이다.

4장에서는 루마니아 태생의 시인이자 정교회 사제 콘스탄틴 비르질 게오르규Constantin Virgil Gheorghiu(1916~1992)가 1965년에 출간한 『25시에서 영원으로』를 다룬다. 비르질은 제2차 세계대전을 배경으로 기술 문명의 비인간화를 고발한 장편소설 『25시』로 세계적 작가의 반열에 이르렀다. 이후 그는 자신의 베스트셀러 제목을 변형한 『25시에서 영원으로』라는 자전적 작품을 통해 정교회 사제였던 아버지 콘스탄틴의 생애를 시인의 감성과 열정을 가지고 들려준다. 정교회 성인전을 볼 때 느낄 법한 풍미를 지닌 『25시에서 영원으로』에서 육신의 아버지이자 영적인 아버지인 콘스탄틴의 생애는 단순히 한 사람의 삶을 넘어 동방 정교회 신앙의 특수성뿐만 아니라 루마니아 정교회만의 역사적 정체성을 보여주는 텍스트가 된다. 이 한 권의 두껍지 않은 책을 통해 독자들은 정교회가 왜 로마 가톨릭과 달리 탈중앙집권적이고 강한 지역색을 보이는지, 왜 사제직이 고대부터 지금까지 한결같이 중요한지, 이콘은 어떻게 하늘과 땅을 연결해 주는지 등의 여러 궁금증을 해소할 수 있을 것이다.

5장에서는 교황 베네딕토 16세Benedictus PP. XVI(1927~2022)가 2007년에 선포한 회칙 『희망으로 구원된 우리』를 살펴본다. 전 세계 로마 가톨릭 신도들에게 보내는 교황의 공식 문헌을 살피는 것을 두고 어떤 개신교 독자들은 어색함과 불편함을 느낄지도 모르지만, 베네딕토 16세가 현대 독일 로마 가톨릭 신학에서 빼놓을 수 없는 학자였던 만큼 그의 회칙은 신학적 통찰을 어떻게 사목적으로 풀어내야 하는지를 보여주는 좋은 사례라 할 수 있다. 19세기 후반 독일 성서학계에서 일어났던 종말론의 재발견은 20세기 신학계에 유행처럼 퍼져나갔고, 이와 시대적 궤를 거의 같이하며 마르크스주의는 유대-그리스도교의 종말론을 세속화함으로써 역사 속에서 이상사회를 이룰 혁명적 꿈을 세계 곳곳에 퍼뜨렸다. 물론 20세기 후반 냉전 체제가 막을 내리며 마르크스주의적 종말론은 힘을 잃은 듯하다. 하지만 여전히 많은 현대인이 정치적 메시아니즘이나 과학기술에 의한 유토피아 달성이라는 이상을 포기하지 않고 있다. 베네딕토 16세는 이를 염두에 두고 『희망으로 구원된 우리』에서 성서적 희망의 개념이 무엇인지를 밝히고, 이것이 어떻게 세속적 종말론과는 다른 방식으로 역사에 변혁적 힘이 되는지를 분석한다. 이 소책자는 종말론에 관한 현대 신학자들의 저작 중에서도 탁월한 면모를 가지고 있을 뿐만 아니라, 다른 교회 전통에 없는 교황 문서라는 독특한 형식을 이해하는 데도 도움이 된다.

6장은 앞 장에 나온 베네딕토 16세와 대척점에 있다고도 할 수 있는 신학자의 작품을 소개하며 시작된다. 페루 출신의 구스타보 구티에레즈Gustavo Gutiérrez Merino OP(1928~)의 1971년 작 『해방신학』은 가난한 사람의 고통에서 시작한 신학이 무엇인지를 보여준다. 1960년대 라틴아메리카 국가에 대한 강대국의 착취가 계속되고, 가난한 약자에 대한 국가와 경제 권력의 억압이 심해지자 라틴아메리카의 로마 가톨릭 교회는 이러한 구조적 악을 죄로 인식하고 구원을 이에 대한 해방으로 재정의했다. 이를 뒷받침할 신학 작업을 위해 해방신학자들은 사회과학, 그중에서도 특별히 마르크스주의의 종속이론을 라틴아메리카 현실 분석의 도구로 활용하였다. 이후 해방신학에 대한 찬반은 지난 반세기 동안 신학계를 뜨겁게 달구었고, 그 선구작인 구티에레즈의 『해방신학』은 20세기 신학의 고전 반열에 올랐다. 하지만, 시간이 흐르자 1세대 해방신학자들이 사용했던 방법론으로는 변화한 라틴아메리카의 현실을 분석하고 변혁하는 데 한계를 보여줬다. 이에 2세대 해방신학자들은 종속이론에 대한 의존도를 낮추고, 대신 문화인류학이나 비판이론, 심리학, 교육학 등과 대화하며 분석의 틀을 다양화하면서 담론의 영역도 넓혀갔다. 이 장에서는 이를 고려해 2세대 해방신학자로 활발히 활동하는 성정모(1957~)의 논문을 묶어 2007년도에 출간한 『시장 종교 욕망』도 함께 소개함으로써, 해방신학의 어제만이 아니라 오늘의 모습도 함께 보고자 한다.

　7장은 다시 정교회 신학으로 돌아온다. 20세기 초반 서유럽으로 망명 온 러시아의 정교회 신학자들이 교부를 통해 현대 사회에서 신학을 하는 방법을 소개했다면, 다음 세대에는 이러한 '신교부적 종합'을 보다 적극적인 방식으로 서방 교회와 대화를 위해 활용한 신학자들이 등장했다. 대표적 사례가 그리스 태생의 존 지지울러스John Zizioulas(1931~2023)이다. 그가 다양한 언어로 발표했던 논문을 모으고 번역해 1997년에 출판한 『친교로서의 존재』는 삼위일체 하느님의 존재를 철저히 친교라는 관점에서 풀이하고, 교회를 삼위일체 하느님의 형상으로 정의한다. 지지울러스의 주장이 이론에만 머무는 것이 아닌 이유는 하느님과 교회와 인간에 대한 이와 같은 신학적 이해는 성찬의 친교를 통해 실천적으로 익혀가는 것이기 때문이다. 현대 문명의 개인주의화와 빈약한 전례 신학에 고민하던 서방 교회 신학자들은 지지울러스의 신교부적 종합에 호감을 보였다. 이에 그는 학술 활동을 넘어서 교회일치를 위한 다양한 운동에 헌신함으로써 화답했고, 세계 여러 곳을 옮겨 다니며 로마 가톨릭과 개신교의 많은 신학자와 우정을 쌓고 협력하였다. 이 서평에서는 지지울러스의 신학을 간략히 소개하는 한편, 그의 제안이 현대 교회가 당면한 여러 문제를 해결할 실마리가 될 수 있는지 질문하며 끝을 맺는다.

8장에서는 미국의 동방 정교회 신학자 데이비드 벤틀리 하트David Bentley Hart(1965~)의 2011년 작 『바다의 문들』을 소개한다. 대재앙 앞에서 고통을 어떻게 해석할 것인가는 인류 모두에게 주어진 숙제다. 하지만, 고통의 문제는 선하고 전능하신 하느님께서 세상을 창조하셨다고 믿는 그리스도교에 더 심각한 도전을 던진다. 하트는 인간의 고통은 하느님의 심판이라던가, 하느님의 섭리 안에 인간의 고통이 있다 등 교회 내 만연한 대중적 해석에 진심으로 분노한다. 대신 신약성서가 어떤 식으로 선하신 하느님이 만드신 세계의 고통을 설명하는지를 전통 교리와 결부하여 설명한다. 그에 따르면, 악과 고통의 문제에 대한 궁극적 답은 예수 그리스도의 '빈 무덤'에서 찾을 수 있다. 그곳은 하느님께서 죄와 죽음을 이기셨음이 계시될 뿐만 아니라, 새 창조가 시작되는 지점이기 때문이다. 앞서 본 로스키의 부정신학, 지지울러스의 교회론, 비르질의 이콘 신학 등에 비하면 하트의 책은 특별히 '동방 정교회적'이지 않아 보일 수도 있다. 하지만, 서방 신학이 오랫동안 사용한 교리적 문법이나 형이상학적 사변과는 다른 방식으로 악의 문제를 풀어나간다는 것 만으로도 이 책은 현대 그리스도인에게 큰 통찰과 도전을 준다.

이처럼 4부 '한 몸 다른 전통'에서는 9명의 신학자와 그들의 저서를 가지고 그리스도의 몸으로서 교회를 함께 이루는 로마 가톨릭과 동방 정교회 신학을 알아보는 계기를 마련한다. 인간 삶이 복잡한 만큼 전통도 다양하기에, 몇 권의 책을 읽는다고 각 교회의 신학과 역사를 모두 알기를 기대하는 것은 비현실적이다. 하지만 자기에게 익숙한 영역에서 나와 다른 전통을 알아가는 노력은 여러모로 필요하고 실제 유익하기도 하다. 미지의 대상에 대한 지식을 얻는다는 차원을 떠나, 낯섦을 향해 나아가는 것 자체가 인지적 정보로는 환원되지 못할 엄청난 배움과 변화를 불러일으키기 때문이다. 무엇보다도 성서에 따르면 교회는 그리스도의 몸이고, 그리스도가 하나이듯 교회도 하나이기 때문이다(에페 4:4~6).

부정신학을 통해 하느님의 신비에 다가가기

『동방교회의 신비신학에 대하여』*

블라디미르 로스키 지음. 박노양 옮김. 한국장로교출판사. 2003.

　단순화의 위험을 무릅쓰고 글을 시작하자면, 고대 로마 제국에서 그리스도교 신학을 형성하는 데 결정적인 역할을 하였던 쪽은 동로마였다. 지중해 동쪽은 원시 그리스도교가 발생한 지역인 만큼 상징적 중요성을 지녔다. 나자렛 예수와 그의 제자들이 활동했던 팔레스타인, 그리고 바울이 로마로 압송되기 전까지 선교 여행을 다녔던 여러 도시가 동로마에 있었다. 그리스도교의 경전인 신약성서도 동로마의 언어인 그리스어로 기록되었다. 초기 교회의 중요 공의회는 대부분 동로마에서 개최되었고, 공의회에서 확정한 신경의 원문도 그리스어로 작성되었다. 초기 그리스도교 세계의 5개 주교직 중 로마를 제외한 알렉산드리아, 안티오키아, 콘스탄티노폴리스, 예루살렘은 모두 동로마에 있었다.

　지중해 동쪽에 중요한 신학적 자원이 몰려 있었지만, 서쪽에서

---

* 이 책은 2019년 정교회출판사에서 『동방교회의 신비신학』이라는 제목으로 재출간되었다. 원서는 다음과 같다. Vladimir Lossky, *Essai sur la theologie mystique de l'Eglise d'Orient* (Paris: Aubier, 1944).

도 교회에 생명력을 불어넣을 신학적 · 영적 자산은 꾸준하게 축적되고 있었다. 키프리아누스와 암브로시우스, 아우구스티누스, 히에로니무스, 베네딕투스, 그레고리우스 1세 등의 뛰어난 교회 지도자와 신학자가 등장하며, 라틴어 특유의 문법과 서로마의 상황을 반영한 신학화 작업이 이루어졌다. 로마 제국 서쪽 지역에서 활동한 이단에 대응하고자 이루어진 교회 간 협력도 차별화된 신학이 발전하는 계기가 되었다. 라틴어로 성서 전체를 옮긴 불가타 번역본이 5세기에 등장했고, 이는 16세기 종교개혁이 일어날 때까지 서방에서 전례와 신학과 경건 생활의 기초가 되었다.

이처럼 초기 그리스도교의 수백 년 동안 그리스도의 한 몸을 이룬 거룩한 공교회 속에서 무시할 수 없는 신학적 차이가 로마 동쪽과 서쪽에서 생겨났고 결국, 삼위일체론에서 성령이 성부와 '함께 성자로부터' 나온다는 뜻의 라틴어 '필리오케'filioque를 두고 이를 지지하는 서방과 이에 반대하는 동방 사이의 갈등은 끝내 봉합되지 못한 채 교회의 대분열이 11세기에 일어났다.[1] 두 교회의 공식 결별로 서방과 동방 사이의 왕래가 줄어들자 신앙의 공통 유산을 해석하는 방식의 차이는 더 벌어졌다. 게다가 동유럽 지역이 오스만 제국에 의해 점령당하며 둘 사이의 교류는 더욱 힘들어졌다. 비공식적인 접촉이 간헐적으로나마 이어지긴 했지만 말이다.

---

[1] 이 글에서는 '동방'은 블라디미르 로스키의 용례에 따라 11세기에 서방의 로마 가톨릭과 분열한 동방 정교회Eastern Orthodox Church를 뜻한다. 오늘날 동방 그리스도교Eastern Christianity 혹은 동방 교회The Church of the East라고 할 때는 5세기 칼케돈 공의회 때 분열한 오리엔트 정교회라든지, 에페소스 공의회 때 분열한 아시리아 동방 교회 등을 가리키기도 한다.

하지만, 사회를 장악하던 종교의 힘이 현저히 줄어든 근대 세계의 도래는 11세기 이래 소원했던 두 교회의 관계가 재정립되는 계기를 마련해주었다. 19세기 중반 산업화와 교통의 발전으로 사람들의 왕래가 늘어나면서 동유럽과 서유럽은 '비종교적' 동기로 서서히 재연결되었다. 특히 영국과 독일과 프랑스 등에 러시아와 동유럽 외교관과 귀족, 사업가 등이 거주하면서 서유럽 국가 안에 작은 정교회 공동체들이 형성되었다. 그러다 20세기로 넘어오며 동서방 그리스도교의 만남을 불가피하게 만든 일련의 세계사적 사건들이 발생했다. 1917년 러시아에서 볼셰비키 혁명이 일어나자 수많은 사람이 추방당하거나 이주해야 했고, 이를 계기로 베를린과 프라하, 파리와 런던 등에 정교회 배경의 신학자와 신자들이 대거 유입되었다. 종교의 자유를 누리게 된 디아스포라들은 정교회 신앙에 혁신의 바람을 불러일으키기도 했지만, 로마 가톨릭과 개신교 지성인들과도 진지한 사상적 교류를 도모했다. 1922년 오스만 제국의 멸망은 유럽 동쪽에서 정교회 신앙과 신학이 회복되는 전환점이 되었고, 이는 신학적 교류를 넘어 유럽의 종교 지형도 자체를 전체적으로 변화시키게 되었다.

파리에서 만난 동과 서

20세기 초반 서유럽으로 온 러시아인 중 많은 신학자와 철학자가 파리에 정착하면서 파리는 곧 서유럽에서 정교회 신학의 중심지가 되었다.[2] 러시아에 남은 정교회 신자들이 정부에 협조하거나 정권의 모진 박해를 견뎌야 했다면, 디아스포라들은 낯선 땅에서의 삶을 고국의 형식주의화된 정교회와 달리 그리스도교 신앙의 원래 모습을 되찾고 이를 서방에 소개하는 선교의 계기로 이해하였다. 이들은 파리에 성 세르기오스와 성 디오니시우스 신학교를 설립했고, 다양한 강의와 세미나를 주최하며 동서방 교회의 사상적 만남을 이끌었다. 특히 니콜라이 베르댜예프Nikolai Berdyaev(1874~1948)의 세미나에는 당시 프랑스를 대표하던 로마 가톨릭 철학자 자크 마리탱Jacques Maritain(1882~1973)과 에티엔 질송Étienne Gilson(1884~1978)을 포함한 여러 지성인이 참석한 것으로 유명하다.

파리에 자리를 잡고 활동했던 20세기 초반 러시아 디아스포라 지성인은 크게 두 부류로 나눌 수 있다. 우선, 베르댜예프와 세르게이 불가코프Sergei Bulgakov(1871~1994)처럼 근대 개인주의와 기술주의에서 기인한 서유럽의 지적·도덕적 위기를 러시아의 풍성한 종교 사상을 통해 극복하려는 철학적 성향이 강한 이들이 있었다. 두 번째 부류는 게오르기 플로롭스키Georges Florovsky(1893~1979), 블라디미르 로스키Vladimir Lossky(1903~1958), 알렉산더 슈메만Alexander Schmemann(1921~1983), 존 메이엔도르프John Meyendorff(1926~1992)처럼 교부 전통에 대한 재발견을 통해 정교회 신앙과 전례를 회복하려

---

[2] 20세기 초중반 파리의 정교회에 관해서 다음을 보라. Ivana Noble and Tim Noble, 'Orthodox Theology in Western Europe in the 20th Century', *Europäische Geschichte Online* (2013.07.04.), http://www.ieg-ego.eu/noblei-noblet-2013-en (2022.05.07. 최종 접속).

고 한 이들을 들 수 있다. 두 부류는 정교회 유산을 전유하는 방식과 성향의 차이에도 불구하고 서로를 보완하면서 매우 영향력 있는 사상의 흐름을 만들어냈다.

『동방교회의 신비신학에 대하여』는 이러한 '파리의 러시아인'이라는 독특한 정체성 없이는 생각하기 힘든 책이다. 정교회 신학을 현대 서방 세계에 알리는 데 크게 이바지한 이 책의 저자 블라디미르 로스키는 독일에서 태어나서 프랑스에서 죽은 러시아인이다. 그는 아버지 니콜라이 로스키가 젊은 시절 철학 공부를 위해 괴팅겐에서 유학할 당시 태어났다. 아버지가 학위를 마치고 러시아의 페테르부르크 대학교 철학 교수가 되면서, 그도 러시아로 돌아와 학창 시절을 보냈다. 하지만 볼셰비키 혁명 이후 정치적 혼란이 계속되었고, 1922년에는 가족 전체가 러시아에서 추방당했다. 그는 프라하로 이주하여 학업을 이어갔고, 1924년에 파리로 가서 그곳을 이후 자기 삶과 학문의 터전으로 삼았다.

소르본 대학교 재학 시절 블라디미르 로스키는 중세철학의 대가 에티엔 질송의 지도로 독일의 신비주의자 마이스터 에크하르트Meister Eckhart에 관한 연구를 하며 동방뿐만 아니라 서방 교회의 신학에 대한 지식을 쌓았다. 공부를 마친 후 파리에 머물며 학술 활동을 계속하던 그에게 로마 가톨릭 전통에 익숙한 지성인들을 대상으로 정교회 신학을 강의해 달라는 의뢰가 들어왔다. 의뢰를 받아들인 로스키는 1944년에 12번에 걸쳐 강연했고, 강연 내용은 같은 해 『동방교회의 신비신학에 대하여』라는 제목으로 출간되었다. 이 책은 1957년에 영어로 번역되어 그의 이름을 세계 곳곳에 알렸고, 뒤이어 여러 나라 언어로 출간되며 현대 정교회 신학의 고전으로 자리 잡았다.

로스키가 강연을 했던 1940년대 중반 파리 지성계에서는 정교회 사상에 대한 관심이 점점 커지고 있었다. 또한, 젊은 로마 가톨릭 신학자들 중심으로 새로운 신학nouvelle théologie이라는 흐름이 태동하며 초기 교부들에 관한 연구가 본격화되고 있었다. 하지만 여전히 대다수 로마 가톨릭 신학자들은 타 교회 전통에 대한 무지와 무례에 파묻혀 우월의식을 가지고 정교회를 바라보았다. 게다가 그리스어로 된 교부 문헌 대다수가 번역되지 않았던 때이기에 교부신학을 공부할 프랑스어 자료도 충분하지 못했다. 이런 상황에 불만족을 표했던 파리의 지성인들은 실제 정교회 배경을 가진 신학자로부터 정교회를 수준 높게 소개받기를 원했다. 이를 위해서는 로마 가톨릭의 언어와 논리에 익숙한 이들에게도 정교회 사상을 '호소력 있게' 전달하면서도 정교회를 '호교론적'으로 설명하지 않을 누군가가 필요했다. 당시 파리에 있었던 사람 중 이러한 이중적 요청 모두에 답할 수 있는 이로 로스키보다 적합한 사람은 드물었다.

당시 로마 가톨릭 신학이 신토마스주의로 대표되는 주지주의 경향을 보였던 것과는 달리, 이 책은 제목이 암시하듯 그리스도교 신앙의 핵심에 다가가기 위한 길로서 '신비신학'을 제시한다. 게다가 로스키는 이 책에서 하느님의 신비, 삼위일체론, 창조론, 인간론, 그리스도론, 성령론, 교회론, 종말론 등 신학의 주제 전반을 다뤘다. 그런 만큼 『동방교회의 신비신학에 대하여』는 그리스도교 신앙 전체를 동방 정교회의 관점에서 살펴볼 수 있는 매우 요긴한 책이기도 하다. 지면의 한계상 로스키가 다룬 모든 교리적 주제를 소개하기는 불가능하니, 본 서평에서는 그의 신학 전체를 관통하는 중요 주제인 부정신학negative theology과 인간의 신화deification를 중심으로 책을 소개하고자 한다.

하느님의 신비와 부정신학

신비신학의 정의는 사람마다 다를 수밖에 없다지만, 신비신학이 계시의 명료성과 인간 이성의 능력을 부적절하게 상정한다며 이에 회의에 찬 시선을 보내는 이가 적지 않다. 하지만 로스키에 따르면 신학은 신비이신 하느님으로부터 시작하기에, "어떤 의미에서 신적인 신비와 계시들을 드러내 준다는 점에서 모든 신학은 신비신학이라 할 수 있다".[3] 이 지점에 모든 신학자의 곤경이 놓여 있다. 하느님은 인간의 언어로 표현할 수 없는 '신비'이시다. 하지만 신학은 신비이신 하느님에 대한 '언어적' 표현이다. 무한자의 신비와 유한자의 언어의 골이 자아내는 긴장 속에서 정교회 신학은 부정신학을 방법론적으로 선호한다.

하느님에 관해 이야기하고자 인간이 사용하는 신학의 언어에는 '긍정'cataphatic과 '부정'apophatic 두 형태가 있다. 전자가 긍정의 언어를 사용하여 하느님을 표현하는 방식이라면, 후자는 하느님에 대한 그릇된 인식이나 묘사를 부정함으로써 하느님께 다가가는 방식

---

[3] 블라디미르 로스키, 『동방교회의 신비신학에 대하여』, 17.

이다. '하느님은 영원하시다'라는 진술이 전자에 해당한다면, '하느님은 죽지 않으신다'는 진술은 후자에 해당한다. 서방 교회 전통에서는 긍정과 부정의 언어를 상호보완 관계로 보는 경향이 강하다. 토마스 아퀴나스는 하느님에 대해 긍정적으로 표현하다 보면 불가피하게 생기는 오해를 수정하고 제거하는 역할을 부정신학이 수행한다고 본다. 하느님은 전능하신 분이라고 주장하면서도, 전능은 절대자가 자기 하고 싶은 대로 하는 무작위적 힘은 아니라고 설명하는 것이 대표 사례이다. 반면, 동방 교회 전통에서는 하느님은 본성상 우리에게 알려지실 수 없는 분이기에 긍정 신학은 하느님에게 안내하는 불완전한 길일 수밖에 없다고 본다. 신비를 마주한 인간은 긍정과 부정의 방식을 종합하기보다는 자신의 '무지'를 철저하게 발견할 뿐이다. 그런 의미에서 부정신학이야말로 하느님께 나아가는 적합한 길이다.

> 그러므로 하느님 본질의 인식 불가능성에 대한 고백은 하나의 경험, 계시된 인격적 하느님과의 만남에 상응한다. 모세와 사도 바울이 하느님 인식의 불가능성을 경험한 것은 바로 이러한 은혜를 통해서였다. 이 경험은 모세가 접근 불가능성을 표현해 주는 어두움을 통과했을 때 주어졌고, 사도 바울이 하느님의 형언 불가능성을 표현해 주는 말씀들을 들었을 때 주어졌다.[4]

---

4 블라디미르 로스키, 『동방교회의 신비신학에 대하여』, 48.

신비에 다가가는 길로서 부정신학은 하느님에 대한 새로운 앎을 추구하는 것이 아니다. 차라리 부정신학은 하느님에 대해 알아가면서 우리가 만들어내는 그릇된 개념과 심상을 계속하여 거부하는 근본적인 '자세'라고 할 수 있다.

이 지점에서 로스키는 신학의 출발점인 계시를 부정신학적으로 재정의한다. 흔히 사람들은 신학을 한다며 하느님께서 자신에 대해 직접 알려주시는 사건인 계시를 인지적 정보로 추상화하여 그 위에다 이론적 체계를 세우려 한다. 하지만 로스키가 보기에는 이런 식으로 신학을 하다가는 하느님의 무궁무진한 신비를 인간 인식의 좁은 틀에 가두게 된다. 부정신학의 관점에서 볼 때 계시는 오히려, 그리고 다른 무엇보다도 우리에게 오시는 하느님의 근원적 인식 불가능성을 알려준다. 계시는 참 하느님의 본성과 우리의 지식 사이의 무한한 간극을 드러냄으로써 세상을 아는데 길든 우리의 지성으로는 그분을 알 수 없음을 알려준다. 따라서, 신비이신 하느님께 다가가기 위해서 "인간의 사유에는 '영적인 변화', 참회, 다시 말해 '메타노이아'metanoia가 필요하다."[5]

성서에서나 현실에서나 하느님은 한편으로 피조물로서 도달할 수 없는 절대자이지만, 다른 한편으로 피조물과 함께하는 인격적인 분이다. 그렇기에 인간은 하느님의 근원적 접근 불가능성과 하느님과 친밀한 교제를 함께 말해야 하는 '모순' 앞에 서 있다. 이때의 모순이란 인간이 자신의 종교적 경험을 성찰함으로써 알게 되

---

5   블라디미르 로스키, 『동방교회의 신비신학에 대하여』, 68.

는 것이 아니라, 계시를 통해 알려지는 특별하고 구체적인 모순이다. 부정신학은 하느님의 신비를 인정하는 것이 우선시되지 않으면, '이' 모순이 파괴되면서 하느님의 신비와 하느님과 교제에서 둘 중 하나가 다른 하나를 가려버리게 된다고 본다. 인간 언어와 논리로 만든 우상이 참 하느님을 대체하게 되는 것이다. 따라서, 신학자는 '이' 모순을 신론, 그리스도론, 성령론, 창조론, 교회론, 종말론 등의 맥락에서 다양하게 변주할 수 있어야 한다. 이러한 맥락에서 로스키는 종교개혁 전통에 익숙한 사람들에게 여러 도전을 던져주고 있다. 부정신학보다 긍정신학을 선호하는 개신교가 인간의 이해력과 언어의 능력을 상대적으로 과신하다 자칫 주지주의적 교만과 교리주의적 무례함에 빠질 위험은 있지 않을까. 복음주의가 그리스도교가 진리임을 변증하고자 비모순율의 원리를 선호하다, 인간의 자기 폐쇄적 논리에 균열을 내는 모순의 긍정적 역할마저 배제해버리지는 않을까.[6]

신비이신 하느님에 대한 가르침이기에 교리는 인간 이성이 아무 거리낌 없이 받아들일 정도로 깔끔하고 논리 정연한 형태로 나타날 수 없다. 부정신학은 우리가 먼저 극복해야 할 것은 무지나 모순이 아니라, 정제되지 않은 논리와 감정과 경험에 속박된 우리

---

[6] '하나의 대상에 대해 동일한 관점에서 동시에 긍정과 부정을 말할 수 없음'을 뜻하는 비모순율은 동일률과 배중률과 함께 고전 논리학의 근간을 이룬다. 20세기 중반 북미 복음주의 신학자들 다수가 'A가 진리이면 A가 아닌 것은 진리일 수 없다' 형식의 비모순율을 활용하며 성서적 세계관과 다른 세계관을 대조하는 변증학을 발전시켰다. 다음 책의 5장을 참고하라. 브라이언 스탠리, 『복음주의 세계확산: 빌리 그레이엄과 존 스토트의 시대』 (CLC, 2014).

의 생각과 언어임을 상기시켜 준다. 이는 정교회 신학에서 부정신학이 단지 신학의 원리나 언어적 기법이 아니라 신학의 가장 근원적 모습이요, 그리스도인으로서 삶의 성숙 및 완성과 밀접히 결부되어 있음을 의미하기도 한다.

부정신학과 인간의 신화

그리스도교는 삼위일체 하느님에 대한 신앙 없이 성립할 수 없고, 삼위일체 하느님은 인간으로서는 알 수도 표현할 수도 없는 신비인 만큼, 삼위일체 하느님의 계시는 모든 신학의 기초이자 출발점이 된다. 하느님의 무한한 신비는 인간 지식의 대상이 될 수 없지만, 그분은 계시를 통해 성부와 성자와 성령으로 자신을 알리신다. '셋이 하나'라는 신비는 일반적 인식과 이해의 틀에서는 받아들이기 힘든 모순으로 드러난다. 하지만 모순의 시련을 통과하지 않은 인간 정신은 그리스도교를 자신의 이해 수준에 맞춰 단순화하거나 공동체의 취향에 맞게 길들일 뿐이다. 그렇기에 로스키는 말한다.

삼위일체 교리는 인간적 사상의 십자가이다.[7]

인간의 이해력이 신적 신비를 꿰뚫을 수 없다는 말은 자칫 인식론적 불가지론으로 오해될 수도 있다. 하지만, 부정신학적 관점에서

---

7   블라디미르 로스키, 『동방교회의 신비신학에 대하여』, 87.

이에 접근하면 신비란 오히려 인간의 유한함마저 놀라운 방식으로 어루만지시는 하느님의 은총과 다르지 않음을 발견하게 된다. 어떠한 이론으로도 포착할 수 없는 삼위일체 하느님의 계시를 마주할 때 우리의 "사유는 끊임없이 움직여야 하고… 우리의 생각은 … 쉴 새 없이 모순되는 두 용어 사이에서 진동해야 한다".[8] 이는 대상에 대한 지식을 사유의 역동성을 통해 얻을 수 있다는 철학적 변증법과 외관상 비슷한 듯하나 그 내용은 매우 다르다. 간단히 말하자면, 변증법은 인간의 의식이 '기존 지식의 부정'과 이에 뒤따르는 '부정에 대한 부정'의 반복되는 과정을 통해 더 나은 앎을 향해 점차 나아간다고 본다. 하지만 부정신학의 관점에서 볼 때 인간 정신의 변증법은 결코 진리에 이르지 못한다. 하느님의 도움 없이는 절대를 향한 인간 정신은 개념의 우상을 계속 만들어내는 욕망의 쳇바퀴 속에서 맴돌기 때문이다.

부정신학은 계시의 수용이란 중요 주제를 인식론적 차원에서만 탐구하지 않고 '구원론적' 문제로까지 확장하여 그 의미를 질문한다. 계시를 소유할 수도 온전히 포착할 수도 없는 인간이지만, 신비이신 하느님은 성자와 성령의 활동을 통해 인간을 계시에 적합하게 반응할 수 있는 존재로 변화시키신다. 달리 말하면, 피조물로서 인간은 신비에 대한 지식을 하느님과 연합, 즉 교부 시대 이래 정교회 구원론의 핵심인 '신화'를 통해서만 얻을 수 있다.

---

[8] 블라디미르 로스키, 『동방교회의 신비신학에 대하여』, 64.

계시된 진리는 말로 다 할 수 없는 그 무엇이기에, 이 계시된 진리를 표현하는 교리는 우리 자신을 신비 체험에 합당한 존재로 만들어 가는 하나의 과정 속에서 경험되어야 하는 그 무엇이다.[9]

우리가 앎의 주체로 머무르려고 하는 이상 신비이신 하느님의 계시는 은폐되어 있다. 하지만, 은총으로 우리가 하느님의 계시에 적합하게 변화하며 하느님과 연합하는 길에 들어서면, 그분에 대한 지식이 깊어지고 커갈 것이다. 이처럼 신학의 궁극적 사명은 교리의 명료성과 체계성을 향상하는 데 있는 것이 아니라, 신적 신비로 들어가도록 우리를 이끄는 데 있다.

교회의 교리들은 종종 모순antimomie의 형식을 입고 인간의 이성에 나타나는데, 이 모순이 표현하는 신비가 지고至高하면 할수록 그것은 더더욱 해결 불가능한 것이 된다. 문제는 교리를 우리의 오성에 적용시킴으로써 모순을 제거하는 것이 아니다. 오히려 우리 자신을 하느님을 향해 고양시키고 또한 우리를 상당한 정도에 이르기까지 하느님과 영합시킴으로써, 우리에게 계시된 실재를 관상하는 데 이를 수 있도록 우리의 영을 변화시키는 데 있다.[10]

여기서 명심할 점은 하느님과 연합은 인간이 자신의 노력으로 얻

---

[9] 블라디미르 로스키, 『동방교회의 신비신학에 대하여』, 19.

[10] 블라디미르 로스키, 『동방교회의 신비신학에 대하여』, 58.

거나, 개인이 하느님과 맺는 교제로 이루어지는 것이 아니라는 사실이다. 그것은 '그리스도의 몸'이자 '만물 안에서 만물을 채우시는' 성령의 충만으로서 교회를 통해 주어지는 은총에 참여함으로써 이루어진다. 교리는 교회라는 구체적 맥락 안에서 신비에 대해 우리의 전 존재를 개방하게 함으로써 하느님을 깊이 체험하게 한다.

이처럼 정교회에서는 신학과 영성, 교리와 신비 체험, 개인적 신념과 공동체적 신앙고백이 분리되지 않는다. 로스키가 볼 때 서방 교회에서는 종종 신비주의를 개인의 강렬한 경험과 결부시키거나, 교리로는 온전히 표현 못 할 고차원적인 내적 체험인 것처럼 묘사한다. 이러한 추세가 현대 사회의 주지주의화와 개인주의화와 맞물리면서, 신학에서 신비의 중요성은 부적절하게 약해질 뿐만 아니라, 신비신학은 교회론적 맥락에서 떨어져 개인의 영성 수련의 한 방법처럼 되어 버린다.

서방 교회를 향한 한 러시아인의 말 걸기

『동방교회의 신비신학에 대하여』가 출간되고 14년 후 로스키는 56세의 다소 이른 나이로 세상을 떠났다. 이 책을 제외한 그의 대부분 작품이 사후에 편집자들의 노력으로 유작으로 출간되었지만, 그마저도 동시대 유명 신학자와 비교하면 양적으로 얼마 되지 않는다. 하지만 세상을 떠난 지 60여 년이 지난 지금까지도 그는 "현대 정교회 작가 중 아마도 가장 잘 알려져 있고 가장 영향력 있는 사람"이라는 평가를 받고 있다.[11] 그런 만큼 『동방교회의 신비신학에 대하여』는 로스키와 현대 정교회 신학을 이해하는 데 독보적 위치를 점하는 걸작이라고 해도 과언이 아니다.

『동방교회의 신비신학에 대하여』에서 로스키는 서방 교회와 현대성이 품고 있는 문제를 해결할 영적·사상적 자원으로 정교회 신학을 제시하고, 동방 교부 전통을 통해 그리스도교 신앙의 핵심을 회복하고자 한다. 이 책은 현대 그리스도교 사상의 두드러진 흐름으로 거론되는 삼위일체 신학과 신교부적 종합, 부정신학적 전환apophatic turn의 선구적 작품으로 손꼽기에 부족함이 없다. 게다가 이 책만큼 동서방 교회가 서로에 대한 오랜 오해와 무관심을 극복하고 한 차원 높은 상호 이해로 나아가게 하는 데 실제 이바지한 단행본을 찾기 쉽지 않다. 또한, 근대 이후 서방 교회에 자주 노출되던 문제인 신비와 신학, 영성과 교리, 개인의 경건과 교회의 전례 사이 벌어진 틈을 연결할 수 있는 요긴한 통찰도 제시해 준다.

물론 이 책을 읽다가 서방 교회 전통에 깊이 헌신하는 독자의 경우 프랑스인들 앞에서 정교회 신학을 설명하는 로스키의 목소리에 스며들어 있는 논쟁적 톤에 거부감을 느낄 수도 있다. 하지만 명심할 점은 로스키가 당시 로마 가톨릭 신학의 주지주의적 경향과 러시아 디아스포라들의 사상에 깃든 자유주의적 성향 모두에 비판을 가하고 있다는 사실이다. 또한, 그가 강의하고 책을 출간한 1944년은 제2차 세계대전 막바지였던 만큼 그리스도교 신앙과 함

---

[11]   Rowan Williams, 'Eastern Orthodox Theology', *The Modern Theologians: An Introduction to Christian Theology since 1918*, 3rd ed. (Oxford: Blackwell, 2005), 580.

께 인류 문명 자체가 위기에 처한 때이기도 했다. 세계대전의 참상 저변에 근대 서구 정신이 놓여 있기도 했기에, 당시 지성인들은 유럽인들이 쌓아 올린 지적 유산에 비판적 관점을 취하는 경우가 많았다. 이런 역사적 배경 아래서 로스키는 정교회의 우월성 자체를 논증하는 것이 아니라, 정교회 신학을 통해 혼란의 시기에 진정으로 그리스도교적인 것이 무엇인가를 제시하려 했다고 보는 것이 더 적절하다.

이 책의 다른 아쉬운 점으로 로스키가 동서방 신학 모두에 정통하였지만, 시대적 한계 때문인지 그가 서방의 신학을 단순화하고 있다는 사실을 들 수 있다. 그가 서방 교회를 주지주의라는 관점에서 묘사하지만, 그와 동시대를 살았고 교부신학을 향한 열정을 공유했던 파리의 로마 가톨릭 신학자들 덕분에 서방에서도 신비신학의 중요성이 재발견 되고 있었다. 게다가 그는 신적 본질의 '통일성'에서 시작하는 서방의 삼위일체론과 '세 위격'에서 시작하는 동방의 삼위일체론을 대조하는 방식을 사용하는데, 이는 프랑스의 예수회 신학자 테오도르 드 레뇽Theodore de Régnon(1831~1893)이 1892년에 제시한 패러다임에 의지하고 있다.[12] 지난 세기 드 레뇽이 동서방 삼위일체 신학의 교류에 큰 영향을 끼쳤지만, 그의 주장에 대한 비판적 검토가 일어난 지도 꽤 되었다.[13] 오늘날 대다수 학자가

---

[12] 블라디미르 로스키, 『동방교회의 신비신학에 대하여』, 64, n.5 참고.

[13] 드 레뇽을 둘러싼 논쟁은 다음을 참고하라. Kristin Hennessy, 'An Answer to de Régnon's Accusers: Why We Should Not Speak of 'His' Paradigm', *Harvard Theological Review* 100 no. 2 (2007), 179~197. 이 논문에 따르면, 드 레뇽의 주장을 신학계에 퍼뜨린 사람 중 하나가 로스키였다. 하지만 이 논문은 드

로스키가 인용한 드 레뇽처럼 동서방 삼위일체론을 이분법적으로 나누기를 꺼린다는 사실도 유념하며 책을 읽을 필요가 있다.

『동방교회의 신비신학에 대하여』는 지난 세기 프랑스 지성인을 대상으로 한 강연에서 발전한 책인 만큼 쉽게 읽히는 작품은 아니다. 하지만, 다른 곳에서 발견하기 힘든 깊은 신학적 통찰을 압축적으로 접하고, 정교회의 풍성한 전통을 완성도 높은 방식으로 소개받을 수 있는 만큼 정독에 들인 수고가 아깝지 않다. 또한, 로마 가톨릭과 개신교 신학에서도 부정신학이 예전보다는 더 익숙해졌기에, 독자에 따라 로스키 신학의 독특함과 매력을 여기서 다루지 못한 정교회의 창조론, 그리스도론, 성령론, 구원론, 교회론, 종말론 등에서 발견할지도 모른다. 마지막으로 이 책의 장점 하나를 더 꼽는다면, 로스키가 로마 가톨릭 배경의 파리인들 앞에서 11세기 교회분열 이후 생겨난 동서방 사이의 다름을 무마하려 하지 않고 오히려 부각하려 했다는 점을 들고 싶다. 교회일치운동을 지향한다며 언어와 사상과 역사의 차이를 무시하거나, 자신의 신학적 정체성을 지키고자 차이를 절대화하는 풍토가 퍼진 현대 신학계에 절실한 것은 동서방 교회의 다름에 대한 질적인 이해를 추구하는 일일지 모른다. 이 같은 맥락에서 그리스도의 한 몸을 이루는 다른 교회 전통을 알려는 이들에게 로스키는 권고한다.

레뇽이 이분법적 도식을 사용했다는 단순한 이해를 넘어, 그가 동서방의 모델로는 온전히 설명될 수 없는 하느님의 신비를 적절히 말하는 방법을 찾고자 했음을 보여준다.

우리가 우리 자신의 교리적 입장들에 충실하면서, 동시에 서로를 알 수 있게 된다면 (특별히 우리를 다르게 만드는 것들에 대해) 그것은 분명 서로의 차이를 비켜 가는 것보다 더 확실하게 일치를 향해 나아가는 길이 될 것이다. 칼 바르트가 말했듯이 "우리는 교회들의 일치를 만들어 가는 것이 아니라 단지 그것을 발견할 뿐"이기 때문이다.[14]

---

14 블라디미르 로스키, 『동방교회의 신비신학에 대하여』, 33.

일상의 결을 타고 찾아온 하느님의 은총

『일상: 신학단상』

칼 라너 지음, 장익 옮김, 분도출판사, 1980.

신학의 역사를 다루는 책은 각 시대와 전통을 대표하는 신학자를 선별하여 소개한다. 그중 20세기 로마 가톨릭 신학에 관한 장에서는 예수회 사제이자 신학자 칼 라너라는 이름이 거의 빠지지 않고 등장한다. 현대 로마 가톨릭 신학의 대표자, 제2차 바티칸 공의회를 주도한 신학자, '익명의 그리스도인' 개념으로 타 종교와 대화의 문을 연 선구자, 철학자 마르틴 하이데거Martin Heidegger의 제자 등 여러 화려한 수식어가 그의 이름과 결부된다. 그런데 라너의 신학을 한 번 맛보겠다고 대표작을 읽다가는 어려운 문장과 복잡한 사고의 흐름에 곧 책을 내려놓기 일쑤다. 그런 경험을 실제로 한 독자가 있다면 크게 좌절하지 않아도 된다. 라너 본인도 자신의 80세 생일 기념 강연에서 이렇게 말한 적이 있다. "제 신학에서 많은 것이 분명하면서도 모호하지 않게 서로 맞아떨어지지는 않음을 저

---

* 원서는 다음과 같다. Karl Rahner, *Alltägliche Dinge* (Einsiedeln: Benziger, 1964). 국역본은 2023년에 재출간 되었다.

도 잘 압니다."[1]

이렇게 '대단한' 신학자였지만 라너와 함께 생활한 예수회 동료들과 친밀했던 제자들은 그의 '실제' 모습이 유명세에 가려졌음을 아쉬워한다. 그가 실존철학으로 신학의 기초를 놓았다고 하지만 그의 사상의 저변에는 예수회 창시자인 이냐시오Ignacio de Loyola의 영신수련이 놓여 있다.[2] 하이데거의 명성이 높아지며 제자였던 라너도 함께 유명세를 치렀지만 정작 그는 예수회 사제이자 철학자 조셉 마레샬Joseph Maréchal에 더 큰 영향을 받았다고 회고했다.[3] 라너의 국제적이고 대중적인 인지도와는 달리 그는 제2차 바티칸 공의회의 신학자문이 된 60대가 되어서야 독일어권 밖으로 이름이 알려지게 되었다. 종교다원주의를 위한 원리로 오해되는 익명의 그리스도인 개념은, 하느님의 은총이 예외적 상황이 아니라 모든 사람의 일상 경험에 실재함을 보여주고자 주조된 것이다.

라너의 신학을 향한 화려한 찬사와 날 선 비판을 걷어내면 그곳에는 단순하고 소탈한 한 인간이 있다. 그는 아이처럼 순수하며, 사람을 좋아하고, 사목적 감성이 풍부하며, 교회에 깊이 헌신하고,

---

[1] 라너의 말은 다음 논문에서 재인용했다. Henry Shea, 'Internal Difficulties in the Theology of Karl Rahner', *Modern Theology* 37 no. 3 (2021), 637.

[2] 라너의 신학에서 예수회 전통의 중요성은 그의 사후에 재조명되고 있다. 다음을 보라. Philip Endean SJ, *Karl Rahner and Ignatian Spirituality* (Oxford: Oxford University Press, 2001), Harvey D. Egan SJ, *Karl Rahner: Mystic of Everyday Life* (New York: Crossroad Pub. Co., 1998), 28~54.

[3] Karl Rahner, 'Kar Rahner at 75 Years of Age: Interview with Leo O'Donovan for America Magazine', *Karl Rahner in Dialogue: Conversations and Interviews, 1965-1982* (New York: Crossroad Pub. Co., 1986), 191 참고.

일상을 즐길 줄 알던 사람이었다. 한 제자는 스승 라너의 모습을 회고한다.

> 축제와 아이스크림, 큰 쇼핑몰, 빠른 속력으로 달리는 차를 타는 것을 사랑한 신학자에 매혹되지 않을 사람이 누가 있겠습니까? 냄새에 대한 호기심으로 뉴욕시의 큰 백화점에서 시향을 하다, 뚜껑을 연 향수를 모두 구매하라는 말에 많은 돈을 써야 했던 신학자에 매력을 느끼지 않을 사람이 있겠습니까? 무엇보다 가장 인상적인 것은 라너의 아이 같은 호기심과 단순성, 거룩함, 예수회 사제로서 모습, 그리고 신학적 삶이었습니다.[4]

『일상』은 이런 그의 소박한 모습과 영적 깊이를 지닌 사유를 잘 보여주는 작품이다. 이 소책자는 제2차 바티칸 공의회가 진행 중이던 1964년에 '일상적인 일들'Alltägliche Dinge이라는 제목으로 선보였고, 한국에서는 분도출판사에서 1980년에 출간하였다. 원서로 31쪽밖에 안 되는 책이 국내외 종교 저자의 주옥같은 글을 소개하는 분도 소책 시리즈의 첫 작품으로 선정된 것만 보더라도, 이 책이 가진 소박하지만 묵직한 위상을 짐작할 수 있다. 라너는 '일하는 것, 가는 것, 앉는 것, 보는 것, 웃는 것, 먹는 것, 자는 것'으로 대표되는 평범한 일상이 하느님의 은총을 체험하는 자리임을 맑고도 쉬운 언어로 설명한다. 일상이 품은 다채로운 '자연적' 의미의 결들을 풀

---

[4] Harvey D. Egan SJ, *Karl Rahner*, 9.

어내는 그의 솜씨도 놀랍지만, 그러한 반복적 활동이 '초자연적' 은총의 문법 안에서 이루어지고 있음을 발견하도록 부드러이 이끄는 영적 혜안에도 탄복하게 된다.

일상의 담백함을 담은 신학

『일상』은 라이너 마리아 릴케Rainer Maria Rilke의 명언과 함께 시작한다.

> 너의 일상이 초라해 보인다고 탓하지 말라. 풍요를 불러낼 만한 힘이 없는 너 자신을 탓하라.[5]

아무리 소책자라도 라너 정도 박식한 사람이 쓴 글이면 여러 주옥 같은 인용을 기대하게 마련이다. 하지만, 『일상』에서 성서를 제외하고는 이 문장이 유일한 인용이다. 그만큼 릴케의 한 마디가 이 책의 정신을 집약하고 있다고 할 수 있지 않을까. 반복되는 삶에서 뻔하지 않은 뭔가를 끌어낼 신비로운 힘에 관한 릴케의 문제의식을 라너가 공유하는 것 아닐까. 인용 표시도, 맥락도 없이 라너가 툭 던진 문장은 릴케가 프란츠 카푸스라는 무명의 젊은 시인에게 보낸 편지에 등장한다. 그 전후 맥락을 소개하면 다음과 같다.

> 그러므로 이러한 눈길을 외부에 둠으로써 발견할 수 있는 일반

---

[5] 릴케의 말은 다음에서 재인용하였다. 칼 라너, 『일상』 7.

적 주제는 피하고 당신의 일상생활이 제공하는 주제들을 구하십시오. 당신의 슬픔과 소망, 스쳐 지나가는 생각의 편린들과 아름다움에 대한 당신 나름의 믿음 따위를 묘사하도록 해보십시오. ... 당신의 일상이 너무 보잘것없어 보인다고 당신의 일상을 탓하지는 마십시오. 오히려 당신 스스로를 질책하십시오. 당신의 일상의 풍요로움을 말로써 불러낼 만큼 아직 당신이 충분한 시인이 되지 못했다고 말하십시오. 진정한 창조자에게는 이 세상의 그 무엇도 보잘것없어 보이지 않으며 감흥을 주지 않는 장소란 없기 때문입니다.[6]

릴케에 따르면, 인간은 고독 속에서 내면으로 침잠함으로써만 평범한 일상을 자신만의 고유한 세계로 인식한다. 릴케가 언급한 일상에서 경이로워할 수 있는 시적 능력과 유사하게, 라너는 일하기와 먹기 웃기 등 살면서 줄곧 하는 일에 삼투된 은총을 발견하고 놀라워하는 '일상의 신학'을 추구한다.

최근 신학계나 출판계에서 '일상' 혹은 '오늘'은 인기 있는 개념이다. 주일만이 아니라 주중의 삶에서, 교회만이 아니라 세속에서도 하느님을 만나고 그리스도인으로서 신실하게 살아야 한다고 말하는 취지는 마땅히 높게 평가받을 만하다. 하지만 현실을 이토록 높게 찬양하는 태도가 과연 현실적일까. 오히려 우리는 자신의 실제 모습과 인간으로서 한계에 더 솔직해질 필요가 있지 않을까. 분

---

[6] 라이너 마리아 릴케, 『젊은 시인에게 보내는 편지』 (고려대학교출판부, 2006), 15.

주하고 잡다한 일에 치여 사는 우리가 과연 매일 높은 '영적 긴장'을 유지하며 살아낼 여력이 있는가. 세속에서 그리스도인으로 살아야 한다는 선한 의도에서 나온 열심과 열정은 종종 신앙적 우월주의 내지는 율법주의로 이어지지 않는가. 일상이 하느님을 만나는 곳이라면 주일을 특별한 날로 지켜야 할 이유는 무엇일까. 라너는 '일상'을 무차별적으로 신학화하는 것을 경계하며 말한다.

> 일상의 신학이라는 것이 일상을 축일로 바꿀 수 있다고 여겨서는 안 되겠다. 이런 신학이 할 말이 있다면 그것은 우선 일상을 일상으로 두라는 말이다. 신앙이 드높은 생각이나 영원의 지혜로도 일상을 축일로 바꿔 놓을 수 없거니와 또 바꿔 놓아서도 안 된다. 일상은 꿀도 타지 않고 미화하지도 않은 채 견디어 내야 한다. 그래야만 일상은 그리스도인에게 있어야 할 그대로 있게 된다.[7]

일상에 과도하게 우리의 신학적 관점을 투영하거나 거룩하게 변화시키려 하지 않을 때, 우리는 일상이 그 특유의 담백함과 평범함 속에서 신비를 담아내고 있음을 발견할 수 있다. 일상의 신학이 매우 힘든 것은 우리가 일상을 일상으로 대하지 못하기 때문이다. 우리는 모두 각기 나름의 방식으로 일상에서 일어나는 일들로 인해 지치고, 짜증 나고, 상처받는다. 반면, 일상이 주는 풍요에 시선이

---

7   칼 라너, 『일상』 8.

잡혀 있는 건 오히려 매일매일의 삶의 온전한 측면을 보지 못하게 할 위험도 있다. 일상에 살면서 일상을 제대로 살아내는 것은 누구에게나 쉽지 않은 과업이다.

일상이 생존을 위해 애쓰는 시공간에 속한 만큼 일상은 우리를 숨차게 만들고 마음을 분주하게 휘젓는다. 일상이 멈추고서야 우리는 일상의 일들에서 성찰의 거리를 둘 여유를 가진다. 라너는 일상과 주일의 차별성, 달리 말하면 일상을 그리스도교적 신앙으로 비추어 볼 수 있는 구분된 시간을 강조한다.

우리는 주일마다 일상의 사소한 일들, 별것 아닌 하찮은 일들에 부드러운 마음으로 응해야 한다.[8]

삶에 속도를 줄이고 숨을 돌릴 수 있는 여백을 남길 때, 우리는 일상이 그 자체로 의미가 있는 것이 아니라 그 속에 '영원한 삶'이라는 축제가 반영된다는 것을 발견하게 된다. 그때 비로소 일상은 생존을 위해 억지로 살아내야 할 무엇이기를 멈추고, 영원한 삶을 지금 여기서 준비하는 소중한 배움의 터가 된다. 자기 힘이 아니라 하느님의 은총으로 영원한 삶에 조건 없이 들어가듯, 힘을 빼고 은총에 자신을 내맡길 때 우리는 비로소 일상을 기쁨과 감사 속에서 향유하게 된다.

---

8   칼 라너, 『일상』 9.

일상에 현존하는 하느님의 신비

『일상』은 라너의 신학에 대한 전이해가 없더라도 쉽게 읽힐 정도로 단순한 언어로 저술되어 있다. 하지만, 그의 신학에 대한 배경지식은 이 책의 심층에서 흐르고 있는 논리를 파악하는 데 도움이 된다. 신학과 영성의 분리에 저항하던 라너 특유의 문제의식도 이해하게 된다. 그렇다면 라너가 일상이라는 화두를 가지고 신학적 명상을 시도했던 이유는 무엇일까.

『일상』이 쓰였던 1960년대 중반 유럽과 북미에서는 세속화의 바람이 거세게 몰아치고 있었다. 이때 로마 가톨릭에서는 제2차 바티칸 공의회를 통해 세속사회에서 교회의 사명을 질문했다면, 개신교 신학계에서는 세속신학secular theology이 유행하기 시작했다.[9] 세속신학은 고전적 유신론의 편협함과 현실 도피적 내세관을 비판하며 세속의 문화, 경제, 정치에서 종교적 진리를 발견하고자 했다. 그런 만큼 세속신학자들 입에서 일상을 신학적 성찰의 소재로 삼는 라너와 비슷한 목소리를 들을 수 있을지도 모른다. 하지만 라너는 '현대 사회의 과제에 대한 응답'뿐만 아니라 '그리스도교 전통 속 풍요한 유산의 재발견'도 신학의 과제로 삼았다. 그렇기에 그는 자연과 초자연을 대칭 관계로 보고 초자연의 문법을 자연의 내재성 속으로 와해하는 세속신학과는 궤를 달리했다.

세계를 관찰과 실험의 대상으로 보는 과학적 세계관과 함께 등

---

9   1960년대 중반 세속화된 영국과 미국 사회에서 세속신학의 등장에 대해서는 다음 논문을 참고하라. Peter Berger, 'Secular Theology and the Rejection of the Supernatural: Reflections on Recent Trends', *Theological Studies* 38 no. 1 (1977), 39~56.

장한 근대성은 자연과 초자연, 일상과 은총, 하느님의 내재성과 초월성 사이의 분리와 불균형을 초래했다. 근대 세계에서 일어난 이와 같은 일련의 분열은 현대 로마 가톨릭뿐만이 아니라 세속화 이후 그리스도교 전체가 당면한 문제였다. 이렇게 쌍으로 이뤄진 개념들을 놓고서 라너는 어느 한쪽을 강조하느라 다른 한쪽을 향한 관심을 부당하게 희생시켜서는 안 된다고 보았다.[10] 19세기 중엽에 일어나 라너 당시까지 로마 가톨릭을 주도하던 신스콜라주의는 근대성의 도전에 대해 토마스 아퀴나스의 신학을 주지주의화함으로써 대응하고자 했다. 하지만 라너가 볼 때 보편타당한 지식을 추구하는 계몽주의에 대한 반작용으로 신학을 주지주의화하는 것에는 한계가 있었다. 이는 단지 신스콜라주의자들이 현대인에게 그럴 듯하게 들릴 법한 대안을 못 내어놓는다는 것에 대한 비판이 아니다. 주지주의적 접근의 문제는 하느님은 신학적 개념이나 이론으로도 포착할 수 없는 '신비'이고, 고대와 중세의 위대한 신학자들에게 '신학함'은 곧 그들의 '영적인 삶'이었다는 자명한 사실을 간과하고 있다는 데 있다.[11] 그 결과 은총의 체험은 일상에서 벗어난 예외적인 상황에서 일어나는 기이한 현상으로 오해되었고, 신비주의는 영적 엘리트들만의 특권이거나 성서와 교회의 권위와 무관하게

---

10 칼 라너, 『그리스도교 신앙 입문』 (분도출판사, 1994), 125 참고.
11 토마스 아퀴나스에 대한 신스콜라주의적 해석과 달리 그를 신비주의자이자 영성 신학자로 본 라너의 입장은 다음을 참고하라. Karl Rahner, 'Thomas Aquinas: Monk, Theologian, and Mystic', in *The Great Church Year: The Best of Karl Rahner's Homiles, Sermons, and Meditations* (New York: Crossroad Publishing Co., 1993), 309~313.

일어나는 초자연적 체험처럼 왜곡되었다.

　라너는 무신론 정서가 퍼져 있는 세속화된 현대 문명에 대해 로마 가톨릭 신앙으로 응답하되, 신스콜라주의와는 차별화되는 길을 찾고자 했다. 그는 토마스 아퀴나스의 인식론을 칸트와 하이데거 등 근현대철학자의 관점에서 재해석한 독특한 종교철학적 인간학을 통해 돌파구를 찾아냈다. 라너에게 인간이란 자연적으로 신적 계시를 수용하도록 개방된 '초월적 존재'다.[12] 인간은 스스로 의식하지는 못하더라도 무한과의 관계를 배경 삼아 현실의 유한한 대상을 인식하고 일상을 살아간다.[13] 물론 누군가는 무신론 신념을 단단히 고수할 수도 있고, 사회 전체가 무신론 정서에 지배될 수도 있다. 하지만, 엄밀한 의미에서 무신론은 불가능하다. 의지적으로 신을 찾고 입으로 신앙고백을 하지는 않더라도, 누구나 신적 신비를 모호하고 잠재적으로나마 경험하기 때문이다.[14] 이러한 일상에서의 신비 체험을 라너는 다음과 같이 묘사한다.

---

[12] 대표적으로 다음 초기작을 참고하라. 칼 라너, 『말씀의 청자』(가톨릭대학부 출판부, 2004).

[13] 라너가 자신의 신학을 압축한 후기작 『그리스도교 신앙 입문』Grundkurs des Glaubens(1976)을 보더라도 인간론과 계시론, 삼위일체론, 죄론을 다루는 1~4장의 제목 모두가 '인간'으로 끝난다. 그중 첫 두 장의 제목인 "복음을 듣는 사람"과 "절대적 신비 앞에 있는 인간"은 라너의 인간 이해의 정수를 요약한다. 이러한 제목이 시사하듯 인간은 그 자체로서가 아니라 복음 혹은 절대적 신비와 관계 속에서만 적절히 정의된다.

[14] 인간이라면 누구나 신적 신비를 향해 개방되어 있다는 급진적 주장을 구성하는 철학적 논증의 강도는 라너의 이후 저작에서는 다소 누그러든다. 하지만 이러한 인간학적 전제는 원숙기의 영성신학적 단편이나 교의학적 저술에서 계속해서 중요한 역할을 한다. 그런 의미에서 라너에게 철학은 신학, 특별히 기초신학의 필요조건이다.

우리로 하여금 하느님을 찾아 얻게 하는 것은 실상 이념이나 고상한 말이나 자아 반영이 아니라, 이기심에서 나를 풀어주는 행위, 나를 잊게 해주는 남을 위한 염려, 나를 가라앉히고 슬기롭게 해주는 인내 등이다. 누구든 인간으로서 자신 안에 지니고 있는 영원의 핵심을 위해 조금이나마 시간을 낸다면, 그는 작은 것들도 가이없는 깊이를 지녔음을, 영원의 전조임을, 문득 깨닫게 될 것이다.[15]

근대성은 인간 이성의 능력과 자율성을 강조하는 세속화의 흐름을 만들어냈다. 라너도 이를 무시할 수 없기에 하느님과 인간 사이의 관계를 단순히 하느님의 계시로부터, 즉 '위로부터' 살펴볼 수는 없었다. 대신 그는 인간학적 기초, 즉 '아래로부터' 그 관계를 성찰해 갔다. 하지만 그의 사상은 인간학으로부터 시작하되 19세기 이후 유럽 지성계에 맹위를 떨치던 인간학적 패러다임에 묶이지는 않았다. 그 이유는 그의 신학 전체가 하느님은 '인간'에게 자신을 선물하며 소통하는self-communicating 분이고,[16] '인간'은 하느님의 자기 소통의 대상이라는 근원적 전제로부터 나왔기 때문이다. 하느님과 인간 사이에는 우리가 자의적으로 조종하거나 폐기할 수 없는 심오하고 인격적인 관계가 이미 형성되어 있다. 인간은 자기가 미

---

[15] 칼 라너, 『일상』 8~9.

[16] 칼 라너가 사용한 Selbstmitteilung Gottes를 영어로는 God's self-communi cation로 일반적으로 번역한다. 이 개념을 라너의 『그리스도교 신앙 입문』 한국어판에서는 '하느님의 자기양여'로 번역했다. 여기서는 조금 더 일반적인 표현인 '하느님의 자기 소통 혹은 자기 전달'을 사용했다.

처 알아차리지 못하더라도 하느님과 이미 관계를 맺고 있다는 생각은 라너가 일상을 신학적 성찰의 주제로 삼을 때도 중요한 역할을 한다.

일상에서 체험하는 은총

하느님은 인간에게 값없는 은총으로 자신을 조건 없이 선물하고 전달하신다. 그렇기에 하느님의 현존 혹은 계시에 대한 개방성은 인간의 선험적ₐ priori 조건이다. 이는 우리가 의식하든 못하든, 노력하든 아니든, 신앙이 있든 없든 인간으로 태어난 이상 모두가 가진 인간됨의 구성 요소이다. '자연적'으로 인간은 절대적 신비를 향해 뻗쳐가는 자기초월적 존재다. 또한, 자기성찰석인 '성신적' 존재로서 인간은 일상 한가운데서 자신의 초월성을 어렴풋이나마 자각한다. 양심에 대한 추구, 진리에 대한 헌신, 아름다움에 대한 경이, 영원에 대한 갈망 등을 무심코 지나치지 않고 의미를 질문할 때 우리는 그 속에서 평범한 삶을 밝히는 초자연적 신비의 불씨를 발견하게 된다.

> 우리는 자기를 변명하고 싶은데도, 부당한 취급을 받았는데도, 침묵을 지킨 적이 있는가. 우리는 아무런 보상도 못 받고 남들은 오히려 나의 침묵을 당연한 것으로 여겼는데도 남을 용서해 준 적이 있는가. ... 우리는 순전히 양심의 내적인 명령에 따라, 아무에게도 말 못 할, 아무에게도 이해 못 시킬 결단을, 완전히 혼자서, 아무도 나를 대신해줄 수 없음을 알면서, 자신이 영영 책

임져야 할 결단인 줄 알면서 내린 적이 있는가. 우리는 아무런 감격의 물결도 더는 나를 떠받쳐주지 않고, 자기와 자기 삶의 충동을 더는 하느님과 혼동할 수 없으며, 하느님을 사랑하면 죽을 것만 같은데도 하느님을 사랑한 적이 있는가.[17]

이러한 순간에 자아를 내려놓으면서 삶에 작은 '차이'가 만들어진다. 그러한 차이가 만들어낸 틈으로 비치는 빛이 삶의 구석구석에 색조를 더할 때 일상은 풍성해지고 의미로 채워진다.

일상에 현존하는 하느님의 은총은 무궁무진하게 다채로운 모습을 가지고 인류와 함께 해왔다. 각자가 매일의 삶에서 하느님을 경험하는 방법과 상황은 고유하기에 은총은 지금껏 수많은 신학자와 설교가의 언어로 표현한 것을 무한히 넘어서고도 넘친다. 물론 이 일상에서의 경험은 이중적 성격을 지니고 있다. 사람들은 일상의 사소한 것에서 하느님의 은총을 체험하지만, 경험은 그 은총을 '은밀하고 잠재적으로' 전달한다. 경험을 통해 매개된 지식은 여러 감각 정보가 혼합된 복잡하고 불분명한 형태일 수밖에 없는 만큼, 일상을 통해 체험한 신비는 구체적인 모습이 없고 우리와 그분의 관계도 적절히 설명하지 못한다. 하느님에 대한 지식을 얻으려면 성서와 신학과 전례 등이 필요하다. 하지만, 일상에서 신비를 향한 인간의 지향성이 모호하다고 하여 인간의 마음이 참 하느님께 이르지 못하는 '우상을 만드는 공장'이라는 결론을 내려서는 안

17 칼 라너, 『일상』, 41~42.

된다.[18] 역사 속에서 언어와 사건과 상징을 통해 주어지는 계시도 인간은 신비를 향해 열려 있는 존재라는 사실을 전제로 하기 때문이다.[19]

이 지점에서 라너는 역사적 종교로서 그리스도교의 특별한 역할이 무엇인지 생각하도록 초청한다. 그리스도교 신앙은 우리가 일상의 평범함을 통해 체험한 신비가 단지 무한에 대한 공허한 느낌이 아니라, 아직 자각은 못 했더라도 "강생과 십자가 희생으로 그리스도 안에 현실이 된, 삼위일체의 성령의 내리심"임을 알려 준다.[20] 우리에게 자신을 주신 하느님처럼 우리도 일상에서 자신을 온전히 내어준 경험이 있다면, 우리는 이기적 중력에 묶여 있는 자신의 힘에서 벗어나 우리를 조용히 변화시키는 성령의 능력에 은밀히 이끌린 것이다. "차츰차츰 성령으로 가득한 정신의 순수한 술에 맛"들여 가며 우리는 무의미에서 의미를, 버림에서 얻음을, 죽음에서 생명을 맛보는 예민한 미감도 서서히 개발하게 된다.[21]

---

[18] 대표적으로 칼뱅이 인간의 마음을 '우상을 만드는 공장'이라고 불렀다. Jean Calvin, *Instit.* 1.2.8.

[19] 라너는 인간에게 있는 자연적 초월성을 '초월론적 (일반) 계시'와 연결한다면, 역사 안에서 언어와 사건 등을 통해 구체적으로 주어진 계시를 '범주적 (특수) 계시'로 이해한다. 이 둘은 서로 구별되지만 상호 의존적이다. 흔히 라너를 해석할 때 초월론적 계시를 지나치게 강조하는 경향이 종종 나타나는데, 그리스도교 신학자로서 라너는 범주적 계시를 동등하게 강조하고 있음을 명심할 필요가 있다. 칼 라너, 『그리스도교 신앙 입문』, 209~210 참고.

[20] 칼 라너, 『일상』, 39. 특히 『일상』의 결말부는 하느님께서 조건 없이 자기를 전달하심으로써 인간에게 자유를 선사하신다는 그리스도교 특유의 은총의 문법을 충실히 따른다. 칼 라너, 『일상』, 46 참고.

[21] 칼 라너, 『일상』, 45.

일상의 신학이 가능한 것은 일상 자체가 거룩해서가 아니라, 우리가 성령을 통해 일상을 사는 법을 배우기 때문이다. 생존을 위해 수행하는 여러 잡무 속에서, 혹은 타자를 대하는 나의 습관적 태도에서 참되고 선하고 아름답고 영원한 가치가 빛나는 것을 발견한다면, 우리는 모든 존재를 지탱하는 자비로운 은총에 이미 잠기어 있다. 이처럼 인간은 평범한 삶 속에서 자기를 전달하는 하느님의 신비 앞에 서 있기에, 라너가 궁극적으로 제시하는 인간상은 '일상적 삶의 신비가'mystic of everyday life라고 정의할 수 있다.

일상으로의 초대

『일상』의 매력은 일상을 노골적인 신학 언어로 해석하지 않는 데 있다. 대신 라너는 삶에서 모호하게 느껴지는 신비를 구체화하도록 일상의 언어에 성찰의 힘을 불어넣어 준다. 그렇기에 이 책에서 명시적으로 쓰이지 않은 표현이지만, 라너는 일상에 관한 성사적 이해를 추구한다고 할 수 있다. 보이지 않는 은총이 세례와 성찬과 같은 교회의 성사를 통해 가시화되듯, 일상에서의 활동은 삶의 현상 이면의 신비를 드러낸다. 이러한 관점에서 보자면 매일매일 우리가 경험하는 사소한 것들마저 "다가오는 무한성을 알리는 전갈에 스스로 휩쓸린 전령 같은 것, 본연의 현실이 이미 다가왔기 때문에 우리 위에 드리워지는 실재의 그림자 같은 것"이다.[22]

우리의 일상이 반복되는 삶 너머의 신비를 가리키듯, 『일상』은

---

[22] 칼 라너, 『일상』, 9.

책 너머에 현존하는 하느님의 무궁무진함을 체험하도록 우리를 이끈다. 이 소책자는 명시적으로 설명하고 논증하는 것보다, 독자의 사색과 삶으로 채워야 할 여백을 더 많이 남겨 둔다. 말 많고 실력 없는 신학자라면 구구절절 읊고 설명할 것을, 라너는 암시와 여운으로 대신하면서도 어떤 웅변보다 호소력 있게 이야기한다. 이것은 논증보다는 기도를 더 신뢰하고, 삶과 신학을 통합하려 했던 라너가 체화한 '힘을 빼고 신학하는 방법'이라고도 할 수 있을 것이다.[23]

일상이 하느님의 은총을 만나게 되는 곳이더라도, 그 체험은 우리 힘으로 획득하는 것이 아니고, 살다 보니 자연스레 주어지는 것도 아니다. 그것은 일상의 결을 따라 움직이는 은총을 인내하며 응시함으로써, 그리고 무엇보다도 일상을 일상으로 대할 수 있도록 간구함으로써 받는 하느님의 선물이다. 물론 일상에서 하느님의 세계를 살아갈 때 그러한 삶이 낯설고 거북하게 다가올지도 모른다. 심지어 익숙한 자기중심적 세계로 되돌아가고 싶어질지도 모른다. 이런 반동적 충동 역시 인간에게는 자연스럽기에 이를 힐난할 필요는 없다. 대신 우리의 실패나 본능적 두려움이 하느님께서 밝혀놓으신 희망의 불씨를 꺼뜨릴 수는 없음을 기억하도록 하자. 라너는 기도한다.

---

[23] 라너의 신학에서 기도의 중요성은 다음을 참고하라. Philip Endean SJ, 'Introduction', *Karl Rahner: Spiritual Writings* (Maryknoll: Orbis, 2004). 특별히 9~10쪽에 소개된 일화를 보라.

일상을 일상 그대로 두면서, 일상의 날을 당신 안으로 들어가는 날이 되게 하는 그 사랑은 오직 당신만이 내게 주실 수 있습니다. 나 자신을, 나의 일상을 당신 앞에 가지고 나온 이 순간, 당신께 무슨 말을 하겠습니까? 그저 한 가지만 더듬더듬 간구합니다. 가장 평범한 은사, 그래서 가장 높은 은사, 당신의 사랑을 주소서, 내 마음을 당신의 은혜로 휘저으소서.[24]

일상에서 이런 기도를 진심으로 드릴 수 있는 사람이어야, 기쁨으로 "아직도 길은 멀도다. 와서 맛보라. 주님이 얼마나 좋으신가"(시편 33:9)라고 너와 나를 부르는 목소리에 귀 기울일 수 있다.[25] 그 초청은 속세로부터 분리하여 거룩한 삶을 살고자 분투할 때가 아니라 매일매일 일하고, 이동하고, 휴식하고, 눈으로 보고, 활짝 웃고, 음식을 먹고, 잠자리에 드는 중에 이미 찾아와 있다.

[24] 칼 라너, '내 일상의 하나님', 『칼 라너의 기도』(복 있는 사람, 2019), 164.

[25] 칼 라너, 『일상』, 46.

지옥의 공포를 넘어선 담대한 희망

『발타사르의 지옥 이야기』
한스 우르스 폰 발타사르 지음, 김관희 옮김, 바오로딸, 2017.

의외로 많은 걸작은 예상치 못한 기묘한 이유로 탄생한다. 『발타사르의 지옥 이야기』는 언론의 선정적인 보도가 없었다면 존재하지도 않았을지 모른다. 저자인 스위스 루체른 태생의 한스 우르스 폰 발타사르는 일평생 119권의 단행본, 532편의 논문, 114편의 공저, 110권의 번역서를 남긴 로마 가톨릭 사제이자 신학자다.[1] 20세기 초반에 탄생했던 독일어권 신학자 칼 라너(1904~1984), 요제프 라칭거(베네딕토 16세, 1927~2022), 한스 큉(1928~2021) 등과 달리 그는 제2차 바티칸 공의회에 참가하지는 않았다. 하지만, 그는 이들 동시대 신학자들과 함께 근대성의 도전으로 변화한 세계 속에서 로마 가톨릭 교회의 정체성과 사명을 치열하게 고민했다.

신학박사 학위도 없고(대신 문학박사 학위를 받았다), 정식 신학 교

---

[*] 원서는 다음과 같다. Hans Urs von Balthasar, *Kleiner Diskurs über die Hölle Anstösse* (Ostfildern: Schwabenverlag, 1987).

[1] 발타사르의 출판물 정보는 『발타사르의 지옥 이야기』에 실린 저자 소개를 참고하였다.

수로 채용되지도 않았지만(바젤 대학교에서 일할 때도 교목이었다), 발타사르의 신학은 교회 전통과 시대의 벽을 뛰어넘어 전 세계 많은 그리스도인에게 큰 영향을 끼쳤다. 개신교 신학자 칼 바르트와 쌓은 우정은 그를 논쟁적 맥락에 놓기도 하였지만 두 교회 전통 사이의 창조적이면서도 진지한 교류의 가능성을 열어놓았다. 게다가 신비주의자 아드리엔 폰 슈파이어와 영적 교류는 그의 신학에 독특한 미적 감각과 신비의 차원을 부여하였다. 생전에 그가 남긴 업적을 인정하고자 영국과 프랑스 학사원은 그를 회원으로 추대하였고, 1984년에는 국제 바오로 6세 상Premio Internazionale Paolo VI의 첫 수상자가 되는 명예를 얻기도 했다. 그의 수많은 작품 중 우리말로『세계의 심장』Das Herz der Welt(1944),『성삼일 신학』Theologie der Drei Tage(1969),『신앙고백』Credo(1989) 등이 번역되며 국내에도 그의 신학이 서서히 소개되고 있다.

1986년 로마에서 열린 심포지엄에서 발타사르는 전통적 지옥론에 대한 비판과 함께 모든 사람이 구원받기를 희망한다는 신념을 밝혔다. 전 세계 로마 가톨릭 교회에서 인정과 존경을 받던 노신학자 입에서 나온 논쟁적 발언을 기자들이 그냥 지나치지는 않았다. 다음날 신문에 그의 주장이 단순화하고 왜곡된 채 '지옥은 텅 비었다'라는 식의 선정적 기사가 실렸다. 수많은 비판이 쏟아지자 그는 곧바로 지옥과 구원에 관한 자기 생각을 압축해『발타사르의 구원 이야기』Was dürfen wir hoffen(1986)라는 소책자를 집필했다. 그런데도 원색적 공격이 끊이지 않자 그 책의 핵심을 추려『발타사르의 지옥 이야기『Kleiner Diskurs über die Hölle』(1987)를 곧이어 출간하였다.[2] 이로부터 불과 몇 개월 후인 1988년 5월에 교황 요한 바오로 2세가 그를 추기경으로 임명하겠다고 발표했고, 여러 논란에도 불구하고 그의 명성은 더욱 높아졌다. 하지만 추기경 임명식을 이틀 앞둔 6월 26일 그는 세상을 떠났다.

두 소책자에 담긴 발타사르의 견해는 그리스도교인들이 믿는 일반적인 구원론에 비추어 볼 때 상당히 도전적인 것은 사실이다. 하지만, 두 책이 로마 가톨릭 교회의 인가를 받고 출간되었던 만큼, 발타사르를 통해 구원과 지옥에 관해 '전통적'이면서도 '새로운' 관점에 노출될 소중한 기회를 얻을 수 있다.[3] 게다가 로마 가톨릭 신학자임에도 종교개혁 신학에 정통하고 개신교 신학자 바르트와 심도 있는 대화를 나눈 이였던 만큼 그의 글은 개신교인의 신학적 자기반성을 위해서도 중요한 계기를 제공해 준다.

성서에서 마주하는 구원론의 딜레마

그리스도인은 성서를 믿음과 행동의 권위 있는 기준으로 여기지만 성서는 조직신학 책이 아니기에 구원론을 체계적으로 보여주

---

[2] 우리말로는 순서가 바뀌어 *Kleiner Diskurs über die Hölle*(직역하면 '지옥에 관한 짧은 논의')가 2017년에 『발타사르의 지옥 이야기』로, *Was dürfen wir hoffen*(직역하자면 '우리는 무엇을 희망할 수 있을까')이 2018년에 『발타사르의 구원 이야기』로 각각 출간되었다. *Was dürfen wir hoffen*은 출판된 해 곧바로 영어로 번역될 정도로 신학계의 주목을 받았다. 발타사르가 세상을 떠난 후 이 책의 영역본은 *Kleiner Diskurs über die Hölle*와 합본하여 *Dare We Hope "That All Men Be Saved"? with a Short Discourse on Hell*라는 제목으로 1988년 11월에 출간되었다.

[3] 우리말 번역본은 모두 2017년에 인가를 받았다.

지 않는다. 단지 본문 여기저기서 구원에 관한 부분적 심상만 제시한다. 신약에서 구원이 무엇인지는 예수 그리스도의 가르침 모음이나 지역 교회에 편지를 보냈던 사도의 권면에 등장한다. 그것도 상당수는 비유나 이야기를 통해 간접적인 방식으로 언급될 뿐이다. 성서에 산발적으로 퍼져 있는 구원에 관한 가르침은 크게 둘로 나누어 볼 수 있다. 한편으로 하느님은 예수 그리스도 안에서 모든 사람을 구원하기를 원하신다(1디모 2:4~6, 요한 12:31~32, 에페 1:10, 2베드 3:9 등). 다른 한편으로 성서에는 복음을 거부한 사람들에 대한 하느님의 심판과 영벌에 대한 위협도 있다(마태 18:33, 요한 8:24, 야고 2:13 등). 하지만 교회는 '모든 사람이 구원받는다'와 '어떤 사람은 결국 구원받지 못할 것이다'라는 두 개의 구원론을 동시에 가르칠 수 없다. 성서 전체를 하느님 말씀으로 권위를 인정하는 한, 구원에 관한 두 가르침 중 한쪽만 취향에 맞게 취할 수도 없다.

그리스도인은 성서를 읽는 독자로만 머물지 않고 성서의 진리를 믿고 증언한다.[4] 그렇기에 그리스도인은 구원에 대해 상충하는 듯한 가르침을 놓고 어떤 관점을 가질지 판단을 내려야 한다. 이같은 맥락에서 교회는 복음을 선포할 때 '예수 그리스도 안에서 누가 구원을 받느냐'는 구원의 범위 문제를 놓고 끊임없이 고민했다.

---

[4] 로마 가톨릭 교회는 하느님 말씀인 성서와 거룩한 전통이 같은 근원에서 나오고 서로 긴밀한 관계를 맺고 있다고 본다. 하지만, 전통은 성서가 후대에 전달되고 선포되게 한다는 데 있어 둘은 권위와 역할에 있어 차이를 지닌다(『가톨릭 교리서』 81항 참고). 하지만 발타사르는 성서 읽기를 강조하는 개신교를 가톨릭이 배워야 한다고 말할 정도로 신학적 작업과 그리스도인의 실천에서 성서를 우선시하였다.

한쪽 끝에는 하느님의 보편적 구원 의지를 급진적으로 강조하며 결국에는 모두가 구원받을 것이라고 주장하는 '만인구원론'이 있다면, 반대편 끝에는 하느님의 구원 의지는 선택된 사람에게만 한정되어 있고, 구원은 그런 방식으로 현실화된다는 '예정론'이 있다. 전자의 경우 교회의 역사에서 다수의 입장을 점한 적은 없지만, 후자는 (세부 사항에 있어 입장을 달리하지만) 로마 가톨릭과 루터교, 장로교 등의 여러 교회 전통이 수용하고 있다.

발타사르는 두 대조되는 성서의 가르침 사이의 긴장을 최대한 존중하며 말한다.

신약성경에는 구원에 대한 상반된 언명이 공존하는데, 우리에게는 이 두 언명을 종합하여 조화를 이루게 할 깜냥이 없다.[5]

인간으로서 구원의 범위를 명확히 설명할 완벽한 이론은 만들 수 없지만, 그는 종말론적 희망은 구원에 관한 성서의 두 상반된 주장 중 어느 한쪽으로 기울어질 수 있고 기울어져야 한다고 본다.[6]

---

[5] 한스 우르스 폰 발타사르, 『발타사르의 지옥 이야기』, 37.

[6] 다른 책에서 발타사르는 '지옥에 대한 위협'에 관한 구절이 '하느님의 보편적 구원'에 대한 구절이 그리스도의 생애 어느 시점에 나온 것인지 비교·분석한다. 그 결과 전자는 부활 이전에, 후자는 부활 이후에 주로 나온다. 물론 그는 이러한 구분이 딱 떨어지지 않을뿐더러, 이러한 차이에서 지나치게 큰 의미를 끌어내기보다는 구원과 심판에 관한 성서 전체 메시지에 주의를 기울일 것을 요청한다. 한스 우르스 폰 발타사르, 『발타사르의 구원 이야기』 (바오로딸, 2018), 41~47.

우리는 적어도 하느님의 구원업적이 피조물들을 상대로 성취되기를 바라는 희망을 무참하게 꺾어버리지 말기를 간곡히 바라고 바랄 뿐이다. … 이것이 바로 교회가 수많은 성인 성녀의 탄생을 대놓고 선포하면서도 구원받지 못한 사람들에 대해서는 말을 아끼는 이유다.[7]

하지만 타인을 향한 좋은 의도를 가지고 뭔가를 기원한다고 하여 그 희망이 무조건 정당화되는 것은 아니다. 특히 그러한 희망이 성서와 교회 전통의 위대한 신학자들의 주장을 거스른다면 더욱 그러하다.

그렇기에 발타사르는 감히 모두가 구원받기를 바랄 수 있을지를 먼저 그리스도교 신앙의 '본질'에 대한 성찰로부터 시작한다. 그러고 나서야 이 담대한 희망의 정당성을 성서와 교회 전통을 통해서 탐구한다. 이러한 측면에서 『발타사르의 지옥 이야기』는 논쟁 많은 주제를 다룰 때 성서와 전통과 교리를 어떻게 조화롭게 질서 지을지에 관한 탁월한 모범으로도 볼 수 있다.

신앙의 본질을 통해 재해석한 성서와 전통

다시, 성서의 조율되지 않은 구원론은 하느님의 정의와 자비의 관계를 어떻게 이해해야 하느냐는 심각한 문제를 제기한다. 한편으로 하느님의 자비는 죄인에 대한 무조건적 용서를 의미한다. 다

---

[7] 한스 우르스 폰 발타사르, 『발타사르의 지옥 이야기』, 50~51.

른 한편으로 하느님은 정의, 즉 죄에 대한 심판 없이 자비로만 인간을 구원하지는 않으신다.[8] 초기 교회에서 등장한 분파 중 일부는 하느님의 정의와 자비를 조화시킬 방법을 찾지 못했고, 구약의 신과 신약의 신을 나누어 봐야 한다는 결론에 이르기도 했다. 둘 사이의 대칭 구조를 엄격하게 강조하다가, 자비의 심판을 받을 사람과 파멸의 심판을 받을 사람을 엄격히 나누는 이중예정론이 중세 이후 힘을 얻기도 했다. 하지만, 교회는 이러한 극단화는 피하면서도, 정의와 자비를 균형 잡을 구원론의 논리를 찾으려 노력했다.

구원의 신비를 꿰뚫을 신학적 논리를 성서에서 찾으려 하기 전에 명심할 점들이 있다. 우선, 우리는 성서의 모든 본문이 다 똑같은 중요도를 지닌 것처럼 대할 수 없다. 또한, 우리는 성서의 모든 구절의 의미를 풀어줄 만능의 해석학을 알지도 못한다. 무엇보다도 정보를 취사선택하지 않고는 지식화하지 못하는 인간의 특성은 성서를 읽는 중에도 사라지지 않는다. 그래서 초기부터 교회는 특정 구절에 대한 개인 혹은 집단의 선별적인 문자주의적 해석을 곧바로 공식적인 신앙고백으로 삼는 것을 경계했다. 초기 교회는 삼위일체 하느님에 대한 믿음의 내용을 압축한 '신앙의 규칙'regula fidei의 빛 아래서 성서를 해석하며 공교회의 신학을 형성하였다. 종교개혁자들도 '오직 성서'sola scriptura 원리를 내세우면서도, 신구약 성서 '전체'가 증언하는 복음에 비추어 성서의 각 책과 각 구절을 해석하였다.

---

[8] 하느님의 정의와 자비에 관해서는 다음을 참고하라. 한스 우르스 폰 발타사르, 『발타사르의 구원 이야기』, 223~236.

발타사르도 구원과 지옥이라는 난해하고 곤란한 주제를 다룰때 성서와 교회 전통이 함께 가리키는 '신앙의 본질'이 무엇인지부터 규명한다. 이를 위해 그는 사도신경의 모태인 초기 교회의 세례 양식이 아름다우면서도 명료하게 알려주는 신앙의 본질에 집중한다. 초기 교회의 세례 양식에 따르면 신앙이란 우리를 위한 성부와 성자와 성령 하느님의 사역, 즉 창조로부터 구원을 거쳐 성화에 이르는 구원계획에 우리를 완전히 내맡기는 일이다. 피조물이자 죄인인 인간은 구원받을 자격을 스스로 획득할 수 없지만, 예수 그리스도 안에서 계시된 하느님은 철저하게 '우리를 위한' 분이시다. 그렇기에 우리는 하느님의 급진적 사랑으로부터 그리스도교 신앙을 이해해 나가야 한다. "사랑보다 중요한 것은 아무것도 없다. 왜냐하면 사랑은 바로 모든 것을 덮어주기"(1고린 13:7) 때문이다. 따라서 우리는 기쁘거나 슬프거나 그분의 사랑을 믿어야 한다."⁹

이러한 급진적 사랑의 관점에서 보자면, 죄인을 심판하는 하느님의 정의가 그분의 무한한 자비를 '영원히' 제한할 수 있는지 질문할 수 있다. 그리스도를 통해 사랑의 신비가 계시된 만큼, 인류를 용납하고자 하는 하느님의 뜻에 따라 정의와 자비를 '비대칭적'으로 이해하는 것이 오히려 복음에 대한 적절한 반응일 수도 있는 것이다. 물론 신약성서는 인류 모두가 하느님의 심판 아래 있다는 것, 그리고 이에 따라 각 개인은 구원받을 수도 멸망할 수도 있다는 것을 가르친다. 하지만 하느님과 인간 사이의 무한한 질적 차이

---

9   한스 우르스 폰 발타사르, 『발타사르의 지옥 이야기』, 34.

를 고려할 때, 인류를 향한 '하느님의 사랑'과 창조주께 등을 돌린 '피조물의 저항'을 같은 지평에 놓기 어렵다. 달리 말하면, 하느님의 자비와 인간의 죄가 인간 운명을 결정하는 데 똑같은 수준의 영향력을 가진 것으로 보는 것은 적절하지 않다. 발타사르는 하느님의 은총에 기초한 구원과 인간의 불신앙에서 나온 멸망은 각기 다른 가능성의 범주에 속한 것이라고 주장한다. 전자는 하느님께서 이루기 원하시지만, 후자는 절대 그러하지 않다. 그렇기에 전자와 달리 후자는 길 잃은 인간이 되돌아오길 원하는 주님의 뜻을 경고와 훈계의 형태로 드러낸 것으로 이해해야 한다.

우리가 경험하는 인간의 정의와 다르게 하느님의 정의는 그분의 한량없는 자비의 빛 아래서 해석되어야 한다. 하지만, 자비와 정의의 비대칭적 구도 속에서도 자비는 정의를 무차별적으로 삼켜버리지 않는다. 하느님의 무한한 사랑을 이야기한다고 하여 그분을 거부하는 사람마저 결국에는 구원받는다는 보편구원론이 자동으로 승인되는 것은 아니다. 이러한 신학적 논의를 종합하자면, 구원의 범위라는 난제를 놓고 우리가 궁극적으로 할 수 있는 바는 하느님의 은총 안에서 '모든 사람이 구원받기를 희망하고 겸손히 기도'하는 일이다. 발타사르는 교회의 전통 속에서 이러한 담대한 희망을 지녔던 믿음과 사랑의 성인들을 소개하고, 교회의 여러 공신력 있는 문헌들을 분석한다.[10]

구원론의 발전 궤적을 추적하던 발타사르는 교회 역사의 상당

---

[10]   특히 『발타사르의 구원 이야기』의 4~7장을 참고하라.

히 이른 시기부터 지옥을 회개로 이끌기 위한 가르침이 아니라 영원한 파멸의 '객관적' 가능성으로 이해되며 구원론의 경직화가 일어났음을 지적한다. 이러한 전환은 역설적이게도 사랑과 은혜의 신학자 아우구스티누스에게서 일어났다.[11] 이에 발타사르는 아우구스티누스의 유산에 유감을 표한다.

> 아우구스티누스의 견해는 ... 서방 신학의 역사에 섬뜩한 그림자를 드리웠고, 급기야는 우리의 마지막 운명을 가볍게 여기지 말라는 성경의 가르침을, 인생의 종착역에서 필경 우리를 기다리고 있을 하느님의 심판이라는 결과에 대한 정보로 변질(아니 축소)시키고 말았다.[12]

그리스도가 계시한 하느님의 사랑 때문에 원시 그리스도인들은 구원의 희망 속에서 '주여 오소서!'Maranatha를 외쳤다. 하지만 그러한 종말론적 희망은 어느새인가 역사 속에서 레퀴엠 미사곡에서 장엄하게 울려 퍼지는 '심판의 날'Dies irae처럼 멸망에 대한 두려움으로

---

[11] 이 지점에서 교회사에 대한 배경지식이 있는 사람은 초대교회 때 보편구원론을 주장하다 이단으로 단죄되었던 오리게네스를 떠올릴 수도 있을 것 같다. 발타사르에 따르면, 오리게네스는 그가 죽고 약 300년이 지나 열렸던 제2차 콘스탄티노폴리스 공의회에서 (신학자가 아닌) 황제 유스티아누스에 의해 파면당했다. 삼위일체론을 수호하고 발전시켰던 동방의 교부들은 오리게네스와 유사한 총체적 구원론을 제시했지만 아무도 단죄받지 않았다. 한스 우르스 폰 발타사르, 『발타사르의 구원 이야기』, 107~144. 참고로 『발타사르의 구원 이야기』의 3장에는 오리게네스와 아우구스티누스에 대한 흥미로운 비교가 나온다.

[12] 한스 우르스 폰 발타사르, 『발타사르의 지옥 이야기』, 16.

탈바꿈했다. 누군가는 그러한 불안 때문에 그리스도를 믿게 되어 결국 구원에 이른다면 결국에는 좋은 일 아니냐고, 지옥만큼 사람들을 교회로 이끄는 확실한 설교 주제도 없다고 이야기할 수도 있겠지만 말이다.

감히 모든 사람의 구원을 희망해도 될까?

계몽주의를 거치며 합리주의자들은 교회를 향해 수많은 공격을 가했다. 그중에서도 두드러진 비판은 교회가 지옥 교리로 사람들에게 공포감을 조성해 자신에게 맹목적으로 헌신하게 만든다는 것이었다. 또한, 성서에 대한 역사 비평 연구를 접하며 사람들은 교회의 가르침과 달리 성서에 통일되고 체계적인 내세관이 있는지 의심하게 되었다. 19세기 이래 신학계에서도 이러한 비판적 시대정신을 반영하여 지옥이나 마지막 심판에 대한 과장된 위협을 걷어내고, 대신 인류를 성숙으로 이끄는 하느님의 자비를 강조하는 움직임이 일어났다. 이는 인간 이성의 힘에 대한 신뢰에서 나온 근대 사회의 낙관적 분위기를 공유하지만, 그 궤는 달리하면서 교회와 신학계에 퍼져가던 낙관론이다. 『발타사르의 지옥 이야기』는 이러한 시대적 상황이 무르익던 20세기 후반에 나왔다. 그러다 보니 비판가들은 이 책도 '하느님은 사랑이시기에 모두가 좋게 끝나리라'라는 모호한 기대로 채워졌다는 의심의 눈초리를 던졌다.

발타사르는 자신의 작품을 신학적 낙관론이 아니라 신앙의 본질에 대한 담대한 증언이라 말했다. 인간이 구원받는다면 그것은 전적으로 하느님의 은총 덕분이다. 하지만 하느님의 사랑과 지혜와 능력은 구원받은 인간에게도 신비로 남아있다. 아무리 신앙인일지라도 하느님의 선물인 구원에 관해 자기 나름의 결론을 내리고 거기에 맞춰 은총의 신비를 해석할 수는 없다. 이러한 맥락에서 발타사르는 "우리가 구원을 과소평가하는 만큼 희망에 대해서도 과소평가하게 되기 때문"에 구원을 협소하게 생각하지 말라고 권고하는 클레멘스의 두 번째 편지를 언급한다.[13] 동시에 그는 다음과 같은 진정 어린 권고도 잊지 않는다.

> 만일 자신이 의지하고 있는 신앙을 진지하게 생각하고 성경의 가르침을 깊이 묵상하는 신앙인이라면, 비록 이 영벌의 위협이 결국 익숙하지 않더라도 무방비 상태로unbewehrt 그 앞에 서서 결론을 내릴 줄도 알아야 한다.[14]

결국, 발타사르는 구원과 멸망의 가능성을 종합하는 이론의 논리를 찾는 것을 포기했다. 대신 그는 모두의 구원을 바라는 겸손과 기도로 정의되는 '희망의 문법'을 독자들에게 제안한다. 교리적 앎은 '주어진' 대상에서 끌어낸 정보로 구성된 만큼 이에 대한 수용이 강조되지만, 희망은 '아직 오지 않은' 미래에 대한 개방성과 갈망을 요구하기 때문이다. 또한, 그리스도인으로 내가 간절히 바라는 미래가 '너'가 구원받는 미래라면, 이러한 소원은 그리스도 안에서

---

[13] 클레멘스를 다음에서 재인용했다. 한스 우르스 폰 발타사르, 『발타사르의 지옥 이야기』, 33.

[14] 한스 우르스 폰 발타사르, 『발타사르의 지옥 이야기』, 121~122.

너를 향한 사랑을 실천한다는 조건 아래서 참된 희망이 되기 때문이다.[15]

바로 이 지점에서 발타사르는 근원적 질문을 제기한다. '누군가 지옥에서 영원한 벌을 받는다고 생각한다면, 당신이 상정한 구원을 받지 못한 그 사람은 누구인가?' 이러한 질문의 방식을 빌어 그는 지옥에 관한 상상 이면의 고약한 생각을 드러낸다.

> 사람들이 지옥에 대해서 말할 때는 언제나 적어도 '타인들의 지옥'을 언급하고 있다는 점이다. 즉 그네들이 죗값으로 '지옥에 가서 마땅한' 제삼자에 대해서 말하지, 절대로 '자신의' 지옥을 두려워하지 않는다는 것이다.[16]

이것이 지옥을 객관적 대상으로 다룰 때 우리가 빠지기 쉬운 치명적 유혹이다. 지옥에 악인들이 가득할 것이라는 생각 이면에는 타인은 하느님의 저주를 받은 자이지만 자기는 하느님의 사랑을 받은 자라고 전제하는 자기중심적인 심리 기제가 알게 모르게 놓여 있다.[17] 하지만, 지옥과 심판에 대한 성서의 가르침은 하느님의 도

---

[15] 한스 우르스 폰 발타사르, 『발타사르의 지옥 이야기』, 94.

[16] 한스 우르스 폰 발타사르, 『발타사르의 지옥 이야기』, 62.

[17] 지옥에 자신이 아닌 다른 악인이 있다는 생각을 발타사르가 비판한 것은 그의 로마 가톨릭 배경과 무관하지 않다. 로마 가톨릭 교회는 어떤 인간도 하느님의 신비를 꿰뚫을 수 없기에 구원의 확신을 가질 수 없다고 주장한다. 개신교는 인간은 부족한 자기의 의가 아니라 완전한 그리스도의 의를 통해 구원받기에 구원의 확신을 가질 수 있다고 강조한다. 이러한 이유로 발타사르는 종교개혁자, 특히 칼뱅의 구원론을 비판한다. 그는 신자들

움 없이는 자기를 구원할 수도 없고 하느님의 호의에도 불구하고 실패를 반복하는 '나 자신'을 향한 말씀으로 받아들여야 한다.

곧이어 발타사르는 하느님의 저주와 관련하여 우리가 충분히 생각하지 못했던 또 다른 화두를 던진다. 모세와 바울은 '선택된 사람'으로서 하느님과 깊은 관계를 맺었지만, 이스라엘을 심판하려는 하느님의 뜻을 알게 되자 자신들이 대신 버림받겠다고 애원했다(출애 32:32, 로마 9:3). 타인이 심판과 벌을 받는 것을 견디지 못하고 대신 자신을 희생하려는 이들의 뜨거운 사랑에서, 교부들은 인류를 구원하고자 스스로 저주받은 몸이 되신 예수 그리스도의 유비를 보았다. 교회사에 등장한 여러 성인의 삶도 자신은 구원받지 못하더라도 다른 사람을 구원하고자 하는 소망으로 채워져 있었다. 이러한 관찰을 통해 발타사르는 모든 사람의 구원을 희망하는 것은, 낭만적 소원에 그치는 것이 아니라 실제 의미와 효과를 가진다고 보았다.

그러나 모세와 바울의 경우를 생각해 보면 우리의 희망을 고무할 만한 것을 발견할 수 있다. 두 사람 모두에게서, 하느님께 감히 영원한 '자멸'이 이스라엘에게 약속된 것을 얻어내는 '돌파

에게 구원의 확신을 가질 것과 동시에 하느님께서 멸망으로 선택한 사람이 있다고 가르치면, 진정한 의미에서 이웃 사랑이 불가능하다고 본다. 한스 우르스 폰 발타사르, 『발타사르의 구원 이야기』, 65~66. 하지만 칼뱅이 말한 구원의 확실성은 발타사르가 묘사한 것보다 조금 더 섬세하고 복잡한 개념이다. 칼뱅에 따르면, 언제나 신앙에는 신적 약속에 대한 확실성과 이를 온전히 신뢰하지 못하는 인간의 의심이 공존한다. 다음을 참고하라. Jean Calvin, *Instit.* III.ii.7.

구'로 자연스럽게 이어졌다는 것이다. ... 사랑을 머금은 일몰die liebenden Untergänge은 은총을 통해서 거침없이 구원의 일출Aufgäng로 이어진다.[18]

멸망과 저주에 빠진 이들과 연대하고, 그들을 위해 버림받음의 경험도 감수하려는 사랑의 열정 없이 지옥에 관해 객관적으로만 이야기하다가는 종교적 위선으로 빠질 가능성이 매우 크다. 영원한 벌에 관한 가르침이 성서에서 그리스도의 입에서 나온 것인 만큼 그것을 쉽게 무시할 수는 없지만, 그분이 계시하신 것이 하느님의 사랑의 신비인 것을 잊어버릴 정도로 지옥의 존재와 형벌 자체를 심각하게 생각하는 것은 부적절하다.

원수가 있는 곳은 천국인가 지옥인가

지옥에 관한 발타사르의 신념은 선정적인 언론 보도를 통해 구원에 대한 신학적 논쟁의 불씨가 되었다. 하지만, 잘못 이해된 지옥만큼이나 그리스도교 신앙의 본질을 왜곡하고, 타인에게 지옥 같은 경험을 선사하는 교리를 찾아보기 힘들다. 그렇기에 『발타사르의 지옥 이야기』는 지옥론에 대한 교회의 입장을 다양한 각도에서 재조명해보는 모험을 감행한다. 이 책을 통해 발타사르는 성서와 전통 속에 있는 지옥에 관한 가르침을 거부하지 않으면서도, 그리스도 안에서 드러난 하느님의 자비라는 관점에서 지옥의 의미를

---

[18] 한스 우르스 폰 발타사르, 『발타사르의 지옥 이야기』, 88.

재발견하고자 했다. 그는 힘주어 말한다.

> 내가 여기서 주장하는 것은 이런 낙관적 구원론이 아니라 무엇
> 보다도 하느님은 복수의 화신이 아니고, 오히려 사랑 그 자체라
> 는 것이다.[19]

이 책은 하느님의 사랑과 정의 혹은 하느님 나라와 지옥이 똑같은 무게를 가졌다고 보거나, 어느 한쪽을 강조하느라 다른 한쪽을 무시하지 않는다. 오히려 둘 사이의 비대칭성을 지탱하면서 우리의 희망을 하느님의 사랑에 두자고 제안한다.

전통적 지옥론에 저항하며 발타사르가 펼친 주장이 익숙하지 않을 수도 있고, 책을 읽는 내내 그가 성서 텍스트를 해석하고 전통에서 자료를 끌어오는 방식이 낯설 수도 있다. 게다가 발타사르의 논의가 로마 가톨릭 신학의 구원, 연옥, 성인 이해를 전제로 삼고 진행되는 만큼, 개신교와의 차이에 대한 비판적 개방성과 예민한 분별력도 요구된다. 하지만 소책자 한 권에서 개신교 신학 교재에서는 접하기 힘들었던 과거와 현재의 다양한 신학자를 접하고, 너무 익숙한 나머지 그 깊은 뜻을 미처 고민 못 했던 성서 구절을 새롭게 읽고, 여러 성인과 신비주의자들의 숨겨졌던 목소리를 들을 수 있다는 것은 발타사르라는 박식한 로마 가톨릭 신학자만이 현대인에게 줄 수 있는 소중한 선물이 아닐까 싶다.

---

[19] 한스 우르스 폰 발타사르, 『발타사르의 지옥 이야기』, 15.

무엇보다도 이 책은 그리스도인의 희망의 내용은 '모두가 구원받는 것'을 겸손과 기도 속에서 바라는 것임을 상기시키면서 구원론 논쟁에 중대한 도전을 던진다. 발타사르 이전이나 이후에도 몇몇 신학자가 그리스도가 계시하신 하느님의 사랑이 얼마나 급진적인지 실험하고자 가롯 유다나 아돌프 히틀러의 구원 가능성에 대해 논쟁하기도 했다. 하지만, 인류사에서 가장 유명한 악당을 거론할 것도 없이, 나를 배신하고도 뉘우치지 않거나 지금도 나에 대해 모욕적인 험담을 일삼는 사람과 함께 하느님의 은혜로 영원히 살아야 한다고 상상해 보자. 얼굴을 보기도 싫고 사람들 앞에서 그 실체를 까발리고 싶은 사람과 사랑의 친교를 맺는 곳이 천국이라면 그곳에서 어떻게 영원한 행복을 누릴 수 있을까.

　따라서, 모두의 구원을 희망한다는 것은 '새해에는 원하는 일 다 이루세요'와 같은 수준의 순진한 낙관주의, 혹은 '이래도 그만 저래도 그만'인 별 의미 없는 덕담이 아니다. 모두가 구원받기를 기도하자는 것이 그리스도를 믿을 이유 자체를 없애버리는 망언으로 치부될 수는 더욱 없다. 만인의 구원을 희망하자는 것은 원수마저 사랑하는 자가 되는 고통을 감내하지 않고서는 현실화할 수 없는 과격하고 담대한 사랑의 표현이다.

한 가난한 사제의 삶에 비친 그리스도교의 신비

『25시에서 영원으로』
콘스탄틴 비르질 게오르규 지음, 박노양 옮김, 정교회출판사, 2015.

　『25시에서 영원으로』는 부제 "거룩한 사제인 나의 아버지에 대한 찬양시"가 암시하듯, 저자가 아버지와 함께했던 약 20년의 기억을 아름답게 글로 옮긴 작품이다. 이 책을 쓴 콘스탄틴 비르질 게오르규(이하 비르질)는 루마니아 출신의 시인이자 정교회 사제로 자신의 여러 "작품 중 완성도가 가장 높은 작품"으로 평가받기까지 하는 이 책을 1965년에 프랑스어로 출간했다.[1] 뛰어난 글솜씨를 가졌던 비르질은 20대 초반부터 루마니아에서 시인으로서 널리 인정받다가, 제2차 세계대전 당시 몸소 겪었던 끔찍한 수용소 경험을 우려낸 『25시』La vingt-cinquième Heure(1949)로 세계적인 작가의 반열에 올랐다.[2] 이후 그는 자신의 베스트셀러 소설 제목을 활용해 자기에

---

*　원서는 다음과 같다. Constantin Virgil Gheorghiu, *De la vingt-cinquième heure à l'heure éternelle* (Paris: Plon, 1965).

[1]　암브로시우스 조성암 대주교, '머리말', 『25시에서 영원으로』(정교회출판사, 2015), 6.

[2]　콘스탄틴 비르질 게오르규는 육체의 탄생 이후 주어진 법적 이름 대신, 그리스도 안에서 새로운 탄생과 함께 주어진 세례명인 '비르질'로 자신을 부르기를 원했다. 이에 관해서는 다음 책 첫 장을 보라. 콘스탄틴 비르질 게

게 신앙과 삶의 의미를 깨닫게 해줬던 아버지의 이야기를 담아 『25시에서 영원으로』를 집필했다.

　　25시와 영원, 이 모두는 우리의 일상적 시간 의식으로는 포착할수 없다. 영원이란 개념이야 고대부터 지금까지 철학자나 종교인이 종종 사용하였기에 완전히 낯설지 않다. 하지만 일반적인 시간개념에는 존재하지 않는 25시란 어떤 시간일까. 『25시』에 따르면, 그때는 우리에게 허락된 물리적 시간에서 한 시간이 이미 지나버려 모든 희망이 닫혀버린 시점이다. 비르질은 인류가 삶을 향상하고자 개발한 기계에 오히려 노예가 되어 버리고, 효율성과 힘에 대한 집착에 사로잡혀 서로의 존엄을 무시하는 서구 문명의 '현시점'을 묘사하고자 25시라는 표현을 사용했다. 그는 불안, 허무, 절망의 시간으로서 25시를 다음과 같이 강렬한 문장으로 묘사한다.

　　이것은 인류의 모든 구제의 시도가 무효가 된 시간이야. 메시아
　　의 왕림도 어떻게 해볼 수 없는 시간이지.[3]

　　비르질은 세계대전 당시 자유를 찾아 고국을 떠났다. 루마니아태생이라는 이유만으로 연합군 수용소에 갇히며 칠흑 같은 '25시' 상황을 실제 겪었다. 하지만 그는 '영원'을 갈망하며 인간성을 지켜냈고, 자신의 비극적 경험을 재료 삼아 『25시』라는 명작을 탄생시켰다. 그렇다면 현실의 암담함에도 와해되지 않았던 희망, 일상의

　　오르규, 『내 이름은 왜 비르질인가』 (정교회출판사, 2017).

　[3]　C.V.게오르규, 『25시』 (홍신문화사, 2020), 65~66.

가벼움에도 휘발되지 않던 믿음의 근원은 무엇일까. 이 책은 육신의 아버지이자 거룩한 사제 콘스탄틴을 통해 쌓았던 원경험에 주목한다.

> 이 세상에서 처음으로 내 눈앞에 나타난 사람은 바로 나의 아버지였다. ... 나는 요람에 누워있었고, 그는 내게로 몸을 숙였다. 아버지와 나, 우리 둘은 굉장히 놀라워하며 서로를 쳐다보았다. '비존재의 밤'에서 이제 방금 빠져나온 터였기에, 세상에서의 첫 번째 형상에 호기심을 갖는 것은 지극히 정당했다. ... 나는 이 지상 세계에서 처음으로 접한 형상이 인간의 얼굴이었다는 사실을 생각할 때마다 매우 자랑스럽다. 사람의 얼굴을 봄으로써 나는 하느님을 본 것이다. 그리고 하느님을 보는 사람은 우주 전체를 본다.[4]

자기 눈앞의 작은 생명체를 보며 경이에 휩싸인 아버지, 그리고 아버지의 얼굴을 통해 하느님의 아름다움과 세계의 광활함을 보게 된 신생아. 부자간에 맺어진 신비한 관계에 대한 비르질의 미사여구가 귓가에서 곧 증발해 버릴 듯 가볍게 느껴지지 않는 것은, 그의 시적 언어가 매우 신학적이기도 하기 때문이다. 이 언어는 루마니아의 역사와 정교회라는 특별한 틀 속에서 형성된 신앙, 신학의 문법에서 길어낸 언어였다.

---

[4] 콘스탄틴 비르질 게오르규, 『25시에서 영원으로』, 11~13.

루마니아에서 그리스도인이 된다는 것

유럽의 화약고라 불리던 발칸반도에서 점화된 제1차 세계대전의 불길이 유럽 전체를 불태우던 1916년, 비르질은 루마니아 북쪽 몰도바의 네암쯔 지방에서 태어났다. 대대로 정교회 사제가 나왔던 집안 출신인 만큼, 어릴 적부터 그는 자신도 장차 사제가 되리라고 자연스럽게 생각했다. 하지만 전쟁이 끝나고도 루마니아에서는 혼란한 정세와 가난이 계속되었다. 돈이 없던 그는 신학교 대신 군사학교에 진학하였고, 사제가 아닌 다른 직업으로 삶을 꾸려가야 했다. 그러다 제2차 세계대전이 막바지에 들어서며 소비에트 군대가 루마니아에 주둔하자, 1944년 비르질은 그토록 사랑하고 찬양하던 조국을 떠나 아내와 함께 독일로 망명을 시도했다. 하지만 나치 독일과 동맹했던 루마니아 출신이라는 이유로 그는 연합군에 체포되어 2년간 수용소 생활을 했다. 전쟁이 끝나고 몇 년이 흐른 1948년에야 그는 프랑스에 정착하여 작품 활동을 이어갔고, 1963년 47세라는 다소 많은 나이에 파리에서 루마니아 정교회 사제로 서품을 받았다.

비르질의 굴곡진 인생에서도 언뜻 엿볼 수 있지만 루마니아인의 삶은 정교회 신앙과 긴밀히 얽혀 있다. 그렇지 않다면 다음의 인용구도 시인의 열정이 만들어낸 근거 없는 말에 불과할 것이다.

나의 조국 루마니아, 그곳에 살고있는 사람들, 그들의 업적을 탐구하고 알고자 한다면, 지도책뿐만 아니라 반드시 하늘에 대한,

저 높은 곳의 실재들에 대한 앎이 있어야 한다.[5]

동방 정교회라면 그리스어를 사용하는 동유럽 그리스도교회라고 생각하기 쉬우나, 루마니아 정교회는 특이하게도 로마 문명과 라틴어에 그 뿌리를 둔다. 주변 나라와 구분되는 이러한 특수성은 루마니아인의 역사적 정체성에도 큰 영향을 끼쳤다. 어린 비르질에게 아버지는 이렇게 말했다. "그리스도에 대한 우리의 믿음을 지키기 위해, 우리는 먼저 루마니아 사람으로 남아있어야 해. 우리의 정체성을 잃지 않아야 하고, 로마가 우리의 뿌리임을 잊지 말아야 하고, 루마니아 말을 지켜야 한다는 말이야."[6] 그렇다면 지리상으로는 동유럽에 속한 루마니아인들의 정체성에 고대 로마가 큰 비중을 차지하게 된 이유는 무엇일까.

로마에 의해 점령당하기 이전 고대 몰도바의 전사들은 자신들을 '불멸자의 민족'이라 불렀다. 이들 용맹한 전사들은 동쪽으로 진격하던 로마군에 맹렬히 저항하며 오랜 전쟁을 벌였다. 하지만 결국 2세기 초 이 지역이 로마의 속국이 되자, 그들은 노예가 되느니 자결하는 쪽을 선택했다. 로마인들은 죽어버린 토착민을 대신하여 제국에서 박해받던 그리스도교인들을 몰도바로 데려다가 금광에서 강제노동을 시켰다. 그 결과 "인두로 낙인찍히고 쇠사슬에 묶여 끌려온 거룩한 도형수들, 주교들, 사제들, 순교자들 그리고 고백자들이 복음의 말씀을 가져왔고 그때까지 살아 있었던 불멸자들과

5 　콘스탄틴 비르질 게오르규, 『25시에서 영원으로』, 29.
6 　콘스탄틴 비르질 게오르규, 『내 이름은 왜 비르질인가』, 61.

그들의 자녀들에게 세례를 주었다. ... 불멸자들은 교회의 가장 탁월한 사제들에 의해 세례받았다. 로마는 결코 미지근한 사람들, 하찮은 사람들을 도형장에 보내지 않았기 때문이다".[7] 이것이 루마니아 정교회의 시작을 알리는 역사적 사건이자, 몰도바의 그리스도인이 다른 동로마 제국 사람들과는 다른 언어적·문화적 정체성을 가지게 된 이유다. 한 마디로 루마니아 정교회는 강인한 불멸자들의 피와 박해받던 그리스도인들의 고귀한 믿음이 함께 섞이며 형성된 교회인 셈이다.

　로마로부터 그리스도교 복음을 받아들였지만, 루마니아는 지중해 지역의 복잡한 역학관계에 따라 외세에 끝없이 시달렸다. 약 2,000년 역사 중 반세기 정도를 제외하고 루마니아인들은 고트족, 훈족, 슬라브족, 타타르족 등 주변 민족의 위협을 견뎌야 했다. 그 이후로는 오스만튀르크의 침략과 지배와 약탈이 5세기간 계속되었다. 이런 극단의 환경 속에서도 불멸자의 후손들은 "요새나 높은 벽이나 화강암으로 축조된 성"이 아니라 고대 로마 때부터 이어온 "정신 안에 축조된 것"에 의지하여 고유한 문화, 풍습, 종교, 언어를 유지했다.[8] 루마니아의 비운의 역사와 함께한 교회였던 만큼 루마니아 정교회는 그 땅의 고통을 아로새긴 형태로 형성되었다. 일례로 정교회의 핵심 전례라고 할 수 있는 리뚜르기아, 즉 성찬례로 마을 사람들을 부르기 위해 몰도바 지방에서 사용했던 '시만드로' 혹은 '또아까'라고 불리는 나무판자 종에 대한 설명을 들어보자.

---

[7]　콘스탄틴 비르질 게오르규, 『25시에서 영원으로』, 27.

[8]　콘스탄틴 비르질 게오르규, 『내 이름은 왜 비르질인가』, 62.

5세기 동안 지속되었던 터키 지배 시대, 그리스도인들은 (쇠로 된) 종들을 사놓고도 그것들을 사용할 권리가 없었다. 종소리는 모든 그리스도교 지역에서 철저하게 금지되었다. 그래서 신자들을 신성한 리뚜르기아로 부르기 위해 우리의 시골 사제들과 수도원의 수도사들은 나무 종인 시만드로를 설치했다. … (아무 침략이 없는 시기에도) 신자들을 리뚜르기아로 부르기 위해 우리는 두 종류의 종을 쳤다. … 언제라도 또 다른 침략이 있을 수 있기 때문이었다. 땅 위에 존재하는 눈에 보이는 교회는 결코 박해의 시대를 벗어났다고 생각해서는 안 된다.[9]

이방의 침략자들은 몰도바 지역에 들어올 때마다 그리스도교를 박해하였다. 그들은 교회에서 종을 치지 못하게 하거나, 쇠 종을 떼어내어 무기를 만듦으로써 신자들에게 굴욕감을 안겨줬다. 이러한 역사가 반복되며 교회의 종은 상징성을 강하게 띠게 되었다. 마을 사람들은 언제 닥칠지 모르는 외세에 대비하고자, 그리고 이 땅에서는 고난을 피할 수도 없고 참 행복을 소유할 수도 없다는 것을 상기하고자 교회에 나무 종을 늘 매달아 두었다. 시만도르 이야기 외에도 비르질은 여러 실화를 통해 루마니아 정교회의 독특한 모습을 보여 준다. 오랜 전쟁과 약탈과 가난으로 갈고 닦아진 루마니아인들의 고난이라는 렌즈를 통해, 종교마저 자신의 기호나 가치관에 따라 고를 수 있는 상품처럼 여기는 현대인에게는 매우 낯설

---

[9] 콘스탄틴 비르질 게오르규, 『25시에서 영원으로』, 92~93.

어져 버린 교회의 모습 혹은 신앙의 본질이 드러난다.

하느님 형상인 인간의 형상을 그린 이콘

『25시에서 영원으로』의 특별한 가치는 비르질이 묘사한 아버지의 모습을 통해 그리스도교, 특별히 정교회 신앙을 배우게 된다는데 있다. 달리 말하면, 이 책은 교리문답서나 신학 입문서가 아님에도, 한 사람의 삶을 텍스트 삼아 신앙의 본질을 알게 해주는 빼어난 작품이다. 신학과 영성 사이를 종합하는 '이론'을 만들기는 힘들지만, 그리스도를 주主로 고백하며 충실히 살아간 사람의 '삶'을 지긋이 바라보면 둘 사이를 연결해 줄 상상력의 확장이 일어난다. 초기 교회부터 성인전hagiography을 읽는 것을 권장했던 것도 이와 같은 이유 때문이다. 신학자 스탠리 하우어워스가 지적했듯, 근대의 주지주의적 세계관과 함께 등장한 개신교 전통은 교리와 삶을 분리하는 실수를 범해왔다. "일부 근대주의 신학자들은 '하느님에 대한 발언'과 '인생의 복잡성'을 분리하려 시도했고, 그 결과 그들 신학의 핵심은 하느님이 아니라 '우리'가 되었다."[10] 이처럼 삶이 하느님을 말하는 본문으로 작용하지 않을 때 신학은 타락하고 삶은 왜곡된다.

『25시에서 영원으로』에서 배울 점 중 하나는 삶과 하느님을 함께 이야기하는 법이다. 비르질은 현대인에게 익숙한 사실주의적 묘사와는 매우 다른 방식으로 아버지와 관련된 여러 이야기를 들

---

[10] 스탠리 하우어워스, 『한나의 아이』(IVP, 2016), 424.

려준다. 일반적 시각에서 보자면 아버지 콘스탄틴은 극심한 가난과 과도한 사목 활동으로 야위고 병들고 더럽고 비참한 모습을 하고 있다. 평생 시골 교회에서 일하다 보니 세상 사는 일에 서툴고, 종종 자기뿐만이 아니라 여러 사람을 곤경에 빠트린다. 하지만 비르질의 눈을 통해 아버지를 바라보면 마치 그가 하늘에 속한 사람인 것처럼 '가볍고 깨끗하고 빛난다'는 인상을 받게 된다. 왜 이런 기묘한 인지부조화가 일어날까. 그 실마리를 책의 첫 장 제목 "이콘을 향해 눈을 뜨다…"에서 찾아볼 수 있다. 이 장은 비르질이 태어나 처음 본 사람인 아버지에 대한 시적 묘사로 가득 채워져 있다. 실제 책에서 11쪽이라는 적지 않은 분량에 걸쳐 갓난아기의 망막에 비쳤던 아버지의 모습이 설명되고 있다.

그런데 뭔가 이상하지 않은가. 비르질도 사람일 텐데 어머니의 태에서 막 나와 본 것을 수십 년 후에 어떻게 생생하게 기억해낼까. 그가 시인이라는 면책특권을 활용해 거짓말을 하는 것일까. 아니면 시각 정보를 뇌에 저장하였다 필요할 때 끄집어내는 일반적인 의식 작용과는 다른 뭔가를 이야기하고자 하는 것일까. 정확하게 알 길은 없지만 그나마 확실한 것은 이제 막 태어난 비르질의 의식에 각인된 것은 아버지의 실제 육체의 모습이 아니라는 사실이다. 그의 설명에 따르면, 아기의 기억에 자리 잡은 것은 아버지를 통해 지각하게 되는 '하느님의 형상'이요, 그 형상의 근원인 하느님을 통해 이뤄진 우주와의 만남이다. 이러한 어마어마한 주장 이면에는 이콘icon에 대한 정교회 특유의 이해가 놓여 있다.

이콘은 그리스도와 마리아, 성인 등의 모습을 교회 전통에 따라 그려놓은 그림으로, 정교회의 예배와 신학과 영성에 없어서는 안될 정도로 필수 요소다. 이콘이 정교회 신앙에 꼭 필요한 이유는 다른 일반적 종교화와는 전혀 다른 이콘 특유의 본성 때문이다.

> 하나의 이콘, 그것은 참으로 하나의 형상, 그것도 순전히 지상적인 그런 형상이 아니다. 그것은 하나의 '신적이고 동시에 인간적인théandrique' 형상이다. 천상에도 속하고 지상에도 속하는 형상이다. … 정교회 이콘에서 인간의 형상은 그것이 본래 그랬던 모습으로, 세상 창조 때의 모습으로 그려진다… 이콘 속에서 인간의 몸은 물질과 시간과 공간의 법칙들에서 해방된다. 최초의 본래 형태와 속성들로 돌아간 인간의 형상은 영원하고 그 원형인 하느님을 닮아있다.[11]

이콘 화가는 감각의 세계에 속한 색, 선, 면, 형 등을 사용하지만, 이콘에 그려진 성인은 인간적이면서도 '동시에' 신적인 형상을 하고 있다. 우리가 복잡하고 폭력적인 현실 속에서 자기중심적 중력에 이끌려 "무겁고, 혼합된" 모습으로 살아간다면,[12] 이콘 속 인물들은 현실의 논리를 초월한 듯이 "가벼워지고, 정화되고, 씻긴 얼굴이요 몸"을 가진다.[13] 그런 의미에서 이콘은 지상이 아니라 천상

---

11 콘스탄틴 비르질 게오르규, 『25시에서 영원으로』, 14~16.

12 콘스탄틴 비르질 게오르규, 『25시에서 영원으로』, 16.

13 콘스탄틴 비르질 게오르규, 『25시에서 영원으로』, 15.

의 실재를 보여 주는 "하늘을 향해 열린 창문"이다.[14]

'성화'로 흔히 번역되는 이콘이 그리스어로 원래 '형상'이란 뜻을 가진 만큼, 이 단어는 다양한 맥락에서 사용될 수 있다. 비르질의 경우 이콘을 살아있는 사람, 특별히 아버지에게 적용한다. 이콘 화가들이 사실주의 혹은 자연주의 사조와는 차별화된 상징주의 방식으로 성인을 그리듯, 아들은 아버지에게서 비본래적인 것을 계속해서 털어내고 오로지 그리스도인의 원형, 즉 이콘만을 남겨 둔다. 고통의 기억이 아로새겨진 깡마른 아버지의 육체에서 그는 역설적으로 "땅 위에 사는 것이 아니라 ... 하늘에 사는 피조물"을 본다.[15] 심지어 "평소보다 조금만 더 강한 바람이 불어도 그 바람이 아버지를 땅에서 들어 올려 하늘로 데려가 버리고 말 것" 같은 기묘한 인상마저 받는다.[16] 흠모할 만한 아름다운 것이 없을 정도로 (이사 53:2) 메마르고 상한 아버지의 얼굴을 통해 그는 일반적 미적 체험과는 다른 숭고한 아름다움을 체험한다. 아버지의 가난하고 힘든 삶은 지상을 언제나 은밀히 감싸고 있는 하느님 은총을 보여 주는 이콘과도 같다.

물론 성서와 교회 전통에 따르면, 성자이신 예수 그리스도만이 완전한 하느님의 형상이고, 인간은 유한성과 죄 때문에 눈앞에 있는 것의 본질을 제대로 알아차리지 못한다. 하지만 그렇다고 하느님 안에서는 하늘과 땅이 하나이고, 모든 인간 안에 신성의 불꽃이

---

14 콘스탄틴 비르질 게오르규, 『25시에서 영원으로』, 16.

15 콘스탄틴 비르질 게오르규, 『25시에서 영원으로』, 32.

16 콘스탄틴 비르질 게오르규, 『25시에서 영원으로』, 31.

있다는 근본적 사실이 취소되지는 않는다. 그렇기에 일상의 무게와 속도에 가려진 이 놀라운 신비를 제대로 볼 수 있게 도와줄 그 무엇이 우리에게 필요하다. 비르질은 우리가 이 같은 인간적 한계를 일상에서 초월하는 방법으로 '하느님 형상인 사람'을 주시하는 것을 제시하고 있다.

인간은 태어나면 곧 다른 사람의 얼굴을 마주하게 되고, 비르질의 경우에는 아버지 콘스탄틴을 처음 보았다. 갓난아기가 하느님의 형상인 다른 인간을 본다는 것은, 지상의 삶의 시작과 함께 타자라는 이콘을 통해 "하늘로 초대받았다"라는 것을 의미한다.[17] 이러한 '이콘적 상상력'을 가질 때에야, 존재하는 모든 것 이면의 신비에 경탄하도록 마음이 새로워지고, 생명 있는 모든 것 속의 고유한 가치를 볼 수 있는 시력도 회복된다. 『25시에서 영원으로』를 읽고 그리스도교 신앙이나 우리의 삶에 관해 다른 책에서 보지 못한 무언가를 발견하거나 느꼈다면, 그것은 아마 시인인 저자가 이콘적 상상력 혹은 '신적이고 동시에 인간적인' 관점을 활용해 땅의 현실에 비친 하늘의 모습을 그려내고 있기 때문일지 모른다.

하느님의 아름다움을 우러러

비르질은 24세에 시집 『눈 위의 낙서』로 루마니아 왕국 시인상을 받을 정도로 젊은 나이에 시인으로서 성공적인 경력을 쌓았다. 비록 가난 때문에 사제가 되지 못해 신성한 리뚜르기아를 집례하

---

[17] 콘스탄틴 비르질 게오르규, 『25시에서 영원으로』, 21.

지는 못했지만, 하느님께 영광을 돌리는 자신만의 방식을 찾은 것이다. 하지만 시인으로서 소명과 업적을 개신교에서 잘 쓰는 일반 은총 혹은 문화신학 등의 이질적 범주를 가지고 해석하는 것은 조심해야 한다.

> 정교회에선 시와 기도 사이에 경계가 없다. 이 둘 다 아름다움, 고귀함, 신성함을 그 목표로 삼고 있다. 조화와 아름다움이 그 둘 모두의 법칙이요, 그것들을 통해서 인간은 온 우주cosmos와 영원한 것과 친교한다. 정교회의 신학대전이라 할, 신앙과 기도의 백과사전을 사람들은 『필로깔리아』philokalia라고 부르는데, 그것은 정확히 "아름다움에 대한 사랑"을 의미한다. 아름다움과 신성함은 단 하나의 동일한 것이다. 신성함은 아름답고, 아름다움은 신성하기 때문이다. … 그 어디서도 정교회와 정교신앙 안에서만큼, 시인, 화가, 예술가들이 자기 집에 있는 것처럼 편안함을 느끼지는 못한다.[18]

이 인용문을 읽다 보면 '신학자가 되려면 서방에서는 철학자가 되어야 하지만, 동방에서는 예술가가 되어야 한다'라는 말이 떠오른다. 이것이 정교회는 이론적 신학이 빈약하다거나, 교리가 비논리적임을 의미하는 것은 결코 아니다. 오히려 이런 얄팍한 발상 자체가 이론과 삶, 혹은 이성과 감각을 분리하는 사고에 익숙해져 있다

---

[18] 콘스탄틴 비르질 게오르규, 『25시에서 영원으로』, 159~160.

는 방증일 수도 있다. 더 냉철하게 말하자면, 근대 서유럽의 낭만주의의 영향 아래 오늘날 많은 그리스도인은 진리와 선함에서 아름다움을 분리하거나, 미적 체험을 아름다움의 근원이신 하느님을 향한 예배라는 맥락과 무관하게 추구하곤 한다. 정교회의 이콘을 마치 렘브란트나 샤갈의 종교화처럼 감상의 대상으로 여기는 교양 있는 현대인의 모습은 그 대표적인 예다.

아름다우신 하느님을 우러러보는 것이 피조물의 행복이라면, 종교의 본질은 아름다움을 향한 인간의 근원적 갈망과 깊게 연관되어 있다고 할 수 있다. 하느님께서 만드신 우주는 창조주의 아름다움을 반사함으로써 우리의 오감을 매혹한다. 하지만 모든 아름다움의 근원이신 분을 예배하고 관상함으로써 지각하는 아름다움은 다른 어떤 미적 체험과도 비교할 수 없다. 이러한 관점으로 보자면 『25시에서 영원으로』는 비르질이 아버지의 사목활동을 본문 삼아 아름다움을 사랑하는 방법을 배우게 도와주는 책이기도 하다. 그는 '지상에 세워진 하늘'인 성당, '하늘을 향해 열린 창문'인 이콘, '하늘과 땅을 연결하는 전례'로서 리뚜르기아 등을 통해 체험되는 숭고한 아름다움의 의미를 탐구한다. 어린 시절 자신과 아버지가 나눈 신학적 대화를 재구성함으로써, 삶의 계속되는 비극 속에서도 어떻게 하느님과 인간과 세계의 아름다움을 발견할 수 있을지 지혜도 제시한다. 이때 흥미롭게도 비르질은 자신의 질문에 대한 아버지의 대답으로 교회의 아버지인 고대 교부의 문장들을 그대로 인용하는 기법을 종종 활용한다. 그렇기에 이 얇은 책은 시인의 열정과 미문으로 채워졌지만, 신학적인 풍미와 깊이가 있고,

특별히 교부 전통으로 성서를 해석하는 정교회 특유의 방식도 접하게 해준다.

『25시에서 영원으로』는 비르질의 아버지에 대한 찬양시이자, 정교회 신앙과 영성에 대한 완성도 높은 입문서이자, 우리의 감각적 쾌락을 넘어서는 충만한 아름다움의 경험을 사랑하게 이끄는 '필로깔리아'다. 16세기 서유럽에서 활동한 개신교 종교개혁자들이 주장한 만신자사제설Priesthood of all believers에 익숙한 사람이라면, 비르질이 설명하는 정교회 사제의 모습과 역할이 몹시 낯설어 보일지 모른다. 세속화가 가져온 의식과 사회의 변화에 길들어져 있는 현대인에게는 20세기 초반 두 차례 세계대전 사이에 루마니아의 한 작고 가난한 마을에서 일어난 일들을 과도하게 신학적으로 해석하는 것이 못마땅할 것이다. 니체 이후 대중화된 영육 이원론에 대한 비판을 신봉하는 이들은, 천상과 지상의 세계를 구분하는 비르질의 언어에 반감부터 표할지 모른다. 논리적 추론과 체계적 이론을 선호하는 성향을 지닌 사람은 시인 특유의 과장과 모호함에 글의 흐름을 따라가기 힘들 수도 있다.

위에서 언급한 이유로 어떤 독자는 책에 오롯이 집중하지 못할 수도 있겠지만, 또 다른 독자들은 이제껏 당연시하기에 주의를 기울이지 않았거나 익숙해져 있기에 지나쳤던 신앙의 본질에 재접속할 계기를 발견할지도 모른다. 비르질은 "천사 같은 피조물, 하나의 이콘과 같았던 아버지, 하느님의 충실한 종이었던 아버지, 하느님 자신과 천사들을 닮았던 아버지"를 소개함으로써,[19] 자유주의 정치와 경제의 문법을 떠나서는 다른 세계를 상상하는 능력을 점차 잃어가는 현대인에게 그리스도인이 된다는 것의 도발적이고 원초적 의미를 생생하게 느끼게 도와준다. 타자를 향한 폭력과 혐오로 사회가 지탱되고, 진실의 불편함이 싫어 거짓을 기꺼이 추종하는 25시와 같은 현실을 살아가는 독자에게 영원에 대한 갈망을 새롭게 일깨워준다. 아니, 이 모든 것을 차치하더라도 얄팍한 신앙주의 수사와 실체 없는 홍보문구로 덕지덕지 뒤덮인 출판 시장에서, 『25시에서 영원으로』는 미련하고 매력적이지 않은 방식이지만 심정 깊숙이에 그리스도교 신앙의 자국을 짙게 남겨주는 특별한 책이다.

후기

비르질은 루마니아처럼 늘 외세의 침입에 시달렸던 한국에 동질감을 느꼈고, 생전에 세 번이나 한국을 방문했다. 1984년에 출판된 『한국찬가』라는 소책자를 보면, 한국이 장차 담당할 세계사적 역할에 대한 그의 큰 기대를 엿볼 수 있다. 그가 문명의 구원에 큰 관심을 기울였던 만큼, 한국사에 계속된 고난은 한국인 특유의 도덕적 사명이 있다는 생각을 품게 했다.

나는 25시에서 직감적으로 '빛은 동방에서 온다'는 말을 한 일이

---

[19] 콘스탄틴 비르질 게오르규, 『25시에서 영원으로』, 42.

있습니다. … 내일의 빛이 당신네 나라인 한국에서 비쳐온다 해서 놀랄 것은 조금도 없습니다. 당신네는 수없는 고난을 당해온 민족이며, 그 고통을 번번이 이겨낸 민족이기 때문입니다. … 당신네 한국 사람들은 내게 있어서 젊은 시절에 읽은 성서의 '욥'과 같은 존재입니다.[20]

그가 세상을 떠난 지 30여 년 만에 한국은 경제와 문화와 군사 강국으로 발돋움하였다. 하지만 오늘날 한국 사회는 비르질이 혐오했던 물질문화의 상징인 미국을 매우 닮아버린 듯하다. 그가 아침의 나라의 변화된 모습을 본다면 어떤 말을 할지 궁금하다.

---

[20] C.V. 게오르규, 『한국찬가: 25시에서 아침의 나라로』 (문학사상사, 1987), 76~77.

그리스도교의 희망을 다시 묻다

『희망으로 구원된 우리: 교황 베네딕토 16세의 회칙』
교황 베네딕토 16세, 한국천주교주교회의 옮김, 한국천주교중앙협의회, 2008.

영국의 역사학자 에릭 홉스봄은 20세기를 '극단의 시대'The Age of Extreme라고 불렀다.[1] 전체주의 등장과 두 차례의 세계대전, 냉전 체제의 도래, 경제 공황과 빈곤의 확대, 피식민지 국가의 독립, 사회주의 국가의 몰락 등 엄청난 사건들이 한 세기 동안에 압축적으로 일어났다. 흥미롭게도 그리스도교에서는 이러한 극단의 시대를 뚫고 나갈 희망을 찾고자 '더 극단적인 것'에 몰두하는 방법을 사용하는 흐름이 생겨났다. 바로 역사의 마지막을 고하는 '종말'eschaton을 신학의 화두로 삼는 일이었다. 극단의 시대가 던져준 사상적 · 윤리적 · 정치적 · 문화적 도전에 응답하는 길은 국제정치나 경제협력, 기술개발이 아니라 종말론적 신앙을 회복하는 것이었다.

---

*   교황 베네딕토 16세, 『희망으로 구원된 우리: 교황 베네딕토 16세의 회칙』한국천주교주교회의 옮김 (한국천주교중앙협의회, 2008). 회칙 원문은 바티칸 공식 홈페이지에서 확인할 수 있다. https://www.vatican.va/content/benedict-xvi/la/encyclicals/documents/hf_ben-xvi_enc_20071130_spe-salvi.html (2023.04.08. 최종확인)

[1]   에릭 홉스봄, 『극단의 시대: 20세기 역사 (상·하)』(까치, 1997) 참고.

초기 교회는 그리스도의 부활을 기억하고 그분이 다시 오심을 기다리던 종말론적 공동체였다. 그러나 시간이 꽤 지나도 오시겠다는 주께서는 오시지 않았다. 그사이 그리스도교는 로마제국의 공인 종교가 되고, 유럽은 그리스도교 문명이 되었다. 세상의 끝이 온다는 종말론은 부차적 주제가 된 채 시간만 천년하고도 수백 년이 더 흘렀다. 그러다 19세기 말, 신학에서 이른바 고전적 자유주의가 정점에 이른 시기에 독일 개신교 성서학계에서 색다른 목소리가 나왔다. 요하네스 바이스Johannes Weiss(1863~1914)와 알베르트 슈바이처Albert Schweitzer(1875~1965) 등은 원시 그리스도교 문헌 연구를 바탕으로 나자렛 예수의 선포와 사역이 철저하게 종말론적이라고 주장했다. 종말론의 재발견은 예수라는 1세기 인물의 실제 모습과 선포를 통해 제도화된 교회와 교리주의화된 신학, 부르주아화된 학계에 대항하는 모습을 보였다. 이들 '성서학자'의 학문적 성취는 예기치 않은 방식으로 19세기 말에 태어나 제1차 세계대전 전후로 활동하기 시작한 새로운 세대에 영향을 끼쳤다. 대표적으로 칼 바르트는 바울 서신을 신학적으로 독해하며 '그리스도교 신앙 전체'를 철저하게 종말론적으로 재해석했다.[2] 세계대전을 겪으며 그가 종말론에 이토록 몰두한 이유 중 하나는 역사는 진보한다는 가정 아래 문화와 복음을 부드러이 통합하려던 19세기 신학과 차별화된 역사 이해가 요구되었기 때문이다. 바르트로 대표되는 젊은 신학자들은 종말론을 통해 기존 교회와 신학계를 비판하는 것

---

[2] 칼 바르트, 『로마서』(복 있는 사람, 2017), 662 참고.

을 넘어 서유럽의 그리스도교 문명 자체를 문제 삼았던 것이다.

1940년대가 되자 제1차 세계대전의 기억도 어느 정도 묽어졌다. 자유주의 스승들을 비판했던 혈기 넘치던 신학자들도 어느덧 나이가 들어 기성세대가 되었고, 1차 세계대전 이후 태어난 세대는 이들의 강의와 글에 영향을 받았다. 그러던 중 제2차 세계대전이 일어나자 젊은 학생들 상당수가 징집되어 전쟁의 참상을 몸소 경험하였다. 전쟁이 끝나고 군복을 벗고 학교로 돌아온 이들에게 역사의 종말이란 그들의 일상과 매우 가까이 닿아있는 실재였다. 새로운 세대가 공부를 마치고 학계에 진출한 1960년대에 유럽에서는 동서냉전이 첨예해지고, 아시아와 남미에서는 반독재 민주화 투쟁이 일어나고, 전 세계적으로는 시장경제로 빈부 격차가 심각해지고 있었다. 극단의 시대 한복판에 있던 만큼 이들은 한편으로는 그리스도교 신앙이 다시 인류의 희망이 될 수 있을지 질문했다. 다른 한편으로는, 진보의 꿈이 박살 난 상황에서 '역사란 무엇인가'를 질문하던 현대인들에게 신학적인 답변을 하고자 했다. 특히, 이들은 냉전 당시 맹위를 떨치던 마르크스주의의 세속화된 종말론과 차별화된 방식으로 역사의 목적으로서 하느님 나라가 어떻게 역사에 변혁적 힘을 불어넣는지 보여주어야 했다.

제2차 세계대전 이후 독일 개신교 신학을 대표하는 위르겐 몰트만, 볼프하르트 판넨베르크 모두 이러한 문제의식을 갖고 있던 이들이라 할 수 있다. 이들의 신학은 한 마디로 '종말론적'이다. 이들은 성서적 종말론을 해석하면서 헤겔의 역사철학으로 대표되는 현대 사상과 대화에 임했고, 세속화된 시대에 그리스도교 신앙이 어떻게 여전히 희망의 근원이 될 수 있는지를 보여주려 했다. 몰트만이 쓴 『희망의 신학』Theologie der Hoffnung(1964)과 판넨베르크가 참여한 『역사로서의 계시』Offenbarung als Geschichte(1963) 등은 곧 20세기 중후반 신학의 대표작이자 종말론 르네상스를 이끄는 현대적 고전으로 전 세계에서 널리 읽혔다.

20세기 중후반 몰트만과 판넨베르크가 국제적으로 활동하고 교회일치운동에도 활발히 참여했던 만큼 교파를 뛰어넘어 많은 사람의 이목이 이들의 종말론적 제안에 쏠려 있었다. 하지만 독일 개신교 성서학이 촉발한 종말론 논쟁과 당시 마르크스주의와 갈등 때문에 로마 가톨릭 신학자들도 종말론적 역사 이해의 중요성을 인지하고 있었고 주목할 만한 종말론 저서들을 출간하였다. 그 대표작으로 요제프 라칭거가 집필한 『종말론』Eschatologie: Tod und ewiges Leben(1977)을 손꼽을 수 있다.[3] 이후 교황 베네딕토 16세가 된 그는 회칙 『희망으로 구원된 우리』Spe Salvi(2007)로 그리스도교 종말론을 다시, 하지만 전과는 다른 사목적 맥락에서 다룬다.

20세기의 신학자, 21세기의 교황

베네딕토 16세는 극단의 시대의 서막을 알렸던 제1차 세계대전 이후 바이마르 공화국에서 태어나 정치·경제·문화의 혼란기 속에서 어린 시절을 보냈다. 제2차 세계대전이 발발하자 10대 중반에

---

[3] Joseph Ratzinger, *Eschatologie: Tod und ewiges Leben* (Regensburg: Friedrich Pustet Verlag, 1977). 한국어 번역본은 다음과 같다. 베네딕토 16세, 『종말론: 죽음과 영원한 생명에 관하여』(생활성서, 2020).

히틀러 청소년단Hitlerjugend에 가입해야 했고 나중에는 방공포대에 소속되었다. 세계대전이 끝나자 그는 논란이 될만한 경력을 뒤로 하고는 신학 공부에 몰두하고 사제서품을 받았다. 그는 30대 초반 부터 프라이징, 본, 뮌스터 대학교에서 교편을 잡으며 신학자로서 재능을 인정받았다. 30대 중반에는 제2차 바티칸 공의회에 쾰른의 추기경 요세프 프링즈의 신학자문peritus으로 참석하여 교회 개혁에 힘을 보탰다. 공의회 이후에는 튀빙겐과 레겐스부르크 대학교 등 에서 교수직을 계속하다, 1977년 뮌헨과 프라이징의 대주교로 임 명되며 학교를 떠났다. 로마 가톨릭 교회를 대표하는 신학자로서 탁월함을 인정받았던 만큼 그는 1981년에는 교황청의 아홉 심의회 중 가장 오래된 기구인 신앙교리성Congregatio pro Doctrina Fidei 장관으로 임명되었다. 그리고 2005년에는 요한 바오로 2세를 뒤이어 78세에 265대 교황으로 선출되었다. 2013년 그는 많은 나이와 심신의 건강을 이유로 교황직에서 자진 사임했고, 이후 '재위 기간보다 퇴위 기간이 더 긴 교황'이라는 역사를 새로 쓰고 2022년에 선종 하였다.

베네딕토 16세는 왕성한 저술 활동으로도 유명했다. 그의 글쓰기가 '신학자'로서 학문성과 '사목자'로서 정체성이라는 두 축의 긴 장 속에서 이뤄진 만큼, 그의 신학은 대학교를 기반으로 순수하게 학술 활동을 펼쳤던 동시대 신학자들의 작품과는 차별성을 보인 다. 그중에서도 1977년에 출간된 『종말론』은 베네딕토 16세가 주 교로 임명되어서 대학교를 떠나기 이전 '전문 신학자'로서 집필한 마지막 책이라는 점에서 특별하다.[4] "1969년에서 1977년까지 레겐스부르크 대학교의 학생들"에게 헌정한 『종말론』의 독일어판 서문에 따르면, 그는 교수로서 경력이 막 시작된 1957년부터 종말론 강의를 쭉 해왔다.[5] 이를 미루어 보아 1960년대부터 종말론 저서를 펴내기 시작한 몰트만이나 판넨베르크 등과 비교하더라도 종말론에 대한 그의 학문적 관심이 뒤늦게 형성되었다고 볼 수는 없다. 그들과는 따로 또 같이 오랜 시간을 들여 성서와 교회 전통에서 자료를 끌어오면서, 역사란 무엇인가를 놓고 여러 현대철학자, 개신교 신학자와 대화를 나누었던 것이다.

『종말론』이 세상에 선보인 지 30년이 지난 2007년 11월 30일, 교황으로서 베네딕토 16세는 전혀 다른 형식으로 종말론에 관한 글을 내어놓았다. 그것은 바로 『희망으로 구원된 우리』라는 제목의 교황 회칙encyclical이다.[6] 이 짧은 문헌은 그가 과거 공들여 집필한 학술서에 담겼던 종말론의 정수는 간직하되, 전체 로마 가톨릭 교회의 지도자로서 사목적 관심을 짙게 투영하고 있다. 지적이고 논

---

[4] 교황이 된 이후에도 저자는 이러한 이유로 이 책을 각별하게 여긴다. 베네딕토 16세, '한국어판에 대한 베네딕토 16세 교황의 서문', 『종말론』, 12 참고.

[5] Peter Casarella, 'Preface to the Second English Edition', Joseph Ratzinger, *Eschatology: Death and Eternal Life*, 2nd ed. (Washington: The Catholic University of America Press, 1988), xi-xii, n. 3 참고.

[6] 한국에서는 한국천주교주교회의에서 우리말로 옮겨 2008년에 출판했다. 이하 필요시 본문에서 회칙의 한국어 번역본을 인용하더라도, 회칙이 전 세계 공통이기에 각주에서는 한국어 번역본 쪽수가 아니라 회칙의 항을 표기하기로 한다. 예를 들면, *Spe Salvi*, 1은 『희망으로 구원된 우리』 1항을 뜻한다.

리적이기로 유명한 저자의 작품이지만 시대가 다르고 맥락의 차이가 있는 만큼, 학자로서 정교함, 치열함, 박식함이 돋보였던 『종말론』과 달리 『희망으로 구원된 우리』는 신앙의 핵심에 집중하면서도 모든 그리스도인이 읽을 수 있도록 쉬운 문체와 구체적 예화를 많이 구사하고 있다. 평이하고 일상적인 언어 속에서 높은 수준의 신학을 접하게 되는 소중한 경험을 할 수 있다는 점에서, 로마 가톨릭 교회에 속하지 않은 이들에게도 이 책은 여러 유익을 준다.

그리스도교의 희망에 관한 회칙

『희망으로 구원된 우리』는 베네딕토 16세가 교황으로 재임하던 당시 발표한 세 개의 회칙 중 두 번째 회칙이다.[7] 교황의 이름으로 나오는 공적 문서가 여럿이고, 적잖은 개신교인이 '교황 무류성'Papal infallibility에 대한 정확한 이해가 없다 보니, 마치 교황이 발표하는 모든 문헌이 동등한 권위를 가진 것으로 오해하곤 한다. 하지만, 교황 문헌에는 회칙, 교서(서한), 권고, 담화, 연설(훈화), 강론이 있다.[8] 이중 순서가 앞에 있을수록 더 많은 사람을 수신자로 상정하고 구속력도 강한 만큼 더 권위 있는 문서라고 할 수 있다.

회칙은 교황이 당대의 사회적 · 윤리적 문제를 그리스도교의 가르침을 통해 해석하고, 이에 교회가 지향해야 할 바를 제시하는 공

---

[7] 나머지 두 개는 『하느님은 사랑이십니다』Deus Caritas Est(2005)와 『진리 안의 사랑』Caritas in Veritate(2009)이다.

[8] 다음을 참고하라. 박종인, '교황문헌의 종류는?', 「가톨릭뉴스 지금 여기」(2015.07.01.), http://www.catholicnews.co.kr/news/articleView.html?idxno=14886 (2022.04.04. 최종 접속).

적인 사목교서다. 서방 교회에서는 초기부터 교황이 전체 교회가 회람하도록 사목적 편지를 썼던 전통이 있었다. 그러다 1740년 베네딕토 1세 때부터 회칙이라는 명칭이 공식적으로 사용된 것으로 알려져 있다.[9] 회칙은 대개 주교에게 보내는 형식을 취한다. 하지만 주교는 각 지역 교회를 대표하므로 실질적인 수신자는 전 세계 로마 가톨릭 사제와 수도자, 일반 신자 모두라고 할 수 있다. 회칙은 신학적 논쟁을 정리하거나 교리를 정의하는 목적으로 쓴 것은 아닌 만큼, 교황이 공표하지만 '오류가 없다'라고 보지는 않는다.

회칙은 원문의 첫 구절을 따서 제목을 만드는 것이 관례다. 『희망으로 구원된 우리』의 라틴어 제목 '스페 살비'Spe Salvi도 도입부에 인용한 로마서 8장 24절 '스페 살비 팍티 수무스'Spe salvi facti sumus(우리는 희망으로 구원을 받습니다)의 첫 두 단어에서 온 것이다.[10] 이 회칙을 통해 베네딕토 16세는 개인이자 공동체로서 인간 삶에 희망은 꼭 필요하고, 그러한 의미에서 신앙의 본질은 근원적으로 희망과 맞닿아 있음을 알리며 동시에 현실 사회에서 거짓 희망이 정치적 유토피아주의나 과학기술 발전 신화를 통해 현대인의 상상력을 옥죄고 있음을 드러낸다. 이러한 논의를 펼치고자 베네딕토 16세는 신약성서와 초기 교회 문헌에 나타난 희망 개념을 탐구하고, 근현대 사회에서 세속화된 희망이 작동하는 방식을 파헤친다. 또한, 사

---

[9] *Britanica*, s.v. 'encyclical', https://www.britannica.com/topic/encyclical (2022.04.04. 최종 접속).

[10] 본 서평이 한국천주교주교회의에서 출판한 회칙을 소개하는 만큼, 별도의 언급이 없는 한 성서는 한국가톨릭주교회의의 『가톨릭 성경』에서 인용하였다.

목교서인만큼 모든 그리스도인이 희망을 배우고 실천하는 구체적 자리들을 설명하는 데 많은 지면을 할애한다.

회칙의 전체 구조를 볼 때 이목을 끄는 점은 종말론의 일반적 주제인 구원이나 내세 등의 내용이 문헌 전체에서 극히 일부에 불과하다는 사실이다. 오히려 회칙은 그리스도교적 희망의 문법은 무엇이며, 이것이 다른 세속화된 희망과 어떻게 차별성이 있는지를 보여주는 데 집중한다. 달리 말하면, 단순히 여러 교리 중 하나로서 종말론을 다룬다기보다는, 그리스도교 신앙 자체가 근원적으로 종말론적임을 보여주려 한다.

실체로서 현존하는 종말론적 희망

『종말론』에서 베네딕토 16세는 두 사상사적 흐름의 '교차점'에 희망에 관한 논의를 위치시켰다. 한 흐름이 19세기 후반 성서학계에서 일어난 원시 그리스도교의 종말론적 성격에 관한 탐구라면, 다른 흐름은 이 땅에 이상사회를 만들려는 마르크스주의로 촉발된 세속화된 종말론적 희망이다. 『희망으로 구원된 우리』 역시 노골적이지는 않지만 이러한 문제의식의 연장선상에서 전개된다. 그는 한편으로는 성서적 희망 개념을 탐구하고, 다른 한편으로는 현대 사상가들의 역사 이해를 배경 삼아 그리스도교적 종말론의 특별한 의미를 밝힌다.

우선, 종말론적 예언자로서 나자렛 예수의 선포와 사역에 주로 집중했던 19세기 신학자들과 달리 베네딕토 16세는 그리스도의 부활과 함께 등장한 초기 교회 신앙의 종말론적 지평에 더 집중하는 경향을 보인다. 원시 그리스도인에게 희망은 단지 그들이 믿어야 할 미래의 모습에 관한 것이 아니라 현실에서 종말론적 믿음을 살아내는 것이었다. 신약성서의 저자들은 믿음과 희망을 호환해서 사용할 정도로 둘의 내적 논리를 긴밀히 결합하였다. 그들에게 희망은 믿음이 개인의 주관적 확신으로 후퇴하지 않게 하고 삶에서 실제 차이를 만들어 내는 힘이었다. 신자들은 로마제국 속에서 살면서도 하느님의 궁극적 미래에 대한 믿음을 가졌다. 그렇기에 교회에서 그들은 자유인과 노예, 주인과 종 사이에서도 서로를 형제자매라고 불렀다. "이러한 일은, 외적 구조는 불변해도 사회를 내부로부터 변화"시켰고, 그리스도인은 지상의 제국에서 살면서도 "선취된 새로운 사회"에 속한다는 새로운 정체성을 형성해줬다.[11]

희망과 믿음이 밀접한 관계라는 것, 그리고 희망이 단지 모호한 개인적 소원이 아님을 보여주고자 베네딕토 16세는 히브리인들에게 보낸 편지 11장 1절에 나온 믿음의 본질을 해설한다. 그리스어 '피스티스 엘피조메논 휘포스타시스'*πίστις ἐλπιζομένων ὑπόστασις*를 우리말 가톨릭 성경은 "믿음은 바라는 것들의 보증"으로, 개신교의 개역개정 성경은 "믿음을 바라는 것들의 실상"으로 번역하고 있다. 여기서 '보증' 혹은 '실상'으로 번역된 그리스어 단어는 실체를 뜻하는 '휘포스타시스'*ὑπόστασις*이고, 라틴어 성서도 같은 뜻의 '숩스탄티아'*substantia*를 쓰고 있다. 이 개념에 대해 베네딕토 16세는 다음과 같은 설명을 더한다.

---

[11] *Spe Salvi*, 4.

신앙을 통하여 우리가 바라는 온전하고 참된 생명이 최초의 상태로, 말하자면 '싹으로,' 따라서 '실체'substantia에 따라 이미 우리 안에 있다는 것입니다. 그리고 바로 이것이 이미 존재하기 때문에 앞으로 올 것의 현존도 확신을 주는 것입니다. ... 믿음은 단순히 아직 전혀 존재하지 않지만 앞으로 올 것에 대한 개인적인 지향이 아닙니다. 신앙은 우리에게 무엇인가를 줍니다. ... 신앙은 미래를 현재로 이끕니다. 미래가 더 이상 단순한 '아직 아니' 가 될 수 없는 까닭입니다.[12]

은혜의 하느님께서 주신 '아직 오지 않은 것의 실체'가 믿음을 통해 우리에게 심겨 있다. 따라서, 그리스도교 신앙은 '이미 주어진 미래의 관점'에서 '장차 올 것'을 기다리는 일이다. 희망은 실체로서 믿음 안에 현존하면서 희망의 내용에 맞게 우리의 생각과 행동을 조율한다. 믿음과 희망이 연합하며 만들어 내는 역동성은 하느님의 미래에 대한 '개방성'의 근거가 되고, 이러한 급진적 개방성은 하느님과 이웃에 대해 '열린 삶'으로 구현된다. 하지만, 그리스도교의 희망은 계몽주의 이후 과학과 역사의 진보라는 근대적 야심에 도전을 받았다. 근대인의 관점에서 보자면, 인간이 과학기술로 자연을 통제할 힘을 얻게 된 것은 에덴동산에서 인류가 타락으로 상실했던 세계에 대한 지배권을 되찾은 '낙원 회복'의 사건이었다. 또한, 근대인은 인간 이성과 자유에 대한 신뢰 속에서 역사는

---

[12] *Spe Salvi*, 7.

진보한다는 신념을 가졌고, 옛 국가와 교회의 오랜 속박에서 벗어나 이성의 자율에 따른 새롭고 진취적인 질서를 창조하고자 했다. 그 결과 하느님의 미래를 믿음으로 선취하는 것이 아니라, 평화와 정의가 다스리는 도덕적 왕국을 스스로 건설하고자 했다. 이러한 근대적 이상은 칼 마르크스의 『공산당 선언』Manifest der Kommunistischen Partei(1848)에서 결정적 형태로 가시화되었고, 러시아 혁명은 이를 역사에서 실제로 구현하려 했다.

베네딕토 16세는 이성을 통해 과거를 비판하고 더 나은 미래를 만들어 가고자 했던 19세기 역사를 되돌아보고는 이에 교회가 보일 수 있는 두 가지 반응을 제시한다. 먼저, 교회는 "이러한 자기 비평에 합류하여 현대 그리스도교도 스스로를 비평해 봄으로써 자신의 근원부터 시작하여 언제나 자기 자신에 대한 이해를 새롭게 해야" 한다.[13] 또한, 교회는 진보에 대한 신념 속의 위험성도 비판적으로 검토해야 한다. 그는 인류사에서 진보는 '투석기에서 원자 폭탄으로의 진보'일 뿐이라는 테오도르 아도르노Theodor W. Adorno의 말을 거론하며 진보의 양면성을 경고한다. 즉, "의심할 여지 없이 진보는 선을 위한 새로운 가능성"을 제공하지만, "악을 위한 무시무시한 가능성도 열어"둔다.[14] 그렇다면 진보는 왜 이렇게 상반된 가능성을 품게 되었을까.

---

[13] *Spe Salvi*, 22.

[14] *Spe Salvi*, 22.

자유의 이중성과 희망의 문법

인류 문명은 과학기술 영역에서 이룩한 업적, 그리고 더 나은 사회 체제에 대한 공동의 노력 덕분에 '발전'하였다. 하지만 이것만으로 온전한 의미에서 '진보'라고 하기 힘든 것은, 모든 인간에게 부여된 '자유'는 도덕적 성숙이라는 과제를 늘 새롭게 던져주기 때문이다.

공동체가 최상의 체계를 갖추었다 하더라도, 사람들이 공동체 질서를 자유롭게 따르도록 할 수 있는 신념이 그 공동체 안에 살아있을 때, 비로소 그 체계가 제 기능을 발휘하는 것입니다. 자유는 신념을 요구합니다. 신념은 저절로 존재하는 것이 아니라 언제나 공동체를 통하여 새롭게 획득되는 것입니다.[15]

'인간은 자유롭지만, 인간의 자유는 약하다'라는 역설을 고려하지 않는 진보 혹은 희망은 현실의 부조리를 은폐하는 기만의 기제로 전락한다. 19세기 사람들이 공유했던 진보에 대한 신념이 위험했던 이유도 인간의 자유가 그들의 생각만큼 강하지 않다는 것, 그리고 자유가 단지 속박에서 해방이 아니라 선에 대한 계속된 추구라는 것을 간과한 데 있다.

이러한 취약성에도 불구하고 인간에게 자유가 있다는 사실은 인간의 존엄과 사명에 대한 놀라운 선언이 아닐 수 없다. 하느님께

---

[15] *Spe Salvi*, 24 (가/a).

서 인간에게 자유를 선사하셨기에, "인간사의 바른 질서를 추구하는 이 힘든 일에 언제나 새롭게 뛰어드는 것은 모든 세대에 맡겨진 임무"이다.[16] 하지만 자유라는 깨지기 쉬운 놀라운 힘을 가지고 인류는 '자만'의 탑에 갇히거나 아니면 '절망'의 늪에 빠지곤 했다. 이 양극단에서 건져내는 힘은 인간을 조건 없이 용납하고 인간이 스스로 획득할 수 없는 것을 선물하는 더없이 자비로운 존재에 대한 믿음에서 나온다. 이처럼 과학이나 정치, 경제, 학문 등이 바뀌 갈 미래가 아니라 절대적 사랑이신 하느님 안에 희망을 놓을 때, 일상에서 우리가 당연시하던 생명의 참 의미도 알아가게 된다. 우리에게 주어진 생명의 심층에는 단지 생리학적 기능의 원리가 아니라 생명의 근원이신 분과 맺는 인격적 관계가 있기 때문이다. 그런 의미에서 아무리 풍요로운 미래에 대한 청사진이 있더라도 그것이 생명을 위협하거나 인격을 파괴할 위험이 있다면 이는 하느님의 미래가 아니라 우리의 왜곡된 욕망의 투사일 뿐이다.

여기서 그리스도교는 한 단계 더 나아가 인간이 하느님과 맺는 관계는 예수 그리스도와의 친교를 통해 이루어진다고 가르친다. "당신 자신을 모든 사람의 몸값으로 내어 주신" 그리스도와 친교를 이룬다는 것은 "우리가 그분의 모든 이를 위하는 일에 참여하는 것이고, 이것이 우리의 존재 방식이 되게" 하는 일이다.[17] 따라서, 그리스도인의 희망은 그리스도께서 보여주신 하느님의 정의와 자비에 동참함으로써 현실화한다. 그 희망은 모든 사람을 위해 십자가

---

[16] *Spe Salvi*, 25.

[17] *Spe Salvi*, 28.

를 지셨던 그리스도 안에서 그분처럼 타자의 생명과 행복에 책임적인 존재로 변화함으로써 구체화한다. 이러한 희망의 실천은 종종 좌절과 실패에 맞부딪칠 것이다. 하지만, 현실에서 완전히 실현될 수 있는 희망이라면, 그것은 참다운 의미에서 희망은 아닐 것이다. 따라서, 인간은 "날마다 전진하게 하는 크고 작은 희망들" 덕분에 하루하루 살아가지만, 결국에는 "다른 모든 것을 분명히 초월하는 위대한 희망"에 의지할 수밖에 없다.[18] 이것이 다른 어떤 피조물도 끊을 수 없는 우리를 향한 하느님의 사랑이 희망의 궁극적 근거가 되는 이유이다. 이러한 절대적 사랑에 대한 믿음이 있기에, 그리스도인은 부활과 영생이라는 비상식적 희망을 희망하는 극단적 존재다.

극단의 세계를 넘어서는 극단적 희망

『희망으로 구원된 우리』는 어떤 면에서 로마 가톨릭 외 다른 교회 전통에서 나오기 힘든 작품이다. 현대 로마 가톨릭의 대표적 '신학자'였던 '교회 지도자'가 전 세계 신자를 대상으로 쓴 사목교서인 만큼, 신학적 균형감을 갖추고 종말론의 알짬을 친절히 설명하고 있다. 지나치게 사변적인 논의로 흘러가지 않도록, 적재적소에 믿음의 인물들이 보여줬던 희망이 삼투된 삶의 이야기가 배치되어 있기도 하다. 희망이 우리의 생각과 행동과 언어에 배어들도록 희망을 배우고 실천하는 '자리'로서 기도와 실천, 고통, 심판 등

---

[18] *Spe Salvi*, 31.

을 설명하는 데 베네딕토 16세는 꽤 큰 비중을 할애한다. 현실 세계의 도전과 요청에 깊이 공감하면서도, 막스 호르크하이머Max Horkheimer와 아도르노로 대표되는 프랑크푸르트학파의 비판이론과 대화를 시도하며 현대성에 대한 비판도 설득력 있게 제시한다. 이러한 방식으로『희망으로 구원된 우리』는 종말론을 내세론으로 환원하는 근본주의적 태도나 종말론을 세속화하는 인간중심적 경향과는 차별화된 그리스도교의 희망의 문법을 알차게 알려준다.

물론 로마 가톨릭 신자들을 대상으로 한 글이다 보니, 개신교의 종말론과 차이 나는 지점도 분명 있다. 대표적 사례로 회칙 후반부에 간략히 언급된 중간상태 개념(연옥), 마지막에 나오는 마리아론 등을 들 수 있다. 대부분 개신교회가 이러한 교리들을 거부하지만, 회칙이 신학적 토론 혹은 가톨릭으로 개종을 목적으로 쓰인 문헌이 아닌 만큼 베네딕토 16세는 굳이 논쟁점들을 호교론적으로 다루지는 않는다. 그의 주된 관심은 왜 이러한 가르침이 초기 그리스도교에서 발생하여 지금까지 신앙생활에 중요성을 끼치고 있는지 그 이유를 밝히는 데 있다.

베네딕토 16세에게 그리스도 신앙의 심층 문법은 종말론적 희망으로 구성되어 있다. 이로써, 그는 종말론을 조직신학 혹은 교의신학의 마지막 장에 두는 전통적 입장을 넘어서며 종말론을 강조하면서도 종말론을 정치신학을 위한 원리로 삼는 현대 신학의 유행과도 거리를 둔다.[19] 종말론의 양 진영 중 어느 한쪽 논리에 익숙

---

[19] 베네딕토 16세,『종말론』, 18, 28 참고.

한 사람들에게는 이러한 중도적 입장이 모호하게 느껴질지도 모른다. 하지만, 신학적 진보나 보수할 것 없이 과도하게 정치화되어 있는 현 상황에서, 혹은 유일신론 틀 속에 진보의 하느님과 보수의 하느님이 갈등하는 신新이원론이 지배하는 현실에서, 종말론을 정치신학화하지 않으면서도 종말론적 신앙 본연의 비판적이며 변혁적 성격은 잘 살릴 모델이 필요한 것도 사실이다. 이러한 시대적 상황에서『희망으로 구원된 우리』는 교회 전통을 뛰어넘어 현대인의 빈약한 희망의 언어와 편향된 종말론적 상상력을 회복할 소중한 자원이다.

해방신학의 어제와 오늘

『해방신학: 역사와 정치와 구원』
구스타보 구티에레즈 지음, 성염 옮김, 분도출판사, 1977.

『시장 종교 욕망: 해방신학의 눈으로 본 오늘의 세계』
성정모 지음, 홍인식 옮김, 서해문집, 2014.

2000년 4월 미국의 복음주의 잡지 「크리스채너티투데이」 Christianity Today는 지난 세기를 돌아보는 기획으로 20세기에 출판된 종교 서적 중 고전적 위치에 오를 법한 책 100권을 발표했다.[1] 선정 작은 신학책뿐만 아니라 소설이나 시도 있고, 저자의 배경도 미국 보수 근본주의부터 로마 가톨릭까지 아우를 정도로 다양했다. 이 목록이 정당한지를 놓고 말이 없는 것은 아니었지만, 이후 100권 에 들어간 책들의 지명도는 더욱 높아졌다. 그중 한 권은 20세기의 대표작으로 안 뽑혔다면 이상할 정도로 중요하지만, 동시에 미국 복음주의 잡지에서 선정하였다는 것이 놀랍기도 한 구스타보 구티

---

* 원서는 다음과 같다. Gustavo Gutiérrez, *Teología de la liberación: Perspectivas* (Lima: CEP, 1971). Jung Mo Sung, *Desire, Market and Religion* (London: SCM, 2007). 후자 는 저자가 포르투갈어로 발표한 논문을 영국 SCM에서 모아 저자의 서론 과 함께 새로운 제목을 붙여 단행본으로 출간한 것이다.

[1] 다음 기사에 나온 목록을 참고하라. 'Books of the Century', Christianity Today (2000.04.24.) https://www.christianitytoday.com/ct/2000/april24/5.92.html (2023.04.09. 최종 접속).

에레즈의 『해방신학』Teología de la liberación: Perspectivas이다.[2] 그만큼 『해방신학』은 교단 배경과 신학적 성향을 뛰어넘어 현대 교회에 커다란 영향력을 발휘한 책이다.

페루에서 1971년에 출간된 『해방신학』은 1973년에 영어로 번역되었고, 이후 라틴아메리카 해방신학을 전 세계에 알리는 데 큰 역할을 했다. 이론theoria보다 '실천'praxis을 앞세우고, 존엄한 삶을 회복하는 '인간화 과정'을 구원과 결합하고, 구조적 가난을 마주한 교회의 존재와 사명을 '사회과학적 통찰'을 빌려 재해석하는 등 이 책은 내용만이 아니라 방법론에서도 20세기 중후반 신학에 새로운 도약을 끌어냈다. 이후 해방신학이라는 단어의 의미는 "사회적 정치적 경제적 평등과 정의가 필요한 주변화된 공동체들의 핵심적 관심을 다루는 신학"까지로 확장되었다.[3] 그렇기에 흑인신학, 여성신학feminist theology, 흑인여성신학womanist theology, 민중신학, 생태해방신학 등 여러 형태의 급진적 신학도 넓게 보아 오늘날 해방신학으로 분류된다. 하지만 별다른 설명 없이 해방신학이라는 용어가 사용되면 라틴아메리카의 해방신학Latin America Liberation Theology, LALT을

---

[2] 『신학의 영토들』에서 다룬 책 중 「크리스채너티투데이」에서 선정한 100권에 들어간 또 다른 책은 칼 바르트의 『로마서』다. 디트리히 본회퍼의 『나를 따르라』와 『저항과 복종』, 칼 바르트의 『교회교의학』, 스탠리 하우어워스의 『교회됨』, 위르겐 몰트만의 『십자가에 달리신 하나님』, H. 리처드 니버의 『그리스도와 문화』, 미로슬라브 볼프의 『배제와 포용』 등은 『신학의 영토들』에 포함되지 않았지만, 이들 저자의 다른 책에 대한 서평이 『신학의 영토들』에 실렸다.

[3] Anthony B. Bradley, 'Liberation Theology', *Oxfordbibliographies* (2016.06.08), https://www.oxfordbibliographies.com/view/document/obo-9780190280024/obo-9780190280024-0019.xml (2022.06.21. 최종 접속).

뜻하는 경우가 많다.

라틴아메리카의 억압적 사회 구조 속에서 고통받는 사람의 경험을 재료로 삼는 만큼, 해방신학은 모든 사람을 위한 보편적 신학이라기보다는 상황적인 특성을 가진다. 그리고 '가난으로부터 해방'이라는 관점에서 성서와 교회 전통에 접근하다 보니, 기존의 종교적·정치적 권력에 대립하는 비판적 메시지를 낼 수밖에 없다. 그 결과 지난 반세기 동안 이런저런 이유로 해방신학에 대한 적극적 지지를 보이는 부류부터, 마르크스주의에 경도된 위험한 (심지어 이단적인) 신학으로 낙인찍는 부류까지 상반된 평가가 뒤따랐다.[4] 하지만 해방신학의 정당성을 놓고 논쟁이 이어지는 가운데서도 라틴아메리카 해방신학자들, 이들과 연대한 세계 곳곳의 신학자들은 '가난한 자들에 대한 하느님의 우선적 선택'God's option for the poor이라는 성서적 주제를 급진화하며 전 세계 교회에 큰 도전을 던졌다.

1980년대 후반 이후 냉전 체제가 종식되며 1세대 해방신학자들이 사용했던 마르크스주의의 계급투쟁에 관한 관심은 크게 꺾였다. 그래서인지 시장 중심의 자본주의 경제체제가 전 세계적으로 확장된 21세기에도 해방신학이 여전히 유효하냐는 질문이 곧잘 나오곤 한다.

---

[4] 일례로 신앙교리성 장관 당시 요제프 라칭거 추기경이 발표한 '자유의 전갈'에 따르면, 자유의 전갈인 복음은 해방의 힘이지만, 해방신학은 마르크스주의와 결탁하여 진리의 의미를 전도하고 폭력에 의존할 위험이 있다. 다음을 참고하라. 교황청 신앙 교리성, '자유의 전갈LIBERTATIS NUNTIUS 해방신학의 일부 측면에 관한 훈령', 강대인 옮김, 「한국천주교주교회의·한국천주교중앙협의회」 (1984.08.06.), "https://cbck.or.kr/Notice/401423?page=47&gb=K5160 (2022.06.21 최종 접속).

해방신학의 생명력이 사라지지 않았는지, 혹은 오늘날의 세계에서 해방신학은 어떤 역할을 담당할 수 있는지를 알기 위해서는, 해방신학의 과거와 오늘을 알게 해 줄 대표적 논의로부터 그 해답을 찾아야 할 필요가 있다. 여기서는 해방신학의 본격적 시작을 알리는 페루 출신 로마 가톨릭 신학자이자 도미니크회 사제인 구티에레즈의 『해방신학』과 오늘날 주목받고 있는 브라질의 로마 가톨릭 평신도 해방신학자 성정모의 『시장 종교 욕망』을 중심으로 해방신학이 어떻게 신학적 자원을 활용하여 자본주의 사회가 품고 있는 구조적 악을 진단하고, 이에 대한 해결책을 제시하는지를 살펴보고자 한다.

온전한 해방을 위한 '가난한 사람들의 우선적 선택'

이 책은 압제 받고 착취당하는 남미 여러 나라에서 일어난 자유화운동에 투신하고 있는 남녀들의 체험을 그리스도교 복음에 비추어서 고찰해 보려는 하나의 시도이다. 오늘의 불의한 상황을 철폐하여 보다 자유롭고 보다 인간다운 변화된 사회를 건설하려는 공동노력의 체험에서 우러나온 신학적 반성이다.[5]

직설적이고 도전적이며 진취적인 선언이다. 『해방신학』의 첫 장을 열자마자 구티에레즈는 기존 신학과 차별화된 자신의 신학의

---

5   구스타보 구티에레즈, 『해방신학』, 11.

자료와 방법론과 목표를 던진다. 신학사에 이처럼 강렬한 도입문장을 찾기란 쉽지 않다. 구티에레즈와 동시대를 살았고 해방운동을 함께했던 신학자가 여럿 있었지만, 『해방신학』의 저자로서 구티에레즈는 해방신학의 상징과도 같은 존재다. 일례로 해방신학이 여전히 유의미한가에 대한 논의가 가열되던 2003년 당시 상파울루에서 개최된 '라틴아메리카와 카리브 지역 그리스도교' 강연에서 구티에레즈는 말했다. "해방신학은 죽지 않았다! 만일 죽었다면, 나를 그의 장례식에 초대하지 않았던 것"이다.[6] 이 말에 청중들은 웃음과 박수로 화답했고, 이 모임은 해방신학의 필요성을 재확인한 사건으로 회자된다.

하지만, 이론보다 실천을 앞세우는 해방신학의 대표라는 후광 때문인지 신학자로서 구티에레즈의 이론적 탁월함은 대중들의 관심을 지난 반세기 동안 충분히 끌지 못했다. 그 결과 『해방신학』의 실제 내용이 아니라 해방신학에 관해 여기저기서 돌아다니는 말이 구티에레즈의 신학이라고 착각하는 사람도 적지 않다. 구티에레즈가 유럽의 명문 신학 교육 기관인 벨기에의 루뱅과 프랑스의 리옹 가톨릭 대학교에서 공부했던 만큼, 『해방신학』을 정독해 보면 그가 그리스도교의 전통에 대한 깊은 이해 위에서 현대 성서학과 교의신학과 밀도 있는 대화를 펼치고 있음을 알게 된다. 하지만 그는 성서와 전통을 재해석하는 이론적 작업에 만족하지 않고, 라틴아메리카인의 시선으로 가난을 일으키고 영속화하는 구조적 악을 대

---

[6] 구티에레즈의 발언을 다음 책에서 재인용했다. 성정모, 『시장 종교 욕망』, 169.

면하려 한다. 지면의 한계로 이를 세세히 설명할 수는 없기에, 여기서는 『해방신학』과 관련된 대표적 선입견 몇몇을 바로 잡는 방식으로 책을 소개하고자 한다.

첫째, 구티에레즈의 『해방신학』을 시발점으로 라틴아메리카 교회가 해방운동에 나섰다는 부정확한 '역사적 선후 관계'부터 수정할 필요가 있다. 1960년대 라틴아메리카인들 사이에서 그들의 정치와 경제가 서구 강대국에 예속된 이상 자율적인 개발과 성장은 불가능하다는 의식화가 일어나며 곳곳에서 혁명의 분위기가 무르익었다. 라틴아메리카의 로마 가톨릭 교회는 원래 이러한 정치·사회·경제적 흐름에 거리를 두려 했다. 하지만, 1968년 2월 메데인Medellin에서 열렸던 제2차 라틴아메리카 주교회의는 기존과 전혀다른 입장을 공식적으로 발표했다. 메데인에 모인 주교들은 라틴아메리카가 비참한 상황 속에 있음을 인정했다. 그들은 '죄'에는 부정의한 사회 구조가 포함된다는 것을 선언했고, 교회의 사목을 구조적 가난에 적극적으로 저항하는 방식으로 재정의했다. 메데인주교회의 전후로 수많은 주교, 사제, 신도가 해방운동에 투신하였지만, 이들은 자신들이 행동하는 신학적 이유를 제대로 설명하지못하였다. 지금까지 유럽과 북미의 엘리트 신학자 중심으로 진행되어 온 "신학이 그들의 사상을 표현하는 데 적합한 범주"를 제공해주지 못했기 때문이다.[7] 이에 대한 반응으로 구티에레즈는 기존신학을 잣대 삼아 라틴아메리카의 현실을 재단하지 않고, 가난한

---

[7] 구스타보 구티에레즈, 『해방신학』, 261.

사람들의 해방운동을 '뒤따라' 성찰하고 그들의 경험의 의미를 발견하는 방식으로 신학을 전개했다.

둘째, 해방신학이 복음을 마르크스주의적으로 재해석했다는 '이데올로기적 비판'이 있다. 물론 당시 해방신학자들은 종속이론이나 계급투쟁 등의 마르크스주의 사상을 부분적으로 수용했다. 이러한 사회과학과의 대화는 이전의 신학이 갖지 못했던 사회 구조를 분석하고 이를 비판하는 예리한 시각을 가지게 해줬다. 하지만 해방신학자들 사이에서도 마르크스주의에 대한 견해는 천차만별이었다. 구티에레즈 본인도 밝히지만, 그의 해방신학을 구성하는 데 결정적 영향을 끼친 것은 종속이론보다는 그리스도교의 풍성한 신학적 자원이었다.[8] 그는 신구약 성서, 제2차 바티칸 공의회 문서, 메데인 주교회의 문서, 교황 문서 등으로부터 통찰과 권위를 끌어와 해방 개념의 전인간적 차원을 보여줬다. 또한, 초자연과 자연 사이의 긴밀한 관계를 재발견한 새로운 신학nouvelle théologie, 일상적 삶에 현존하는 은총의 체험을 강조한 칼 라너로 대표되는 초월적 신학, 성서에 담긴 역동적인 역사관을 재발견한 게르하르트 폰 라트, 위르겐 몰트만, 볼프하르트 판넨베르크 등의 현대 개신교 신학자들의 종말론도 가져와 해방신학을 발전시키는 재료로 삼았다.

---

8 『해방신학』에서 종속이론을 설명하는 절section은 번역본으로 5쪽 남짓할 정도의 작은 비중을 차지한다. 물론 라틴아메리카에서 해방운동에 참여하는 사람 중 공산주의자라 불릴 정도로 사회주의 노선을 강경하게 취하는 사람도 있다. 하지만, 구티에레즈는 '민주사회주의'democratic socialism를 이상적 모델로 삼는다. 다음을 참고하라. 구스타보 구티에레즈, 『해방신학』, 114~119, 147.

이러한 광범위하고 다차원적인 신학적 작업을 통해 구티에레즈는 그리스도인의 의식에 깊이 뿌리박은 교회와 세속, 하느님 나라와 역사, 구원과 해방의 이분법을 극복하려 했다.

셋째, 해방신학이 근대 인간중심주의의 영향으로 구원과 인간화를 혼동하고, "인간은 자기 운명의 주인"이라는 환상을 일으켜 혁명을 유도한다는 '대중적 우려'가 있다.[9] 하지만, 구티에레즈는 폭력적인 '혁명의 신학'에 비판적 거리를 유지했다.[10] 혁명의 신학은 종교와 정치의 불가분리성을 지나치게 강조하다 둘의 차이를 무시해 버리는 우를 범한다. 해방과 구원의 연속성과 불연속성 모두를 과장이나 축소 없이 보여줄 수 있는 것은 복음밖에 없다.

> 현세적 진보(부정적 의미를 피하는 뜻에서 '인간해방'이라고 부르자)와 그리스도 왕국의 성장은 둘 다 하느님과 인간의 친교, 인간과 인간의 친교를 목표로 한다. … 역사적, 정치적 해방사건이 곧 그리스도 왕국의 성장이며, 구원사건임에는 분명하지만, 그것이 그리스도 왕국의 도래 '자체'는 아니며 구원의 '전부'도 아니다. 그것은 그리스도 왕국의 역사적 실현이며 따라서, 그 완전상完全相을 선포하는 역할을 한다.[11]

이처럼 해방신학의 선구자로서 구티에레즈는 성서와 전통과 현대

---

9   구스타보 구티에레즈, 『해방신학』, 46.
10   구스타보 구티에레즈, 『해방신학』, 321, 주 124.
11   구스타보 구티에레즈, 『해방신학』, 228~229.

적 담론을 종합하면서, 가난한 이를 향한 하느님의 관심을 라틴아메리카의 현실 속에서 구체화할 실천적 신학의 모델을 제시했다. 이러한 몇 마디 설명으로『해방신학』의 진면모를 다 드러내기에 그가 풀어내는 신학적 내용은 풍성하고 담론의 결은 다차원적이다. 하지만, 해방신학을 설명하기 힘든 이보다 더 근원적 이유가 있다. 그것은 바로 구티에레즈와 동료들은 자신들의 저술을 정확한 분석과 엄밀한 해석의 대상으로 두지 않았다는 데 있다. 해방신학은 구조적 악에 저항하고 가난한 사람들을 고통에서 벗어나게 하는 해방을 실천하는 현장에서 빛을 발하였다. 그런데 현장과 신학이 지나치게 밀접하게 있다 보니, 시간이 흐르며 라틴아메리카의 상황이 변화하면서 해방신학의 존재와 사명도 재검토할 것을 강하게 요구받았다.

해방신학이 당면한 새로운 도전

라틴아메리카 해방신학의 선구작인 구티에레즈의『해방신학』이 세계 곳곳에 끼친 충격과 영향은 실로 대단했다. 단연 이 책은 현대 신학의 고전을 언급할 때 빼놓을 수 없는 문제적 대표작이 되었고, 해방신학은 20세기 현대 신학사나 라틴아메리카 정치사를 논할 때 빼놓을 수 없는 주제가 되었다. 하지만 1989년 베를린 장벽 붕괴와 소련의 해체로 대변되는 구세계의 몰락은 해방신학에 큰 도전을 던졌다. 냉전 시대의 종식은 공산주의와 사회주의에 대한 자본주의의 승리로 여겨졌고, 견제의 대상이 없어진 시장 중심의 경제체제는 전 세계로 급속히 확대되었다. 결국 '더 많이 가져야 행복하고 더 많이 소비해야 경제가 성장한다'라는 자본주의적 믿음이 새로운 보편적 세계 종교로 등극하였다. 신자유주의가 던져주는 물질적 풍요로움이라는 강렬한 유혹에 라틴아메리카의 가난한 사람들도 자유롭지는 않았다.

거기에 더하여 구티에레즈가 『해방신학』을 쓸 당시에는 예상치 못한 일들도 현장에서 일어나기 시작했다. 해방신학의 영향 아래 가난한 사람들이 여러 투쟁에 참여했음에도 가난으로부터 해방은 실제로 잘 이루어지지 않았다. 그러자 사람들은 실제 생활 조건을 향상할 구체적 방식에 더 관심을 두게 되었다. 이를 위해 정의와 연대의 가치를 잘 구현할 수 있는 마을 운동이 시작되고 협동조합이 조직되는 등 라틴아메리카 곳곳에서 여러 공동체 활동이 일어났다. 하지만, 해방운동에는 두각을 보였던 사람들이 조합이나 기관의 지도자나 이사가 되자 관리와 운영에 미숙함을 보이곤 했다. 그렇다고 이들의 업적을 단순히 '효율성'으로 평가하자니, 이는 그토록 반대해왔던 신자유주의의 논리를 그대로 답습하는 모양새가 되었다.

또한, 전통적으로 로마 가톨릭 인구가 많았던 라틴아메리카에 1980년대 이후 복음주의가 본격적으로 소개되며 번영 복음prosperity gospel도 함께 퍼졌다. 아르헨티나의 한 익명의 신학자가 평가했듯, "해방신학이 가난한 사람을 선택했다면, 가난한 사람은 오순절주의를 선택했다."[12] 민심이 복음주의 쪽으로 많이 기울자, 해방신학

---

12 다음에서 재인용하였다. Donald Miller, 'The New Face of Global Christianity: The Emergence of 'Progressive Pentecostalism', *Pew Research Center* (2006.04.12).

이 실제 라틴아메리카의 풀뿌리 민심을 대변했는지에 대해서도 평가가 엇갈렸다. 신학적 이상과 조직에서 행정 능력 사이의 간격, 연대성과 효율성이 일으키는 모순, 교회와 대중 심리의 괴리 등의 문제가 터져 나오면서, 차세대 라틴아메리카 신학자들은 해방신학의 정신은 물려받되 이전 세대와 다른 방식으로 신학을 해야만 했다.

그들 중 한국계 브라질인 성정모는 해방신학이 새로운 국면을 맞이하던 1980년대 신학자로서 경력을 쌓았다. 그는 우고 아스만Hugo Assmann과 프란츠 힌켈라메르트Franz Hinkelammert 등의 주도로 1977년 코스타리카에 설립된 에큐메니컬연구소Department of Ecumenical Investigations: DEI의 영향을 받으며 자신의 사상을 발전시켰다. 1세대 해방신학자들이 주로 성서, 공의회와 주교회의 문서, 신학 이론 등을 통해 억압적 경제 구조를 비판하였다면, 1980년대 DEI는 시장경제를 떠받치고 있는 신학과 형이상학적 기반을 분석하는 방법을 선호했다. 1970년대 해방신학이 그리스도교 신학의 오랜 대화 상대였던 존재론적 철학 대신 사회과학을 선택하였다면, DEI는 그 외에도 사회심리학과 인류학, 교육학, 인문학 등 다양한 학문과 대화하며 보다 다차원적인 분석의 틀을 활용했다.

성정모도 복음을 통한 인간화와 구원을 이원화하지 않는 해방신학의 문법을 따르지만, 그의 글에는 이전의 해방신학자와는 다소 차별화된 문제의식과 방법론이 발견된다. 20세기 후반 이후 해

---

https://www.pewresearch.org/religion/2006/04/12/the-new-face-of-global-christianity-the-emergence-of-progressive-pentecostalism/ (2022.06.20 최종 접속).

방신학의 흐름을 선도하는 신학자 중 한 명으로서 그가 기존 해방신학의 한계를 성찰하고, 신자유주의 경제체제를 다각도로 분석하고 비판하는 모습을 잘 보여주는 책이 『시장 종교 욕망』이다. 제목이 압축적으로 보여주듯, 이 책에 실린 여러 논문은 '자본주의 시장'이 가진 '유사종교적 성격'을 '모방 욕망 이론'을 통해 폭로한다.

우상으로서 시장 비판

오늘날 그리스도인이 가난에 대한 성서의 말씀을 가지고 자본주의를 비판하면, '21세기 세계 경제가 얼마나 복잡한데 그런 단순하고 순진한 소리를 하냐?'는 반응이 곧장 돌아온다. 물론 비대해진 시장 중심의 경제체제를 통합적 관점에서 설명하기 어렵고, 이를 '옳다 그르다'라는 가치평가의 잣대를 가지고 접근하기도 힘들다. 실제 현대 사회에서 재화의 생산과 분배와 소비를 담당하는 시장의 역할은 전 세계적으로 커졌고, 경제는 정치와 문화, 교육, 복지, 취미 등 삶의 전 분야에 막강한 영향을 끼치고 있다. 이런 추세가 지속·강화되도록 비판 없이 내버려 두면 경제성장이라는 명목으로 약자에게 가해지는 폭력마저 체제 유지를 위해 불가피하다는 논리를 자연스럽게 받아들이게 된다. 성서가 말하는 정의와 평화 대신 시장경제 속에서 경쟁과 승리가 최고의 덕목이 되어 버린다. 이러한 시대에서 신학적 분석은 시장체제에 내재한 "내생적 内生的 신학"을 폭로하는 것을 목표로 한다.[13] 경제가 전 영역에 힘

---

[13] 성정모, 『시장 종교 욕망』, 27.

을 행사하면 행사할수록 종교적 성격을 갖기 때문이다. 신학적 관점에서 볼 때, 경제의 종교화 현상 이면에는 유토피아에 대한 기대를 자본주의 체제가 충족하리라고 믿는 '우상숭배'가 놓여 있다. 계몽주의가 종교적 미신을 타파하고 인간의 합리적 자율성을 중시하였지만, 그렇다고 고대로부터 중세까지 이어진 신화적 혹은 종교적 세계관의 흔적을 완전히 지우지는 못했다. 오히려 역사 속에서 유토피아를 일구려던 근대인의 진보적 낙관주의는 전근대적 '낙원 개념'을 세속화하면서 생겨났다. 소비와 소유를 통해 욕망을 만족시켜주는 '시장'에 대한 믿음, 절대자의 기적 대신 삶의 한계를 극복해 주는 '기술'에 대한 소망, 이 땅에서 전능한 힘을 발휘하는 '돈'에 대한 사랑이 낙원에 이르는 조건으로 탈바꿈했을 뿐이다. 이로써 "자본주의는 그리스도교가 사후에 대해 했던 약속을 현실을 이행하는 자로 나타난다. 유토피아 개념의 변화는 사후 세계가 인간 역사의 한가운데로 들어오는 시간적인 개념뿐만 아니라, 사후 약속을 이행하는 자가 하느님에서 자본주의 체제로 이동한 데도 있다".[14]

특별히 성정모의 자본주의 비판 이면에는 인간의 욕망에 대한 분석이 놓여 있다. 인간에게 진선미를 향한 순수한 갈망 혹은 생존에 꼭 필요한 것을 향한 욕망만 있다면 먹고 사는 데 큰 문제가 없을 것이다. 하지만 인간의 욕망이 움직이는 방식은 그것보다 훨씬 더 복잡하기에 동서고금을 막론하고 온갖 비극이 일어났다. 이러

---

[14] 성정모, 『시장 종교 욕망』, 31.

한 욕망의 메커니즘 분석을 위해 성정모는 인류학자 르네 지라르René Girard의 '모방 욕망' 이론을 빌려온다. 인간에게는 결핍의 충족이 아니라 타인을 닮거나 따라 하고픈 모방 욕망이 있고, 이 보편적 욕망은 오늘날 자본주의 체제가 몸집을 불려 가는 원동력이다. 모방 욕망이 있기에 인간은 자신에게 꼭 필요하지 않은 것마저 타인이 가지고 있다는 이유로 그것을 소유하고 싶어 한다. 기술 발전에 따른 미디어 산업의 확장으로 권력자와 유명인의 화려하고 부유한 삶은 더 많이 대중에 노출되고, 그럴수록 그들처럼 되고 싶은 일반인의 기대치는 상향 조절되고 욕망은 부풀려진다. 문화권마다 개개인이 가진 필요와 취향과 배경은 다르지만, 자본주의는 시장의 세계화를 위해 광고를 활용해 욕망을 전 세계적으로 동일화한다. 하지만, 실제 개인이 소유할 수 있는 대상은 한정되어 있기에 값진 상품을 놓고 사람들 사이의 경쟁이 과열될 수밖에 없다. 그 결과 지구 한쪽에서는 욕망을 합법적이고 고상하게 충족하고, 다른 쪽에서는 악랄한 착취와 비인간적 억압이 발생한다.

물론 어느 시대에나 권력과 부를 가지지 못한 대다수 사람은 경제적·사회적 소외를 경험하였다. 하지만 이상한 점은 빈부의 차이가 더 크게 벌어지고 있는 현대 사회에서 이러한 구조적 고통과 악의 심각성에 대한 '감각'이 더 무뎌졌다는 사실이다. 성정모가 분석하기에, 그 이유는 현대인이 자신들의 욕망을 충족시켜줄 세계 자본주의에 대해 유사종교적 신뢰와 희망을 품고 있기 때문이다. 경제성장과 기술 개발을 통해 도달할 유토피아에 대한 환상은 시장체제를 '역사의 섭리자'로 만들고, 물질적 진보를 '역사의 목표'

로 삼아 버렸다. 시장이라는 초월적 존재가 전체 인류를 구원으로 이끌기 위해서는 경제성장이 중단되어서는 안 되고, 경제가 계속 성장하려면 저임금 노동력은 꼭 필요하고, 그러다 보니 소수의 부자에게 부가 편중되는 동안 가난한 자들의 수는 늘어간다. 이러한 구조 속에서 가난한 자들의 고통은 자본주의라는 유사종교를 유지하기 위해 어쩔 수 없이 요구되는 '필연적 희생'이다.

시장에 대한 우상 숭배적 신뢰가 전 세계적으로 만연한 만큼, 성정모의 예리한 펜 끝은 자본주의 메커니즘에 각인된 사이비 신앙의 논리를 향한다. 이전 세대 해방신학자들은 억압적인 사회 구조가 전복되는 혁명에 기대를 걸기도 했지만, 사실 혁명으로도 인간 마음에 자리 잡은 모방 욕망은 절대 사라지지 않을 것이다.[15] 그렇기에 신학의 임무는 단지 시장을 비판하는 것만이 아니라, "사회 체제의 신성화"와 "인간 제도와 행위의 신성화 과정에 숨어 있는 희생의 논리"를 드러내는 데 있다.[16] 부정의한 사회 구조로 인한 약자의 고통을 시장경제 발전을 위한 불가피한 희생이라 부르는 순간, 사실상 우리는 악을 선이라고 인식하고 정당화해주는 셈이다. 이러한 현대인의 "평온한 양심"을 불편하게 만들고,[17] 욕망이 만들어 낸 환상에서 벗어나기 위해 해방신학은 여전히 필요하다.

---

[15] 성정모, 『시장 종교 욕망』, 84 참고.

[16] 성정모, 『시장 종교 욕망』, 122.

[17] 성정모, 『시장 종교 욕망』, 153.

모두를 위한 해방신학

해방신학의 메시지는 20세기 남미에서 처음 등장하지 않았다. 구약성서의 출애굽과 예언자 전통을 중시하고, 신약성서가 증언하는 하느님 나라의 도래를 문자적으로 해석함으로써 기성 종교와 정치 체제에 저항하는 급진적 그리스도교는 초기 교회 이래 지금까지 이어져 오고 있다. 역사 속에서 급진적 신학은 주류 교회로부터 외면당하고 박해받았지만, 성서에서 그 정당성을 찾는 만큼 이러한 도발적 목소리는 교회가 있는 곳마다 늘 새롭게 일어났다.[18]

가난과 고통은 하나의 이론으로 재단되고 해결될 수 없다. 그런 만큼 20세기의 대표적 급진적 신학인 해방신학도 시대적 변화에 맞게 다양하고 유연한 모습으로 탈바꿈하는 중이다. 이를 위해 최근 해방신학자들은 가난한 자의 생명에 관심을 두는 절대자, 손익 계산 없이 인간을 조건 없이 용납하는 은총,[19] 모든 희생 메커니즘을 무효로 만든 유일회적 희생으로서 십자가, 하느님께서 갈망하는 연대와 평등의 가치가 살아있는 공동체에 대한 희망 등의 성서적 주제를 현대적으로 재해석한다. 오늘날 시장의 우상화가 교묘하게 이루어지고 있는 만큼, 해방신학도 자본주의 체제에 내포된 희생 메커니즘을 예리하게 분석하며 폭로하는 방향으로 진행되고 있다. 또한, 약자의 희생을 요구하는 시장체제가 아니라 성서가 증

---

[18] Christopher Lawland, *Radical Christianity: A Reading of Recovery* (Eugene: Wipf & Stock, 1988), 1.

[19] 대중에게 잘 알려지지는 않았지만 (개신교 칭의론에서도 강조되는) 인간의 이해타산을 넘어서는 '낭비'로서 혹은 '값없는' 신적 은혜는 해방 영성의 핵심 주제이다. 구스타보 구티에레즈, 『해방신학』, 265.

언하는 참 하느님께 의지하며 살게 하는 '은총의 신학'을 명확히 보여줄 사명도 재발견하고 있다.

뻔한 말을 하자면, "땅에서 가난한 사람이 없어지지는 않을 것"(신명 15:11)이기에 해방신학으로 대표되는 급진적 신학 역시 우리가 사는 이 땅에서 사라지지 않을 것이다. 그렇기에 좋은 해방신학 책 한 권 이상을 읽는 것은 지구라는 복잡한 세계에서 살아가는 사람으로서 할 수 있는 중요한 신앙의 실천이다. 특별히, 구티에레즈의 『해방신학』에서 성정모의 『시장 종교 욕망』로 이어지는 흐름을 따라가면, 복음을 이 땅의 정의와 평화로 번역하고자 행동하던 라틴아메리카 신학자들의 어제와 오늘을 볼 수 있을 것이다. 하느님의 나라를 지금 여기서부터 살아가려면 우리의 신앙의 상상력과 언어가 어떻게 변화되어야 할지에 관한 불편하면서도 소중한 통찰도 덤으로 얻게 될 것이다.

삼위일체 하느님의 형상으로서 교회

『친교로서의 존재』
존 지지울러스 지음, 이세형 · 정애성 옮김, 삼원서원, 2012.

표지는 독자와 책의 첫 만남이 일어나는 곳인 만큼 거기에 들어갈 내용은 대개 출판사가 고심 끝에 결정한다. 그런 만큼 표지에 실린 문구는 책을 소개하는 수준을 넘어 책의 수용 방식에까지 영향을 끼친다. 동방 정교회 신학자 존 지지울러스의 『친교로서의 존재』Being as Communion 번역본 뒤표지에는 다음과 같은 문장이 있다. "한국 교회에 꼭 필요한 교회론의 걸작이다!" 전형적으로까지 느껴지는 문구를 읽고 이상한 생각이 들지 않을 수 없다. 한 정교회 신학자가 약 반세기 전에 썼던 논문을 모아 출간한 책이 어떻게 21세기 한국 교회에 절실히 필요한 책일까. 『친교로서의 존재』라는 제목에는 '교회'라는 단어가 등장조차 하지 않는데 이 책은 어떤 의미에서 교회론 책일까. 영어판 부제인 '인격성과 교회에 관한 연구들'Studies in Personhood and the Church에도 '인격성'이라는 개념이 교회보다 우선하고 있지 않은가.

---

* 원서는 다음과 같다. John D. Zizioulas, *Being as Communion: Studies in Personhood and the Church* (Crestwood, NY: St Vladimir's Seminary Press, 1997).

제목과 부제는 허투루 정해지는 것이 아닌 만큼, 거기에 사용된 단어 하나하나를 꼼꼼히 분석하면 저자가 말하고자 하는 바를 예견할 수 있다. 우선, 부제에서 짐작할 수 있듯 이 책은 현상으로서 교회를 관찰함으로써가 아니라 '인격성'Personhood 개념에 비추어 교회의 존재와 사명을 살펴본다. 또한, 제목이 암시하듯 지지울러스는 인격성과 교회론을 연결할 뿐만 아니라, 인격성의 특성인 '친교'Communion 개념으로 '존재'Being의 본성을 재정의한다. 이러한 작업을 통해 그는 모든 교리적 주장의 전제가 되는 신학적 존재론에도 중요한 통찰을 던진다. 그런 의미에서 『친교로서의 존재』는 한국어판 출판사에서 말한 것처럼 교회론의 걸작만이 아니라, 현대 신학의 걸작이라 불릴만한 대담한 기획을 담은 책이다.

저자 지지울러스는 제1차 세계대전 이후 왕정과 공화정을 오가며 정치적으로 혼란한 그리스에서 태어났다. 당시 그리스는 대공황의 여파로 경제적으로도 몹시 불안정한 상황이었다. 하지만, 어릴 적부터 학문에 재능을 보였던 그는 데살로니카 대학교와 아테네 대학교에서 공부하다 스위스의 보세이 에큐메니칼 연구소와 미국의 하버드 대학교에서 유학했다. 그는 1965년에 초기 그리스도교에서 교회의 통일성을 성찬과 주교직을 중심으로 살펴보는 박사 논문을 아테네 대학교에 제출했다.[1] 학위를 마친 그는 하버드

---

[1] 지지울러스의 박사 논문은 그리스어로 출판되고 프랑스판이 나온 이후, 2001년에 영어판이 출간되었다. John D. Zizioulas, *Eucharist, Bishop, Church: The Unity of the Church in the Divine Eucharist and the Bishop during the First Three Centuries*, trans. Elizabeth Theokritoff (Brookline, MA: Holy Cross Orthodox Press, 2001).

대학교가 소유한 워싱턴 소재 교부학 연구소인 덤바턴 옥스 센터 Dumbarton Oaks Center for Byzantine Studies에 연구원으로 임명되었고, 이후 아테네 대학교와 에든버러 대학교, 글래스고 대학교, 데살로니카 신학교에서 교편을 잡으며 동방과 서방 신학계 모두에 영향을 끼쳤다. 그는 학교와 연구소에만 머물지 않고 세계교회협의회World Council of Churches의 신앙과 직제 위원회Commission on Faith and Order, 로마 가톨릭과 대화를 위한 국제 위원회International Commission for Dialogue with Roman Catholicism, '오늘날 삼위일체 교리에 관한 영국교회협의회 연구위원회'The BCC Study Commission on Trinitarian Doctrine Today 등에 참여하였다. 그런 와중에 콘스탄티노폴리스의 에큐메니컬 총대주교구 Ecumenical Patriarchate of Constantinople의 페르가몬의 대주교로 오랜 기간 활동하기도 했다. 그리스도교 전통의 현대적 의미를 찾고자 노력하고 교회 간의 대화를 위해 헌신한 상징적 인물인 만큼, 그의 저서 상당수는 영어와 프랑스어와 독일어 등으로 번역되었다.

1997년 미국에서 간행한 『친교로서의 존재』는 지지울러스의 대표작으로 알려졌지만, 그에게 국제적 명성을 안겨준 작품이라고 보는 것이 더 적절하다. 이 책은 신학적으로 밀도 있는 서론을 뒤로 총 7개 장이 뒤따르는데, 이들은 1970년부터 1981년까지 저자가 그리스어, 프랑스어, 이탈리아어, 독일어, 영어로 발표한 논문을 여러 역자가 번역한 것이다(여기에 실린 글의 상당수가 1981년 프랑스에서 출간된 『교회의 존재』L'Être ecclésial에 포함된 것이 재출판되었다). 10년 넘게 다양한 목적을 가지고 각기 다른 지역에서 여러 언어로 발표된 글인 만큼, 이 책은 장마다 조금씩 다른 강조점을 가진다. 하지만 책 전체를 관통하는 주제가 있다. 그것은 바로 삼위일체의 빛속에서 본 존재, 즉 친교로서의 존재Being as Communion이다. 여기로부터 지지울러스는 인격성 개념을 끌어내어 그만의 독특한 교회론을 전개한다.

삼위일체 하느님의 형상으로서 교회

20세기 중후반 신학에 여러 변화가 일어났지만, 그중 두드러진 흐름 중 하나는 교회론에 관한 관심이 고조되었다는 사실이다. 세계대전 이후 세속화의 도전이 거세지자 사람들은 현대 사회에서 교회의 역할에 대해 진지하게 묻기 시작했다. 1948년 이후 계속된 세계교회협의회의 교회일치 운동과 1960년대 중반 로마 가톨릭의 제2차 바티칸 공의회가 촉발한 교회 개혁은 교회의 통일성과 다양성을 전적으로 새롭게 성찰하는 계기가 되었다. 신학자들은 현대 사회에서 교회의 존재 이유를 전통 간의 갈등이 아니라 대화를 촉구하는 맥락 속에서 질문하기 시작했다. 이러한 시대 정신을 반영하듯, 위르겐 몰트만과 한스 큉 등 로마 가톨릭과 개신교회를 선도하게 될 젊은 신학자들은 혁신적인 교회론 저서를 펴냈다.[2] 이들은

---

2   예를 들자면, 큉은 1967년에 『교회』Kirche를, 몰트만은 1975년에 『성령의 능력 안에 있는 교회』Kirche in der Kraft des Geistes를 출간했다. 두 책은 전 세계 많은 독자의 손을 거치며 20세기 후반 가톨릭과 개신교의 교회론의 대표작으로 주목받았다. 물론 두 책에 대한 과도한 관심과 부풀려진 위상에 대한 비판도 찾아보기 어렵지 않다. 전자의 한국어 번역본은 2007년에 한들출판사에서, 후자는 대한기독교서회에서 1982년에 출간되었다. 다소 늦게 우리말로 번역된 큉의 책과 달리 몰트만의 책은 한국에서 2001년과 2017년에 개정판이 나올 정도로 큰 인기를 누렸다. 큉은 자신의 방대한 『교회』를 축약한 Was Ist Kirche(1970)를 출간했고, 이 책의 번역본은 1978년 분도출

20세기 초 칼 바르트로부터 촉발된 그리스도 중심주의를 배경 삼아, 현대 성서학에서 재발견한 역사적 예수와 그가 선포한 하느님 나라를 교회론의 핵심어로 가져다 두었다. 이러한 신학적 작업은 교리주의와 교권주의 속에서 흐릿해졌던 1세기 예수 운동과 교회 사이의 관계를 재조명해주었고, 현대 사회에서 교회의 사명을 예수 그리스도의 메시아적 사역 속에서 파악하게 해 주었다.

물론 20세기 중후반 교회론은 앞서 약술한 것과 비교할 수 없을 정도로 다양하고 복잡하게 전개되었다. 하지만, 예수 그리스도를 교회의 기초로 놓으려는 움직임은 로마 가톨릭과 개신교가 속한 서방 신학 전통 모두에서 발견되는 두드러진 양상이었다. 하지만, 동방 정교회에서는 이와는 차별화된 교회론적 작업이 이루어지고 있었다. 삼위일체론적 교회론을 전개한 지지울러스가 그 대표적인 예다. 몰트만이나 큉이 초기 그리스도교에 대한 역사학적 연구 결과를 많이 활용한다면, 지지울러스는 고대 교부들의 저술을 '살아 있는 전통' 삼아 오늘날의 신학과 실천의 문제에 대한 답변을 찾아가는 '신교부적 종합'neopatristic synthesis에 크게 의지한다. 20세기 초반 파리로 망명한 러시아 정교회 신학자들을 통해 서방 교회에 소개된 신교부적 종합은 지지울러스의 신학에서 동서방 교회를 모두 아우르는 호소력 있는 교회론을 탄생시키는 자양분 역할을 했다.

지지울러스에게 교회의 본질은 일반인이 생각하는 예배가 이뤄지는 종교 건물도, 로마 가톨릭에서 흔히 강조하는 제도도, 종교개

판사에서 『교회란 무엇인가』라는 제목으로 출간되었다. 큉의 교회론도 이른 시기부터 한국 그리스도교에 영향을 끼친 셈이다.

혁자들이 말했던 성도의 공동체도 아니다. 교회는 하느님의 존재와 세계의 존재와 인간 존재 모두와 깊이 연관된 특수한 '실존 양식'mode of existence으로 이해해야 한다. 그런데 이러한 알쏭달쏭한 정의를 가지고 교회론을 전개하려 하자마자 방법론적으로 큰 난관에 부딪힌다. 지지울러스는 초기 교부들의 저술을 통해 교회의 실존 양식을 이해하려 하지만, 정작 그리스 교부들은 삼위일체론이나 그리스도론에 관심을 집중했던 만큼 교회론에는 크게 주의를 기울이지 않았기 때문이다.[3] 이에 지지울러스는 교부들이 던졌던 하느님에 관한 질문 자체에 강한 교회론적 함의가 있다고 주장한다.

교부들을 사로잡은 물음은 하느님의 실존 여부에 대한 지식이 아니었다. 하느님의 실존은 그리스도인이든 이방인이든, 당시 거의 모든 사람에게 '주어진given' 것이었다. 전 세대들을 괴롭혔던 물음은 오히려 하느님의 실존 **방식**how이었다. 그리고 그 물음이 인간과 교회에 모두 직접 영향을 주었는데, 인간과 교회는 '하

---

[3] 서방 교회에서는 3~5세기에 키프리아누스에서 아우구스티누스에게로 이어오며 교회의 본질에 관한 신학적 탐구가 북아프리카 중심으로 강하게 일어났다. 특히, 4세기 초 디오클레티아누스 황제 치하에 일어난 교회에 대한 제국의 박해가 끝나고 배교한 주교와 사제들이 교회로 돌아왔을 때, 이들이 시행한 성례에는 효력이 없다는 과격한 주장을 펼치던 도나투스와 그의 추종자들이 교회를 분열시켰다. 교회의 본질을 놓고 도나투스파와 아우구스티누스가 벌인 논쟁은 이후 서방의 교회론 형성에 지대한 영향을 끼쳤다. 하지만, 그리스어를 사용하던 동방 교부의 경우에는 이러한 논쟁에서 거리를 두었던 만큼 교회론 자체를 화두로 삼을만한 특별한 동기가 상대적으로 약했다.

느님의 형상'으로 여겨졌기 때문이었다.[4]

서방 교회 전통에서 '하느님의 형상'은 주로 인간론에서 다뤄지는 주제다. 반면, 지지울러스는 하느님의 형상을 인간론뿐만 아니라 교회론의 핵심 개념으로 삼는다. 그리스도는 '하느님의 보이지 않는 형상'이요(골로 1:15), 교회는 부활한 그리스도의 이 땅에서의 현존이기에, 교회도 하느님의 형상이다. 따라서, 교회를 알기 위해서는 성부와 성자와 성령으로 현존하는 삼위일체 하느님에 대한 질문에서부터 시작해야 한다.

인격성의 존재론에서 친교의 교회론으로

현대 사회에서는 어렵지 않게 무신론자를 만날 수 있지만, 고대 세계에서 신의 존재 자체를 의심하는 사람은 드물었다. 게다가 그리스도교가 시작될 당시 지성인에게 큰 영향을 끼치던 그리스 철학은 형이상학을 발전시키며, 만물의 근거로 비가시적인 궁극적 원리를 상정했다. 하지만, 고대 그리스 철학자들 대다수가 세계는 '선재하는 물질'pre-existing matter로부터 생겼다고 생각했다. 이러한 존재론적 질서 속에서 신은 다른 피조물의 존재와 운동의 근원이기는 하지만, 모든 것의 창조자가 아닌 만큼 세계로부터 완전히 자유롭지는 못하다. 하지만, 성서에 따르면 하느님은 말씀으로 삼라만상을 만들고 다스리는 분이다. 즉, 무로부터 세상을 창조하신 하느

---

[4] 존 지지울러스, 『친교로서의 존재』, 13.

님은 세계 없이도 스스로 존재하신 분, 즉 세계로부터 전적으로 자유로운 자족적self-sufficient 존재다. 그런데 성서는 이와 반대되는 듯한 충격적 가르침도 전해준다. 바로 하느님은 세상과 화해하고자 인간이 되어 피조 세계 속으로 들어왔고, 심지어 피조물처럼 죽음까지 경험하셨다는 것이다. 교회가 하느님에 대한 성서의 독특한 가르침에 충실하려면 고대 지중해 지역의 신화와 그리스 철학의 존재론과 차별화하는 언어와 논리가 절실히 필요했다.

지지울러스는 1~3세기 교부들의 교회론으로 박사학위를 취득한 전문가답게, 이 지점에서 다른 현대 학자들이 잘 포착하지 못했던 중요한 역사적 사실에 주목한다. 순교자 유스티누스 그리고 알렉산드리아 교리문답 학교에 속한 클레멘스와 오리게네스 등은 로고스 개념을 가지고 탁월한 신학적 유산을 교회에 선사했다. 하지만, 이들은 그리스 사상의 존재론적 틀에서 완전히 벗어나지 못했고, 그 결과 그리스도교 신론의 차별성을 삼위일체론적으로 보여주는 데는 실패했다. 반면, 안티오키아의 이그나티우스와 리옹의 이레네우스, 알렉산드리아의 아타나시우스 등은 정통 교리로 공인된 삼위일체론을 전개했다. 이들은 교회의 주교들이었거나 사목적 맥락에서 활동한 신학자들이었다는 공통점이 있다. 지지울러스는 '이러한' 맥락의 차이가 결국 신학의 결정적 차이를 만들어 냈다고 본다.

(이들은) 교회 공동체, 교회적 존재의 체험을 통해 하느님 존재에 접근했다. 이 체험은 매우 중요한 것을 계시했는데, 곧 하느님의

존재는 오직 인격적 관계성과 인격적 사랑을 통해서만 알려진다는 것이었다.[5]

고대 그리스 철학의 존재론은 '실체'나 '본성'과 같은 추상적 개념을 주요 범주로 삼는다. 반면, 초기 그리스도인의 교회적 체험 ecclesial experience은 신비이신 하느님의 존재를 '관계'와 '인격' 개념으로 이해하도록 이끌었다. 그리스도교인이 예배하는 대상은 영원부터 친교를 나누시는 성부와 성자와 성령 삼위일체 하느님이다. 고대교회는 세 인격 모두가 동등하게 신이면서 어떻게 서로 구분되는지 설명하고자,[6] '성부가 성자를 낳고, 성부에게서 성령이 발현한다'라는 교리적 표현을 사용했다. 여기서 성부는 다른 두 인격이 영원부터 존재하는 '근원'이자 세 인격 사이의 교제의 '원인'이시다. 성부와 성자와 성령이 사랑 안에서 친교로 존재하시기에, 하느님 혹은 우주의 근원은 추상적이고 정적인 원리가 아니라는 결론이 도출된다. 이로써 "친교는 교부 사상에서 하나의 존재론적 개념"이 되면서,[7] 초기 교회에서는 삼위일체론이 확립하게 되었고 동

---

[5] 존 지지울러스, 『친교로서의 존재』, 14.

[6] 삼위일체론에서 신적 본성을 그리스어로 ousia, 성부와 성자와 성령의 인격 혹은 위격을 hypostasis라고 한다. 그리스어 hypostasis는 원래 ousia와 유사하게 실체라는 뜻이었지만, 삼위일체론이 발전하면서 삼위 하느님의 각 위격을 가리키거나 관계적 존재로서 인격이라는 의미를 갖게 되었다. hypostasis가 가진 독특한 뜻을 훼손하지 않고자 한국어로 된 정교회 책 중에는 '휘포스타시스'라는 음역을 사용하기도 한다. 하지만, 이 서평에서는 일반 독자를 위하는 만큼 hypostasis의 번역어로 '인격' 개념을 사용하기로 한다.

[7] 존 지지울러스, 『친교로서의 존재』, 15.

시에 이전에 없던 사상의 도약이 일어났다.

> 하느님이 자신의 존재론적 자유를 행사하고 하느님이 존재론적
> 으로 자유로워지는 방식은 하느님이 성자를 '낳고' 성령을 '내쉬
> 는' 성부 하느님이 됨으로써 실체의 존재론적 필연성을 초월하고
> 폐기하는 것이다. … 따라서 존재론적으로 자유를 행사하는 유
> 일한 방식이 사랑이라는 것이 분명해진다. "하느님은 사랑이시
> 다"(1요한 4:16)는 표현은 하느님이 삼위일체로, 즉 실체가 아니라
> 인격으로 '실존'한다는 말이다.[8]

하느님의 존재가 친교라면, 하느님의 형상으로서 교회를 이해하는
핵심어도 친교가 되어야 한다. 이 지점에서 어떤 독자는 기시감을
느낄지도 모른다. 즉, 중세 말기 가톨릭의 위계적 교회론에 반대
하던 종교개혁자들도 교회의 본질을 성도의 교제sanctorum communio
로 보면서 교회론에서 관계적 지평을 발견하지 않았는가. 하지
만 이런 식으로 단순 비교하기에는 지지울러스가 풀어낸 교부들
의 삼위일체론적 존재론이 개신교의 신학적 문법에서는 뭔가 낯설
지 않은가. 바로 이 지점에서 우리는 '인격' 개념을 가지고 삼위일
체론과 교회론을 연결하는 지지울러스 특유의 방식에 집중할 필요
가 있다.

---

[8] 존 지지울러스, 『친교로서의 존재』, 46~47.

성찬의 친교로서 교회

하느님의 삼위일체 되심은 교부들이 추상적인 존재 개념을 떨쳐버릴 때 도움을 줬을 뿐만 아니라, 인격의 의미를 명확히 하는 데도 결정적 영향을 끼쳤다. 인격을 뜻하는 '프로소폰'πρόσωπον과 라틴어의 '페르소나'persona는 고대 세계에서 배우들의 가면이나 드라마 속 역할이란 뜻으로 주로 쓰였다. 삼위일체론을 설명하는 데 필요한 언어를 찾던 신학자들은 '프로소폰' 혹은 '페르소나'를 신학적 논의에 차용했다.

원래 용법에서 벗어나면서 이들 단어는 영원부터 친교를 나누는 성부 성자 성령 하느님의 구분된 정체성을 가리키는 '인격'으로 의미의 변환을 겪었다. 여러 신학자의 손을 거치며 인격 개념은 삼위일체론의 문맥 속에서 계속 정화되었다. 결국, 인격은 "구체적이고, 유일하고, 반복될 수 없는 실재로 실존함"이라는 존재론적 무게를 가진 개념이 되었고,[9] 그 존재론의 심층 구조에는 삼위일체 하느님의 친교가 있었다.

지지울러스의 말대로 이는 기존의 그리스 존재론에서는 상상할 수 없던 혁명과도 같은 생각이다. 하지만 삼위일체론의 문법 속에서 개념화된 인격을 현실의 인간 모습에 무차별적으로 적용할 수는 없다는 점도 명심해야 한다. 달리 말하면, 인간으로서 태어나면서 '자연적'으로 습득하는 인격성이 있다면, '구원론적'인 맥락에서 얻게 되는 인격성도 있다. 전자가 자유를 행사하면서도 여전히

---

[9]   존 지지울러스, 『친교로서의 존재』, 48.

존재론적 필연성에 묶여있는 인간의 딱한 모습이라면, 후자는 인간이 자연적으로 가지지 못한 자유의 선물과 친교의 가능성을 전제로 한 인격 개념이다. 지지울러스는 후자를 세례, 성찬과 밀접히 연관시키면서 '교회적 실존의 인격'이라고 명명한다. 그렇다면 왜 그는 궁극적으로 인격을 인간 개개인이 가진 특성이 아니라 교회론적 지평 속에 자리매김하려고 하는 것일까. 이에 답하기 위해서는 동방 정교회의 구원론에 대한 전이해가 필요하다.

성서에 나온 여러 구원론적 이미지 중 동방 정교회에서는 은총으로 인간이 하느님과 연합하는 것, 즉 성자와 성령의 사역을 통해 영원한 생명을 받아 신이 되는 '신화'를 핵심으로 삼는다. 그런데 피조물이자 죄인에 불과한 인간이 어떻게 감히 신이 된다고 생각할 수 있는가. 지지울러스는 인간이 신이 되는 것이 무엇을 뜻하는지 다음과 같이 명확히 한다.

> 교부들이 '신화'theosis라고 일컬은 이것은 하느님의 본성이나 실체가 아닌, 하느님의 인격적 실존에 참여함을 말한다. ... 따라서 구원은 곧 인간 안에서 실현된 인격성이다.[10]

예수께서는 인간이 하느님의 인격성에 참여하는 새 창조 사건을 '위로부터 태어남'(요한 3:3)이라고 하셨다. 이를 위해 피조물인 인간은 '세례'를 받고 그리스도와 연합한 교회적 존재가 된다. 이로

---

[10] 존 지지울러스, 『친교로서의 존재』, 52.

써 그는 삼위일체 하느님의 존재 방식에 따라 친교의 인격으로 거듭난다.[11]

여기서 지지울러스 신학의 핵심이기도 한 삼위일체 하느님, 하느님 형상으로서 인간, 하느님 형상으로서 교회의 존재 양식 사이의 연결점이 발견된다. '삼위일체 하느님'은 '인간'을 자신과 연합하게 하심으로 그를 '교회적' 인격으로 만드신다. 이러한 하느님의 활동은 교회가 하느님 형상으로 존재하게 되는 근거이자, 궁극적으로 교회가 하느님 형상에 이르게 하는 종말론적 운동성을 지닌다. 이러한 방식으로 지지울러스의 신학에서는 구원론과 교회론과 종말론이 긴밀히 묶여 있는데, 이 세 교리를 연결하는 끈이 바로 '성찬'이다. 친교하는 존재로서 하느님의 인격성은 사람들이 빵과 포도주를 나누며 서로 환대하고 친교하는 교회의 '성찬'에서 현실화한다. 유월절을 앞두고 예수께서 베푸셨던 성찬은 공동체로서 하느님의 미래를 경험하게 하는 '참된 종말eschata par excellence의 형상'이었다. 그리스도인은 성찬의 친교에서 한편으로 교회의 종말론적 본성을 관상하고, 다른 한편으로 빵과 포도주의 형태로 자신을 주시는 삼위일체 하느님의 생명을 맛본다. 따라서, 엄밀히 말하자면

---

[11] 미로슬라브 볼프가 지적했듯, 정교회에서 보는 구원은 근본적으로 "하나님과 인간 존재가 함께하는 교제"이고, 이러한 교제가 교회론의 근간이 된다. 그런 점에서 볼프는 로마 가톨릭과 개신교가 서방 교회 전통에 속하지만, 로마 가톨릭은 개신교보다 정교회에 더 가까운 교회론을 가진다고 평가한다. 즉, 개신교에서는 구원이 개인주의화되어 있기에 교회는 단지 개인의 "구원을 더 온전히 경험하기 위한 '외적인 보조 수단'"으로 전락해 버린다. 미로슬라브 볼프, 『삼위일체와 교회: 하나님의 형상으로서 교회에 대한 가톨릭·동방 정교회·개신교적 이해를 찾아서』(새물결플러스, 2012), 291.

교회가 있어서 성찬이 행해진 것이 아니라, 성찬이 "교회를 존재하게 하는, 교회 존재를 구성하는 사건"이다.[12]

성찬이 중요한 또 다른 이유는 성찬에서 이뤄지는 그리스도에 대한 회상이 "과거 사건의 재실행re-enactment으로만이 아니라 **미래의 회상**으로, 종말론적 사건으로 실현"되기 때문이다.[13] 성찬은 하느님께서 약속하신 미래를 기억하게 함으로써 장차 완성될 교회적 실존을 역사 속 교회로 끌어당긴다. 현실 속 인간은 자유를 추구하면서도 여러 삶의 조건에 필연적으로 묶인 허무한 존재다. '옛 자아'를 그리스도의 십자가에 못 박은 그리스도인일지라도 태어나면서부터 가진 존재론적 필연성, 즉 자연적인 자기 중심성을 이기지 못한 채 하루하루 살아간다. 그런 의미에서 인간을 현실감 있게 묘사하는 단어는 자아를 초월해 타자에게 나아가는 친교가 아니라 자기방어적인 배타성일지도 모른다. 인간은 이러한 필연성과 배타성을 자기 힘으로 극복할 수는 없기에, 이를 초월하는 경험이 일어난다면 그것은 은총에 힘입은 것이고 본성상 현실에 속하지 않은 '종말론적'인 것이다. 역사 속에서 그러한 초월의 경험을 인간은 친교의 자리인 '성찬'에서 생생하고 구체적으로 맛본다. 성찬에 참여하는 이는 그리스도의 몸을 매개로 교제하고 그리스도의 약속을 바라보며, 이로써 생물학적이고 사회적인 배타성을 넘어서는 미래의 교회적 인격으로 오늘 여기에 현존하게 된다.[14]

---

12 존 지지울러스, 『친교로서의 존재』, 19.

13 존 지지울러스, 『친교로서의 존재』, 266.

14 지지울러스는 서방의 성찬에서 미래에 대한 기억이 최후 만찬에 대한 기

결론적으로, 성찬의 친교는 교회를 교회 되게 하고, 그리스도인을 교회적 인격으로 빚어내고, 신앙을 종말론적으로 정향한다. 그리스도교의 진리가 추상적인 정보가 아니라 인격적인 체험인 이유는 우리가 성찬의 전례라는 생동적이고 구체적이며 공동체적 맥락에서 하느님과 이웃을 만나기 때문이다. 서방 신학이 선호하는 변증법적 방법론이 아니라 교회에서 실제 행해지는 성찬이 하느님과 세계, 종말과 역사, 자연적 인격과 교회적 인격이라는 일련의 개념을 분리하지 않으면서도 조화롭게 구분해준다. 이렇게 지지울러스는 성찬을 교회가 구원을 매개하는 은총의 수단으로 여겼던 서방 교회의 묵은 상상력에 신선한 자극을 불어넣는다.

교회의 위기 시대에 되찾아야 할 것은

지지울러스는 존재를 '실체'로 이해하려는 존재론의 오랜 관습에서 벗어나, 존재를 타자와 친교 속에 있는 '인격' 개념으로 재정의했으며 이 인격 개념을 통해 삼위일체 하느님과 인간과 교회를 긴밀하게 묶어냈다. 하느님, 인간, 교회는 단순히 같은 지평에 놓일 수 없기에 이들을 서로 매개하는 데 성찬의 친교는 핵심적인 역할을 한다. 『친교로서의 존재』각 장은 성찬의 관점에서 보편교회와 지역 교회의 관계, 사도 계승 관점에서 주교직의 문제, 교회 내

념으로 대체되며 교회의 종말론적인 본성이 약화하였다고 분석한다. 반면 정교회에서는 하느님 나라를 전례화함으로써 종말론적 정체성이 유지되었다. John Zizioulas, 'The Eschatological Identity of the Church', *Lessons on Christian Dogmatics* (2007.01.09.) https://www.oodegr.com/english/dogmatiki1/F2a.htm (2023.04.11. 최종 접속).

직제의 필요성과 역할, 사목의 본질과 타당성, 동·서방 교회 사이의 대화 등을 해석해낸다. 이러한 간략한 요약을 통해 지지울러스 신학의 참맛을 진하게 우려내지는 못하겠지만, 그의 신학 특유의 풍미가 일어나는 근원에는 성찬이 있다. 이러한 생각이 던진 도전을 20세기의 저명한 정교회 신학자 존 메이엔도르프는 다음과 같이 절묘하게 요약해낸다.

> 우리 교회 생활의 가시적可視的 실재가 성찬에서 드러나는 바로 친교communion와 일관적이 되지 않는 한, 우리의 교회 구조(특별히 서방의)가 참된 교회 존재와 일치하지 않는 한, 교회 성찬의 본질이 시대착오의 허울과 오늘날 인종 정치에서 자유로워지지 않는 한, 세계로의 진정한 파송mission은 있을 수 없다.[15]

지지울러스의 목소리는 20세기 중후반 신학계에 큰 반향을 일으켰다. 당시 로마 가톨릭과 개신교 신학 모두가 서구 문명의 개인주의화, 교회의 삶에서 멀어진 삼위일체론, 메말라버린 성사신학, 기능주의화된 교회론을 어떻게 극복할지 고심하고 있었다.[16] 그랬던 만큼 지지울러스가 풀어놓은 동방 정교회의 신학적 풍성함은 서방

---

[15] 존 메옌도르프, '추천사', 『친교로서의 존재』, 10.

[16] 지지울러스를 포함한 동방 정교회 신학자들이 20세기 후반에 이르러 신학계에서 인기를 누리는 이유는 이미 가톨릭과 개신교회가 서구 문명에서 발생하는 여러 문제를 해결하고자 하는 자원을 간절히 찾던 중이었기 때문이기도 하다. Jason Byassee, 'Looking East: The Impact of Orthodox Theology', *The Christian Century* 121 no 26 (2004), 24 참고.

교회에 창조적인 자극을 선사했다.

지지울러스가 남겨놓은 신학적 유산이 중요하지만, 그의 '신교부적 종합'이 교부들의 성서 읽기로 현대 성서학자들의 업적을 부당하게 상대화하지는 않는지 고민할 필요도 있다. 역으로 그가 현대적 관심에 지나치게 몰두하여 교부들의 업적을 과장하고 있지는 않은지 비판적 시각도 가져볼 만하다. 물론, 독자들이 그의 논의를 제대로 이해하려면 고대 그리스 사상과 교부학에 대한 배경지식이 필요하다. 동방 정교회의 성찬 예배에 정기적으로 참석함으로써 얻는 육화된 지식 없이는 지지울러스뿐만 아니라 정교회 신학자들을 이해하는 데 어려움이 있을 수도 있다. 개신교인의 경우 성찬을 단지 '보이는 말씀'으로 이해하고, 성서를 강조하다 전통의 중요성을 무시하고, 만신자사제설Priesthood of all believers에 비추어 교회 직분을 기능적으로 파악하는 데 익숙하다 보니, 그의 설명은 머리로 이해하기에 앞서 가슴으로 받아들이기 힘들지도 모른다.

하지만, 중세 말기 루터가 가톨릭의 성사신학으로부터 교회를 해방하고자 했다면, 현대 사회에서 지지울러스는 각종 이데올로기와 실용주의, 성장주의로 왜곡된 교회론에서 성찬을 해방하고자 하였다. 이로써 그는 하느님과 인간과 교회에 대한 올바른 이해를 함께 되찾고자 하였다. 그런 만큼 독자들이 그의 인도를 꾸역꾸역 따라가다 삼위일체와 인간과 교회의 존재 양식이 성찬의 친교와 연결되었음을 발견한다면, 서방 교회 전통이 본질적인 무엇인가를 놓침으로써 당면한 여러 교회론적 문제의 해결책을 찾게 될지도 모른다.

상처 입은 세계에서 분노하는 법

『바다의 문들: 상처 입은 세계와 하느님의 구원』
데이비드 벤틀리 하트 지음, 차보람 옮김, 비아, 2021.

고대부터 현대까지 교회의 역사에서는 여러 형태의 이단이 등장했다. 이단에 한때라도 몸담은 사람 중 지금껏 전 세계에서 이름이 가장 많이 거론되는 사람을 뽑으라면 서방 교회의 대표적 신학자인 히포의 아우구스티누스가 아닐까 싶다. 교회사만이 아니라 인류 사상사에 짙은 흔적을 남긴 그는 20대 대부분을 고대 로마에서 유행하고 핍박받던 이단이었던 마니교에 헌신했다. 출세에 대한 욕심과 진리에 대한 열망에 동시에 사로잡혀 있던 젊은이가 본인의 경력에 치명적 오점으로 남을 수도 있을 이단적인 사상에 빠져든 이유는 무엇일까. 여러 이유가 있겠지만 아우구스티누스 본인의 말에 따르면 마니교의 우주론이 악의 존재를 그럴듯하게 설명해주었기 때문이다.[1]

'마니교도 아우구스티누스' 일화를 보면 악과 관련된 흥미로운

---

* 원서는 다음과 같다. David Bentley Hart, *The Doors of the Sea: Where Was God in the Tsunami?* (Grand Rapids: Eerdmans, 2011).

[1] Augustinus, *Confessiones*, 3.7.12 참고.

점을 관찰할 수 있다. 우선, 악과 고통을 마주하면 사람들은 거기서 그치지 않고 '원인'이나 '의미'까지 찾으려 한다. 또한, 교육의 정도, 사회 지위 등과 상관없이 사람들은 악의 문제를 '잘 설명'한다고 생각되면 그 설명이 아무리 기이하더라도 수용하는 경향을 보인다. 무엇보다도 사람들은 악에 대해 나름 잘 이해시켜 주는 '세계관'에 따라 신을 포함한 실재에 대한 총체적 해석을 내린다. 이러한 복합적 이유로 악의 문제는 개개인의 삶을 특정 방향으로 빚어내기도 하고, 사람과 사람 사이에 갈등을 일으킬 수도 있다. 지진과 쓰나미, 인종학살, 전쟁, 권력 남용, 조직적 폭력과 학대처럼 고통의 강도가 커질수록 악을 어떻게 해석할지를 놓고 대립도 더욱더 거칠어진다. 실제 큰 재앙이 터질 때마다 자기 이익을 보호하고자 종교적·정치적 이념으로 악을 악으로 보지 못하게 하고, 고통에 억지로 고상한 의미를 부여하며, 사회적 갈등을 부추겨 신음하는 목소리를 침묵시키는 사람들이 있다.

미국의 동방 정교회 신학자 데이비드 벤틀리 하트의 『바다의 문들』은 이러한 첨예한 정황을 배경으로 한 채 쓰였다. 그는 성공회 배경을 가진 가정에서 태어나고 자랐지만, 10대 때부터 교부 문헌과 현대 정교회 신학책을 읽고 21세 때 정교회 신자가 되었다. 영국 케임브리지 대학교 석사 과정에 들어가며 신학 공부를 본격적으로 시작하였고, 미국 버지니아 대학교에서 박사학위를 받았다.[2]

---

[2] 박사 논문은 다음과 같다. David Bentley Hart, 'Beauty, Violence, and Infinity: A Question Concerning Christian Rhetoric' (Ph.D. diss., University of Virginia, 1997). 이 논문은 이후 다음 단행본으로 발전했다. David Bentley Hart, *The Beauty of the Infinite: The Aesthetics of Christian Truth* (Grand Rapids: Eeardmans, 2004).

이후 정교회 전통에 대한 헌신을 넘어 철학과 문학, 미학, 역사 등의 분야까지 관심사를 확장하며 세계적으로 주목받는 신학자로 떠올랐다. 산스크리트어와 중국어도 직접 읽을 정도로 동양 철학과 종교에도 능숙한 만큼 그를 단지 '신학자'라는 범주로만 이해하는 것은 적절치 않아 보이기도 한다. 2022년 57세 기준으로 그는 15권의 책을 출간했고, 천 편 이상의 논문과 기고문과 서평을 썼다.[3] 그의 저서 목록에는 신학책 외에도 단편 소설집, 문예비평, 직접 번역한 신약성서 등이 포함되어 있으며, 국내에는 2009년 작 『무신론자들의 망상』Atheist Delusions과 같은 해 출간된 『그리스도교, 역사와 만나다』The Story of Christianity가 소개된 바 있다.[4]

2004년이 저물어 가던 때 하트를 상당히 불편하고 슬프게 만드는 일이 발생했다. 성탄의 기쁘고 들뜬 기운이 가시지도 않은 다음 날, 인도양 북부에서 리히터 규모 9.0 지진이 발생했고, 대규모 쓰나미가 주변 여러 나라의 해안을 무자비하게 덮쳤다. 성서의 언어를 쓰자면 창조주가 닫아놓은 '바다의 문'(욥기 38:8)이 지진에 깨어 부서지며 광폭한 바다가 터져 나온 것 같았다. 자연의 무시무시한 힘에 마을은 처참하게 파괴되었고, 사망자 수도 추정치로 약 25만 명에 이르렀다.

---

3   다음 서평에서 참고하였다. Ed Simon, 'All Dogs Go to Heaven: David Bentley Hart's Canine Panpsychism', *Los Angeles Review of Books* (2022.07.24.), https://lareviewofbooks.org/article/all-dogs-go-to-heaven-david-bentley-harts-canine-panpsychism/ (203.08.22. 최종 접속).

4   데이비드 벤틀리 하트 『무신론자들의 망상: 그리스도인들의 혁명과 교회사 새로 보기』(한국기독교연구소, 2016), 『그리스도교, 역사와 만나다: 유대교의 한 분파에서 세계 종교가 되기까지 2,000년의 이야기』(비아, 2020).

죽은 이를 애도하고 "슬퍼하는 자와 함께 슬퍼해야"(로마 5:12)
할 순간, 울렁대는 파도처럼 여러 설익은 말들이 언론과 소셜네트
워크 등을 통해 밀려왔다. 큰 고통 앞에서 무신론자들은 전능한 신
은 이 상황에서 무엇을 했느냐고 비아냥거렸고, 적지 않은 설교자
는 자연재해마저 하느님의 고귀한 목적에 봉사하는 섭리의 도구라
고 외쳤다. 무신론자의 독이 선 언어에, 신앙인의 확신에 찬 언어
에 실제 악과 고통이 들어설 자리는 없었다.[5]

하트는 인도양의 재앙을 놓고 나름의 철학적 · 신학적 이론을
내세우며 오가는 허무한 수다의 향연에 분노와 책임감을 동시에
느꼈다. '분노'가 신성모독과도 같은 잘못된 신학에서 일어난 만큼,
'책임감'은 악에 대한 올바른 이해를 설명하는 글로 구체화하였다.
며칠 만에 그는 빠른 필치로 '의문의 미진'Tremors of Doubt이라는 칼
럼을 작성하여 「월스트리트저널」Wall Street Journal에 투고했다.[6] 이 짧
은 글이 계기가 되어 다음 해 『바다의 문들』이라는 심상치 않은 책
이 세상에 등장했다. '세계의 조화'라는 제목을 가진 책 1부에서 그
는 대재앙 앞에서 사람들이 보이는 반응 아래 깔린 악에 대한 잘못
된 이해를 비판적으로 분석했고, 이어서 2부 '하느님의 승리'에서

---

[5] 흥미로운 것은 2004년 인도양 지진을 놓고 여러 종교의 반응을 살펴봤을
때, 그리스도교만이 아니라 대부분 종교인이 그 사건을 악행에 대한 신적
심판으로 해석하고 있었다. 다음 인류학적 연구를 보라. Md. Nadiruzzaman
and Bimal Kanti Paul, 'Religious Interpretations for the Causes of the 2004
Indian Ocean Tsunami', *Asian Profile* 41 no. 1 (2013), 67~77.

[6] 한국어 번역은 『바다의 문들』의 부록으로 실려있다. David Bentley Hart,
'Tremors of Doubt', *Wall Street Journal* (2004.12.31.), https://www.wsj.com/
articles/SB110445823834113820 (2023.08.22. 최종 접속).

는 성서적 세계 이해를 바탕으로 하느님께서 이 세상의 악을 다루신 도발적 방식을 설명했다.

조화로운 세계를 향해 허락된 분노

우리는 물리적 세계 속에 살아간다. 하지만 세계가 왜 존재하고, 무엇 때문에 지탱되고, 궁극적으로 어떻게 될지에 관한 질문은 물리적 해석을 넘어서는 세계에 대한 특정 신념을 요구한다. 평소에는 잘 드러나지 않던 개개인의 숨겨진 세계관은 많은 사람에게 큰 상처를 남기는 대재앙이나 개인이 감당하기 힘든 거대한 비극을 계기로 생각과 언어와 행동의 표면으로 떠오른다. 특히 리스본 대지진, 세계대전, 인도양 쓰나미, 세월호 참사와 같은 재해와 사고가 일어났을 때 사람들은 세상을 창조하고 다스리는 '전능하고 선한' 신 개념을 비난하고 의구심을 갖는다. 신이 '전능'하다면 어떻게 악을 막지 못했으며, 신이 '선'하다면 왜 무고한 이들이 고통받도록 내버려 뒀냐는 것이다.

물론 신을 향한 이러한 비판 자체가 완전히 잘못되었다고 할 수 없다. 심지어 비난의 목소리 이면에 강한 도덕적 동기 혹은 세계에 대한 애정이 있음을 인정할 필요도 있다. 하트도 이러한 비판을 단순히 무시하거나 조롱할 수 없음을 인정한다. 대참사를 마주했을 때 느껴지는 분노와 짜증은 선하고 전능한 신의 존재를 믿을 때 더 강하게 솟아난다.[7] 선과 전능이라는 신적 속성을 함께 믿으려면 (그

---

[7] 각주 5에서 소개한 인류학 논문('Religious Interpretations for the Causes of the 2004 Indian Ocean Tsunami')도 모든 종교에서 쓰나미를 악행에 대한 신적 존재의 심

리스도교로 대표되는) 특정한 종교적 배경 속에서 길러진 마음의 습관이 필요하기 때문이다. 달리 말하면, 대참사가 일어날 때 "그리스도교 문화가 뿌리내린 도덕적 세계에 의해 심오한 방식으로 형성된 양심만이 그렇게 분노할 수" 있다.[8]

그런데 쓰나미가 일어났을 때 선하고 전능한 신을 조롱하던 무신론자나 불가지론자들보다 하트의 분노를 더 격발시킨 부류가 있다. 이들에 따르면, 일상에서 발생하는 재앙과 고통이 아무 의미가 없어 보여도 그 이면에는 하느님의 놀라운 계획과 활동이 반드시 있다고 주장한다. 피조물로서 인간 삶이 무의미한 고난의 연속인 것 같을지라도 섭리의 빛으로 보자면 고통은 하느님의 완벽히 선한 목적에 한치도 틀림없이 정확하게 봉사한다.[9] 하트에 따르면 이러한 주장을 펼치는 신실한 그리스도인들은 성서의 언어를 쓰면서도 정작 성서의 하느님 상을 왜곡하고 있다. 이들은 하느님이 모든 것의 원인이라면서 하느님을 악의 유발자라고 생각한다. 게다가 고통과 죽음을 하느님이 세상의 조화를 유지하실 때 꼭 필요한 도구적 형벌로 본다.

하지만, 하느님의 섭리와 악을 이런 식으로 단순하게 연결하면, 하느님을 세계 내 인과율에 따라 영향을 주고받는 피조물 중 하나

판으로 생각함에도, 유독 유일신론이 신의 뜻과 자연재해를 강하게 연결하는 경향이 있음을 보여준다.

[8] 데이비드 벤틀리 하트, 『바다의 문들』, 29.

[9] Jean Calvin, *Instit.* I,16,2~3 참고. 인도양 쓰나미 이후 하트를 짜증 나게 했던 이들도 칼뱅주의 계열의 근본주의 설교가와 신학자였다. 데이비드 벤틀리 하트, 『바다의 문들』, 40~42.

로 전락시키는 오류에 빠진다. 하트는 고통과 상실에다 사이비 신학적 의미를 부여하는 이들에게 경종을 울리고자, 도스토옙스키의 『카라마조프가의 형제들』(1880)에 등장하는 이반의 '반역'을 소개한다. 하트는 『카라마조프가의 형제들』에서 이반이 하느님을 거부하는 이유를 설명한 대목을 주석을 달 듯 세세히 살핀다. 이반은 자신이 하느님을 믿을 수 없는 까닭을 여럿 제시하는데, 그 정점에 있는 것은 주인의 개를 죽였다는 이유로 사람들이 농노의 아들을 어머니 앞에서 잔인한 방식으로 죽이는 이야기다. 이반은 이런 끔찍한 사건도 하느님께서 궁극적 선을 이뤄가는 섭리의 일부이고, 가해자와 피해자 모두 천국에 가면 거기서 화해하고 하느님을 찬양하게 될 것이라 가르치는 종교적 설명을 거부한다.

> 아이들의 고통이 진리를 사기 위해 반드시 치러야 할 고통의 총량을 채우는 데 쓰였다면, 미리 단언하지만, 모든 진리를 합쳐도 그만한 값어치는 안 돼. ... 나는 조화 따위는 원치 않아. 인류에 대한 사랑 때문에 원하지 않는 거야.[10]

이처럼 이반은 신적 섭리가 영광스럽게 성취할 선과 악 사이의 균형을 당돌하게 거부한다. 이로써, 신에 대한 소박한 믿음마저 박살내는 악의 강렬함을 섭리라는 명목하에 은폐하려던 신학의 기만도 함께 폭로된다. 그런 의미에서 이반이야말로 세계 속 '무죄한 아이

---

[10] 데이비드 벤틀리 하트, 『바다의 문들』, 62.

의 고통'과 세계의 '궁극적 조화'라는 개념을 기꺼이 맞교환하는 형이상학적 낙관론 혹은 그릇된 신정론에 저항하고 반역하는 이들의 모델이다.[11]

하트는 여기서 더 나아가 이반으로부터 지금껏 '신정론'이라는 이름 아래 진행되던 신에 대한 신학적 변호를 거부하고 이를 대신할 설명 방식을 끌어내고자 한다. 그런데 왜 하필 무신론자 이반인가. 하트가 보기에는 대부분 무신론자나 유신론자가 세계를 얄팍하고 '비성서적'으로 이해하고 있기에 두 부류 사이에는 별다른 차이가 없다. 반면 이반의 날 선 비판 이면에는 이들과는 차별화된 악과 세계에 대한 이해가 있다. 그것은 바로 악은 기괴한 이론을 동원해서라도 현실과 조화시키거나 시야에서 사라지게 하는 것이 아니라, 세상 한복판에서 끈질기게 분노하고 저항해야 할 대상이라는 것이다. 비록 삼위일체 하느님께서 악을 다루는 방식을 온전히 다 설명 못 할지라도, 이반은 어떤 설교자나 신학자보다 하느님이 창조한 세계가 어떠한 곳이고 그 세계가 상처를 입었을 때 어떻게 반응할지를 탁월하게 보여준다.

... 이반은 "반대의 모습으로 드러난" 그리스도인이며 그렇기에

---

[11] 정확히 말하면 이반은 하느님이 아니라 특정한 형태의 형이상학적 섭리론과 결합한 하느님 개념을 거부한다. 이러한 이반의 입장을 20세기에 유행하게 될 '저항적 무신론'의 고전적 형태라 부르기도 한다. 위르겐 몰트만도 이반과 같은 저항적 무신론은 (십자가의 신학처럼 추상적인 신 개념을 깨는 형이상학적 저항을 한다는 의미에서) 유신론의 형제라고 부른다. 위르겐 몰트만, 『십자가에 달리신 하나님』(대한기독교서회, 1980), 230 참고.

그의 주장은 결국 그리스도인의 주장이다. 그의 주장은 모든 일이 정당성을 지닌다는 신자들의 안일한 믿음을 분쇄하고 복음의 더 복잡하고 "전복적이며" 장엄한 신학을 다시금 주목하게 만들기 때문이다. 악, 무고한 이들의 고난에 대한 설명을 향한 이반의 분노는 그리스도인의 양심에서 나온 것이다. 그러므로 (비록 이반은 이를 받아들일 수 없다 하더라도) 그의 분노의 중심에는 자연과 역사의 핵심을 산산이 부수고 다시 새롭게 만든 하나의 빈 무덤이 있다.[12]

신앙인에게 요구되는 것은 신정론의 문법과 언어를 어설프게 활용해 죽음과 고통을 신앙적으로 미화하는 것이 아니라, 무신론자 이반 옆에 서서 '그리스도교적으로' 악의 현실에 증오하고 반역하는 것이다. 그렇다면 이반의 무신론은 어떤 의미에서 상처 입은 세계 속에서 하느님께서 '용납하신' 분노일 수 있을까. 이반의 사례처럼 신학적으로 정당화된 분노가 있다면 그 근거는 무엇일까. 이러한 질문에 대한 답은 위 인용문의 마지막 문장에 나오는 '빈 무덤'으로부터 찾아볼 수 있다.

'빈 무덤'이라는 반역

놀랍게도 하트는 이반의 증오 밑 깊은 곳에서 부활의 상징인 빈 무덤을 본다. 빈 무덤은 한편으로는 세계를 이해하는 우리의 일반

---

[12] 데이비드 벤틀리 하트, 『바다의 문들』, 65.

적 방식을 심판하고, 다른 한편으로는 세계를 그리스도 안에서 계시되고 활동하는 하느님의 신비라는 관점에서 보게 한다. 하트는 한 인터뷰에서 그리스도교적 세계 이해를 다음과 같이 요약한 적이 있다.[13]

하느님께서는 예수의 세계를 창조하셨습니다. 하느님께서는 빛의 기쁨 가운데 있는 세계, 성자를 향한 당신의 사랑에 부합하는 세계를 창조하셨습니다. 그러므로 그분은 당신께서 창조하신 모든 피조물이 무한한 선을 지향하게 하십니다. 이것이 그분의 뜻입니다. 달리 말하면, 그분은 이 세계가 사랑 가운데 당신과 영원한 연합을 이루기를 바라십니다. 그리고 그분은 우리가 당신의 거룩한 본성에 참여하기를 바라십니다.[14]

하트는 하느님께서 '무로부터' 세상을 만드셨다는 정통 교리를 '그리스도로 말미암아 그리스도를 위하여'(골로 1:16) 세상이 창조되었다는 신약성서의 가르침과 결합한다. 창조로서 세계는 어쩌다 우연히 발생한 물질 덩어리도, 인간의 과학적 관찰과 실험을 통해서만 그 본성과 효용성이 객관적으로 드러나는 객체도 아니다. 태초

---

[13] 인터뷰 전문은 다음 책에 실려있다. David Bentley Hart, 'Where Was God: An Interview with David Bentley Hart by Christian Century', *In the Aftermath: Provocations and Laments* (Grand Rapids: Williams B. Eerdmans, 2008). 이 인터뷰의 한국어 번역은 『바다의 문들』의 부록으로 실려있다. 아래 인용문 역시 번역본 부록에서 가져온 것이다.

[14] 데이비드 벤틀리 하트, '하느님은 어디에 계셨는가?', 『바다의 문들』, 156.

부터 세계는 영원한 성자를 향한 성부의 사랑을 성자와 더불어 받도록, 그리고 피조물로서 유한한 본성을 통해 주님의 영광을 반영하며 영광스럽게 변모하도록 만들어졌다. 하지만 우리가 살아가는 세계는 고통과 죽음으로 깨지고 얼룩진 곳이기도 하다. 일반적 논리로는 '사랑의 대상으로서 세계'와 '상처 입은 세계'는 조화될 수 없는 개념이다. 그런 만큼 우리는 두 상반된 세계 이해 중 하나를 선택해야만 할 것 같고, 실제 많은 이가 모순을 피하고자 알게 모르게 이를 양자택일의 문제로 받아들인다.

하지만 신약성서는 세상의 이중성을 단순화하지 않고 함께 품을 수 있는 "잠정적인 우주적 이원론"을 제시한다.[15] '세상'kosmos은 한편으로 하느님의 영광과 권능을 증언하는 '피조물'krisis이지만, 다른 한편으로는 역사 속에서 하느님께 맞서는 타락한 '질서'이기도 하다('코스모스'kosmos의 본래 의미가 '질서'다). 이러한 성서적 우주론에 따르면 세상 속 악은 하느님께서 의도하거나 만드신 것이 아니라, 선한 창조에 저항하며 '자유를 오용'한 피조물이 하느님께 반역한 결과로 현존한다. 하지만 피조물 간의 갈등과 싸움으로 혼란해진 세계 속으로 영원한 성자께서 인간이 되어 들어오셨다. 하느님께서는 이 세계에 대한 자신의 조건 없는 긍정을 계시하시고, 피조물을 노예 삼고 있는 거짓 권세를 심판하고 정복하고자 이 땅으로 걸어 들어오셨다.

---

15   데이비드 벤틀리 하트, 『바다의 문들』, 92.

그분은 은밀히 악을 창조한 분이 아니다. 그분은 지옥의 정복자이며 죽음과 악에 관한 모든 것을 십자가의 능력으로 물리치신다. ... 그분은 역사를 통해 우리를 당신의 나라로 인도하시지만, 단순히 자연과 역사의 윤곽을 따르지는 않으신다. 자연과 역사의 논리에 복종하지도 않으신다. 오히려 그분은 '빈 무덤'이라는 (자연 질서와 역사의 흐름을 거스르는) 부조리, 혹은 격노를 통해 우리에게 당신에게로 향하는 길을 열어젖히신다.[16]

1세기 팔레스타인에서 일어났던 십자가와 부활 사건은 인류를 얽매던 악과 죽음과 고통에 대한 하느님의 영원한 승리였다. 특히, 자연과 역사의 논리에 종속되지 않는 부활은 세계를 통치하는 권세에서 우리를 해방하는 복음의 핵심이다. 부활은 깨어진 세계를 지금껏 해석하고 움직여 온 거짓 이론과 폭력적 권위에 대한 '하느님의 반역'이다. 그리스도인은 그리스도와 함께 죽고 함께 살아난 존재이기에, "부활은 우리 모두를 반역자로 만든다".[17] 부활과 함께 새로이 창조된 세계 속에서 그리스도인의 사명은 고통당하는 자에게 값싼 위로를 전하는 것이 아니라, 빈 무덤이라는 부조리를 증언함으로써 현실의 부조리를 부숴내는 것이다.

우리가 살아가는 세계의 잠정적인 이중성, 그리고 세계를 어둡게 물들인 악에 대한 하느님의 궁극적 승리는 '오직 그리스도'를 통해 알려지는 진리다. 이러한 세계 이해는 일상 경험이나 일반 상식

---

16 데이비드 벤틀리 하트, 『바다의 문들』, 138.
17 데이비드 벤틀리 하트, 『바다의 문들』, 115.

과 크게 어긋난다. 따라서, 세계에 대한 이러한 복잡하고 도발적인 신학적 접근은 성육신과 십자가와 부활을 통해 삼라만상을 보는 "도덕적이고 영적인 노동" 없이는 얻어질 수도 유지될 수도 없다.[18] 디트리히 본회퍼가 하느님의 '값비싼' 은총costly grace과 신자들이 치러야 할 제자도의 '값'the cost of discipleship을 쌍으로 제시한 것처럼,[19] 하트도 조건 없이 선물로 주어진 구원의 전복적 성격을 이해하고 부활의 부조리를 살아내려면 "각고의 노력"이 요구된다는 것을 강조한다.[20]

매 순간 세계를 하느님의 선하고 아름다운 창조로 인식하고, 일상 속 악과 고통을 하느님의 승리라는 관점에서 상대화한다는 것은 몹시 어려운 일이다. 이와 같은 반反직관적인 세계 이해를 떠받드는 것은 무로부터의 창조creatio ex nihilo와 선의 결핍privatio boni으로서 악, 고통당할 수 없는 하느님Deus impassibilis이라는 정통 교리다.[21] 그리스도교 전통이 줄 수 있는 이러한 신학적 자원을 무시하다가는 신앙의 연륜이 얼마나 높던지 상관없이 악의 문제라는 지성의

---

[18] 데이비드 벤틀리 하트, 『바다의 문들』, 85.

[19] 본회퍼는 『나를 따르라』에서 하느님께서 '값없이'free 우리를 용서하시고자 직접 인간이 되고 십자가에 달리신 만큼 하느님의 은총은 '값비싼'costly 은총이라고 한다. 하지만, 교회는 제자도 없이 사죄의 은총을 선포함으로 그 은총을 '값싼'cheap 은총으로 만들었다. 이러한 논지를 압축해 『나를 따르라』 영문판은 제목을 『제자도의 값』The Cost of Discipleship으로 바꾸었다.

[20] 데이비드 벤틀리 하트, 『바다의 문들』, 140.

[21] 하트에 따르면, 고전 신학이 제시하는 무로부터의 창조, 악은 선의 부재, 불변하는 하느님이라는 세 교리를 잘못 이해하거나 하나라도 거부하면 곧 신학적 오류에 빠진다. 자세한 설명은 다음을 참고하라. 차보람, '해설: 데이비드 벤틀리 하트가 그리는 오래된 미래', 『바다의 문들』, 185~193.

미로에서 길을 잃게 마련이다. 그렇기에 성급한 무신론자나 형이상학적 낙관론에 중독된 신정론자만이 아니라, 세계적으로 널리 인정받는 신학자마저 악에 대한 하느님의 승리를 제대로 표현 못하곤 한다.

대표적 예로 고통을 너무 중요시한 나머지 피조물과 함께 '고통받는 하느님' 상을 고수하는 현대 신학자들을 들 수 있다(위르겐 몰트만과 그의 영향을 받은 삼위일체 신학자들이 대표적 예이다). '새로운 정통'이라고까지 불리며 세계대전 이후 지금까지 지속적 영향을 끼치는 이 같은 입장은 하느님을 세계 속에서 고통받는 여러 인격 중하나로 축소함으로써 "만물의 근원이 아닌 유한한 신"으로 잘못 이해하게 이끈다.[22] 또 다른 사례는 '고통당할 수 없는 하느님'이라는 전통 교리를 고수하면서도, 현실의 비극성을 지나치게 강조하다 부활의 기쁨마저 희생과 상실과 상처의 무게에 압도당하게 하는 현대 신학의 경향이다(이는 로완 윌리엄스로 대표되는 일부 영국 성공회 고교회파 신학자들에게서 관찰된다). 하지만, 부활은 고통 이면의 숨겨진 숭고한 의미를 강박적으로 찾거나, 악의 현상과 신적 섭리를 소박하게 상응시키려는 부조리한 방식에 대한 심판이기도 함을 잊어서는 안 된다고 하트는 역설한다.

시신 없는 무덤, 의미 없는 고통

『바다의 문들』이 악의 문제를 다루는 데 있어 기존 신학책과 차

---

[22] 데이비드 벤틀리 하트, 『바다의 문들』, 111.

별화되는 점이 있다면, 근대 이후 신학자들의 이목을 집중시켜 온 신정론을 거부하는 반反신정론적 정서가 시종일관 깔려있다는 사실이다.[23] 하트가 속한 동방 정교회 전통은 신적 신비 앞에선 인간 논리와 언어의 한계를 인정하면서, 잘못된 설명과 부족한 표현을 계속 부정함으로써 진리에 다가가는 부정신학negative theology 방법을 강조한다. 이 책도 기본적으로 부정신학적 감수성을 가지고 고통의 의미를 섭리와 연결하는 대중적 혹은 형이상학적 논리를 부정한다. 그리고 이러한 부정신학의 정점에는 어떤 논리도 언어도 도달할 수 없는 빈 무덤이라는 신비가 있다.

한국의 개신교인에게 친숙한 변증학apologetics은 부정신학과는 달리 진리를 논리적으로 설명하는 이성과 실재를 진실하게 반영하는 언어의 능력을 전제한다. 이러한 관점에서 보자면, 하트가 신학자로서 악과 고통의 문제에 대한 신뢰할 만한 이론을 제공하지 않고 직무 유기를 하는 것처럼 비칠 수도 있다. 하지만, 국내외에서 대형 사고와 재난이 일어날 때마다 교회에서 각종 실언과 망언이 나오고 어설픈 신정론에 고통의 무게가 더하고 사회적 갈등이 고조되는 것을 보면, "삶을 살아가며 아무 말도 하지 말아야 할 때가 있다"라는 부정신학적 접근에 더 공감하고픈 마음이 들곤 한다.[24]

---

[23] 주의할 것은 하트가 신정론을 협소한 의미로 사용하고 있다는 사실이다. 다른 신학자들의 신정론에도 있는 '무로부터의 창조'와 '선의 결핍으로서 악'과 '피조적 자유의 오용' 등의 교리는 하트의 신학에서도 중요하다. 『바다의 문들』에서 제기되는 비판은 선과 악이 공존하는 역사를 하느님의 뜻으로 무차별적으로 인정할 위험이 있는 '섭리의 조화'라는 개념에 맞춰져 있다.

[24] 하트, 『바다의 문들』, 20.

하지만, 하트가 그어놓은 침묵의 선을 넘어 뭔가 말할 것은 없을지 고민할 필요는 있다. 예를 들면, 하트가 '고통당하는 하느님'을 주장하는 신학자들을 비판하지만, 참인간으로서 그리스도께서 이 땅에서 겪었던 고난이 세상을 치유하시는 하느님의 은혜와 어떻게 연결되는지는 설명하지 않아 궁금증이 남는다. 게다가 하트가 요한과 바울의 글을 중심으로 주장을 전개하다 보니, 공관복음에 나오는 역사적 예수께서 고통받는 이들에게 보이셨던 공감과 함께함은 주변화된 감이 없지 않다. 또한, 사이비 신학을 경계하며 하트가 고난에는 어떤 숨겨진 의미도 없다 했지만, 성서의 여러 이야기가 보여주듯 신앙은 무의미한 고통에서 의미를 발견하게 하는 변혁적 힘이기도 하다. 무엇보다도, 우리를 위한 그리스도의 고통이 무의미하지 않다면, '아직은 완전히 구원받지 못한 세상에서' 타자를 위한 그리스도인의 고통도 유의미할 수 있지 않을까.

여러모로 매력적인 작품이지만 다른 무엇보다 이 책이 선사하는 가장 값진 선물은 악과 고통에 사로잡혀 있던 우리의 상상력을 해방하고서는 하느님의 선이 자아내는 매혹과 부활의 승리에서 뻗어 나오는 광휘 앞에 놓이게 한다는 점이 아닐까 싶다. 한 서평가가 말했듯, "인도양 쓰나미, 아우슈비츠, 세월호 참사 같은 가공할 악이 고작 '선의 부재'일 뿐이냐고 반문하는 이들은 아직 선의 가공할 광휘에 상상력이 압도당해 본 체험이 없기 때문에 그렇게 말하는 것이다".[25] 물론 어제도 오늘도 내일도 세상에는 부당한 고통

---

25 이종태, "'빈 무덤'이라는 격노: 데이비드 벤틀리 하트의 반反신정론', 「뉴스앤조이」 (2021.07.27.), https://www.newsnjoy.or.kr/news/articleView.

이 만연하고, 고난받는 사람은 조롱당하고, 희생자들이 정치적으로 이용당하고, 악인이 승승장구할 것이다. 이런 현실을 보고 부글거리는 증오가 파괴적 폭력이 되지 않게 하려면, 악에 대한 우리의 반역이 악을 비폭력적인 방식으로 정복하신 하느님에 대한 믿음에 밑닿아 있어야 한다. 그렇지 않다면 악이라는 실체 없는 괴물을 상대하다 악에 받쳐 나도 모르게 주변에 악을 퍼트리는 괴물이 될 수도 있다. 그렇기에 하트는 우리에게 깨어진 세상 속에서 '슬퍼하는 자들과 함께 슬퍼하기'를 넘어 부활하신 주님을 철저히 신뢰하며 '빈 무덤의 반역에 동참'하자고 초대한다. 이러한 반역에 뛰어드는 사람들이 언제나 있었기에, 고통 많은 이 세상에 '죽음도 고통도 슬픔도 울부짖음'(계시 21:4)이 없을 미래에 대한 희망의 불꽃이 지금도 타오르고 있다.

---

html?idxno=303116 (2023.08.22. 최종 접속).

제5부

◇

신학의 새로운 흐름

'신학'이라는 단어는 기원전 380년경 플라톤이 『국가』에서 '테오로기아'$^{\theta \epsilon o \lambda o \gamma i \alpha}$라는 단어를 쓰며 인류의 언어생활 속에 들어온 것으로 알려져 있다. 그리스·로마 세계에서 '신에 관한 담론'이라는 의미로 사용되던 이 단어를 원시 그리스도교 신학자들은 별 거리낌 없이 가져다 사용했다. 신학이 교회가 믿는 바에 대한 합리적이고 체계적인 탐구를 가리키는 개념으로 그리스도교 문명에서 자리 잡으면서 그 의미는 더욱 풍성해졌고 외연은 확장되었다.

그리스도교에서 신학은 신에 관한 담론을 넘어 신이 만들고 다스리는 세계에 관한 탐구까지 포괄한다. 그리스도인이 예배하는 예수 그리스도가 1세기 팔레스타인에 '성육하신' 하느님인 만큼, 믿음의 논리를 땅의 현실과 연결하려는 노력은 신학자들에게 선택사항이 아니라 필수 과제였기 때문이다. 근대세계의 도래와 함께 신학자들은 더 어렵고 복잡한 과제를 떠안게 되었다. 계몽주의 이후 다원화 현상이 가속화되며 세계를 더는 하나의 주도적 관점으로 설명할 수 없게 되었다. 교회가 변화한 세계의 일부이기도 한 만큼 신학자가 다뤄야 할 주제도 다변화되었다. 이에 19세기 개신교는 성서학, 교회사, 조직신학, 실천신학, 철학적 신학으로 세부 전공을 나누고, 이에 상응한 교육 커리큘럼을 정착시키면서 근대 세계의 요청에 응답했다. 이로써 신학의 기본 자료와 전통에 충실하면서도, 현장의 필요에 부응하도록 신학생과 목사 후보생을 훈련하는 패러다임이 거의 200년 동안 별 탈 없이 사용되었다.

하지만 21세기의 변화된 상황은 이전과는 다른 도전을 신학에 다시 안겨줬다. 신학을 세분화한 모델조차 언제부터인가 현실의 복잡성과 가변성을 충실히 반영하지 못하게 되었다. 북미와 서유럽이 급속히 세속화되면서 교회의 정체성과 역할을 재정의할 필요가 생겼다. 인류의 삶을 해석하고 변화하는 권력이 과학에 집중되며, 그리스도교 신앙과 과학 이론 사이의 관계 설정도 시급해졌다. 기후변화라는 전 지구적 위기는 온 세계를 전능하신 하느님의 창조라고 고백하는 신앙 자체에 의문을 던졌으며 지구화로 인해 벌어지는 가난과 난민, 테러 문제 등은 세계종교 간의 분열과 갈등을 넘어 대화와 협력의 장으로 그리스도교를 끌어들였다. 이처럼 현대 사회가 복잡하고 다양한 양상으로 발전할수록 신학이 다뤄야 할 영역도 계속 확장 중이며, 19세기에 세워진 신학의 구분도 상대화되고 있다. 『신학의 영토들』 5부에서는 기존 신학이 다루지 않던, 혹은 오랫동안 잊어왔던 주제들에 대한 21세기에 신학자들의 고민을 엿보고 그 결실을 살펴보려 한다.

1장에서는 미국의 생태여성신학자 샐리 맥페이그Sallie McFague(1933~2019)의 2004년 작 『기후 변화와 신학의 재구성』을 소개한다. 맥페이그는 기존 교리를 단순히 재반복하거나 재해석하는 것이 아니라 현대 사회의 필요에 따라 신학을 재구성하는 구성신학적 입장에서 신학을 전개한다. 그녀는 하느님에 대한 담론과 세계에 대한 이해가 밀접히 관련되어 있다고 전제한다. 이로부터 기후 위기는 우리가 왜곡된 신관을 가지고 있음을 방증하는 것은 아닌지 의심하며, 전통적 신론이 하느님과 세계 사이의 관계를 어떤 식으로 부적절하게 표현할 수 있는지를 분석한다. 이에 대한 대안으로 그녀는 하느님의 세계로부터 초월성과 세계 안 내재성을 함께 보여줄 수 있는 은유로서 '하느님의 몸으로서 세계'를 제안한다. 또한, 예수 그리스도의 케노시스에 상응해 자기 비움의 시선으로 타자와 세계를 보는 것을 생태적 삶의 첫 발자국으로 제시한다. 기후 위기를 극복하기 위한 구체적 전략을 제시하지는 않지만, 우리가 하느님을 믿는 방식이 생태계의 미래와 긴밀히 연결되어 있음을 맥페이그는 특유의 아름답고 기발한 문체로 보여준다.

2장에서는 오늘날 미국인이 가장 사랑하는 신학자로 꼽히곤 하는 스탠리 하우어워스Stanley Hauerwas(1940~)의 정치신학을 다룬다. 하우어워스는 21세기 교회의 문제는 교회가 현대 사회의 요청과 도전에 충실히 응답하지 못하는 데 있다기보다는, 정치적 자유주의가 왜곡한 평화, 정의, 자유, 교육 등의 개념에 그리스도인들이 너무 길들었기 때문이라고 진단한다. 자유주의 정치학에 대항하는 하우어워스의 '교회의 정치학'의 핵심은 '교회를 교회 되게 하라'는 한 문장으로 요약할 수 있다. 이런 관점에서 1991년에 출간한 『교회의 정치학』은 과격하면서도 설득력 있는 어조로 우리가 당연시한 많은 것들이 사실상 근대성이 심어놓은 논리에 잠식되었음을 보여준다. 한 장 한 장을 읽다 보면 '교회됨'을 고집스레 외치는 한 신학자가 인기 TV 프로그램 오프라 윈프리 쇼에 출연할 정도로 흥미로운 문화 비평가로 대우받는 이유를 알게 될 것이다.

3장은 근대 과학혁명 이후 치열한 논쟁을 일으킨 과학과 신학의 관계를 살펴본다. 특히 여기서는 백 년 넘게 이어지는 자연신학에 관한 기포드 강연을 중심으로 둘의 관계를 알아볼 예정이다. 우주와 생명의 시작과 발전에 관한 교회의 가르침은 수백 년 동안 세계를 설명하는 주도 모델이었다. 하지만 근대 물리학과 천문학, 생물학, 지질학은 세계에 대한 이전에 없던 합리적이고 체계적인 설명을 내어놓았다. 이에 대한 반응으로 신학자들은 과학의 업적을 부정하며 성서를 문자주의적으로 해석하는 부류와 과학적 세계관에 그리스도교 신앙을 순응시키는 부류로 갈라졌다. 이러한 분열 상황 속에서 스코틀랜드의 아담 기포드 경은 자연을 통해 그리스도교 신앙을 설명하는 자연신학의 발전을 위해 막대한 유산을 남겼고, 이후 스코틀랜드에서는 매년 자연신학에 관한 수준 높은 강연이 이어지고 있다. 이 장에서는 알리스터 맥그래스Alister E. McGrath(1953~)의 2009년 강연『정교하게 조율된 우주』를 통해 신학과 과학의 대화 가능성을 생각해보려 한다.

4장은 현대 삼위일체론의 발전을 이끄는 영국의 여성신학자 새라 코클리Sarah Coakley(1951~)를 다룬다. 그녀는 교리, 예전, 교부학, 젠더 이론, 종교철학을 종합하는 신학을 추구하는데, 흥미롭게도 이때 기도는 모든 것을 연결하는 고리가 되어준다. 특히 코클리는 기도를 통해 삼위일체 하느님의 신비에 잠길 때 일어나는 욕망의 변모에 주목하는데, 이는 그녀의 신학에서 이론과 실천을 통합시켜주고 그녀 글에 신비적 깊이와 미학적 감성까지 더해준다. 그 결과 삼위일체론도 형이상학적 사변으로 구성된 난해한 교리가 아니라 절대자를 향한 인간의 근원적 욕망을 재형성하는 감각적이고 수행적인 가르침으로 변모한다. 아직 우리말로 코클리가 저술한 이론서는 번역되지 않은 만큼, 여기서는 그녀가 2013년 솔즈베리 대성당에서 인도했던 성주간 묵상인 『십자가』에 담긴 단상들을 삼위일체 신학을 배경 삼아 해설한다.

5장에서는 크로아티아 출신 미국 신학자 미로슬라프 볼프 Miroslave Volf(1956~)의 2016년 작 『인간의 번영』을 소개한다. 그는 개신교 신앙을 가진 동유럽인이라는 독특한 정체성을 가지고서 이념과 인종과 종교 갈등으로 일어난 폭력 사태를 가까이서 겪었다. 그런 만큼 그의 신학에서는 '하느님께서 우리를 포용하셨다'는 복음이 '우리는 어떻게 타자를 배제하지 않고 서로를 포용할 수 있을까'라는 현실적 고민으로 확장되어 있다. 그는 2008년부터 토니 블레어 전 영국 총리와 함께 지구화 시대에 신앙의 의미와 역할을 탐구하는 세미나를 3년간 진행했고 그 결과물로 나온 단행본이 『인간의 번영』이다. 현재 진행되고 있는 지구화는 장점과 단점이 함께 있는 만큼, 지구화가 인류의 삶을 파괴하는 길이 아닌 번영의 길, 풍요롭게 하는 길로 이끌기 위해서는 세계종교의 역할이 중요하다. 세계종교에는 번영에 대한 비전이 있고, 이를 위한 구체적 수행과 실천 방안까지 제시하고 있기 때문이다. 볼프는 각자가 자신의 종교에 대한 배타적 헌신을 유지하면서도 어떻게 정치적으로 다원화된 세계에서 살 수 있을까에 대한 답을 찾고자 그리스도교만이 아니라 타 종교와 무신론까지 아울러 동서고금의 지혜자를 한 권의 책에 모은다.

6장에서는 복음주의로부터 나온 새로운 신학적 목소리를 살핀다. 최근 들어 미국 복음주의자들은 주목할 만한 신학책을 여럿 출간하고 있을 뿐만 아니라, 더 폭넓은 독자층과 활발히 교류하는 움직임도 보여주고 있다. 케빈 밴후저Kevin Vanhoozer(1957~)의 『교리의 드라마』는 교리를 명제적 진리로 보는 기존 복음주의 조직신학의 입장의 한계를 지적하며 드라마라는 은유를 통해 교리의 본성과 역할을 재해석하고자 한다. 이와 유사한 맥락에서 제임스 스미스James K. A. Smith(1970~)의 『하나님 나라를 욕망하라』는 근대 이후 신학계에 깊게 뿌리내린 주지주의적 입장에 반대하며, 인간을 욕망의 존재로 보는 아우구스티누스의 신학을 현대적으로 전유한다. 이처럼 현대 복음주의 신학에서는 복음에 대한 헌신은 잃지 않으면서도 공교회의 유산에 대한 깊은 존중과 함께 여러 현대 사조에 대한 개방적인 글쓰기를 하는 신학자들의 활약이 두드러진다.

7장은 미국의 여성신학자 셸리 램보Shelly Rambo(1968~)가 2010년에 선보인 『성령과 트라우마』를 소개한다. 인간이 감내하기 힘든 큰 사고나 재난, 상실을 경험할 때 정신에 생긴 외상은 사라진 듯하다가도 불현듯 다시 찾아와 피해자들을 삶과 죽음이 뒤범벅된 듯한 상태 속에 가둔다. 이처럼 트라우마가 특별한 종류의 고통이면서도 누구나 겪을 수 있는 만큼 여러 학문에서 이에 관한 연구를 진행 중이다. 램보는 트라우마가 피해자를 붙들어 매는 죽음과 삶 '사이'를 이야기할 수 있는 신학적 언어를 찾고자 성금요일과 부활절 중간인 성토요일에 관심을 기울인다. 그녀는 그곳에서 십자가에서 죽고 버림받은 '성자'와 아들의 절규와 고통에 침묵하는 '성부' 사이를 붙잡고 있는 둘 사이의 사랑인 '성령'의 현존을 발견한다. 이러한 신학적 성찰을 통해 램보는 트라우마 이후 목격자요 증언자로 '남아있는' 분으로서 하느님 이미지를 제시하고, 사랑인 성령 안에서 트라우마 생존자들과 함께 남아있으며 연대할 것을 촉구한다.

8장에서는 강아지를 사랑하는 신학자 앤드류 루트Andrew Root(1974~)의 2017년 작 『강아지가 알려준 은혜』에 담긴 동물신학을 탐구한다. 실천신학자인 루트는 동물의 정체성과 지위에 대한 교리적 논의에 몰두하는 대신, 동물인지행동학과 비교심리학, 종교사회학 등의 여러 학문의 관점을 빌려와 자기 가족과 반려견 사이의 오랜 우정에서 느꼈던 신비로움의 비밀을 이해하려 한다. 그는 강아지와 인간이 맺는 관계에는 영적이라고까지 불릴만한 특별한 차원이 있다고 본다. 이러한 이유로 강아지를 통해 하느님의 은혜와 섭리에 대해 새롭게 볼 가능성이 열리고, 현실을 더 충만하게 살아갈 수 있는 계기도 형성될 수 있다. 다른 동물신학과는 달리 『강아지가 알려준 은혜』가 개라는 종의 특수성에 집중하고 있는 만큼, 이 글에서는 강아지의 시선에서 루트의 신학을 평가하고자 한다.

이처럼 5부에서는 8개 장에 걸쳐 총 9명의 현대 신학자의 책을 소개하고 해설한다. 여기서 살펴볼 생태여성신학, 정치신학, 과학과 종교의 대화, 기도와 통합된 조직신학, 공공신학, 포스트모던 복음주의 신학, 트라우마 신학, 동물신학 등은 21세기 신학이 얼마나 다양한 주제로 뻗쳐나가고 있는지 보여준다. 또한, 지난 세기 세워졌던 신학의 세부 전공을 나누던 경계가 약해지는 대신 신학 내부의 협력과 타 학문과 대화가 중요해지고 있음도 알려준다. 혹자는 이러한 현상을 신학의 '파편화' 내지 '타협'이라 부를지도 모르겠지만, 이러한 신학의 조각들이 재조합되면서 비추는 현실의 새로운 모습은 다채롭고 경이롭기 그지없다. 현대 신학이 펼쳐 보이는 세계의 다면성과 복잡성을 통해 삶의 모든 곳에서 하느님의 흔적을 발견할 수 있음을 깨닫고, 신학의 지경이 어디까지 펼쳐질지 가늠해 보는 것은 신학 공부를 한층 더 유익하고 흥미롭게 만들어 줄 것이다.

기후 위기 시대에 일어난 신학의 기후 변화

『기후 변화와 신학의 재구성』

샐리 맥페이그 지음, 김준우 옮김, 한국기독교연구소, 2008.

　　오늘날 전 세계인이 함께 고민하고 풀어나가야 할 시급한 문제이자, 신학이 관심을 마땅히 기울여야 할 주제로 기후 변화를 빼놓을 수 없다. 생태계 파괴가 인류뿐 아니라 지구 생명체 전체에 얼마나 큰 위기인지는 굳이 부연할 필요가 없을 정도로 많은 사람이 이를 인정하고 여러 매체가 연일 경보를 울리고 있다. 하지만 그 심각성을 받아들이는 정도, 반응하는 정도는 개인, 공동체, 국가마다 큰 차이를 보인다. 하나의 보편적 교회를 고백하는 그리스도교 내에서도 신학적 성향, 정치적 지향성, 교회 전통, 신자들의 개인적 신념에 따라 기후 위기를 대하는 온도 차는 매우 뚜렷하다.

　　20세기 중반부터 학자들은 생태계 위기의 심각성을 인식하고 이에 대해 강연을 하고 글을 쓰기 시작했다. 흥미롭게도 신학자들이 환경 문제에 관심을 기울이도록 경종을 울린 계기는 신학계 외부에서 주어졌다. 미국의 중세사가 린 화이트Lynn White Jr. 는 1966

---

*　원서는 다음과 같다. Sallie McFague, *A New Climate for Theology: God, the World, and the Global Warming* (Minneapolis: Fortress Press, 2004).

년 「사이언스」지에 「우리의 생태 위기의 역사적 뿌리들」The Historical Roots of Our Ecologic Crisis이라는 논문을 투고했다.[1] 여기서 그는 근대의 과학기술 발전 이면에 있는 '그리스도교의 인간중심주의'가 생태 문제의 근본 원인을 제공했다는 도발적 주장을 펼쳤다. 5쪽밖에 안 되는 논문은 그리스도교가 생태, 환경, 기후 등의 주제에 관심을 기울이게 하는 기폭제 역할을 했다. 이에 대한 반응으로 20세기 중후반부터 신학자들은 생태학적 관점에서 하느님과 세계와 인간의 관계를 재정의하려 했다. 환경 문제가 국제적 관심과 협력을 요구하는 만큼 세계교회협의회WCC를 비롯한 여러 교회 연합단체가 기후 위기를 교회들이 함께 풀어가야 할 중요 의제로 삼았다. 이러한 생태학적 전환에 동력을 불어넣은 생태신학도 유럽과 북미 중심으로 꾸준히 발달했다. 그중 토마스 베리Thomas Berry(1914~2009), 존 캅 John B. Cobb, Jr.(1925~), 위르겐 몰트만Jürgen Moltmann(1926~), 도로테 죌레Dorothee Sölle(1929~2003), 로즈메리 류터Rosemary R. Ruether(1936~2022), 레오나르도 보프Leonardo Boff(1938~), 캐서린 켈러Catherine Keller(1953~) 등의 작품은 우리말로도 번역되었다.[2] 1990년대에 들어서며 한국

---

[1] Lynn White Jr., "The Historical Roots of Our Ecologic Crisis," *Science* 155 (1966), 1203~1207.

[2] 각 저자의 생태신학 혹은 창조의 신학 중 우리말로 번역된 서적으로 다음을 들 수 있다. 토마스 베리, 『그리스도교의 미래와 지구의 운명』(바오로딸, 2011). 도로테 죌레, 『사랑과 노동: 창조의 신학』(분도출판사, 2018). 위르겐 몰트만, 『창조 안에 계신 하나님』(대한기독교서회, 2017). 존 B. 캅 주니어, 『지구를 구하는 열 가지 생각』(지구와사람, 2018). 로즈메리 류터, 『가이아와 하느님: 지구치유를 위한 생태 여성학적 신학』(이화여자대학교, 2000). 레오나르도 보프, 『생태신학』 김항섭 옮김 (가톨릭출판사, 1996). 캐서린 켈러, 『지구 정치신학: 지구적 비상사태와 새로운 생태신학의 전환점을 위한 투쟁』(대

신학자들도 환경 문제에 본격적으로 관심을 기울이기 시작했는데, 특별히 1990년 서울에서 열린 세계교회협의회의 '정의, 평화, 창조의 보전'Justice, Peace and Integrity of Creation: JPIC 세계대회, 1992년 브라질 리우데자네이루에서 전 세계 정상들이 채택한 리우 선언과 의제가 촉매가 되었다. 한국적 생태신학을 개척하려는 선구적 노력은 20세기 후반 여러 출판물로 결실을 보았고, 21세기 들어서는 더욱 다양한 개인 혹은 공동연구가 이루어지고 있다.[3]

이처럼 기후 위기에 대해 (모두는 아닐지라도) 여러 신학자가 진지하고 신속하게 대응하려 했지만, 교회는 전반적으로 무관심하거나 미지근한 태도를 꽤 오래 유지했다. 최근 몇 년간 극단적 이상 기후로 인해 인명과 재산 피해가 가시화되자 기후 변화에 대한 대중적 우려가 커졌고, 이에 맞춰 환경 문제에 관한 논의가 이뤄질 조직이 교회 안팎에서 만들어지고 있다. 늦은 감은 있어도 친환경 신학 혹은 녹색 교회에 관심을 기울이는 그리스도교인이 늘어난 현상은 고무적이고, 이러한 상황에 발맞춰 이전에 출간된 생태신학 저작을 재발견하는 움직임이 일어나는 것은 환영할 일이다. 그중 미국 밴더빌트 대학교에서 가르쳤던 생태여성신학자 샐리 맥페이

장간, 2022).

[3] 대표적 초기 작품들은 다음과 같다. 김균진, 『생태학의 위기와 신학』 (대한기독교서회, 1991). 한국기독교학회(편집), 『창조의 보전과 한국신학』 (대한기독교서회, 1992). 이정배, 『생태학과 신학: 생태학적 정의와 그의 영성을 향하여』 개정 증보판 (종로서적, 1993). 호남신학대학교(편집), 『생태학과 기독교 신학의 미래』 (한들, 1999). 한국기독교연구소(편집), 『생태계의 위기와 기독교의 대응』 (한국기독교연구소, 2000). 노영상, 『기독교와 미래사회』 (대한기독교서회, 2000).

그의 『기후 변화와 신학의 재구성』A New Climate for Theology은 2008년 4월 미국에서 출간된 후 같은 해 9월 우리말로 출판될 정도로 큰 기대와 함께 한국 독자들을 만났던 작품이다. 번역자가 그 정도로 긴박감을 가지고 소개할 정도로 이 책은 전대미문의 환경 위기를 마주한 그리스도인이 자신의 신앙과 실천을 재성찰하는 데 적절한 안내와 요긴한 자원을 제공한다.

교리의 해체 그리고 재구성

생태신학 관련 저술들을 읽다 보면, 여러 신학자가 각자 나름의 목소리를 내더라도 결국에는 창조는 하느님의 사랑의 대상이고, 생태파괴는 죄이고, 하느님 형상으로서 인간은 창조에 대해 특별한 책임이 있으며, 구원은 전 우주의 회복을 지향한다 등으로 요약될 법한 일반적 결론으로 수렴된다는 인상을 받는다. 생태신학을 다루는 신간이 나와도 그사이 생태계가 얼마나 더 파괴되었는지 데이터가 업데이트되는 것 외에 어떤 신학적 새로움이 있는지를 알아차리기가 쉽지 않다. 그렇기에 이 글에서는 우선 『기후 변화와 신학의 재구성』만의 독특성과 매력을 부각하고자 다른 책과 구분되는 방법론부터 소개하고자 한다.

이 책의 원서 제목은 그대로 옮기면 '신학의 새로운 기후'A New Climate for Theology다. 제목을 통해 저자는 기후 변화에 모든 생명체가 적응해야 하듯, 신학도 이전과 달라진 환경에 맞게 변화해야 한다고 제안하고 있는 셈이다. 국역본 제목인 『기후 변화와 신학의 재구성』은 더 도발적이고, 노골적으로 이전과는 차별화되는 신학적 '재구성'reconstruction이 필요하다고 이야기하는 듯하다. 물론 신학을 재구성한다는 것은 몹시 까다롭고 심지어 위험한 작업이다. 신학은 복음에 대한 헌신, 공동체적 실천, 합리적 논증, 교리적 문법, 전통을 통해 매개된 경험, 인간의 집단 기억, 타협을 이루는 정치적 기술, 하느님 나라에 대한 종말론적 비전 등 많은 요인이 복합적으로 얽히고설키며 형성되기 때문이다. 하지만 신학은 본질상 '지금 여기서' 말씀하고 활동하시는 하느님에 관한 이야기God-talk이기에, 새로운 구성을 위한 관심과 노력이 없다면 그리스도교는 현실 적합성을 잃게 되며, 자신만의 언어와 관심사에 갇히는 게토화 현상을 낳을 수 있다. 그렇기에 신학의 역사는 사실 현실의 상황에 비추어 그리스도교 신앙을 재해석하고 재구성하는 모험의 역사이기도 했다. 그렇다면 맥페이그는 어떻게 하여 위기 상황을 마주하고 신학적 구성이라는 모험에 발을 내딛게 되었을까.

1950년대 중반부터 60년대 중반까지 예일에서 신학 훈련을 받은 만큼, 맥페이그는 비슷한 시기 그곳에 있었던 다른 신학자들과 함께 현대 사회에서 유대-그리스도교 하느님을 믿는다는 것의 의미가 무엇일까 하는 고민에 사로잡혔다. 그녀는 칼 바르트의 변증법적 신학의 영향을 깊게 받았던 만큼 하느님의 초월성을 강조하면서도, 예일의 스승이었던 H. 리처드 니버 덕분에 역사적 지평에서 일어나는 하느님에 대한 경험의 다양성과 상대성에 대한 감각도 잃지 않았다. 게다가 학부 때 영문학을 전공한 만큼 신학을 공부하는 중에도 문학과 언어를 향한 관심을 잃지 않았다.[4] 예일에서 학업을 마무리하고 신학자로서 경력을 쌓아가던 시기 미국에서는 구성신학이라는 흐름이 점차 힘을 얻고 있었다. 특히 예일 선배였던 고든 카우프만은 1983년 미국종교학회AAR 회장 취임 연설에서 전통을 해석하고 인간의 종교적 경험을 기술하던 신학의 기존 패러다임 대신, '더 나은 인류의 삶'을 위해 '세계에 대한 현대적 이해'를 바탕으로 '신' 개념을 '재구성'할 것을 촉구했다.[5] 이 같은 문제의식 아래서 그는 인류를 멸절시킬 수도 있던 미국과 소련의 군비 경쟁을 놓고 '핵 종말론과 종교학'Nuclear Eschatology and the Study of Religion 이라는 제목의 강연을 하였다.[6] 카우프만이 촉구한 신학의 패러다임 전환에 큰 인상을 받은 맥페이그는 기존에 가졌던 관심사를 모아 자신의 구성신학 방법론을 예리하게 벼렸다. 그 후 그녀는 현대인을 위해 하느님을 어떤 언어로 표현할 것인지, 그리고 그러한 새

---

[4] 1964년에 통과된 그의 박사 논문은 같은 제목으로 예일 대학교 출판부에서 출간되었다. Sallie McFague, *Literature and the Christian Life* (New Haven: Yale University Press, 1966).

[5] 카우프만이 1975년에 구성신학 방법론을 제안한 『신학방법론』An Essay on Theological Method을 출간했던 만큼, 그가 1983년 AAR 회장 취임 연설을 할 때 구성신학은 이미 미국 신학계에 영향을 끼치고 있었다. 그의 취임 연설은 어떻게 구성신학이 실제 신 개념을 구성하고 세계에 대한 새로운 이해를 가능하게 해줬는지 실례를 보여줬다는 점에서 시선을 끌었다.

[6] Gordon Kaufman, 'Nuclear Eschatology and the Study of Religion', *Journal of the American Academy of Religion* 51:1 (1983), 3~14. 이 강연은 이후 책으로 출간되었다. Gordon Kaufman, *Theology for a Nuclear Age* (Philadelphia, PA: Westminster Press, 1985). 한국어판은 1994년 아가페문화사에서 『핵시대의 신학』이라는 제목으로 선보였다.

로운 언어가 실제 삶에 어떤 차이를 불러올지에 관심을 기울였다.[7]

후기작에 해당하는『기후 변화와 신학의 재구성』에서도 맥페이그는 교리의 전통적 의미를 밝히고 변증하기보다는, 신학의 새로운 언어와 문법을 찾음으로써 현대 사회의 도전에 적극적으로 반응하는 구성신학의 방법론을 사용하고 있다. 그녀에 따르면 "기후 변화의 위기 상황 속에서 신학은 두 가지 핵심 교리, 곧 우리가 누구이며 하느님은 누구이신가에 대한 교리를 해체시키고 재구성하는 일에 초점"을 맞춰야 한다.[8] 이때 기존 교리를 '해체'하고 '재구성'하는 잣대는 성서나 전통이 아니라 '현대인의 경험'과 '현대 사회가 당면한 문제'다.[9] 달리 표현하자면 구성신학은 완전무결에 가깝게 이론을 먼저 구축한 후 이를 상황에 적용하는 것이 아니라, 현실의 "과제와 관련시켜 하느님에 관한 말theos-logos을 하는 것"이다.[10] 얼핏 들으면 앞뒤가 바뀌었다고 생각할 수도 있겠지만, 오늘의 상황과 신론을 긴밀히 결합하는 근거는 하느님에 대한 신앙이

---

[7] 박사 논문 이후 나온 맥페이그의 첫 저서는 은유와 신학에 관한 연구인『비유로 말하기Speaking in Parables(1975)이다. 그다음 책『은유신학』Metaphorical Theology(1982)에서 '은유'라는 문학적 장치를 활용하여 초월적인 신에 대한 대안적 언어를 적극적으로 제시하는 방법론이 사용된다.

[8] 샐리 맥페이그,『기후 변화와 신학의 재구성』, 9.

[9] 주의할 점은 맥페이그가 전통의 중요성 자체를 무시한 것은 아니라는 사실이다. 그가 내린 신학의 정의에 따르면 "그리스도교 신학은 과거의 신학 전통의 빛에서 하느님과 세계에 대해 생각하고, 우리가 현재 상황에서 무엇을 말해야 하는지를 생각하는 작업이다". 샐리 맥페이그,『기후 변화와 신학의 재구성』, 13. 여기서 맥페이그는 구성신학 방법론을 선도적으로 만들었던 카우프만의 영향을 깊게 받았지만, 전통의 중요성과 필요성에 대해서는 카우프만에 비해 열려있는 자세를 취한다.

[10] 샐리 맥페이그,『기후 변화와 신학의 재구성』, 10.

현실을 이해하고 해석하고 참여하는 방법을 상당 부분 결정하고 지배한다는 '철저하고 급진적인' 유일신론radical monotheism이다.

현실에 대한 이해와 신론이 엮여 있다고 본다면, 현실에서 일어나는 고통과 폭력에는 우리가 예배하는 하느님에 대한 잘못된 이해가 반영되었을 수도 있다. 같은 맥락에서 하느님께서 창조하시고 현존하는 피조 세계가 병들었다면, 신학자는 우리의 신 이해가 병들었기 때문인지 아닌지를 질문해야 한다고 맥페이그는 말한다.

> 기후 변화는 우리의 인습적인 소비문화적 인간관이 잘못된 것이라고 매우 분명하게 말한다. 또한 기후 변화는 초자연적이며 초월적인 하느님이 그리스도교 전통의 성육신주의incarnationalism에 충실한 것도 아니며 우리 시대에 적합한 것도 아니라고 경고한다. ... 한 마디로, 지구온난화는 우리 자신과 하느님에 대해 이제는 다른 방식으로 이해할 필요가 있다는 사실에 대한 경험적 증거라는 말이다.[11]

기후 위기를 초래한 탐욕스러운 인간의 소비주의를 정당화하고, 자연을 조작 가능한 수동적 대상으로 인식하게 만든 배경에는 하느님을 추상적인 절대자처럼 왜곡한 기존 신학의 오류가 있다. 세계를 창조자가 부여한 법칙에 따라 기계처럼 알아서 움직인다고 보는 '이신론적'Deistic 모델, 신과 인간 사이의 인격적 관계에 몰두

---

[11] 샐리 맥페이그, 『기후 변화와 신학의 재구성』, 11.

하느라 자연에 충분한 주의를 못 기울이는 '대화적'Dialogic 모델, 하느님의 주권을 강조하느라 피조 세계의 고유한 영역을 압살하는 '군주적'Monarchical 모델, 세계를 향한 하느님의 주권적 행위를 배타적으로 강조하다 세상과 하느님의 상호적 관계를 간과한 '행위자'Agential 모델 모두가 생태계 위기에 책임이 있다. 자연환경 파괴에 그리스도교가 한몫하였음을 겸허히 인정하고, 또한 피조 세계에 대한 하느님의 종말론적 회복을 믿는다면, 하느님과 세계를 새롭게 보도록 이끌 모델이 필요하다고 맥페이그는 역설한다.

세계, 하느님의 몸

위기에 처한 생태계를 위해 적극적으로 행동하는 그리스도인이 되기 위해서는, "우리가 행동할 때는 항상 그 기초에 우리가 누구이며 하느님이 누구이신가에 대한 생각이 자리 잡고 있다"라는 사실을 명심할 필요가 있다.[12] 달리 말해 지금과는 다른 행동과 선택의 가능성이 있으려면 생태적인 '신론'과 '인간론'이 함께 필요하다. 먼저, 창조 세계에서 멀리 떨어져 세상일에 무관심하거나 하늘에서 피조물을 원격으로 조종하는 하느님에 대한 그릇된 이해가 극복되어야 한다. 동시에 하느님과 세계에 대한 새로운 이해를 바탕으로 자신을 세계 속의 상호의존적인 생명체 중 하나로 인식하는 인간론도 내면화되어야 한다. 이를 위해 맥페이그는 하느님이 인간의 몸으로 세상에 들어오셨다는 '성육신' 개념을 확장한다.

---

[12] 샐리 맥페이그, 『기후 변화와 신학의 재구성』, 50.

하느님이 항상 성육신이시라면, 만일 하느님이 항상 우리 안에 계시고 우리가 하느님 안에 있다면, 그리스도인들은 세계를 하느님의 몸으로 이해하는 모델에 주목해야 한다. 그리스도인들에게는 하느님이 인간이 되신 것이 무슨 마음의 변덕 때문이 아니다. 오히려 몸을 입고 우리처럼 되신 것은 하느님의 본성이다. 그리스도교에서는 하느님과 세계의 관계가 성육신의 관점에서 이해된다. 그러므로 창조는 성육신과 "비슷하다."[13]

창조론이 정의하는 하느님과 세계의 관계가 한쪽에 있고, 성육신의 관점에서 보는 하느님과 세계의 관계가 다른 쪽에 있는 것이 아니다. "만물이 그리스도로 말미암아 그리고 그리스도를 위해서" 창조되었기에(골로 1:16), 창조는 성육신하신 그리스도를 렌즈이자 모델로 삼아 해석해야 한다. 이 지점에서 맥페이그는 '하느님'이 '몸'을 가진 인간이 되셔서 '세계'에 들어오심을 뜻하는 성육신의 언어를 포괄적으로 사용해 '세계를 하느님의 몸'으로 부르자고 제안한다. 세계가 하느님의 몸이라는 것은 '은유'metaphor다.[14] 하느님의 몸

---

13   샐리 맥페이그, 『기후 변화와 신학의 재구성』, 112.

14   은유를 신학 언어의 핵심에 위치시키면서 기존의 왜곡된 신 이해를 해체하고 현대 사회를 위한 신학 언어를 재구성한 것은 맥페이그가 현대 신학에 남긴 중요한 공헌이다. 대표적으로 학계와 대중 모두에게 호평받은 『은유신학: 종교 언어와 하느님 모델』Metaphorical Theology: Models of God in Religious Language(1982, 한국어판은 다산글방에서 2001년 출간), 『어머니, 연인, 친구: 생태학적 핵 시대와 하나님의 세 모델』Models of God: Theology for an Ecological, Nuclear Age(1987, 한국어판은 뜰밖에서 2006년에 출간), 『하느님의 몸: 생태학적 신학』The Body of God: An Ecological Theology(1993), 『풍성한 생명: 지구의 위기 앞에 다시 생각하는 신학과 경제』Life Abundant: Rethinking Theology and Economy for a Planet in

으로서 세계라는 은유는 "하느님'과' 세계가 있는 것이 아니라, 존재하는 대로의 세계와 오직 하느님 안에서만 존재하는 세계가 있을 뿐"임을 깨닫게 한다.[15] 하느님과 세계의 관계가 새롭게 설정되면서 하느님과 인간과 삼라만상 사이의 상호관계를 풍성하고 생생하게 표현할 가능성이 열리며, 헛된 초월에 마음을 뺏겨왔던 시선을 물질적이고 평범한 삶의 현장에 맞춰줄 신학 모델이 나오게 된다. 하느님의 몸이라는 은유를 중심으로 하느님께 감사하고, 이웃에 연민을 표하고, 자연에 경탄할 줄 아는 신앙의 문법이 마음에 자리 잡도록 신학이 재구성될 수도 있다.

그렇다면 왜 맥페이그는 굳이 교리적 명제를 해체하고 대신 은유를 사용하려고 할까. 인간이 유한한 지성과 언어로 초월적 하느님을 묘사할 때는 하느님과 자신 사이의 무한한 질적 차이를 간과한 채 지나치게 말을 '많이' 하거나, 그 차이에 너무 압도되어 아무 말도 '못하게' 될 수 있다. '은유를 갖고 놀기'는 바로 이 양극단에 대한 대안이다.[16] 자크 데리다가 말했듯 은유는 "헛소리와 진실 사이"에 있는 것으로,[17] 그 파편적이고 유동적인 본성상 체계화나 조직화에 저항하면서 다양한 사고를 실험할 수 있게 한다. 은유는 우리에게 친숙한 것(예를 들면, 친구)으로 우리가 잘 모르는 대상(예를 들면, 하느님)을 묘사하기에 은유적 표현을 통해 전달되는 지식은 불

Peril(2000, 한국어판은 이화여자대학교출판문화원에서 2008년에 출간) 등이 있다.

[15] 샐리 맥페이그, 『기후 변화와 신학의 재구성』, 263.

[16] 샐리 맥페이그, 『기후 변화와 신학의 재구성』, 167.

[17] 데리다가 "백색신화"(White Mythology)에서 사용한 표현을 다음에서 재인용하였다. 샐리 맥페이그, 『기후 변화와 신학의 재구성』, 165.

분명할지라도 구체적이고 생생하고 풍성하다.

> 은유는 '많은 것을 말한다.' 훌륭한 은유는 사물의 의미를 밝히는
> 해석학적 가능성이 풍부하다. 그러나 은유는 '많은 것을 뜻하지
> 않는다'. ... 신학자들은... 은유에, 생각의 실험들에 만족한다(혹
> 은 해야 한다). 이것이 신학이라고 나는 믿는다. 신학은 결코 체계
> 로 '나아가지' 않는다. ... 은유적 언어는 일차적으로 '진리'에 관
> 한 것이 아니다. 오히려 은유는 생명의 선물에 대한 감사에 관한
> 것이며, 그 감사함을 표시하려는 우리의 노력에 관한 것이다.[18]

은유적 표현과 실재 사이에 놓여있는 골은 한편으로 우리의 인습
적 사고에 균열을 내며 경탄과 창조성을 불러내며 새로운 이해와
행동의 가능성을 열어준다. 다른 한편으로는 문자주의적 해석의
가능성을 차단하며 은유 자체를 영속화하거나 절대화하지 못하게
한다. 은유의 언어가 이토록 삶에 밀접하게 맞닿아 있고 인간 경험
의 생생함을 유연하게 감싸 안을 수 있는 만큼, 하느님의 몸이라
는 은유로 세계를 이해하는 것은 우리 삶의 자리에서 세계를 이전
과 다르게 바라보고 그 속에서 새롭게 행동하도록 부드럽게 설득
한다. 추상적 명제나 명료한 개념과 차별화되는 은유가 가진 감각
적인 본성은 하느님의 몸인 세계 안에서 이루어지는 그리스도인의
행동 역시 다른 방식으로 이해하게 이끈다.

---

[18] 샐리 맥페이그, 『기후 변화와 신학의 재구성』, 170~171.

바라보라 그리고 공간을 만들어라

바울은 필립비인들에게 보내는 편지에서 그리스도의 성육신을 종의 형태로 자기 비움, 즉 케노시스 개념을 가지고 설명한다(필립 2:6~11). 하느님의 몸으로서 세계라는 은유를 사용하는 맥페이그 역시 겸손을 기후 변화 시대에 중요 덕목으로 제시한다. 이 지점에서 그는 겸손이 개인주의 윤리의 틀에 갇히지 않고, 생태신학적 개념으로 확장되도록 20세기의 플라톤주의자 시몬 베유Simone Weil와 아이리스 머독Iris Murdoch의 철학에서 통찰을 끌어온다.

인간은 타자를 사랑한다고 하면서도 다른 인간이든 자연이든 있는 그대로 보지 못한다. 오히려 인간은 타자를 자신의 공허와 결핍을 채우고자 '삼켜버릴' 대상처럼 대한다. 하지만 참사랑은 대상을 먹고 이용하고 소유하는 것이 아니라, 대상이 있는 그대로 드러날 때까지 관조하듯 바라보는 데서 시작한다. 베유에 따르면 이렇게 타자를 인내하며 부드럽게 주시하는 것이 바로 '겸손'이다.[19] 이러한 겸손한 바라봄은 맥페이그의 신학과 실천을 결합하는 핵심 활동이다. 하느님이 자기 몸인 세계에 은밀히 현존하시는 분이라면, 우리는 하느님의 초월성을 물질세계 안에서 볼 수 있어야 한다. 이러한 시선은 세계 내 고통당하는 모든 생명체에 대한 헌신적인 바라봄을 포함한다. 하지만 인간 존재는 늘 이기적 중력에 사로잡혀 세계를 자기 식대로 조작하고 이용해 왔기에, 자아 외부에 있

---

[19] 샐리 맥페이그, 『기후 변화와 신학의 재구성』, 175. 한국어판 역자는 attentive patience를 '배려하는 인내'로 번역했지만, 베이유와 머독에게서 attention은 타자를 실제 '바라보는' 행위이다. 따라서, 두 철학자의 의도를 살리고자 이 글에서는 '배려하는' 대신 '주시注視하는'이라고 번역하였다.

는 대상을 있는 그대로 보는 행위는 몹시 고되고 힘든 자기 부정을 수반한다. 머독의 말을 빌리면 "사랑은 자신 이외에 다른 무엇이 실재한다는 것을 깨닫는 것으로서 극히 어려운 깨달음이다. 사랑은 실재를 발견하는 것이다."[20]

하느님의 몸으로서 세계라는 은유와 자기 비움의 시선을 결합함으로써 맥페이그는 생태신학의 새로운 가능성을 보여주려 한다. 우선, 성육신적 관점에서 접근할 때 우리는 추상적인 "초자연적 초월성"이라는 그릇된 개념 대신, 세계 내로 초월하는 하느님의 참 초월성을 발견하게 된다.[21] 이렇게 세계를 하느님의 몸으로 혹은 성사적으로 이해함으로써 우리는 초월과 내재라는 두 단어의 표층적 의미에서 발생하는 얄팍한 갈등에 현혹되지 않을 수 있다. 또한, 우리는 언행일치 혹은 실천의 우선성 등의 표어 아래 행동을 강조하지만, 그 행동은 먼저 "나 자신 이외에 다른 존재들도 있다는 단순하고 철저한 통찰력에 기초"해야 한다.[22] 그리스도처럼 자기를 비우는 케노시스적 감수성 없이 타자를 마주한다면, 우리는 타자를 있는 그대로 바라보지 못한다. 자기를 비움으로써 타자의 타자됨이 구현될 공간을 마련하지 못하다면, 윤리라는 명목하에 또 다른 폭력적인 권력 관계가 형성된다.

---

[20] 머독의 '숭고와 선'The Sublime and the Good에 나오는 문장을 다음에서 재인용하였다. 샐리 맥페이그, 『기후 변화와 신학의 재구성』, 232.

[21] 샐리 맥페이그, 『기후 변화와 신학의 재구성』, 272.

[22] 샐리 맥페이그, 『기후 변화와 신학의 재구성』, 238.

이처럼 자기를 벗어버리는 일은 여러 이름으로 불렸다. 즉 정화, 회심, 정결, 회개 등으로 불렸다. 그것은 자기 비움kenosis의 과정으로서 타자를 볼 수 있게 하며, 타자를 위한 공간을 만들어 주는 과정이다. … 이러한 공간을 만들어 주는 것은 쉽지 않다. … 지구에서 엄청나게 많은 공간을 차지하는 우리들로서는 타자를 위해 이런 공간을 만들어 주는 것이 아마도 가장 상상하기 힘든 일일 것이다. 우리가 자기를 비워서 다른 생명체들, 곧 굶주린 사람의 몸이나 완전히 벌목한 숲 혹은 멸종위기에 처한 종자들의 몸속에 있는 초월성이 공간을 갖도록 할 수 있겠는가?[23]

성사적 세계 이해와 케노시스적 감수성이 교차하는 지점에서 우리는 기후 위기 시대에 맥페이그가 재구성하고자 하는 신학의 윤곽을 파악할 수 있다. 부풀려진 자아를 걷어내고 타자의 공간을 마련하고자 할 때, 우리의 시선은 망가진 자연과 신음하는 이웃 모두에게로 향한다. 이로써 생태계 파괴로 인한 고통과 경제적 부담이 가난한 사람과 저개발 국가에 더 크게 부과되는 현실을 기후 위기와 함께 극복할 것을 지향하는 생태 정의의 모델도 제시된다.

어떤 사람들은 급박한 생태 위기를 놓고 은유 놀이와 바라봄을 권장하는 맥페이그의 제안이 비현실적이라고 말할 것이다. 가시적이고 즉각적인 변화를 좋아하는 인간 심리와 현실적이고 실용적인 제안에 후한 점수를 쳐주는 현대 사회의 특징을 고려하면, 맥페

---

[23] 샐리 맥페이그, 『기후 변화와 신학의 재구성』, 181.

이그의 제안이 미심쩍게 느껴지는 것은 자연스러운 일인지도 모른다. 하지만 덜 현실적으로 보인다고 하여 전략적이지 못하고 실현가능성이 작다는 결론이 자동으로 도출되지는 않는다. 맥페이그에게는 물질세계에 현존하는 하느님, 그리고 자기중심적 욕망의 베일에 가려진 가난한 이웃을 볼 수 있느냐 여부가 구체적인 실천 방안을 제시하는 것보다 더 근본적인 일이다.

평범한 일상과 소박한 실천에서 희망을 가꾸기

기후 문제에서는 제거해야 할 악의 축이 분명하게 보이는 것도 아니고, 선량한 사람마저 소비주의적 문화 속에서 살아가며 악의 구조에 참여하고 있기에 해결책을 찾기가 훨씬 더 어렵다. 이런 맥락에서 지금 우리에게 필요한 건 거창한 이론 체계나 실천 매뉴얼이 아니라 이미 익숙해진 타자에게서 생명의 가치를 재발견하고 습관화된 삶의 방식을 바꿀 수 있는 방안, 일상의 평범함의 결을 따라 작동 가능한 실천적 모델이다. 우리가 전기와 수도를 사용하고, 자동차를 타고 다니고, 육식을 즐기고, 유행에 따라 옷을 바꾸며, 해외여행을 다니는 등의 사소한 활동으로 생태 위기를 키워왔음을 고려한다면(악의 평범성), 일상에서 하느님과 이웃과 세계를 있는 그대로 바라보고 이에 따라 자기를 비우는 삶의 방식을 의식화·습관화하지 않고는 회복이 일어나기 힘들기 때문이다(선의 평범성).[24]

---

24 샐리 맥페이그, 『기후 변화와 신학의 재구성』, 251.

생태신학에서 경계해야 할 것은 1세기 유대인들처럼 복잡한 문제를 단번에 해결해 줄 우월적 힘과 가시적 권위를 추종하는 사이비 메시아주의다. 구약에서부터 신약에까지 흐르는 강력한 주제는 현실이 아무리 참담해도 하느님께서 세상을 회복시키리라는 약속을 잊지 말라는 것이다. 세상을 자신의 몸 삼으시는 하느님의 사랑 안에 거한다면, 지구가 조만간 멸망할 것 같은 암담한 상황 속에서도 "절망하는 것은 불가능한 것처럼 보인다."[25] 기후 위기 상황에서 신학이 할 수 있는 고유한 기여를 뽑으라면, 그것은 중세 영국의 신비주의자 노리치의 줄리안Julian of Norwich처럼 누구도 파괴할 수 없는 희망의 근거를 하느님의 능력과 약속에서 발견하도록 사람들의 시선을 돌리는 것 아닐까.

　　바로 이러한 방식으로 우리의 선하신 주님께서 '내가 만사를 좋게 마무리할 수 있을may 것이다, 내가 만사를 좋게 마무리할 수 can 있다, 내가 만사를 좋게 마무리할will 것이다, 만사는 좋게 마무리될shall 것이다, 너는 스스로 만물의 모든 방식이 좋을 것임을 보게 될 것이다'는 말씀으로, 나의 모든 질문과 의심에 대답하시며 나에게 큰 위로를 주셨다.[26]

---

[25] 　샐리 맥페이그, 『기후 변화와 신학의 재구성』, 278.

[26] 　노리치의 줄리안의 『하느님의 사랑의 계시』Revelation of Divine Love에 담긴 문장을 다음에서 재인용하였다. 샐리 맥페이그, 『기후 변화와 신학의 재구성』, 275.

자유주의 정치학에 맞서는 교회의 정치학

『교회의 정치학: 기독교 세계 이후 교회의 형성과 실천』
스탠리 하우어워스 지음, 백지윤 옮김, IVP, 2019.

많은 사람이 공유하는 좋은 기억을 애써 부정하는 것은 위험한 일이다. 대중과 전문가가 함께 내놓는 호평을 거스르며 공개적으로 비판적 의견을 내는 것은 더 위험하다. 하지만, 말 한마디로 지금껏 쌓아왔던 명성이나 업적이 무너질 수도 있을 법한 상황에서도 주위의 평가나 시선에 아랑곳하지 않고 할 말을 하는 사람이 늘 있었기 때문에 정의는 지켜졌고 역사는 흥미롭게 진행되었다. 한 예를 들어보자. 1989년에 나온 영화 중에 '죽은 시인의 사회'Dead Poets Society라는 작품이 있다. 워낙 유명한 작품이지만, 혹시 영화를 모르는 사람이 있을까 하여 개요만 간략히 적어보도록 하겠다. 때는 1959년, 상류층 자제를 교육하는 미 동부의 명문 개신교 사립학교에 문학 교사 존 키팅이 부임한다. 성공과 명예와 전통을 이상으로 삼으며 학생들을 과하게 압박하고 통제하던 학교에 적을 두면

---

* 원서는 다음과 같다. Stanley Hauerwas, *After Christendom?: How the Church is to Behave If Freedom, Justice, and a Christian Nation are Bad Ideas*, 2nd ed. (Nashville: Abingdon Press, 1999).

630 | 신학의 영토들

서도 키팅은 참신한 방식으로 수업을 진행한다. 그는 세계는 책이 담을 수 없을 정도로 넓은 곳이고, 정해진 틀을 벗어나 자유롭게 생각하는 것은 고귀한 일이며, 전통에 순응하는 것이 아니라 자신을 발견하는 것이 진정 중요하다고 학생들에게 알려준다. 얼마 안 가 학교 당국과 키팅, 그리고 학부모와 학생 사이의 갈등이 일어나고, 끝내 키팅은 학교에서 쫓겨난다.

많은 사람이 '죽은 시인의 사회'가 참된 행복, 참된 교육은 무엇이냐는 근원적 문제를 건드리고 있으며 공감할 만한 답을 주는 탁월한 작품이라고 이야기했고, 영화는 흥행과 평가라는 두 마리 토끼를 모두 잡았다. 하지만 개봉한 지 얼마 안 되지 않아 강한 미국 남부 억양을 쓰는 한 중년 남성이 이 영화를 향해 신랄한 비판의 목소리를 쏟아냈다.

이 영화는 민주주의가 추정적으로 고무하고자 하는 독립 정신을 훌륭하게 증언하는 것처럼 보인다. 그러나 나는 자유주의 사회에서, 학생들이 스스로 사고하는 법을 배워야 한다는 것보다 더 순응주의적인 메시지는 생각할 수 없다. … 교육의 중심 과제는, 학생들에게 그들이 아직 뭔가를 결정할 수 있을 만한 사고력을 갖추지 못했다고 말해주는 것이다. 그렇기 때문에 훈련이 중요하다.[1]

---

[1] 스탠리 하우어워스, 『교회의 정치학』, 134.

오늘날 교육은 개인이 가진 고유성과 창의성을 최대로 발휘하도록 스스로 사고하고 자기 생각을 말하는 것을 장려하는 것을 이상으로 삼는다. 키팅 선생은 이러한 교육 철학을 성육화함으로써 학생들의 어둠 같은 학교생활에 빛을 비췄다. 이러한 현대교육의 이상을 '순응주의'라고 말하며 도발하는 사람은 도대체 어떤 사람일까.

'죽은 시인의 사회'를 표적 삼아 현대 미국 사회에 대한 공격을 감행한 사람은 2001년 미국의 주간지 「타임」Time에서 '미국 최고의 신학자'로 소개했던 스탠리 하우어워스다.[2] '최고'는 신학적 범주가 아니라며 에둘러 이러한 명예에 대한 부담감을 표했지만,[3] 그가 신학자로서 쌓아온 업적이 다른 이들이 쉽게 범접하기 어려울 정도로 빼어나고 독특한 것은 사실이다. 그는 미국의 노틀담, 듀크 대학교, 영국의 애버딘 대학교와 같은 명문 대학교에서 오랫동안 교편을 잡았다. 2000~2001년에는 스코틀랜드 세인트앤드루스 대학교에서 기포드 강연을 했고,[4] 전문 신학자임에도 여러 베스트셀러를 내고 인기 TV 토크쇼에도 초청되는 등 뛰어난 글솜씨와 입담을 뽐낸다.[5] 그렇다면 왜 그는 자신이 신학자로 성장하고 활동하는 데

---

[2] Jean Bethke Elshtain, 'Theologian: Christian Contrarian', *Time Magazine* (2001.09.17.), https://web.archive.org/web/20071018003656/http://www.time.com/time/magazine/article/0,9171,1000859,00.html (2023.08.17. 최종 접속).

[3] 스탠리 하우어워스, 『한나의 아이』(IVP, 2017), 19 참고.

[4] 하우어워스의 기포드 강연은 책으로 출간되었다. Stanley Hauerwas, *With the Grain of the Universe: The Church's Witness and Natural Theology* (London: SCM, 2002).

[5] 세계적인 연구 중심 대학교에서 가르쳤던 하우어워스가 전개한 교회 중심적 신학에 지지를 보낸 전문 신학자도 있지만, 그의 고정 독자들의 상당수

배경이 된 미국 사회에 그토록 비판적이었을까.

반미국적 신학을 펼치는 미국 신학자

우리말로도 저서가 여러 권 번역된 만큼 하우어워스는 한국 독자에게도 친숙한 신학자다. 그의 오랜 벗인 설교가 윌리엄 윌리몬William Willimon과 공저한 일련의 책들은 현대 사회에서 하느님의 백성으로 살아간다는 것의 의미를 도발적이면서도 명료하게 전달해 줬다.[6] 단독 저서 중 그의 자전적 이야기를 녹여낸 2010년 작『한나의 아이』Hannah's Child, 수업을 시작하며 드렸던 기도문을 모아 1999년에 출간한『신학자의 기도』Prayers Plainly Spoken, 16년 동안 대자代子의 생일에 쓴 편지를 모은 2018년 작『덕과 성품』The Character of Virtue(2018)은 대중에게 큰 사랑을 받았다.[7] 하지만 우리말로 옮긴 이들 작품에서는 번역자들의 수려한 문체에 자칫 놓칠 수도 있는 것이 있으니, 그것은 바로 현존하는 신학자 중 둘째가라면 서러울 정도로 걸걸한 입을 가졌고, 유머를 섞어서라도 직설을 던지고야

가 복음주의 성직자나 블로그와 SNS 등에 익숙한 젊은 세대 목회자라는 점에 주목할 필요가 있다. 마크 코피,『스탠리 하우어워스: 시민, 국가종교, 자기만의 신을 넘어서』(비아, 2016), 7 참고.

[6] 국내 번역서로 다음과 같은 책이 있다. 스탠리 하우워어스 · 윌리엄 윌리몬,『하나님의 나그네 된 백성』(복 있는 사람, 2008).『주여 기도를 가르쳐 주소서』(복 있는 사람, 2006).『십계명』(복 있는 사람, 2007).『성령』(복 있는 사람, 2017).

[7] 우리말로 출간된 대표적 단독 저서는 다음과 같다. 스탠리 하우어워스,『십자가 위의 예수: 예수님이 남기신 일곱 마디 말씀 묵상』(새물결플러스, 2009).『교회됨』(북코리아, 2010).『마태복음』(SFC, 2018).『신학자의 기도』(비아, 2018).『덕과 성품』(IVP, 2019).『평화의 나라: 예수 그리스도의 비폭력주의』(비아토르, 2021).

마는 좌충우돌 형 인간 하우어워스다. 일례로 그는 자기 책의 부제를 가지고 섣부르게 자신을 비판한 사람들에게 까칠한 반응을 보인 적이 있다.

부제는 본문의 각 장 제목에 균형을 잡기 위해 출판사에서 붙인 것이다. 물론 도발적인 제목이다. 그러나 도발성 때문에 책 전체를 무시하는 것은 답답한 노릇이다. 젠장. 나는 충실하게 연구를 하고 책을 썼다Damn it, I did my homework.[8]

하우어워스의 이런 '까칠함'에 대해 사람들의 반응은 갈린다. 하지만 강렬한 논조와 과장법과 유머가 하우어워스의 일부인 만큼 이러한 개성을 잘 반영한 책은 그의 신학의 특징을 잘 담아낸 책일 수도 있다.

이러한 관점에서 국내에 출간된 저서 중 하나를 고르라면 1991년 작 『교회의 정치학』을 들 수 있을 것이다.[9] 이 책 역시 얼큰한 제목을 한국 출판사가 많이 순화한 경우에 해당한다. 책의 원제는 '그리스도교 세계 이후?: 자유, 정의, 그리스도교 국가가 나쁜 생각이면 교회는 어떻게 행동해야 하는가'After Christendom?: How the Church is to

---

[8] 스탠리 하우어워스, 『한나의 아이』, 405, Stanley Hauerwas, *Hannah's Child: A Theologian's Memoir* (London: SCM, 2010), 226. 참고로 인용문에서 나온 '문제의 부제'를 가진 책은 이 글에서 다룰 『교회의 정치학』이다.

[9] 이 책의 개정판은 1999년에 나왔고, 한국어로는 개정판이 번역되었다. 1991년 출간 이후 이 책에 대한 호평만큼이나 오해가 많았던 만큼, 하우어워스는 개정판 서문에서 자신의 신학을 어떻게 대하고 이해해야 할지를 안내해 주는 요긴한 설명을 제공하고 있다.

Behave If Freedom, Justice, and a Christian Nation are Bad Ideas이다. 제목 그대로 하우어워스는 오늘날 그리스도교인들도 별 거리낌 없이 사용하는 자유, 정의, 그리스도교 국가 등이 나쁜 단어들이 되었다고 생각한다. 현대인의 생각과 행동에 지대한 영향력을 끼치는 이러한 개념들이 계몽주의 이후 등장한 정치적 자유주의political liberalism의 문법 속에서 이해되면서 여러 문제를 일으키기 때문이다.

정치적 자유주의와 그리스도교

고대 이래 그리스도인은 '거룩한 공교회를'sanctam Ecclesiam catholicam 고백하며 자신들의 신앙에는 보편적 지평이 있다고 믿어 왔다. 하지만 사람들은 자신이 추구하는 것이 어떤 의미에서 보편적이라고 불릴지를 제대로 성찰하지 않은 채 '보편'을 향한 추동력에 쉽사리 휘말리곤 했다. 그러다 보니 보편이 지향하는 포괄성이 개별적인 것을 억압할 위험을 내포한다는 것을 심각하게 인식하지는 못했다. 보편을 향한 신앙적 열망과 열심은 '나'와 다른 이질적인 것에 대한 폭력을 조장하고 정당화하며 역사 속에서 여러 비극의 자국을 남겼다.

하우어워스가 볼 때 현대 사회와 교회의 문제 상당 부분은 보편성과 개별성에 대한 그릇된 자유주의적 이해에서 비롯된다. 그의 주된 분석은 계몽주의의 등장 이후 이에 영향받은 자유주의 사상의 흐름의 궤적에 초점이 맞춰져 있지만,[10] 그가 근대 민족국가의

---

[10] 스탠리 하우어워스, 『교회의 정치학』, 41~51 참고.

폭력성과 이에 순응한 교회를 비판의 대상으로 삼는 만큼 16세기부터 서유럽의 역사를 간략히나마 살펴볼 필요가 있다.

1517년 마르틴 루터가 95개 조 논제를 발표한 일은 그의 의도와 무관하게 이후 역사에서 일어난 갈등과 폭력의 씨앗이 되었다. 종교개혁 이후 분열된 여러 교회는 진리의 보편성에 대해 각기 다른 방식으로 헌신했고, 이는 자신과 다른 종교적 신념에 대한 억압, 폭력으로 이어졌다. 루터가 종교개혁을 촉발하고 한 세기 후 일어났던 30년 전쟁은 그 폭력의 정점이었다. 이 유례없이 끔찍하고 커다란 규모의 전쟁으로 인해 약 450~800만에 달하는 사망자가 발생했다. 대참사를 경험한 근대인들은 종교가 아닌 더 믿을만한 토대, 인간의 합리적 사고 능력 위에서 새로운 보편성을 찾으려 했다.[11] 이로써 성서나 교회의 권위가 아니라 이성이 세계를 이해하고 도덕적 실천을 위한 기초가 되었다.

근대에 일어난 이러한 변화로 가톨릭 교회가 구심적 역할을 하던 중세 그리스도교 문명은 와해하며 진리의 보편성을 가시적으로 상징하던 거룩한 공교회의 위신도 무너졌다. 대신 유럽 각지의 민족국가들은 루터교회, 개혁교회, 성공회 등 새로이 등장한 교회와 결합하였다. 근대 민족국가는 교회의 권위를 국가의 경계 안으로 한정했고, 대신 인간 사고와 행동의 합리성에 대한 신념을 기반으로 하는 정치적 자유주의를 권력을 정의하고 사람들의 삶을 해석하는 보편적인 모델로 삼았다. 여러 사상적 · 실천적 모험을 거치

---

11   이에 대한 간략한 역사적 분석으로는 다음을 참고하라. 알리스터 맥그래스, 『기독교, 그 위험한 사상의 역사』 (국제제자훈련원, 2009), 234~239.

면서 민족국가는 영토 내에서 행정적인 지배력, 국민의 합의를 통해 도출한 법률, 군사력과 경찰력의 독점을 통한 효율적 통치 구조를 만들어 냈다.

인간이 본성상 합리적이고 공정한 존재라는 전제하에 형성된 정치적 자유주의는 종교적 관용이라는 이상을 추구했으며, 이를 위해 인간 삶을 공적인 영역과 사적인 영역으로 구별하고는 신앙을 사적인 것으로 축소했다.[12] 이제 각 사람은 종교적 자유 혹은 양심에 기초해서 얼마든지 자기 나름의 신념을 가질 수 있지만, 이를 행동으로 옮길 때는 국가가 제정한 틀과 사회적 합의 속에서 움직여야 했다. 그리스도교는 이러한 자유주의적 이념에 따라 변화한 시대정신에 순응하고 추종함으로써 자신의 존재를 인정받을 수 있었다. 그 대표적 사례가 계몽주의자들이 건국한 미합중국이다. 그곳에서 교회는 헌법에 따른 정교분리의 원칙을 따르면서도 사회가 요구하는 도덕적이고 정신적인 자원을 실질적으로 제공했다.[13] 이로써 유럽의 국가들과는 달리 국교가 없는 미국에서 국교 비슷한 지위를 누려온 시민 종교로서 '미국제 개신교'가 등장했다.

책 부제에 나오듯 하우어워스가 '자유, 정의, 그리스도교 국가'가 나쁜 생각이라고 비판한 이유는 이 모두가 근대사회의 등장으

---

[12] 계몽주의는 사실fact과 가치value라는 또 다른 구분법을 만들어 놓았다. 과학적인 관찰과 실험이 가능한 '사실'의 영역과 다르게, 개인의 신념이나 신앙은 증명 불가능한 (그렇기에 합리성이 보증하는 보편성을 가질 수 없는) '가치'의 영역에 속한다. 스탠리 하우어워스, 『교회의 정치학』, 189 참고.

[13] 시민 종교로서 미국 개신교에 대한 고전적 지위에 오른 사회학적 연구로 다음 논문을 참고하라. Robert Bellah, 'Civil Relgion in America', *Dædalus* 96 no. 1 (1967), 1~21.

로 본 의미가 퇴색했기 때문이다. 30년 전쟁에 대한 반성으로부터 출현한 민족국가는 하느님 대신 애국주의라는 이상을 가지고, 혹은 영토 내의 정의와 평화와 안정을 수호한다는 핑계로 전쟁을 이용하였다. 미국의 개신교도 시민종교화되면서 국가가 더 큰 악을 막는다는 명목으로 사용하는 제도적 폭력을 지지한다.

> 계몽주의 이래 발생한 철학적·정치적 발전의 전체 핵심은 하느님의 이름으로 다른 사람을 죽일 수 없는 사람들을 만드는 것이다. 역설적이게도, 계몽주의의 승리 이후로 사람들은 더 이상 하느님의 이름으로 서로를 죽이지 않지만, 민족국가의 이름으로 서로를 죽인다. 정말로 나는 계몽주의의 정치적 성취가, 개인으로서 그들의 자유를 보호하고 보장해 준다고 알려진 '국가'라 불리는 무언가의 이익을 위해서는 다른 사람들을 죽이는 것이 필요하다고 믿는 사람들을 창조한 것이라고 충분히 주장할 수 있다고 생각한다.[14]

이러한 이유로 하우어워스는 20세기 중후반 미국의 대표 신학자 라인홀드 니버에게도 비판적이다. 그의 그리스도교 현실주의는 인간의 죄성을 강조하고 하느님의 은혜를 이야기하는 등 정치적 자유주의와는 다른 목표와 목소리를 가진 것 같다. 하지만, 그는 이 땅에서 어느 정도의(혹은 근사치적인) 정의라도 이루려면 폭력이 필

---

14   스탠리 하우어워스, 『교회의 정치학』, 49.

요하다는 현실적 주장을 펼치며 복음을 현실 정치에 순응시켰고, 결국 참다운 의미에서 그리스도교적 윤리를 제시하는 데 실패했다.[15]

하우어워스는 왜곡된 보편을 설파하는 정치적 수사학에 포로가 된 신학적 상상력, 더 큰 폭력을 막기 위해 폭력에 의지할 수밖에 없는 자조적 현실주의로부터 교회를 끄집어낼 아르키메데스의 점을 찾는다. 그 방법은 교회란 무엇인지부터 성찰하는 것이다. '이 세상에 속하지 않은 나라의 왕으로 오신'(요한 18:36) 그리스도를 따르는 이들에게 필요한 것은 자유주의 정치학과 경쟁할 또 다른 정치 이론이 아니라, 이 땅에서 그리스도의 증인으로 신실하게 살아가는 법을 배우게 하는 '교회의 정치학'The Politics of Church이라고 하우어워스는 역설한다.

콘스탄티누스주의 이후 교회의 정치학

자유주의 정치학은 사회적 존재로서 인간이 합리적이고 공정한 존재라는 생각을 전제로 한다. 그리고 하우어워스는 이러한 생각에 맞서 곧바로 또 다른 인간론을 제시하는 것이 아닌 교회론에 입각하여 인간과 사회를 이해하는 모델을 제시한다. 이러한 이유로 그는 그리스도교 사상사에서 교회를 강조하는 윤리학의 새로운 모델을 제시했다고 평가받기도 한다.

'교회의 교회됨'을 회복하려는 하우어워스의 시도는 정치적 자

---

[15] 니버에 대한 비판은 다음을 참고하라. 스탠리 하우어워스, 『교회의 정치학』, 57, 222~223.

유주의에 대한 저항일 뿐만 아니라, 더 거슬러 올라가 그리스도교 역사에 뿌리 깊게 박혀 있는 콘스탄티누스주의의 유혹에 대한 거부이기도 하다. 그리스도교를 공인한 로마의 황제 콘스탄티누스 Flavius Valerius Aurelius Constantinus는 평가가 엇갈리는 인물이다. 그는 로마에서 그리스도교에 대한 박해를 멈춤으로써 지중해권 전체와 서유럽으로 복음이 퍼져나가는 데 결정적 계기를 만들었다. 콘스탄티누스 치하 로마에서는 교회가 핍박받던 종교에서 벗어나, '권력'을 통해 세상에 영향력을 발휘하기 시작했다. 그렇기에 콘스탄티누스의 그리스도교 공인은 교회가 세상과 관계를 맺는 방식에 결정적 변화를 일으킨 역사적 분기점이다. 콘스탄티누스주의라는 관점에서 보자면, 중세 가톨릭이나 이에 저항하며 일어난 개신교나, 정치적 우파와 결탁한 교회나 정치적 좌파를 지지하는 교회나 할 것 없이 모두가 정치 권력을 통해 그리스도교적 이상을 현실화하려 한다는 점에서 근본적으로 다르지 않다.[16]

하우어워스에게 큰 영향을 끼친 재세례파 평화주의 신학에 따르면, 콘스탄티누스 이전 그리스도인들은 교회를 핍박하던 세상을 원수로 보았다. 따라서, 초기 교회에서 구원은 단지 개인이 믿음으로 의로워지는 것이 아니다. 구원은 세상의 악한 권세에 대한 그리스도의 승리와 이로 인한 피조 세계의 패퇴한 권세로부터의 해방

---

[16] 다음 책은 이에 대한 사회학적 분석을 시도한다. 제임스 데이비슨 헌터, 『기독교는 어떻게 세상을 변화시키는가: 포스트모더니즘 시대 정치신학의 한계와 가능성』(새물결플러스, 2014), 253~264.

을 의미했다.[17] 그리스도인은 하느님의 구원 드라마에 자신이 참여하고 있다고 믿었고, 폭력으로 통치되는 세상의 방식과 달리 평화와 화해의 실천을 통해 부활하신 주님을 증언하고자 했다. 이러한 맥락에서 하우어워스는 '교회밖에는 구원이 없다'라는 교회론적 공리로부터 정치적 메시지를 새롭게 도출한다.

> 오히려 교회가 하느님의 구원이라는 나의 주장은, 구원이 하나의 정치적 대안이며, 교회라고 불리는 구체적인 사람들의 존재와 동떨어져서는 이 대안을 결코 알 수 없다고 말하는 것이다. 보다 적극적으로 표현하자면, 정치적 대안으로 존재하는 교회가 없다면 당신은 당신에게 구원이 필요하다는 사실조차 알 수 없다. … 자신이 교회 없이는 알 수 없는 이야기의 일부임을 세상이 알 수 있으려면 교회가 꼭 필요하기 때문에, 교회가 없다면 세상에겐 말 그대로 구원의 소망도 없다.[18]

이것이 그리스도인이 헌신해야 할 정치적 비전이라면, 교회의 정치학에서 우선되는 개념은 자유주의 정치학의 핵심 개념인 정의와 자유가 아니다. 오히려 교회가 요구하는 것은 권위 있는 스승에게 세상과는 차별화된 방식으로 이야기하고 행동하는 법을 배우고, 특정한 삶을 살아가게 하는 기예를 오랫동안 익히는 '제자도'이다.

---

[17] 초기 교회 구원론에 대한 하우어워스의 요약은 다음을 참고하라. 스탠리 하우어워스, 『교회의 정치학』, 52.

[18] 스탠리 하우어워스, 『교회의 정치학』, 52~53.

바로 이 지점에서 하우어워스는 도덕적 형성과 교회론을 단단히 결합한다. 자유주의 정치학에서는 실천 이성을 가지고 보편적 도덕률에 따라 판단하고 실천할 수 있는 윤리적 주체로서 자율적인 개인을 인간론의 이상으로 삼는다. 반면 하우어워스가 볼 때, 인간은 고유한 전통과 관습이 있는 공동체의 일부가 됨으로써, 세상을 다르게 인식하고 표현할 언어를 습득하고 삶의 습관에 질서를 지운다. 따라서, 교회의 정치학에서는 "도덕적이기 위해서는 특정한 종류의 사람이 되어야 한다".[19] 공동체적 맥락에서 벗어난 가치 중립적인 상태에서는 아무리 합리적이고 공정한 인간이라도 번영하는 삶을 위해 요구되는 덕을 몸과 마음에 새겨넣기 힘들뿐더러, 그리스도께서 보여주신 섬김의 삶을 기쁨과 감사로 살아 나갈 힘을 기르기도 힘들다.

습관적 생각에 저항하는 교회론적 상상력

하우어워스의 교회의 정치학이 오늘날 큰 힘을 떨치고 있는 자유주의 정치학과 대립각을 노골적으로 세우다 보니, 비평가들은 하우어워스의 신학을 '소종파주의' 내지 '분리주의'라고 불렀다. H. 리처드 니버의 『그리스도와 문화』에서 제시된 복음과 문화의 관계를 이해하는 유형론을 사용해 하우어워스를 '문화에 대립하는 그리스도'의 현대적 사례로 분류하기도 했다.[20] 하지만 기존에 만들

---

[19] 스탠리 하우어워스, 『교회의 정치학』, 140.

[20] 리처드 니버, 『그리스도와 문화』 (IVP, 2007). '문화에 대립하는 그리스도'의 대표적 사례로 테르툴리아누스와 톨스토이, 재세례파 등이 있다. 참고로

어진 범주를 가지고 하우어워스에 접근하면 그의 본 의도가 가려지거나 복잡한 논리가 단순화될 위험도 있다.[21]

하우어워스의 기획은 자기 입으로도 언급했듯 "신학, 사회 및 정치 이론, 그리고 내가 고급문화 저널리즘이라 부르는 것을 섞어 놓은 이상한 혼합물"이다.[22] 그렇기에 기존의 신학 장르나 자유주의 문법에 익숙한 독자에게는 하우어워스의 글쓰기 방식이 낯설고 불분명할 뿐만 아니라, 종종 그가 말하고자 한 바와 정반대의 인상을 풍길 가능성도 적지 않다. 하지만, 종파주의적 윤리학을 전개했다는 비판과 정반대로 하우어워스는 자기 글을 "종교적 게토를 벗어나 신학하는 방법을 찾으려는 시도"라고 규정한다.[23] 단순히 교회와 세상을 대립시키는 것은 그의 목표가 아니다. 『교회의 정치학』의 부제가 암시하듯, 그는 '자유, 정의, 그리고 그리스도교 국가가 나쁜 생각'이라고 규정한 것이 아니라 '자유, 정의 그리고 그리스도교 국가가 나쁜 생각이라면'이라는 조건 아래서 교회의 정치학을 전개한다. 즉, 하우어워스가 교회와 세상을 대조시키는 것은

니버가 제시한 다섯 유형은 '문화와 대립하는 그리스도, 문화에 속한 그리스도, 문화 위에 있는 그리스도, 문화와 역설적 관계에 있는 그리스도, 문화를 변혁하는 그리스도'이다.

[21] 니버의 유형론에 대한 하우어워스의 응답을 보라. 스탠리 하우어워스, '후기', 『하나님의 나그네 된 백성』 개정 증보판 (복 있는 사람, 2018), 245~246.

[22] 스탠리 하우어워스, 『교회의 정치학』, 10.

[23] 스탠리 하우어워스, 『교회의 정치학』, 10. 심지어 하우어워스는 그의 의도가 세상에서 후퇴하는 것이 아니라 점령하게 하려는 것에 더 가깝다고까지 평한다. 그리고 이 글에서는 충분히 보여주지 못했지만 하우어워스의 글쓰기는 "학문적 신학의 학과적 특징을 탈피하려는 시도"라는 측면에서 반근대적이라고 할 수 있다. 스탠리 하우어워스, 『교회의 정치학』, 11, 13 참고.

정치적 자유주의 문법 속에서 의미가 불분명해진 자유, 정의, 그리스도교, 국가 등의 의미를 교회론적으로 명확하게 함으로써, 이러한 핵심적인 윤리학 개념들이 현대 사회 속에서 그리스도인의 형성에 올바르게 이바지하게 하기 위해서다.[24]

이러한 저자의 의도를 충실히 살리면서 독해하려면 그에게 큰 영향을 끼친 대표 사상가에 대한 어느 정도의 이해가 필요한 것도 사실이다. 명확하고 단순한 듯 보이는 하우어워스의 직설화법 이면에는 아리스토텔레스로부터 알래스데어 매킨타이어Alasdair MacIntyre로 이어오는 덕 윤리학, 루트비히 비트겐슈타인의 언어 철학, 칼 바르트와 디트리히 본회퍼의 그리스도 중심적 신학, 존 하워드 요더John Howard Yoder의 평화주의를 포함한 다수의 철학과 신학사상이 얽혀 있다. 그중에서도 "의로움과 죄 사이, 믿음과 무신론 사이, 자유주의와 보수주의 사이에 선을 그어 구분하지 않고 교회와 세상으로" 나누는 하우어워스의 교회론의 형성에 지대한 영향을 끼친 사람은 바르트다.[25]

---

24 다음 논문은 하우어워스가 윤리학 개념의 의미를 명확히 해준다는 의미에서, 그의 '신재세례파' 신학이 공공신학을 거부하는 것이 아니라 보완·수정하는 역할을 한다고 주장한다. Russell P. Johnson, 'Doing Justice to Difference: Stanley Hauerwas and Public Theology', *Modern Theology* 36 no. 3 (2020), 448~461. 신재세례파Neo-Anabaptism란 20세기 후반에서 21세기 초반에 나타난 복음주의 내의 움직임으로, 전통적인 재세례파처럼 복음을 급진적으로 해석하면서 평화와 가난, 사회정의 등에 큰 관심을 기울인다. 신재세례파 중에는 존 하워드 요더처럼 메노나이트 전통에 속한 사람도 있지만, 하우어워스처럼 재세례파의 신학에 동의하면서 자기 교단에 머무는 사람도 있다. 다음을 참고하라. 배덕만, 『세계화 시대의 그리스도교』(홍성사, 2020), 104~106.

25 윌리엄 윌리몬, '서문', 『하나님의 나그네 된 백성』, 15.

바르트가 볼 때 교회가 세상과 구별되는 차이점은 교회의 세상성worldliness이다. 교회는 세상보다 훨씬 더 세상적이라고 바르트는 주장한다.[26]

교회는 하느님 말씀을 위탁받은 만큼 세상이 모르는 세상의 참 비밀을 알고 있기에, 세속성에 대한 허위의식에 사로잡힌 세상보다 더 세상적일 수 있다. 그렇기에 교회가 참으로 세상에 봉사하는 방식은 무엇보다도 '교회가 교회 되는 일'이다.[27] 하지만, 교회는 세상이 숭배하는 우상과 거짓 세속 개념을 폭로하고 비판함으로써, 세상으로부터 미움과 타협의 유혹을 받는다.[28] 교회가 가장 경계할 것은 세상에게 진정한 세상성이 무엇인지 증언하는 본래 책임을 잊고, 세상을 변화시키려는 성급한 욕망에 휩싸여 교회가 원래 가지고 있던 세상성을 잃어버리는 일이다. 그렇기에 "우리 앞에 놓

---

[26] 스탠리 하우어워스, '후기', 『하나님의 나그네 된 백성』, 256. 이 지점에서 하우어워스는 바르트의 1934년 작 '계시, 교회, 신학'에 나온 교회론에 의지하고 있는 것으로 보인다. 칼 바르트, '계시, 교회, 신학', 『말씀과 신학』 (대한기독교서회, 1995), 177. 하지만 국가가 폭력적이 될 수 있는 정도의 극한을 보여줬던 제2차 세계대전 이후 바르트는 교회와 국가의 관계를 조금 더 긍정적인 관점에서 수정한다.

[27] 『교회의 정치학』 번역본은 '교회가 교회 되는 것'이 아니라 '교회가 참된 교회 되는 것'이라고 표현하면서 저자의 본 의도를 다소 흐렸다. 다음을 보라. 스탠리 하우어워스, 『교회의 정치학』, 10.

[28] 윌리몬은 사람들이 하우어워스와 자신을 분파주의로 오해하는 이유는 '세상' 개념을 다르게 상정해서라고 진단한다. "우리를 가리켜 세상을 혐오하는 사람들이라고 비난했던 이들이, 우리가 '세상'이라고 말할 때 그것이 펜타곤(미국 국방성)을 염두에 둔 것이라는 사실을 알았더라면 우리를 좀 더 제대로 이해했을 것이다." 윌리엄 윌리몬, '서문', 『하나님의 나그네 된 백성』, 20.

인 도전은 퍽 단순하게도 그리스도인으로서 우리가 어떻게 세상의 방식이 아닌 우리의 방식으로 세상을 서술할 수 있는가다".[29] 물론 이러한 교회론적 접근이 신앙의 자폐적 자기 서사로 빠지지 않을까 하는 우려를 낳을 수 있다. 하지만 이러한 걱정은 정치와 자본 권력이 세계를 움직인다는 현실의 서사에 길들여진 현대 사회에서 그리스도를 증언하는 제자로 형성되는 과정, 달리 말하면 부활하신 주님이 중심되는 이야기에 따라 삶의 질서를 새롭게 잡으며 거쳐야 할 필연적 어색함과 당황스러움이라고도 할 수 있다.

동시대의 여러 공공신학자와 마찬가지로 하우어워스도 사회가 급속도로 세속화되고, 정치적 자유주의의 한계가 노출되는 상황 속에서 신학의 정체성과 교회의 역할을 질문한다. 하지만 현대 사회의 필요에 맞게 복음을 재해석함으로써 신학이 공론장에 참여할 길을 마련하거나, 교회가 정치적 행동을 펼칠 전략을 제시하는 것은 그의 주된 관심사가 아니다. 하우어워스의 우선된 목표는 교회 그 자체가 정치적이라는 것을 보여주는 것이요, 그리스도론적 토양에서 분리된 신자와 교회의 행동은 타협주의와 순응주의의 위험에 곧 빠진다는 것을 경고하는 일이다. 이러한 신학적 작업을 하는 근본 이유는 예수 그리스도를 하느님이요 구원자로 예배하는 공동체의 일부가 된다는 것의 의미를 밝히고 그 의미 안에 기쁨과 감사와 함께 거하게 하기 위함이다.

---

[29] 스탠리 하우어워스, 『교회의 정치학』, 15.

우리 삶에 구원이 필요한 이유는 무엇입니까? 신학자는 사람들이 살던 대로 사는 것을 멈추고 저 근본적인 질문들에 대해 생각해 보게 해야 합니다. 그리고 현재를 다시 빚어내도록 격려해야하지요. ... 저 근본적인 질문들을 던지고 신앙의 내용과 연결 지어 생각함으로써 우리는 그 무엇도 두려워하지 않아도 된다는 것을 깨닫게 됩니다. 물론 이는 결코 쉬운 일은 아닙니다. 어떤 사람들은 저의 신학적 견해를 두고 매우 급진적이라고 평가합니다. 하지만 저의 작업은 근본적으로 우리가 하루하루를 잘 살아낼 수 있도록 돕는 것입니다. 그게 전부에요.[30]

삶의 모든 영역이 정치 과잉화로 몸살을 앓는 오늘날에는 사회 변화에 대한 성급한 열망이 아니라 하느님이 선물하신 여유로 세상을 바라볼 수 있는 거리감이 더 필요할지 모른다. 업적주의와 성공주의가 사람들 사이의 갈등을 부추기고 개인을 탈진시키는 현실 속에서는 주류사회가 흘러가는 것과 다른 속력으로 일상을 살아내는 기술이 중요해지고 있다. 블레즈 파스칼Blaise Pascal은 "인간의 모든 불행은 단 한 가지 사실, 즉 그가 방안에 조용히 머물러 있을 줄 모른다는 사실에서 유래한다"라고 말한 적 있다.[31] 마찬가지로 그리스도교 역사를 물들인 여러 실패와 비극도 그리스도인이 교회에 신실하게 머물러 있을 줄 모른다는 사실에서 비롯된 것은 아닐까.

[30] 스탠리 하우어워스 · 사무엘 웰스, 『스탠리 하우어워스와의 대화: 신앙의 의미를 잃은 세상에서 신앙인으로 살아가는 법』(비아, 2022), 25~26.

[31] 파스칼, 『팡세』(민음사, 2003), 137.

그런 의미에서 '교회의 교회됨'에 대한 하우어워스의 강조에 우리의 시선을 머물게 할 필요가 있다. 하느님 말씀을 설교하고 비텐베르크의 좋은 맥주를 마셨더니 어떤 권력도 해내지 못한 종교개혁이 일어났다던 한 위대한 종교개혁자의 농담은 그저 실없는 농담이 아닐 수도 있다.[32]

---

[32] Martin Luther, 'The Second Sermon, March 10, 1522, Monday after Invocavit'에 나오는 표현을 각색하였다.

과학과 신학의 접촉점으로서 자연신학

『정교하게 조율된 우주: 과학과 신학의 하나님 탐구』[*]
알리스터 맥그래스 지음, 박규태 옮김, IVP, 2014.

영국 케임브리지 대학교와 미국 하버드 대학교에서 가르쳤던 알프레드 노스 화이트헤드Alfred North Whitehead(1861~1947)는 1925년 한 강의에서 과학혁명 이후 서유럽에서 달라진 종교의 위상을 다음과 같이 묘사했다.

우선 종교는 과거 2세기 동안 방어적 입장에 있어 왔으며, 그 방어력도 미약한 것이었다. 이 기간은 선례가 없는 지적 진보의 시대였다. 그래서 새로운 상황이 계속해서 사유의 대상으로 나타났다. 그때마다 종교적 사상가들은 무방비 상태에서 그것들을 맞아들여야만 했다. 절대적인 것으로 천명되었던 것들이, 투쟁을 거치고 고난과 저주를 받은 끝에 결국은 수정되어 달리 해석되지 않으면 안 되게 되었던 경우가 허다했다. 그리고 난 다음 세대의 종교 변증론자들은 당시 종교계가 보다 깊은 통찰을 얻

---

[*] 원서는 다음과 같다. Alister McGrath, *A Fine-Tuned Universe: The Quest for God in Science and Theology* (Louisville: Westminster John Knox Press, 2009).

게 되었다고 하여 축배를 들었다. 그러나 여러 세대에 걸쳐 품위 없는 패퇴敗退가 계속 되풀이된 결과, 드디어는 종교 사상가들의 지적 권위마저 거의 완전히 무너져 내리게 되었다.[1]

근대성의 세례를 받은 현대인이 보기에 오늘날 종교와 과학은 '갈등'하고 있으며 종교는 절대적으로 열세인 상황이다. 화이트헤드는 근대세계에서 종교와 과학이 대립하고 있음을 인정하면서도, 인간 정신에는 관찰과 논리를 통해 지식을 만드는 추진력뿐만 아니라 추론 없이 대상을 직접 파악하는 직관도 있음을 강조한다. 그런 만큼 과학과 종교를 이분법적으로 나누고서 한쪽의 발전이 다른 한쪽을 용도폐기할 것처럼 단순화하여 생각하는 것은 부적절하다. 속도와 방식의 차이는 있지만, 종교와 과학 모두가 다양한 도전에 응답하면서 자기를 수정하고 변하는 중임을 잊어서는 안 된다.

과학과 종교의 관계는 21세기 신학계에서 인지도를 빠르게 높여가며 많은 인재와 엄청난 연구비를 모으고 있는 연구 주제다. 하지만 학문 전통과 방법론이 다른 만큼 양쪽 모두에 전문 지식을 갖추기란 여간 어려운 것이 아니다. 그렇기에 이 분야에서 두각을 나타내는 학자들이 과학자 출신의 신학자라는 사실은 그리 놀랍지 않다. 북아일랜드 태생의 영국 복음주의 신학자 알리스터 맥그래스는 그러한 학자 중에서도 왕성한 학술 활동을 펼치면서, 대중적

---

[1] A.N.화이트헤드, 『과학과 근대세계』(서광사, 1989), 273.

인 행보를 이어가는 대표적인 인물이다.

무신론자로 청소년기를 보냈던 맥그래스는 과학에 관심과 재능을 보였고, 1971년 옥스퍼드 대학교에 입학하여 학부에서 화학을 공부했다. 대학생이 되고 곧 그는 그리스도교가 실재에 대한 합리적 설명을 제공한다는 지적 확신을 하게 되면서 복음을 받아들이고 회심했다.[2] 그는 과학자로서 적성을 살려 1978년에 동대학교에서 분자생물학으로 박사 학위DPhil를 받았지만, 박사 연구를 수행하는 중에 학부 과정에 등록하여 신학을 진지하게 공부했다.[3] 이후 그는 과학자로서 경력을 이어가지 않고 신학자이자 성공회 사제로서 역사신학, 변증학, 종교와 과학, 신앙입문 등의 광범위한 주제로 왕성한 저술 활동을 펼쳤다. 정규 신학 박사 과정을 밟은 적은 없지만, 연구 업적을 바탕으로 옥스퍼드 대학교에서 박사 학위를 2001년도와 2013년에 추가로 취득했고,[4] 그의 업적을 기린 북미와

---

[2] 알리스터 맥그래스의 생애에 관해서는 다음 책을 참고하라. 알리스터 맥그래스, 『알리스터 맥그래스의 지성적 회심: 과학, 신앙, 의심의 길을 걷다』(생명의말씀사, 2021).

[3] 맥그래스는 1978년에 옥스퍼드 대학교에서 신학 학사 학위BA를 받았다. 그 후 2년간 케임브리지에서 연구를 이어가다 1983년에 옥스퍼드에서 역사신학으로 또 다른 학사 학위BD(Bachelor of Divinity)를 취득했다. 국내에 돌아다니는 일부 소개 글에 맥그래스가 분자생물학 박사를 취득하고 2년 후 받은 BD 학위를 신학 박사 학위로 잘못 기재하고 있는데 이는 오류다. 참고로 정규 수업과 시험 없이 연구 결과물을 심사해서 주어지는 BD 학위는 옥스퍼드 대학교에서 2005년 이후 폐지되었다.

[4] 옥스퍼드 대학교는 정규 박사 학위 외에 탁월한 업적을 남긴 학자들에게 고등박사 학위higher doctorates를 신학DD, 법학DCL, 인문학DLitt, 과학DSc, 음악DMus 분야에서 수여한다. 맥그래스는 2001년에 종교개혁 신학과 역사, 교리의 역사적 기원, 토마스 토런스 전기 등 6권의 책으로 DD를 받았다. 2013년에는 과학과 종교의 관계에 관한 6권의 책으로 DLitt를 받았다. 참고로 옥스퍼드의 고등박사학위는 각 분야에서 뛰어난 업적을 남긴 지원

아일랜드의 몇몇 학교에서 명예박사 학위를 받았다. 옥스퍼드 대학교와 킹스칼리지 등에서 연구 활동을 하고 교편을 잡았던 그는 2014년 옥스퍼드 대학교의 과학과 종교 안드레아스 이드레오스 석좌교수로 취임했다 2022년에 은퇴하였다.

학술서뿐만 아니라 신학교 교재나 대중서 집필에도 심혈을 기울인 만큼 맥그래스는 신학을 대중화하는 데 많은 업적을 남겼다. 성서와 전통에 대한 헌신을 잃지 않으면서도 그리스도교 신앙이 여전히 의미가 있고 믿을만하다는 것을 지적이고 균형감 있게 보여주는 그의 저술은 세계 곳곳의 복음주의자들에게 널리 읽혔다. 한국에서도 그의 책은 50권 이상이 출간되었고, 과학과 종교의 관계로 좁혀도 『과학과 종교』 3판Science and Religion(2020), 『맥그래스, 아인슈타인에 답하다』A Theory of Everything (That Matters)(2019), 『우주, 하나님 지으신 모든 세계』Inventing the Universe(2015), 『우주의 의미를 찾아서』Surprised by Meaning(2011), 『과학신학 탐구』The Order of Things(2006), 『도킨스의 신』Dawkins' God(2004) 등의 크고 작은 책들이 소개되었다.[5] 우리말로 번역되어 있지는 않지만 '자연'Nature, '실재'Reality,

자가 학교가 제시한 조건에 따라 연구물을 제출하면 엄격한 심사를 거쳐 수여하기에 일반적인 명예박사학위와는 차이가 있다. 다음을 참고하라. https://www.ox.ac.uk/students/academic/higher-doctorates (2023.08.13. 최종 접속).

[5] 알리스터 맥그래스, 『과학과 종교』 (생명의 말씀사, 2023), 『맥그래스, 아인슈타인에 답하다』 (SFC, 2022), 『도킨스의 신: 이기적 유전자에서 만들어진 신까지』 (SFC, 2007/2017), 『우주, 하나님 지으신 모든 세계』 (복 있는 사람, 2017). 『우주의 의미를 찾아서: 맥그래스, 과학과 종교, 삶의 의미에 대해 말하다』 (새물결플러스, 2013). 『과학신학 탐구: 신앙의 관점에서 본 과학과 신학의 관계』 (CLC, 2010).

'이론'Theory이라는 부제를 각각 지닌『과학적 신학』3부작Scientific Theology(2002~2003)은 과학과 종교 분야에 그가 남긴 빼놓을 수 없는 중요 업적으로 평가받는다.[6] 하지만 논지의 밀도나 글의 완성도, 학계의 반응 등을 종합하여 고려할 때 주목할 만한 작품은 스코틀랜드 애버딘 대학교에서 2009년 행했던 기포드 강연을 출간한『정교하게 조율된 우주』A Fine-Tuned Universe다.

자연신학과 기포드 강연

17세기 후반 일어나기 시작한 계몽주의 운동은 18세기 스코틀랜드에서 활짝 꽃피웠다. 서유럽에서 일어난 과학혁명과 인간 중심적 사고의 물결이 18세기 초 잉글랜드에 합병된 유럽의 변방 스코틀랜드에도 몰아닥친 것이다. 특히 스코틀랜드에서는 과학혁명이 선사한 새로운 지식으로 세상을 변화시키는 기술 혁신에 관심과 재능을 보였던 지식인들이 많았고, 이들은 영국의 근대화와 산업화에 지대한 역할을 담당했다. 일례로 제임스 와트James Watt의 증기기관 발명과 스코틀랜드의 풍부한 석탄 매장량 덕분에 영국은 유럽 어떤 나라보다도 먼저 산업혁명을 일으킬 수 있었다. 자유로운 사상의 교류, 과학기술의 발달, 물질적인 풍요로움 등은 스코틀랜드에 새로운 지적 분위기를 불어 넣었고, 계몽사상가들이 모여든 수도 에든버러는 '북쪽의 아테네'라는 별명을 얻었다.[7] 스코틀

---

[6] Alister McGrath, *Scientific Theology*, vol. 1~3 (London: New York: T&T Clark, 2002~2003).

[7] 스코틀랜드의 계몽주의에 관해서는 다음 책을 참고하라. 이영석,『지식인

랜드 계몽주의는 잉글랜드를 넘어 유럽 대륙의 모습을 새롭게 형성했다.

한편, 스코틀랜드는 장로교가 발생한 곳으로 오랜 칼뱅주의 신학의 유산을 이어가는 곳이기도 했다. 중세에 설립된 스코틀랜드 대학교들은 새로운 학문을 실험하는 곳으로 탈바꿈하는 중이었지만, 여전히 신학 교육의 중심지였다. 그런 의미에서 당시 스코틀랜드인들은 세계를 통해 창조주 하느님에 대한 지식을 얻을 수 있다는 칼뱅주의적 가르침과 과학기술을 통해 세계의 비밀을 파악할 수 있다는 계몽주의적 사고 사이의 긴장 가운데 살았다고도 할 수 있다.

19세기 스코틀랜드의 독특한 지적 분위기 속에서 에든버러의 부유한 법률가 한 사람이 향후 100년 넘게 과학과 종교의 협력과 대화를 이어갈 장을 마련할 수 있는 혁신적 내용이 담긴 유언장을 작성했다. 변호사로서 막대한 부를 쌓았고, 계몽주의 철학을 진지하게 공부하였으며, 스코틀랜드 왕립학술원 회원이었던 애덤 기포드 경Lord Adam Gifford(1820~1887)은 유서 깊은 중세 대학교가 있는 스코틀랜드 "네 도시 에든버러, 글래스고, 애버딘, 세인트앤드루스에 가장 넓은 의미에서 자연신학 연구를 장려하고, 발전시키고, 가르치고, 보급하기 위한 강좌 혹은 대중적 교수직을 둘 것"을 유언으로 남겼다.[8] 그의 엄청난 기부를 바탕으로 1888년부터 지금까지 매

과 사회: 스코틀랜드 계몽운동의 역사』(아카넷, 2014).

[8] Lord Adam Gifford, 'Lord Adam Gifford's Will on 21st August, 1885', *The Gifford Lectures*, https://www.giffordlectures.org/lord-gifford/will (2023.08.14. 최

해 이어지고 있는 강연이 바로 '기포드 강연'이다.

기포드 경이 자연신학을 '가장 폭넓게' 정의할 것을 요청한 만큼 세계적으로 명망 있는 신학자, 철학자, 과학자, 종교학자가 자신의 전문성을 살릴 수 있는 다양한 주제로 기포드 강연대에 올랐다.[9] 기포드 강연은 출판으로 이어지는 경우가 많았고, 그중 일부는 현대 지성인들 사이에 고전적 위상을 얻기도 했다. 우리말로 번역된 작품 중 대표적 예를 몇 개만 들자면 윌리엄 제임스William James의 『종교적 경험의 다양성』The Varieties of Religious Experience(1900~02 강연), 화이트헤드의 『과정과 실재』Process and Reality(1927~28 강연), 존 듀이John Dewey의 『확실성의 탐구』The Quest for Certainty(1928~29 강연), 가브리엘 마르셀Gabriel Marcel의 『존재의 신비』Mystery of Being(1949~50 강연), 마이클 폴라니Michael Polanyi의 『인격적 지식』Personal Knowledge(1951~52 강연), 베르너 하이젠베르크Werner Heisenberg의 『물리학과 철학』Physics and Philosophy(1955~56 강연) 등이 있다. 폴 리쾨르Paul Ricœur의 『타자로서 자기자신』Oneself as Another(1985~86 강연)과 마사 누스바움Martha Nussbaum의 『감정의 격동』Upheavals of Thought(1992~93 강연) 등도 기포드 연단에서 발표된 작품이다.

유명 신학자들의 기포드 강연도 주목할 만하다. 라인홀드 니

종 접속).

[9] 다음 글에서는 기포드 강연자를 신학자(칼 바르트, 폴 틸리히, 루돌프 불트만, 위르겐 몰트만 등), 철학자(앙리 베르그송, 알프레드 노스 화이트헤드, 한나 아렌트, 힐러리 퍼트넘 등), 과학자(닐스 보어, 베르너 하이젠베르크, 존 에클스 경, 로저 펜로즈 등), 과학-신학자(이안 바버, 아서 피콕, 존 폴킹혼, 알리스터 맥그래스 등) 네 범주로 분류한다. 강태영, '기독교 창조론의 우주적 지평 회복', 『신학과 과학의 만남: 기포드 강연을 중심으로』(새물결플러스, 2021), 18.

버의 『인간의 본성과 운명』(1938~40 강연), 폴 틸리히의 『조직신학』(1953~54 강연), 루돌프 불트만의 『역사와 종말론』History and Eschatology(1954~55 강연), 위르겐 몰트만의 『창조 안에 계신 하나님』(1984~85 강연), 디아메이드 맥클로흐Diarmaid MacCulloch의 『그리스도교 역사와 침묵』Silence in Christian History(2011~12 강연), 캐서린 태너 Kathryn Tanner의 『기독교와 새로운 자본주의 정신』Christianity and the New Spirit of Capitalism(2015~2016 강연), N. T. 라이트의 『역사와 종말론』History and Eschatology(2018 강연), 미하엘 벨커의 『하나님의 형상으로 창조된 인간』In God's Image(2019~2020 강연) 등은 우리말로 접할 수 있다.

역사가 길어지고 강사들의 탁월함이 널리 인정받으며 기포드 강연의 명성은 비할 바 없이 높아갔다. 프랑스 태생 미국 역사가 자크 바준Jacque Bazun은 기포드 강연을 명장의 비르투오소 연주에 빗대며, 기포드 강연을 한다는 것 자체가 "철학자로서 경력에 최고 명예"로 묘사했을 정도이다.[10] 학문적 탁월함이 강연자 선정의 중요한 기준인 만큼 자연신학의 발전을 기대했던 기포드 경의 뜻을 충실히 따를 사람만 강사로 초청받았던 것은 아니다. 자연신학에 대해 강경하게 반대했던 칼 바르트(1936~38 강연)와 스탠리 하우어워스(2001~02 강연) 같은 신학자, 종교 자체에 대해 무관심하거나 비판적 입장을 공개적으로 내세웠던 칼 세이건(1985 강연)과 리처드 도킨스(1988 강연) 같은 과학자도 강연대에 섰다.

---

[10] 바준의 말을 다음에서 재인용하였다. 'History of Gifford Lectures', *The Gifford Lectures*, https://www.giffordlectures.org/overview/history (2023.08.14. 최종 접속).

과학자 출신의 신학자 맥그래스는 2009년에 '정교하게 조율된 우주'라는 제목으로 기포드 강연을 했다. 이 강연에서 그는 '역사신학자'로서 '자연신학' 개념에 대한 오해를 수정하고, 자연신학을 삼위일체론적으로 확장하려 하며, '과학자'로서 '정교한 조율'이라는 개념을 가지고 현대 과학이 그리스도교 신앙과 공명을 이룰 수 있음을 보여주려 했다.

계몽주의의 자연신학을 넘어

자연신학은 기원전 6세기 고대 그리스 자연철학자들이 이성으로 우주의 궁극적 원리를 찾으려 했을 때부터 시작되었다고 할 수 있다.[11] 자연신학의 역사가 오래되었고 그리스도교만의 개념도 아닌 만큼 사람마다 시대에 따라 이에 대한 정의를 다르게 한다. 기포드 강연 홈페이지에는 자연신학이라는 단어의 고전적 용례를 다음과 같이 소개한다.

> 전통적으로 자연신학은 자연을 관찰하고 인간 이성을 사용함으로써 하느님의 현존과 신의 목적을 증명하려는 시도를 일컫는 단어이다. 조금 더 실질적으로 말하자면 자연신학은 계시에 의존하지 않는 신학의 일부다. '계시신학'이 하느님과 그분의 목적들은 인간의 이해에 개방되어 있지 않다고 전제한다면, 자연신

---

[11] 에티엔 질송, 『철학자들의 신: 역사적 개관』(도서출판100, 2013), 29~67 참고.

학은 계시신학과 이성의 화해 가능성이라는 주제를 다룬다.[12]

이러한 의미에서의 자연신학이 본격적으로 부각된 시기는 합리주의 정신에 따라 자연과학이 실재를 설명하는 주도 이론으로 부상하고, 계시종교로서 그리스도교에 대한 비판이 일어난 계몽주의 이후라 할 수 있다. 근대성이 던진 도전에 맞서 신학자들은 자연신학을 통해 계시에 의지하지 않고도 하느님의 현존을 설명하고, 우주와 역사 속 하느님의 목적을 식별하고, 윤리의 기초를 발견하고자 했다. 이를 상징적으로 보여주는 사건은 윌리엄 페일리William Paley가 『자연신학』Natural Theology or Evidences of the Existence and Attributes of the Deity(1802)을 출간한 것이었다. 이 작품은 인간 이성으로 파악 가능한 자연법칙에 따라 기계처럼 움직이는 세계를 '시계'로, 질서 있게 움직이는 세계를 만든 창조주를 '시계 제작공'이라고 부르면서 대중적 인기를 끌었다.

이를 두고 맥그래스는 '특정 형태'의 자연신학이 득세해 착시효과를 불러일으켰다고 진단한다. 근대세계에서 교회는 성서만으로 지성인들을 설득할 수 없었고, 과거로부터 내려오는 전통만으로는 다른 일반 학문과 대화의 접점을 찾기 힘들었다. 이에 신학자들은 자연이라는 영역에서 그리스도교의 합리성을 설명할 기초를 찾으려 했다. 계몽주의의 도전에 대한 응답으로 발전한 자연신학 이면에는 인간 이성에 기초하여 하느님의 존재를 증명하고 그분의 속

---

[12] 'What Is Natural Theology', *The Gifford Lectures*, https://www.giffordlectures.org/overview/natural-theology (2023.08.14. 최종 접속).

성과 세계 내 활동을 설명하려는 '변증'이란 동기가 자리 잡고 있었던 셈이다. 하지만 그 결과 자연신학이란 오랜 전통은 협소화, 주지주의화되었고 결국 자연신학 자체가 위기에 처하게 되었다.

> 18세기 초가 되자 영국의 종교 문화에서는 '자연신학'이라는 개념이 다른 어떤 종교 신념이나 전제에 의존하지 않고도 하느님이 존재하심을 실증할 수 있는 방법으로 견고하게 자리를 잡았다. 이는 '자연신학'이라는 개념이 영국의 종교 상황에 맞게 적응했음을, 그중에서도 주로 계몽주의 강령에 부응했음을 보여주는 것이었다. 계몽주의 강령은 제법 근래까지도 서양 신학에 끊임없이 영향을 끼쳤다. 때문에 사람들은 이렇게 특정 상황에 바탕을 둔 '자연신학' 이해를 일반적인 것이라고 추정하게 되었다.[13]

계몽주의화한 자연신학 개념은 자연은 계시 없이도 인간을 하느님께 이끌 수 있다는 독특한 자연관을 알게 모르게 전제한다. 1930년대 칼 바르트가 그토록 강력하게 자연신학을 비판한 이유도 자연신학을 옹호하는 이들이 자연을 독자적이고 자율적인 계시의 통로처럼 여긴다는 데 있었다.[14] 맥그래스가 보기에 자연신학을 향한 바르트의 비판은 계몽주의 시대에 부상한 특정 형태의 자연신학을

---

13 알리스터 맥그래스, 『정교하게 조율된 우주』, 47.
14 이 책 3부 2장에서 다룬 자연신학에 대한 칼 바르트와 에밀 브루너 사이의 논쟁을 참고하라.

향한 것이다.[15] 계몽주의 프로젝트에 함몰된 자연신학은 마땅히 비판받아야 하고 극복되어야 한다는 점에서 그는 바르트와 궤를 같이한다. 하지만, 바르트처럼 계시와 자연을 지나치게 대조하면, 자연신학이 가진 가능성 자체가 고갈되어 버리며 신학의 영역도 쪼그라들어 버린다.[16] 그렇다면 계몽주의라는 강한 합리주의의 주술에 걸린 자연신학을 어떻게 탈주술화할 수 있을까.

삼위일체적 자연신학을 향하여

근대의 자연신학은 변증적 목적으로 자연으로부터 신앙의 내용을 연역하고 논증하려 했다. 하지만, 현대 과학과 지식이론은 실재의 다채로움과 가변성에 더 유연하게 반응할 수 있는 겸허한 인식론적 모델을 선호한다. 구체적으로 맥그래스는 "그 결과를 설명해주는 어떤 가설을 잠정 채택"하고는,[17] 실재를 더 적절히 인식하고 이해하도록 가설과 관찰 방식을 바꿀 수 있는 귀추법abduction을 자연과학과 자연신학이 공유할 방법론으로 제시한다. 이는 기존 이론으로 볼 때는 불규칙 혹은 예외로 보이는 현상에 주목하고 이에 맞게 가설을 바꾸게 함으로써 자연과학의 자기 수정과 발전을 가

---

[15] 알리스터 맥그래스, 『정교하게 조율된 우주』, 56~59.

[16] 그런 의미에서 맥그래스는 바르트의 신학과 유사한 듯하지만, 자연과 과학에 대해서는 다른 관점을 가졌던 에밀 브루너와 토마스 토런스에 지대한 관심을 가지며 그들에 대한 전기를 썼다. Alister McGrath, *T. F. Torrance: An Intellectual Biography* (Edinburgh: T&T Clark, 1999). *Emil Brunner: A Reappraisal* (Chichester: Wiley-Blackwell, 2016).

[17] 이는 미국의 철학자 찰스 퍼스Charles Peirce의 정의를 맥그래스가 인용한 것이다. 알리스터 맥그래스, 『정교하게 조율된 우주』, 107.

능하게 한다. 또한, 신학자들에게는 그 시대의 주도적 세계관을 성서적 진리와 동일시하지 않도록 계속 자극하고, 대신 그리스도교의 실재관이 실제 세계에 대한 경험과 공명을 얼마나 일으키느냐에 주목하게 한다. 그런 의미에서 귀추법은 신앙을 전제하지 않고서 자연으로부터 하느님의 존재를 증명하려는 야심에 찬 자연신학 대신, 경험적 정합성empirical fitness을 중요시하는 온건하고 현실적인 자연신학을 추구하게 한다.[18]

또한, 자연은 이성으로 예측 가능한 법칙에 따라 움직이는 실체라는 전제 위에서 출발하는 신학적 사변은 자연에 대한 단순하고 경직된 이해에 빠지기 쉽다. 하지만, 자연신학이 전성기를 맞이했던 19세기 영국만 하더라도 찰스 킹슬리Charles Kingsley, 존 러스킨John Ruskin, 제라드 맨리 홉킨스 등이 신학, 예술, 문학, 과학이 함께 대화하고 공존할 수 있는 자연에 대한 섬세한 이해를 보여줬다. 뒤이어 20세기에 이루어진 여러 학문의 발전은 객관적이고 자율적인 실체로서 자연 개념을 회의하도록 이끌었고, 자연도 여러 해석을 허용하고 요구하는 실체임을 알려줬다.

'자연'이란 인간 관찰자가 어떤 식으로 자연계와 경험적 세계를 바라보고, 해석하고, 그 안에서 살아갈지에 관해 선택한 방식들을 가리킨다. 관찰의 과정은 '이론이 개입하며' 실재를 바라보는 기존 도식들 내지 '마음 지도들'이 관여한다. 자연의 개념은 다

---

[18] 알리스터 맥그래스, 『정교하게 조율된 우주』, 451.

양하다. 자연에 대한 생각이 본질상 순응성이 있고 확정돼 있지 않아서 사람의 마음이 행하는 개념 조작에 매우 민감하기 때문이다.[19]

자연은 이미 해석되어 있고, 또 언제나 새롭게 재해석해야 한다. 이러한 자연관은 자연신학의 정체성과 역할을 설정하는 데도 영향을 준다. 자연신학은 창조 세계와 관련된 성서의 구절 하나하나에 집중하는 것이 아니라, 자연에 대한 다양한 경험적 관찰과 여러 해석이 조화롭게 공존할 수 있는 실재에 대한 포괄적인 그림을 제시하는 사명이 있다. 달리 말하면, 자연신학은 자연을 통해 자연 배후의 초월적 실재를 증명하는 것이 아니라 "자연계를 '보는' 방식(시각)"에 관한 것이다.[20] 이성을 통해 자연을 분석하는 것이 아니라 그리스도교의 풍요로운 전통을 통해 자연을 보는 독특한 시각을 배우도록 도모한다.

여기서 더 나아가 맥그래스는 삼위일체 하느님의 계시와 자연에 대한 경험적·추론적 이해가 공존할 수 있는 자연신학의 새로운 패러다임을 제시한다. 자연을 통해 창조신의 존재를 증명하려는 합리주의적 접근법은 추상적 유일신 개념으로 우리를 이끌 가능성이 크다. 실제로 근대 영국에서 자연신학과 이신론의 부흥기는 시기적으로 겹친다. 맥그래스의 자연신학은 그 반대 방향, 즉

---

19 알리스터 맥그래스, 『정교하게 조율된 우주』, 34.
20 알리스터 맥그래스, 『정교하게 조율된 우주』, 454.

삼위일체 신앙으로부터 자연을 바라보는 방식을 취한다.[21]

삼위일체 시각에서 자연계와 접촉하는 것은 자연이 특정한 방식으로 특정한 범위에서 자연의 기원과 목표(시작과 끝)를 되올려 줄 수 있으리라는 기대를 북돋아 준다. 삼위일체 시각에서 보면, 정교하게 조율된 것은 자연 그 자체만이 아니다. 자연을 보는 신자의 인식도 정교하게 조율되었을 수 있다. 그리스도교 전통은 자연에 특정한 방식으로 귀를 기울이게 하고, 자연이 들려줄 계시를 크게 기대하게 하기 때문이다. 이런 귀 기울임과 기대가 자연에서 들려오는 소음을 화음으로 듣게 해준다.[22]

맥그래스는 삼위일체 존재론을 구성하는 '자신을 계시하시는 삼위일체 하느님', '무로부터의 창조', '하느님 형상인 인간', '삼위일체적 구원 경륜'에 대한 신앙이 한편으로는 자연에 대한 올바른 이해를 가능하게 하고, 다른 한편으로는 자연의 일부이면서도 자연을 대상화하여 관찰할 수 있는 인간의 독특함을 적절하게 인식하게 할 수 있다고 제안한다.[23] 그리고 실제 사례로 근대 과학혁명이 일어나기 약 1,200년 전에 살았던 고대인 아우구스티누스의 창세기 주

---

21 그런 의미에서 맥그래스는 바르트의 제자이자 빼어난 바르트 해석가인 토마스 토런스가 계시신학과 자연신학을 대립시키는 것이 아니라, 전자로부터 후자의 정당성과 적법한 한계를 찾으려 했던 시도를 높게 평가한다. 알리스터 맥그래스, 『정교하게 조율된 우주』, 59.

22 알리스터 맥그래스, 『정교하게 조율된 우주』, 159~160.

23 알리스터 맥그래스, 『정교하게 조율된 우주』, 164~188.

석이 현대 과학, 특히 진화론적 세계 이해와 공명을 일으킬 수 있음을 보여준다.[24] 이처럼 삼위일체론이 자연에 대한 심오하고 적절한 해석의 틀을 제공한다고 주장하면서, 그는 "은총은 자연을 파괴하지 않고 오히려 그것을 완성한다"Gratia non tollit naturam, sed perficit는 토마스 아퀴나스의 공리를 자연신학화한다.

우주의 의미를 찾는 자연신학

맥그래스가 『정교하게 조율된 우주』 전반부에서 삼위일체론적 자연신학을 제안하는 데 심혈을 기울였다면, 후반부는 이를 바탕으로 우주의 시작과 생명의 기원, 진화의 메커니즘, 진화의 방향 등에 관한 여러 과학 이론을 소개하고 그 의미를 삼위일체론적 관점에서 해석하는 데 할애한다. 독자 친화적인 글쓰기를 지향하는 저자라지만 현대 과학에 대한 기술적 설명을 생략할 수도 없는 만큼 후반부는 어느 정도 난이도가 높다. 하지만, 알베르트 아인슈타인의 한 마디는 후반부 전체를 관통하는 논지를 이해하는 데 도움이 된다.

세계가 가진 영원한 신비는 이 세계를 이해할 수 있다는 것comprehensibility이다.[25]

---

[24] 알리스터 맥그래스, 『정교하게 조율된 우주』, 219~241.

[25] 1936년 아인슈타인이 '물리학과 실재'Physics and Reality(1936)에서 한 말을 다음에서 재인용하였다. 알리스터 맥그래스, 『정교하게 조율된 우주』, 177.

우주 안에 수많은 별이 생성되고, 중력이 만들어져 별들이 유지되며, 지구에 생명체가 출현하고, 생명의 생존을 위해 적합한 온도가 유지되려면 일련의 우주상수들의 정교한 조율이 필요하다. 자연 속의 여러 힘 사이에서 벌어질 수 있는 변수들을 제어하면서 맞춰진 경이롭고 정밀한 균형 덕분에 우주가 현재의 모습으로 존재할 뿐만 아니라, 우주로부터 받은 감각 정보로부터 그 속의 질서를 파악하고 법칙을 기술해 낼 인간도 존재한다.

우주가 인간이라는 지적 생명체가 존재하기에 적합한 조건을 갖추는 방식으로 형성되었다는 것은 과학자들의 '관찰' 결과다. 하지만, 우주가 인간의 출현을 위한 방식으로 조율되었다고 말하는 것은 하나의 '해석'이다. 이처럼 우주가 인간의 존재가 가능한 조건으로 형성되어 왔다는 주장을 인간중심 원리anthropic principle라고 한다.[26] 맥그래스는 인간중심 원리의 빛 아래 빅뱅과 화학적 진화, 생물학적 진화, 창발적 진화 등의 개념을 각각 설명한다. 이로써 우주는 맹목적으로 진화가 이루어지는 공허한 시공간이 아니라 의미로 충만하고 목적을 향해 움직이는 곳으로 '재해석'된다. 세계에 대한 관찰 결과를 종합하고 초월하는 의미라는 것이 존재하고, 또한 세계 속에서 특별히 인간은 의미를 추구하고 살아가는 존재라면,

---

[26] 알리스터 맥그래스, 『정교하게 조율된 우주』, 13~16. 인간중심 원리(혹은 인류 원리)는 과학적 관찰을 넘어선 사변의 결과이기에 학자들의 찬반 입장이 갈린다. 하지만 정교한 조율이라는 관찰 결과도 해석을 요구하고, 인간중심 원리는 이에 대한 하나의 형이상학적 해석인 만큼 그 가치를 인정받을 수 있다. 다음을 참고하라. 우종학, "인류원리: 의미를 추구하는 일은 무의미할까요?" 『복음과 상황』(2020.08.18.), https://www.goscon.co.kr/news/articleView.html?idxno=40108 (2023.08.14. 최종 접속).

사실과 의미 모두를 포괄할 수 있는 큰 설명의 틀이 요구될 수밖에 없다.

> 우리는 ... 그리스도교 신앙의 가장 독특하고 중요한 측면 가운데 하나를 만난다. 경험에서 얻은, 아직 가공하지 않은 데이터에 의미라는 그물을 던져준다는 것이 바로 그것이다. 우리는 복음이 주로 우주나 인간의 기원을 설명해 주는 것이 아님을 유념해야 한다. 복음의 본질은 그것이 목적과 가치와 중요성과 작용 같은 관념들로 표현되는 **의미**를 전달해 준다는 데 있다.[27]

맥그래스는 삼위일체적 존재론으로부터 자연에 대한 설명에 일관성을 부여하는 큰 그림을 발견할 뿐 아니라, 자연을 의미로 충만하게 보도록 초점을 맞춰줄 근원적 힘을 얻는다. 물론 자연신학을 자연에 대한 그리스도교 신앙의 설명 능력이라는 관점에서 파악하는 것에는 장단점이 있다. 이는 현실적이고 온건한 자연에 대한 신학적 이해를 가능하게 하지만, 포괄적 설명을 위한 '큰 설명의 틀'을 묘사하는 데 집중하다 보니 각론에서는 정교한 논증이 부족할 수도 있다. 게다가 신학자 중에는 맥그래스가 그리스도교의 핵심 교리들을 실재를 설명하는 관점 정도로 만들어 버리는 것은 아닌가 의심하는 이들이 있을 수 있다. 과학 전문가들이 볼 때는 인간중심원리의 옹호 여부를 떠나, 그가 과학적 관찰 결과를 삼위일체론이

---

[27] 알리스터 맥그래스, 『정교하게 조율된 우주』, 454~455.

라는 틀에서 해석하는 것 자체에 의문을 표할 수도 있다.

하지만 삼위일체론적 자연신학을 제시하려는 그의 시도가 중요하고 고무적이며 적실한 것임은 부정할 수 없다. 우주를 무의미한 곳처럼 상정하는 자연과학적 환원주의나 자연과학과 대화를 거부하는 신앙주의 양극단 사이에서 과학과 신학이 함께 실재를 해석하는 협력과 대화의 공간을 만들려면 상당한 지적·신앙적 모험이 요구된다. 물론 기존 이론에 대한 수정을 계속 요구하는 과학과 달리 신학은 규범적 성격도 가지고 전통을 소중히 하기에 덜 모험적일 수밖에 없다. 게다가 새로운 세계에 맞게 신학을 재해석하려 했던 모험 모두가 성공적이었던 것도 아니었다. 하지만, 그리스도교 내부에 그러한 지적 모험이 계속 있었기에 신학과 교회가 생명력을 유지할 수 있었음을 잊어서는 안 된다. 맥그래스의 책을 읽는 가장 중요한 이유도 과학과 신학이 만날 수 있는 완벽한 이론이 거기에 있어서가 아니라, 우리는 모두 이성과 신앙 둘 중 하나를 포기하지 않은 채 수천 년을 이어온 인류의 오랜 모험에 참여하라는 초청을 받았기 때문이다.

신에 대한 예배는 안락하게 되풀이되는 관례적인 의식일 수 없으며, 그것은 영혼의 모험이요 도달하기 어려운 것을 향해 솟는 비상飛翔이다. 종교의 죽음은 모험의 고귀한 소망을 억압하는 데서 온다.[28]

---

[28]   A. N. 화이트헤드, 『과학과 근대세계』, 278.

삼위일체 하느님을 향한 기도와 욕망의 변주

『십자가: 사랑과 배신이 빚어낸 드라마』
새라 코클리 지음, 정다운 옮김, 비아, 2017.

2016년 11월, 미국 개신교 잡지 「크리스천 센추리」The Christian Century는 특이한 제목의 인터뷰 기사를 실었다. '왜 이 세계에는 새라 코클리가 필요한가?'Why the world needs Sarah Coakley?[1] 생존하는 신학자를 소개하는 기사치고는 이례적인 찬사를 담고 있는 제목이다. 호들갑 떠는 기사인 것 같아 곱게 보이지는 않지만, 다른 한편으로는 이 낯선, 영국 신학자가 왜 이 정도의 찬사와 주목을 받는지 궁금증을 일으킨다.

잉글랜드 성공회 사제이자 옥스퍼드와 하버드와 케임브리지 대학교에서 가르쳤던 신학자 새라 코클리를 이해하기란 쉽지 않은 일이다. 그녀는 조직신학, 종교철학, 여성신학, 종교와 과학의 대화 등 다양한 분야를 오가며 수많은 글을 남겼고, 또 남기고 있다.

---

[*]   원서는 다음과 같다. Sarah Coakley, *Cross and the Transformation of Desire: The Drama of Love and Betrayal* (Cambridge: Grove Books, 2014).

[1]   Sarah Morice Brubaker, 'Why the World Needs Sarah Coakley', *The Christian Century* (2016.11.15.), https://www.christiancentury.org/article/2016-11/theology-through-prayer.

모든 에세이, 논문, 저작을 통해 그녀는 인간됨의 의미를 가식 없이 응시하고, 일상에서 신비에 잠기는 법을 안내하고, 우리를 옭아매던 선입견을 거북하지 않게 뒤틀며, 현대 사회에서 그리스도교의 의미를 묻는다. 그녀가 펼쳐내는 학문 세계의 폭과 깊이는 전문 독자도 따라가기 쉽지 않을 만큼 넓고 깊으며 그렇기에 그녀의 글을 읽는 것은 고된 만큼 즐겁다. 예민한 독자들은 강연뿐만 아니라 논문에서도 감미로운 뉘앙스를 담고 있는, 복잡하지만 우아한 그녀의 문장에 찬사를 보낸다. 한 작가는 코클리의 문체를 보고 '가능한 최고로 풍성한 음절'을 가지고 사상을 전개하는 신학계의 조지 엘리엇George Eliot이라 불렀다.[2] 엘리엇을 처음 읽었을 때 경험하는 당혹감과 번뜩임을 독자들은 코클리의 글을 접할 때도 체험할 수 있다.

섬세한 만연체를 즐겨 쓰는 엘리엇을 한국어로 옮기는 번역자들이 문장의 길이와 복잡함에서 오는 고충을 토로해 왔듯, 코클리의 글을 한국어로 번역하거나 소개하는 것은 결코 만만치 않다. 그러다 보니 코클리의 학문적 중요도나 국제적 명성에 비해 한국 독자들은 그의 글을 접할 기회가 충분히 없었다. 2019년 한국을 방문해 언더우드 국제심포지엄에서 세 차례 강연했고, 이에 발맞춰 코클리의 신학에 관한 입문서가 출간되었으며,[3] 그 전후로 코클리를

---

[2] Mark Oppenheimer, 'Prayerful Vulnerability: Sarah Coakley Reconstructs Feminism', *The Christian Century*, June (2003), 25~31.

[3] 고형상, 『욕망, 기도, 비움: 새라 코클리의 생애와 신학』(도서출판 100, 2021). 이는 2019년 코클리의 방한에 맞춰 마다바름 출판사에서 나온 책의 개정판이다.

소개하는 몇 편의 논문이 나왔다고 하지만,[4] 여전히 그녀의 신학을 직접 읽을 때 느껴지는 참 맛을 누리기는 역부족이다. 그런 의미에서 『십자가』는 독자들에게 그리스도교 핵심 사건인 십자가 사건을 음미하게 하는 좋은 묵상집일 뿐 아니라 코클리가 빚어낸 신학 세계의 색과 결을 힐끗 엿보게 해주는, 얇지만 풍요로운 신학 에세이로 읽힐 수 있다.

이성과 신비 사이에서

이성과 신비가 빚어내는 갈등과 조화는 코클리의 복잡하고도 아름다운 사상의 미궁을 헤매지 않고 돌아다닐 수 있게 해주는 '아리아드네의 실'이다.

1951년 영국 런던의 법률가 집안에서 태어난 그녀는 사춘기 시절 이미 조숙한 신앙인의 모습을 보임과 동시에 왕성한 지적 호기심으로 독서에 매진했다. 부모님 서재에 꽂혀 있던 책들을 읽으며 자기를 찾아 여정에 나섰고 13세 때 신학에 헌신하기로 결단했다. 당시 그녀에게 결정적인 영향을 준 저자는 성공회 배경의 종교철학자 이블린 언더힐Evelyn Underhill이었다.[5] 언더힐이 보여준 기도와 영성 생활에 대한 신비주의적 접근은 코클리가 하느님의 신비에

---

[4] 대표적으로 다음과 같은 논문이 있다. 고형상, '케노시스론의 페미니스트 신학적 함의: 사라 코클리의 케노시스론을 중심으로', 「한국조직신학논총」 54 (2019), 7~52. 최유진, '새라 코클리의 수행성 개념에 관한 연구', 「한국조직신학논총」 57 (2019), 247~286. 김인수, '기도 신학: 욕망desire의 변화 transformation를 중심으로', 「신학과 실천」 74 (2021), 305~330.

[5] 이블린 언더힐과 관련해서는 다음을 참조하라. 이블린 언더힐/G.P.멜릭 벨쇼우(편집), 『이블린 언더힐과 함께 하는 사순절 묵상』 (비아, 2014).

대한 물음과 헌신을 가슴 깊이 새기게 해주었다.

언더힐이 코클리에게 신비에 대한 감각을 익힐 수 있게 해줬다면, 잉글랜드 성공회 울위치의 주교이자 케임브리지 대학교에서 강의하던 신학자 존 A. T. 로빈슨John A. T. Robinson은 그녀의 지적 욕구를 강하게 자극했다. 그가 쓴 『신에게 솔직히』Honest to God(1963)는 초자연주의적이고 미신적인 신 개념을 해체하고, 현대인에게 적합한 비신화적이고 합리적인 신 개념을 파격적으로 시도한 책으로 널리 알려져 있다.[6] 케임브리지 대학교에 진학한 코클리는 이 1960년대 가장 논쟁적인 신학책의 저자와 1:1 수업을 했다. 로빈슨이라는 짙은 그늘에 언더힐이 가려져 버린 셈이다.

하지만 이 불균형은 그리 오래 가지 않았다. 20대 초, 코클리는 하버드 대학교의 신학 석사 과정을 이수하기 위해 영국 케임브리지를 떠나 미국 케임브리지로 이동했다. 그곳에서 그녀는 고든 카우프만을 만났다. 코클리는 그에게 그리스도교에 역사주의적이고 이성적으로 접근하는 방법을 배웠다. 하지만 동시에 그녀는 채플 성가대로 활동했고, 성찬례에 정기적으로 참여하는 등 성공회 고교회 전통을 새롭게 배우게 되었다. 이를 통해 그녀는 한동안 잊고 있었던 신비에 대한 욕망을 재발견했다.

박사 연구를 위해 영국 케임브리지로 돌아온 코클리는 신비와 이성을 자신의 신학 안에 공존시킬 가능성을 모색했다. 역사 비평 방법을 사용하여 초기 교회 교리의 발전을 비판적으로 분석한 모

---

[6] John A. T. Robinson, *Honest to God* (London: SCM, 1963). 한국어판은 다음과 같다. 존 로빈슨, 『신에게 솔직히』(대한기독교서회, 1968).

리스 와일스Maurice Wiles의 지도 아래 그녀는 교리에 대한 추상적 담론을 거부하고 역사적이고 사실적 지식으로 그리스도교를 급진적으로 재해석한 에른스트 트뢸치의 그리스도론에 대한 박사 논문을 작성했다.[7] 트뢸치의 저작들을 연구하면서 그녀는 (통념적으로 트뢸치의 사상의 특징이라고 평가받는, 그리스도교의 절대성을 상대화하는 방법이나 결론을 배운 것이 아니라) 기도와 체험이 중심을 이루는 신비주의가 초기 교회 때부터 그리스도교의 중요 유형이었음을 확신하게 되었다.

이 지점에서 우리는 기존의 신학 범주로는 쉽게 규정하기 힘든, 코클리 신학이 지닌 모호한 매력의 근원을 발견할 수 있다. 그녀는 역사주의 방법론을 훈련받으며 신약성서와 다양한 교부 문헌을 비판적으로 분석했다. 하지만 이를 통해 교회 전통에 대한 자유주의적이고 해체적 태도를 보였던 스승들과는 달리, 기도와 예배가 초기 교회 교리의 형성과 발전에 결정적인 역할을 했음을 확신했다. 초기 교부신학에 대한 긍정적인 태도 때문에 어떤 이들은 코클리를 전통주의자, 심지어 제도 교회 중심적인 보수 신학자로 보기도 한다. 실제로 코클리는 가톨릭 전례를 따르고 이를 대변하는 신학을 전개하는 성공회 고교회파에 속해 있으며, 자신의 신앙 정체성은 미국 성공회Episcopalism가 아니라 잉글랜드 성공회Anglicanism에 있음을 강조하기도 한다. 트뢸치의 유형론을 빌려 말하면, 그녀는 분

---

[7] 코클리의 논문은 이후 단행본으로 출판되었다. Sarah Coakley, *Christ Without Absolutes: A Study of the Christology of Ernst Troeltsch* (Oxford: Oxford University Press, 1988).

명 전통과 교리, 제도를 중요시하는 '교회 유형'에 속한 신학자다. 하지만 신비주의 유형이 지닌 가치에 대한 코클리의 지속적인 강조와 현대 비판이론에 대한 폭넓은 지식은 그녀가 통념적인 '교회 유형'의 신학에서 벗어나 교리 발전의 역사 이면에 가려진 복잡한 정치적 이해관계, 남성 중심 이데올로기를 성찰하는 방식으로 신학 작업을 펼쳐나갈 수 있게 해주었다.

트뢸치도 지적했듯 체험을 강조하는 신비주의적 유형은 비합리주의 혹은 반지성주의적 경향으로 흐를 위험이 있다. 코클리도 이러한 위험성을 알고 있다. 그녀는 신학은 신비와 기도를 주춧돌로 삼되 학문으로서 높은 수준의 지적인 엄밀함과 설득력을 갖고 있어야 한다고 말한다. 신학은 신학자들끼리, 혹은 교회 안에서만 통용되는 폐쇄적인 학문이 되어서는 안 되며, 신비에 자신을 열어 놓으며 엄밀한 지적 작업으로서 그 공적 성격과 지적 수준을 종교철학, 진화 생물학, 교부학, 사회학, 법학, 문화와 젠더, 미학 등의 논의를 품을 수 있는 통합적 비전을 보여주어야 한다. 이러한 생각에 바탕을 두고 진행되는 코클리의 작업은 현대 신학의 가장 큰 문제인 신학자만의 언어와 논리에 빠져있는 편협한 신학적 혹은 교단적 교파주의sectarianism라는 틀을 깨뜨리고 넘어선다. 그녀가 다양한 분야의 전문가와 우정을 쌓고 협력을 이어가며 융합 학문 시도를 끊임없이 하는 데는 이러한 신앙고백, 신학적 신념이 뿌리내리고 있다.[8]

---

[8] 코클리가 편집자로서 다양한 전공의 학자들과 협업하여 펴낸 다음 책들은 종교철학, 젠더 이론, 심리학, 생물학 등의 분야에까지 이르는 그의 융

삼위일체, 기도, 그리고 욕망

근대적 합리성의 헤게모니를 넘어서는 '유동적' 사유의 가능성을 코클리는 삼위일체의 신비에서 발견한다. 그녀는 이를 우아하고도 시적인 신학적 언어로 표현함으로써 이성과 비이성, 합리성과 육체적 욕망 사이의 이분법을 넘어서는 시도를 감행한다. 현대 젠더 이론은 이러한 분열을 문제 삼을 수 있는 통찰을 가르쳐주었지만, 그녀는 삼위일체와 욕망에 대한 신학적 분석을 통해 초대 그리스도교 신학이 지닌 부드럽고도 풍성한 해석의 토양을 '다시금' 일구어냈다. 초기 교부를 남성 중심적 전제를 갖고 활동한 성차별주의자sexist로 규정하는 여성신학의 일반적인 흐름과는 달리, 코클리는 젠더 이론의 통찰을 안고서, 교부들이 쓴 텍스트 속으로 들어가 전통 교리에 부드럽고도 은밀하게, 때로는 복잡다단하게 얽혀 있는 성적 함의와 정치적 요소를 전복적으로 읽어낸다.

코클리가 전개하는 삼위일체론의 원형은 기원후 50년대 중반 기록된 문헌으로 추정되는 로마인에게 보낸 편지에서 발견할 수 있다. 그녀에 따르면 로마인들에게 보내는 편지 8장은 삼위일체

합 학문적 노력의 대표적 결실물이다. Sarah Coakley(ed.), *Religion and the Body* (Cambridge: Cambridge University Press, 2000). Sarah Coakley and Kay Kaufman Shelemay(eds.), *Pain and Its Transformations: The Interface of Biology and Culture* (Cambridge, MA: Harvard University Press, 2008). Martin A. Nowak and Sarah Coakley(eds.), *Evolution, Games, and God: The Principle of Cooperation* (Cambridge, MA: Harvard University Press, 2013). Sarah Coakley(ed.), *Spiritual Healing: Science, Meaning, and Discernment* (Grand Rapids, MI: Eerdmans, 2020). 그리고 코클리의 2009년 케임브리지 대학교 노리스-헐스 교수직 취임 연설과 2012년 애버딘 대학교에서 했던 기포드 강연의 주제였던 '되찾은 희생'Sacrificed Regained도 그녀의 융합 학문적 성향을 잘 보여준다.

'교리'가 형성되기 훨씬 이전부터 '기도'가 삼위일체적 성찰을 가능케 하는 언어와 문법을 제공했음을 보여주는 '원형'이다.[9] 우리가 기도할 때 성령께서 우리 연약함을 도우시고자 탄식하시며 우리 안에서 성부께 기도하신다(로마 8:26). 기도는 언어를 매개로 하느님과 인간 사이에서 일어나는 대화이기 이전에, 연약한 인간 안에 있는 성령을 통해 일어나는, 삼위일체 하느님 사이에서 이루어지는 신적 대화다. 이때 바울은 인간의 지성이나 언어보다 구원을 향한 욕망을 우선시하며(로마 8:19), 성령의 중보를 표현하기 위해 해산하는 여인의 신음과 고통이라는 육체적 이미지를 사용한다(로마 8:22). 비록 우리가 지성으로는 삼위일체의 신비는 알지 못하고 기도할지라도, 성령의 기도 덕분에 우리는 삼위일체의 교제 안으로 '들어 올려진다'. 우리는 기도를 통해 삼위일체의 충만한 생명에 참여하게 되고, 양자의 영을 받아 '아바'라 부르며 성자의 영광을 나눠 받는 하느님의 자녀가 된다. 이처럼 성령을 통한 삼위일체의 신비로의 초대, 그리고 성부와 성자와 성령의 급진적 사랑 앞에 노출된 인간이야말로 코클리가 파악한 삼위일체론의 핵심이다.

교부들은 로마인들에게 보낸 편지 8장에 나타난 삼위일체적 구

---

[9] 로마인들에게 보낸 편지 8장을 중심 텍스트로 하는 코클리의 삼위일체론은 다음 대표적 논문을 참고하라. Sarah Coakley, 'The Trinity, Prayer and Sexuality', *Feminism and Theology* (London: Oxford University Press, 2003), 'Why Three? Some Further Reflections on the Origin of the Doctrine of the Trinity', *The Making and Remaking of Christian Doctrine* (Oxford: Clarendon Press, 1993). 코클리의 삼위일체론은 그녀의 조직신학 1권에서 가장 심도 있고 큰 규모로 다루어진다. Sarah Coakley, *God, Sexuality and the Self: An Essay on the 'Trinity'* (Cambridge: New York: Cambridge University Press, 2013).

조를 따라 성령과 기도에 대한 심오하면서도 아름다운 성찰을 보여주었다. 그러나 서방 교회의 역사에서 삼위일체 중 성령의 역할은 점차 희미해졌다. 이 지점에서 코클리는 묻는다. 삼위일체 교리의 발전 과정에서 로마인들에게 보낸 편지 8장은 왜 중심적 지위를 잃게 되었을까. 지성으로 파악할 수 없다 할지라도, 언어로 표현할 수 없다 할지라도 기도와 성령을 통해 삼위일체의 신비를 체험할 수 있다는 주장은 위험한 것일까. 신비주의에 대한 억압과 성령론의 약화를 동시에 촉발한 정치적 동기가 있지 않았을까. 삼위일체를 성찰하는 온당한 길은 삼위일체를 합리적으로 설명하려는 노력 이전에, (연인 사이의 에로스적 욕망과 유사한) 초월자와 연합하고픈 욕망이 우선하여 일어나야 하지 않는가. 그러므로 삼위일체를 이해하기 위한 출발점은 탐구가 아니라 기도여야 하지 않을까.

이러한 물음을 가지고 코클리는 교부들의 글을 살피며 삼위일체의 신비를 육체적 욕망의 이미지와 언어로 표현한 사례를 다시금 부각한다. 이를테면 니사의 그레고리우스는 아가를 해설하면서 인간의 영혼을 신부로 묘사하며 성부를 궁수, 성자를 화살, 성령을 신성한 사랑의 독이 담긴 화살촉으로 표현한다. 신부는 성부가 쏜 사랑의 화살을 맞고, 화살촉에 묻은 사랑의 독에 취한다.

신부는 입을 연다. "나는 사랑으로 상처를 입었습니다." 이 말은 신랑의 화살이 그의 심장의 깊은 곳을 관통했음을 알려준다. 시위를 날린 궁수는 사랑이시다(1요한 4:8). 궁수는 그의 '선택받은 화살'(이사 49:2), 즉 자신의 유일한 아들을 구원받은 이들을 향해 쏘신다. 그는 세 갈래로 끝이 갈라진 화살촉을 생명의 영에다 담그신다. 화살촉은 믿음이다. 믿음과 화살을 가지고서 하느님은 궁수를 신부의 마음 깊은 곳에 소개하신다.[10]

위 인용문에서 삼위일체를 설명하는 사랑의 언어는 아름답다 못해 관능적이기까지 하다. 그레고리우스가 사용한 "가장 매혹적이고 복잡한 삼위일체론적 알레고리"는 우리가 하느님의 욕망의 대상이 되고 있음을 알려줄 뿐 아니라, 마음 깊숙한 곳에 얼어붙어 있던 욕망을 녹여 움직이게 한다.[11] 삼위일체론의 목적은 셋이 하나이신 하느님의 신비를 교리적으로 이해시키거나 합리적으로 증명하는 데 있지 않다. 이 교리의 참된 목적은 우리에게 오신 절대자를 향한 사랑의 불씨를 우리 실존의 중심에 머금게 하는 데 있다.

로마인들에게 보낸 편지 8장의 성령론이 중요한 이유는 기도가 위와 같은 삼위일체의 신비에 우리가 잠기게 해줄 뿐 아니라, 우리가 누구인지, 즉 인간의 참 정체를 알려주기 때문이다. 코클리가 볼 때 인간은 근원적으로 '욕망하는 존재'다.[12] 물론 인간됨의 심연

10 Gregory of Nyssa, *Commentary on the Song of Songs* (Brookline, MA: Hellenic College Press, 1987), M, 852, 103.

11 Sarah Coakley, 'Re-thinking Gregory of Nyssa: Introduction - Gender, Trinitarian analogies, and the Pedagogy of the Song', *Modern Theology* 18/4 (2002), 440.

12 desire는 욕망(慾望)으로도 갈망(渴望)으로도 번역될 수 있다. 신학계에서는 갈망이라는 표현을 선호하는 경향이 있으나, 코클리는 한국어로 자신의 신학을 소개할 때는 정신분석학에서도 사용하는 '욕망'으로 번역해 달라고 부탁했다. 그 이유는 하느님을 향한 욕망과 다른 신체적 욕망이 날카롭게 구분되지 않고, 욕망에 대한 신학적 분석이 정신분석학이나 타학문의 욕망

에 욕망이 있다는 주장은 멀게는 플라톤부터 가깝게는 프로이트에 이르기까지 수많은 사람이 개진한 바 있다. 하지만 이들의 주장이 앞선 통찰을 바탕으로 '종교는 왜곡된 욕망의 투사'라는 식의, 종교에 대한 단순한 비판으로 귀결된 반면, 코클리는 이를 넘어 삼위일체의 신비 안에서 교리와 욕망이 얼마나 긴밀하게 결합되어 있는지를 보여준다.[13]

초대 교부들과 마찬가지로 코클리는 인간에게 있는 근원적 욕망을 하느님과의 연합을 찾아 헤매는, 구원을 향한 갈망으로 파악했다. 자신이 알지도 못하는 초월자를 향한 피조물의 욕망은 "에로스적 사랑의 충족을 찾아 헤매는 불안한 마음"과 닮았다.[14] 하지만 이 욕망을 인간은 스스로 충족할 수 없다. 그렇기에 인간은 기도 안에서 고요히 하느님을 기다리고, 자기 안에 계신 성령의 신적기도에 자신을 내맡기고, 하느님 사랑에 자신을 개방해야 한다. 욕망으로 움직여지는 인간이 참 인간됨을 찾기 위해선 자신이 자기보다 더 크고 아름답고 사랑으로 충만한 존재의 '욕망의 대상'이 되었음을 먼저 체험하고 깨달아야 한다. 우리의 목적 없는 욕망 혹은 억눌리거나 왜곡된 욕망은 우리 안의 성령을 통해 올바로 일깨워지고, 계속된 기도와 수행을 통해 변화하고 강화된다.[15]

분석과 공명을 이루는 것을 보여주기 위함이다.

[13] Sarah Coakley, 'Pleasure Principles: Towards a Theology of Desire', *Harvard Divinity Bulletin*, 33/2 (2005), 22~33.

[14] Sarah Coakley, 'Creaturehood Before God: Male and Female', *Readings in Modern Theology: Britain and America* (Nashiville: Abingdon Press, 1995), 330.

[15] Sarah Coakley, 'The Eschatological Body: Gender, Transformation, and God',

따라서 그리스도교의 교리는 단지 지적으로 설명되거나 파악될 수 없고, 기도하고 예배드리고 사랑을 주고받는 육체적 경험과 구체적 수행을 통해서 이해될 수 있다. 교리에 대한 합리적 설명과 논리적 변호도 중요하지만, 그리스도교에서 보다 근원적인 것은 삼위일체의 신비에 대한 우리의 욕망이다. 교회 가르침에 대한 지적 동의와 교회 권위에 대한 순종보다도, 그 이전에, 신성한 사랑의 술에 취할 줄 알고 두근거리는 마음에 안절부절못하는 신부의 열정과 혼란스러움이 그리스도교적 실존의 밑바닥을 구성한다. 이를 드러내기 위해 코클리는 건조하고 추상적 언어로 표현된 교리 이면의 영적이고 실천적이며 육체적인 측면을 드러내는 신학적 언어와 이미지를 주조해낸다. 마르틴 루터가 "너는 하느님께 용서받았다"You are forgiven by God라는 복음을 재발견하며 종교개혁을 일으켰다면, 코클리는 "너는 하느님의 욕망의 대상이다"You are desired by God라는 상실된 근원어를 현대인에게 되찾아준 셈이다.

이처럼 코클리는 신비와 이성이라는 두 근원에서 흘러나오는 지류를 새로이 직조했다. 신비와 기도를 중심으로 조직신학 체계를 세우려는 그녀의 작업은 이론과 실천, 교리와 사목, 영성과 지성, 교회와 사회 사이의 간극을 좁힐 새로운 가능성을 신학계에 제시하고 있다.[16]

Modern Theology 16/1 (2000), 65.

[16] 2010년 호주에서 열렸던 코클리 신학에 대한 국제 학회에서 발표된 논문들은 현대 신학에 그녀가 미친 영향과 도전을 잘 보여주고 있다. 다음을 참조하라. Janice McRandal(ed.), *Sarah Coakley and the Future of Systematic Theology* (Minneapolis: Fortress Press, 2016).

성주간에 펼쳐진 사랑과 배신의 드라마

서로를 향한 욕망으로 연합한 연인을 묘사하는 적절한 이미지는 평화롭고 자족적인 고립이 아니라, 사랑의 파문波紋에 몸을 맡겨 이리저리 흔들리는 모습일 것이다. 하느님의 욕망의 대상으로서 인간은 신성한 사랑의 화살에 찔린 존재요, 사랑의 술에 취해 또렷했던 자기의식을 잃어버린 연약하고 상처받기 쉬운 존재다. 삼위일체와 욕망을 신학적 성찰의 중심에 두면서 우리는 '자율적 개인'이라는 현대적 환상의 누추한 모습을 대면하게 된다.[17] 그리고 기도를 통해 성령께서 삼위일체의 사귐 속으로 우리를 끌어 올리시면서, 자아의 필요에 고착되었던 욕망이 하느님과의 연합을 기다리는 욕망으로 변화하게 된다.

『십자가』는 이러한 시선으로 그리스도의 수난과 십자가, 부활을 응시했을 때 어떠한 신학적 사색, 묵상이 펼쳐질 수 있는지를 보여준 저작이다. 이 책은 기본적으로 2013년 3월 영국 솔즈베리 대성당에서 코클리가 인도했던 성주간 묵상에 바탕을 두고 있다.[18] 한 사람의 사제로서, 동시에 신학계에 새로운 가능성을 제시한 신학자로서 그녀는 예수 그리스도의 마지막 일주일이 어떻게 하느님의 사랑이 펼쳐내는 '드라마로의 초대'일 수 있는지를 보여준다.[19]

---

[17] Sarah Coakley, *Powers and Submission: Spirituality, Philosophy and Gender* (Oxford: Blackwell, 2002), xii-xx.

[18] 성주간聖週間, Holy Week은 사순절 중 예수 그리스도의 마지막 일주일을 묵상하는 교회력 절기다. 많은 개신교단에서는 고난주간苦難週間, Passion Week 이란 표현을 사용하기도 한다.

[19] 이 책의 원제는 *Cross and the Transformation of Desire: The Drama of Love and Betrayal*이다. 영국판 제목의 뜻에 가깝게 번역하자면 '십자가와 욕망의 변

십자가 사건은 우리를 수난이라는 드라마로 초대합니다. 이 드라마는 단순한 드라마가 아니며 모든 드라마에 종지부를 찍는, 모든 드라마를 종결하는 드라마입니다. 이 드라마는 정의에 관한 이야기가 아닙니다. 단순히 한 남자가 버림받은 이야기도 아닙니다. 올바른 행위를 했을 때 어떤 보상을 받는지를 전하는 이야기도 아닙니다. 수난은 너무나 섬세하고 변혁적인 하느님의 사랑에 관한 이야기, 우리가 아는 모든 정의를 넘어서고 전복하는 사랑에 관한 이야기입니다.[20]

예수의 십자가 사건, 수난을 마주해 코클리는 십자가와 부활의 실재성에 대해 합리적으로 논증하지 않는다. 대신 그녀는 수난과 구원의 드라마적 성격을 부각하고자 예수 그리스도의 마지막 일주일을 10개의 장으로 재구성한다. 그리고 향유를 붓는 여인, 배신자 유다, 사도들, 그리스도를 뒤따르던 여자들, 베드로 등을 각 장의 적재적소에 배치한다. 이들은 자신도 미처 깨닫지 못하는 사이 수난과 부활이라는 거대하고 신비한 드라마 속에서 중요 배역을 담당했다. 나자렛 예수를 앞두고 그들이 내렸던 삶의 결정은 약 2,000년 동안 성주간 때마다 전 세계 교회에서 계속해서 기억되고 이야기되고 있다.

성서를 잘 아는 이들에게는 이미 익숙해져 새로울 것도 없을 법한 복음서의 인물들을 코클리는 특유의 신학적 통찰과 문학적 상

환: 사랑과 배신의 드라마'가 될 것이다.

[20] 새라 코클리, 『십자가』, 15.

상력을 동원하여 낯설고 생동감 있는 배역들로 재탄생시킨다. 신구약의 여러 텍스트는 그 위험한 순간에 그들이 내린 선택과 그 결과의 숨겨진 의미가 드러나는 드라마의 무대로 변모한다. 그리스도의 운명에 예상하지도 못했던 방식으로 자신의 삶이 묶여 가면서, 서로의 이해관계는 충돌하고 감정은 요동치게 된다. 그리스도 주위에 모여 있던 인물들의 욕망과 행동이 오늘날 우리의 그것과 너무나 닮았기에, 이들은 십자가에 그리스도가 달리셨던 '그때 거기'를 우리가 살아가는 '지금 여기'와 연결하는 역할을 한다. 그럼으로써 그들은 시간과 공간을 뛰어넘어 각자 고유한 방식으로 '이 사람을 보라'Ecce homo고 우리에게 외친다.

욕망을 변모시키는 십자가의 신비

마치 각자의 인생을 살아가던 복음서의 인물들이 사랑과 배신이 빚어내는 드라마 속에서 엮어졌듯이, 서로 다른 배경과 욕망과 가치관을 가지고 살아가던 우리도 예수의 십자가 사건과 고난을 묵상함으로써 수난과 부활이라는 이야기에 묶이게 된다. 코클리가 새롭게 들려주는 그리스도의 마지막 일주일은 폭력에 길들고, 자본에 잠식당하고, 두려움에 짓눌린 우리들의 삶의 실제 모습을 가식 없이 노출하고, 거짓과 뒤틀린 욕망이 만들어낸 의미체계를 해체한다.

코클리는 우리에게 그리스도의 수난 드라마에 들어가라고, 하느님의 구원을 기다리라고, 부활의 삶에 대한 종말론적 욕망을 가지고 살아가라고 짧지만 강렬하게 권한다.[21] 하느님께서 펼쳐내시는 신비한 드라마에 자기 삶의 이야기를 동여맨 존재가 될 때, 수난 이야기는 기대를 넘어서는 방식으로 우리 삶을 변화시킨다. 십자가로 자신을 넘기신 하느님의 이야기에 참여함으로써 우리는 우리를 옭아매던 이기적 욕망을 가식 없이 보는 법을 배우게 된다. 삼위일체 하느님에 대한 욕망이 커가면서 우리는 하느님의 깊은 신비를 신뢰하는 법도 익히게 된다. 왜곡된 욕망이 은총으로 치유되고 변화함으로써 우리는 이웃을 사랑할 수 있는 새로운 존재로 변화하게 된다.

물론, 자기 자신을 드라마의 주인공으로 삼고자 하는 왜곡된 욕망을 가지고 살아가는 이들에게 십자가를 향해 가는 드라마는 낯설고 거북하게 느껴질 따름이다. 그러나 우리에게 생명을 주고자 그리스도께서 죽음으로 '넘겨지는' 이야기는, "주어진 삶을 스스로 조종하려는 세계에서 하느님께서 조종하시는 세계로 우리를 '넘겨줄', 작지만 고귀한 의미의 줄 한 가닥"이 된다.[22] 비록 어디로 갈지 몰라 혼란스럽더라도 이 한 가닥의 줄을 잡고 더듬어 가다 보면 어느새 하느님의 사랑이 충만한 세계로 들어가게 되리라는 점에서, 수난 드라마는 캄캄한 현실 속에서 방황하는 우리 모두를 위한 자비로운 초대가 아닐 수 없다.

---

[21] 묵상을 마무리하며 코클리는 부활의 삶을 위해 (부활한 그리스도를 만난 마리아처럼) 죽고, 돌아서고, 바라보는 방법을 익혀야 한다고 권한다. 새라 코클리, 『십자가』, 105~109.

[22] 새라 코클리, 『십자가』, 67.

평화로운 미래를 위한 '번영의' 신학

『인간의 번영: 지구화 시대, 진정한 번영을 위한 종교의 역할을 묻다』
미로슬라브 볼프 지음, 양혜원 옮김, IVP, 2017.

2017년 5월 23일 아침, 늘 그렇듯이 침대에서 스마트폰으로 뉴스를 확인하며 하루를 시작했다. 대한민국의 새로운 대통령에 대한 높은 관심, 전직 대통령 서거 8주년 기념식, 또 다른 전직 대통령의 국정농단 첫 공판 등 국내 정치와 관련한 묵직한 뉴스로부터 이목을 단번에 빼앗어버린 한 사건의 속보가 연이어 올라오고 있었다. 한국 시각 새벽 6시 반경(현지는 밤 10시 반경) 영국 맨체스터에서 무슬림 청년이 불특정 다수를 겨냥해 자살 폭탄 테러를 일으켰다. 맨체스터 아레나에서 대규모 공연이 끝나고 관객들이 빠져나올 때 폭탄이 터진 만큼, 수많은 사상자가 발생하고 주변은 아수라장이 되었다. 무고한 시민들을 향해 일어난 테러로 23명이 사망하고 1,017명이 부상당했다.[1] 유명 가수의 공연장에서 일어난 폭발이었

---

* 원서는 다음과 같다. Miroslav Volf, *Flourishing: Why We Need Religion in a Globalized World* (New Haven: Yale University Press, 2016).

[1] 사상자 수는 다음 자료를 참고했다. 'Manchester Arena Public Inquiry, Day 44' (2020.12.07.), https://files.manchesterarenainquiry.org.uk/live/uploads/2020/12/07182655/MAI-Day-44.pdf (2023.08.18. 최종 접속).

던 만큼 사상자 중에는 어린이와 청소년들이 많아 더 안타까웠다.

사고가 일어난 후 1~2시간 만에 지구 곳곳으로 사상자와 테러 용의자에 대한 소식뿐 아니라, 테러 원인에 대한 다각도의 분석이 전달되고 있었다. 테러 현장의 사진뿐만 아니라, 현지 상황을 찍은 영상과 목격자들의 인터뷰도 유튜브를 통해 퍼져나갔다. 지구 반대편에서 일어난 사건임에도 한국 포털 사이트에서는 거의 실시간으로 현지 뉴스가 번역되어 올라왔고 수많은 댓글이 급속도로 달렸다. 사상자를 위한 기도와 걱정이 댓글의 주를 이루었지만, 유럽의 다문화주의 정책이 실패했다는 비판의 글도 많았다. 우리나라가 테러로부터 안전하여지려면 현재의 이민정책을 빨리 조정해야 하고, 특별히 무슬림에 대해서는 더욱 엄격한 태도를 보여야 한다는 의견도 적지 않았다.

맨체스터 테러 사건은 현대인이 경험하는 현대 사회의 여러 모습을 압축적으로 보여주었다. 다문화·다종교 사회로의 급격한 전환, 빈부 격차와 소외에서 비롯된 증오심의 증대, 분쟁의 원인으로서 종교적 신념, 교통통신 기술의 발달에서 비롯한 시공간 개념의 붕괴, 소셜네트워크를 통해 형성되는 집단의식, 이민자나 이주자에 대한 막연한 공포 등 책과 논문으로 조금씩 접했던 지구화 현상의 단편이 맨체스터 사건을 계기로 하나로 뭉쳐서 전체 모습을 눈앞에 드러낸 듯했다.

충격적 사건에 머리가 복잡하고 혼미한 상황에서 전날부터 읽기 시작한 책에 손을 뻗어 책장을 넘기기 시작했다. 맨체스터 테러 일주일 전 한국에서 번역 출간된 미로슬라브 볼프의『인간의 번영』

Flourishing(2016)이었다. 그날따라 책 뒤표지에 실린 문장을 되풀이해 곱씹게 되었다.

더 나은 지구의 미래를 위해 우리에게는 종교가 꼭 필요하다.

미국 예일 대학교에서 신학을 가르치고, 예일 신앙과 문화 연구소 The Yale Center for Faith and Culture: YCFC 소장으로 있는 성공회 배경의 신학자 볼프는 폭력과 화해, 일과 영성, 다종교 사회 등의 현실 문제를 풀어 가는 데 지대한 관심을 보여 왔다. 그는 2008년부터 2011년까지 예일에서 가을 학기마다 토니 블레어Tony Blair 전 영국 총리와 '신앙과 지구화'Faith and Globalization 세미나를 진행하며 석학들을 초청하여 이 주제에 관해 이야기를 나누었다.[2] 『인간의 번영』은 여기서 발전시킨 지구화와 종교의 관계에 관한 생각을 담고 있는 책이다. 이 책에서 볼프는 잘 믿으면 전능하신 하느님께서 나와 내 가족에게 복 주신다는 단순화된 번영신학prosperity theology이 아니라, 세계 모든 인류와 자연이 함께 충만해지고 참 좋은 삶을 살아가는 번영의 신학a theology of flourishing을 추구한다.

포용과 화해의 신학자

어떤 신학자의 사상이라도 그의 삶과 무관하지 않겠지만, 볼프의 경우 신학의 내용과 지향성 자체가 그의 삶의 궤적에 따라 형성

---

[2] 세미나 내용은 다음에서 들을 수 있다. https://faith.yale.edu/legacy-projects/faith-globalization (2023.08.18. 최종 접속).

되었다고도 할 수 있다.[3] 그는 1956년 당시 유고슬라비아 사회주의 연방 공화국의 일부였던 크로아티아에서 태어났다(크로아티아는 1991년에 독립했다). 5살 때 볼프는 가족과 함께 세르비아로 이주했고, 그의 아버지는 그곳에서 오순절 교회 목사가 되었다. 당시 세르비아는 종교적으로는 정교회가 주류였고, 정치적으로는 마르크스주의가 지배하고 있었던 만큼, 그는 어릴 적부터 주변인으로서 살아간다는 것의 의미를 체감했다. 동시에 낯선 땅에 와서도 주님의 자비를 삶의 한복판에서 보여주고자 식탁을 개방하며 환대를 베푸는 아버지의 모습은 어린 시절 그에게 큰 영향을 끼쳤다.[4] 그리고 그 신앙의 저변에는 '번영'에 대한 갈망이 있었다.

> 부모님은 대부분의 사람이 바라는 자연스러운 번영의 요소인 건
> 강, 부, 다산, 장수를 위해서 기도하고 또한 일하셨다. 그분들에
> 게 영혼의 구원이란 복음의 반쪽에 지나지 않았다. 나머지 반쪽
> 은 신체의 건강이었다. … 오순절파의 가장 좋은 면은 밤에는 기
> 도하고 낮에는 병자를 치료하고 배고픈 사람을 먹이신 예수를
> 모방하는 것이었다.[5]

---

[3] 이러한 이유로 볼프의 신학에서는 성서신학, 조직신학, 윤리학의 경계가
나뉘지 않는 통합적 사유가 발전하고, 그의 저서에서는 교회의 신학과 공
공신학이 통합되어 있다고 평가받기도 한다. 최경환, '자기 내어 줌과 받아
들임의 공공신학', 『우리 시대의 그리스도교 사상가들: 철학과 신학의 경계
에서』(도서출판 100, 2020), 166.

[4] 미로슬라브 볼프, 『하나님의 말씀에 사로잡혀: 21세기 이슈들과 신학적 성
경 읽기』(국제제자훈련원, 2012), 58~61.

[5] 미로슬라브 볼프, 『인간의 번영』, 35.

볼프는 크로아티아의 자그레브 대학교와 자그레브 개신교 신학교에서 공부한 후, 1977년부터 2년간 미국 풀러 신학교에서 석사 과정을 밟았다. 거기서 그는 교회의 울타리를 넘어 공적 영역에까지 목소리를 내는 신학의 새로운 흐름인 해방신학과 여성신학 등을 소개받았다. 1980~1985년에는 독일 튀빙겐 대학교에서 수학하며 위르겐 몰트만의 지도로 칼 마르크스의 노동 개념에 관한 박사 논문을 썼다.[6] 1994년에는 20세기 교회일치운동을 배경 삼아 개신교 교회론의 독특함은 무엇일까 고민하며 삼위일체론과 교회론의 관계에 관한 주제로 교수 자격 논문을 완성했다.[7]

볼프가 학자로 훈련받던 시기는 세계사의 대격변이 일어나던 때였다. 1989년 11월에는 동서냉전이 끝나며 그 후폭풍으로 동유럽에서는 크고 작은 전쟁이 일어났다. 특히 1992년부터 4년간 이어진 보스니아 내전 동안 인종학살이 벌어졌고, 수많은 사람이 강제 수용소에 감금되고, 여자들은 군인들에게 강간당했다. 10만 명의 희생자를 낸 이 비극이 단지 정치적인 사건이 아닌 것은, 이 지역에 공존하던 이슬람, 정교회, 가톨릭 신자 간의 반목이 증오와 폭력을 부추겼기 때문이다. 볼프 본인도 냉전의 희생자였다. 그는

---

[6] 그의 박사 논문의 국역본은 다음과 같다. 미로슬라브 볼프, 『노동의 미래 미래의 노동』(한국신학연구소, 1993). 박사 논문의 주제를 발전시켜 그는 1991년에 『일과 성령』을 출간했다. 본인도 밝히지만, 노동 혹은 일 개념은 이후 그의 후기 공공신학에서도 큰 비중을 차지한다. 미로슬라브 볼프, 『일과 성령: 새 창조의 비전과 성령론적 일 신학』(IVP, 2019), 13.

[7] 우리말 번역은 다음과 같다. 미로슬라브 볼프, 『삼위일체와 교회 하나님의 형상으로서 교회에 대한 가톨릭 · 동방 정교회 · 개신교적 이해를 찾아서』(새물결플러스, 2012).

1984년 학업을 잠시 중단하고 당시 공산국가였던 유고슬라비아 군대에 입영했지만, 미국에서 유학했고 미국인 아내를 두었다는 이유로 국가전복을 꾀하는 스파이라는 의심을 받았다. 한 보안 장교는 심문이라는 명목하에 그를 위협하고 학대했으며, 이로 인해 한동안 트라우마에 시달리기도 했다. 동유럽 출신 개신교 신학자로서 볼프가 겪었던 여러 사건은 자기 정체성을 지키면서도 어떻게 종교와 신념과 문화가 다른 타자를 배제하지 않고 포용할 수 있을까, 그리고 폭력의 기억에도 불구하고 어떻게 평화로운 미래를 꿈꾸고 현실화할 수 있을까에 대한 학문적 관심으로 이어졌다.[8]

박사학위를 마칠 무렵부터 그는 고국 신학교에서 가르치다가, 1991~1996년에 풀러 신학교에서 조직신학 교수직을 수행했고, 1998년에는 예일 대학교 신학부의 교수로 부임하게 되었다. 새로운 환경에서 그는 용서와 화해, 포용 등과 같은 주제에 계속 관심을 기울임과 동시에 신학의 공적 지평에 대해 고심하기 시작했다.[9] 다원화된 미국 사회에서 신앙의 공적 지평을 고민할 때 종교 간의 평화를 어떻게 이룩할 것인가의 문제를 그냥 지나칠 수 없다. 그는 그리스도교와 타 종교, 특히 이슬람과의 관계를 새롭게 바라볼 방법이 없을까 고민하였고 이는 2011년 문제작 『알라』*Allah: A Christian*

---

[8] 이러한 주제를 다룬 대표작으로 다음과 같은 책이 있다. 미로슬라브 볼프, 『배제와 포용』(IVP, 2012), 『기억의 종말: 잊히지 않는 상처와 포용하다』(IVP, 2016), 『베풂과 용서: 값없이 주신 은혜의 선물』(복 있는 사람, 2008).

[9] 대표적으로 미국에서 2011년에 출간된 다음 책이 있다. 미로슬라브 볼프, 『광장에 선 기독교: 공적 신앙이란 무엇인가』(IVP, 2014).

Response의 출판으로 이어졌다.[10] 여기서 주의할 점은 이슬람을 비롯한 세계종교와 그리스도교의 협력에 대한 볼프의 생각은 개인의 경험을 통해 빚어졌기에 일반적으로 말하는 '이데올로기적 종교다원주의'와는 구분된다는 사실이다.[11] 그는 미국에 와서 자유주의 사상에 입각한 다원주의를 접하기 이전 고국에서 유소년기와 청년기를 보내면서 폭압적 정부 치하에서 어떻게 하느님께 충성하며 풍요로운 삶을 이룰까를 고민했고, 결국 하나의 '정치신학'으로서 종교 간의 만남과 대화의 필요성을 체감했다.[12]

하지만, 21세기 지구화가 가속화되는 상황에서 그가 추구하는 공공신학을 실천하기 위해서는 더 실제적이고 포괄적이며 지속 가능한 대화와 협력의 장이 필요했다. 이를 위해 볼프는 2013년 예일 대학교 신학부에 예일 신앙과 문화 연구소 설립을 주도하고 소장으로 취임했다. 이 연구소는 "예수 그리스도의 삶과 가르침의 빛 안에서 풍요의 비전을 식별하고, 설명하고, 장려할 뿐만 아니라, 오늘날 우리의 세계 가운데 있는 경쟁하는 비전들 가운데서 진리

---

[10] 미로슬라브 볼프, 『알라: 기독교와 이슬람의 신은 같은가?』 (IVP, 2016). 이 외에도 볼프는 2009년에 『공통의 말씀: 신을 사랑하고 이웃을 사랑하는 것에 관한 무슬림과 그리스도인의 가르침』A Common Word: Muslims and Christians on Loving God and Neighbor, 2012년에 『우리는 같은 신을 섬기는가?: 유대인, 그리스도인, 무슬림의 대화』Do We Worship the Same God?: Jews, Christians, and Muslims in Dialogue에 편집자이자 기고자로 활동했고, 그 외에도 이슬람과 대화를 위한 여러 논문을 이 시기에 발표했다.

[11] 이는 "입장 없는 관점은 불가능하다"라는 한 마디에 잘 압축된다. 미로슬라브 볼프, 『인간의 번영』, 35.

[12] 미로슬라브 볼프, 『알라』, 26~27 참고.

를 추구하는 대화를 발전"시키는 것을 목적으로 한다.[13] 이를 위해 연구소는 예일 대학교 대학원들과 전 세계 학교들과 폭넓은 관계망을 구축하고 다양한 세미나와 출판과 교육 활동을 펼치고 있다. 지구화 시대 풍요의 비전에 대한 볼프 개인의 헌신과 연구소 구성원의 협력 결과 볼프가 연구소 소장으로서 처음으로 출간한 책이 『인간의 풍요』다.[14]

당신이 하느님의 아들이거든 이 돌더러 빵이 되라고 해보시오

예수 그리스도에게 사탄이 던진 첫 도전은 돌을 빵으로 바꿔 보라는 것이었다(마태 4:3). 인간이라면 누구나 걸려 넘어질 법한 이 오랜 시험은 지구화 시대에 더 매력적이고 치명적인 모습으로 인류를 유혹하고 있다. 물론 시장 중심의 자본주의경제가 전 세계적으로 확장되면서 많은 사람이 가난에서 탈출하게 되었다. 하지만 역설적으로 시장 주도의 지구화 때문에 빈부 격차는 역사상 전례가 없을 정도로 크게 벌어져 버렸고, 나라 간 경제 불균형은 더욱 심각해지고 있다.[15]

---

[13] 예일 신앙과 문화 연구소 소개를 참고하라. https://faith.yale.edu/about (2023.08.18. 최종 접속).

[14] 미국에서 2019년에 나온 다음 책도 예일 신앙과 문화 연구소의 관심사를 반영한 후속작이다. 미로슬라브 볼프, 매슈 크로스문 , 『세상에 생명을 주는 신학』(IVP, 2020).

[15] 지구화는 학자마다 다양하게 정의하는 개념이다. 볼프는 이 책에서 지구화를 무엇보다도 "시장이 주도하고 시장의 가치를 구현하고 촉진하는 지구적 상호 연결 및 상호 의존의 형태, 인간의 연합성에 대한 인식을 일컫는 말"로 사용한다. 미로슬라브 볼프, 『인간의 번영』, 70.

이러한 현상을 놓고 볼프는 한편으로는 번영의 참 의미를 되찾고자 한다. 우리는 흔히 '번영'을 물질적 개념으로 생각하고는 하지만 그에게 번영은 삶 전체와 밀접히 관련된 개념이다. "좋은 인생이란 크건 작건 자신이 노력하는 일에서 성공하는 것이 아니라 인간으로서 충만하게 사는 것, 한마디로 번영을 누리는 인생"이다.[16] 세계종교는 모두가 이러한 번영에 대한 가르침을 가지고 있고, 번영을 단지 물질적인 것이 아니라 초월의 경험과 관련하여 추구하도록 장려한다. 다른 한편, 볼프는 우리가 살아가는 삶의 실재를 균형 있게 보려면 지구화의 가능성과 폐단 모두를 직시할 수 있어야 한다고 생각한다.[17] 거시적으로 볼 때 지구화는 폭력보다는 평화를 선호하게 한다. 또한, 지구화는 기술 개발을 통해 삶을 보다 편리하고 합리적으로 변화시키며, 인류 공동체라는 상상력을 불어넣음으로써 새로운 윤리적 실천을 가능하게 하고, 개인과 공동체와 국가 간 상호 협력을 도모한다. 이처럼 지구화에서 비롯한 변화된 삶의 조건은 현대인이 일상에서 더 많은 즐거움과 의미를 찾을 수 있게 해 주었다. 그런데 역설적이게도 오늘날 인류가 당면한 큰 문제는 일상적 삶에 대한 '과도한' 긍정에 있다.

---

[16] 미로슬라브 볼프, 『인간의 번영』, 17.

[17] 지구화는 20세기에 갑자기 생긴 것이 아니라, 인류 역사에서 순차적으로 진행되다 최근에야 전 지구화된 것이다. 지구화가 명과 암이 함께 있는 모호한 현상인 만큼, 볼프는 이를 낭만화하거나 악마화하는 태도를 경계한다. 대신 그는 인류의 번영을 위하는 쪽으로 지구화가 진행되게 되려면 세계 인구의 3/4이 헌신하는 세계종교의 역할이 꼭 필요하다고 본다. 지구화에 대한 볼프의 분석은 다음을 참고하라. 미로슬라브 볼프, 『인간의 번영』, 57~89.

일상에 대한 긍정이 나쁜 것인가. 당연히 아니다. 문제는 지구화가 선사하는 일상의 풍요로움과 쾌락이 초월을 향하는 인간의 갈망 자체를 무디게 만들 정도로 강렬하다는 데 있다. 또한, 지구화로 인한 빈부 격차와 문화적 획일화 때문에, 일상을 향유하거나 발전시킬 권리와 기회를 박탈당한 사람들도 계속 생겨나고 있다. 이들은 하루하루 박탈감과 패배 의식을 몸에 새기게 되고, 이것이 응축되어서 증오와 폭력으로 표출되기도 한다. 따라서 볼프는 더 나은 지구화와 인류의 미래를 위해서는 '빵'의 유혹에 맞설 수 있는 초월적 비전이 필요함을 역설하며, 바로 여기에서 더 나은 지구화를 위한 종교의 역할을 찾고자 한다.

> 가장 큰 유혹은 일신론자들의 생각처럼 거짓 신을 섬기는 게 아니다. 풍요할 때나 가난할 때나 가장 큰 유혹은 인간이 빵으로만 사는 것처럼 믿고 사는 것, 마치 그들의 삶 전체가 세상의 상품을 생산, 개선, 분배하는 것을 중심으로 돌아가야 하는 것처럼 믿고 사는 것이다. 거짓 신을 섬기는 것, 혹은 한 분이신 참 하느님을 단순한 식량 공급자로 만드는 것은 바로 이 큰 유혹에 굴복한 결과다.[18]

볼프는 불교, 유교, 힌두교, 유대교, 그리스도교, 이슬람 등의 세계종교는 서로 다른 역사·문화적 배경과 교리적 체계에도 불구하

---

[18] 미로슬라브 볼프, 『인간의 번영』 49.

고, 사람이 빵이 아니라 초월적 영역과 바른 관계를 통해 충실하고 풍요로운 삶을 살게 됨을 가르친다고 주장한다.[19] 지구화가 서로 다른 문화와 지역과 민족의 이익을 아우를 수 있는 윤리적 틀 없이 계속해서 시장 중심으로 진행된다면 더 많은 갈등을 일으킬 수밖에 없다. 또한, 인류의 번영이라는 더 큰 비전 없이 종교는 정치나 경제적 지구화의 들러리가 될 수도 있고, 심지어 배타주의나 폭력을 정당화하는 기제로 악용될 수도 있다. 그렇기에 오늘날 세계종교는 인류의 진정한 번영에 대한 비전을 제시하고, 인간의 풍요로운 삶의 핵심에 신과의 관계가 놓여 있음을 보여주는 중요한 사명이 있다.

지구화 시대 세계 평화를 위한 지혜의 향연

풍요로움을 위해서 물질이 필요한 것은 사실이지만, 초월적 영역과 바른 관계를 통해 일상의 욕망을 바르게 질서 잡고 교육할 때 진정한 의미에서 좋은 삶이 가능하다. 따라서 시각을 달리하면 지구화는 세계종교가 현대 사회에서 공적 역할을 회복할 수 있는 계기를 마련해 준다. 그리고 세계종교는 "세계적 장치가 매끄럽게 잘 돌아가도록 세계 질서를 더 효율적으로 만드는 것이 아니라, 지구화를 더 인간적으로" 만든다.[20]

---

[19] 볼프는 특정 지역, 공동체, 민족과 결부된 일차적 종교 혹은 지역 종교(토착 종교)와 대비된다는 의미에서, 불교, 유교, 힌두교, 유대교, 그리스도교, 이슬람 등을 이차적 종교 혹은 세계종교라 부른다. 미로슬라브 볼프, 『인간의 번영』, 29.

[20] 미로슬라브 볼프, 『인간의 번영』, 76.

볼프는 자신이 내놓은 '아름다운' 제안에 설득력을 높이고자 동서고금의 수많은 종교인과 사상가를 책 속으로 불러 모은다. 그리고 '각 종교가 자신의 고유성을 잃지 않으면서도 공적 영역에서 화해와 협력을 추구할 수 있을까'라는 주제를 놓고 지혜의 향연을 벌인다.[21] 사람이 빵이 아니라 하느님 말씀으로 살아야 한다고 하신 나자렛 예수, 일상을 적절히 사랑할 수 있도록 욕망이 바르게 질서 잡혀야 행복에 도달할 수 있다고 했던 아우구스티누스, 신앙의 배타성에 기초한 정치적 다원주의를 꿈꿨던 청교도 로저 윌리엄스 등은 지구화 시대에 그리스도교가 어떻게 특수성을 잃지 않으면서도 인류의 번영에 이바지할 수 있을지 조언했다.

이에 뒤질세라 철학자들이 대화에 가세한다. 플라톤은 우리의 날뛰는 욕망이 문제라고 호소하고, 존 로크는 신앙에 있어 양심의 자유를 변호하며, 임마누엘 칸트는 국가 간의 평화를 위한 조건을 이야기하며, 칼 마르크스는 지구화 시대에 찾아올 사회경제적 변화를 예언하며, 프리드리히 니체는 종교가 어떻게 인륜적 가치를 전복시킴으로써 인간화를 방해할 수 있는지 경고한다. 사회과학의 훈련을 받은 막스 베버, 찰스 테일러, 앤서니 기든스, 칼 포퍼 등은 사변적으로 흘러가기 쉬운 종교와 철학의 논의를 삶에 단단히 묶어 놓을 수 있는 현실적 언어를 제시하며 논의를 질적으로 한 단계 높인다. 붓다, 무함마드, 공자, 달라이 라마 등과 같은 세계종교 창

---

[21] 이를 위해 『인간의 번영』 3장에서 볼프는 세계종교가 정치적 다원주의를 지지할 수 있음을 보여준 후, 4장에서는 종교적 배타주의는 정치적 다원주의를 수용할 수 있음을 논증하려 한다.

시자와 성인은 예기치 않던 묵직한 통찰을 던지며 대화의 격을 더한다. 풍성하고 다채로운 지혜의 잔치를 요약하는 듯한 볼프의 말을 한번 곱씹어 보자.

평화로운 세계가 되도록 돕는 지구화의 과정은, 서로 다른 종교인들이 서로 다른 민주주의를 시행하는 국가들의 지붕 아래에서 같이 살게 만드는 과정이기도 하다. 서로 가까이 있게 되면 자신의 종교적·인종적, 그 외 다른 문화적 차이들이 더 중요해진다. 그리고 종교가 깃발처럼 별다른 의미 없이 정체성만 표시해 주는 것이 아니라, 그 종교를 따르는 사람들이 이해하는 좋은 인생에 영향을 미치는 것이라면, 종교는 또한 그들의 사회적 비전에도 차이를 가져온다.[22]

다양한 사상가들과 이론들이 한정된 지면에 압축적으로 소개되는 것은 독자로서는 즐겁기도 하지만, 다른 한편으로는 볼프가 전개하고자 하는 논지에 대한 집중력을 약화할 위험도 어느 정도 있다. 이런저런 생각으로 집중력이 떨어질 것 같으면 볼프가 세계평화를 위한 멋들어진 이론을 내어놓는 것이 아니라, 지구화 시대에 진정한 번영이 무엇인가를 찾고자 글을 썼음을 잊지 말자. 이 같은 실천적 목표를 이루려면 다양한 관점에 자신을 노출하고, 서로 다른 의견을 경청하고, 신뢰와 희망을 품고 대화에 참여하는 것이 필수

---

[22] 미로슬라브 볼프, 『인간의 번영』, 236.

이다. 여러 견해를 수용하고 이질적인 전통을 끌어오다 보니 일반적인 학술서 기준으로 보면 볼프의 논지는 느슨하고 논의는 산만할 수밖에 없다. 하지만 이것 역시 저자로서 볼프가 의도적으로 선택한 전략임을 고려해야만 한다.

지구화 시대, 참된 번영 가능하게 하려면

볼프의 책은 출간될 때마다 논쟁을 일으키곤 한다. '학문성'이라는 안전지대에 머무를 수도 있지만, 그는 자신의 신학이 더 좋은 삶을 이루는 데 이바지하기를 바라기에 주저함 없이 모험을 감수한다. 미국의 출판 관련 주간지 「퍼블리셔스 위클리」Publisher's Weekly 와 인터뷰에서 볼프는 '신학의 다리 놓는 사람'theological bridge builder이라는 자신의 별명 속에 담긴 의미를 다음과 같이 풀어낸다.

내가 이해하는 바로는 그리스도교 신앙은 하느님께서 인간을 포용하심에 관한 것입니다. 따라서 그리스도교 신앙은 우리가 하느님을 포용하고, 하느님 안에서 서로를 포용하는 것에 관한 것이기도 합니다. ... 그리스도인들이 자기의 신앙 특성과 어울리지 않게 분열적이고 폭력적으로 행동하는 것을 설명하는 것도 신학자의 중요한 임무 중 하나입니다. 하지만 신학자의 주된 임무는 분열과 갈등으로 점철된 여러 환경 속에서도 진정한 그리스도교 신앙이 어떻게 다리를 놓는지를 보여줌으로써 그리스도교 신앙을 설명하는 일입니다. 그러나 무색무취하게 '너도 괜찮아. 나도 괜찮아' 이런 식으로 설명하는 것은 아닙니다. 이런 방

식은 진리와 정의를 무시하는 겁니다.[23]

『인간의 번영』도 갈등과 분열이 고조되는 현대 세계 속에서 평화와 화해를 위한 다리를 놓으려는 볼프의 열정과 노고가 담긴 작품이다. 물론 이 책은 천의무봉天衣無縫의 책이 아니다. 혹자는 그가 사용하는 '세계종교'라는 개념이 각 종교의 특수성을 너무 약화하지는 않는지 의문을 제기할 것이다. 어떤 이는 정작 이 평화의 비전을 듣고 새겨야 할 이들이 이 책의 부드러운 주장에 결코 설득될 수 없을 거라고 진단할지도 모른다. 세속적인 비평가는 각 세계종교가 가진 구조적 불합리함에 대해 심도 있게 분석하지 않은 상태에서 종교가 '인간화된' 지구화에 긍정적으로 이바지할 수 있을지에 의심의 눈길을 보낼지도 모르겠다.

그렇지만 볼프 자신도 밝혔듯이 오늘날에는 "전문 지식보다는 종합적이고 통합적이며 행동 지침이 될 지식이 절실하게 필요"하고, "매우 전문화된 사회에서 그렇게 하기 위해서 치를 수밖에 없는 대가가 바로 일종의 '아마추어리즘'이다."[24] 물론 동서고금의 지혜자와 성인을 다 불러 모을 듯한 엄청난 인용으로 장식된 볼프의 아마추어리즘은 '진짜' 아마추어들이 이해하기에 쉽지 않기는 하

---

[23] Marcia Z. Nelson, 'PW Talks with Miroslav Volf: A Generous Faith', *Publishers Weekly* (2014.04.39), https://www.publishersweekly.com/pw/by-topic/industry-news/religion/article/61977-pw-talks-with-miroslav-volf-a-generous-faith.html (2023.08.18. 최종 접속).

[24] 미로슬라브 볼프, 『인간의 번영』, 28.

다.[25] 하지만, 그의 의도된 아마추어리즘은 우리의 계속된 고민과 노력과 실천으로 채워 나가야 할 창조적 여백을 열어놓고 있다.

다시 2017년 5월 23일 맨체스터 테러 현장으로 가 보자. 아비규환 같던 당시 상황에서 힘을 다해 부상자들을 도운 한 노숙자가 시선을 끌었다. 인터뷰 중에 그가 보여준 솔직한 모습은 슬픔과 분노로 얼어붙을 법했던 마음에 온기를 불어넣어 주었다. 카메라 앞에 선 그는 당황한 듯 어눌한 어투로 그때 사람들을 도운 이유를 설명했다.

> 노숙자이기 때문에 내가 인간의 마음이 없었거나 사람이 아닌 것이 아닙니다. ... 인간이라면 누군가 도움이 필요할 때 가서 도와야 한다는 본능이 있습니다.... 제가 그 상처 입고 울부짖는 아이들을 내버려 두고 그냥 도망쳤다면, 저는 저 자신을 견딜 수 없었을 겁니다.[26]

스티브라는 이름의 노숙자는 어찌 보면 지구화 시대에 경제적으로나 사회적으로 가장 밑바닥에 처해 있다고 자신을 규정할 수도 있

---

25 볼프는 학자들에게 자신의 아마추어리즘을 관대하게 봐달라고 부탁하고는, 이 책을 읽고 섣불리 판단을 내리기 전에 "방대한 주를 먼저 읽기를 당부"한다. 미로슬라브 볼프, 『인간의 번영』, 29.

26 당시 부상자를 도왔던 스티브Steve와 인터뷰는 다음에서 녹취 번역한 것이다. 'Homeless man tells how he helped victims of Manchester attack', *The Guardian* (2017.05.23.), https://www.theguardian.com/uk-news/video/2017/may/23/homeless-man-tells-how-he-helped-victims-of-manchester-attack-video (2017.05.13. 최종 접속).

는 나약하고 소외된 존재였다. 하지만 그는 비극적 상황에서 인간에 대한 믿음의 숭고함과 타자를 향한 사랑에서 흘러나오는 아름다움을 보여줬다. 그가 보여준 숭고한 인간성이야말로 폭력과 갈등으로 점철된 현대 사회를 살아가는 우리가 여전히 희망을 품을 수 있는 이유를 증언했다.

『인간의 번영』을 읽고 이에 관한 글을 쓰는 과정에서 테러의 참담함을 인간애의 아름다움으로 덮었던 스티브의 인터뷰를 접하지 않았다면 지구화 시대에 더욱 평화롭고 풍요로운 삶을 우아하게 이야기하는 볼프에게 필자는 설득되지 않았을지도 모른다. 하지만 스티브는 '인간의 번영'이 그저 신학자들이 책상에서 만들어 낸 개념이 아니며, 엘리트 활동가들이 협력해 성취할 전략적 목표도 아님을 알려주었다. 그것은 세계를 사랑으로 창조하신 하느님의 꿈이며, 지구 곳곳에서 들려오는 작지만 소중한 인류애의 이야기들을 통해서 더욱 풍성히 자라나는 우리의 꿈이기도 하다. 우리 삶의 조건을 즉각 개선해 줄 물질적 번영prosperity 대신 언제 실현될지 모르는 하느님의 샬롬으로서 번영flourishing을 선택하는 모험을 하고도 두렵거나 외롭지 않게 살아갈 수 있는 것은, 이러한 희망의 이야기를 들려주는 누군가가 지구 어디선가 계속해서 등장하기 때문이다.

복음주의 신학의 새로운 물결

『교리의 드라마』
케빈 밴후저 지음, 윤석인 옮김, 부흥과 개혁사, 2017.
『하나님 나라를 욕망하라: 욕망 세계관 문화적 형성』
제임스 스미스 지음, 박세혁 옮김, IVP, 2016.

　복음주의는 근현대 그리스도교에서 가장 주목할 만한 범지구적
종교 현상이다. 특정한 교회 전통에 묶인 것도, 어느 한 신학자에
게 규범적 지위를 부여하지도 않는 만큼, 복음주의의 실체를 한 마
디로 설명하기란 쉽지 않다. 한국이라는 특수한 상황에서는 그 혼
란을 가중하는 몇 가지 요인이 추가된다. 우선 한국 개신교 내부의
강한 다원성을 들 수 있다. 그 다원성은 한반도에 교회가 세워질
때 서로 다른 신앙적 · 신학적 배경의 선교사들이 경쟁적으로 복음
을 소개한 데까지 거슬러 올라간다. 그래서 유럽이나 북미에서는
역사적으로 혹은 지리적으로 그나마 구분되던 신학과 교회 전통이
한국에서는 뒤섞인 채 공존한다. 복음주의도 해외에서 들어온 이
상, 그 통일성과 다원성이 '토착화'되어 영미와는 다른 방식으로 표

---

* 　원서는 다음과 같다. Kevin Vanhoozer, *The Drama of Doctrine: A Canonical Linguistic Approach to Christian Doctrine* (Louisville: Westminster John Knox Press, 2005). James K. A. Smith, *Desiring the Kingdom: Worship, Worldview, and Cultural Formation* (Grand Rapids: Baker Academic, 2009).

현되고 있다.[1] 예를 들자면, 미국에서는 전통적으로 '성서 무오설'을 복음주의자 여부를 판별하는 기준으로 삼았지만, 한국에서는 복음주의자라고 자칭하면서도 성서의 역사 비평을 지지하는 사람들도 있다.

또한, 서유럽 언어와 한국어의 차이에도 주목할 필요가 있다. 영어로 evangelical은 '복음을 강조하는' 혹은 '복음과 연관된'이라는 일반적 의미로 쓰이지만, Evangelical은 1730년대 영국에서 감리교가 등장하면서 촉발된 회심과 전도와 구제 등을 강조하는 운동으로서 '복음주의'를 뜻한다.[2] 독일어로도 evangelisch는 성서적 복음을 강조하던 개신교Protestant를 지칭한다면, evangelikal은 영국과 미국 중심으로 일어난 복음주의Evangelical를 가리킨다. 하지만, 한국어 복음주의는 복음주의일 뿐이다. 그러다 보니 복음에 헌신하려는 신앙인의 일반적 지향성과 18세기 이후 등장한 복음주의 운동을 혼동하기 쉽다.

'복음주의가 무엇인가'를 명확히 하려는 노력은 현재 진행 중이다. 하지만 복음주의를 둘러싼 혼란이 개념의 불확실성, 혹은 범주의 오류 때문에 일어난다고 보면 자칫 복음주의에 대한 경직된 이

---

[1] 한국 교회는 처음부터 영미권 복음주의의 대표적 사건인 대각성 운동으로부터 촉발된 선교 운동의 영향을 깊게 받았다. 그런 이유로 한국으로 선교사를 파송했던 유럽이나 북미 국가와 비교하더라도 한국 개신교회는 전반적으로 복음주의적인 성향이 강하다. 이에 대한 논의는 본 서평의 목적과 필자의 역량을 넘어서기에 생략하고 다음 책을 참고하기를 바란다. 이재근, 『세계 복음주의 지형도』(복 있는 사람, 2015), 123~146, 262~272 참고.

[2] David Bebbington, *Evangelicalism in Modern Britain: A History from the 1730s to the 1980s* (London and New York: Routledge, 1988), 2 참고.

해를 유발할 수 있다. 복음주의는 세계 곳곳에서 다양한 형태로 생동하기에, 쉽게 규정되지 않는 '미끌미끌한' 개념으로 남을 것이기 때문이다.[3] 이러한 다원성 때문인지 복음주의권에서는 기존의 관습을 넘어서는 독창적 시도들이 종종 일어난다. 오늘날 몇몇 학자들은 복음주의의 기존 논리를 답습하거나 복음주의 내부에서만 활동하지 않고, 공교회 유산에서 지혜를 빌려오고, 필요하다면 현대 철학과도 기꺼이 대화를 나누며 더 폭넓은 독자를 향해 호소력 있는 강연을 하고 글을 쓰고 있다. 한국 출판계에도 잘 알려진 케빈 밴후저와 제임스 K. A. 스미스는 '복음주의자' 정체성에서 시작하여 포스트모던이라는 맥락에서 '복음적인' 신학을 전개하는 대표적 학자다.

현대주의와 복음주의의 해묵은 갈등을 넘어

복음주의자들은 18세기 기존 교회가 신학에 경도되거나 사회 문제에 적절하게 반응하지 못하는 것에 반발하며, 신앙에서 '성서의 권위'와 '십자가의 구속', '신자의 회심', '이론보다 행동의 우선성'을 강조하며 등장했다.[4] 19세기 복음주의는 이러한 기본 지향성을 유지하면서도 이전과는 다른 모습으로 진화했다. 특별히 근대인으로서 복음주의자들이 위치한 세계는 계몽주의자들이 활동하던 곳이기도 했다. 철학자 프랜시스 베이컨Francis Bacon의 명언 '아는 것이 힘이다'Scientia potestas est 혹은 르네 데카르트René Descartes의 '나는

---

3   이재근, 『세계 복음주의 지형도』, 18 참고.

4   David Bebbington, *Evangelicalism in Modern Britain*, 1장 참고.

생각한다, 고로 존재한다'Cogito ergo sum로 대표되는 근대정신은 '어떻게 인간이 진리를 알 수 있을까'라는 인식론의 문제를 화두로 삼았다. 계몽주의의 영향 아래 인간의 지식은 급속도로 증대되었을 뿐만 아니라 관찰과 실험으로 단단한 지식을 산출하던 자연과학이 모든 지식의 이상이 되었다. 근대성이 만들어 놓은 지적 풍토 속에서 활동했던 만큼, 복음주의자들도 자신들이 믿고 실천하는 바를 합리적으로 설명해야 했고, 이를 위한 신학화 작업이 뒤따랐다. 그들은 계몽사상가들이 신봉했던 강한 합리주의에 반발했지만, 복음을 변호할 때는 계몽주의처럼 이성의 힘에 의지하는 방법을 택하곤 했다.

　이러한 복음주의 지성의 역설이 첨예한 문화전쟁으로 탈바꿈한 곳은 미국이었다. 19세기 유럽 대학교에서 유행하던 성서에 대한 역사 비평이나 다윈의 진화론 같은 '현대' 사조가 대서양을 건너오자 북미 보수 그리스도인들은 극렬히 반대했다. 이들은 자신들을 성서적 신앙의 '근본'에 충실한 근본주의자fundamentalist라고 부르며 반계몽주의 문화를 형성했다.[5] 이들은 유럽산 비판적 자유 정신과 과학적 합리주의에 대항하기 위해서는 강력한 이론적 무기를 지녀야 한다고 생각했다. 이 같은 맥락에서 19세기 후반 미국 근본주의

---

[5]　오늘날 널리 통용되는 '근본주의'와 19세기 말~20세기 초 미국의 '근본주의'는 유사한 점을 공유하지만, 둘을 구분하여 이해할 필요가 있다. 특히 20세기 초 미국의 근본주의가 신학적으로 지나치게 경직되고 사회적 문제에 무관심한 것에 반발한 젊은 근본주의자들이 1940년대 이후 새로운 복음주의 운동을 전방위적으로 일으키게 된다. 이들을 이전 세대와 구분하기 위해 '신新복음주의'라는 개념을 사용하기도 하지만, 일반적으로 복음주의라는 표현이 널리 사용되고 있다.

자들과 이들을 뒤따른 복음주의자들은 '성서의 가르침에는 오류가 없다'라는 성서의 무오성biblical inerrancy을 모든 신학·신앙 언설의 정당성을 보증하는 근거로 삼았다.[6] 물론 아주 이른 시기부터 교회는 성서가 성령의 영감으로 기록되었다고 주장했다. 하지만 복음주의자들은 계몽주의가 설정한 인식론적 조건을 염두하면서 성서의 무오성을 강조했고, 그러다 보니 성서의 초자연적 권위를 설명하는 맥락, 방식, 강도는 이전과 사뭇 달라질 수밖에 없었다.

이성의 능력에 대한 확신에 기초한 계몽주의 인식론에 맞서기 위해 복음주의는 하느님의 말씀인 성서의 권위를 신학적 인식론의 기초로 삼았다. '66권 정경에서 신적 계시는 인간이 이해하고 말할 수 있도록 오류 없이 전해졌다'라는 믿음은 인식론의 문제에 대한 근본적 해결책이었다. 무오한 성서라는 토대는 복음주의자들에게 비판적 지식인들이 공격하던 그리스도의 신성과 십자가의 대속, 6일간의 창조, 그리스도의 재림과 종말 등의 교리를 합리적으로 방어할 수 있다는 자신감을 줬다. 그들에게 '성서의 무오성'은 신학 지식의 기초로 삼위일체론 보다도 중요한 신앙의 제1조항과 같았다.

하지만 여기서 주목해 봐야 할 점은 진리에 대한 인식의 토대가

---

[6] 성서 무오설은 시간이 흐르며 더욱 정교해졌다. 예를 들면, 밴후저는 "성서의 무오성은 성서가 (사본이 아니라) 원본에서, 의도된 뜻대로 해석될 때, 주장하는 모든 것에 있어 진실하게 말한다는 것을 의미한다"라고 정의한다. Kevin Vanhoozer, 'The Inerrancy of Scripture', *Theology Network*, http://www.theologynetwork.org/biblical-studies/getting-stuck-in/theinerrancy-of-scripture.htm. (2017.4.4. 최종 접속).

이성에서 성서로 바뀌었지만, 더 넓은 맥락에서 보면 이런 반발 역시 근대를 관통하는 주지주의 흐름 안에 있었다는 것이다. 그렇기에 복음주의 역시 성서의 모든 내용이 역사적 '사실'임을 논리적으로 '변증'하기 위해 애썼고, 이를 '명제'로 표현한 교리의 '합리성'과 '체계성'을 따지는데 무게를 두었다. 이러한 측면에서 외부인들이 복음주의 신학을 '비합리적' 신앙을 '합리화'하려는 기이한 움직임으로 본 것은 그리 놀라운 일이 아니다.

수십 년간 맹렬하게 이뤄진 '근본주의-현대주의' 논쟁은 미국 교회에 갈등의 씨를 심었고, 복음주의자들의 의식에 집단 기억으로 자리 잡으며 이후 신학이 나아가는 방향에 큰 영향을 끼쳤다. 그리고 미국 복음주의 신학책을 번역하여 교재로 써온 한국의 신학교와 미국 복음주의권 선교사의 영향을 받은 한국 교회에도 이러한 경향이 뿌리내리게 되었다. 하지만, 20세기 중반이 되자 계몽주의가 당연시되지 않는 세상, 혹은 계몽주의를 넘어서려는 전혀 다른 시대가 도래했다. 근대의 산물이었던 복음주의 진영에서도 시대적 변화를 마주하며 반성과 적응을 해야 했다. 그 결과 미국 복음주의 내에서도 문화에 유연한 태도가 생겼고, 신학적 외연이 확장되었으며, 학문성이 발달했다. 새로운 세대 학자들은 복음주의 신학교에 만족하지 못하고 세계적인 연구 중심 대학교에서 공부하며, 신선한 지적 바람이 복음주의 내부로 불어 들어오게 했다. 본 서평에서 다루는 밴후저와 스미스는 그 대표적 사례다.

밴후저의 경우 미국의 보수 개혁주의 성향의 웨스트민스터 신학교에서 목회학 석사 과정을 밟았지만, 박사 공부를 위해 영국 케임브리지 대학교에 진학했다. 거기서 그는 종교철학자이자 로마 가톨릭 신자인 니콜라스 래쉬Nicholas Lash의 지도를 받으며 폴 리쾨르의 해석학에 관한 논문을 작성했다.[7] 스미스는 본인의 회심 이면에는 복음주의적 신앙이 있었음을 공개적으로 밝히곤 하지만, 로마 가톨릭 배경의 빌라노바 대학교에서 박사 과정을 밟는 동안 포스트모던 신학자 존 카푸토의 지도를 받으며 프랑스 포스트모던 철학을 연구했다.[8] 이처럼 독특한 이력을 가진 두 학자는 복음에 대한 강조는 잃지 않으면서도, 복음주의 너머까지 확장되는 신학을 보여준다.

명제주의 진리관에서 '드라마'라는 은유로

미국 트리니티 복음주의 신학교에서 가르치는 케빈 밴후저는 조직신학, 해석학, 포스트모더니즘 등의 영역에서 주목할 만한 업적을 남기고 있다. 영어 사용권 조직신학계에서 주목받는 학자답게 그는 많은 책을 쓰고 편집했고, 그중 일부가 우리말로 소개가 되어있다. 포스트모던 시대의 성서 해석에 관한『이 텍스트에 의미가 있는가?』Is There a Meaning in This Text?(1998), 삼위일체론의 맥락 속에 성서론과 해석학의 의미를 질문하는『제일신학』First Theology(2002),

---

[7] 이 논문은 단행본으로 출판되었다. Kevin Vanhoozer, *Biblical Narrative in the Philosophy of Paul Ricoeur: A Study in Hermeneutics and Theology* (Cambridge: Cambridge University Press, 1990).

[8] 박사 논문은 다음과 같다. James K. A. Smith, 'How to Avoid Not Speaking: On the Phenomenological Possibility of Theology' (Ph.D. diss., Villanova University, 1999).

문화적 제자도에 관한『들음과 행함』Hearers and Doers(2019) 등은 신학자와 일반 독자 모두에게 호평을 받았다.[9] 그가 편집하거나 공저자로 참여한『구약의 신학적 해석』Theological Interpretation of the Old Testament(2008),『신약의 신학적 해석』Theological Interpretation of the New Testament(2008),『현대 신학 지형도』Mapping Modern Theology(2012),『성경 무오성 논쟁』Five Views on Biblical Inerrancy(2013) 등은 성서론과 해석학, 조직신학 분야에서 왜 그의 이름이 종종 언급되는지 알게 해주는 데 부족함이 없다.[10] 교회 현장과 문화에 관한 관심도 큰 만큼 그는 여러 실천적 주제에 대해서도 주목할 만한 글을 남겼다.[11]

신학자이기 이전 밴후저는 재능 넘치는 피아니스트였다. 이 젊은 복음주의자 피아니스트는 21살 때 프랑스에서 1년간 체류했고, 동료들과 함께 선교를 위한 콘서트 프로그램을 50회 이상 개최했다. 선교와 음악을 엮으려던 시도는 이후 그가 복음주의자이면서도 전형적인 복음주의 틀에 머물지 않게 하는 데 도움을 줬다. 1999년 인터뷰에서 그는 말했다.

---

[9]   케빈 밴후저,『이 텍스트에 의미가 있는가?』(IVP, 2008).『제일신학: 하나님, 성경, 해석학, 삼위일체』(2007/2017).『들음과 행함』(복 있는 사람, 2020).

[10] 케빈 밴후저 외,『구약의 신학적 해석: 주석서보다 앞선 구약 각 권 해석 연구』(CLC, 2011).『신약의 신학적 해석: 주석서보다 앞선 신약 각 권 해석 연구』(CLC, 2011).『현대 신학 지형도: 조직신학 각 주제에 대한 현대적 개관』(새물결플러스, 2016).『성경 무오성 논쟁』(새물결플러스, 2018).

[11] 케빈 밴후저 외,『문화신학』(부흥과 개혁사, 2009).『하나님의 사랑: 더 위대한 것도 더 좋은 것도 없다』(이레서원, 2014).『목회자란 무엇인가: 공동체를 위한 보편적 지식인, 공공신학자의 소명 되찾기』(포이에마, 2016).

브람스는 많은 것을 말합니다. 그런데 우리가 종종 성경을 명제로 요약하듯, 브람스를 명제로 요약하려 한다면 많은 것을 잃게 됩니다. 젊었을 때 음악과 선교에 헌신한 경험은 신학의 다른 영역들에 있는 동일한 문제를 보도록 도와줬습니다.[12]

짧지만, 이 인용문에는 향후 벤후저 신학의 여러 특징을 암시하고 있다. 진리에 대한 명제주의 접근에 대한 비판적 문제의식, 교향곡과 유사하게 신학도 여러 증언이 조화를 이루며 소리를 내는 다성음악polyphony 같다는 신념, 논증에 지나치게 의지하기보다는 은유를 적절히 활용하는 특성 등. 흥미롭긴 해도 아직 잘 정리되지 못한 이 같은 생각은 수년이 지난 후에 '보암직도 하고 지혜롭게 할 만큼 탐스러운' 신학으로 열매 맺는다.

2005년 출간된 『교리의 드라마』는 첫 페이지부터 "교회 안에서 교리가 사라지는 기현상"에 대한 종교사회학적 분석을 소개하며 시작한다.[13] 대개 사람들은 목회자나 신자들이 성서에 천착하지 않아 교회가 (심지어 온 인류가) 위기를 맞이했다고 별생각 없이 이야기하곤 하는데, 사회학적 분석에 따르면 교리와 신학이 사라지며 그 자리를 이해와 공감의 언어가 점령한 것이 위기의 본질이란 것이다. 이에 따르면 그리스도인이 자각해야 할 위기는 포스트모던

---

[12] 'Kevin Vanhoozer: Creating a Theological Symphony', *Christianity Today* (1999.02.08.), https://www.christianitytoday.com/ct/1999/february8/9t2038.html (2023.3.8. 최종 접속).

[13] 미국의 정치학자 앨런 울프Alan Wolfe의 말을 재인용했다. 케빈 밴후저, 『교리의 드라마』, 10.

적 상대주의와 별 다를 바 없는 주관적 의견과 체험의 절대화, 그리고 탈교파주의가 대세가 되면서 찾아온 신학적 정체성의 약화이다. 이런 상황에서 밴후저는 진리와 생명의 길로 인도하는 교리의 본 역할을 현대적 감각에 맞게 되살리는 새로운 은유로서 '드라마'를 제시한다.

한국어 번역본에는 없는 『교리의 드라마』 부제는 '그리스도교 신학에 대한 정경-언어적 접근'A Canonical Linguistic Approach to Christian Theology이다. 이 부제를 통해 밴후저는 교리를 '명제적 진리'로만 보려는 전통적 입장이나, 교리를 인간의 '종교적 경험'의 표현이라고 하는 자유주의의 입장 모두를 넘어서려는 목표를 천명한다. 이와 유사한 문제의식을 밴후저보다 한 세대 앞서 가졌던 조지 린드벡은 『교리의 본성』에서 교리를 교회 내 그리스도인의 사고와 실천의 '규칙'으로 보는 문화-언어적cultural-linguistic 대안을 제시한 바 있다.[14] 밴후저는 린드벡의 문화-언어적 전환에 어느 정도 동의하면서도 이를 비판적으로 넘어서고자 했다. 즉, '교리'를 규칙으로 삼는 린드벡의 입장과는 달리, 복음주의자인 그는 그리스도교의 '정경'이 규칙이 되어야 한다고 본다. 그의 정경-언어적canonical-linguistic 관점에 따르면, 신학의 내용은 특정한 교리가 아니라 성서가 증언하는 복음인 삼위일체 하느님의 '구속 드라마'이다. 이런 맥락에서 밴후저는 『교리의 드라마』 서론을 창세기 1장을 패러디하며 시작한다.

---

[14]   이와 관련해서는 이 책 1부 4장을 참조하라.

태초에 빈 공간이 있다. 하나의 대사가 침묵을 깨뜨리고 하나의 우주가 모습을 드러낸다. 그리하여 세계가 시작된다. 더 많은 대사가 침묵을 깨뜨리면, 정체 모를 공간이 형태를 얻고 티끌에서 나온 형상들을 위한 장소가 된다. 무대가 갖추어진다. 연기 시작![15]

그리스도인의 사고와 행동의 기준이 정경이고, 66권 정경의 내용이 구속의 드라마라면, 하느님과 성서, 인간, 교회, 교리, 실천의 관계도 드라마적 관점에서 재서술되어야 한다. 드라마를 핵심 은유로 삼는다면, 복음에 대한 신학적 반성인 "교리는 교회가 **대본**에 기초하면서도 성령에 감화되어 복음을 **상연**하도록 도와주는 안내자"다.[16]

이러한 교리에 대한 재정의는 그리스도인의 삶을 상상하는 방식에 즉각 영향을 끼친다. 교리가 (정통주의의 주장처럼) 믿어야 할 바를 합리적이고 체계적으로 표현한 명제적 진리라면, 교회의 실천은 교리 교육과 암기 중심으로 형성된다. 교리가 (자유주의의 제안처럼) 종교인의 심층적 경험을 언어화한 것이라면, 그리스도교의 가르침의 권위와 특수성을 어디서 찾을 것인지 문제가 제기된다. 교리가 (린드벡의 대안처럼) 교회의 언어와 실천의 규칙이라면, 결과론적으로 교리가 오히려 교회와 세상 사이의 불연속성을 강조하는 방식으로 오용될 수 있다. 반면, (밴후저처럼) 교리를 드라마라는 관

---

15 케빈 밴후저, 『교리의 드라마』, 17.
16 케빈 밴후저, 『교리의 드라마』, 183(강조는 필자의 것).

점에서 접근하자면 하느님의 구속 드라마라는 큰 틀 속에서 신학과 실천이 새로운 방식으로 재조합된다. 이러한 드라마적 관점을 간략하게 요약하자면, **성령**이라는 신적 연출자의 지도 아래에 있는 **교회**라는 배우들의 공동체는, **신조**와 **신앙고백**이라는 공신력 있는 고전적 해석을 참고하면서, **성서**라는 권위 있는 역사적 대본을, **창조 세계**라는 무대 위에서 현시대와 지역성에 맞게 변주하며 상연한다.

이처럼 밴후저는 정경의 권위를 타협하지 않고 전통을 중요시하면서도, 성서와 상황성 사이를 균형 맞춘 해석을 강조하는 교리의 모델을 제시하려 한다. 동시에 그의 제안은 이론과 실천의 조화를 공동체적 삶 속에서 이루면서도, 지역적이면서 보편적인 신학을 지향한다. 물론 신학적 은유로서 드라마는 밴후저 이전 한스 우르스 폰 발타사르가 선구적으로 제안했고, N. T. 라이트N.T.Wright와 벤 쿼시 등 동시대 신학자도 이와 유사한 구상을 한 바 있다. 그렇지만, 단 한 권의 책에 지극히 복음주의적이면서도 공교회적인 그림을, 현대 대중문화와 극이론을 맛깔나게 활용해 제시했다는 점에서 『교리의 드라마』는 특별한 읽기의 재미와 더불어 신학적으로나 신앙적으로 큰 도전을 던져주는 작품임이 틀림없다.

정보 전달에서 '욕망의 교육'으로

현재 북미주 개혁교회Christian Reformed Church의 교육기관인 캘빈대학교에서 철학을 가르치는 제임스 스미스는 다채로운 색깔을 지닌 작가다. 지난 10여 년간 우리말로도 그의 작품이 꽤 번역되었는데, 그 목록만 보더라도 그가 매우 다양한 주제를 다루고 있음을 알 수 있다. 대표적으로 스미스의 개혁주의적 성향을 보여주는 책으로는 『칼빈주의와 사랑에 빠진 젊은이에게 보내는 편지』Letters to a Young Calvinist(2010), 포스트모던 담론을 신학적 전유하는 시도로는 『해석의 타락』The Fall of Interpretation(2000)과 『급진 정통주의 신학』Introducing Radical Orthodoxy(2004), 『누가 포스트모더니즘을 두려워하는가?』Who's Afraid of Postmodernism?(2006)를 들 수 있다.[17] 그리고 과학과 신학의 대화라는 첨예한 주제를 놓고 다른 학자들과 함께 쓴 『진화는 어떻게 내 생각을 바꾸었나?』How I Changed My Mind About Evolution(2016)와 『인간의 진화와 타락』Evolution and the Fall(2017)도 독자들에게 적잖은 사랑을 받았다.[18] 그가 공저한 『신학 공부를 위해 필요한 101가지 철학 개념』101 Key Terms in Philosophy and Their Importance for Theology(2004)은 알차고 충실한 내용으로 신학도와 철학도 모두에게 큰 유익을 주고 있다.[19]

스미스의 최근 저술 목록을 보면 북아프리카인 아우구스티누스와 결부된 작품들이 두드러진다. 최근 소개된 『아우구스티누스와

---

[17] 제임스 K.A.스미스, 『칼빈주의와 사랑에 빠진 젊은이에게 보내는 편지: 개혁주의 전통으로의 초대』(새물결플러스, 2011), 『해석의 타락: 창조적 해석학을 위한 철학적 기초』(대장간, 2015), 『급진 정통주의 신학: 탈 세속신학 개관』(CLC, 2011), 『누가 포스트모더니즘을 두려워하는가?: 데리다, 리오타르, 푸코를 교회로 데려가기』(도서출판 100, 2023).

[18] 제임스 K.A.스미스 외, 『진화는 어떻게 내 생각을 바꾸었나?: 신앙과 과학의 통합을 추구한 우리 시대 기독 지성 25인』(IVP, 2019), 『인간의 진화와 타락』(새물결플러스, 2019).

[19] 켈리 제임스 클락·리처드 린츠·제임스 K.A.스미스, 『신학 공부를 위해 필요한 101가지 철학 개념』(도서출판 100, 2021).

함께 떠나는 여정』On the Road with Saint Augustine(2019)이 그 대표적인 예다.[20] 많은 개혁주의 신학자가 칼뱅 사상이 형성되는 데 지대한 영향을 끼친 은총의 신학자로서 아우구스티누스를 소중히 여기는 만큼, 캘빈 대학교 교수인 스미스가 아우구스티누스에 몰두하는 것이 그리 특별하지는 않아 보일 수 있다. 하지만 다른 개혁주의 신학자들과 달리 그는 정통 신앙을 확립하고 변호한 교부 아우구스티누스에게는 큰 관심이 없다(그렇다고 그가 신학사에서 아우구스티누스의 중요성을 무시하는 것은 결코 아니다). 철학자인 만큼 그는 아우구스티누스를 21세기 북미의 맥락에서 독창적으로 전유하며 신학적인 문화 비평을 시도한다. 그의 비판의 펜 끝은 소비주의에 물든 세속화된 현대 사회뿐만 아니라 계몽주의적 틀 속에서 신앙을 주지주의화한 근현대 복음주의 신학을 향한다.

스미스의 흥미롭고 도발적인 아우구스티누스 다시 읽기는 '문화적 예전'cultural liturgies 3부작 『하나님 나라를 욕망하라』Desiring the Kingdom(2009), 『하나님 나라를 상상하라』Imagining the Kingdom(2013), 『왕을 기다리며』Await the King(2017)에서부터 본격화되었다.[21] 그렇다면 그가 8년 동안이나 공들여 집필한 '문화적 예전'이란 무엇일까. 문화적 예전 첫 작품 『하나님 나라를 욕망하라』에는 이후 책들의 전개를 가늠할 수 있는 문제의식이 응축되어 있다. 책의 서문에 저

---

[20] 제임스 K.A.스미스, 『아우구스티누스와 함께 떠나는 여정: 불안한 영혼을 위한 현실 세계 영성』(비아토르, 2020).

[21] 제임스 K.A.스미스, 『하나님 나라를 욕망하라: 예배 · 세계관 · 문화적 형성』(IVP, 2016), 『하나님 나라를 상상하라: 사회적 몸과 예배의 작동 방식』(IVP, 2018), 『왕을 기다리며: 하나님 나라 공공신학의 재형성』(IVP, 2019).

자는 이렇게 밝히고 있다.

> 교육이 무엇보다도 우리가 무엇을 아는가의 문제가 아니라 우리
> 가 **무엇을 사랑하는가**의 문제라면?
> 이것이 바로 이 책의 주장이다. 이 책은 그리스도교 교육을 정보
> 전달과 관련된 기획이 아니라 형성과 관련된 기획으로 새롭게
> 바라보기를 권하는 초청이다 … 그리스도교 교육이 어떻게 우리
> 를 그 마음과 열정과 욕망이 **하느님 나라를 지향**하는 특정한 부
> 류의 사람으로 형성하고 만들어가며 빚어 가는가에 관해 생각하
> 는 문제다. 그렇다면 그런 변화를 가져올 실천에 꾸준히 관심을
> 기울여야 할 것이다. 다시 말해서, 그리스도교 교육은 **예배의 실
> 천**을 원천과 기초로 삼아야 한다.[22]

근대의 주도적인 교육 형태가 정보 전달에 맞춰져 있었지만, 교육
의 참 목적은 욕망이 특정한 지향성을 가지도록 하는 데 있다. 인
간은 단순히 올바르고 유용한 지식이 있어서가 아니라, 뭔가를 욕
구함으로 행동하는 존재이기 때문이다. '정보 전달'에서 '형성'으로
강조점이 바뀐 만큼, 고정된 텍스트가 아니라 오감을 통해 욕망이
훈련받는 물리적 시공간과 그 속에서의 활동이 지닌 상징성이 회
복된다. 이를 신학적인 언어로 풀어내자면, 그리스도인의 교육은
혼란스럽던 욕망이 하느님 나라를 향한 욕망으로 형성되게 하는

---

22 제임스 스미스, 『하나님 나라를 욕망하라』, 24~25(강조는 필자의 것).

예배라는 실천에서 시작된다.

이러한 문제의식이 중요한 이유는 우리가 각종 욕망이 경쟁하는 세계 속에 살고 있기 때문이다. 소비주의와 군사주의와 애국주의, 고등교육 등은 준종교적quasi-religious 상징과 의례를 발전시켜 가며 현대인의 욕망을 길들이려 한다. 우리가 세속화된 예전의 각축장에 던져진 만큼, 성서와 교리에 대한 바른 지식만으로는 그리스도인의 삶을 살아내기 쉽지 않다. 이런 상황에서는 현대 문화에 대항적인 욕망을 형성하고, 반복적 행동으로 몸에 그 지향성을 새겨넣을 예배가 더욱 중요해진다. 예전은 단지 형식적인 종교의식이 아니라, 하느님 나라를 향한 사회적 상상력의 모판이기 때문이다. 이런 맥락에서 스미스는 인간을 근본적으로 욕망의 존재로 보았던 아우구스티누스를 21세기 상황에 소환한다.

> 인간을 '욕망'하는 존재로 이해하는 인간관은, 우리가 무엇보다 먼저(그리고 궁극적으로) **사랑**의 방식으로 세계를 지향하는 존재라는 인식으로부터 출발한다. … 우리를 구별시키는 것은 우리가 **사랑하는가 그렇지 않은가**가 아니라 우리가 **무엇을 사랑**하는가다. 우리의 존재의 중심에는 일종의 '사랑의 펌프'가 있다. 이 펌프는 심지어 죄나 타락에 의해서도 절대 꺼지지 않는다.[23]

신학 혹은 세계관 운동이 근대 주지주의 패러다임에 묶여 답습 상

---

23   제임스 스미스, 『하나님 나라를 욕망하라』, 72, 74~75.

태에 있는 상황에서, 스미스는 뭔가 새로운 이론을 창작하기보다는, 욕망과 형성에 관한 그리스도교의 오랜 지혜를 되찾고자 한다. 머리(혹은 이성)를 강조하던 근대의 주지주의적 인간을 넘어 전인적 인간 이해로 나아가고, 이론과 실천 사이의 괴리를 극복하려 한다. 그 결과, 본인도 스스로 밝혔듯, 아우구스티누스 사상과 대화하며 내놓은 산물은 '덜 개혁주의적'이지만, 사용하는 자료와 논리 전개 방식 등에 있어서 '더 공교회적'이 되었다. 어찌 보면 지향성 있는 글쓰기를 수년간 이어온 실천이 '모든 인류'의 주님이자 '몸과 영'으로 인간을 만드신 하느님 나라를 욕망하도록 작가를 재형성했는지도 모르겠다.

복음주의 신학의 미래를 새롭게 상상하기

밴후저의 『교리의 드라마』와 스미스의 『하나님 나라를 욕망하라』는 미국 신학계에서 유명한 출판상인 「크리스채너티 투데이」 Christianity Today 신학 분야 올해의 책으로 각각 2006년과 2010년 선정되었다. 이들 작품은 복음주의 신학 노선에서 벗어나지 않으면서도 현대 문화와 대화하는 모습을 보여줌으로써 학자와 대중에게 높은 평가를 받았다. 두 책이 널리 읽히고 사랑받는 또 다른 이유는 여러 문화적 소재를 끌어들이고, 신학적 논증 곳곳에 유머를 심어놓고, 시의적절한 예화와 은유를 사용하는 글쓰기 능력에 있다. 이들의 톡톡 튀는 문장의 느낌이 번역으로는 충분히 전달되기 힘들지만, 엄숙하고 진지한 분위기가 과도한 한국 신학 출판계에 개성 넘치는 작품들이 출간되었다는 것만 해도 충분한 의미가 있다.

밴후저와 스미스가 복음주의 권에 신선한 자극을 던져줬지만, 그들의 사고가 독창적인 것은 아니라는 평가가 늘 따라다닌다. 이들이 주장한 바의 상당 부분은 주류 신학과 철학계에서 이미 널리 통용되고 있기 때문이다. 또한, 밴후저가 드라마라는 유비로 시종일관 신학을 설명하려 하고, 스미스는 하느님에 대한 감사와 찬양인 예배를 인간 형성을 위한 도구적 차원으로 강조한다는 점에서, 이들이 드라마와 전례 개념을 지나치게 기능주의적으로 사용하지 않는가라는 비판도 가능하다. 하지만 이는 새로운 이론을 만들기보다는 기존의 지적 담론을 선별하고, 재해석하고, 현장에 응용하려다 보니 생긴 현상이기도 하다. 달리 말하면, 밴후저와 스미스의 책을 읽을 때 이들이 더 넓은 지식 생태계 속에 복음주의 신학의 위치를 찾고, 이론적 정합성보다는 실천 지향적인 글을 쓰려 한다는 점도 고려할 필요가 있다.

이러한 비판적 지점과는 별개로, 일반 독자로서 밴후저의 『교리의 드라마』와 스미스의 문화적 예전을 읽기 힘든 현실적 이유가 있다. 우리말 번역본이 엄청난 분량이기 때문이다. 『교리의 드라마』는 803쪽, 문화적 예전 3부작은 총 1,080쪽이다. 그렇다고 미리 겁먹거나 좌절할 필요는 없다. 책의 두께에 눌린 사람이 있다면, 밴후저의 『이해를 이야기하는 믿음』Faith Speaking Understanding(2014)이나 스미스의 『습관이 영성이다』You Are What You Love(2016)부터 도전하는 것도 나쁘지 않다.[24] 두 친절한 저자는 이들 작품에서 『교리의 드라

---

[24] 케빈 밴후저, 『이해를 이야기하는 믿음: 교리의 드라마 상연하기』(부흥과 개혁사, 2018). 제임스 K.A.스미스, 『습관이 영성이다: 영성 형성에 미치는

마』와 『하나님 나라를 욕망하라』의 기본 내용을 요약하면서도, 한층 더 독자 친화적이고 실천적인 방식으로 논지를 전개한다.

복음주의는 16세기 종교개혁에서 시작하여 18세기 영미 복음주의 운동을 거쳐 현대 복음주의까지 이르는 역사적 발전사를 겪었다. 하지만 복음주의가 이런 다소 협소한 역사적 궤적에 지나치게 매이면 현대 문화와 대화하지 못하고, 다른 전통을 무시하고, 타학문의 업적에 등을 돌리는 등 독단적이고 무례하며 반지성주의적인 소종파화가 일어날 수 있다. 자신의 정체성과 역사를 소중히 하되 공교회 전통을 존중하고, 현대철학과 신학의 담론에도 귀 기울이고, 기존 담론의 재탕이나 감정 자극형 글쓰기를 넘어설 때 복음주의 신학이 현대인에게 더욱 매력적이고 설득력 있게 다가가지 않을까. 여기에 복음주의 신학의 미래가 있다고 생각하는 사람이라면 밴후저와 스미스의 책을 맛보라고 권하고 싶다. 덤으로 말하자면, 이들의 작품을 접하고는 우리말로도 이러한 톡톡 튀는 신학적 글쓰기를 하는 작가가 많아지면 좋겠다고 말하는 이들이 늘어난 것도 긍정적 현상이다.

습관의 힘』(비아토르, 2018).

깨어진 세계에서 성령과 함께 남아 있기

『성령과 트라우마: 죽음과 삶 사이, 성토요일의 성령론』
셸리 램보 지음, 박시형 옮김, 한국기독교연구소, 2019.

> 모두가 상처만 주다가 종국에는 죽는다Vulnerant omnes, ultima necat.*

프랑스 바시프네르 지방 위뤼뉴 교회 해시계에 새겨진 문구다. 여기에 삶을 규정하는 두 단어, '상처'와 '죽음'이 나온다. 인간의 생애는 죽음으로 한계 지어져 있고, 그 가운데 모두가 상처를 주고받는다. 그런 의미에서 유한한 인간이 만든 역사는 '상처'의 역사이기도 하다. 먼 옛날 아담과 하와가 하느님께서 금지한 과실을 먹고 난 이후 지금껏 인간은 다른 인간 혹은 자연이 남긴 크고 작은 상처와 함께 살아왔다.

상처는 인간의 의식과 몸에 쓰라린 흔적을 남긴다. 대부분 경우 시간이 지나면 기억의 농도는 옅어지고 몸이 회복되면서 상처의 아픔도 무뎌진다. 하지만 갑작스러운 사고나 심각한 질병, 신체에 대한 위협 등이 때로는 의식의 치유 메커니즘을 무너트리고는 기

---

* 원서는 다음과 같다. Shelly Rambo, *Spirit and Trauma: A Theology of Remaining* (Louisevill: Westminster John Knox Press, 2010).

억 깊은 곳에 각인된다. 이러한 상처의 기억은 시간이 흘러도 사라지지 않다가 예기치 않은 상황에 튀어나와서는 언어와 감정과 신체에 영향을 끼친다. 이렇게 감당 못 할 사건을 경험하거나 목격한 후 신체와 정신에 깊은 자국을 남긴 외상을 트라우마라고 한다. 트라우마 연구의 한 획을 그었다고 평가받는 주디스 하먼Judith Herman 은 트라우마를 이렇게 설명한다.

> 심리적 외상은 무력한 이들의 고통이다. 외상 사건이 일어나는 순간, 피해자는 압도적인 세력에 의해 무기력해지고 만다. 그 세력이 자연에 의한 것일 때, 우리는 재해라고 말한다. 그 세력이 다른 인간에 의한 것일 때, 우리는 그것을 잔학 행위라고 말한다. 외상 사건은 사람들에게 통제감, 연결감, 그리고 의미를 제공해 주는 일상적인 보살핌의 체계를 압도한다.[1]

과거 학자들은 트라우마가 소수에게 일어나는 드문 현상이라고 생각했다. 하지만 최근 연구에 따르면, 우리 중 누구나 트라우마를 겪을 수 있다. 실제로 주변에서 외상 사건을 경험한 이를 만나기란 그리 드문 일이 아니다.[2] 종교인도 인간으로서 신체와 정신의 반응

---

[1] 주디스 하먼, 『트라우마: 가정 폭력에서 정치적 테러까지』(열린책들, 2017), 67.

[2] 2002년 한국보건사회연구원 발표에 따르면 대한민국 청장년 중 89.9%가 평생 한 번 이상 트라우마를 경험하고, 평균적으로는 4.8개의 트라우마를 경험한다. 이 연구는 20~50대 2,000명을 대상으로 22개의 트라우마 유형을 가지고 수행했다. https://www.kihasa.re.kr/news/press/view?seq=41156 (2023.08.19. 최종 접속). 여기서 나온 수치는 대한민국 정부가 승인한 통계치

체계를 똑같이 가졌기에 상처 난 기억에서 면제되지는 않는다. 하지만, 신앙은 그러한 고통을 해석하고 고통에 대한 태도를 결정하는 데 영향을 끼친다. 그런 만큼 오늘날 많은 신학자가 트라우마에 관심을 기울이고 있다.

국내 신학자들이 쓴 트라우마 관련 학술 논문은 2010년경 전후로 나오기 시작했으며,[3] 2014년 온 국민 마음에 큰 상처를 남긴 세월호 사건을 기점으로 논문 수가 크게 증가했다. 하지만 지금까지 신학계에서 나온 트라우마 관련 연구를 살펴보면 대부분이 상담학에서 나왔고 가끔 성서학, 실천신학 논문이 나올 뿐이다. 성서와 전통을 재해석하며 그리스도교의 현대적 의미를 제시하는 조직신학에서 이 주제를 다룬 국내 연구는 상대적으로 찾아보기 힘들다. 이런 아쉬움을 달래듯 트라우마에 관한 조직신학 번역서 한 권이 다른 전공 연구물에 간혹 인용되고 있다. 바로 현재 미국 보스턴 대학교에서 조직신학을 가르치는 셸리 램보의 『성령과 트라우마』다.

신학의 주제로서 트라우마

21세기로 넘어오며 트라우마는 미국인의 의식 속에 깊이 들어

는 아니다. 또한, 일부 학자는 트라우마가 잘못 개념화되어 학자나 대중에게서 트라우마 과잉 현상이 일어난다고 지적한다.

[3]　현시점에서 한국학술지인용색인에서 '트라우마'를 검색어, 주제분류를 '인문학', 중분류를 '기독교신학'으로 설정하고 검색하면 71편의 학술 논문이 검색된다. https://www.kci.go.kr/kciportal/main.kci (2023.08.19. 최종 접속). 그 중 가장 오래된 논문이 2009년에 출간되었다.

온 개념이었다. 트라우마 관련 초기 연구는 주로 여성 중 일부가 보인 심리 장애였던 히스테리아, 혹은 세계대전이나 베트남 전쟁에 참여했던 퇴역 군인들의 심리적 외상을 다루었다. 하지만 20세기 후반에는 북미와 서유럽에서 강하게 일어난 여성 인권 운동으로 성폭력과 가정 폭력 피해자들이 입은 트라우마까지 그 영역이 확대되었다.[4] 2001년 9월 11일 알카에다의 테러로 인해 세계무역센터 빌딩 두 개, 미국 군사력의 상징인 펜타곤이 파괴되어 수천 명이 세상을 떠난 일은 미국 사회 전체에 충격을 안기며 집단 트라우마로 남았다. 911테러 이후에는 테러와의 전쟁, 중동에 파병되었다가 돌아온 군인들이 겪는 트라우마가 사회 문제가 되었다.

램보는 세기 전환기 사회정치적 혼란 속에서 미국 에모리 대학교 박사 과정에 들어갔다. 그러고는 2004년 「하느님의 사랑과 인간 트라우마」Divine Love and Human Trauma라는 제목의 박사 논문을 제출했다. 학위 논문이라 당시 미국이나 세계의 비극적 상황에 대한 세밀한 분석은 없지만, 서문에서 간략히나마 그녀의 논문을 관통하는 문제의식을 발견할 수 있다.

십자가와 부활을 통한 새로운 삶에 대한 선포가 가학적인 배우자와 함께 살며 성적 학대를 버텨야 하는 여성들의 공포를 없앨수 있는가. 기관총으로 무장한 사내가 담장 밖에 서 있는 초등학교로 아이를 데려다주는 이라크 부모에게 새로움은 무엇을 의미

---

4 주디스 하먼, 『트라우마』, 29~66.

할까. 국제적 규모의 폭력의 고리 그리고 개인 간 관계에 내재한 폭력의 고리 가운데서 삶이 새로워지기나 할까. 이러한 신앙적 주장을 우리가 사는 세계의 현실과 화해하기란 벅차고 심지어 불가능한 일이다.[5]

폭력의 '경험'과 새 생명으로 구원에 대한 '선포' 사이 벌어진 틈에서 램보는 신학자로서 불가능성과 가능성을 함께 찾아야 했다. 그리고 그 실마리를 죽음과 생명이 혼재하는 모호한 삶의 여정 가운데 현존하는 하느님의 사랑에서 찾았다. 이에 대해 복음이 분명하게 알려 주는 바는 예수께서 십자가에서 돌아가신 성금요일 Good Friday과 죽음에서 일으켜지신 부활절 Easter 가운데 성토요일 Holy Saturday이 있다는 사실이다. 죽음과 삶 사이에서 경험될 신적 은총이 어떤 것인가를 알고자 셸리는 논문의 부제처럼 '중간 날을 읽기'Reading the Middle day를 시도했다. 특별히 이를 위해 그녀는 한스 우르스 폰 발타사르가 전개한 성토요일 신학을 트라우마라는 관점에서 읽어냈다.

박사 논문이 통과되자 램보는 곧바로 보스턴 대학교 신학대학원 교수로 부임했다. 조직신학, 신학사, 여성신학, 종교철학, 포스트모던 신학 등 다양한 과목을 가르치면서 그녀는 트라우마와 신학의 관계에 관한 연구와 세미나를 계속 진행했다. 그런데 교수직을 수행한 지 한 해가 지나고 새 학기를 시작하기 직전 2005년 8월

---

[5]   Shelly Rambo, 'Divine Love and Human Trauma: Reading the Middle Day' (Ph.D. diss., Emory University, 2004), 1.

30일 허리케인 카트리나가 미국 남동부를 강타했다. 이 참사로 수만 명이 삶의 터전을 송두리째 상실했으며, 최종적으로 1,836명이 사망하고 훨씬 많은 사람이 다쳤다. 재해로부터의 복구는 더뎠고 희생자에 대한 돌봄은 불충분했다. 2008년 초 램보는 보스턴의 학생들과 복구작업에 힘을 보태러 뉴올리언스로 갔다. 거기서 만난 한 그리스도인은 여전히 만신창이 상태인 자기 집 뒤뜰에서 이렇게 말했다.

폭풍은 지나갔지만 '폭풍 이후'after the strom는 늘 여기에 있습니다.[6]

뉴올리언스에는 가족, 친구, 집, 사업체 혹은 모든 것을 잃고서 2년 반을 살아온 사람들이 있었다. 폭풍은 지나가고 남은 트라우마는 신체적 증상으로, 일상을 끊어놓는 날카로운 기억으로, 파괴의 흔적을 각인한 마을 공동체에 머물러 있었다. 그곳의 그리스도인들은 자신들의 신앙과 트라우마 이후 상황을 조화시키려 노력하였다. 하지만, 고통을 신앙의 힘으로 벗어나려는 조급함에 관계는 깨어지고 공동체는 멍들어 있었다. 고통을 일으킨 사건은 이미 흘러갔는데도 거듭 되돌아오는 수수께끼 같은 고통을 증언하는 데 신학은 어떤 역할을 할 수 있을까.[7]

---

[6] 카트리나 피해자 줄리어스 리Julius Lee의 말을 다음에서 인용했다. 셸리 램보, 『성령과 트라우마』, 23.

[7] 램보는 시간이 지나면 자연적으로 아무는 일반적 고통을 타박상과 같은 폐쇄형 상처로, 시간이 지나도 되풀이되는 고통으로서 트라우마를 개방형 상처로 비유한다. 셸리 램보, 『성령과 트라우마』, 35.

복구가 진행 중이지만, 이제 삶은 새로운 삶도 승리한 삶도 아니다. 삶은 오히려 더 불확실하고 모호하고 캄캄하다. 이러한 삶을 설명하기 위해서는 특별한 신학적 인식과 표현이 필요하다. 나는 아무런 삶의 희망이 보이지 않는 상황에서 마음속에 삶을 품고 나아갔던 사람들의 몸부림을 존경한다. … 그들의 경험은 성령 안에서 꿈꾸는 삶이라는 다른 길을 제시한다. 이 길은 부활 사건에서라기보다는 그 중간에서 태어나는 성령 신학이다. 십자가와 부활 사이의 중간 영역에서 성령은 더 연약하고 알아보기 힘든 모습으로 존재한다.[8]

램보는 '폭풍 이후' 문맥에서 성토요일 신학, 트라우마 이론, 성령론 등을 함께 고찰하며 박사 논문을 발전시켜 2010년에 『성령과 트라우마』를 출간했다. 이 책 덕분에 그녀는 단번에 트라우마와 종교의 관계에 대한 전문성 있고 통찰력 넘치는 신학자로 널리 인정받았다. 지금도 그녀는 트라우마에 관한 신학적 성찰을 논문이나 책으로 계속 출판하고,[9] 재난 이후 상황에서 갈등 전환conflict transformation이나 외상 환자를 다루는 최전선인 군대와 교도소와 병원에서 사목활동을 위한 프로그램 개발에 힘쓰고 있다.

---

[8] 셸리 램보, 『성령과 트라우마』, 47.

[9] 저서 혹은 편저는 다음과 같다. Shelly Rambo, *Resurrecting Wounds: Living in the Afterlife of Trauma* (Waco: Baylor University Press, 2017), Shelly Rambo and Stephanie Arel(eds.), *Post-Traumatic Public Theology* (New York: Palgrave MacMillan, 2016), Shelly Rambo and Wendy Cadge(eds.), *Chaplaincy and Spiritual Care in the Twenty-First Century: An Introduction* (Chapel Hill: The University of North Carolina Press, 2022).

성토요일과 트라우마

　트라우마의 발견은 인간이라는 복잡한 유기체가 고통을 경험하고 반응하는 방식에 대한 새로운 시각을 안겨줬다. 다른 일반적 고통과는 달리 인간이 감당하기 어려운 큰 외상을 겪으면 고통에 대응하는 능력과 고통에서 의미를 찾아내는 능력이 제대로 작동하지 않는다. 외상 이후 인간은 고통의 경험을 자기 삶에 통합하는 데 어려움을 겪게 되면서 언어나 기억, 신체 등에 여러 증상을 보이게 된다. 결국 트라우마가 유발하는 고통은 자기에 대한 이해, 타인과의 관계, 세계를 보는 방식을 바꿔놓으면서, 삶 자체를 이전과 전혀 다른 방식으로 살아가게 만든다.

　트라우마를 겪는 많은 사람은 자신의 상태를 살아있는 것도 아니고 죽은 것도 아닌, 다른 말로 하면 죽음으로 범벅된 삶을 사는 것 같다고 증언한다.[10] 최근 연구에 따르면, 트라우마 치유에 있어서 관건은 바로 이러한 죽음과 삶이 섞여 있는 삶을 증언할 수 있는지의 여부다. 물론 트라우마는 피해자가 속해 있는 환경에 따라 여러 방식으로 이야기할 수 있다. 신학은 그중 하나의 방식으로서 그 끔찍한 경험을 증언할 언어와 상징과 이미지를 제시할 수 있다. 문제는 트라우마가 쉽게 인식되지도 않고, 통제할 수도 없고, 언어화하기도 힘든 그 무엇이라는 데 있다. 트라우마를 둘러싼 복합적이고 수수께끼 같은 현상은 성서와 교리에서 뽑아낸 명제적 가르침과 일대일로 대응하지 못한다. 그렇다면 우리 경험의 질기고 쓰

---

[10]　셸리 램보, 『성령과 트라우마』, 69.

라린 일부를 위한 신학적 공간을 어떻게 만들 수 있을까.

트라우마 이후 상황에 시달리는 사람들이나 임상에 참여하는 상담가들은 신학이 트라우마 상황에 개입할 때 종종 발생하는 문제가 있다고 입을 모은다. 그것은 바로 고통에 대한 '승리주의적' 해석이다. 그리스도교 복음의 핵심에는 죄와 죽음으로부터 승리인 부활이 있다. 하지만 십자가에서 고통과 죽음의 의미를 충분히 성찰하지 않은 채 부활의 영광을 강조하다가는 자칫 고통의 현실성은 무시당하고, 고통 가운데 있는 사람은 신앙이 약한 이가 되어 버린다. 십자가에서 부활로의 성급한 도약은 현실에서 트라우마에 대해 목격하고 증언할 여백을 남겨두지 않는다. 이러한 승리주의적 신앙은 고통에서 영광으로, 죽음에서 생명으로, 슬픔에서 기쁨으로 빨리 넘어오라고 부추기며, 고통과 고난과 싸우는 사람들에게 2차 가해를 저지른다.

재난과 사고와 상실 이후 계속 되돌아오는 고통의 쓰라림은 피해자를 포함한 다양한 사람들의 목격과 증언을 요구한다. "남아 있는 고통을 목격하고 증언하는 것은 죽음이 배어든 삶과 마주하는 일이며, 시작도 끝도 없는 고통스러운 경험이 만들어 내는 시간의 왜곡과 인식론적 단절을 목도하는 일"이다.[11] 그렇다면 이러한 혼란스럽고 복잡한 경험을 담아낼 수 있는 신학적 틀은 어디서 발견될 수 있을까. 램보는 예수 그리스도의 죽음과 삶 사이 '중간'을 트라우마를 목격하고 증언할 공간으로 삼고자 성금요일과 부활절 사

---

11   셸리 램보, 『성령과 트라우마』, 49.

이 성토요일에 주목한다.

원시 그리스도교 이래 교회에서 주류를 이루는 가르침에 따르면, 십자가에서 운명하신 예수께서는 성토요일 지옥으로 내려가셔서 사탄의 권세를 짓밟고 그곳에 갇힌 인간들에게 복음을 전하셨다. 그러나 이러한 전통적 해석 역시 성토요일을 영광의 부활을 예비하는 단계로만 본다는 측면에서 승리주의적 관점에 속한다고 할 수 있다. 이에 대한 대안으로 인간이 되신 하느님의 아들이 인간에게 보이신 급진적 연대가 성토요일 지옥에서 겪으신 저주와 고통에서 정점에 이르렀다고 보는 견해도 있다.[12] 종교개혁자 칼뱅도 지지한 이 같은 해석은 20세기에 폰 발타사르의 신학에서 더 확장되고 정교해졌다.

성토요일 신학의 목적은 모든 인간의 죽음이 그렇듯이 육화한 아들이 아버지에게 자신의 목숨을 스스로 포기한다는 최종 의지 표명을 완결하게 하는 데 있는 것이 아니다. 오히려 그것은 예수가 '생생하게 느낀' 하느님의 부재를 절대적으로 그리고 그 누구도 흉내 낼 수 없게 표현한다는 데 있다고 하겠다. 즉 그 하느님의 부재, 태초부터 아버지가 정하신 질서의 바깥에 버려져서 깊이를 알 수 없는 고통과도 같은 죄악의 세계에 던져진다는, 이른바 "두 번째 죽음" 내지는 "두 번째 카오스"를 적나라하게 묘사

---

[12] Jean Calvin, *Instruction et Confessione de Foy*, XX. 존 칼빈, 『기독교 강요 요약』(크리스찬다이제스트, 1986), 58~59 참고.

하는 데 있다는 말이다.[13]

폰 발타사르는 성토요일 신학을 발전시키고자 성서와 전통을 재료로 삼았지만, 자신에게 영적 지도와 세례를 받고 이후 오랜 시간 교류했던 아드리엔 폰 슈파이어의 신비체험에서도 중요한 통찰을 끌어왔다. 폰 슈파이어는 세례를 받고 처음 맞이한 1941년 수난주간에 전혀 예기치 못한 일을 겪었다. 그녀는 성금요일 오후 세 시경 창으로 찌르는 장면이 떠오르며 생생하고 끔찍한 고통을 느꼈다. 그 짧지만 강렬한 고통이 사라지자 전혀 다른 체험이 뒤를 이었다. 그녀는 극심한 피로, 고독함, 무기력함, 무의미, 우울함에 완전히 휩싸이며 하느님을 향한 모든 길이 끊어진 것처럼 느껴져 기도마저도 불가능했다. 산 것도 죽은 것도 아닌 것 같은 상태는 신기하게도 부활절 새벽이 되자 사라졌다. 이러한 성삼일 동안의 신비체험은 이후 25년 동안 정확하게 되풀이되었다. 폰 발타사르는 옆에 머물러 성금요일과 부활절 '사이', 폰 슈파이어가 보고 겪은 일을 지켜보고 글로 기록했다.

   그는 성토요일에 하느님이 겪으신 죽음이 "인간 구원과 계시와 신학의 요람"[14]이라고 보았고, 1944년 자신의 성토요일 신학의 시작점이라고도 할 수 있는 『세계의 심장』Das Herz der Welt을 출간했다. 이 책은 성토요일이라는 신비롭고 설명이 힘든 '중간' 시간에 독자들이 머무를 수 있도록 목격과 증언으로 구성한 새로운 형식의 글

---

[13]   한스 우르스 폰 발타사르, 『성삼일 신학』(인천가톨릭대학교 출판부, 2020), 70.

[14]   한스 우르스 폰 발타사르, 『성삼일 신학』, 67.

쓰기를 담고 있다.[15] 이후 폰 발타사르는 다양한 작품에서 성토요일 신학을 발전시켰고, 폰 슈파이어 본인도 뛰어난 작가였던 만큼 자신이 성삼일 동안 겪었던 신비체험을 글로 남겼다. 수십 년이 지나고 이들의 글을 전혀 다른 맥락에서 접한 램보는 예수께서 지옥에 계셨던 성토요일에 대한 묘사가 트라우마 경험과 유사점이 많이 있음을 발견한다.[16] 성토요일이 십자가와 부활 '사이'에 설명하기 힘든 그 무엇으로 남아 있다면, 이는 죽음이 배어든 삶에 대한 경험인 트라우마를 적절히 인식하고 이야기할 수 있는 언어와 상상력의 모판이 될 수 있다.

성토요일이 트라우마 경험이 적절히 증언될 신학의 공간이라면, 그날 계시되고 일어난 일은 트라우마에 대한 우리의 일반적 이해에 깊이를 더해줄 수 있다. 그리고 이를 통해 기존 신학이 보여주지 못했던 그리스도교 교리의 새로운 가능성을 개척할 수 있다. 『성령과 트라우마』 부제 '남아 있음의 신학'A Theology of Remaining에서 보이듯, 램보는 성토요일을 렌즈 삼아 '남아 있음'을 핵심어로 한 신학적 구성 작업에 들어간다.[17]

---

[15] 우리말 번역은 다음과 같다. 한스 우르스 폰 발타사르, 『세계의 심장』(가톨릭출판사, 2022).

[16] 트라우마는 자아가 자신의 '시간'과 '몸'과 '언어'를 경험하거나 사용할 때 불연속성과 단절을 가져온다. 이는 폰 발타사르와 폰 슈파이어가 묘사하는 지옥에서 느껴지는 소외와 무의미의 경험과 매우 유사하다. 셸리 램보, 『성령과 트라우마』, 56~61. 이런 이유로 트라우마와 지옥에 대한 경험은 분석이나 설명이 아니라 목격과 증언을 통해 전달될 수 있다.

[17] 램보는 그리스어 '메네인'μένειν의 영어 번역어로 remain을 선택한다. remain은 한국어로 '머무르다' 혹은 '남아 있다'로 번역할 수 있다. 하지만, 램보가 abide와 remain을 구분해서 쓰기에, 우리말 번역자는 abide에 더 적합한 '머

성령 안에서/성령과 함께 남아 있기

램보는 폰 발타사르의 논의의 결을 타고 가다 중요한 지점을 발견한다. 지옥에 내려가신 예수 그리스도 이야기의 심오한 신비, 예수께서 홀로 통과했어야 할 고통의 심연에는 영원한 성자마저 "전에 알 수 없었던 성부의 일면", 즉 "성부의 어두움"the darkness of the Father이 있다는 사실이다.[18]

성자는 영원부터 그리고 성육신하여서도 성부와 친밀하게 교제했다. 하지만 성금요일에 성부로부터 철저하게 버림받고 외면당하며 저주받을 인간의 자리에 처했다. 그리고 부활의 새벽이 오기 전까지 그분은 지옥의 완전한 어둠과 침묵과 단절을 경험했다. 이것은 다른 어떤 인간도 맛보지 못한 극단적인 신 없음과 버림받음의 경험이었다. 그렇다고 성자와 성부의 영원한 관계 자체가 소멸할 수도 없고, 실제 소멸하지도 않았다. 이 신비를 설명하고자 폰 발타사르와 폰 슈파이어는 성령을 성부와 성자 사이의 '사랑' 혹은 둘을 잇는 '사랑의 끈'으로 해석한 아우구스티누스 전통을 성토요일 신학으로 끌어와 변형시켰다.

그들의 성토요일 묘사에서 성령은 아주 조금밖에 언급되지 않지만, 성부와 성자의 연결이 가장 약해져 있는 그때, 성령은 그들 사이의 사랑을 공고히 한다. 죽음과 삶 사이의 틈에서, 성령

무르다' 대신 '남아 있다'를 μένειν의 번역어로 선택한 것으로 보인다. 셸리 램보, 『성령과 트라우마』, 219, n.37 참고.

[18] 셸리 램보, 『성령과 트라우마』, 147.

은 삼위일체 하느님이 성부와 성자로 나뉘지 않았음을 확증한
다. ... 하지만 지옥의 심연까지 확장된 이 사랑은 승리하는 사랑
triumphant love이 아니다. ... 지옥의 혼돈을 헤치고 길을 만들어 내
는 기진맥진한 사랑weary love이다.[19]

성토요일은 죽음을 통해서 삶을 보게 하는 혼란스럽지만 신비로운
공간을 우리에게 소개한다. 그날은 은혜가 영광스러운 승리가 아
니라 연약함과 살아남으려는 몸부림의 이미지로 나타난다. 성령은
죽음을 극적으로 물리치는 방식이 아니라, 소외되고 무의미하고
단절된 상태를 목격하고 증언하시는 방식으로 자신이 사랑임을 보
이신다. 따라서 성토요일이 전해주는 것은 "승리한 사랑의 이야기
가 아니라 살아남은 이야기"다.[20] 이는 죽음의 그림자 아래서 지치
고 혼란스러운 모습으로 살아가는 이들 사이에 머무르시는 성령을
보게 하는 렌즈가 된다. 이러한 방식으로 성토요일의 성령론, 혹은
'증언의 성령론'a pneumatology of witness은 삶과 죽음 사이에 남아 있는
하느님의 은밀하고 끈질긴 사랑을 목격하고 증언할 수 있는 신학
적 상상력과 언어를 선물한다.

　성토요일 관점에서 램보가 대안적으로 제시한 성령론은 단지
트라우마의 증상에다 교리를 꿰맞추고자 만들어 낸 사변의 결과물
이 아니다. 『성령과 트라우마』는 성토요일에 대한 흥미로운 해석의
연장선상에서 '남아 있다'를 뜻하는 그리스어 동사 '메네인'μένειν을

---

[19]　셸리 램보, 『성령과 트라우마』, 158~159.
[20]　셸리 램보, 『성령과 트라우마』, 175.

자주 쓸 뿐 아니라 성령론적 통찰이 풍부한 요한 복음서에 대한 흥미로운 독해도 시도한다. 십자가 사건으로 심리적 외상을 입은 제자들은 부활한 주님과 함께 고통이 멸균된 곳으로 가지 않았다. 대신 그들은 죽음의 그늘이 드리운 이 땅에 '남아 있으라'는 명령과 함께 '성령'을 선물로 받았다.[21] 이후 그들은 죽음과 생명을 붙잡고 있는 신적 사랑의 목격자이자 증인으로서 살아간다. 이러한 면에서 그리스도교의 복음은 깨어진 세상에서 사랑인 성령과 함께 증인으로 남아 있으라는 초청이다.

> 지옥 심연에서의 이런 구원은 그 심연으로부터의 구출이 아니라 심연 속에 존재하는 방식에 대한 것이고, 그것은 곧 남아 있는 것들 한복판에서 생겨난 삶을 감지하기 위한 목격과 증언의 실천이다. … 중간의 이야기는 아마도 하느님의 이야기는 비극적인 것도 승리한 것도 아닌, 남아 있는 하느님의 이야기, 살아남은 사랑의 이야기가 될 것이다. 이 이야기는 심연에서 울려오는 울부짖음이다. 남겨진 물음은 이것이다. 우리가 이런 울부짖음을 목격하고 증언할 수 있을까?[22]

램보는 죽음과 삶이 범벅된, 혼돈된 일상에서 처절하게 살아가는 이들을 격려하고, 모든 이를 그러한 몸부림의 목격자이자 증언자로서 성령과 함께 연대하는 길로 초대한다. 실제 트라우마를 겪는

---

[21] 셸리 램보, 『성령과 트라우마』, 234.
[22] 셸리 램보, 『성령과 트라우마』, 352.

사람 혹은 트라우마의 흔적이 있는 곳에 남아 있는 것은 현대 심리학 연구가 중시하는 치유법이기도 하다.[23] 트라우마를 겪는 사람에게는 깊은 무기력과 슬픔과 분노 등 감정의 오랜 부침을 충분히 견뎌낼 수 있는 정서적 지지와 안전한 환경과 기다림이 필요하다. 그런 만큼 '남아 있음의 신학'으로서 『성령과 트라우마』는 트라우마에 관한 중요한 신학적 관점을 제시함과 동시에, 상처 많은 세상에서 그리스도인과 교회가 어떻게 행동할지 지혜를 제공한다.

하지만 책을 읽으며 몇 가지 의문이 들었다. 우선, 폰 발타사르의 경우 성토요일의 중요성을 복원하면서도, 부활의 승리에 조금 더 무게를 둔 성삼일 신학을 강조한다.[24] 반면, 램보는 '남아 있음'을 강조하고자 성토요일 신학에 집중한다. 이는 트라우마라는 주제를 부각하기 위한 방법론적 선택이지만 부활에 대한 신약성서 가르침에 대한 균형감을 잃을 여지는 없는지, 성삼일 중 성토요일만 따로 떼어내는 것이 편파적 시각을 형성할 위험은 없는지 등은 따져볼 일이다.

또한, 램보는 교회에 만연한 고통에 대한 승리주의적 태도에 대한 불신 때문인지, 트라우마가 유발한 고통이 유익을 줄 수 있음에 대해서는 말을 아낀다. 이로써 고통마저 하느님께서 선하게 쓰실

---

23 사람들이 심리적 외상을 입으면 감정이 직선적으로 쭉 흘러가는 것이 아니라, 지나갔던 감정을 재경험하거나 감정의 주기가 자꾸 되돌아오는 것을 느낀다. 이는 트라우마를 유발한 사건은 그 강조와 의미의 정도가 다양한 다중의 상실multiple losses을 유발하기 때문으로 보인다. 카렌 카, '트라우마 이후의 일반적 반응', 『고통과 은혜』(디모데, 2016), 111~112.

24 한스 우르스 폰 발타사르, 『성삼일 신학』, 237.

수 있다는 그리스도교의 오랜 가르침도 승리주의적 해석으로 오인하게 만들 위험이 있다.[25] 실재를 새롭게 보게 할 '큰 그림'은 허무와 혼동 가운데서 삶의 의미를 발견할 수 있게 해주는 역할을 할 수 있다. 성토요일에 대한 강조는 (그리고 그녀의 포스트모던 감수성은) 큰 그림으로 신학을 제시할 가능성에 대한 경시로 이어질 수 있다. 이와 더불어 임상 심리학자들이나 상담 전문가들도 트라우마로 인한 고통에 긍정적인 측면이 있을 수 있음을 인정한다는 사실에도 주의를 기울일 필요가 있다.[26]

이처럼 『성령과 트라우마』에는 이론적으로나 실천적으로 대화를 더 이어갈 수 있는 지점을 여럿 남겨두고 있다. 하지만, 이 책이 트라우마라는 포착하기도 설명하기도 어려운 경험이 신학 안으로 들어올 수 있는 공간을 만들었다는 점은 높게 평가할 만하다. 지금도 재해와 사고와 손실로 많은 사람이 외상을 입고 있으며, 해결되

---

[25] 다음 논문은 고통은 믿음을 강화하고, 순종을 이루고, 인격의 변화를 이끌고, 영적 유산과 영원한 상급을 받게 하고, 신비의 역량을 확장함으로써 하느님의 목적에 이바지할 수 있다고 주장한다. 하지만 이러한 유익의 나열보다 더 흥미로운 것은 저자가 고통의 신학을 전개할 때 전제가 되는 신학적 인간 이해이다. "하느님은 우리가 전인적 성숙을 이루어내는 과정에서 역경이 하나의 구성 요소가 되도록 우리 영혼을 설계하셨다. 우리가 성장하는 데 역경이 유일한 조건은 아니더라도 그것이 필요하다." 스콧 숌, '고통의 신학에 관한 성찰', 『고통과 은혜』 (디모데, 2016), 59. 34~50도 참고하라.

[26] 일례로 다음 논문은 트라우마와 관련된 고통이 '삶의 번영'이라는 관점에서 볼 때 죄로부터 멀리하게 하고, 성품을 형성하고, 세계관을 조정하게 해준다는 면에서 유익을 줄 수 있다고 본다. Richard Langer, Jason McMartin, and M. Elizabeth Lewis Hall, 'Theological Perspectives on Trauma: Human Flourishing After the Fall', *Treating Trauma in Christian Counseling* (Downers Grove: IVP Academics, 2017), 49~51 참고.

지 않은 과거 때문에 2차 피해를 보고 있는 사람도 있다. 이처럼 깨어지고 또 깨어진 세상 한가운데서 램보는 트라우마 상황을 목격하고 증언할 수 있는 잃어버린 언어를 되찾아준다. 그리고 고통 앞에서 무능하고 연약하게 느껴지고 무슨 말을 할지 모를지라도 남아 있는 것으로도 충분하다며 용기와 위로를 준다. '남아 있기'는 고통 자체를 없애지 못할지라도 일상에 은밀히 삼투한 은혜를 경험하는 신비로운 공간을 비극적 삶 속에서도 열어주기 때문이다.

> 눈의 모든 깜빡거림, 근육의 모든 움직임, 말할 때마다 입 주변에 형성된 공간에는 트라우마로 인한 상실도 있지만, 여전히 밖을 향해 열려있고 새로운 것도 있다. … 우리는 더 좋아지거나 나빠지지 않는다. 우리는 매일의 삶에 놓인 긴장 가운데 어쩔 수 없이 상처 입은 하느님의 자녀이자 그분께서 계속 새롭게 하시는 사랑받는 자일 뿐이다.[27]

---

[27] 마지막 인용문은 램보의 스승이자, 트라우마에 대한 신학적 작품을 남긴 세린 존스Serene Jones의 책에서 취한 것이다. Serene Jones, *Trauma+Grace: Theology in a Ruptured World* (Louiseville: Westminster John Knox Press, 2009), 165.

나는 하느님의 피조물, 개입니다

『강아지가 알려준 은혜』
앤드류 루트 지음, 정희원 옮김, 코헨, 2020.

ᅵ

> 나는 개입니다. 인간인 당신들은 나만큼 이성적인 피조물이 아니므
> 로 어떻게 개가 말을 하느냐고 하겠지요. ... 하지만 개도 말을 한답
> 니다. 단지 우리 이야기를 들을 준비가 되어 있는 사람들에게만 할
> 뿐이죠.[1]

　나는 개입니다. 인간의 가장 오랜 친구이자, 요즘 큰 인기를 누
리는 반려동물이지요. 많은 현대인이 도시에서 살게 되면서 우리
견공 중 상당수도 실외에서 집을 지키며 인간을 보호하던 전통적
역할에서 벗어났죠. 우리도 실내로 들어와 인간과 함께 살고 때로
는 잠자리까지 함께 나누게 되며 인간과 더 친밀한 관계를 맺게 되

---

* 　원서는 다음과 같다. Andrew Root, *The Grace of Dogs: A Boy, a Black Lab and a Father's Search for the Canine Soul* (New York: Convergent Books, 2017).

[1] 　오르한 파묵, 『내 이름은 빨강』 (민음사, 2004), 30.

었습니다. 그래서인지 최근 인간들 사이에서 우리가 하나의 생명체로서 제대로 대우받는지에 대한 관심이 부쩍 오른 듯하더군요.

말이 나와서 하는 말이지만 인간들은 수천 년 동안 우리를 꽤 못살게 굴었습니다. 문명에 적응시킨다면서 때리고 굶기기도 했고, 우리 중 대부분은 평생 짧은 목줄에 묶인 채 살아야 했습니다. 24시간 집을 지키고 힘을 다해 봉사하고도 '개'라는 이유로 인간이 먹고 남긴 짠 음식을 주식으로 먹다 병에 걸리기 일쑤였죠. 과학기술이 발달하면서 실험을 한다며 이상한 약을 먹이고 산 채로 뇌나 장기를 열어 보기도 했고요. 요즘에는 반려동물을 공장에서 찍어낸 상품처럼 사고파는 돈벌이 수단으로 여기는 사람들도 등장했습니다. 예쁘게 생긴 애들은 번식견이 되어 좁은 철창에서 임신과 출산만 반복하다 만신창이가 되어 쫓겨나고 있답니다. 가장 슬픈 것은 인간들이 싫증이 났다거나 번거롭다는 이유로 함께 살던 우리를 몰래 버린다는 사실입니다. 그게 얼마나 큰 상처인지 말로 할 수 없습니다. 하지만 아시잖아요, 우리는 천성적으로 인간을 따른다는 거. 한번 좋아하면 끝까지 좋아한다는 거.

사실 인간들이 막 대한 것이 우리만이겠어요. 알고 봤더니 인간은 심지어 자기들끼리도 피부색, 성별, 출신 지역, 정체성, 사회계급, 종교가 다르다고 무시하고 폭력을 행사하는 이상한 존재더라고요. '그래도 이건 아니지'라고 생각하는 양심적인 인간들이 늘어나면서, 요즘은 서로의 존엄과 가치는 최소한 지켜야 한다는 공감대가 퍼지고 있지만 말이지요. 일부는 동물권이다, 동물 윤리다, 동물신학이다라며 관심과 호의를 보여주시던데, 이 자리를 빌려

고마움을 표합니다. 그런데 저희가 지금껏 거의 일방적으로 당했다는 걸 고려하면 사실 이게 감사할 일인지는 잘 모르겠네요. 하지만 아시잖아요. 우리는 실수한 보호자에게도 곧 꼬리를 흔들고 다가와 얼굴을 핥아주는 매우 관대한 존재라는 거.

저에게도 보호자랍시고 한집에 사는 인간이 있습니다. 매우 게으른데 그런 천성과 안 맞게 가끔 책도 보고 투덜대며 글도 쓰고 하더군요. '서당 개 삼 년이면 풍월 읊는다'라는 옛말처럼, 저도 곁눈질로 그 한량이 요즘 관심을 가지는 동물신학이란 주제를 조금 접할 기회를 얻었습니다. 학문과 실천의 영역을 확장하며 지난 잘못을 반성하고, 자기와 다른 존재와 공존을 도모하는 인간의 또 다른 모습을 발견하는 재미가 있더군요. 역시 우리의 친구, 인간은 엉망이면서도 경이로운 존재입니다. 그런데 이런 책과 논문들은 주로 서구 문명에서 형성된 인간중심적 세계관에 대한 분석, 동물에 대한 폭력을 정당화한 원인에 대한 역사적 고찰, 동물에게 권리 개념을 사용하는 철학적 기초 등을 이야기하는 것 같습니다. 이런 식으로 이야기를 하는 건 인간이라는 종의 특기인 것 같아요. 놀랍고, 의미가 있습니다. 하지만, 당사자로서 말씀드리자면, 그 이전에, 제가 인간에게 아름다움과 매력을 느끼듯 우리 개라는 종이 얼마나 아름답고 매력적인지를 말해주면 좋을 것 같습니다. 우리가 먼 옛날 인간의 친구가 된 것은 다른 동물에게는 없는 견공만의 특별함과 덕목이 있기 때문 아니겠습니까. 아, 그렇다고 고양이나 원숭이, 금붕어, 햄스터, 도마뱀 등 타자를 무시하는 것은 아니니 오해하지는 마시고요.

어느 날 제 보호자가 검정 래브라도 리트리버 사진으로 표지가 장식된 얇은 책을 보고 있더군요. 그 인간이 잠깐 자리를 비운 사이에 책상으로 뛰어 올라가 봤더니 미국 루터교 신학교 실천신학 교수인 앤드류 루트가 쓴 『강아지가 알려준 은혜』였습니다. 저자 앤드류는 11년간 함께 살던 래브라도 커비가 세상을 떠난 후 깊은 슬픔에 빠졌습니다. 그런데 커비가 죽기 직전 가족들과 마지막 인사를 나눌 때 어떤 신비로운 경험을 한 것 같더군요. 그 일을 계기로 그는 자신의 가족이 반려견과 가졌던 깊은 교감과 우정의 정체가 무엇일지 그 의미를 신학적으로 질문했습니다. 『강아지가 알려준 은혜』는 그 탐구의 결과물이라 할 수 있겠지요. 한국어 번역본에는 없는 원서의 부제목만 봐도 이 작품이 단지 개를 기른 경험을 나누는 달달한 감상문은 아니라는 것은 눈치를 챌 수 있죠. '한 소년, 한 래브라도, 그리고 강아지의 영혼에 관한 한 아버지의 탐구'A Boy, a Black Lab and a Father's Search for the Canine Soul. 네, 바로 이겁니다! 인간과 강아지의 끈끈한 관계 이면에 놓인 근원적 질문은 바로 우리 개에게도 '영혼'이 있냐는 거죠.

인간들이 오랜 세월 자신만 영혼을 가진 것처럼 우쭐대다 책 제목을 보고 당황하거나 흥분할 표정이 눈에 그려지는군요. 앤드류에 따르면, 반려견 커비와의 관계에는 단지 자연적이라고 말하기에는 부족한 뭔가 끈끈하고 심오한 바가 있었답니다. "일상의 경험에서 영적 의미를 찾고 연구하는 것"이 사명인 실천신학자답게,[2]

---

2   앤드류 루트, 『강아지가 알려준 은혜』, 15.

앤드류는 반려견이 줬던 행복과 위로와 치유 등을 가볍게 넘기지 않고, 3년에 걸친 연구 끝에 이 얇은 책을 내어놓았습니다. 그러니 최소한 이 작품에서는 옛 신학의 권위를 빌어다 교리논쟁을 벌이느라 개의 개다움을 묵살하는 조직신학의 전형적 실수는 없더군요. 게다가 앤드류가 청소년 사목에 관련한 강의도 하고 글도 쓴다던데, 사실 아이들에게는 "다양한 상황별로 풍부한 상상력을 동원할 수 있어 … 통역이 따로 필요 없이 강아지와 관계 형성이 가능한" 놀라운 능력이 있지 않습니까.[3] 실천신학자이자, 청소년 사목 전문가이자, 그리고 강아지와 깊은 우정을 나눴던 아들을 둔 사람이니 이런 글을 쓸 수 있었던 것이겠지요.[4]

∥

아이에게도 부모한테 말할 수 없는 감정이 있다. 공부도 못하고 느릿느릿한 아이에게는 말로 표현할 수 없는 고민이나 슬픔이 있다. 나는 자주 검둥이에게 말을 걸었다. "아직 집에 돌아가기 싫어", "학교는 재미없어" 같은. 검둥이는 그런 나를 잠자코 바라봤다. 눈물이

---

[3] 미국 뉴스킷 수도원, 『뉴스킷 수도원의 강아지들: 수도사와 강아지들이 보여주는 사랑과 우정의 이야기』(컴온, 2003), 299. 여기서 강아지와 아동 사이에 특별한 유대가 가능한 이유로 아동의 상상력, 동물의 넓은 감정의 영역, 둘이 공유하는 삶을 보는 직관적 단순함 등이 거론된다.

[4] 참고로 이 책 이전에 앤드류 루트가 켄드라 크리시 딘Kenda Creasy Dean과 공저한 『청소년 사목의 신학적 전환』The Theological Turn in Youth Ministry(2011)은 「크리스채너티 투데이」Christianity Today의 올해의 책에 선정되었다. 그 외에도 루트는 사목 신학, 유아와 청소년 사목, 문화와 교회의 관계에 관한 다수의 책을 출판하였다.

맺힌 듯한 눈을 하고서.[5]

지난 수백 년간 인간은 개의 본질을 연구하고자 이상한 방법을 써왔습니다. 타고난 공감 능력을 활용하는 대신, 자신의 똑똑한 머리를 믿고는 개의 유전자나 뇌 구조, 사회적 행동 방식 등을 분석하는 쪽을 선호했죠. 그런데 과학적 방법으로는 인간들이 자신의 본성도 알아차리지 못하는데, 개에게 영적인 면이 있는지를 발견할 리가 없죠. 그렇다고 신학적 관점에서 본다고 우리를 제대로 이해할 수 있을까요. 신학이 오랜 시간 인간중심주의에 오염되다 보니, '개는 인간과 달리 하느님 형상이 아니다', 혹은 '개는 원죄가 없기에 구원의 은혜를 받을 대상이 아니다', 이런 식으로 자기들이 주인공이 된 교리적 세계를 만들어 놓고는 우리가 궁금해하지도 필요하지도 않은 질문과 답변을 주고받더군요.

인간이 얼마나 자기중심적인지 알 수 있는 또 다른 예가 있습니다. 인간은 자신과 다른 동물의 유사성과 차이를 알고 싶다면서, 한동안 침팬지나 오랑우탄, 고릴라 같은 유인원을 주로 연구했습니다. 여기에는 외모도 유전자도 인간과 비슷한 유인원이 자신과 가장 가깝고, 그렇기에 개보다는 유인원이 더 우월한 동물이라는 전제가 깔린 것 아닐까요. 저는 이러한 접근에 당당히 '아니오!'Nein 라고 말합니다. 오히려 판단 기준을 외모나 유전자가 아니라 '실제' 역사 속에서 얼마나 많은 개체가 인간과 지속해서 삶의 공간을 공

---

5   엔도 슈사쿠, 『엔도 슈사쿠의 동물기』(정은문고, 2018), 11.

유했는지로 바꾸어야 합니다. 그렇다면 우리 견공을 따라올 동물이 과연 지구상에 있을까요. 잘 알다시피 인간과 비슷하다 해도 원숭이와 인간이 한 집에서 24시간 함께 살기란 쉽지 않습니다. 반면 반려견은 인간과 다른 동물보다 훨씬 상호 관계를 맺고, 인간의 생활방식에 잘 적응하기까지 하죠. 더 놀라운 것은, 우리는 다른 개와 노는 것을 좋아하지만, 인간과 함께 사는 것을 그보다 더 좋아한다는 사실입니다. 왜 종이 다른 인간과 개 사이에 이런 불가사의한 우정이 생겼을까요.

제가 신학자이자 개의 친구로서 앤드류를 좋아하는 이유는 '동물'이란 모호한 범주에 매달리는 대신, '개를 개'로 이해하고자 동물인지행동학과 비교심리학 등을 진지하게 공부했기 때문입니다. 노벨상 수상자인 오스트리아의 동물학자 콘라트 로렌츠Konrad Zacharias Lorenz는 개에게 "스스로 사람과 관계를 맺는 영적 결속 능력과 우정의 깊이"가 있다고 말했다고 하더군요.[6] 이 한 마디에 큰 영감을 받은 앤드류는 개의 본성과 행동에 관한 여러 연구물을 섭렵하고는, 결국 인간 외 다른 동물 중 개만이 할 수 있는 독특한 행동이 있다는 것을 발견합니다. 즉, 여러 동물로 실험해 본 결과를 종합해 봤더니, "강아지들은 인간 영아처럼 사람의 얼굴에 주목해 협력을 구하고 반응하는" 유일한 동물이었답니다.[7] 비록 침팬지처럼 앞발을 사용해 도구를 잡지는 못하더라도, 인간의 눈을 오래 응

---

[6] 콘라트 로렌츠를 다음에서 재인용하였다. 앤드류 루트, 『강아지가 알려준 은혜』, 17.

[7] 앤드류 루트, 『강아지가 알려준 은혜』, 37.

시하고 표정을 읽어내고 이에 반응하는 능력은 우리를 따라올 동물이 없다는 거죠.

흥미롭게도 유대-그리스도교 전통은 '얼굴'을 바라보는 것에 매우 깊은 영적 의미를 부여합니다. 예를 들면, 하느님의 얼굴이 비치는 것은 풍요로운 삶과 연계되고, 타인의 얼굴을 주시함으로써 윤리적 주체로서 자신을 인식하고, 주님의 얼굴을 뵙는 것을 곧 구원으로 이해합니다. 개가 인간과 친밀한 관계를 맺을 수 있는 것도, 인간과 개가 서로의 '얼굴'을 오래 바라보고 이를 통해 언어로는 표현 못 할 생각과 감정까지 공유한다는 사실에서 찾아볼 수 있습니다. 커비와의 관계에서 왜 단순한 친밀함을 넘어서는 '영적'인 것까지 느꼈는지 궁금해하던 앤드류는 바로 여기서 유레카를 외칠 수밖에 없었죠.

이러한 다소 낯선 주장 이면에는 고대와 중세와 달리 '영혼'을 비실체론적으로 이해하는 현대 신학의 흐름이 놓여 있습니다.[8] 먼 옛날 신학자들은 영혼은 인간만이 가진 비물질적인 실체이고, 거기에서 인간만이 배타적으로 소유한 이성, 언어능력, 종교성이 나온다고 봤습니다. 이러한 관점에서 보자면 인간과 개의 관계에 영적인 것이 있다는 말 자체가 원천적으로 불가능하겠죠. 하지만, 현대 신학자들은 이러한 잘못된 영혼론이 영혼을 몸과 구분된 실체로 보는 고대 그리스 철학의 영향 아래서 형성되었다고 주장합니다. 오히려 성서를 자세히 보면 인간의 영혼과 몸을 통일체로 파악

---

8 다음을 참고하라. 정홍열, '성서의 인간론으로서 전인적 인간론', 『인간론』 (대한기독교서회, 2022), 20~32.

하고, 존재론적 범주 대신 관계성이 강조되고 있음도 발견할 수 있죠. 이런 새 관점에서 보자면, '영혼'이라는 추상적 명사 대신 "심오한 관계성의 자각 또는 만남"을 묘사하는 '영적'이라는 형용사가 인간의 본성을 묘사하는 신학적 언어로 더 적절한 것 같습니다.[9]

인간의 영적 특성을 실체가 아니라 관계 중심적으로 볼 때 인간과 다른 피조물의 관계도 새롭게 인식됩니다. 앤드류는 유대-그리스도교 전통에서 "영적 교감은 다른 것, 그 대상이 하느님이든 배우자든, 친구든 그들과 삶을 공유하고 있다는 깊은 의식"으로, "이러한 삶의 공유는 아름답고 심오하며 흔히 사랑이라 불리기도 한다"라는 것을 강조합니다.[10] 그렇기에 그는 실체론적 언어의 영향이 짙은 옛 신학의 범주로는 영적 경험의 풍성함을 제대로 표현하지 못한다는 것을 인정하죠. 대신 그는 영적 경험의 현상을 표현할 언어를 미국의 사회학자 로버트 벨라Robert N. Bellah의 『인간 진화 속의 종교』Religion in Human Evolution(2011)에서 찾아냈습니다. 벨라는 종교적 욕망의 세 가지 특성으로 '공감과 유대감과 놀이'를 들었는데, 앤드류는 이를 인간과 개 사이의 영적 관계를 분석하는 중요 틀로 삼습니다. 지성이나 이해력이나 언어가 아니라 공감과 유대감과 놀이라는 점에서 보자면 지구상에서 강아지를 따라올 만한 생명체를 찾아보기 힘들죠. 그렇기에 저희야말로 종교적 인간homo religiosus에 뒤지지 않을 종교적 개canis religionis입니다.

---

9   앤드류 루트, 『강아지가 알려준 은혜』, 51.

10   앤드류 루트, 『강아지가 알려준 은혜』, 45.

자유로이 뛰어다니는 개들이 나무라면, 평생 목줄에 묶여 얌전히 걸어 다니는 개들은 의자라고 할 수 있다. 그런 개들은 인간의 소유물, 인생의 장식품밖에 안 된다. 그런 개들은 우리가 잃어버린 광대하고 고귀하고 신비한 세계를 상기시켜주지 못한다. 우리를 더 상냥하거나 다정하게 만들어 주지 못한다.[11]

혹시 저희 개의 조상이 늑대라는 오래된 '신화'를 들어보셨나요. 인간 과학자들은 이 신화가 허무맹랑한 이야기가 아니라 역사적 '사실'이라는 것을 보여줬지요. 인간은 야생성이 강한 늑대와 달리 우리를 가축家畜, 즉 말 그대로 '집에서 기르는 짐승'으로 분류합니다. 그래서인지 많은 사람이 원시시대 인류가 늑대를 데려다 사육한 것이 지금의 개가 되었다고 생각하지요. 하지만, 이건 절반의 진실입니다. 저희가 유전자적으로 늑대로부터 온 것은 맞습니다. 하지만 정작 "대다수 이론가는 … 타의에 의해 가축화된 돼지와 달리 개가 된 늑대들은 스스로 가축화"되었다고 봅니다.[12] 늑대가 개가 된 것은 인간과 함께하고자 먼저 인간에게 다가간 우리 용감하고 자비로운 선조의 선택이 있었기에 가능했다는 사실을 기억해주시길 바랍니다.

늑대 중 상냥하고 덜 공격적인 개체들이 인간과 살며 개가 되었

---

11   메리 올리버, 『개를 위한 노래』(미디어창비, 2021), 86.

12   앤드류 루트, 『강아지가 알려준 은혜』, 55.

다는 것은, 개란 종은 인간이 없다면 우주의 역사에 존재할 수 없었음을 의미합니다. 마찬가지로 개의 가축화 없이 인간이 지금처럼 문명을 이루고 살 수 있을까요. 개는 사나운 들짐승의 위협에서 인간을 지켜줬고, 덕분에 충분한 휴식을 취하면서 인간 뇌는 창조성과 집중력을 발휘하며 문화를 발전시킬 수 있었습니다. 즉, 개 없이 오늘의 인간 없고, 인간 없이 오늘의 개가 없습니다. "따라서 개는 사람과 마찬가지로 인간과의 관계성에서 언제나 이해되어야만" 합니다.[13]

누군가의 동반자가 되려면 서로의 결핍을 보충해 주면서도 '비슷한 점'도 있어야 하죠. 호모 사피엔스는 원시 자연의 거친 환경에서 생존을 위해서 약육강식이 아니라 서로 간의 유대와 협력이라는 공동체적 덕목을 발전시켰습니다. 이에 상응하게 개 역시 인간과 공존하면서 늑대가 가진 사나움 대신 인간에게 애착과 신뢰를 보였고, 특유의 상냥함과 충성심으로 인간에게 협력했지요. 실제 개들은 인간을 위해 경계와 보호, 사냥, 놀이 같은 가시적 활동도 했지만, 감정적 교감과 정서적 치유 등과 같은 눈에 보이지 않는 엄청난 일도 했습니다.

인간이 다른 인간에게 하지 못하지만, 저희 견공만이 할 수 있는 특별한 일도 있습니다. 유대계 프랑스 철학자 에마뉘엘 레비나스Emmanuel Lévinas가 제2차 세계대전 당시 수용소에서 생활할 때 잠깐 만났던 바비Bobby라는 강아지에 관한 짧은 이야기를 들려드릴

---

13 앤드류 루트, 『강아지가 알려준 은혜』, 73.

게요. 레비나스는 유대인이라는 이유로 수용소에 구금되어 인간다운 대우를 받지 못했습니다. 수용소와 작업장을 오갈 때 독일군뿐만 아니라 동네 프랑스 주민도 모욕과 욕설을 유대인 포로들에게 퍼부었지요. 그런데 어느 날 강아지 한 마리가 유대인 포로 무리에 달려와 기쁘게 인사를 나눴고, 그로부터 약 2주간 그들이 이동할 때마다 졸졸 따라다녔답니다. 인간들은 민족, 국가, 이념, 두려움, 욕망 등에 눈이 멀어 타자 속의 사람됨을 보지 못할 때, 오직 개만이 유대인들을 차별 없이 대했던 겁니다. 짧은 기간 바비가 선사한 환대의 경험은 포로들 사이에 놀라운 즐거움과 풍성한 이야깃거리를 선사했습니다. 레비나스는 그때 기억을 되돌아보며 무조건적으로 타인을 존중하라던 임마누엘 칸트의 가르침을 바비에게 투영하더군요. "준칙들과 충동들을 보편화하기 위한 뇌가 없음에도 이 강아지는 나치 독일에서 유일한 칸트주의자였다."[14]

타자에 대한 존중이 사라진 곳에서 귀여운 애교와 상냥한 으르렁거림으로, 창조자가 부여한 인간의 가치를 증언할 수 있을 정도로 개는 하느님께 특별히 선택받은 동물입니다. 바비가 보여줬던 동물의 신앙animal faith의 뿌리를 찾고자 레비나스는 구약성서 출애굽기로 거슬러 갑니다. 그리고 이스라엘이 이집트에서 빠져나갈 때 짖지 않고 침묵을 지킴으로서 하느님의 구원 사역에 동참한 이집트의 이름 모를 '공의로운 개'를 지목합니다.[15] 이러한 유대교적

14   Emmanuel Levinas, 'The Name of a Dog, or Natural Rights', *Difficult Freedom: Essays on Judaism* (Baltimore: Johns Hopkins University, 1997), 153.
15   "그러나 이스라엘 백성에게는 사람에게나 짐승에게나 개조차 혀를 날름거

성서해석이 낯설 수도 있겠지만, 앤드류는 레비나스의 독창적 해석에 큰 의미를 부여하지요.

> 선한 강아지는 하느님의 용인과 만족을 메아리치게 한다. 신학자로서 이 사실을 부정할 수 없다. 또한, 폭력과 혐오가 난무하는 이 시대를 살아가는 한 시민이자 아버지, 애견가로서 그들이 이 시대에 영감을 주기에 충분하다고 생각한다. 이 시대는 그 어느 때보다 이집트의 공의로운 개들의 후손이 절실히 필요하다. 그들의 젖은 코를 들이밀며 우리와 다음 세대를, 나아가 원수들까지도 위대하고 한없이 소중한 영혼을 갖고 있음을 알려주는 존재가 절실하다.[16]

이쯤 되면 우리 견공이 가진 상냥함, 단순함, 활기참이 하느님의 섭리 속에서 인간을 인간 되게 하고 인간이 더 나은 삶을 사는 데 이바지한다는 것을 아시겠지요. 개만이 보여줄 수 있는 이러한 고귀한 특성을 유대-그리스도교 신앙의 렌즈로 봐야 더 잘 보인다고도 할 수 있습니다. 성서는 개를 신적인 존재로 예배하지도, 인간의 도구로도 상정하지 않습니다. 대신 인간과 개를 하느님께서 만드신 피조물 중에서도 서로 친밀하고 '영적인' 관계를 맺는, 즉 더 풍성한 삶을 누리도록 도움과 우정을 나누는 두 다른 종으로 인식

리지 못할 것이니, 이로써 야훼가 이스라엘 백성을 이집트인들과 구별하신다는 것을 너희들이 알게 되리." (출애 11:7)

16 앤드류 루트, 『강아지가 알려준 은혜』, 111~112.

하게 하지요.

잠깐, 이 지점에서 궁금증이 생기는 분들이 계실 것 같습니다. 개가 영적인 존재라면 죽은 후 개도 천국에 있을 것인가라는 질문이 당연히 떠오르겠죠. 천국에 가 보기 전에 확답은 할 수 없겠지요. 하지만, 기르던 강아지가 죽고 슬퍼하던 한 아이에게 디트리히 본회퍼가 한 말에서 앤드류는 통찰을 얻습니다.[17] 하느님이 모든 동물을 사랑하시고, 또 "하느님은 사랑하는 그 어떤 것도 잃어버리지 않는 분"이라면,[18] 천국에서도 개를 볼 수 있다고 믿을 이유가 있다는 거죠. 그런데 여기서 다른 문제가 줄줄이 따라옵니다. 고양이도 개 못지않게 인간과 함께 살아왔지만, 고양이는 개와는 다른 까칠한 매력을 가지고 관계를 맺죠. 그렇다면 고양이도 천국에 가나요? 어, 앤드류도 동의하는 듯하지만, 말을 얼버무리네요.

아무튼, 인간이든 동물이든 알 수 없는 일 가지고 너무 많은 말을 하지 않기로 합시다. 그런데 하나 말하고 싶은 것은 개와 고양이 모두가 천국에 가게 된다면, 그리스도 안에서 유대인과 이방인의 경계가 무너지듯 개와 고양이 사이의 오랜 천적 관계는 더는 없으리라는 것이죠. 이것이 오랜 기간 고양이의 꼬리를 쫓던 개의 종

---

[17] 루트의 박사 논문은 본회퍼로부터 받은 그리스도론적 통찰을 청소년 목회에 적용하려는 시도이다. Andrew Root, 'A Critical and Constructive Examination of Relational/Incarnational Youth Ministry: Toward a Social Relational Practical Ministry' (PhD. diss. Princeton Theological Seminary, 2005). 청소년 사목자로서 본회퍼에 관한 다음 단행본도 참고하라. Andrew Root, *Bonhoeffer as Youth Worker: A Theological Vision For Discipleship And Life Together* (Grand Rapids: Baker Academic, 2014).

[18] 앤드류 루트, 『강아지가 알려준 은혜』, 127.

말론적 희망이 아닐까요. 『강아지가 알려준 은혜』 덕분에 하느님의 은혜를 더 알게 되었다면, 그리고 개를 친구 삼아 이 세계를 산다는 것이 매우 큰 선물이라는 사실을 알았다면, 여전히 답을 찾지 못한 여러 질문에도 절대 퇴색되지 않을 큰 뿌듯함과 만족을 느끼실 겁니다. 그리고 우리 견공이 얼마나 매력적인 피조물인지, 창조세계가 얼마나 경이로운 곳인지도 새롭게 깨달으실 수 있을 겁니다.

영국에서 박사 과정을 마칠 무렵 무료로 책을 준다는 말에 서평이란 형식의 글을 쓰기 시작했습니다. 어설프게나마 영어로 쓴 글들이 저널에 실리는 것이 신기했고, 나름의 재미도 있었습니다. 그러다 2012년 말 갑작스레 한국으로 오게 되었고, 서평가 경력은 끊기는 듯했습니다. 하지만 고맙게도 귀국 후에도 국내 여러 출판사와 잡지사에서 서평을 의뢰해주셨습니다. 6~7년이 지나자 우리말로 쓴 현대 신학 관련 서평이 은근히 쌓였습니다.

2020년 8월 몹시 더운 날, 비아의 민경찬 편집장님을 만났습니다. 그리고 지금껏 쓴 서평에다 새로운 서평 '몇 편만' 추가해 현대 신학을 소개하는 책을 내자는 제안을 받았습니다. 그때는 심각하게 생각하지 않고 승낙했습니다. 그런데 현대 신학의 흐름을 보여줄 수 있느냐를 기준으로 썼던 서평과 해제를 쭉 봤더니 그 형식이나 내용이 대부분 부적절했습니다. 이전 서평과 해제는 일부만, 그것도 크게 수정하고서야 사용할 수 있었기에 많은 서평을 새로 써야만 했습니다. 천성이 게으르고 의지가 약한 사람인지라 자발적으로는 기한 내 원고를 완성하지 못할 것 같았습니다. 그래서 다른 분들의 기획, 간섭, 의뢰, 응원, 압박에 저 자신을 노출함으로써, 억지로라도 서평을 꾸역꾸역 쓸 수밖에 없게 만들었습니다. 이 자리를 빌려『신학의 영토들』을 쓸 환경을 조성해주신 분들에게 감사를 드리고자 합니다.

먼저 이 책을 기획하고 다양한 의견을 나누고 편집으로 글의 격조를 높여준 비아의 민경찬 편집장님께 감사합니다. 책에 들어갈 원고의 약 1/4을 연재하도록 배려해주신 「복음과 상황」의 이범진 편집장님, 현대 신학 강독 모임을 열어 주신 청어람의 박현철 연구원님께도 고마움을 표합니다. IVP의 정모세 간사님, 정지영 전간사님, 이종연 간사님, 설요한 간사님은 돌아가며 서평을 의뢰해주셨고, 이를 실어준 「뉴스앤조이」가 있었기에 많은 원고가 탄생할 수 있었습니다. 도서출판 100의 김지호 대표님, 포이에마의 강영특 팀장님과 임솜이 편집자님, 「국민일보」의 김나래 기자님, 「기독교사상」의 정필석 편집장님, 터치북스의 김태희 대표님도 저의 자유의지로는 절대 쓰지 않았을 중요한 책의 서평과 해제를 작성하게 해주셨습니다.

책이 출판되기까지 부족한 저자를 도와줬던 많은 분이 계셨습니다. 빼어난 솜씨로 글을 다듬어주신 정다운 편집자님과 독회에 참여해 원고를 함께 읽어준 윤관 전도사님께 고마움을 표합니다. 제가 계속해서 신학 글을 쓰도록 정신적으로 응원하고, 독회 때는 위까지 격려하신 웨스트민스터프레스코리아의 문신준 대표님께도 감사드립니다. 초기 원고를 읽고 요긴한 피드백을 주시고 책의 완성 마지막 단계에도 큰 도움을 베푸신 김주희님에 대한 고마움도 빼놓을 수 없습니다. 서평에 들어갈 책을 함께 읽어준 횃불트리니티신학대학원대학교의 졸업생들과 청어람의 현대 신학 잎새반, 줄기반, 잡초반 참여자들 모두에게도 감사를 드립니다. 지면상 도움을 주신 분, 기관, 단체 모두를 언급하지 못한 점 양해해 주시기 바랍니다.

끝으로 맛있는 스튜를 만들려면 중간중간 간을 보지 않고 오랜 시간 끓여야 하듯, 좋은 신학을 하려면 설익은 생각을 수시로 글과 말로 표현하지 않고 푹 익혀야 한다는 지혜를 가르쳐 주셨던 박사 과정 지도교수 필립 엔딘Philip Endean 교수님께 감사를 드리고 싶습니다.

2023년 9월

김진혁

『신학의 영토들』에 재사용된 기존 서평과 해제 목록은 아래와 같습니다. 서평 작성과 신학사 서술이 서로 다른 글쓰기 방식인 만큼, 이전 글들은 꽤 많은 수정, 보완을 거쳐야 했습니다. 특히, 2020년 8월 이전 발표된 글들은 서평집을 전혀 염두에 두지 않고서 썼던 만큼 이 책에 실으면서 기존의 모습을 알아보기 힘들 정도로 바뀐 경우도 있음을 밝힙니다.

1부 1장 | 김진혁, '역사의 어두운 골짜기에 비치는 부활의 빛', 「국민일보」(2017.09.21.), https://news.kmib.co.kr/article/view.asp?arcid=0923820283.

1부 2장 | 김진혁, '해제', 『도스토옙스키: 지옥으로 추락하는 이들을 위한 신학』, 에두아르트 투르나이젠 지음, 손성현 옮김, 포이에마, 2018.

1부 3장 │ 김진혁, '옮긴이의 말', 『예수와 창조성』, 고든 카우프만 지음, 김진혁 옮김, 한국기독교연구소, 2009.

1부 4장 │ 김진혁, '해설: 교리의 본성에 관한 현대적 논쟁', 『교리의 종말』, 크리스틴 헬머 지음, 김지호 옮김, 도서출판 100, 2020.

1부 5장 │ 김진혁, '현대 사회에서 조직신학을 한다는 것', 「뉴스앤조이」 (2021.01.05.), https://www.newsnjoy.or.kr/news/articleView.html?idxno =301977.

1부 7장 │ 김진혁, '해제', 『거룩함』, 존 웹스터 지음, 박세혁 옮김, 터치 북스, 2022.

1부 8장 │ 김진혁, '모두를 위한 "새로운 신학"은 가능할까?', 「뉴스앤조이」(2021.06.03.), https://www.newsnjoy.or.kr/news/articleView.html?idxno =302856.

2부 2장 │ 김진혁, '인류의 평화를 위해 과거를 읽기', 「복음과 상황」(2022.12), http://www.goscon.co.kr/news/articleView.html?idxno=41034.

2부 3장 │ 김진혁, '타자의 눈으로 본 마르틴 루터', 「복음과 상황」(2022.11.), http://www.goscon.co.kr/news/articleView.html?idxno=41007.

2부 5장 | 김진혁, '로널드 헨델의 〈창세기와 만나다: 탄생, 갈등, 성장의 역사〉 리뷰', 「웹진한국연구」(2021.02.07.), https://www.webzineriks.or.kr/post/로널드-헨델의-창세기와-만나다-탄생-갈등-성장의-역사-리뷰-김진혁.

2부 6장 | 김진혁, '현대 신학이라는 여행의 이유', 「뉴스앤조이」(2021.02.04.), https://www.newsnjoy.or.kr/news/articleView.html?idxno=302200.

2부 7장 | 김진혁, '역사를 통해 배우는, 신에 대해 말하는 법', 「뉴스앤조이」(2021.08.30.), https://www.newsnjoy.or.kr/news/articleView.html?idxno=303264.

2부 8장 | 김진혁, '신학에 대한 사회사적 접근, 그 명과 암', 「기독교사상」713 (2018), 215~222.

3부 3장 | 김진혁, '신학과 철학의 경계를 넘어선 "경계선 위에서의 사유"', 「뉴스앤조이」(2021.11.02.), https://www.newsnjoy.or.kr/news/articleView.html?idxno=303595.

3부 7장 | 안덕원 · 김진혁 · 김의창, '삼위일체와 예배에 관한 세 가지 관점: 제임스 토런스의 삼위일체적 예배신학을 중심으로', 「횃불트리니티저널」25 no. 1 (2022), 111~138.

3부 7장 | 김진혁, '삼위일체론의 빛에서 보는 창조와 현대 문화', 「뉴스 앤조이」(2019.10.15.).

4부 1장 | 김진혁, '부정신학을 통해 신비의 하느님께로', 「복음과 상황」 (2022.06.), http://www.goscon.co.kr/news/articleView.html?idxno=40856.

4부 2장 | 김진혁, '일상의 결을 타고 찾아오는 은혜', 「복음과 상황」(2022.02.), http://www.goscon.co.kr/news/articleView.html?idxno=40737.

4부 3장 | 김진혁, '지옥의 공포를 넘어선 담대한 희망', 「복음과 상황」 (2022.03.), http://www.goscon.co.kr/news/articleView.html?idxno=40767.

4부 4장 | 김진혁, '한 가난한 사제의 삶에 비친 그리스도교의 신비', 「복음과 상황」(2022.01.), http://www.goscon.co.kr/news/articleView.html?idxno=40706.

4부 5장 | 김진혁, '그리스도교의 희망을 다시 묻다', 「복음과 상황」(2022.05.), http://www.goscon.co.kr/news/articleView.html?idxno=40825.

4부 6장 | 김진혁, '해방신학의 어제와 오늘', 「복음과 상황」 (2022.08.), http://www.goscon.co.kr/news/articleView.html?idxno=40919.

4부 7장 | 김진혁, '삼위일체 하나님의 형상으로서 교회', 「복음과 상황」

(2022.07.), http://www.goscon.co.kr/news/articleView.html?idxno=40886.

4부 8장 | 김진혁, '상처입은 세계에서 분노하는 법'. 「복음과 상황」(20
22.04.), http://www.goscon.co.kr/news/articleView.html?idxno=40799.

5부 4장 | 김진혁, '해설', 『십자가: 사랑과 배신이 빚어낸 드라마』, 새라
코클리 지음, 정다운 옮김, 비아, 2017.

5부 5장 | 김진혁, '평화로운 미래 위한 "번영의(?) 신학"', 「뉴스앤조이」
(2017.05.31.), https://www.newsnjoy.or.kr/news/articleView.
html?idxno=211275.

5부 6장 | 김진혁, '나도 하나님의 피조물, 개입니다', 「복음과 상황」(20
22.10.), http://www.goscon.co.kr/news/articleView.html?idxno=40984.

찾아보기

신학의 영토들

- 서평으로 본 현대 신학

초판 1쇄 | 2023년 10월 6일
    2쇄 | 2023년 10월 27일

지은이 | 김진혁

발행처 | 비아
발행인 | 이길호
편집인 | 이현은
편   집 | 민경찬 · 정다운
검   토 | 손승우 · 윤관
제   작 | 김진식 · 김진현 · 이난영
재   무 | 황인수 · 이남구 · 김규리
마케팅 | 김미성
디자인 | 민경찬 · 손승우

출판등록 | 2020년 7월 14일 제2020-000187호
주   소 | 서울시 강남구 봉은사로 442 75th Avenue 빌딩 7층
주문전화 | 02-590-9842
이메일 | viapublisher@gmail.com
ISBN | 979-11-92769-53-0 (93230)
ⓒ 김진혁 2023